(京)新登字041号

图书在版编目(CIP)数据
广东统计年鉴 1994/广东省统计局编。—北京：中国统计出版社，1994.8
ISBN 7—5037—1555—3
Ⅰ.广…
Ⅱ.广…
Ⅲ.统计资料—广东—1994—年鉴
Ⅳ.C832.65—54

中国统计出版社出版
(北京复外三里河月坛南街38号)
国营江西宜春资料印刷厂印刷
787×1092毫米 16开本 32.75印张 16彩页 100万字
1994年8月第一版 1994年8月宜春第一次印刷
印数：1—3200ISBN 7—5037—1555—3/C·896
定价： 98 元

广东统计年鉴

STATISTICAL YEARBOOK OF GUANGDONG

1994

中国统计出版社

目　　录

第一部分　概　　述

第二部分　统　计　图

第三部分　统　计　资　料

一、综　　合

二、比例、效益和财务指标

三、人口与劳动力

四、农　　业

五、工　　业

六、运　输、邮　电

七、固定资产投资与建筑业

八、商　　业

九、物资消费与能源

十、物　价

十一、对外经济与旅游

十二、财政、金融、保险

十三、人 民 生 活

十四、科 学 技 术

十五、教育、文化、卫生、体育、司法、民政、环保

十六、各县(区)主要指标

附　　录

第一部分　概　述

广东省统计局关于1993年国民经济和社会发展的统计公报

（1994年3月8日）

1993年，广东人民进一步深入贯彻党的十四大精神，加快改革开放和现代化建设步伐，国民经济持续快速增长，各项社会事业取得了新的成就。初步统计，全年国内生产总值3140亿元，比上年增长21%。其中第二产业增加值1559亿元，增长33.3%；第三产业增加值1023亿元，增长14.6%。经济发展中存在的主要问题是：市场物价涨幅较高，投资规模偏大，农业生产发展缓慢。

一、农业

1993年，广东大力发展高产、优质、高效农业，农业生产的整体效益提高。全年完成农业增加值558亿元，比上年增长3%；农业总产值886亿元，增长3.5%。

主要农产品产量中，花生、蔬菜、茶叶增产。受严重自然灾害以及种植面积减少等因素的影响，粮食、糖蔗、麻类、水果等作物减产。

主要农产品产量如下：

	1993年	比上年增长%
粮食	1629.11万吨	—10.0
糖蔗	1603.11万吨	—29.4
花生	66.02万吨	9.5
黄红麻	1.34万吨	—28.7
烟叶	7.70万吨	—10.7
茶叶	3.07万吨	7.0
蚕茧	4.12万吨	—10.6
蔬菜	1367.22万吨	13.6
水果	402.44万吨	—11.3

林业建设取得新成就。1993年，全省造林面积11.14万公顷；共有105个县(市、区)实现绿化达

标，提前两年基本完成绿化广东的任务。松香、松脂、杉木、板栗等林产品开发利用有新进展。

畜牧业生产稳步发展。主要畜产品产量和牧畜存栏头数如下：

	1993年	比上年增长%
猪牛羊禽肉	271.22万吨	10.4
其中：猪肉	173.89万吨	4.6
禽肉	91.55万吨	25.8
牛　奶	5.71万吨	—0.2
肉猪出栏数	2197.58万头	6.7
猪年末存栏数	2144.44万头	1.0
牛年末存栏数	467.93万头	—1.4

渔业生产发展加快。全年水产品产量280.75万吨，比上年增长11.8%，其中淡水产品产量增长18.0%，海水产品产量增长7.5%。海洋开发有新的进展。

农业生产条件有所改善。1993年末全省拥有农业机械总动力1618.84万千瓦，比上年增长9.6%；农村用电量127.65亿千瓦时，增长27.6%；全年化肥施用量（折纯）165.71万吨，比上年减少6.6%；机耕面积78.79万公顷，减少12.1%。

乡镇企业持续高速发展。全年乡镇企业总收入2200亿元，比上年增长48.9%。

二、工业和建筑业

工业生产快速增长。全年完成工业增加值1264亿元，比上年增长36.6%；工业总产值5088.45亿元，增长36.5%。乡及乡以上工业总产值中，国有企业增长14.6%，集体企业增长44.6%，"三资"企业为主的其它经济类型增长42.6%。大中型工业企业转换经营机制的步伐加快，工业总产值比上年增长23.7%。

轻重工业基本同步发展。全年轻工业完成产值3188.26亿元，比上年增长37.5%；重工业完成产值1900.19亿元，增长34.5%。受市场需求变动影响，主要工业产品产量有升有降。

主要工业产品产量如下：

	1993年	比上年增长%
自行车	565.90万辆	—4.4
彩色电视机	402.32万台	9.6
家用洗衣机	233.84万台	26.2
家用电冰箱	156.32万台	23.2
房间空调器	115.78万台	107.7
化学纤维	21.88万吨	20.4
纱	12.01万吨	—16.3

原盐	35.65万吨	1.2
卷烟	155.24万箱	0.9
啤酒	79.45万吨	20.9
机制纸及纸板	131.83万吨	—1.8
糖	190.27万吨	—16.4
原煤	898.37万吨	—5.9
原油生产量	350.97万吨	22.9
原油加工量	1122.40万吨	3.1
发电量	549.39亿千瓦时	19.7
钢	168.04万吨	13.8
成品钢材	182.46万吨	8.2
铁矿石(原矿量)	534.76万吨	—22.5
硫酸(折100%)	115.62万吨	2.2
农用化肥(折纯)	52.74万吨	—16.7
水泥	4021.11万吨	24.8
发电设备	13.46万千瓦	—2.8
小型拖拉机	4.92万台	—9.6
汽车	3.52万辆	20.1
摩托车	20.34万辆	172.7

工业经济效益提高。1993年工业经济效益综合指数由上年的102.1提高到121.3。其中工业产品销售率96.1%，比上年提高0.6个百分点；资金利税率13.1%，提高2.8个百分点；全员劳动生产率(按增加值计算)由15067元提高到22286元。但企业亏损面仍较大。

建筑业生产快速发展。全年完成建筑业增加值295亿元，比上年增长15.1%。国有建筑施工企业房屋建筑施工面积2836.69万平方米，增长36.0%；房屋竣工面积734.11万平方米，下降7.2%。全员劳动生产率比上年提高30.3%；人均创利税3175元，增长36.6%。

地质勘查取得新成果。1993年新发现重要矿产地2处；取得重大进展的勘查矿区3处；铜、锑、金、高岭土四种矿产新增加了探明储量。地质勘查行业完成机械岩心钻探工作量61万米。

三、固定资产投资

固定资产投资快速增长。全年全社会固定资产投资1461.14亿元，比上年增长58.5%。其中国有单位投资1033.55亿元，增长71.3%；集体单位投资295.94亿元，增长41.4%；城乡居民个人投资131.65亿元，增长20.6%。国有单位投资中，基本建设投资570.89亿元，增长68.6%；更新改造投资196.29亿元，增长52.7%；商品房投资247.28亿元，增长96.9%。国有单位在建项目总规模达3108.42亿元。新开工项目增加较多。

投资结构继续调整。基本建设和更新改造投资中，第一产业投资11.17亿元，增长37.1%，所占比重由上年的1.7%下降到1.5%；第二产业投资338.37亿元，增长59.0%，所占比重由45.6%下降到44.1%，其中能源、原材料工业投资比上年增长61.1%，占第二产业的比重由55.6%上升到56.3%；第三产业投资417.64亿元，增长69.6%，所占比重由52.7%上升为54.4%，其中，运输邮电业投资比上年增长64.8%，占第三产业的比重由56.8%下降为55.2%。

重点建设进展顺利。大中型项目完成投资216.26亿元，为年度计划投资的95.4%。省重点项目投资157.99亿元，基本完成年度计划。沙角A电厂二期工程等10个全投项目大部分按计划完工，广州抽水蓄能电站一期工程等6个单投项目已投产。

全年新增的主要生产能力或效益有：发电装机容量388万千瓦，高速公路150公里，一、二、三级公路1707公里，铁路正线交付营运里程199公里，港口码头泊位51个，港口年吞吐量798万吨，市内电话交换机容量112万门，年产水泥800万吨。

四、运输邮电

运输邮电生产全面增长。全年完成增加值158亿元，比上年增长20.3%。但交通运输“瓶颈”制约矛盾依然突出。铁路超负荷运营，车皮保证率下降。

交通部门完成的运输量和吞吐量如下：

	1993年	比上年增长%
货物周转量	3009亿吨公里	3.2
铁路	242亿吨公里	1.1
公路	8亿吨公里	3.9
水运	2749亿吨公里	3.4
民航	2亿吨公里	41.8
管道	8亿吨公里	—6.0
旅客周转量	467亿人公里	9.5
铁路	155亿人公里	17.4
公路	204亿人公里	6.8
水运	21亿人公里	—6.2
民航	87亿人公里	7.3
货物吞吐量	16575万吨	11.0

邮电通讯业迅猛发展。全年完成邮电业务总量94.2亿元，比上年增长65.1%。其中移动电话业务增长1.9倍，无线寻呼业务增长87.2%。全年新增城乡电话用户105万户，增长51.0%，占全部用户的33.8%。

五、国内商业和市场物价

国内消费品市场繁荣活跃。1993年全社会商品零售总额1402.6亿元，比上年增长32.3%，扣除价格因素，实际增长11.9%。消费品零售额1316.46亿元，增长33.8%，其中城镇955.06亿元，增长40.5%；农村361.40亿元，增长18.8%。

各类消费品零售量中，吃的商品有增有减，其中鲜蛋增长38.8%，食糖增长23.7%，水产品增长6.7%，猪肉增长2.6%，粮食和食用植物油分别减少11.4%和17.5%；穿的商品全面增长，其中布增长166.1%，服装增长40.3%；耐用消费品中，除电风扇略有减少外，其余均有较大幅度增长，其中彩电增长38%，录音机增长45.8%，洗衣机增长38.5%，电冰箱增长36.1%。国有商业在经营机制转换中经济效益明显好转，大中型企业活力增强。

生产资料市场活跃。1993年全省物资供销企业生产资料购进总额585.69亿元，比上年增长31.4%；销售总额610.52亿元，增长30.5%。全年农业生产资料零售额86.14亿元，比上年增长13%。

价格改革进一步深化。1993年广东执行全国统一出台的调价项目外，还提高了教育、医疗、城市公用事业以及地方铁路、水路运输、电力等价格，进一步发挥了市场调节作用。但受社会需求的拉动及自然灾害的影响，居民生活费用价格指数上升较大，建材及服务项目价格涨势较猛。

1993年各类价格比上年上涨幅度(%)

1.居民生活费用价格	21.6
其中：城镇	22.0
农村	20.6
2.零售物价	18.2
其中：消费品	19.8
食品类	22.0
粮　食	25.8
食用植物油	25.7
衣着类	6.1
日用品类	11.8
文化娱乐用品类	6.1
书报杂志类	25.8
药及医疗用品类	14.6
建筑装璜材料类	42.3
燃料类	21.5
农业生产资料	12.4
3.服务项目价格	33.4
其中：城镇	29.2
农村	38.4

4.农副产品收购价格　　17.3

六、对外经济

进出口规模扩大。据海关统计，1993年全省进出口总额783.44亿美元，比上年增长19.2%。其中出口总额373.94亿美元，比上年增长11.8%；进口总额409.50亿美元，增长26.8%。进出口商品结构进一步改善，传统初级产品出口减少，省内紧缺的原材料及投资设备类产品进口大幅度增长。

利用外资创历史最好水平。1993年，全省新签利用外资合同19012宗，比上年增长47.2%；合同规定利用外资348.97亿美元，增长75.7%；实际利用外资96.52亿美元，增长98.6%，其中外商直接投资74.98亿美元，增长1.1倍。投资领域拓宽，"三资"企业发展较快。截至1993年末，登记注册的"三资"企业达44705户，比上年末增长69.6%。

对外经济技术合作前景良好。1993年，全省签订对外劳务合作合同3706宗，比上年增长10.9%；合同金额2.62亿美元，增长11.5%；完成营业额1.52亿美元，增长11.8%。但对外承包工程项目减少，完成营业额下降。

1993年，经广东口岸入境的国际游客达3279.20万人次，比上年增长7.0%；涉外宾馆（酒店）接待过夜国际游客612.19万人次，下降11.0%。

七、金融和保险业

1993年，全省金融系统积极贯彻执行中央关于加强和改善宏观调控的各项措施，认真整顿金融秩序，及时纠正金融工作中出现的问题。同时，大力组织存款，合理运用信贷资金，在促进金融形势稳定的基础上，保证了全省重点项目建设、工农业生产以及农副产品收购等合理资金需要，缓解了部分重点企业流动资金紧张的状况。

1993年末，全省国家银行各项存款余额2719.79亿元，比上年末增加342.87亿元，增长14.4%，其中：企业存款余额971.77亿元，增加15.86亿元，增长1.7%。城乡储蓄存款余额1874.51亿元，增加414.50亿元，增长28.4%。银行各项贷款余额2237.34亿元，比上年末增加423.46亿元，增长23.4%，其中：流动资金贷款余额1698.89亿元，增长20.2%；固定资产贷款余额297.13亿元，增长26.0%。全年累计，各家银行现金投放与回笼轧差后，净投放235.8亿元，比上年多投放144.25亿元。

保险事业加快发展。1993年各类财产险承保总额9531.05亿元，比上年增长58.8%，保险公司共处理国内外财产险赔案27.94万件，支付赔款共32.93亿元，为19.29万人支付人身保险赔款1.74亿元。

八、科学技术

科技事业不断发展。1993年，全省共获得国家级和省级科技成果奖励185项，其中获国家发明奖2项，国家科技进步奖15项，国家"星火"奖5项；省科技进步奖129项，省自然科学奖19项，省"星火"奖15项。全年受理专利申请5020项，专利授权4546项，分别比上年增长7.8%和1.7倍。高新技术产业加快发展。1993年末，全省有国家级高新技术开发区6个、省级3个，高技术产业带1个。全省共认定高新技术企业166家，高新技术产品770种。

科技队伍扩大，经费投入增加。1993年全省国有企事业单位共有自然和社会科学技术人员72.73万人（未含中央驻粤单位人员），比上年增长9.3%。全省县及县以上国有独立研究开发机构505个，高等院校办科研机构362个，大中型工业企业办科研机构773个。全省从事科技活动人员共7.52万人。1993年，全省科技活动经费使用总额21.68亿元，比上年增长14.7%。

1993年，全省共有产品质量监督检验机构50个。全年37家企业44种产品采用国际标准。测绘部门共测绘各种比例尺地图3907幅，出版商品性地图及图书108种。全省共建立了超短波天气警报服务系统发射台46个，地震、海洋等部门的科技服务工作又有新进展。

技术市场活跃。全年签订各类技术合同7605项，合同金额10.43亿元，分别比上年增长8.5%和63.2%。群众性科技活动活跃，全年职工技协共组织攻破技术关键4021项次。

九、教育、文化、卫生、体育

普通高等教育规模扩大。1993年全省招收研究生1551人，比上年增长21.7%；在学研究生3983人，增长13.2%。普通高等学校招收本、专科学生4.76万人，增长34.1%；在校学生11.70万人，增长20.1%。

中等职业技术教育不断发展。各类中等职业技术学校在校学生41.50万人（其中技工学校学生7.68万人），占高中阶段在校学生的55.6%，比上年上升2.5个百分点。

义务教育普及程度提高。1993年全省初中在校学生244.04万人，小学在校学生832.14万人。"希望工程"日见成效，小学学龄人口入学率达99.5%，小学毕业生升学率由上年的86.5%提高到88.4%，中小学生辍学率下降。全省普及九年义务教育的县（市、区）已达58个。

成人教育招生增加。成人高等本、专科在校学生12.52万人，比上年增长65.4%。成人中专学校在校学生16.43万人，比上年增长21.7%。成人中学及初等学校在校学生共61.74万人。全年扫除青壮年文盲3.96万人。

文化事业日趋繁荣。1993年末全省共有艺术表演团体125个，文化馆112个，公共图书馆112个，博物馆108个，档案馆155个。广播电台94座，中波广播发射台和转播台12座；电视台43座，一千瓦及以上电视发射台和转播台28座。全省各类电影放映单位3680个。1993年生产电影故事片7部，发行各种新片(长片)186部。出版报纸20.82亿份，各类杂志2.08亿册，图书3.48亿册。社会文化市场管理加强。

卫生事业稳步发展。1993年末全省医院共有病床12.93万张，比上年增长3.6%；专业卫生技术人员21.19万人，比上年增长3.3%，其中医生9.01万人，护师、护士5.62万人，分别增长4.3%和5.6%。农村乡镇卫生院建设取得显著成绩，全省农村乡镇卫生院病床3.67万张，卫生技术人员5.31万人，分别比上年增长4.9%和3.1%。

体育事业取得较好成绩。广东运动员在国内外重大比赛中，共破10项世界纪录、6项亚洲纪录及42项全国纪录。夺得19个世界冠军、39个亚洲冠军及75个全国冠军。在第七届全国运动会上，广东体育健儿获金牌、银牌各31枚，金牌数、奖牌数及总分均名列全国第二。群众性体育活动蓬勃发展，全省举办各级运动会9865次，参加的运动员185万人次。

十、人口与人民生活

根据1993年省人口变动抽样调查，人口出生率为18.3‰，死亡率为5.84‰，自然增长率为12.50‰。1993年末全省常住人口为6607万人。户籍人口为6582万人。

居民收入稳定增加。据抽样调查，1993年全省城镇居民人均生活费收入4277元，比上年增长34.3%，扣除价格因素，实际增长10.1%；农村居民人均纯收入1675元，增长28.1%，扣除价格因素，实际增长6.1%。

劳动领域的改革步伐加快。1993年全社会各级职业介绍所发展到1000多家，全年城镇新安排就业人员48.28万人；年末失业率为2.02%。

1993年末，全省已有502.41万职工和113.98万离、退休人员参加社会养老保险，比上年增长14.3%。年末全省职工人数881.52万人，城镇私营企业从业人员和城镇个体劳动者142.3万人，比上年增加39.78万人。

职工工资水平进一步提高。1993年全省职工工资总额444.27亿元，比上年增长32.8%，全省职工年人均工资5166元，扣除价格因素，实际增长5.2%。

城乡居住条件继续改善。1993年，城镇竣工住宅面积2195.89万平方米，农村竣工住宅面积2687.65万平方米。

社会福利事业有新发展。全省各类社会福利院床位达4.29万张，比上年增长13.8%；收养人数3.25万人，增长11.7%。全省有57%的乡镇建立了农村社会保障网络；城镇各种社区服务设施进一步完善。

环保事业不断发展壮大。全省共建立环境监测站118个，自然保护区37个，建立烟尘控制区168个，环境噪声达标区48个。

注：1.本公报所列数据为初步统计数。

2.公报中国内生产总值、各产业增加值和总产值指标按现价计算，增长速度按可比价计算。

3.各项指标对比的基数均为《1993年广东统计年鉴》公布的年报统计数。

国民经济持续快速发展
宏观调控取得积极成效

——1993年广东宏观经济形势分析

1993年，广东加快各项改革和建设步伐，加强宏观调控，国民经济保持了快速增长的势头，总体经济形势是好的。初步预计，全年国内生产总值3140亿元，比上年增长21%，主要指标大部分达到和超过全年计划要求。但在新旧体制转轨过程中，伴随着经济的持续快速增长，结构性矛盾突出，加强和改善宏观调控的任务十分艰巨。新的一年，要全面贯彻落实党的十四届三中全会精神，加快社会主义市场经济体制和运行机制的建立，保证国民经济持续、快速、健康发展。

运行态势

1993年，广东生产、建设、流通、消费各项指标在上年高增速基础上仍保持快速增长态势。从全年看，整体经济运行基本平稳。

一、工业生产持续快速增长

由于受到投资和消费需求的有力拉动，去年广东工业生产继续以较快的速度增长。全年工业总产值可达5140亿元，比上年增长35%。电力、钢材、水泥等能源、原材料生产有较大幅度增长；电视机、电冰箱、空调器、摩托车等高档耐用消费品产量稳定提高；整个工业经济发展呈现轻重工业增速基本同步、非国有经济超前增长、产销衔接正常等特点。进入第三季度后，工业企业流动资金不足问题突出，产成品存货有所增加。全年累计，全省工业产品销售率达96.11%，比上年上升1个百分点。

二、农业结构调整步伐加快

去年广东自然灾害频繁，初春发生历史上罕见的寒潮冻害，夏季洪涝，入秋后持续五次强台风并带来大暴雨，给农业生产带来严重影响。粮、蔗、果总产量分别为1630.66万吨、1607.36万吨和403.89万吨，比上年减少9.9%、29.2%和11.0%。但是，"三高"农业仍然取得新的发展。全年优质水稻种植面积比上年增长四成。油料、茶叶、蔬菜等经济作物产量稳定，畜牧、水产业发展较快。全年猪、牛、羊肉产量180.29万吨，增长4.4%；水产品总产量280.56万吨，增长11.8%。林业基本实现绿化达标，提前两年完成绿化广东的任务。乡镇企业持续高速发展，全年乡镇企业总收入达

2200亿元，增长48.9%。预计全年农业总产值886亿元，比上年增长3.5%。

三、基础设施建设得到加强

1993年广东固定资产投资延续了上年的强劲增势，预计全年全社会固定资产投资完成1461亿元，比上年增长58.3%。由于加大了对基础产业和设施的投入，国有单位投资完成额中，运输邮电业投资230.58亿元，占30.1%；电力投资113.17亿元，占14.8%；原材料工业投资57.03亿元，占7.4%。45项重点建设项目完成投资157.99亿元。全年新增高速公路150公里、铁路158公里；新增城乡电话交换机容量220万门、长途电路4万条、移动电话14万户；新增发电装机容量达388万千瓦。

四、国内市场繁荣活跃

去年广东消费品市场品种丰富、货源充裕，供大于求的格局未有改变。全年社会商品零售总额达1402.6亿元，比上年增长32.3%，扣除物价因素实际增长11.9%。录音机、彩电、电冰箱、布、服装、鲜蛋和食糖等商品零售量增长较大。国有商业在经营机制转换中活力增强，大中型商业企业销售额也大幅度增加。但是，相对于持续活跃的城镇市场，农村市场仍然偏淡。同时，地区之间的差异也较明显，一些山区市零售额增幅明显低于全省平均水平。

生产资料市场上半年一度需求过旺，主要物资供应偏紧，价格居高不下。进入三季度后供求关系出现缓和，主要物资库存增加，价格普遍回落。全省物资供销企业生产资料购销总额分别比上年增长31.4%和30.5%。

五、对外经济取得新的进展

全年累计全省外贸出口总额200.35亿美元(外经贸委计划口径，下同)，比上年增长8.6%。其中三资企业出口增长23.2%。利用外资保持了强劲的增长势头，呈现外商直接投资比重大，结构优化、项目规模大、合作年限拉长以及大财团、大商社、跨国公司投资增加等特点。全年实际利用外资达96.52亿美元，比上年增长98.6%。全年累计，经广东口岸入境的国际游客3279万人次，比上年增长7%，但涉外宾馆(酒店)接待过夜国际游客和旅游外汇收入有所减少。

六、财政收支状况良好，金融形势稳定

随着企业经济效益提高和税收征管工作进一步强化，去年头10个月，全省财政收入已完成年度预算的107.6%。至12月累计全省财政收入达346.25亿元，比上年增长56.4%。三季度以来，由于加强了金融秩序的整顿，金融领域一度出现的乱拆借、乱集资、乱设机构的不良现象得到纠正，城乡居民储蓄存款增加，各专业银行备付率回升，支付能力增强。至12月末，全省城乡居民储蓄存款余额比年初增加415亿元，增长28.4%，各项贷款余额增加424亿元，增长23.4%。现金投放速度在加强宏观调控后一度减缓，近月来由于各方面资金需求又增加了投放。全年累计，各家银行现金净投放仍达235.8亿元，比上年多投放144.25亿元。

七、城乡居民收入继续增加

1993年，城乡居民生活随着经济增长继续得到改善。初步预计，全年城镇居民人均生活费收入4277元，农村居民人均纯收入1674.78元，扣除物价因素，分别比上年增长10.1%和6.1%。

基本评价

一、主要经济指标衔接较好，运行质量基本稳定

1993年广东主要经济指标增幅在超过改革开放以来平均水平的同时，运行质量基本稳定。其表现为：一是生产与投资、消费的衔接较好。投资的持续扩张使重工业占全部工业的比重上升，原材料及投资类机电产品产量大幅度提高的同时，重工业产销率仍达95.67%。轻工业产值与社会商品零售总额增长也基本协调，轻工业产销率达96.40%。二是速度与效益基本同步。去年全省独立核算工业经济效益综合指数121.3，比上年提高26.1，产品销售收入增长49.3%，亏损企业减少。国合商业组建企业集团之后，整体效益明显回升。原商业厅系统全部企业实现利润比上年成倍增长，原供销社系统和粮食局系统实现较大幅度减亏。三是整体经济保持了积极增长的格局。财政收入的增长快于经济总量的增长；经济总量的增长又快于居民实际收入的增加。

二、经济主体多元化的格局更加明显

去年广东在建立社会主义市场经济体制的进程中，随着非国有经济的超前增长，经济主体多元化的格局更加明显。在工业总产值中，国有、集体以及"三资"企业为主的其它经济类型工业所占比重，由上年的39.4%、27.8%和32.7%改变为34.1%、29.6%和36.3%。在社会商品零售总额中，合营和个体比重高达31.8%。在出口总额中，"三资"企业出口所占比重则由上年的44.2%上升为50.2%，成为保持出口增长的主要力量。国有经济稳定增长的同时，非国有经济的较快发展，对支持全省国民经济的持续、快速、健康发展，促进资源的合理配置，推动各种类型企业积极参与市场竞争，发挥了积极作用。充分显示了广东经济的活力。

三、国内市场的依托作用增强

1992年以来，广东国内生产总值均以20%以上的速度增长，其共同特点是得到了投资需求的有力支撑。但从消费需求看，1993年情况发生了一些变化。在出口增长相对平缓的状况下，国内商品市场出现购销大幅度增长的局面，1－12月累计全省社会商业国内纯购进和纯销售分别比上年增长27.3%和30.7%，高出上年增幅23.3个和16.7个百分点，全年社会商品零售总额增幅比外贸出口增幅高出20多个百分点。国内消费需求的迅速增长，弥补了出口需求增长缓慢的不足，成为经济快速增长的有力依托。在目前西方经济复苏缓慢，国外需求拉力不足的情况下，国内市场的这种变化，为我们如何更加重视发挥国内市场资源在加快本省经济发展中的依托作用提供了有益的启示。

四、加强宏观调控取得积极成就

针对持续两年经济快速增长中出现的金融秩序混乱、投资规模急剧扩张及通货膨胀压力不断增大等问题，广东下半年以来认真贯彻中央加强宏观调控的各项措施，使整个经济形势发生了积极的变化。首先是“治乱”取得成效，金融、流通以及开发区、房地产开发秩序有所好转；其次是“过热”的领域得到降温，包括工业增长速度平稳回落、投资扩张能力减弱和物价上涨过快的势头有所遏制。更为重要的是在解决结构性矛盾的同时，实现了社会供求总量的大体平衡，整体经济并没有因为加强宏观调控而出现滑坡。这次宏观调控之所以能取得积极成效，除了调控措施出台的时机和调控力度掌握较好外，主要是在调控方法上采取了货币、金融、财政、汇率和投资管理等一揽子以经济手段为主以行政手段为辅的政策措施。但是，解决经济周期性过热的问题还有待于进一步深化宏观管理体制的改革。

综上所述，1993 年广东经济快速增长的同时，生产、建设、流通、消费各环节衔接较好，效益稳定提高，整体经济保持了积极的增长格局。在加速向市场经济过渡中，非国有经济继续超前增长，国内市场依托作用增强，显示了广东经济发展的活力与潜力。虽然经济运行中出现了一些问题与矛盾，但通过认真贯彻执行中央加强调控的各项政策措施，已得到缓解。因此，1993 年广东宏观经济形势是健康向上的。

存在问题

目前广东正处于向市场经济体制过渡的阶段，适应新体制要求的宏观调控体系和市场运行秩序尚未形成。去年实施的宏观调控措施，实现了近期稳定经济增长的目标，但一些多年积累下来的深层次矛盾和新形势下出现的新问题还没有得到根本解决。目前经济运行中存在的困难和问题仍然突出。

一、农业生产发展缓慢

近两年来，广东加快了农业结构的调整，“三高”农业取得了积极成效，但与此同时，主要农产品减产的情况较为严重。其中粮食总产量减少180 万吨，是在1991、1992 年连续两年减产基础上的第三个减产年，也是继建国以来的第二个大减产年(1985 年减产214.96 万吨)。甘蔗总产减少664 万吨，为我省历史上第一个大减产年。水果产量减少50 万吨，是近十多年来的首次下降。造成种植业较大范围减产的原因是多方面的，除了受到较为严重的自然灾害的影响外，比较利益低使粮食、甘蔗结构性调整过大，领导精力、资金物资投入转移和农民生产积极性降低等都是减产的主要原因。同时，还与近年耕地被占用过多过快有关。

二、资金供求矛盾突出

去年3 月末银行贷款规模进“笼子”后，原来较为宽松的资金供应环境发生了变化，尤其是6 月份以后，资金供应紧张的状况进一步加剧。由于资金供应矛盾突出，全省正常的生产、建设、流通已受不同程度的影响:一是企业流动资金不足,生产受阻。全年工业平均每增加1亿元产值只增加流动资金0.197亿元,比上年0.258亿元下降23.6%;仅经委系统流动资金缺口达30%。企业间货款拖欠增加,一些产品出现积压、减产。二是重点建设项目资金不能按期到位,至10月末,全省45个重点项目全年计划投资的205亿元资金仍有近百亿元缺口,严重影响了工程进度。三是由于头寸不足,银行之间清算出现困难,压单、压票的现象时有发生。资金供应紧张主要有两个方面的原因,一方面是经济规模扩大后信贷规模不足。根据90年代以来的趋势测算,现价国内生产总值增长1%,至少需要银行贷款增长0.91%,按去年的现价国内生产总值增长率计算,正常的贷款增长率应有33.9%,但贷款规模仅为18.2%,缺口达284.9亿元。此外,企业债券的发行规模也明显减少。另一方面是整顿金融秩序后社会集资减少。近两年在国家银行贷款规模没有多大增加的情况下,支持经济快速增长的资金主要来源于银行资金以非贷款形式流出及其各种计划外的社会集资。从集中反映银行资金流出的五家银行资金来源方的其他科目余额变化趋势和城乡居民储蓄存款占全部存款余额的比重变动看,计划外的社会集资增长趋势比上年显著回落。

三、进出口增长不平衡

1993年因国内需求拉动,部分生产建设物资进口大幅度增加。而一般贸易出口受汇率变动,物价上涨和资金紧张的影响,增幅下跌。外贸出口增长缓慢已影响到我省外汇收入。全年累计全省外汇收入为40.3亿美元,比上年下降25.2%。广东外贸出口的这种状况,首先与整个资金环境趋紧有关,全年全省外贸贷款比上年只增长了9.6%,缺口较大。加上新的退税方法实施后,工厂要求出口企业垫支税款,而有偿上缴外汇的人民币拨补进度缓慢以及退税不及时,外贸企业出口越快资金周转越不灵。其次是受到汇率大幅度波动、出口产品价格上涨的影响。上半年人民币兑美元汇率降低后,供货单位和外商都按外汇调剂价倒算成本和买价,出口企业受到两面夹击,出口成交的难度加大。而且出口企业由于难以把握汇价变动,对出口成交尤其是远期外汇的出口成交普遍持谨慎态度。此外,全省外贸出口增幅低还受深圳市出口总值漏报等因素的影响。

四、物价总水平居高不下

1993年上半年,广东物价总水平呈刚性的攀升态势,虽然进入三季度后增势减缓,但仍一直处在较高水平上波动。全年社会零售物价总指数上升18.2%,其中食品类价格升22.0%。居民生活费用价格指数升21.6%。在全年零售物价总指数18.2%的升幅中,约有4%属于翘尾因素影响。有3%左右属于本年度价格改革的直接影响,其中除了全国统一出台的调价项目外,还包括广东提高的教育、医药、城市公用事业以及地方铁路、水路客运、电力等价格。扣除上述两个因素的影响,全年自发性的涨价实际为11%左右。其中主要表现为投资需求扩张所引发的成本推动型涨价,此外还有结构性供求失衡如鲜菜季节性减产和粮食减产引起的需求拉动型涨价。去年上半年人民币汇率大幅度变动也是全年物价指数上升的一个重要原因。

发展趋势与对策

随着去年各项宏观调控措施的逐步到位，广东经济已由近两年的高速增长转入一个相对稳定发展的阶段。而目前陆续出台的各项体制改革方案，将进一步加速广东社会主义市场经济体制的建立，为经济的健康发展创造良好的环境。因此，1994年以及在今后更长的一段时期内，广东的经济发展尽管还面临着较多的困难与制约因素，但努力使经济稳定在较高增长水平上，仍然是可以做到的。

有利条件　　经过多年的不懈努力，广东的价格改革已渡过难关，各种生产要素市场初具规模，非国有经济正迅速崛起，自求稳定的市场调节作用比80年代已显著增强；自1991年以来，广东已实现连续三年的高投入，累计完成固定资产投资高达2800亿元以上，能源、交通、通讯的保障能力提高，生产能力进一步扩大；1993年下半年以来，以稳定经济为目标的调控措施已取得积极效果，金融秩序的好转以及过高增长速度的调整，为1994年经济的健康发展打下了基础；目前在建规模及居民购买力仍保持较高水平，使得1994年投资与消费需求对经济增长保持着较为强劲的拉力。

制约因素　　近几年投资与信贷互为膨胀的滞后影响依然存在，通货膨胀的压力仍然很大，加上粮食连年减产，粮食价格的上升将带动副食品价格、食品价格及至整个消费品价格的上升，1994年的物价形势并不乐观；随着经济规模的扩大，广东对资金的正常需求量将继续增加，但1994年国家仍将采取从严控制的信贷政策，因而可以预见资金供求矛盾会更加突出；虽然多年来广东保持了对基础设施的高投入，但能源、交通、通信保障能力的提高仍滞后于整体经济的快速增长，由于铁路运输能力没有大的改善，出省通道因粮食、煤炭运量增加而更加紧张；国家即将出台的财税、金融、外贸、投资体制改革，将有力地促进广东向社会主义市场经济的过渡，但体制转轨需要一个适应过程。

调控目标　　1994年将是贯彻落实党的十四届三中全会精神，加大改革力度，建立社会主义市场经济体制和运行机制关键性的一年。保持国民经济运行畅顺对于保证改革顺利发展是至关重要的。因此，国民经济宏观调控的目标是在巩固已取得的稳定经济的成果基础上，加速结构调整，提高以经济效益为中心的整体经济运行质量，力争在偏紧的环境中实现经济持续、快速、健康发展。根据目前宏观经济环境的变化趋势以及资源的支撑水平，1994年广东国民经济发展拟应把握的几个力度值是：

——国内生产总值增长保持在15－17％之间；

——农业总产值增长5％左右；

——工业总产值增长25－28％；

——国有单位固定资产投资增长32－35％；

——社会商品零售总额增长23－25％，全社会零售物价总水平涨幅控制在15％以下。

对策选择　　围绕调控目标的实现，1994年要进一步加强和改善宏观调控。总的要求是要在坚持总量平衡的前提下，处理好以下几个关系：稳定通货与保证资金正常需要的关系；控制在建规模与优化投资结构的关系；扩大生产能力与开拓国内外市场的关系；抓住机遇加快发展与避免物价涨幅过高的关系。在具体操作上应注意以下几点：

1.保护和发展农业生产，稳定粮食产量。要切实贯彻执行关于加强和保护农业的各项政策措施，尽快建立和健全粮食保护价制度和粮食风险基金，对农业生产资料实行最高限价，采取法律、经济等手段保护耕地。在继续大力发展"三高"农业的同时，防止粮食生产再出现大滑坡。1994年，全省粮食播种面积应达到5000万亩、总产1750万吨。全省粮食储备不应少于200万吨。

2.重视市场的开拓，保持产销衔接。根据历史经验，在快速增长的年份之后，市场都会出现不同程度的疲软问题。从1993年三季度以后的情况看，部分生产资料和投资类机电产品已出现库存上升的状况。加上近年来国内投资和外商投资大幅度增长，1994年生产能力也将随之扩大，因而大力开拓市场就成为保持社会再生产循环畅顺的一项重要工作。要按照国际化发展目标要求，继续抓好多元化国际市场的开拓，并保证出口收购资金的落实，争取多出口。同时要注重发挥国内市场的依托作用，尤其是要提高省外市场的占有率和农村市场的销售额。1994年要力争保持广东的工业产品出口、调出省外和省内销售各三分之一。

3.积极挖潜，缓解生产建设资金的不足。资金不足是1994年广东经济保持较快增长所面临的困难之一。因此，要在加强资金存量管理，调整投入结构的基础上，大力挖掘潜力，保证生产建设资金的正常供应。各金融机构要继续积极组织储蓄存款，确保信贷资金的来源；要在抓好金融秩序整顿的同时，按规范化要求扩大社会融资、筹资，发展直接融资市场；要保持与国外大厂商、银行和大财团的联系，采取让市场、让股权的办法吸收更多的外资；要力争广东三大金融机构取得国际信用评级，直接参与国际金融市场的融资；要适应财税、金融体制的转变，争取国家对广东的重点建设多投资、多贷款。

4.加强对市场物价的监控管理。1994年实施各项重大的体制改革措施，需要一个通货膨胀低、稳定的宏观经济环境来加以保障。因而1994年严格控制物价上涨过快显得比其他年份都要重要。从当前通胀压力仍然较大的情况看，1994年仍应适当控制投资规模，努力减轻货币投放压力；价格调整应更为慎重，选准时机、渐进推出；物价部门仍应加强对垄断部门的价格管理以及需求弹性差的商品价格管理，防止人为哄抬物价的现象发生；对关系到居民日常生活的商品要保证供应，尤其要组织好粮食、蔬菜的生产和调运。

广东:正视现实　再造优势

——粤鲁两省经济发展对比及启示

在邓小平同志南巡讲话和十四大精神鼓舞下,全国各地掀起了新一轮的改革开放和经济建设高潮,呈现出一派龙腾虎跃、你追我赶的发展势头,山东更以其进入90年代后的跳跃式迅猛发展而令人瞩目。

粤鲁同为我国沿海经济较发达省份,两省土地(总面积分别为17.79和15.67万平方公里)、海岸线(分别为3368和3024公里)相当,地形(均有沿海、山区、平原与丘陵山地)、人口(分别为6463和8610万人)接近。

目前广东上下正为基本实现现代化的宏伟目标而奋斗,虚心学习借鉴外地的成功经验尤为必要。基于这一目的,本文拟对粤鲁两省的经济发展做些对比和分析,并祈得出一些启示供参考。

瞻前:互易先手

1.山东经济实力长期强于广东

粤、鲁原有的经济基础都很薄弱。1949年两省工农业总产值分别仅为22.36亿元和29.22亿元,山东略好一点。建国后,由于国家在粤投入少,加之产业结构等原因,广东工业生产与山东的差距越拉越大,经济实力远不如山东。1978年,广东社会总产值和工农业总产值两项指标分别比山东少100亿元左右,国民收入和财政收入也分别少30亿元左右,国内生产总值少近50亿元。

改革开放后,广东用足用活用好中央给予的特殊政策和灵活措施,经济发展较快,与山东的差距逐步缩小。到1987年,广东的国内生产总值达807.7亿元,与山东的差距缩小至22亿元;而财政收入则开始超过山东。(详见附表1)

2.广东自1988年开始超越山东,领先优势逐步扩大

1988年,广东的国内生产总值达1098.61亿元,首次超过山东。此后,广东继续以高于山东的速度发展,1992年国内生产总值已达2293.54亿元,多出山东300多亿元,两省国内生产总值之比(以山东为1)已从1988年的1.06:1提高到1992年的1.16:1,领先优势呈逐步扩大趋势。(详见附表2)

3.进入90年代,山东奋起直追,呈现跳跃式发展,势头迫人

山东1990年国内生产总值增长率为5.4%，1991年为12.2%，1992年则达到19.5%。虽然这几年山东的速度仍低于广东，但其发展势头却好于广东。1991年山东的速度增幅为6.8个百分点，1992年达到7.3个百分点，而广东1992年的速度增幅仅为4.7个百分点。

随着山东经济的跳跃发展，其在全国的位次也逐步靠前。国内生产总值去年已超过江苏居全国第二(仅次于广东)；农业生产更是稳居全国首位，超过居第二位的四川100亿元。

现实：各有所长

对粤鲁两省的经济发展现状进行横向比较发现，现实中两省可谓各领风骚，各有所长。从整体实力上看，广东领先于山东；但从农业、基础建设等单项指标看，则山东好于广东。

(一)整体实力——广东仍处领先

改革开放以来，广东经济持续高速增长。1981－1992年，广东的国内生产总值年均增长率为13.5%，比山东(10.9%)高出2.6个百分点。高速度带来了整体经济实力的大幅度提高。从附表3可看出，广东经济整体实力明显领先于山东，国内生产总值高出山东15.8%，人均GDP高出五成多，国内纯购销总额、进出口贸易和利用外资等项指标均成倍于山东，除银行贷款外，其他指标均高出山东30－80%不等。

(二)单项指标——山东不少占优

1.农业强于广东。山东是我国重要的农业大省，素有“粮棉油之库，水果之乡”之称。油料产量长期稳居全国第一位，水产品产量也由于“海上山东”工程的实施而于去年首次超过广东跃居全国榜首，粮食、棉花、猪牛羊肉、水果等居第二位，烤烟产量居第三位。山东农业去年遭受历史罕见自然灾害，但农业总产值仍达840.71亿元，保持全国第一。1992年山东农业机械总动力达2933.80万千瓦，其中农用排灌动力机械达1357.63万千瓦，分别居全国第一和第二位，均远高于广东的1477.30和190.70万千瓦。(详见附表4)

2.基础建设优于广东。长期以来，山东重视基础建设，工作有超前性，不断增加投入，同时突出重点，“六五”时期抓电力，“七五”时期搞交通。从目前情况看，山东在这方面确实比广东领先了一大步：已建成了自己独立的电网，大大小小的火力发电厂遍布全省各地，1992年发电装机容量970万千瓦，发电量566.24亿千瓦时，自1986年后取代辽宁一直稳居全国榜首，发电量比广东(459.00亿千瓦时)多了100多亿千瓦时；四通八达的交通运输网络给任何到过山东的人留下了深刻的印象，1992年末全省公路通车里程达43134公里，其中高级次高级路面里程27931公里，居全国第一位；铁路营业里程达2158公里，而广东仅为1426公里，铁路密度山东比广东高了71.8%。

3.不少主要工业产品产量大于广东。特别是原煤、原油、钢、生铁等对国民经济影响重大的能源原材料工业产品均是成倍于广东(详见附表5)

4.人口控制好于广东。山东是我国的第三人口大省,人口压力较大。近几年,山东花大力气抓好计生工作,扭转了人口增长过快的势头。人口自然增长率已由1987年的16.3‰降到1992年的4.55‰,而广东1992年的人口自然增长率依然高达13.14‰。

观后:广东面临难题多

党的十四大以后,粤鲁两省把握住发展机遇和严峻挑战并存的形势,制定了加快发展的战略蓝图。山东提出到2010年经济总量赶上亚洲中等发达国家或韩国的水平,今后的国内生产总值年均增长率要达到10－12%。并确定以“三三二一工程”为突破口促进这一目标的实现,即大力强化农业、基础工业、基础设施三个基础,集中力量打好对外开放、第三产业、科教兴鲁三大战役,加快实施建设“海上山东”和开发黄河三角洲两个跨世纪工程,培植一批主导产业和拳头产品。我们看到,山东的目标宏伟,重点明确,工作扎实,后劲很足。广东在上一轮改革开放中先行一步,经济建设取得了令人瞩目的成就。在党的十四大上,中央要求广东用二十年时间率先基本实现现代化。为实现这一既光荣、又艰巨的历史使命,在发展速度上,广东今后的国内生产总值必须保持不低于13%的年均增长率。

应该说,粤鲁两省实现战略目标既有不少有利条件,也面临诸多制约因素。但就目前情况比较而言,广东制约经济持续高速发展的难题更为严峻:

资源严重短缺。从土地资源上看,广东土地总面积较大,但人均耕地面积仅有0.58亩,还不及山东的一半;从矿产资源上看,对国民经济发展影响较大的黄金、煤炭、石油等,广东储量少、品位低、开采难,无法与山东相提并论。广东在水力资源、海洋资源、旅游资源等方面有自已一定的优势,但却未能充分合理地利用,造成浪费。例如,广东有3368公里的海岸线,海水养殖可养面积180万亩,均比山东略多,长期以来,广东没能充分利用这一优势。而山东则通过建设“海上山东”,在资源稍逊的情况下使水产品产量,特别是海水产品产量反超广东。

交通滞后。广东地处祖国南疆,交通一直较为落后,近年来虽有明显改善,但仍适应不了经济高速增长的需要,货运紧张问题日益突出。“七五”时期,山东下大力气抓交通,形成了较为发达完善的交通运输网络,带来了90年代开始的经济跳跃发展。这不失为可资借鉴的成功经验。1992年粤鲁两省工业总产值(分别为3479.39亿元和3553.72亿元)接近,但货运量,广东只为山东的一半左右,其中铁路为70.7%,公路只为5.5%;货运周转量,铁路广东为山东的38.1%,公路仅为4.1%。相比之下,广东的铁路和公路,特别是公路尤为落后。毫不置疑,广东交通滞后的现状不彻底解决,在市场经济激烈竞争的条件下,要维持经济的高速增长是难以想象的。

科技落后与人才不足。长期以来,广东的经济增长很大程度是靠大量的资金投入获得的,科技含量不高,就是在科技作用较明显的珠江三角洲地区,与山东的胶东半岛比较,科技进步贡献率也偏低(烟台、青岛均在40%以上,而广东的佛山、东莞、江门、中山等仅在30%左右)。广东科技作用不明显主要是由于科技人才严重不足。大中型工业企业工程技术人员数仅为山东的五分之一左右,与蓬勃发展的生产形势极不相称。

产业优势逐渐丧失。广东产业呈明显轻型结构,1978年轻重工业比例为57.3:42.7,改革开放以来这种轻型结构继续强化,1992年轻工业比重上升到67.9%,比山东高了近20个百分点。近年来全国各地加工业发展很快,市场竞争剧烈,轻工业效益下降。1992年,广东轻工业产品销售利税为170亿元,仅占工业产品销售利税的57.5%,落后产值比重10个百分点;在轻工企业中,作为广东优势行业的食品、饮料、纺织、缝纫、橡胶和塑料制品等行业均有20%以上的企业出现亏损。广东的轻型产业结构为经济的快速发展作出了突出贡献,根据发达国家工业化的经验和广东20年的宏伟目标,要求在继续保持和发挥轻工业优势的同时,要抓住目前有利机遇,加快整个产业结构的升级,再造新的产业优势。而从目前的情况看,广东在这方面起步维艰,难度较大。从资金存量看,1992年,广东全民所有制独立核算工业企业固定资产净值为550.09亿元,仅为山东的62.2%。在新的支柱产业方面,1992年,广东石油化工工业比重为8.5%,钢铁工业比重为1.9%,均低于山东;电子及通信产品比重为8.8%,建材工业为5.9%,汽车制造业比重仅为2.0%。在这种基础较差的情况下如何快速有效地建立广东新的主导产业,推动整个工业结构升级,是关系到广东能否顺利实现既定目标的另一个关键。

市场开拓的难度增大。在市场经济条件下,经济增长与市场需求具有相同的内涵。改革开放以来,"广货"以其质优、包装好和更新换代快而风靡国内市场,更以其价格低廉而受国际市场的欢迎,从而有效地促进了广东的经济增长。当前,国内外市场竞争愈来愈剧烈,广货市场的开拓难度增大:广东的出口过分依赖港澳转口贸易(1992年广东出口商品中输往港澳的占85.7%)而面临越来越多的挑战;国内市场又受到出省通道不畅,运输成本较高,以及劳动力成本提高过快等制约。海外市场的单一化和国内市场的高成本,将严重削弱"广货"的竞争力。事实上,由于内地改革开放步伐加快,产品的工艺设计、性能质量不断提高,昔日新潮、丰富的"广货"受到日益严重的挑战。当前外销增长的势头已放缓,1993年1至5月份,全省社会商业省外销售仅比上年同期增长6.1%,如考虑物价上涨因素,今年"广货"省外销售实际已经下降。

区域经济很不平衡。改革开放以来,广东经济蓬勃发展,但发展很不平衡,珠江三角洲和部分沿海地区已进入小康,而大部分山区还比较贫困。50个县的面积占全省65%,人口占全省42%,而国内生产总值只占18%,目前仍有20万人未解决温饱,有200万人未脱贫,特别是被称为"寒极"的粤北石灰岩地区,与先富起来的地区形成了强烈的反差。"山区不富,全省难富",山区能否崛起将直接影响广东战略目标的实现。

启示:正视现实,再造优势

如果说，过去14年广东主要得益于地缘和政策的优势，在改革开放中先行一步；那么，在目前全国全方位扩大开放，各省市加快发展，尤其是原来的经济强省呈现超常规、跳跃式发展的迫人形势下，广东唯有抓住机遇，迎接挑战，努力建立发展的新优势，才能在群雄争先中继续图强，实现腾飞的宏图。

1. 尽快在发展市场经济的重要环节上取得突破性进展

在第一轮的改革开放中，广东率先在体制和机制上进行了市场取向的改革，对推动国民经济的发展起到了巨大的作用。广东要在新形势下继续保持领先优势，必须抓住当前的有利时机，围绕建立社会主义市场经济体制的目标，在四个重要环节上加快改革的步伐。一是加快转换国有企业经营机制，切实落实企业的经营自主权，使企业真正成为运转灵活、反应敏捷、介入市场能力强、能与"三资"企业平等竞争的法人实体。二是以发展资金、人才、技术、劳务、房地产等生产要素市场为重点，尽快建立起广东统一、开放、竞争和有序的市场体系。三是尽快建立适应市场经济要求的社会保障体系。四是加快政府管理经济职能和政府机构改革，努力健全适应市场运行的宏观调控体系。

2. 高起点、大规模地发展一批工业主导产业，推动整个工业结构的升级

粤鲁对比使我们认识到，山东经济的发展后劲强，强在基础工业。如齐鲁石化项目的投资达72亿元，形成固定资产净值近65亿；齐鲁钢铁项目，首钢和冶金部争着投资，预计投资100亿，类似这样的基础工业大项目将使山东今后经济更具活力。而广东却缺乏这样举足轻重的项目，当前广东除了民用电子工业和食品工业外，整个工业产业别无优势可言。广东要二十年基本实现现代化，选准和发展一批新的主导产业，建立新的产业优势尤为重要和迫切。我们要在继续发展外向型、轻型工业的同时，加快发展以乙烯为龙头的石化工业、以汽车整车为龙头的汽车制造业、以大规模集成电路为基础的电子工业，以钢铁为主的冶金工业，以及以先进工艺和新型材料为先导的建材工业，以此推动整个工业结构的升级和优化。在珠江三角洲地区要特别重视发展高新科技产业，并把这作为今后的主攻方向，以此保持经济发展的强大后劲。

3. 发挥海洋资源优势，加快发展海洋经济

粤鲁同为我国海洋大省，如何将这一资源优势转化为经济优势，山东显然在这方面的认识更早，行动更快，收效更大。他们通过"科技兴海"来建设"海上山东"，采用高新技术改造传统海洋产业，发展新兴海洋产业的经验值得广东学习。广东拥有3368公里海洋线、730个海岛，海域面积(40万平方公里)相当于陆地面积的2.3倍，发展海洋经济具有十分良好的条件和广阔的前景。当务之急，是要增强广大干部群众的海洋经济意识，在全省范围内迅速掀起海洋开发热潮。根据广东海洋资源条件和现有开发能力，采取由近及远，以海岸带为依托，以海岛、内水、领海为重点，逐步向外海、远海推进的战略，优先发展海水养殖业、远洋捕捞业、海上运输业和海洋油气业，相应发展

滨海旅游业和盐业，有选择地发展海洋高技术产业，逐步形成广东高效、协调的海洋经济体系。

4. 抓住机遇，扩大内联，共同发展

随着改革开放新一轮高潮的掀起，内陆省份均在谋求加快发展，这对广东既是挑战，也是机遇。广东与这些地区在资金、人才、技术、劳动力、资源、市场等方面有较好的优势互补性。广东在继续开拓发展外向型经济的同时，应抓住当前的有利机遇，加强与内陆地区的密切联系与全方位合作，达到共同发展的目的。这也是广东发挥先行一步的原有优势，再造整体经济新优势的重要内容。如这些地区的能源、原材料丰富，广东可考虑把原材料、能源基地立足点放在这些地方，共同办矿场，从中获得较为稳定的原料、能源来源。这些地区的劳动力成本相对较低廉，广东可鼓励一些内销比重大、劳动密集型的产业向这些地区转移；广东农业发展滞后，而这些地区则是我国重要的农业生产基地，与这些地区建立农业生产互补关系，对广东调整产业结构，加速工业化的进程具有现实意义；同时，这些地区市场需求潜力极大，彼此建立更为紧密的合作关系也有补于"广货"市场的拓展。

5. 适当扼制劳动力成本的过快提高，增强"广货"的竞争力

广东是国内经济最发达的省份之一，同时也是劳动力成本最高地区。1992 年广东工业全部单位职工平均工资比山东高出54.8%，比全国平均高45.2%。从纵向上看，广东劳动力成本提高过快，明显超前。1978－1992 年，广东全民所有制工业企业职工平均工资年均增长率为 13.9%，而同期的全员劳动生产率年均仅提高 10.0%。80 年代，广东正是利用工资低的优势，吸引大量外资，提高了"广货"在国际市场的竞争力，实现了经济的高速增长。当前，广东的劳动力成本过高，提高过快，这一问题必须引起我们的高度重视。在这方面，国外不失沉重的教训。在六七十年代，韩国由于工资较低，出口竞争力强，因此出口增长很快，经济持续增长，并跻身亚洲"四小龙"行列。但自1989 年后，由于工资提高过快，减弱了产品竞争力，从而导致出口萎缩，经济增长放缓，失业率上升。前车之鉴！我们必须正视这一现实，充分认识到目前劳动力成本的过早过快提高，将会削弱"广货"的竞争力，增加市场开拓的难度，最终危及广东现代化目标的实现。为此，建议广东制定一些适当控制劳动力成本过快提高的相应措施，在条件暂不具备的情况下，不鼓励并适当控制有关部门和企业过分强调福利的做法。

附表1　1949—1987年粤鲁两省主要经济总量指标对比

单位:亿元

年份	社会总产值		国内生产总值		国民收入		工农业总产值		财政收入	
	山东	广东	山东	广东	山东	广东	山东	广东	山东	广东
一.绝对数										
1949							29	22		
1952	70	43			41	26	60	35	8	7
1957	96	85			54	51	80	69	11	10
1966	163	162			84	80	145	133	19	20
1978	445	350	234	185	196	161	399	286	64	39
1980	588	443	301	246	252	218	501	345	48	36
1985	240	1047	647	553	552	467	1018	778	68	65
1987	753	1596	830	808	736	656	1446	1227	73	93
二.平均增长率(%)										
1953—1978	7.2	6.7			5.7	5.3	7.4	7.7	8.5	6.8
1979—1987	2.2	14.1	10.3	12.6	10.8	11.7	11.3	13.9	1.4	10.0

附表2　1988—1992年粤鲁两省国内生产总值及对比情况

单位:亿元

	1988年	1989年	1990年	1991年	1992年	1989—1992年年均增长(%)
广东	1 098.61	1 283.94	1 471.84	1 780.56	2 293.54	14.5
山东	1 032.80	1 175.95	1 333.56	1 570.24	1 980.00	10.1
广东:山东(以山东为1)	1.06:1	1.09:1	1.10:1	1.13:1	1.16:1	

附表3　　1992年粤鲁两省整体经济实力情况对比

指　　标	单位	广　东	山　东	广东为山东（%）
一、经济规模				
国内生产总值	亿元	2 294	1 980	115.8
二、经济水平				
人均国内生产总值	元	3 568	2 305	154.8
三、资金规模				
1.建设资金				
全社会固定资产投资额	亿元	920	570	161.4
2.金融资金				
银行存款余额	亿元	2 377	1 456	163.3
银行贷款余额	亿元	1 814	1 719	105.5
3.利用外资				
实际利用外资额	亿美元	49	14	2.5倍
四、商品市场规模				
国内纯购进总额	亿元	2 208	772	1.9倍
国内纯销售总额	亿元	2 266	789	1.9倍
社会商品零售总额	亿元	1 060	796	133.1
进出口总额	亿美元	296	56	4.3倍
# 出口总额	亿美元	184	47	2.9倍
五、财政实力				
财政收入	亿元	223	140	158.9
财政支出	亿元	220	159	138.5
六、人民生活				
职工平均工资	元	4 027	2 601	154.8
城镇居民人均年生活费收入	元	3 184	1 836	173.4
农民年人均纯收入	元	1 308	803	162.9

附表4　　1992年粤鲁两省农业生产情况比较

指　　标	单位	山　东	广　东
农业总产值	亿元	840.71	737.11
主要农产品产量			
粮 食	万吨	3 589.30	1 604.37
油 料	万吨	166.29	61.40
棉 花	万吨	67.68	
水产品	万吨	258.16	251.06
其中:海水产品	万吨	235.14	147.42
肉类产量	万吨	293.66	245.69
猪 肉	万吨	184.42	166.22
牛 肉	万吨	27.22	6.13
羊 肉	万吨	19.61	0.41

附表5　　1992年粤鲁两省主要工业产品产量比较

产品名称	单位	山　东	广　东	山东为广东(倍)
原煤	万吨	6 305.08	954.21	6.6
原油	万吨	3 346.10	285.69	11.7
发电量	亿千瓦时	566.24	459.00	1.2
原盐	万吨	656.69	35.24	18.6
钢	万吨	281.22	147.66	1.9
生铁	万吨	308.96	104.00	3.0
纱	万吨	72.05	14.35	5.0
布	亿米	22.97	7.07	3.2
机制纸及纸板	万吨	159.51	134.20	1.2
成品钢材	万吨	203.70	168.59	1.2
农用化肥	万吨	154.66	63.33	2.4
啤酒	万吨	139.39	65.69	2.1
卷烟	万箱	226.21	153.90	1.5

第二部分　统计图

1993年广东平均每天创造的财富

国内生产总值 8.84亿元	国民收入 7.05亿元
农业总产值 2.46亿元	工业总产值 14.35亿元
财政收入 0.95亿元	电视机 1.60万台
布 244.66万米	发电量 1.57亿千瓦小时
钢产量 0.46万吨	家用电冰箱 0.34万台

社会总产值、国内生产总值和国民收入（亿元，当年价）

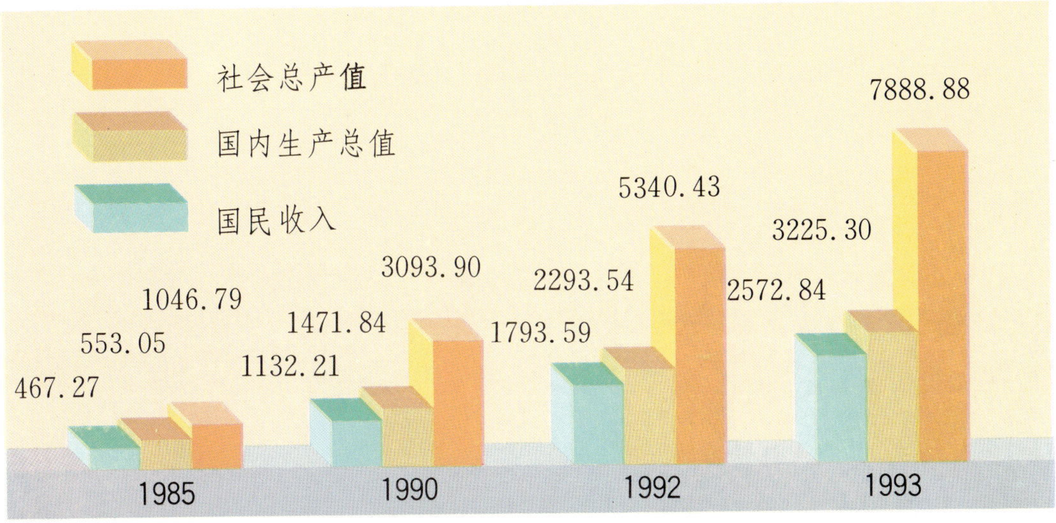

消费和积累比例（以国民收入使用额为100）

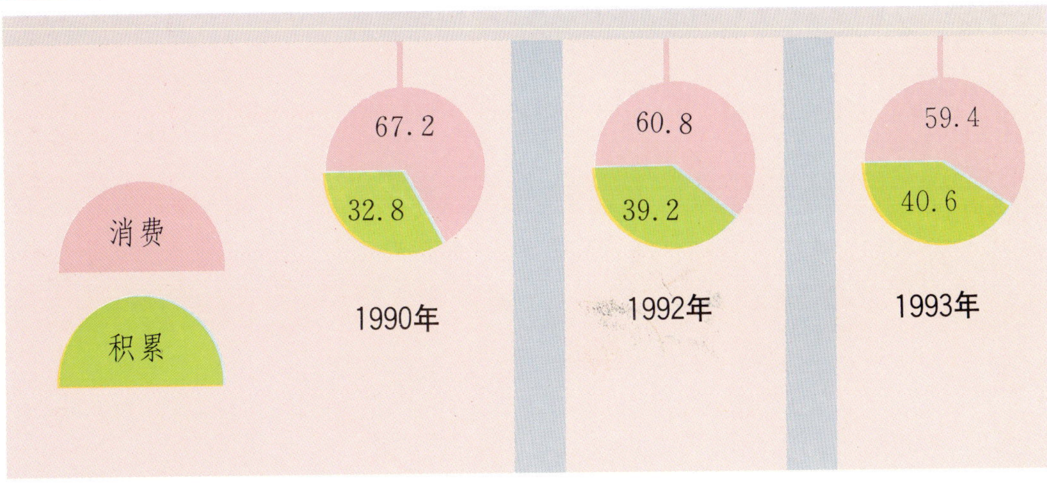

工、农业总产值（亿元，1990年不变价）

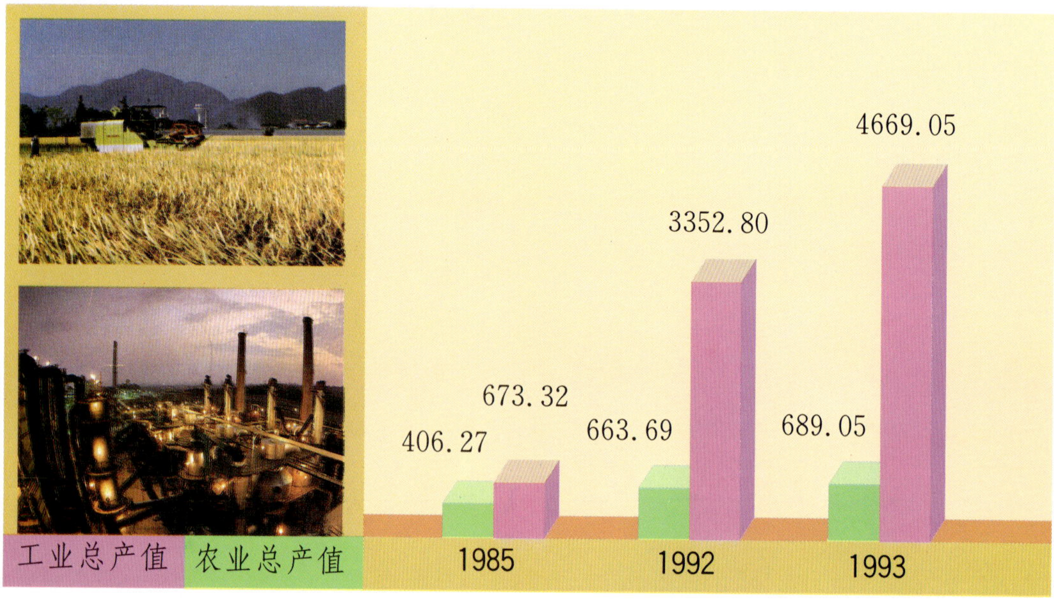

农、林、牧、副、渔总产值构成(%)

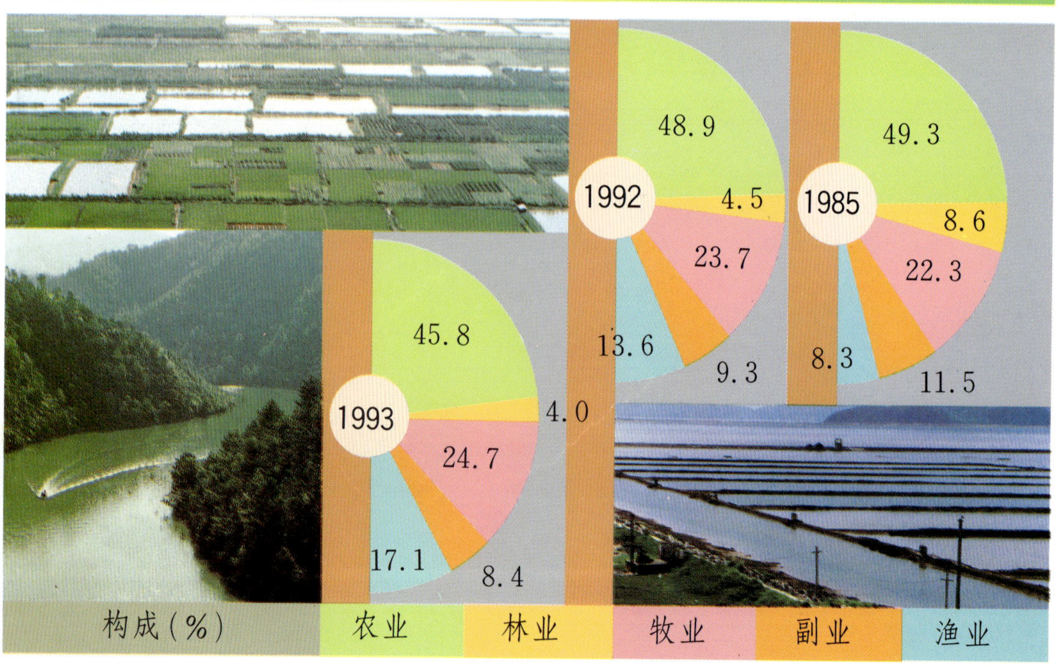

主要农业产品产量(一)

1604.37
1810.40
1629.11
粮食(万吨)
57.07
60.30
66.02
花生(万吨)
1831.40
2271.06
1603.11
糖蔗(万吨)
918.00
340.50
167.10
造林面积(万亩)
1985
1992
1993

主要农业产品产量(二)

水果(万吨)

茶叶(万吨)

水产品(万吨)

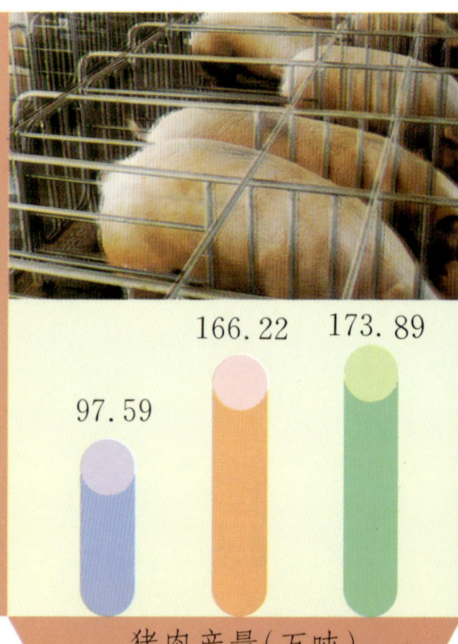

猪肉产量(万吨)

1985　1992　1993

主要工业产品产量(二)

布(亿米)

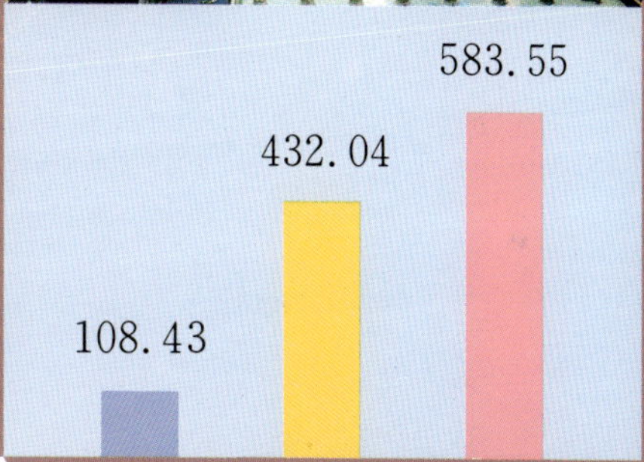

电视机(万台)

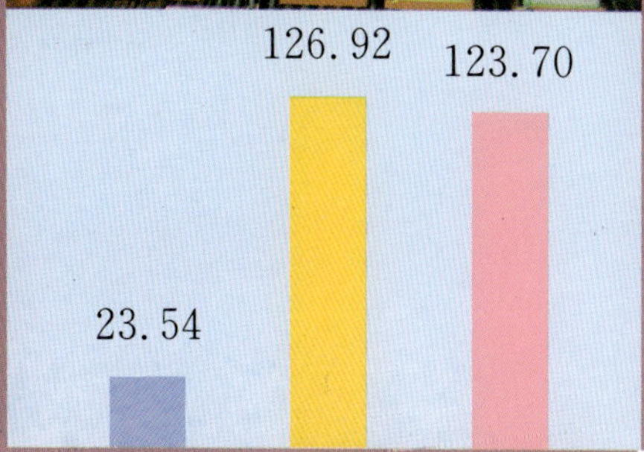

家用电冰箱(万台)

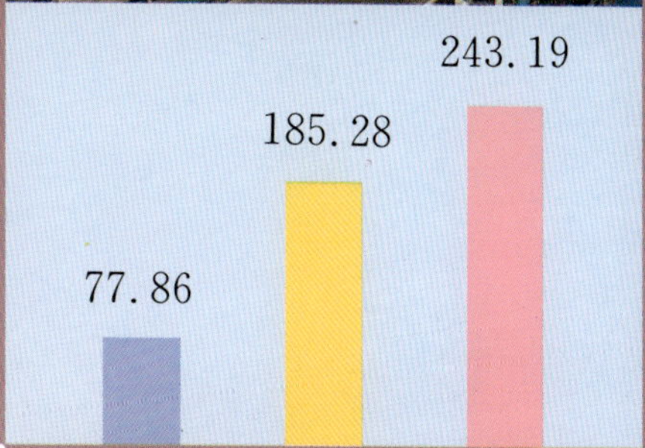

家用洗衣机(万台)

1985　1992　1993

主要工业产品产量(一)

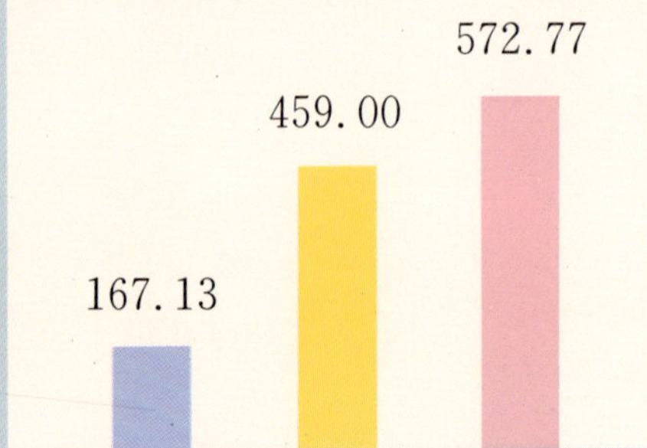

发电量(亿千瓦小时)

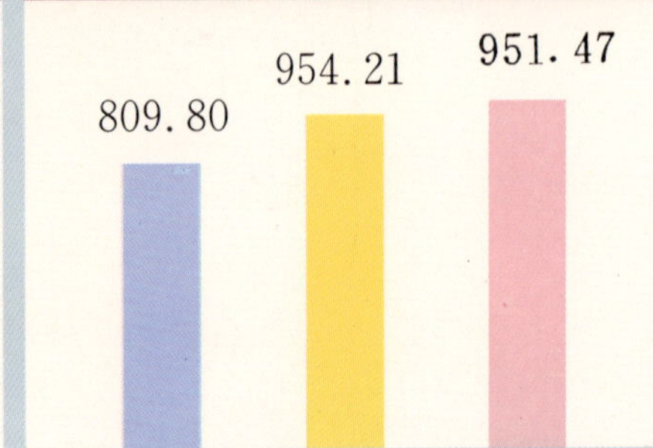

原煤(万吨)

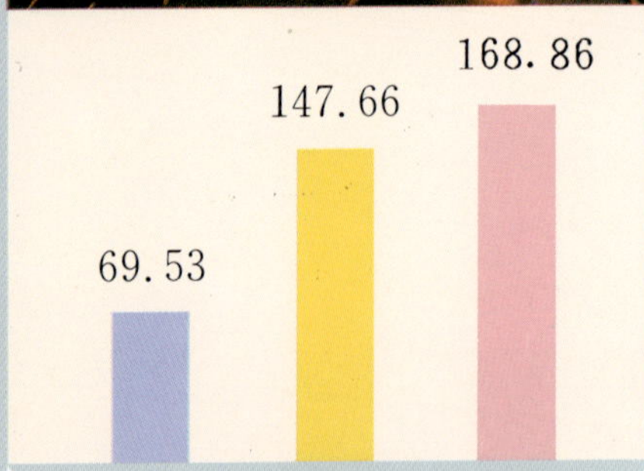

钢(万吨)

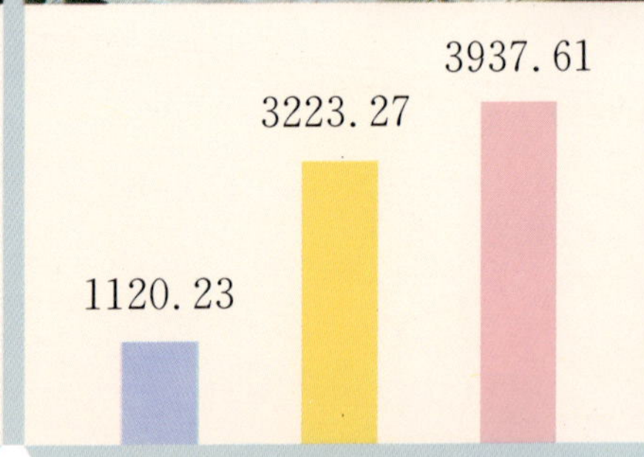

水泥(万吨)

1985　1992　1993

货物周转量和旅客周转量

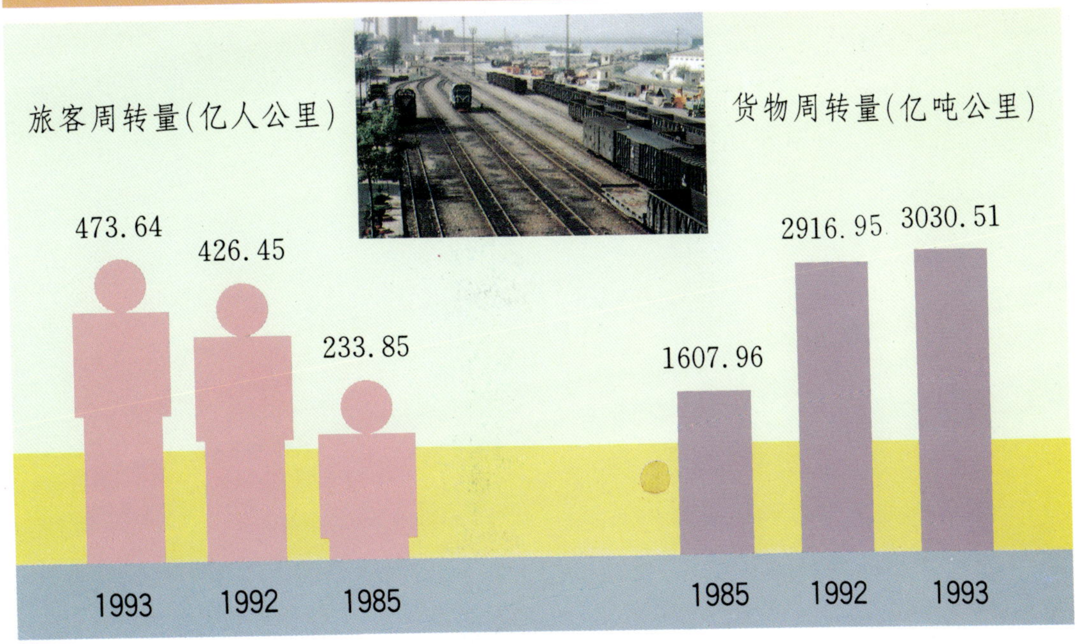

沿海主要港口货物吞吐量 (万吨)

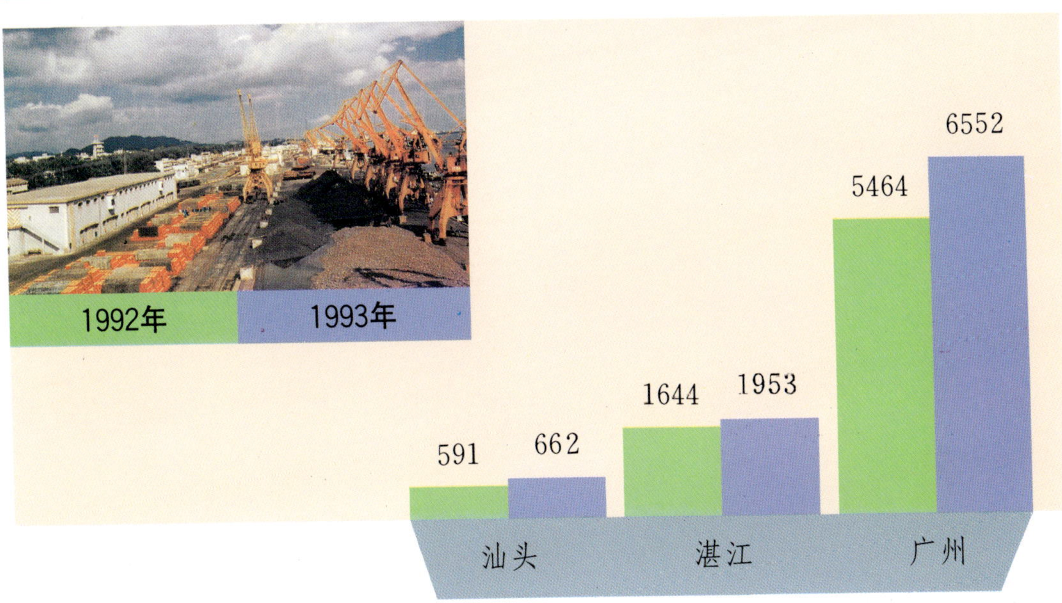

财 政 收 支（亿元）

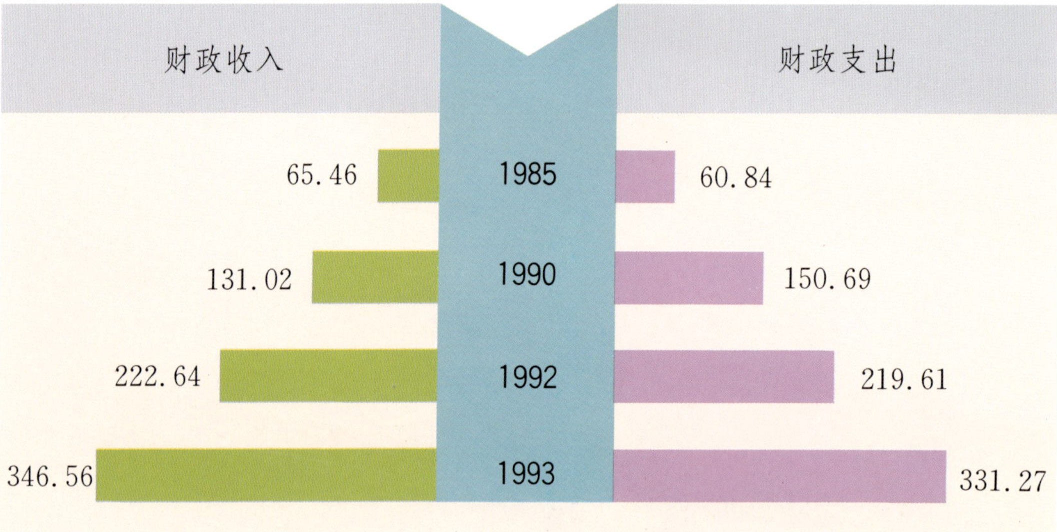

城乡居民储蓄存款余额及构成

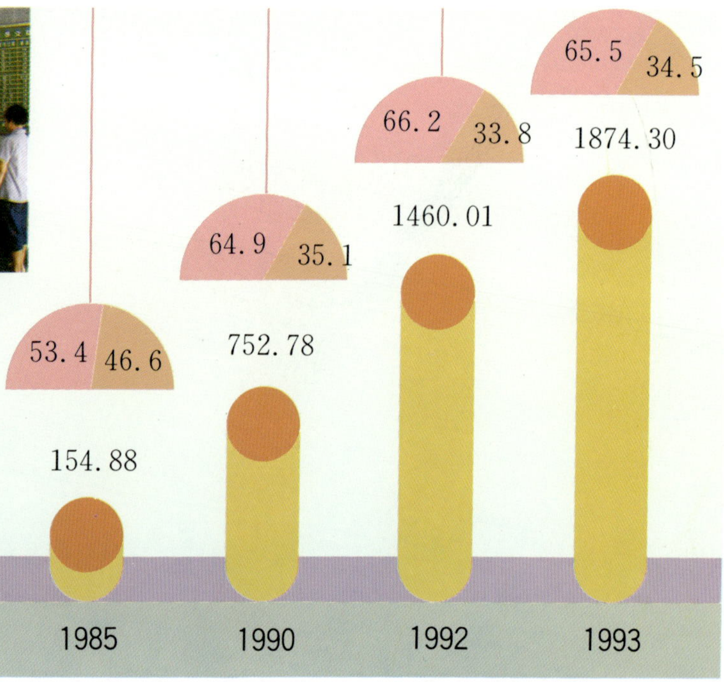

社会商品零售总额 （亿元）

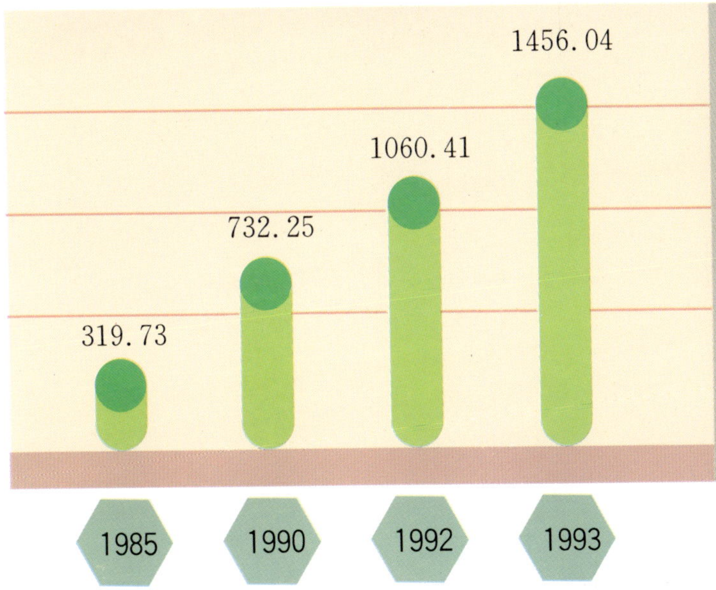

全社会固定资产投资总额及构成

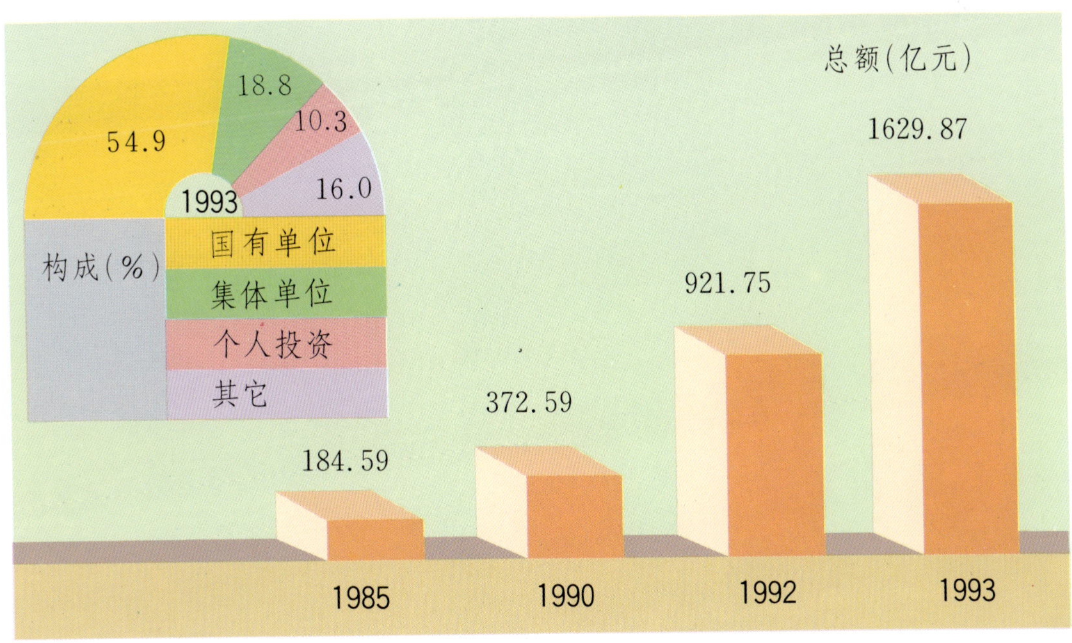

外贸进、出口总额（亿美元）

经济特区实际利用外资

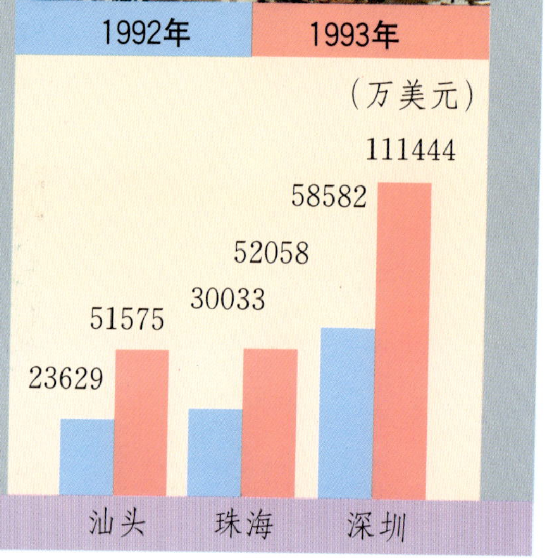

接待国外及港澳台旅游人数（万人次）

（专业旅游部门接待）

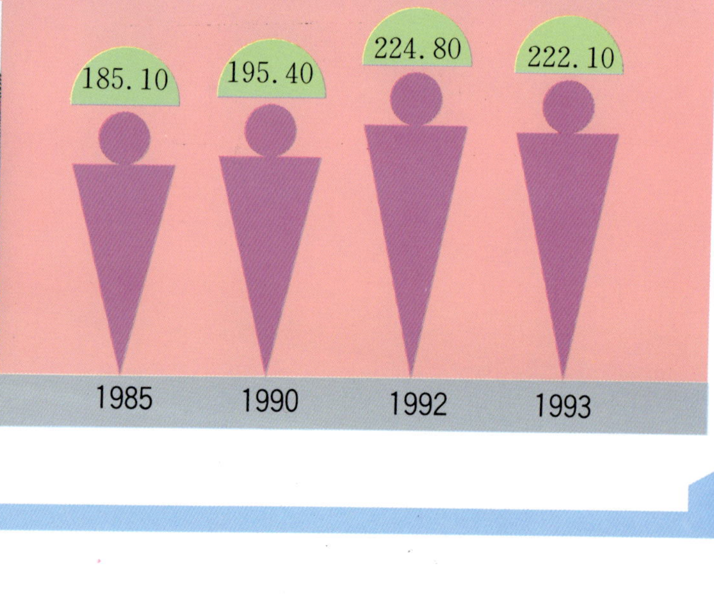

各级学校在校学生数（万人）

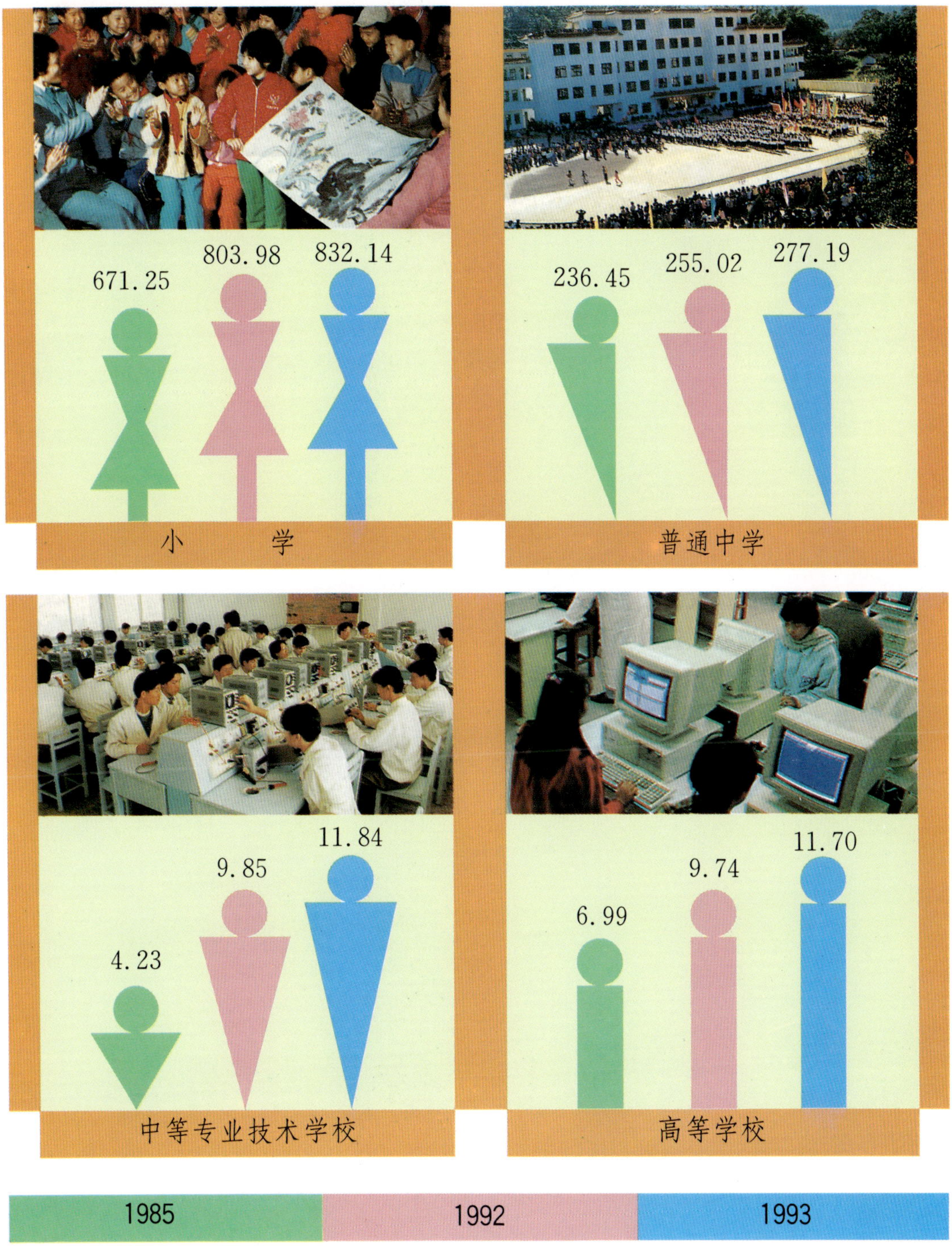

卫生技术人员数和医院病床数

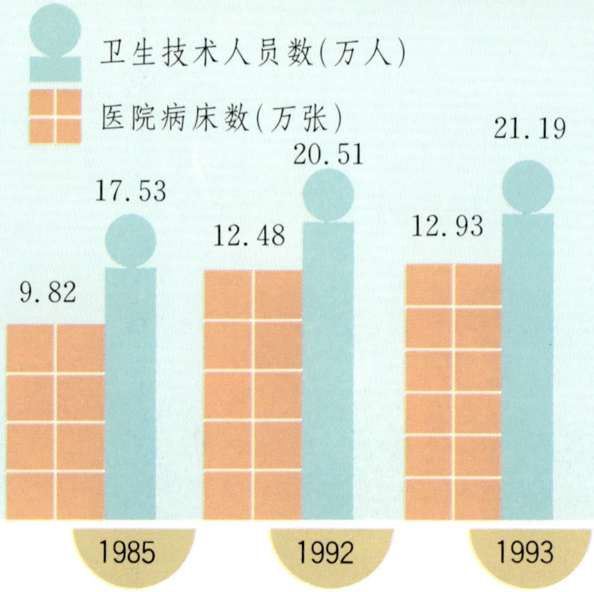

报纸出版数和图书出版数

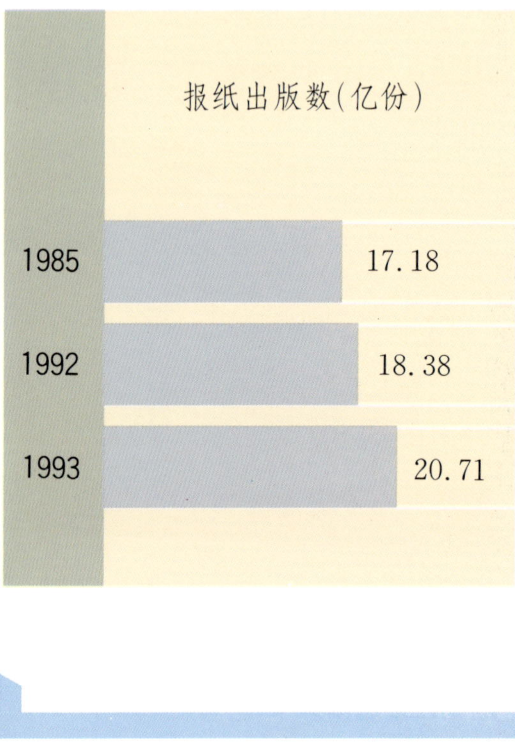

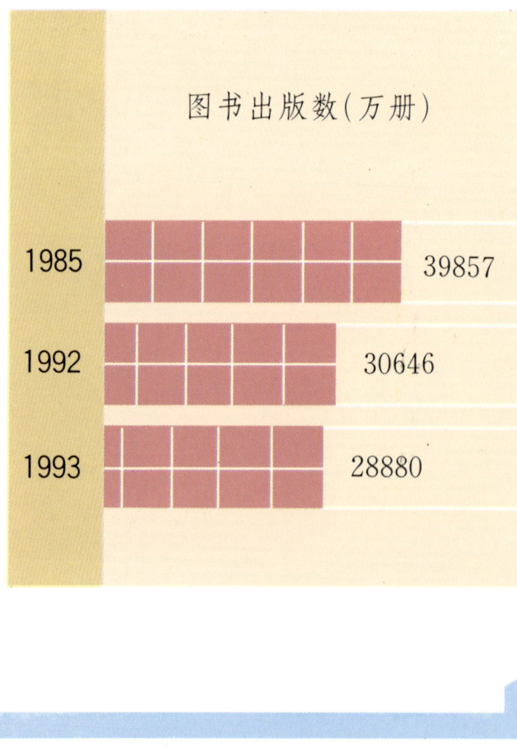

城镇居民家庭人均生活费收支

1993年
生活费支出构成(%)

吃	48.9
穿	7.1
用	26.5
烧	2.8
非商品支出	14.7

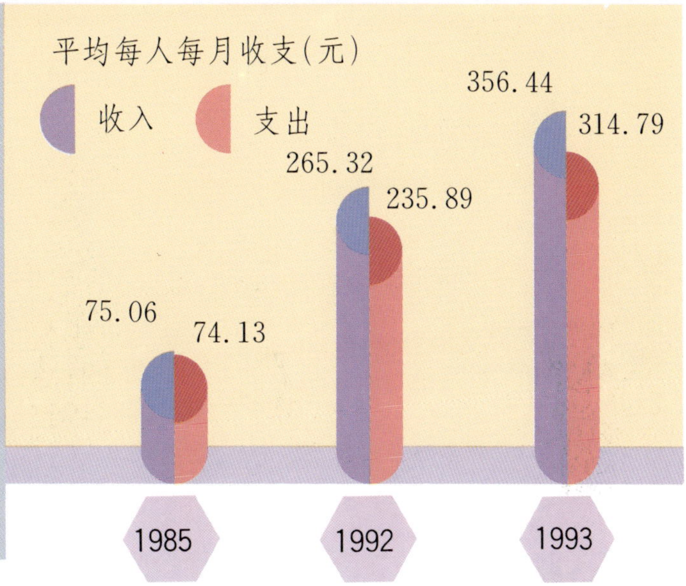

农民家庭纯收入及生活费支出

1993年
生活消费品支出构成(%)

吃	60.8
穿	4.8
用	18.6
烧	4.8
住	11.0

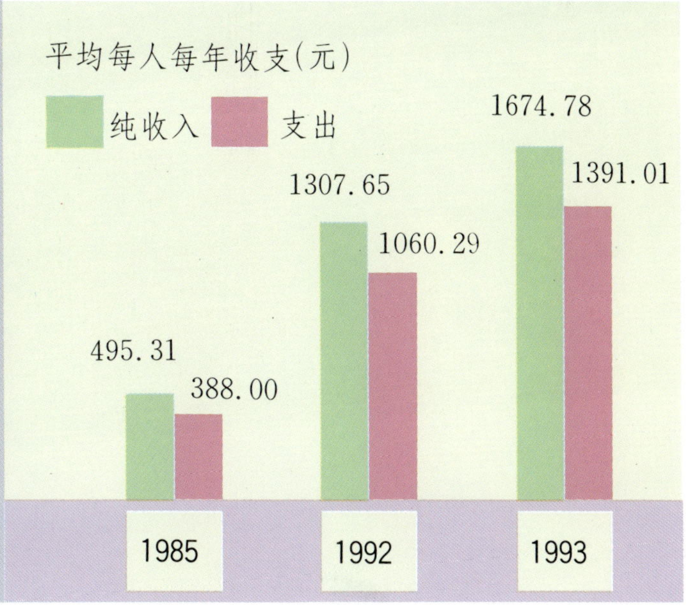

全省总人口和自然增长率

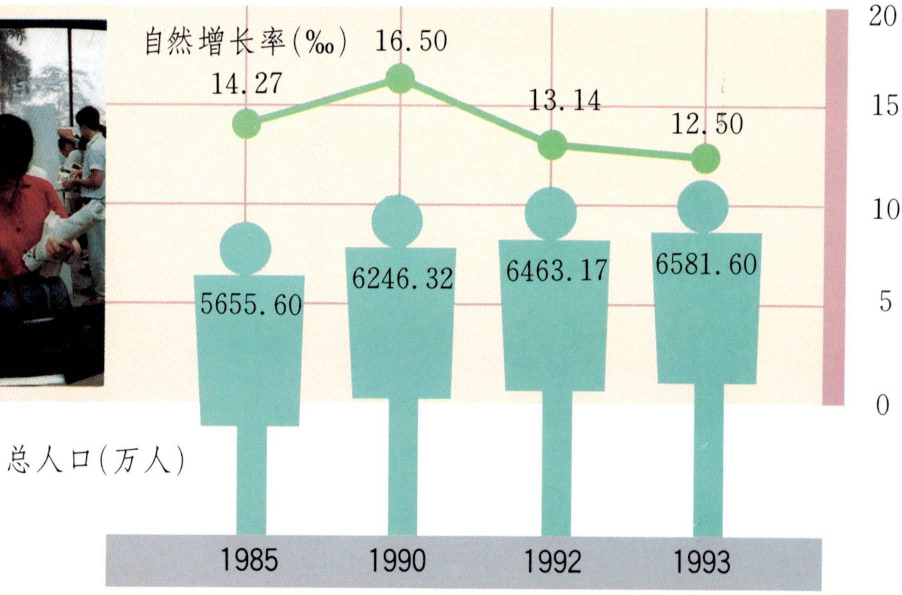

从业人员数及构成

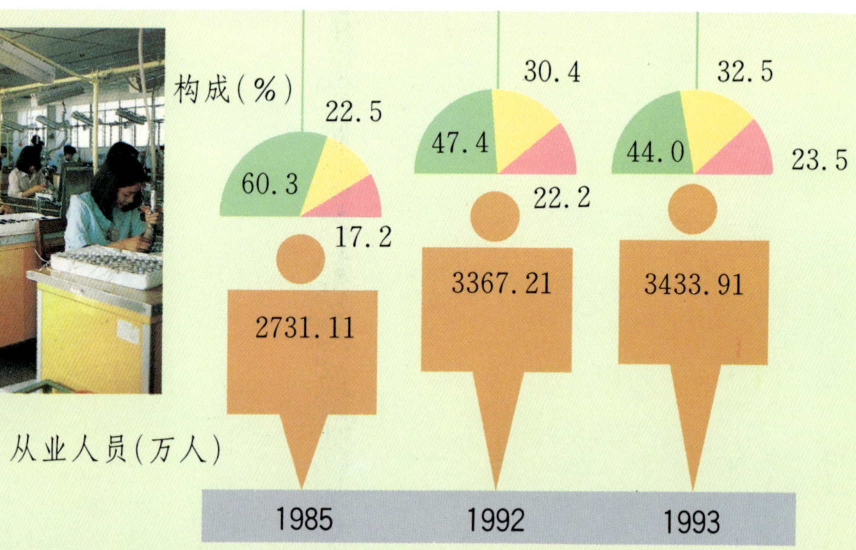

第一产业　第二产业　第三产业

第三部分　统计资料

一、综　　　　　合

1-1 行政区划

单位：个

市别	地级市	县级市	县	自治县	市辖区	所辖镇
全省合计	20	18	58	3	40	1 462
广州	1	3	1		8	76
深圳	1				5	19
珠海	1		1		1	20
汕头	1	1	2		4	44
韶关	1		7	1	3	112
河源	1		5		1	88
梅州	1		7		1	148
惠州	1		4		1	74
汕尾	1		3		1	50
东莞	1					29
中山	1					24
江门	1	4	1		2	89
佛山	1	3	1		2	39
阳江	1		3		1	44
湛江	1	1	4		4	100
茂名	1	1	3		1	105
肇庆	1	4	6		2	181
清远	1		5	2	1	104
潮州	1		2		1	45
揭阳	1	1	3		1	71

注：本行政区划截止1993年底。

1-2 人口与自然资源

项目	单位	1993年	项目	单位	1993年
一、人口			**四、森林**		
年底总人口	万人	6 581.60	林木蓄积量	亿立方米	2.4
人口密度	人/平方公里	369.96	森林覆盖率	%	53.6
二、土地			**五、水力、水产**		
土地面积	平方公里	177 901	水力资源理论蕴藏量	万千瓦	1 072.8
#丘陵山地	平方公里	111 035	#可开发装机容量	万千瓦	665.5
台地	平方公里	24 012	大陆海岸线总长度	公里	3 368
平原	平方公里	41 708	海水养殖可养面积	万亩	180
耕地面积	万亩	3 525.58	淡水养殖可养面积	万亩	450
三、气候			**六、矿产**		
年平均降水量	毫米	2 038.0	煤保有储量	万吨	66 814.8
年平均气温	摄氏度	21.6℃以上	铁矿石保有储量	万吨	59 952.3
年日照时数	小时	1 745.2	硫铁矿保有储量	万吨	46 634.7

1-3 国民经济主要指标

指　　标	单位	1978年	1980年	1985年	1990年	1992年	1993年
一、人口与劳动力							
年底总人口	万人	5 064.15	5 227.67	5 655.60	6 246.32	6 463.17	6 581.60
年底从业人员人数	万人	2 275.95	2 367.78	2 731.11	3 118.10	3 367.21	3 433.91
#职工人数	万人	515.85	563.62	660.82	785.49	858.12	877.16
二、经济总量指标							
社会总产值	亿元	350.31	443.34	1 046.79	3 093.90	5 340.43	7 888.88
工农业总产值	亿元	273.98	316.23	657.71	2 496.83	4 016.49	5 358.10
国内生产总值	亿元	184.73	245.71	553.05	1 471.84	2 293.54	3 225.30
第一产业	亿元	55.31	82.97	171.87	384.59	465.83	559.67
第二产业	亿元	85.68	100.97	225.44	587.04	1 053.63	1 625.29
第三产业	亿元	43.74	61.77	155.74	500.21	774.08	1 040.34
国民收入	亿元	160.78	217.61	467.27	1 132.21	1 793.59	2 572.84
三、农　　业							
1.农村社会总产值	亿元	125.70	185.87	436.45	1 304.21	2 166.41	3 237.16
#工　　业	亿元	25.83	35.89	101.67	498.89	1 048.23	1 727.53
2.农业总产值	亿元	74.33	81.88	152.63	589.49	663.69	689.05
3.农业商品率	%	43.7	47.2	60.7	67.0	69.3	71.2
4.主要农产品产量							
粮　　食	万吨	1 509.51	1 681.91	1 604.37	1 896.29	1 810.40	1 629.11
花　　生	万吨	35.17	50.00	57.07	57.95	60.30	66.02
糖　　蔗	万吨	835.42	834.73	1 831.40	2 093.46	2 271.06	1 603.11
水　　果	万吨	29.40	29.10	116.28	328.58	453.62	402.44
猪　　肉	万吨	48.09	62.62	97.59	145.35	166.22	173.89
水 产 品	万吨	65.50	63.34	109.44	207.66	251.06	280.75
造林面积	万亩	452.00	556.00	918.00	467.93	340.50	167.10
四、工　　业							
1.工业总产值	亿元	199.65	234.35	505.08	1 907.34	3 352.80	4 669.05
轻 工 业	亿元	114.43	147.59	341.08	1 317.01	2 257.70	3 099.77
重 工 业	亿元	85.22	86.76	164.00	590.33	1 095.10	1 569.28
2.主要工业产品产量							
布	亿米	2.27	2.54	2.46	4.59	5.90	8.93
机制纸及纸板	万吨	27.47	30.50	52.63	104.13	134.20	216.20

注：1.本表社会总产值、国内生产总值、国民收入均按当年价格计算。2.工、农业总产值，1978、1980年为1970年不变价格，1985年为1980年不变价格，1990、1992、1993年为1990年不变价格。

1—3　续表1

指　　　　标	单位	1978年	1980年	1985年	1990年	1992年	1993年
糖(包土糖)	万吨	96.15	76.48	143.52	184.50	227.50	200.93
自行车	万辆	62.25	104.21	205.10	296.30	591.90	611.05
缝纫机	万架	45.06	65.10	160.00	97.05	120.91	97.82
家用电冰箱	万台		0.26	23.54	105.75	126.92	123.70
家用洗衣机	万台		2.42	77.86	143.01	185.28	243.19
电视机	万台	1.72	9.08	108.43	327.60	432.04	583.55
#彩　电	万台			78.99	262.37	367.04	421.89
录音机	万台			499.73	1 626.91	2 134.30	6 089.53
照相机	万架			18.68	99.30	410.80	
电风扇	万台		137.87	1 310.00	3 262.98	4 435.11	4 186.83
发电量	亿千瓦时	92.32	108.94	167.13	343.98	459.00	572.77
原　煤	万吨	1 046.96	801.69	8 09.80	889.76	954.21	951.47
原　油	万吨	10.22	8.10	10.02	49.05	285.69	350.97
生　铁	万吨	49.48	44.55	62.42	80.64	104.01	122.63
钢	万吨	35.84	40.15	69.53	116.96	147.66	168.86
成品钢材	万吨	43.67	45.22	78.76	133.74	168.59	190.94
水　泥	万吨	369.08	386.57	1 120.23	2 070.91	3 223.27	3 937.61
3.国有独立核算工业企业全员劳动生产率	元/人	10 249	10 765	17 410	43 060	57 808	
4.国有独立核算工业财务指标							
年底固定资产原值	亿元	96.06	107.27	203.80	488.36	751.42	856.85
年底固定资产净值	亿元	66.63	74.23	135.57	359.43	550.09	631.99
资金总额	亿元	104.06	111.74	205.92	546.72	817.27	
定额流动资金平均余额	亿元	37.43	37.51	70.35	187.29	267.18	
利税总额	亿元	26.09	28.34	66.36	84.35	131.24	169.40
五、运输、邮电							
1.货物周转量	亿吨公里	1 038.88	1 412.67	1 607.96	2 214.38	2 916.95	3 030.51
#铁　路	亿吨公里	82.67	84.86	112.90	179.53	239.34	261.91
公　路	亿吨公里	9.23	8.09	5.54	6.12	7.70	8.17
水　运	亿吨公里	946.77	1 318.01	1 483.88	2 021.34	2 659.48	2 749.24
空　运	亿吨公里	0.07	0.10	0.37	0.90	1.41	1.70

1—3　续表2

指　　　　标	单位	1978年	1980年	1985年	1990年	1992年	1993年
2.旅客周转量	亿人公里	75.89	113.62	233.85	301.08	426.45	473.64
铁　路	亿人公里	18.35	28.52	52.57	82.57	131.99	161.05
公　路	亿人公里	40.89	62.71	142.22	157.02	191.02	203.83
水　运	亿人公里	13.37	17.11	18.40	17.92	22.38	21.36
空　运	亿人公里	3.28	5.28	20.66	43.57	81.05	87.40
3.沿海主要港口货物吞吐量	万吨	2 786	3 075	5 073	6 895	9 010	10 753
4.邮电业务总量(1990年不变价)	亿元	1.59	1.86	3.63	26.30	57.06	93.73
六、固定资产投资							
1.全社会固定资产投资总额	亿元	27.23	38.29	184.59	372.59	921.75	1 629.87
#国有单位投资	亿元	20.04	25.72	131.11	272.18	603.29	895.50
#基本建设投资	亿元	17.85	22.05	94.07	175.43	338.69	546.63
更新改造投资	亿元	2.19	3.67	32.31	59.10	128.57	183.87
集体所有制单位投资	亿元	0.84	1.68	24.18	53.81	209.32	305.71
2.国有单位新增固定资产	亿元	18.24	18.41	84.45	205.08	371.92	489.67
3.固定资产交付使用率	%			64.40	75.30	61.60	54.70
七、国内商业							
1.国合商业商品纯购进总额	亿元	108.41	143.41	267.39	554.30	590.85	688.91
#工 业 品	亿元	80.53	99.19	210.52	436.08	481.17	565.18
农副产品	亿元	27.06	42.66	52.19	109.93	98.92	108.02
2.社会商品零售总额	亿元	93.41	136.94	319.73	732.25	1 060.41	1 456.04
消费品零售额	亿元	77.24	117.47	289.23	667.36	984.16	1 371.02
农业生产资料	亿元	16.17	19.47	30.50	64.89	76.25	85.02
八、物价总指数(**上年价格为**100)							
农副产品收购价格总指数	%	101.7	110.9	114.9	90.3	103.1	117.3
零售物价总指数	%	100.4	108.5	113.6	95.6	105.8	118.2
职工生活费用价格总指数	%	100.3	109.5	117.1	97.4	108.4	122.0
九、外贸、外经							
外贸进出口总额	亿元	15.92	25.51	53.79	163.09	296.19	469.26
外贸出口总额	亿美元	13.88	21.95	29.53	105.60	184.40	270.27
#贸易出口	亿美元	13.86	21.06	24.50	61.75	91.84	102.33
“三资”企业出口	亿美元			2.21	37.24	81.59	103.47

注:外贸进出口总额:1993年按全额口径统计,1978—1992年按计划口径统计,增长数按可比口径计算。

1—3 续表3

指标	单位	1978年	1980年	1985年	1990年	1992年	1993年
进口总额	亿美元	2.04	3.56	24.26	57.49	111.79	198.99
实际利用外资	亿美元		2.14	9.19	20.23	48.61	96.52
旅游外汇收入	亿美元				7.17	11.23	11.11
十、财政金融							
财政收入	亿元	39.46	36.10	65.46	131.02	222.64	346.56
财政支出	亿元	27.03	24.93	60.84	150.69	219.61	331.27
银行存款余额	亿元	68.03	88.78	303.70	1 141.19	2 376.92	2 483.82
银行贷款余额	亿元	103.55	156.36	498.52	1 267.21	1 813.88	2 235.42
十一、人民生活							
工资总额	亿元	30.59	42.83	88.91	223.29	334.61	455.33
平均货币工资	元	615	789	1 393	2 929	4 027	5 327
居民消费水平	元	196	292	506	972	1 420	1 934
农　　民	元	152	234	394	715	935	1 256
非农业居民	元	410	554	919	1 768	2 839	3 755
城镇居民人均生活费收入	元	402	462	901	2 135	3 184	4 277
农民人均纯收入	元	193	274	495	1 043	1 308	1 675
城乡居民储蓄存款余额	亿元	17.56	31.89	154.88	752.78	1 460.01	1 874.30
十二、教育文化							
1.在校学生数							
高等学校	万人	3.07	4.10	6.99	9.59	9.74	11.70
中等专业技术学校	万人	2.34	2.78	4.23	9.00	9.85	11.84
普通中学	万人	313.32	252.11	236.45	234.03	255.02	277.19
小　　学	万人	743.02	748.86	671.25	747.29	803.98	832.14
2.出版数量							
图　　书	亿册	1.72	1.68	3.99	2.81	3.06	2.89
杂　　志	万册	1 519.20	1 927.00	12 767.90	11 324.90	17 812.00	19 398.00
报　　纸	亿份	3.19	4.88	17.18	13.81	18.38	20.71
十三、卫　　生							
医院床位数	万张	8.41	8.50	9.82	11.41	12.48	12.93
卫生技术人员	万人	12.66	14.45	17.53	19.48	20.51	21.19
#医　　生	万人	4.79	5.51	6.56	8.11	8.64	9.01

1-4 国民经济主要指标发展速度

单位：%

指　　　　标	1993年为以下各年%				平均每年增长%		
	1978年	1980年	1990年	1992年	1979—1993年	1981—1993年	1991—1993年
一、人口与劳动力							
年底总人口	130.0	125.9	105.4	101.8	1.7	1.8	1.8
年底从业者人数	150.9	145.0	110.1	102.0	2.8	2.9	3.3
#职工人数	170.0	155.6	111.7	102.2	3.6	3.5	3.7
二、经济总量指标							
社会总产值	1 102.7	906.4	209.8	131.2	17.4	18.5	28.0
#工农业总产值	1 200.3	1 040.0	214.6	133.4	18.0	19.7	29.0
国内生产总值	700.7	560.2	175.0	122.3	13.9	14.2	20.5
第一产业	267.7	222.7	114.2	102.6	6.8	6.3	4.5
第二产业	1 057.2	867.9	225.9	136.0	17.0	18.1	31.2
第三产业	808.3	586.1	161.2	115.1	14.9	14.6	17.2
国民收入	676.9	540.2	182.9	125.3	13.6	13.9	22.3
三、农　　业							
1.农村社会总产值	1 176.6	963.6	224.7	141.5	17.9	19.0	31.0
#工　　业	4 973.6	3 465.9	326.2	160.0	29.8	31.4	48.3
2.农业总产值	267.5	242.9	116.9	103.8	6.8	7.1	5.3
3.主要农产品产量							
粮　　食	107.9	96.9	85.9	90.0	0.5	−0.2	−4.9
花　　生	187.7	132.0	113.9	109.5	4.3	2.2	4.4
糖　　蔗	191.9	192.1	76.6	70.6	4.4	5.1	−8.5
水　　果	1 368.8	1 382.9	122.5	88.7	19.1	22.4	7.0
猪　　肉	361.6	277.7	119.6	104.6	8.9	8.2	6.2
水 产 品	428.6	443.2	135.2	111.8	10.2	12.1	10.6
造林面积	37.0	30.1	35.7	49.1	−6.4	−8.8	−29.1
四、工　　业							
1.工业总产值	1 738.1	1 480.7	244.8	139.3	21.0	23.0	34.8
轻 工 业	2 090.8	1 621.1	235.5	137.3	22.5	23.9	33.0
重 工 业	1 257.6	1 235.2	264.2	143.3	18.4	21.3	38.2
2.主要工业产品产量							
布	393.4	351.6	194.6	151.4	9.6	10.2	24.8
机制纸及纸板	787.0	708.9	207.6	161.1	14.7	16.3	27.6

1—4 续表1　　　　　　　　　　　　　　　　　　　　　　　　单位:%

指标	1993年为以下各年%				平均每年增长%		
	1978年	1980年	1990年	1992年	1979—1993年	1981—1993年	1991—1993年
糖(包土糖)	209.0	262.7	108.9	88.3	5.0	7.7	2.9
自行车	981.6	586.4	206.2	103.2	16.4	14.6	27.3
缝纫机	217.1	150.3	100.8	80.9	5.3	3.2	0.3
家用电冰箱		47 576.9	117.0	97.5		60.7	5.4
家用洗衣机		10 049.2	170.1	131.3		42.6	19.4
电视机	33 927.3	6 426.8	178.1	135.1	47.5	37.7	21.2
#彩电			160.8	114.9			17.2
录音机			374.3	285.3			55.3
照相机							
电风扇		3 036.8	128.3	94.4		30.0	8.7
发电量	620.4	525.8	166.5	124.8	12.9	13.6	18.5
原煤	90.9	118.7	106.9	99.7	−0.6	1.3	2.3
原油	3 434.1	4 333.0	715.5	122.8	26.6	33.6	92.7
生铁	247.8	275.3	152.1	117.9	6.2	8.1	15.0
钢	471.1	420.6	144.4	114.4	10.9	11.7	13.0
成品钢材	437.2	422.2	142.8	113.3	11.3	11.7	12.6
水泥	1 066.9	1 018.6	190.1	122.2	17.1	19.5	23.9
3.国有独立核算工业财务指标							
年底固定资产原值	892.1	798.8	175.5	114.9	15.7	17.3	20.6
年底固定资产净值	948.5	851.4	175.8	114.9	16.2	17.9	20.7
资金总额							
定额流动资金平均余额							
利税总额	649.3	597.7	200.8	129.1	13.3	14.7	26.2
五、运输邮电							
1.货物周转量	291.7	214.5	136.8	103.9	7.4	6.0	11.0
#铁路	316.8	308.6	145.9	109.4	8.0	9.1	13.4
公路	88.5	101.0	133.5	106.1	−0.8	0.1	10.1
水运	290.4	208.6	136.0	103.4	7.4	5.8	10.8
空运	2 428.6	1 700.0	188.9	120.6	23.7	24.4	23.6

1—4 续表2　　单位:%

指标	1993年为以下各年%				平均每年增长%		
	1978年	1980年	1990年	1992年	1979—1993年	1981—1993年	1991—1993年
2.旅客周转量	624.1	416.9	157.3	111.1	13.0	11.6	16.3
铁路	877.7	564.7	195.0	122.0	15.6	14.2	24.9
公路	498.5	325.0	129.8	106.7	11.3	9.5	9.1
水运	160.0	124.8	119.2	95.4	3.2	1.7	6.0
空运	2 664.6	1 655.3	200.6	107.8	24.5	24.1	26.1
3.沿海主要港口货物吞吐量	386.0	349.7	156.0	119.3	9.4	10.1	16.0
4.邮电业务总量	5 895.0	5 039.2	356.4	164.3	31.2	35.2	52.7
六、固定资产投资							
1.全社会固定资产投资总额	5 985.6	4 256.6	437.4	176.8	31.4	33.4	63.5
#国有单位投资							
#基本建设投资							
更新改造投资							
集体所有制单位投资							
2.国有单位新增固定资产							
七、国内商业							
1.国合商业商品纯购进总额	635.5	480.4	124.3	116.6	13.1	12.8	7.5
#工业品	701.8	569.8	129.6	117.5	13.9	14.3	9.0
农副产品	399.2	253.2	98.3	109.2	9.7	7.4	—0.5
2.社会商品零售总额	1 558.8	1 063.3	198.8	137.3	20.1	19.9	25.7
消费品	1 775.0	1 167.1	205.4	139.3	21.1	20.8	27.1
农业生产资料	525.8	436.7	131.0	111.5	11.7	12.0	9.4
八、物价总指数							
农副产品收购价格总指数	381.8	284.5	119.0	117.3	9.3	8.4	6.0
零售物价总指数	320.6	286.9	125.8	118.2	8.1	8.4	8.0
职工生活费用价格总指数	376.4	328.7	135.3	122.0	9.2	9.6	10.6
九、外贸、外经							
外贸进出口总额	2 215.0	1 382.3	216.2	119.1	22.9	22.4	29.3
外贸出口总额	1 471.1	930.3	193.4	110.7	19.6	18.7	24.6
#贸易出口	656.2	431.9	147.3	99.0	13.4	11.9	13.8
"三资"企业出口			277.8	126.8			40.6

1—4 续表3

单位:%

指标	1993年为以下各年%				平均每年增长%		
	1978年	1980年	1990年	1992年	1979—1993年	1981—1993年	1991—1993年
进口总额	7 276.0	4 169.3	258.2	132.8	33.1	33.2	37.2
实际利用外资		4 510.3	477.1	198.6		34.0	68.3
旅游外汇收入			154.9	98.9			15.7
十、财政金融							
财政收入	878.3	960.0	264.5	155.7	15.6	19.0	38.3
财政支出	1 225.6	1 328.8	219.8	150.8	18.2	22.0	30.0
银行存款余额	3 651.1	2 797.7	217.7	104.5	27.1	29.2	29.6
银行贷款余额	2 158.8	1 429.7	176.4	123.2	22.7	22.7	20.8
十一、人民生活							
工资总额	1 488.5	1 063.1	203.9	136.1	19.7	19.9	26.8
平均工资	866.2	675.2	181.9	132.3	15.5	15.8	22.1
居民消费水平	348.3	258.4	150.2	111.1	8.7	7.6	14.5
农民	322.7	224.7	134.8	108.7	8.1	6.4	10.5
非农业居民	283.2	247.7	158.0	108.9	7.2	7.2	16.5
城镇居民人均生活费收入	1 063.9	925.8	200.3	134.3	17.1	18.7	26.1
农民人均纯收入	867.9	611.3	160.6	128.1	15.5	14.9	17.1
城乡居民储蓄存款余额	10 673.7	5 877.4	249.0	128.4	36.5	36.8	35.5
十二、教育文化							
1.在校学生数							
高等学校	381.1	285.4	122.0	120.1	9.3	8.4	6.9
中等专业学校	506.0	425.9	131.6	120.2	11.4	11.8	9.6
普通中学	88.5	109.9	118.4	108.7	—0.8	0.7	5.8
小学	112.0	111.1	111.4	103.5	0.8	0.8	3.6
2.出版数量							
图书	168.0	172.0	102.8	94.4	3.5	4.3	0.9
杂志	1 276.9	1 006.6	171.3	108.9	18.5	19.4	19.6
报纸	649.2	424.4	150.0	112.7	13.3	11.8	14.5
十三、卫生							
医院床位数	153.7	152.1	113.3	103.6	2.9	3.3	4.3
卫生技术人员	167.4	146.6	108.8	103.3	3.5	3.0	2.8
#医生	188.1	163.5	111.1	104.3	4.3	3.9	3.6

1—5 国民经济主要指

（1993年，累

指　　　　　标	单 位	1月	1—2月	1—3月	1—4月
工业总产值(1990年不变价)	亿元	207.67	457.72	735.25	1 022.96
#出口产品产值	亿元	57.48	131.43	209.76	293.23
工业销售产值(1990年不变价)	亿元	183.49	422.32	690.64	972.70
按轻重工业分					
轻　工　业	亿元	125.71	287.03	465.02	651.63
重　工　业	亿元	59.49	135.29	225.63	321.07
按经济类型分					
#国有经济单位	亿元	74.44	169.51	272.96	375.05
集体经济单位	亿元	52.34	115.48	190.90	269.72
工业增加值(现行价格)	亿元		117.90	193.52	271.04
国有经济单位固定资产投资额	亿元			95.38	146.89
#基本建设	亿元		25.41	56.97	89.30
更新改造	亿元		6.52	16.29	24.50
国有经济单位基建新增固定资产	亿元		0.79	4.41	9.60
工资总额	亿元		57.92	88.48	119.36
财政收入	亿元	18.70	40.39	64.43	89.83
财政支出	亿元	10.19	20.72	37.28	57.63
银行存款余额	亿元	2 520.59	2 646.30	2 644.90	2 704.76
银行贷款余额	亿元	1 836.76	1 901.20	1 880.66	1 961.67
城乡居民储蓄存款余额	亿元	1 563.02	1 665.26	1 678.78	1 695.90
外贸出口总额	亿美元	5.97	18.35	34.00	46.97
#贸易出口	亿美元	3.77	10.78	18.25	24.35
“三资”企业出口	亿美元	1.97	6.99	14.58	20.97
外贸进口总额	亿美元				
实际利用外资	亿美元	3.79	9.20	16.13	20.92
货物周转量	亿吨公里	233.24	439.54	673.26	969.76
旅客周转量	亿人公里	21.12	73.30	120.25	155.00
发　电　量	亿千瓦时	34.72	69.99	110.18	150.22
社会商品零售总额	亿元	104.49	206.68	311.01	419.10
全社会零售物价总指数	%	111.9	111.8	113.0	113.6
职工生活费用价格总指数	%	115.3	114.4	115.2	115.7
独立核算工业主要经济效益指标					
经济综合效益指数	%		96.3	101.2	103.8
产品销售率	%		93.4	94.7	95.4
资金利税率	%		10.4	11.2	11.5
净产值率	%		25.9	25.6	25.8
成本利润率	%		5.5	5.8	6.1
净产值现价劳动生产率	元/人		15 533	16 672	17 547

注：1.工业总产值为乡及乡以上。2.1—12月累计数不等于年报数。3.国有单位固定资产投资额不含商品房及其他部分。

标 分 月 变 化 情 况

计绝对数)

1－5月	1－6月	1－7月	1－8月	1－9月	1－10月	1－11月	1－12月
1 324.89	1 648.58	1 953.32	2 263.90	2 574.45	2 892.68	3 227.84	3 658.83
383.66	480.09	574.19	674.57	773.83	882.19	985.48	1 136.24
1 267.34	1 578.73	1 870.93	2 166.23	2 461.84	2 764.50	3 089.64	3 527.48
851.72	1 062.86	1 256.41	1 453.38	1 651.02	1 854.08	2 063.58	2 354.85
415.62	515.87	614.52	712.84	810.82	910.41	1 026.06	1 172.63
477.41	583.27	678.49	777.45	877.82	980.53	1 081.63	1 213.24
361.50	457.07	546.16	632.18	719.47	806.22	905.79	1 042.20
350.56	436.13	566.72	684.01	802.92	851.57	843.17	950.59
205.35	287.27	365.94	433.58	490.88	615.04	700.05	
123.15	170.87	218.56	258.57	288.68	365.20	414.69	570.89
34.68	48.14	66.00	72.34	83.19	105.29	120.34	196.29
12.47	18.62	27.20	37.11	40.09	68.75	81.93	199.92
149.55	182.75	215.22	247.29	284.73	318.54	353.94	
113.72	138.50	164.73	189.63	216.94	252.50	288.02	346.25
78.14	100.82	122.72	144.93	175.27	207.07	245.90	334.20
2 752.46	2 705.13	2 681.73	2 651.90	2 652.53	2 675.13	2 710.90	2 719.79
1 986.47	1 989.86	2 000.86	2 016.34	2 038.15	2 076.33	2 143.67	2 237.34
1 718.56	1 745.09	1 782.53	1 809.23	1 835.38	1 864.17	1 879.60	1 874.51
64.72	81.85	97.84	117.51	131.79	150.69	172.51	200.35
33.34	42.15	48.73	57.01	63.27	71.33	82.77	90.05
28.41	35.90	44.62	55.24	62.21	72.68	81.20	100.52
25.50	37.86	39.45	51.45	58.19	68.23	78.70	96.52
1 198.77	1 444.20	1 696.64	1 949.40	2 222.26	2 474.54	2 748.22	3 002.64
189.92	227.35	268.24	290.19	328.51	368.99	415.85	453.04
192.38	234.96	292.00	342.75	392.79	442.54	489.55	549.39
531.32	645.07	760.46	878.30	999.66	1 138.99	1 251.81	1 402.60
114.8	116.0	116.9	117.4	117.6	117.9	118.2	118.6
116.9	118.4	119.6	120.3	120.6	121.2	121.7	122.2
107.9	110.60				190.6	111.5	121.3
96.0	95.9	95.9	95.5	95.3	95.4	95.5	96.1
12.2	12.6	12.9	12.3	12.2	12.2	11.7	13.1
25.9	26.2	28.7	29.6	30.3	28.5	25.1	25.2
6.6	6.7	6.1	6.2	6.3	6.3	6.5	6.2
18 242	18 668	21 511	22 724	23 577	22 357	19 910	22 286

4. 1－7月起净产值率、净产值现价劳动生产率、成本利润率改为增加值率、增加值现价劳动生产率、成本费用利润率。

1—6 国民经济主要指

（1993年，比上

指　　标	1月	1—2月	1—3月	1—4月
工业总产值	12.3	30.3	32.0	34.0
工业销售产值	11.0	34.1	38.9	41.1
按轻重工业分				
轻　工　业	9.1	31.6	36.4	39.1
重　工　业	15.2	39.7	44.5	45.2
按经济类型分				
#国有经济单位	0.8	22.8	23.4	24.2
集体经济单位	16.7	34.5	40.7	43.5
工业增加值				43.6
国有经济单位基本建设投资		89.5	108.1	111.6
国有经济单位更新改造投资		107.7	89.3	99.2
国有经济单位基建新增固定资产		92.4	233.8	346.7
工资总额		25.3	27.1	28.3
财政收入	14.2	26.4	30.1	29.4
财政支出	−2.3	27.1	29.1	30.8
银行存款余额	6.1	11.3	11.3	13.8
银行贷款余额	1.3	4.8	3.7	8.2
城乡居民储蓄存款余额	7.0	14.1	15.0	16.2
外贸出口总额	−25.7	1.7	9.0	6.6
#贸易出口	−29.4	2.7	−0.6	−4.2
"三资"企业出口	−12.1	13.4	36.7	34.1
外贸进口总额			73.8	
实际利用外资	6.8	59.8	86.9	101.2
货物周转量	0.9	−8.7	−1.4	1.9
旅客周转量	28.3	15.2	16.7	11.1
发　电　量	4.5	14.2	13.5	15.5
社会商品零售总额	34.3	29.1	29.3	31.2
全社会零售物价总指数	11.9	11.8	13.0	13.6
职工生活费用价格总指数	15.3	14.4	15.2	15.7
独立核算工业主要经济效益指标				
经济综合效益指数		12.3	16.9	15.8
产品销售率			4.5	3.9

注：1.存、贷款余额及城乡居民储蓄存款余额与上年末对比。2.增加值指标的速度是以不变价销售产值计算。

标分月变化情况

年同期增长%）

1—5月	1—6月	1—7月	1—8月	1—9月	1—10月	1—11月	1—12月
35.1	36.2	36.2	36.0	35.5	34.0	33.4	34.2
40.8	39.8	38.8	37.0	36.1	34.8	34.5	36.3
39.8	39.3	38.1	36.5	36.0	34.6	34.2	36.5
43.0	41.1	40.1	38.2	36.3	35.1	35.0	35.7
22.9	20.9	18.3	16.7	16.5	16.3	16.3	17.5
46.9	47.3	48.0	46.1	45.1	43.0	42.9	46.3
44.1	44.9						
100.2	95.3	98.2	96.1	79.8	92.7	82.7	66.8
106.6	105.5	117.4	93.7	82.8	79.3	70.6	64.7
115.9	68.5	107.2	112.5	63.7	133.0	114.5	24.5
28.7	29.2	29.8	30.3	31.1	30.8	31.0	
30.1	29.7	31.0	32.8	36.0	40.0	45.7	56.4
30.9	30.1	28.8	26.3	30.2	34.8	39.1	51.9
15.8	13.8	12.8	11.4	11.6	12.6	14.1	14.4
9.5	9.7	10.3	11.2	12.4	14.5	18.2	23.4
17.7	19.5	22.1	23.9	25.7	27.7	28.7	28.4
12.3	7.0	5.3	7.6	5.6	5.5	8.1	8.6
2.3	0.1	−2.8	1.2	−2.1	−2.2	1.6	−2.0
33.7	20.8	19.7	19.5	17.8	17.1	17.0	23.2
71.9	102.4	110.3	96.6	80.9	87.5	97.3	98.6
0.8	−1.4	0.6	0.3	2.1	1.4	3.0	3.8
9.5	9.9	13.5	5.8	3.7	11.3	9.9	11.2
14.3	12.5	15.7	16.7	17.5	18.5	19.2	22.2
33.1	33.6	34.1	34.1	34.0	35.6	33.4	34.4
14.8	16.0	16.9	17.4	17.6	17.9	18.2	18.6
16.9	18.4	19.6	20.3	20.6	21.2	21.7	22.2
20.1	20.5				95.8	16.7	26.1
3.7	2.7	2.0	1.0	0.7	0.5	0.8	0.9

1-7 平均每天主要社会经济活动

项　　目	单位	1978年	1980年	1985年	1990年	1992年	1993年
一、每天创造的财富							
国内生产总值	亿元	0.51	0.67	1.52	4.03	6.28	8.84
国民收入	亿元	0.44	0.60	1.28	3.10	4.91	7.05
社会总产值	亿元	0.96	1.21	2.87	8.48	14.88	21.61
工农业总产值	亿元	1.44	1.64	2.96	6.84	11.00	14.68
农业总产值	亿元	0.71	0.78	1.11	1.62	1.82	1.89
工业总产值	亿元	0.74	0.86	1.84	5.23	9.19	12.79
财政收入	亿元	0.11	0.10	0.18	0.36	0.61	0.94
发电量	亿千瓦时	0.25	0.30	0.46	0.94	1.26	1.57
原煤	万吨	2.87	2.20	2.22	2.44	2.61	2.61
原油	万吨			0.03	0.13	0.78	0.96
布	万米	62.19	69.59	67.40	125.75	161.75	244.66
机制纸及纸板	万吨	0.08	0.08	0.14	0.29	0.37	0.59
啤酒	万吨			0.04	0.11	0.18	0.21
生铁	万吨	0.14	0.12	0.17	0.22	0.28	0.34
钢	万吨	0.10	0.11	0.19	0.32	0.40	0.46
彩色电视机	万台			0.22	0.72	1.01	1.16
家用电冰箱	万台			0.06	0.29	0.35	0.34
二、每天消费(销售)量							
消费品零售额	万元	2 116.04	3 218.38	7 924.12	18 283.73	26 963.25	37 562.19
平均每人消费额	元	0.42	0.62	1.40	2.93	4.17	5.71
粮食	万吨	0.59	0.80	1.27	1.55	1.43	1.37
猪和猪肉	万头	1.80	3.01	3.34	4.13	5.75	5.86
食用植物油	万吨	0.01	0.02	0.05	0.07	0.06	0.07
水产品	吨	1 006.82	1 081.39	931.54	1 662.52	2 162.00	2 241.10
鲜蛋	吨	51.53	105.79	166.97	431.43	612.28	650.15
电视机零售量	百台	1.02	1.38	14.78	15.53	10.37	11.41
电冰箱零售量	百台	0.39	1.03	3.67	9.00	6.19	8.68
洗衣机零售量	百台	1.69	3.07	6.76	9.33	10.02	14.57
自行车零售量	万辆	0.17	0.25	0.50	0.65	0.57	0.56
三、每天其他经济活动							
客运量	万人	45.58	58.75	105.78	93.57	114.16	125.07
货运量	万吨	41.65	38.91	41.11	51.48	64.28	68.51
固定资产投资额	亿元	0.07	0.10	0.50	1.02	2.53	4.47
全社会住宅竣工面积	万平方米	4.30	6.81	10.61	15.27	26.04	14.83
四、每天人口变动							
出生	万人	0.30	0.32	0.32	0.38	0.34	0.33
死亡	万人	0.07	0.08	0.10	0.10	0.11	0.10

注:本表工农业总产值均按1990年不变价格计算。

1-8 主要年份社会总产值及指数

年份	社会总产值	农业	工业	建筑业	运输业	商业
一、绝对数（亿元）						
1949	26.82	15.45	6.91	0.07	0.65	3.74
1952	42.92	19.35	15.70	1.20	1.21	5.46
1957	85.45	35.05	33.86	3.51	3.43	9.60
1962	104.28	37.90	45.72	3.60	5.21	11.85
1965	147.75	49.74	70.75	6.28	6.03	14.95
1970	196.68	60.94	98.80	10.58	7.28	19.08
1975	279.54	71.27	154.24	18.66	11.80	23.57
1978	350.31	85.89	200.25	22.10	15.14	26.93
1980	443.34	122.18	223.02	32.85	18.75	46.54
1985	1 046.79	245.34	532.71	125.56	37.52	105.66
1990	3 093.90	600.71	1 902.25	258.54	108.75	223.65
1991	3 890.09	654.82	2 524.12	297.01	134.51	279.63
1992	5 340.43	737.11	3 479.39	601.61	169.27	353.05
1993	7 888.88	899.03	5 237.36	1 007.58	246.33	498.58
二、指数（%）						
1949	100.0	100.0	100.0	100.0	100.0	100.0
1952	150.1	133.7	197.2	1 811.1	184.9	144.9
1957	237.2	179.1	420.7	5 277.8	524.7	193.7
1962	239.7	150.8	523.0	5 322.2	805.5	192.4
1965	364.0	226.0	846.6	8 744.4	927.4	270.8
1970	496.6	260.2	1 378.1	13 822.2	1 115.1	328.4
1975	670.5	278.9	2 129.6	22 400.0	1 804.1	386.0
1978	812.1	323.8	2 705.3	24 811.1	2 315.1	410.1
1980	987.9	356.7	3 175.5	37 711.1	2 653.4	703.1
1985	1 903.2	510.8	6 779.6	98 433.3	3 886.3	1 189.8
1990	4 268.5	741.2	19 205.4	129 144.4	7 328.8	1 432.2
1991	5 220.4	786.4	24 708.7	146 578.9	8 662.6	1 764.5
1992	6 825.2	834.5	33 764.6	219 961.2	10 025.8	2 124.1
1993	8 954.7	866.2	47 034.1	258 894.3	13 835.6	2 538.3

注：本表绝对数按当年价格计算，指数按可比价格计算.

1-9 主要年份国民收入及指数

年　　份	国民收入	农　业	工　业	建筑业	运输业	商　业
一、绝对数（亿元）						
1949	17.08	11.11	2.43	0.02	0.46	3.06
1952	25.65	14.03	5.72	0.51	0.91	4.48
1957	51.06	27.17	12.42	1.40	2.40	7.67
1962	56.71	28.98	14.87	1.41	3.14	8.31
1965	75.80	36.39	23.15	2.34	3.91	10.01
1970	90.65	40.91	29.70	4.42	4.22	11.40
1975	124.66	47.07	47.52	6.93	6.56	16.58
1978	160.78	53.59	67.68	9.33	7.83	22.35
1980	217.61	82.34	79.03	11.14	9.98	35.12
1985	467.27	169.82	171.18	38.20	21.29	66.78
1990	1 132.21	380.37	491.52	76.01	54.05	130.26
1991	1 380.31	414.83	652.75	87.76	66.61	158.36
1992	1 793.59	464.33	878.66	172.77	80.50	197.33
1993	2 572.84	556.02	1 357.77	279.34	105.88	273.83
二、指数（%）						
1949	100.0	100.0	100.0	100.0	100.0	100.0
1952	147.1	134.7	204.2	2 600.0	198.0	1 45.4
1957	228.3	193.1	438.8	7 075.0	525.5	188.9
1962	207.3	160.4	483.5	7 000.0	696.1	164.8
1965	301.5	229.9	787.7	11 000.0	860.8	221.6
1970	358.6	242.9	1 160.8	19 425.0	925.5	239.6
1975	467.3	256.1	1 881.2	28 000.0	1 435.3	331.6
1978	565.5	285.7	2 613.1	23 275.0	1 707.8	416.1
1980	708.6	347.2	3 157.3	28 275.0	1 986.3	636.6
1985	1 201.3	488.8	6 258.5	67 375.0	3 178.4	918.2
1990	2 093.1	669.0	14 200.0	85 425.0	5 278.4	1 018.8
1991	2 480.3	709.8	18 289.6	97 469.9	6 006.8	1 223.6
1992	3 055.1	747.9	24 443.7	142 124.1	6 579.2	1 450.0
1993	3 828.0	756.9	34 294.5	161 453.0	8 572.7	1 702.3

注：本表绝对数按当年价格计算，指数按可比价格计算.

1-10 主要年份国内生产总值及指数

年份	国内生产总值	第一产业	第二产业	第三产业
一、绝对数（亿元）				
1949	20.27	12.18	2.61	5.48
1952	29.52	14.39	6.70	8.43
1957	58.64	28.84	14.60	15.20
1962	72.39	31.03	23.16	18.20
1965	87.00	37.29	27.83	21.88
1970	112.07	44.09	44.14	23.84
1975	157.66	48.58	71.75	37.33
1978	184.73	55.31	85.68	43.74
1980	245.71	82.97	100.97	61.77
1985	553.05	171.87	225.44	155.74
1990	1 471.84	384.59	587.04	500.21
1991	1 780.56	416.00	749.65	614.91
1992	2 293.54	465.83	1 053.63	774.08
1993	3 225.30	559.67	1 625.29	1 040.34
二、指数（%）				
1949	100.0	100.0	100.0	100.0
1952	146.5	135.0	226.7	151.2
1957	222.2	192.5	499.3	213.6
1962	210.0	164.3	634.2	197.3
1965	304.5	226.0	1 088.6	266.0
1970	361.2	226.3	1 747.3	284.0
1975	482.7	241.1	2 715.3	418.2
1978	545.0	268.8	3 065.8	480.4
1980	681.7	323.2	3 734.5	662.5
1985	1 209.8	461.7	7 223.8	1 275.3
1990	2 182.0	630.2	14 345.6	2 409.3
1991	2 559.5	664.2	17 845.9	2 840.6
1992	3 122.4	701.5	23 831.0	3 373.8
1993	3 818.7	719.7	32 410.2	3 883.2

注：本表绝对数按当年价格计算，指数按可比价格计算.

1-11 各行业增加值

(1993 年)

单位:亿元

行　　业	增加值	劳动者报酬	固定资产折旧	生产税净额	营业盈余
国内生产总值	**3 225.30**	**1 716.36**	**397.81**	**459.81**	**651.32**
第一产业	**559.67**	**480.28**	**24.60**	**12.89**	**41.90**
农业	559.67	480.28	24.60	12.89	41.90
第二产业	**1 625.29**	**789.15**	**215.25**	**370.69**	**250.20**
工业	1 318.82	606.11	178.33	342.53	191.85
建筑业	306.47	183.04	36.92	28.16	58.35
第三产业	**1 040.34**	**446.93**	**157.96**	**76.23**	**359.22**
农林牧渔服务业	7.70	5.36	2.06	0.00	0.28
地质勘探、水利管理业	12.90	6.83	2.60	0.32	3.15
交通运输、仓储、邮电通讯业	188.95	60.67	39.66	17.08	71.54
交通运输和仓储业	142.85	53.46	25.56	12.65	51.18
邮电通讯业	46.10	7.21	14.10	4.43	20.36
批发和零售贸易、餐饮业	223.31	175.37	13.38	14.75	19.81
批发和零售贸易业	158.60	134.20	9.90	4.16	10.34
餐饮业	64.71	41.17	3.48	10.59	9.47
金融保险业	234.05	18.05	7.86	21.69	186.45
金融业	115.44	17.58	7.68	20.42	69.76
保险业	−2.68	0.47	0.18	1.27	−4.60
其他	121.29	0.00	0.00	0.00	121.29
房地产业	78.27	7.69	43.29	8.57	18.72
房地产管理业	8.04	2.90	1.40	1.05	2.69
房地产开发业	29.70	4.79	1.36	7.52	16.03
城市居民自有住房	17.00	0.00	17.00	0.00	0.00
农村居民自有住房	23.53	0.00	23.53	0.00	0.00
社会服务业	129.86	57.26	20.42	12.41	39.77
卫生、体育、社会福利事业	31.75	19.46	5.34	0.19	6.76
教育、文艺、广播电视事业	58.27	44.24	10.29	0.29	3.45
科学研究事业	11.67	6.03	2.60	0.60	2.44
国家、政党机关、社会团体	55.92	38.28	10.46	0.33	6.85
其他	7.69	7.69	0.00	0.00	0.00

注:本表按当年价格计算

1－12 各行业增加值构成

(1993年)　　单位:%

行　　业	增加值	劳动者报酬	固定资产折旧	生产税净额	营业盈余
国内生产总值	**100.0**	**53.2**	**12.3**	**14.3**	**20.2**
第一产业	**100.0**	**85.8**	**4.4**	**2.3**	**7.5**
农业	100.0	85.8	4.4	2.3	7.5
第二产业	**100.0**	**48.6**	**13.2**	**22.8**	**15.4**
工业	100.0	46.0	13.5	26.0	14.5
建筑业	100.0	59.7	12.0	9.2	19.1
第三产业	**100.0**	**43.0**	**15.2**	**7.3**	**34.5**
农林牧渔服务业	100.0	69.6	26.8	0.0	3.6
地质勘探、水利管理业	100.0	52.9	20.2	2.5	24.4
交通运输、仓储、邮电通讯业	100.0	32.1	21.0	9.0	37.9
交通运输和仓储业	100.0	37.4	17.9	8.9	35.8
邮电通讯业	100.0	15.6	30.6	9.6	44.2
批发和零售贸易、餐饮业	100.0	78.5	6.0	6.6	8.9
批发和零售贸易业	100.0	84.6	6.2	2.6	6.6
餐饮业	100.0	63.6	5.4	16.4	14.6
金融保险业	100.0	7.7	3.4	9.3	79.6
金融业	100.0	15.2	6.7	17.7	60.4
保险业					
其他	100.0	0.0	0.0	0.0	100.0
房地产业	100.0	9.8	55.3	10.9	24.0
房地产管理业	100.0	36.1	17.4	13.1	33.4
房地产开发业	100.0	16.1	4.6	25.3	54.0
城市居民自有住房	100.0	0.0	100.0	0.0	0.0
农村居民自有住房	100.0	0.0	100.0	0.0	0.0
社会服务业	100.0	44.1	15.7	9.6	30.6
卫生、体育、社会福利事业	100.0	61.3	16.8	0.6	21.3
教育、文艺、广播电视事业	100.0	75.9	17.7	0.5	5.9
科学研究事业	100.0	51.7	22.3	5.1	20.9
国家、政党机关、社会团体	100.0	68.5	18.7	0.6	12.2
其他	100.0	100.0	0.0	0.0	0.0

注:本表按当年价格计算

1—13 第三产业增加值、构成及指数

年　　份	第三产业	流通部门	为生产和生活服务的部门	为提高科学文化水平和居民素质服务的部门	为社会公共需要服务的部门
一、绝对数（亿元）					
1985	155.74	93.38	32.54	19.51	10.31
1986	200.43	103.80	56.39	25.18	15.06
1987	257.13	123.66	89.92	28.11	15.44
1988	348.55	162.99	125.64	39.45	20.47
1989	431.78	160.98	192.99	48.45	29.36
1990	500.21	188.78	225.12	52.78	33.53
1991	614.91	241.23	269.31	62.29	42.08
1992	774.08	289.83	360.19	73.87	50.19
1993	1 040.34	412.26	462.78	101.69	63.61
二、构成（%）					
1985	100.0	60.0	20.9	12.5	6.6
1986	100.0	51.8	28.1	12.6	7.5
1987	100.0	48.1	35.0	10.9	6.0
1988	100.0	46.8	36.0	11.3	5.9
1989	100.0	37.3	44.7	11.2	6.8
1990	100.0	37.7	45.0	10.6	6.7
1991	100.0	39.2	43.8	10.1	6.9
1992	100.0	37.4	46.5	9.6	6.5
1993	100.0	39.6	44.5	9.8	6.1
三、指数（%）					
1985	100.0	100.0	100.0	100.0	100.0
1986	122.8	106.5	160.6	119.3	135.8
1987	142.3	121.5	218.1	114.2	117.6
1988	158.2	135.7	241.2	127.7	128.4
1989	167.7	121.1	307.9	133.1	150.4
1990	188.9	130.6	362.4	148.8	167.9
1991	222.8	161.1	407.7	174.7	209.6
1992	264.6	186.5	505.6	197.1	234.9
1993	304.5	226.0	564.8	216.1	255.6

注：本表绝对数和构成按当年价格计算，指数按可比价格计算.

1-14 主要年份人均社会总产值、国民收入、国内生产总值及指数

年　份	社会总产值	国民收入	国内生产总值
一、绝对数（元/人）			
1952	147	88	101
1957	261	156	179
1962	294	160	204
1965	386	198	227
1970	452	208	258
1975	578	258	326
1978	695	319	367
1980	853	419	473
1985	1 859	830	982
1990	5 034	1 842	2 395
1991	6 167	2 188	2 823
1992	8 324	2 795	3 575
1993	12 077	3 939	4 938
二、指数（%）			
1952	100.0	100.0	100.0
1957	140.5	138.1	134.9
1962	131.0	115.7	117.6
1965	184.6	156.0	158.2
1970	221.3	163.1	164.9
1975	269.0	191.3	198.4
1978	312.5	222.1	214.9
1980	368.5	269.8	260.5
1985	655.5	422.3	426.9
1990	1 347.0	674.1	705.4
1991	1 605.2	778.3	806.4
1992	2 062.7	942.7	967.2
1993	2 658.2	1 160.2	1 162.3

注：本表绝对数按当年价格计算，指数按可比价格计算.

1-15 主要年份社会总产值、国民收入部门构成

单位：%

年　　份	合　计	农　业	工　业	建筑业	运输业	商　业
社会总产值						
1949	100.0	57.6	25.8	0.3	2.4	13.9
1952	100.0	45.1	36.6	2.8	2.8	12.7
1957	100.0	41.0	39.6	4.1	4.0	11.3
1962	100.0	36.3	43.8	3.5	5.0	11.4
1965	100.0	33.7	47.9	4.3	4.1	10.0
1970	100.0	31.0	50.2	5.4	3.7	9.7
1975	100.0	25.5	55.2	6.7	4.2	8.4
1978	100.0	24.5	57.2	6.3	4.3	7.7
1980	100.0	27.6	50.3	7.4	4.2	10.5
1985	100.0	23.4	50.9	12.0	3.6	10.1
1990	100.0	19.4	61.5	8.4	3.5	7.2
1991	100.0	16.8	64.9	7.6	3.5	7.2
1992	100.0	13.8	65.2	11.2	3.2	6.6
1993	100.0	11.4	66.4	12.8	3.1	6.3
国民收入						
1949	100.0	65.1	14.2	0.1	2.7	17.9
1952	100.0	54.7	22.3	2.0	3.5	17.5
1957	100.0	53.2	24.3	2.7	4.7	15.1
1962	100.0	51.1	26.2	2.5	5.5	14.7
1965	100.0	48.0	30.5	3.1	5.2	13.2
1970	100.0	45.1	32.8	4.9	4.7	12.5
1975	100.0	37.8	38.1	5.6	5.3	13.2
1978	100.0	33.3	42.1	5.8	4.9	13.9
1980	100.0	37.8	36.3	5.1	4.6	16.2
1985	100.0	36.3	36.6	8.2	4.6	14.3
1990	100.0	33.6	43.4	6.7	4.8	11.5
1991	100.0	30.0	47.3	6.4	4.8	11.5
1992	100.0	25.9	49.0	9.6	4.5	11.0
1993	100.0	21.6	52.8	10.9	4.1	10.6

注：本表按当年价格计算

1-16 主要年份国内生产总值产业构成

单位：%

年份	国内生产总值	第一产业	第二产业	第三产业
1949	100.0	60.1	12.9	27.0
1952	100.0	48.7	22.7	28.6
1957	100.0	49.2	24.9	25.9
1962	100.0	42.9	32.0	25.1
1965	100.0	42.9	32.0	25.1
1970	100.0	39.3	39.4	21.3
1975	100.0	30.8	45.5	23.7
1978	100.0	29.9	46.4	23.7
1980	100.0	33.8	41.1	25.1
1985	100.0	31.1	40.8	28.1
1990	100.0	26.1	39.9	34.0
1991	100.0	23.4	42.1	34.5
1992	100.0	20.3	45.9	33.8
1993	100.0	17.3	50.4	32.3

注：本表按当年价格计算

1-17 主要年份各部门净产值占总产值比重

单位：%

年份	物质生产部门合计	农业	工业	建筑业	运输业	商业
1949	63.7	71.9	35.2	28.6	70.8	81.8
1952	59.8	72.5	36.4	42.5	75.2	82.1
1957	59.8	77.5	36.7	39.9	70.0	79.9
1962	54.4	76.5	32.5	39.2	60.3	70.1
1965	51.3	73.2	32.7	37.3	64.8	67.0
1970	46.1	67.1	30.1	41.8	58.0	59.7
1975	44.6	66.0	30.8	37.1	55.6	70.3
1978	45.9	62.4	33.8	42.2	51.7	83.0
1980	49.1	67.4	35.4	33.9	53.2	75.5
1985	44.6	69.2	32.1	30.4	56.7	63.2
1990	36.6	63.3	25.8	29.4	49.7	58.2
1991	35.5	63.3	25.9	29.5	49.5	56.6
1992	33.6	63.0	25.3	28.7	47.6	55.9
1993	32.6	61.8	25.9	27.7	43.0	54.9

注：本表按当年价格计算

1-18 主要年份国民收入使用额

单位：亿元

年份	国民收入使用额	消费额	积累额	消费率（%）	积累率（%）
1952	29.88	25.74	4.14	86.1	13.9
1957	51.25	42.44	8.81	82.8	17.2
1962	53.83	50.27	3.56	93.4	6.6
1965	69.26	57.43	11.83	82.9	17.1
1970	89.00	69.50	19.50	78.1	21.9
1975	121.45	89.75	31.70	73.9	26.1
1978	147.57	105.62	41.95	71.6	28.4
1980	209.25	162.38	46.87	77.6	22.4
1985	485.30	313.32	171.98	64.6	35.4
1990	1 024.52	688.37	336.15	67.2	32.8
1991	1 220.68	810.86	409.82	66.4	33.6
1992	1 755.58	1 067.51	688.07	60.8	39.2
1993	2 522.64	1 498.45	1 024.19	59.4	40.6

注：本表按当年价格计算

1-19 主要年份国民收入使用额指数

单位：%

年份	国民收入使用额	消费额	积累额
1952	100.0	100.0	100.0
1957	137.1	129.9	189.3
1962	118.7	126.2	64.4
1965	166.8	157.8	231.7
1970	217.4	193.4	391.1
1975	273.5	226.4	615.4
1978	335.8	272.0	798.9
1980	430.8	380.1	798.8
1985	811.0	622.2	2 180.4
1990	1 075.8	837.5	2 804.2
1991	1 271.3	979.0	3 387.5
1992	1 637.8	1 204.2	4 752.7
1993	1 963.7	1 356.7	6 292.6

注：本表按可比价格计算

1-20 主要年份国民收入消费额及指数

年份	消费额	居民消费	社会消费	在居民消费中	
				农业居民	非农业居民
一、绝对数（亿元）					
1952	25.74	23.81	1.93	15.85	7.96
1957	42.44	39.56	2.88	27.28	12.28
1962	50.27	47.54	2.73	29.21	18.33
1965	57.43	54.80	2.63	35.43	19.37
1970	69.50	65.28	4.22	42.21	23.07
1975	89.75	83.88	5.87	55.21	28.67
1978	105.62	99.02	6.60	63.56	35.46
1980	162.38	151.95	10.43	99.34	52.61
1985	313.32	284.96	28.36	174.28	110.68
1990	688.37	597.50	90.87	332.25	265.25
1991	810.86	700.18	110.68	363.88	336.30
1992	1 067.51	910.87	156.64	446.99	463.88
1993	1 498.45	1 263.43	235.02	597.09	665.73
二、指数（%）					
1952	100.0	100.0	100.0	100.0	100.0
1957	129.9	130.9	117.1	135.7	121.5
1962	126.2	129.1	89.0	119.2	148.9
1965	157.8	162.8	94.3	158.1	172.1
1970	193.4	196.3	155.9	190.7	207.5
1975	226.4	228.7	197.0	224.6	236.8
1978	272.0	275.9	222.1	266.1	295.4
1980	380.1	382.5	349.2	388.4	370.7
1985	622.2	602.5	874.9	581.7	643.9
1990	837.5	778.8	1 591.0	708.3	919.1
1991	979.0	905.7	1 926.7	777.7	1 142.4
1992	1 204.2	1 099.5	2 570.2	903.7	1 452.0
1993	1 356.7	1 244.2	2 822.3	977.5	1 716.3

注：本表绝对数按当年价格计算，指数按可比价格计算.

1－21 主要年份国民收入积累额及指数

年份	积累额	按性能分		按用途分	
		固定资产	流动资产	生产性	非生产性
一、绝对数（亿元）					
1952	4.14	1.63	2.51	2.62	1.52
1957	8.81	3.86	4.95	4.29	4.52
1962	3.56	1.62	1.94	1.59	1.97
1965	11.83	5.25	6.58	8.40	3.43
1970	19.50	12.54	6.96	16.67	2.83
1975	31.70	24.98	6.72	24.76	6.94
1978	41.95	25.09	16.86	26.34	15.61
1980	46.87	35.01	11.86	23.90	22.97
1985	171.98	117.29	54.69	77.56	94.42
1990	336.15	218.05	118.10	237.79	98.36
1991	409.82	266.09	143.73	285.96	123.86
1992	688.07	499.04	189.03	516.32	171.75
1993	1 024.19	750.70	273.49	768.54	255.65
二、指数（%）					
1952	100.0	100.0	100.0	100.0	100.0
1957	189.3	186.6	191.6	140.4	289.8
1962	64.4	64.1	64.7	43.0	108.6
1965	231.7	228.2	234.6	246.1	202.1
1970	391.1	555.7	251.5	499.2	169.0
1975	615.4	1 052.7	244.7	711.7	417.6
1978	798.9	1 021.8	610.0	733.6	933.2
1980	798.8	1 288.2	383.8	589.6	1 228.3
1985	2 180.4	3 138.2	1 368.3	1 341.4	3 903.2
1990	2 804.2	4 137.0	1 674.1	3 045.3	2 309.1
1991	3 387.5	4 993.4	2 025.7	3 618.8	2 890.4
1992	4 752.7	7 440.2	2 517.9	5 493.3	3 290.1
1993	6 294.1	10 191.1	3 082.0	7 274.9	4 357.1

注：本表绝对数按当年价格计算，指数按可比价格计算.

1-22 主要年份国民收入消费额构成

单位：%

年份	以消费额为100		以居民消费为100	
	居民消费	社会消费	农业居民	非农业居民
1952	92.5	7.5	66.6	33.4
1957	93.2	6.8	69.0	31.0
1962	94.6	5.4	61.4	38.6
1965	95.4	4.6	64.7	35.3
1970	93.9	6.1	64.7	35.3
1975	93.5	6.5	65.8	34.2
1978	93.8	6.2	64.2	35.8
1980	93.6	6.4	65.4	34.6
1985	90.9	9.1	61.2	38.8
1990	86.8	13.2	55.6	44.4
1991	86.4	13.6	52.0	48.0
1992	85.3	14.7	49.1	50.9
1993	84.3	15.7	47.3	52.7

注：本表按当年价格计算

1-23 主要年份国民收入积累额构成

单位：%

年份	积累额	按性能分		按用途分	
		固定资产	流动资产	生产性	非生产性
1952	100.0	39.4	60.6	63.3	36.7
1957	100.0	43.8	56.2	48.7	51.3
1962	100.0	45.5	54.5	44.7	55.3
1965	100.0	44.4	55.6	71.0	29.0
1970	100.0	64.3	35.7	85.5	14.5
1975	100.0	78.8	21.2	78.1	21.9
1978	100.0	59.8	40.2	62.8	37.2
1980	100.0	74.7	25.3	51.0	49.0
1985	100.0	68.2	31.8	45.1	54.9
1990	100.0	64.9	35.1	70.7	29.3
1991	100.0	64.9	35.1	69.8	30.2
1992	100.0	72.5	27.5	75.0	25.0
1993	100.0	73.3	26.7	75.0	25.0

注：本表按当年价格计算

1-24 主要年份人均消费水平及指数

年　　份	全体居民	农业居民	非农业居民
一、绝对数（亿元）			
1952	82	67	148
1957	121	102	206
1962	134	103	257
1965	143	114	273
1970	150	117	310
1975	173	137	354
1978	196	152	410
1980	292	234	554
1985	506	394	919
1990	972	715	1 768
1991	1 110	766	2 161
1992	1 420	935	2 839
1993	1 934	1 256	3 755
二、指数（%）			
1952	100.0	100.0	100.0
1957	116.7	120.4	109.6
1962	106.1	100.0	112.1
1965	124.2	120.4	130.1
1970	131.1	125.0	150.2
1975	137.9	132.4	157.3
1978	159.1	150.9	183.7
1980	214.4	216.7	210.0
1985	311.4	311.1	287.4
1990	368.9	361.1	329.3
1991	418.0	387.8	394.8
1992	498.7	447.9	477.7
1993	554.1	486.9	520.2

注：本表绝对数按当年价格计算，指数按可比价格计算.

1—25 各市社会总产值

单位:万元

市别	社会总产值	农业	工业	建筑业	运输业	商业
1992年						
广州	11 562 379	590 289	7 905 237	999 135	937 272	1 130 446
深圳	6 161 936	185 298	3 922 353	1 233 921	168 100	652 264
珠海	1 909 862	109 289	1 191 412	398 009	76 805	134 347
汕头	2 154 674	300 905	1 384 266	235 157	64 448	169 898
韶关	1 480 668	293 700	920 365	116 481	64 333	85 789
河源	484 969	212 013	151 792	66 798	16 982	37 384
梅州	1 163 144	297 847	605 955	129 813	65 291	64 238
惠州	1 825 062	331 212	998 655	308 441	54 099	132 655
汕尾	560 911	192 029	175 665	90 326	26 885	76 006
东莞	2 083 052	271 292	1 513 767	97 614	91 009	109 370
中山	1 979 717	235 062	1 399 727	177 721	45 584	121 623
江门	3 936 034	517 727	2 792 549	258 196	96 992	270 570
佛山	6 930 408	445 498	5 407 456	542 052	133 029	402 373
阳江	839 620	299 880	337 644	95 379	36 528	70 189
湛江	2 592 489	736 329	1 237 784	247 246	143 453	227 677
茂名	2 363 860	677 190	1 311 972	172 565	59 463	142 670
肇庆	3 269 869	874 760	1 772 746	319 437	120 708	182 218
清远	1 070 170	404 259	385 650	137 562	57 502	85 197
潮州	1 061 907	256 213	613 705	106 002	26 899	59 088
揭阳	1 261 032	405 349	643 533	95 743	45 630	70 777
1993年						
广州	17 270 467	773 560	11 415 900	2062 034	1 184 559	1 834 414
深圳	9 311 986	192 876	6 064 973	1718 872	340 167	995 098
珠海	2 889 806	126 468	1 789 826	682 174	94 001	197 337
汕头	3 243 137	370 490	1 977 819	433 014	139 271	322 543
韶关	2 169 688	351 665	1 430 136	193 806	79 958	114 123
河源	637 378	250 812	204 224	111 750	21 684	48 908
梅州	1 743 695	340 159	1 024 511	180 754	101 068	97 203
惠州	3 083 912	391 337	1 712 906	645 371	102 329	231 969
汕尾	947 538	253 005	421 695	151 267	39 289	82 282
东莞	2 881 658	284 538	2 148 844	167 749	109 307	171 220
中山	2 913 127	247 139	2 239 352	189 382	73 854	163 400
江门	5 934 330	587 309	4 408 337	408 839	146 218	383 627
佛山	10 150 034	577 587	7 672 986	771 173	254 091	874 197
阳江	1 300 769	363 858	502 830	255 893	67 361	110 827
湛江	3 469 203	885 425	1 778 429	318 735	189 663	296 951
茂名	3 826 206	877 096	2 207 571	353 051	124 369	264 119
肇庆	5 141 388	1 146 558	2 975 195	553 343	187 506	278 786
清远	1 473 735	484 666	570 857	234 050	72 661	111 501
潮州	1 531 379	328 666	909 268	175 123	46 514	71 808
揭阳	1 901 103	513 105	984 744	215 133	59 456	128 665

注：本表按当年价格计算

1—26 各市国民收入

单位:万元

市别	国民收入	农业	工业	建筑业	运输业	商业
1992年						
广州	3 767 204	345 614	2 151 064	298 983	388 477	583 066
深圳	1 929 985	132 803	1 023 734	342 690	115 663	315 095
珠海	587 915	56 001	295 518	97 757	40 543	98 096
汕头	730 999	178 585	364 622	60 826	30 526	96 440
韶关	604 370	198 027	290 788	36 069	30 950	48 536
河源	262 165	144 550	63 153	20 279	9 518	24 665
梅州	521 536	206 810	200 514	44 367	29 869	39 976
惠州	682 713	227 644	246 683	96 838	26 668	84 880
汕尾	265 326	133 449	48 038	25 228	11 980	46 631
东莞	705 928	163 780	416 332	19 766	46 913	59 137
中山	626 383	160 359	331 815	38 226	22 343	73 640
江门	1 227 289	299 871	657 667	80 929	43 097	145 725
佛山	2 156 820	245 734	1 464 331	160 297	67 019	219 439
阳江	379 576	203 152	97 144	24 756	17 139	37 385
湛江	1 081 991	463 230	327 470	71 444	70 930	148 917
茂名	933 057	453 345	306 107	52 084	27 589	93 932
肇庆	1 325 974	600 804	471 185	83 957	57 064	112 964
清远	530 513	281 773	129 997	40 244	29 174	49 325
潮州	427 339	160 449	183 903	34 429	12 904	35 654
揭阳	544 268	258 885	194 655	27 546	20 911	42 271
1993年						
广州	5 533 410	467 203	3 199 009	472 887	420 787	973 524
深圳	3 207 832	122 090	1 704 257	517 380	230 400	633 705
珠海	827 430	64 277	402 854	205 315	49 959	105 025
汕头	982 209	204 688	491 123	99 040	57 219	130 139
韶关	803 766	235 145	413 150	58 539	35 306	61 626
河源	324 326	175 763	71 431	34 380	11 794	30 958
梅州	698 278	234 776	310 171	55 632	45 495	52 204
惠州	1 056 034	248 194	455 466	175 026	50 333	127 015
汕尾	346 608	135 390	107 778	39 535	17 231	46 674
东莞	879 337	164 696	540 014	33 613	52 478	88 536
中山	813 891	168 055	453 689	44 200	37 724	110 223
江门	1 667 634	322 492	920 782	126 873	75 617	221 870
佛山	2 979 387	319 729	1 893 342	206 674	138 971	420 671
阳江	513 638	231 155	140 669	53 856	32 179	55 779
湛江	1 375 113	554 125	447 976	98 323	86 714	187 975
茂名	1 353 709	595 144	456 259	98 125	56 184	147 997
肇庆	1 988 700	782 446	800 798	140 514	90 781	174 161
清远	688 599	329 319	195 983	60 570	36 259	66 468
潮州	560 390	200 588	258 290	42 483	17 342	41 687
揭阳	759 869	338 376	266 611	67 821	25 396	61 665

注：本表按当年价格计算

1-27 各市国内生产总值

单位：万元

市　别	国内生产总值	第一产业	第二产业	第三产业
1992年				
广州	5 107 027	356 399	2 413 129	2 337 499
深圳	2 849 630	105 914	1 429 024	1 314 692
珠海	942 645	65 048	506 445	371 152
汕头	859 844	182 718	401 912	275 214
韶关	710 816	196 976	331 923	181 917
河源	298 481	144 885	80 075	73 521
梅州	615 923	206 466	244 324	165 133
惠州	841 348	225 313	320 550	295 485
汕尾	308 610	134 347	70 331	103 932
东莞	845 408	161 800	426 925	256 683
中山	713 792	164 692	326 824	222 276
江门	1 422 452	295 870	707 070	419 512
佛山	2 393 054	248 427	1 531 831	612 796
阳江	434 989	207 865	121 777	105 347
湛江	1 276 053	461 776	361 520	452 757
茂名	1 073 884	450 857	372 562	250 465
肇庆	1 505 106	598 723	545 206	361 177
清远	591 638	276 231	162 573	152 834
潮州	488 459	153 730	217 571	117 158
揭阳	626 499	261 795	217 388	147 316
1993年				
广州	7 408 369	475 960	3 517 151	3 415 258
深圳	4 356 029	116 689	2 335 593	1 903 747
珠海	1 218 702	65 173	686 642	466 887
汕头	1 240 424	209 281	611 500	419 643
韶关	948 354	233 618	479 408	235 328
河源	379 494	175 395	113 046	91 053
梅州	853 429	233 750	399 788	219 891
惠州	1 329 652	259 768	599 466	470 418
汕尾	413 239	136 999	147 438	128 802
东莞	1 149 478	162 960	614 341	372 177
中山	980 331	170 889	496 655	312 787
江门	2 025 481	323 946	1 053 934	647 601
佛山	3 473 316	320 470	1 969 073	1 183 773
阳江	618 288	232 858	200 748	184 682
湛江	1 641 519	554 530	523 222	563 767
茂名	1 642 612	590 300	629 786	422 526
肇庆	2 270 368	779 394	933 291	557 683
清远	805 072	329 122	270 974	204 976
潮州	651 381	189 975	303 597	157 809
揭阳	895 187	339 573	356 689	198 925

注：本表按当年价格计算

1—28 各市社会总产值、国民收入增长速度

(1993年)　　单位：%

市别	合计	农业	工业	建筑业	运输业	商业
社会总产值						
广州	31.0	—0.9	32.5	45.3	23.3	29.7
深圳	36.1	—7.1	40.0	27.0	75.0	26.8
珠海	27.6	—15.5	34.4	23.1	8.0	5.3
汕头	35.3	3.3	38.7	33.5	55.2	53.8
韶关	23.4	7.4	28.2	37.7	20.7	14.8
河源	17.1	4.2	21.6	48.1	19.9	18.3
梅州	30.4	5.8	47.0	8.2	56.6	25.6
惠州	48.1	7.5	57.5	47.3	71.4	43.8
汕尾	44.1	—6.1	97.7	54.5	32.8	2.4
东莞	31.4	—16.9	36.0	71.6	32.1	50.9
中山	39.9	—13.2	51.0	3.4	62.0	18.3
江门	39.9	—7.9	49.0	38.7	37.1	28.7
佛山	34.7	6.1	34.1	18.3	67.3	77.3
阳江	31.1	—2.8	34.9	113.0	73.4	38.1
湛江	20.7	5.4	28.9	22.5	26.4	23.6
茂名	40.2	12.2	46.9	90.6	54.8	65.6
肇庆	42.0	9.4	59.2	36.2	37.1	29.0
清远	23.3	5.9	35.6	46.2	14.7	17.8
潮州	28.3	9.1	36.5	20.2	58.8	10.6
揭阳	39.0	7.9	48.8	94.4	15.3	53.7
国民收入						
广州	30.8	1.9	35.4	50.2	6.9	33.5
深圳	43.9	—2.6	49.4	36.6	78.3	34.6
珠海	24.1	—16.0	40.7	33.0	3.1	—19.0
汕头	20.8	—2.6	31.0	20.9	47.5	12.1
韶关	14.9	6.9	20.1	33.1	11.3	9.5
河源	12.4	6.4	13.0	47.9	16.7	16.4
梅州	20.3	5.4	39.9	—0.6	54.2	12.0
惠州	40.8	—0.1	72.7	33.1	81.4	27.4
汕尾	18.3	—12.3	90.4	34.6	70.3	—8.2
东莞	16.2	—20.4	23.3	69.8	20.9	44.3
中山	21.7	—13.5	31.2	12.2	68.8	31.8
江门	28.7	—4.9	36.1	43.0	62.3	38.6
佛山	25.1	5.2	22.0	6.6	86.8	58.7
阳江	18.6	—4.7	34.5	91.2	77.0	32.8
湛江	16.9	4.9	31.9	32.1	20.0	16.4
茂名	35.0	25.0	40.7	90.0	39.7	39.9
肇庆	33.0	10.7	58.5	34.4	41.3	31.1
清远	16.8	4.2	39.6	27.9	12.7	19.9
潮州	17.0	6.4	30.3	—8.8	21.7	6.1
揭阳	28.4	8.8	37.7	105.0	18.9	51.3

注：本表按可比价格计算。

1—29 各市国内生产总值产业构成及增长速度

（1993年）

单位：%

市别	国内生产总值	第一产业	第二产业	第三产业
一、构成(%)				
广州	100.0	6.4	47.5	46.1
深圳	100.0	2.7	53.6	43.7
珠海	100.0	5.4	56.3	38.3
汕头	100.0	16.9	49.3	33.8
韶关	100.0	24.6	50.6	24.8
河源	100.0	46.2	29.8	24.0
梅州	100.0	27.4	46.8	25.8
惠州	100.0	19.5	45.1	35.4
汕尾	100.0	33.2	35.7	31.1
东莞	100.0	14.2	53.4	32.4
中山	100.0	17.4	50.7	31.9
江门	100.0	16.0	52.0	32.0
佛山	100.0	9.2	56.7	34.1
阳江	100.0	37.6	32.5	29.9
湛江	100.0	33.8	31.9	34.3
茂名	100.0	35.9	38.3	25.8
肇庆	100.0	34.3	41.1	24.6
清远	100.0	40.9	33.6	25.5
潮州	100.0	29.2	46.6	24.2
揭阳	100.0	37.9	39.8	22.3
二、增长速度(%)				
广州	24.7	2.1	32.2	20.0
深圳	32.1	−1.7	45.0	19.3
珠海	19.4	−3.1	28.2	9.8
汕头	26.7	−2.3	40.1	23.8
韶关	14.4	7.5	19.3	13.8
河源	15.6	5.9	31.4	19.2
梅州	20.6	5.5	36.6	19.2
惠州	42.5	2.9	66.7	41.6
汕尾	23.2	−11.6	92.2	17.9
东莞	23.6	−20.2	37.6	27.4
中山	31.1	−14.3	47.1	36.0
江门	31.8	−6.4	41.8	40.0
佛山	28.4	4.5	20.4	55.7
阳江	25.2	−3.6	46.1	57.7
湛江	17.3	5.6	35.2	15.8
茂名	40.4	21.6	55.9	54.4
肇庆	33.4	10.0	56.0	36.4
清远	19.9	5.2	45.0	20.3
潮州	18.2	3.0	27.0	19.3
揭阳	29.3	4.6	54.9	31.4

注：本表构成按当年价格计算，增长速度按可比价格计算.

1—30 各市第三产业增加值及增长速度

（1993年）

市别	第三产业	流通部门	为生产和生活服务的部门	为提高科学文化水平和居民素质服务的部门	为社会公共需要服务的部门
一、绝对数(万元)					
广州	3 415 258	1 594 166	1 518 544	198 865	103 683
深圳	1 903 747	803 250	959 238	54 584	86 675
珠海	466 887	166 710	279 020	5 443	15 714
汕头	419 643	205 878	155 697	32 251	25 817
韶关	235 328	112 610	75 586	27 291	19 841
河源	91 053	40 114	28 045	11 990	10 904
梅州	219 891	111 312	67 535	26 521	14 523
惠州	470 418	196 282	193 783	48 702	31 651
汕尾	128 802	72 333	39 134	10 583	6 752
东莞	372 177	139 625	193 499	25 941	13 112
中山	312 787	140 254	153 287	14 476	4 770
江门	647 601	307 688	271 585	41 041	27 287
佛山	1 183 773	542 199	502 864	72 930	65 780
阳江	184 682	95 793	65 845	10 841	12 203
湛江	563 767	300 892	193 804	43 727	25 344
茂名	422 526	209 630	153 780	34 945	24 171
肇庆	557 683	293 835	177 098	51 797	34 953
清远	204 976	115 016	55 527	20 965	13 468
潮州	157 809	65 427	71 864	12 699	7 819
揭阳	198 925	86 388	87 310	17 401	7 826
二、比上年增长(%)					
广州	20.0	16.1	27.9	7.0	9.2
深圳	19.3	20.4	20.3	4.7	13.5
珠海	9.8	—19.6	45.7	—27.1	7.5
汕头	23.8	28.4	14.4	20.3	62.1
韶关	13.8	15.1	13.4	10.1	12.9
河源	19.2	16.9	26.6	17.4	13.0
梅州	19.2	33.8	4.3	11.9	9.9
惠州	41.6	59.1	28.0	37.4	32.8
汕尾	17.9	15.5	22.0	12.9	30.9
东莞	27.4	33.2	18.1	42.3	106.8
中山	36.0	35.5	36.8	27.2	53.3
江门	40.0	35.4	43.3	51.5	42.4
佛山	55.7	70.1	44.3	31.5	72.8
阳江	57.7	60.6	69.7	20.8	26.9
湛江	15.8	13.5	17.7	21.4	20.5
茂名	54.4	45.1	55.7	86.3	103.8
肇庆	36.4	37.8	41.0	21.6	27.6
清远	20.3	26.9	12.4	19.2	9.9
潮州	19.3	12.8	27.4	17.6	12.2
揭阳	31.4	15.0	60.0	21.3	15.0

注：本表绝对数按当年价格计算，增长速度按可比价格计算.

1-31 各市人均社会总产值、国民收入、国内生产总值

（1993年）

市别	绝对数（元/人）			增长速度（%）		
	社会总产值	国民收入	国内生产总值	社会总产值	国民收入	国内生产总值
广州	27 949	8 955	11 989	28.7	28.5	22.5
深圳	33 502	11 541	15 672	22.3	29.3	18.7
珠海	31 861	9 123	13 437	12.0	8.9	4.8
汕头	8 423	2 551	3 222	33.2	18.9	24.7
韶关	7 521	2 786	3 287	22.8	13.5	13.0
河源	2 232	1 136	1 329	15.2	10.6	13.7
梅州	3 915	1 568	1 916	29.1	19.1	19.4
惠州	12 716	4 354	5 483	44.2	37.1	38.7
汕尾	3 990	1 459	1 908	41.3	16.0	20.8
东莞	20 959	6 396	8 360	28.9	14.0	21.3
中山	24 183	6 757	8 138	37.1	19.3	28.5
江门	16 359	4 597	5 584	38.3	27.2	30.3
佛山	34 370	10 089	11 761	31.3	21.9	25.1
阳江	5 549	2 191	2 638	28.9	16.6	23.1
湛江	6 034	2 392	2 855	18.1	14.3	14.7
茂名	6 985	2 471	2 999	37.4	32.3	37.6
肇庆	8 979	3 473	3 965	40.2	31.3	31.7
清远	4 215	1 969	2 303	21.8	15.4	18.4
潮州	6 818	3 385	2 900	26.7	15.6	16.8
揭阳	4 127	1 650	1 944	36.7	26.3	27.2

注：本表绝对数按当年价格计算，指数按可比价格计算.

1-32 各市工农业总产值

（1993年）

市别	绝对数（亿元）			增长速度（%）		
	工农业总产值	工业总产值	农业总产值	工农业总产值	工业总产值	农业总产值
广州	994.46	944.15	50.31	30.5	32.9	−2.8
深圳	527.85	518.57	9.28	31.4	32.7	−13.5
珠海	200.97	192.79	8.18	31.7	35.2	−18.4
汕头	226.73	198.39	28.34	31.6	37.0	3.3
韶关	135.56	104.73	30.83	23.0	28.5	7.5
河源	36.91	16.30	20.61	8.2	21.6	−0.5
梅州	120.81	86.44	34.37	35.2	52.0	5.8
惠州	199.13	171.17	27.96	47.7	57.7	6.2
汕尾	57.67	41.12	16.55	60.6	137.8	−11.1
东莞	206.64	186.89	19.75	28.3	36.1	−16.9
中山	229.08	212.62	16.46	43.3	50.9	−13.2
江门	451.52	409.87	41.65	41.2	49.3	−7.9
佛山	761.56	719.66	41.90	32.6	34.6	6.0
阳江	80.78	51.62	29.16	19.0	36.2	−2.8
湛江	243.66	160.52	83.14	19.8	28.9	5.4
茂名	228.38	154.36	74.02	33.5	46.9	12.2
肇庆	359.61	273.70	85.91	43.5	59.1	9.5
清远	80.59	45.31	35.28	20.2	34.3	6.0
潮州	109.10	85.46	23.64	31.1	39.1	8.5
揭阳	133.51	95.38	38.13	34.2	48.8	7.9

注：本表按1990年不变价格计算.

1—33 国民经济和社会发展主要指标占全国比重

指　　标	单位	1992年			1993年		
		广东	全国	广东占全国%	广东	全国	广东占全国%
一、人　口							
年底总人口	万人	6 463.17	117 171	5.5	6 582	118 517	5.6
二、土地面积	**万平方公里**	**18**	**960**	**1.9**	**18**	**960**	**1.9**
三、社会总产值(当年价)	**亿元**	**5 340.43**	**54 825**	**9.7**			
四、工农业总产值(当年价)	**亿元**	**4 216.50**	**45 887**	**9.2**	**6 136.39**	**50 499.22**	**12.2**
工业总产值	亿元	3 479.39	36 802	9.5	5 237.36	40 471.95	12.9
轻工业产值	亿元	2 233.10	17 506	12.8	3 222.58	16 864.44	19.1
重工业产值	亿元	1246.29	19 296	6.5	2 014.78	23 607.51	8.5
农业总产值	亿元	737.11	9 085	8.1	899.03	10 027.27	8.2
五、国内生产总值(当年价)	**亿元**	**2 293.54**	**23 938.4**	**9.6**	**3 225.30**	**31 380**	**10.3**
六、国民收入(当年价)	**亿元**	**1 793.59**	**19 640**	**9.1**			
七、主要工农业产品产量							
粮　　食	万吨	1 810.4	44 258.0	4.1	1 629.11	45 643.5	3.5
油　　料	万吨	61.4	1 640.4	3.7	67.24	1 761.0	3.8
猪牛羊肉	万吨	172.76	2 932.5	5.9	271.22	3 223.7	8.4
水 产 品	万吨	251.06	1 546.3	16.2	280.75	1785.1	15.7
水　　果	万吨	453.62	2 400	18.9	402.44	2 988	13.5
茶　　叶	万吨	2.87	55.9	5.1	3.07	60.0	5.1
原　　煤	万吨	954.21	111 000	0.9	951.47	114 120.3	0.8
发 电 量	亿千瓦时	459.0	7 470.0	6.1	572.77	8 158.52	7.0
水　　泥	万吨	3 223.27	30 400.0	10.6	3 937.61	35 673.71	11.0
布	亿米	7.07	185.0	3.8	8.93	181.78	4.9
机制纸及纸板	万吨	134.2	1 590.0	8.4	216.2	1 566.43	13.8
糖(包土糖)	万吨	227.5	815.46	27.9	200.93	744.57	27.0
自 行 车	万辆	591.9	4 028.39	14.7	611.05	4 095.04	14.9
缝 纫 机	万架	120.91	833.19	14.5	97.82	787.6	12.4
家用电冰箱	万台	126.92	475.31	26.7	123.7	621.96	19.9
家用洗衣机	万台	185.28	712.71	26.0	243.19	876.28	27.8
电 视 机	万台	432.04	2 815.58	15.3	583.55	2 884.78	20.2
#彩　电	万台	367.04	1 314	27.9	421.89	1 387	30.4
录 音 机	万台	2 134.3	2 783.69	76.7			
照 相 机	万台	410.8	537.57	76.4			
电 风 扇	万台	4 435.11	6 280.74	70.6	4 186.83	6 045.06	69.3

1—33 续表

指　　标	单位	1992年			1993年		
		广东	全国	广东占全国%	广东	全国	广东占全国%
八、固定资产投资							
全社会固定资产投资额	亿元	921.75	7 837.25	11.8	1629.87	11 829	13.8
#国有单位固定资产投资	亿元	603.29	5 255.96	11.5	895.51	8 321	10.8
#基本建设投资	亿元	338.69	2 993.85	11.3	546.63	4 647	11.8
更新改造投资	亿元	128.57	1462.22	8.8	183.87	2 192	8.4
国有单位新增固定资产	亿元	371.92	3 605.3	10.3	489.67	3 934.8	12.4
九、运输、邮电							
货物周转量	亿吨公里	2 916.95	29 007	10.1	3 030.51	30 405	10.0
旅客周转量	亿人公里	426.45	6 761	6.3	473.64	7 807	6.1
沿海主要港口货物吞吐量	万吨	9 010	60 406	14.9	10 753	67 000	16.0
邮电业务总量(90年不变价)	亿元	57.06	290.9	19.6	93.73	461	20.3
十、财政金融							
财政收入	亿元	222.64	4 153.1	5.4	346.56	5 114.8	6.8
财政支出	亿元	219.61	4 389.7	5.0	331.27	5 319.8	6.2
城乡居民储蓄存款余额	亿元	1 460.01	11 545	12.6	1 874.3	14 764	12.7
十一、外贸外经旅游							
进口总额	亿美元	111.79	806	13.9	198.99	1040.0	19.1
出口总额	亿美元	184.39	850	21.7	270.27	918.0	29.4
实际利用外资	亿美元	48.61	192.02	25.3	96.52	367.7	26.2
旅游外汇收入	亿美元	11.23	39.5	28.4	11.11	46.8	23.7
十二、商业与物价							
社会商品零售总额	亿元	1060.41	10 893.9	9.7	1 456.04	13 592.6	10.7
零售物价指数	%	105.8	105.4		118.2	113.2	
职工生活费用价格指数	%	108.4	108.6		122.0	114.7	
十三、人民生活							
职工工资总额	亿元	334.61	3 890.12	8.6	455.33	4 770	9.5
城镇居民人均生活费收入	元	3 184	1 826.07		4 277.28	2 337	
农民人均纯收入	元	1 308	784		1 674.78	921	
十四、教育、科技、卫生							
高等学校在校学生数	万人	9.74	218.4	4.5	11.70	253.6	4.6
中等专业学校在校学生数	万人	9.85	240.8	4.1	11.84	282.0	4.2
国有单位自然科学人员	万人						
医院病床位	万张	12.48	274.4	4.5	12.93	279.5	4.6
专业卫生技术人员	万人	20.51	407.4	5.0	21.19	411.7	5.1

注：1.全国1993年数为快报数。2.中等专业学校包括中等技术学校及中等师范学校。

1—34 经济特区主要经济指标

（1 9 9 3 年）

指　　标	单　位	合　计	深　圳经济特区	珠　海经济特区	汕　头经济特区
一、土地面积	平方公里	682.5	327.5	121	234
二、年末总人口	万人	174.54	52.14	30.92	91.48
三、社会总产值	万元	13 636 409	9 311 986	2 345 970	1 978 453
四、工业总产值	万元	7 321 784	4 361 626	1 680 519	1 279 639
五、工业销售产值	万元	7 778 111	5 059 663	1 615 355	1 103 093
六、工业增加值	万元	2 425 688	1 610 367	525 749	289 572
七、农业总产值	万元	69 961	7 225	31 763	30 973
八、国民收入	万元	4 388 211	3 207 832	648 270	532 109
九、国内生产总值	万元	6 013 225	4 356 029	974 565	682 631
十、年末职工人数					
国有单位	万人	67.61	36.07	11.06	20.48
城镇集体单位	万人	19.63	4.23	2.08	13.32
“三资”企业	万人	41.62	29.20	7.09	5.33
十一、职工平均人数					
国有单位	万人	65.91	35.16	10.34	20.41
城镇集体单位	万人	19.41	4.13	2.05	13.23
“三资”企业	万人	40.53	28.52	6.86	5.15
十二、职工工资总额					
国有单位	万元	501 733	319 165	77 299	105 269
城镇集体单位	万元	91 233	24 360	15 214	51 659
“三资”企业	万元	307 593	221 112	55 276	31 205
十三、公路客运量	万人	17 586	8 810	8 482	294
公路货运量	万吨	3 182	1 574	1 513	95
水运客运量	万人	1 959	260	1 152	547
水运货运量	万吨	1 604	326	1 227	51
十四、沿海港口货物吞吐量	万吨	3 748	2 541	343	864
十五、基本建设投资额	万元	1 991 573	1 222 146	454 600	314 827
十六、社会商品零售额	万元	2 165 716	1 306 126	430 807	428 783
十七、财政收入	万元	808 176	569 633	130 179	108 364
十八、财政支出	万元	736 901	494 192	138 674	104 035
十九、外贸出口总额	万美元	821 632	576 827	94 972	149 833
二十、外汇收入	万美元				
二十一、城乡居民储蓄存款年末余额	万元	2 161 745	1 201 151	531 085	429 509
二十二、接待过夜国际旅游者	万人次	240	180.87	41.70	17.43

1—35 珠江三角洲经济开放区主要经济指标

指　　标	单　位	1989年	1990年	1991年	1992年	1993年
一、年末总人口	万人	1 589.18	1 656.09	1 685.31	1 536.43	1 719.55
二、社会总产值	亿元	1 050.81	1 238.11	1 590.39	2 147.58	3 217.16
三、国民收入	亿元	393.84	451.94	559.63	658.69	983.70
四、国内生产总值	亿元	451.18	521.40	644.44	821.70	1 194.99
五、工业总产值	亿元	637.94	787.53	1 066.53	1 472.87	2 115.59
轻　工　业	亿元	454.91	575.33	769.36	1 042.55	1 458.09
重　工　业	亿元	183.03	212.20	297.17	430.32	657.29
六、工业销售产值	亿元				1 172.40	1 567.60
七、工业净产值	亿元				392.00	
八、农业总产值	亿元	182.94	201.01	215.15	221.51	188.79
九、全社会固定资产投资额	亿元	61.56	105.73	160.77	339.81	612.63
#基本建设投资额	亿元	14.43	26.87	37.60	70.46	
更新改造投资额	亿元		13.67	23.64	46.86	
十、社会商品零售总额	亿元	248.95	258.87	306.89	366.13	420.57
十一、职工年末人数	万人	202.81	212.33	226.35	227.01	261.62
职工工资总额	亿元	55.60	64.01	78.49	97.73	132.20
十二、乡镇企业总收入	亿元		448.35	591.35	797.30	1 324.29
十三、财政收入	亿元	36.81	40.39	50.69	59.76	97.41
财政支出	亿元	32.05	37.75	42.32	51.53	87.95
十四、城乡居民储蓄存款年末余额	亿元		375.95	525.60	694.39	925.38
十五、外贸收购总额	亿元	81.71	91.82	105.35	142.08	146.28
十六、外贸出口总额	亿美元	22.77	34.94	52.91	61.49	82.27
贸易出口	亿美元	12.29	14.58	20.47	23.85	25.74
“三来一补”出口	亿美元	3.65	5.22	6.84	5.88	9.41
“三资”企业出口	亿美元	6.83	15.14	25.60	31.76	47.12
十七、签订利用外资协议(合同)数	宗	3 770	4 439	4 436	5 607	9 473
协议(合同)规定利用外资额	亿美元	13.64	12.36	23.67	89.72	192.93
实际利用外资	亿美元	6.24	8.04	10.14	17.61	39.23
十八、年末“三资”企业工商登记数	户		4 672	6 164	9 212	16 955
十九、涉外宾馆接待过夜人数	万人	605.33	607.96	672.61	778.11	842.65
1、国际游客	万人	125.69	146.30	169.79	186.49	183.30
#外国人	万人	5.00	7.34	7.11	10.23	14.69
2、国内旅客	万人	479.64	461.66	502.82	591.62	659.35
涉外宾馆(酒店)开房率	%	59.7	57.2	65.2	69.4	69.7
二十、国际旅游外汇收入	外汇券万元	15 301	23 264	34 010	45 282	53 895

注：1、年末总人口为常住人口数。　2、1992年和1993年各指标均未包括原宝安县。　3、社会总产值、国民收入、国内生产总值、工业净产值按当年价格计算，工、农业总产值、工业销售产值按1990年不变价计算。

1-36 经济技术开发区主要经济指标

指　　标	单位	1992年			1993年		
		合计	广州	湛江	合计	广州	湛江
一、土地面积	平方公里	18.8	9.6	9.2	18.8	9.6	9.2
＃已开发面积	平方公里	9.2	6.6	2.6	12.2	9.6	2.6
二、工业总产值(1990年不变价)	万元	414 925	247 868	167 057	619 608	372 658	246 950
＃"三资"企业产值	万元	256 622	227 279	29 343	390 997	345 685	45 312
三、工业销售产值(1990年不变价)	万元	384 460	226 120	158 340	587 133	350 644	236 489
四、工业净产值(现行价)	万元	119 459	61 360	58 099	205 806	111 797	94 009
五、固定资产投资额	万元	66 460	56 892	9 568	197 349	176 003	21 346
＃基本建设投资额	万元	61 885	56 892	4 993	195 628	176 003	19 625
六、社会商品零售总额	万元	9 435	9 435		4 642	4 642	
七、年末职工人数	人	24 233	17 202	7 031	26 479	20 015	6 464
职工工资总额	万元	10 195	8 026	2 169	12 700	10 008	2 692
八、年末全部投产(开业)企业数	户	325	219	106	377	227	150
"三资"企业	户	124	87	37	158	97	61
内联企业	户	97	67	30	108	68	40
自办企业	户	104	65	39	111	62	49
九、利润总额	万元	39 124	26 125	12 999	75 471	33 228	42 243
十、财政收入	万元	24 983	21 730	3 253	50 585	43 410	7 175
＃税　收	万元	23 141	20 109	3 032	41 465	34 631	6 834
十一、外贸出口总额	万美元	27 604	22 720	4 884	31 325	26 140	5 185
贸易出口	万美元	12 148	9 251	2 897	12 006	9 184	2 822
"三来一补"出口	万美元	744	635	109	2 286	2 188	98
"三资"企业出口	万美元	14 712	12 834	1 878	17 032	14 768	2 264
十一、新签利用外资协议(合同)数	宗	83	46	37	177	75	102
合资经营企业	宗	39	26	13	92	41	51
合作经营企业	宗	26	10	16	61	23	38
外资(独资)企业	宗	17	10	7	21	8	13
加工装配	宗	1		1			
十二、实际利用外资	万美元	4 139	2 671	1 468	12 637	7 345	5 292
合资经营企业	万美元	1 695	1 532	163	6 267	5 037	1 230
合作经营企业	万美元	1 258	291	967	3 015	214	2 801
外资(独资)企业	万美元	1 186	848	338	3 274	2 013	1 261
加工装配	万美元						

1—37 50个山区县主要经济指标

指标	单位	1992年	1993年	1993年比1992年增长%	1993年占全省比重(%)
一、人口、土地面积					
年末总人口	万人	2 718.17	2 748.97	1.1	41.8
#非农业人口	万人	410.55	464.00	13.0	25.7
土地面积	万平方公里	11.7	11.7	0	64.9
#耕地面积	万亩	1 583.09	1 538.03	−2.8	43.6
二、经济总量指标					
国内生产总值	亿元	449.19	637.42	27.3	19.8
第一产业	亿元	200.82	241.70	7.7	43.2
第二产业	亿元	141.45	239.98	56.1	14.8
第三产业	亿元	106.92	155.74	25.8	15.0
工农业总产值(1990年不变价)	亿元	650.23	880.56	35.4	16.4
工业总产值	亿元	373.71	590.23	57.9	12.6
农业总产值	亿元	276.52	290.33	5.0	42.1
#林业产值	亿元	23.24	23.64	1.7	76.4
农村经济总收入	亿元		690.78		54.8
乡镇企业总收入	亿元	262.53	505.13	92.4	20.7
三、主要农业产品产量					
粮食	万吨	899.70	879.43	−2.3	54.0
油料	万吨	27.00	31.39	16.3	46.7
猪牛羊肉	万吨		85.72		47.7
水果	万吨	193.44	175.31	−9.4	43.6
茶叶	万吨	2.02	2.24	10.9	73.0
造林面积	万亩	318.15	144.12	−56.0	86.2
四、运输、邮电					
公路线路长度	公里	31 977	35 846	12.1	53.1
客运量	万人	23 681	23 518	−0.7	22.1
货运量	万吨	18 101	23 053	27.4	22.5
邮电业务总量(1990年不变价)	万元	45 031	79 675	76.9	8.5
五、全社会固定资产投资额	万元	903 955	2 227 824	146.5	13.7
#国有经济单位投资额	万元	456 031	1 068 479	134.3	11.9
集体经济单位资额	万元	246 828	467 592	89.4	15.3
六、社会消费品零售总额	万元	1 429 529	2 208 444	54.5	16.1
农副产品收购总额	万元	695 835	715 237	2.8	14.8
七、财政、金融					
财政收入	万元	212 746	318 137	49.5	9.2
财政支出	万元	351 108	437 419	24.6	13.2
城乡居民储蓄存款年末余额	万元	2 027 180	2 624 270	29.5	14.0
八、农民人均纯收入	元	1 072	1 368	27.6	81.7

注:本表国内生产总值绝对数按当年价格计算,增长速度按可比价计算。

1—38 东莞、中山、南海、顺德主要经济指标

（1993年）

指标	单位	绝对数				比上年增长%			
		东莞市	中山市	南海市	顺德市	东莞市	中山市	南海市	顺德市
年底总人口	万人	138.92	121.67	99.50	97.46	2.1	2.0	2.2	2.3
#非农业人口	万人	33.74	32.88	26.04	29.29	3.1	6.1	4.1	3.7
年底从业人员人数	万人	91.87	75.80	80.27	73.71	15.6	—0.2	14.9	28.9
国内生产总值	万元	1149478	980331	1129344	996484	23.7	31.1	30.7	36.4
第一产业	万元	162960	170889	120939	89735	—20.2	—14.3	1.3	1.1
第二产业	万元	614341	496655	607674	544616	37.6	47.1	16.5	28.3
第三产业	万元	372177	312787	400731	362133	27.4	35.9	77.7	67.1
工农业总产值(1990年不变价)	万元	2066555	2290776	2097544	2300588	29.4	41.5	32.4	31.4
农业总产值	万元	197475	164635	142925	143148	—16.9	—13.2	4.0	7.0
工业总产值	万元	1869080	2126141	1954619	2157440	37.5	48.8	35.1	33.5
农村经济总收入	万元	1475161	1655813	2074622	2402146				
乡镇企业总收入	万元	1098081	1506239	1739165	2137038	47.8	65.0	62.6	46.3
旅客周转量	万人公里	577800	72323	38736	62589	14.6	19.1	100.2	325.8
货物周转量	万吨公里	248230	174458	76045	171341	6.6	13.3	31.2	8.3
邮电业务总量(1990年不变价)	万元	65699	32973	27174	27873	55.9	52.8	69.5	76.1
全社会固定资产投资额	万元	327630	572541	449654	582218	73.5	89.2	81.7	96.1
#国有经济单位投资	万元	180965	98239	147695	278467	36.0	72.8	404.0	325.1
#基本建设投资	万元	160578	81908	8271	132548	63.1	150.6	233.1	744.6
更新改造投资	万元	20318	39043	37449	7479	159.0	69.8	106.0	—76.8
集体经济单位投资	万元	122512	292090	272952	389195	199.2	81.5	88.2	96.5
社会消费品零售总额	万元	509971	344440	397561	353034	41.5	25.1	63.4	42.8
城乡集市贸易成交额	万元	128978		71780	67192	22.6		22.7	34.8
外贸出口总额	万美元	125742	89970	47237	83228	27.9	39.2	16.7	44.4
贸易出口	万美元	22891	33240	15547	22631	4.8	10.8	—7.1	30.2
"三来一补"出口	万美元	39524	3930	602	319	10.0	2.2	—62.9	390.8
"三资"企业出口	万美元	63327	52800	31088	60278	56.3	71.4	40.6	49.9
新签利用外资合同数	宗	3118	321	452	285	263.4	—1.2	37.0	12.2
实际利用外资	万美元	79263	38296	10023	14656	138.6	90.6	170.7	106.2
#外商直接投资	万美元	79247		9965	14656	141.0		198.6	106.9
财政收入	万元	93828	94825	100388	111829	66.9	55.7	66.5	74.4
财政支出	万元	72910	75405	80065	79900	91.1	71.2	72.7	100.2
城乡居民储蓄存款年末余额	万元	1071713	942327	1016051	897158	31.4	26.2	24.9	37.6
农民人均纯收入	元	2479	2205	3133	2395	25.5	14.8	26.2	17.9

注：本表国内生产总值绝对数按当年价格计算，增长速度按可比价计算。

1－39 少数民族县主要经济指标

（1993年）

指标	单位	绝对数				比上年增长％			
		合计	连南县	连山县	乳源县	合计	连南县	连山县	乳源县
少数民族人口	万人	15.74	7.20	6.60	1.94	9.9	4.8	19.3	1.0
农业人口	万人	34.97	11.26	7.24	16.47	－1.7	－3.8	－12.2	5.6
国内生产总值	万元	82 637	23 134	22 098	37 405	10.2	10.6	2.1	15.0
第一产业	万元	31 816	7 201	11 715	12 900	7.9	0.1	0.9	3.1
第二产业	万元	28 591	8 376	4 225	15 990	10.6	28.2	－2.5	24.7
第三产业	万元	22 230	7 557	6 158	8 515	13.5	5.6	7.8	22.6
工农业总产值（1990年不变价）	万元	78 297	25 647	20 920	31 730	11.1	14.8	6.6	11.4
农业总产值	万元	40 770	11 514	13 907	15349	2.9	5.5	2.7	1.1
工业总产值	万元	37 527	14 133	7 013	16381	21.7	23.6	15.3	23.1
农村经济总收入	万元	55 699	19 066	11 505	25 128				
乡镇企业总收入	万元	36 615	14 653	4 284	17 678	55.0	49.2	9.0	79.1
粮食总产量	万吨	16.73	4.57	5.06	7.10	－0.2	1.8	0.2	－1.7
公路线路长度	公里	1 321	392	378	551	5.8	8.9	6.2	3.6
货物周转量	万吨公里	24 560	7 221	7 476	9 863	12.5	0.3	29.7	11.2
邮电业务总量（1990年不变价）	万元	834	291	208	335	34.5	42.0	14.9	43.2
全社会固定资产投资额	万元	23 329	9 109	4 356	9864	119.1	155.9	108.9	97.2
#国有经济单位投资	万元	15 765	6 555	4 129	5081	132.9	172.6	131.3	96.9
集体经济单位投资	万元	2 933	49	30	2 854	15.7	－88.9	－80.0	47.0
财政收入	万元	5 151	1 280	1 173	2 698	38.3	21.6	26.3	54.8
财政支出	万元	11 889	3 920	3 145	4 824	25.9	25.2	12.6	37.1
城乡居民储蓄存款年末余额	万元	43 703	16 418	12 082	15 203	37.7	45.5	33.3	33.5
国有经济单位职工年末人数	人	34 959	11 554	9 528	13 877	2.2	6.5	21.5	－4.9
国有经济单位职工年平均工资	元		3 612	3 895	4 339		14.6	12.4	23.6
农民人均纯收入	元		909	853	770		7.7	27.7	23.2
社会消费品零售总额	万元	29 200	8 339	7 727	13134	19.5	－4.1	18.2	42.8
城乡集市贸易成交额	万元	13 504	3 981	6 251	3272	101.9	254.8		27.4
普通中学	所	48	16	13	19				
在校学生数	人	18 834	6 316	4 993	7 525	5.1	1.6	11.0	4.6
小学所数	所	284	83	79	122	－1.0	－3.5		
在校学生数	人	61 352	20 113	14 987	26 252	2.1	1.7	3.4	1.7

注：本表国内生产总值绝对数按当年价计算，增长速度按可比价计算。

1—40 城 市 基

(19

项 目	单位	20个城市合 计	占全省%	广州市
一、经济总量指标				
1.国内生产总值(当年价)	万元	17 932 589	55.6	5 494 633
第一产业	万元	1 087 506	19.4	175 185
第二产业	万元	9 401 614	57.8	2 546 228
工 业	万元	7 813 366	59.2	2 247 345
建筑业	万元	1 588 248	51.8	298 883
第三产业	万元	7 443 469	71.5	2 773 220
2.工农业总产值(1990年不变价)	万元	27 540 805	51.4	6 843 826
#农业总产值	万元	1 157 490	16.8	186 429
二、人口、从业人员和土地面积				
年末总人口	万人	1 464.74	22.3	372.63
#非农业人口	万人	864	47.8	304
年末总户数	万户	423	27.2	113
年末从业人员人数	万人	1 105	31.6	241
城镇个体劳动者年末人数	万人	68	65.4	12
土地面积	平方公里	18 923	10.6	1 444
#建城区土地面积	平方公里	800		207
三、工 业				
1.企业单位数(乡及乡以上独立与附营)	个	14 273	42.2	4 010
2.工业总产值(当年价)	万元	30 298 383	57.7	8 332 994
城镇联营和城镇个体工业总产值	万元	234 723	23.9	31 649
农业联营和农村个体工业总产值	万元	495 141	13.0	32 671
乡办工业总产值	万元	1 275 746	22.2	
村办工业总产值	万元	2 197 456	42.3	375 629
"三资企业"工业总产值	万元	10 259 601	77.5	2 378 095
3.工业总产值(1990年不变价)	万元	26 383 315	56.5	6 657 397
#村及村以下工业	万元	2 607 865	28.3	332 976
4.乡及乡以上工业总产值(当年价)	万元	27 638 824	64.9	8 185 267
轻 工 业	万元	16 076 956	63.8	4 481 487
重 工 业	万元	11 561 868	66.5	3 703 780

注：本表按1993年底止的行政区划范围统计。

本　　情　　况

93年）

深圳市	珠海市	汕头市	韶关市	河源市	梅州市	惠州市	潮州市
4 356 029	974 565	682 631	413 637	123 863	115 512	376 620	166 808
116 689	31 283	24 999	10 180	40 572	8 114	8 943	8 785
2 335 593	567 938	399 105	294 949	51 767	76 534	218 934	100 701
1 802 743	383 770	321 437	260 062	37 354	72 210	179 482	91 626
532 850	184 168	77 668	34 885	14 413	4 324	39 452	9 075
1 903 747	375 344	258 527	108 510	31 524	30 864	148 743	57 322
5 278 470	1 626 223	1 310 020	619 268	101 328	195 438	1 014 368	343 949
92 772	20 718	30 973	13 142	43 883	12 179	8 777	12 887
87.69	30.92	91.48	45.41	17.73	25.55	29.28	31.64
64	24	67	39	12	16	22	22
24	8	24	13	5	5	8	7
210	27	58	24	33	10	22	17
22	2	2	1	1	1	3	1
2 020	654	246	345	4 414	298	419	176
81	56	84	34	9	21	22	38
1 875	901	1 052	261	276	235	494	321
6 065 973	1 524 464	1 261 419	871 841	83 211	183 636	894 184	369 435
11 650	3 243	23 287	1 406	1 552	1 112	5 788	46 219
11 758	2 785	12 493	784	7 619		4 934	
	607	3 699	1 140	8 367	4 284	24 276	
282 592	168 556	78 592	5 307	2 219	7 621	16 620	46 579
3 635 848	710 755	446 310	23 707	7 113	66 308	684 057	34 008
5 185 698	1 605 505	1 279 047	606 126	57 445	183 259	1 005 591	331 062
306 000	175 191	76 116	6 959	1 931	8 100	25 823	44 446
5 759 973	1 349 273	1 147 047	864 344	71 801	174 903	866 842	276 637
3 813 478	1 019 739	772 221	187 578	19 395	134 500	525 189	214 090
1 946 495	329 534	374 826	676 766	52 406	40 403	341 653	62 547

项 目	单位	汕尾市	东莞市	中山市
一、经济总量指标				
1.国内生产总值(当年价)	万元	97 923	1 149 478	980 331
第一产业	万元	43 090	162 960	170 889
第二产业	万元	21 201	614 341	496 655
工 业	万元	13 520	577 174	450 210
建筑业	万元	7 681	37 167	46 445
第三产业	万元	33 632	372 177	312 787
2.工农业总产值(1990年不变价)	万元	89 788	2 066 555	2 290 776
#农业总产值	万元	44 747	197 475	164 635
二、人口、从业人员和土地面积				
年末总人口	万人	37.41	138.92	121.67
#非农业人口	万人	13	34	33
年末总户数	万户	37	35	32
年末从业人员人数	万人	19	92	76
城镇个体劳动者年末人数	万人		3	5
土地面积	平方公里	401	2 465	1 683
#建城区土地面积	平方公里	11	15	19
三、工 业				
1.企业单位数(乡及乡以上独立与附营)	个	108	1 348	762
2.工业总产值(当年价)	万元	46 167	2 148 844	2 239 352
城镇联营和城镇个体工业总产值	万元	5 523	7 883	6 008
农业联营和农村个体工业总产值	万元	8 727	111 639	64 380
乡办工业总产值	万元	762	372 937	648 608
村办工业总产值	万元	3 186	486 273	368 336
"三资企业"工业总产值	万元	17 034	597 576	628 255
3.工业总产值(1990年不变价)	万元	45 041	1 869 080	2 126 141
#村及村以下工业	万元	11 888	592 347	438 359
4.乡及乡以上工业总产值(当年价)	万元	28 731	1 543 049	1 776 731
轻 工 业	万元	22 660	892 539	1 371 461
重 工 业	万元	6 071	650 510	405 270

93年）

江门市	佛山市	阳江市	湛江市	茂名市	肇庆市	清远市	揭阳市
377 273	767 460	202 629	568 661	394 147	324 346	209 061	156 982
7 221	11 734	50 016	71 101	40 034	34 384	43 791	27 536
229 126	532 533	87 708	245 602	236 905	166 730	102 224	76 842
204 386	479 703	52 514	189 870	200 090	127 542	69 727	52 601
24 740	52 830	35 194	55 732	36 815	39 188	32 497	24 241
140 926	223 193	64 905	251 958	117 208	123 232	63 046	52 604
896 851	2 175 701	246 918	852 906	644 464	526 018	196 217	221 721
10 680	13 775	34 182	101 552	50 707	45 232	41 214	31 531
32.50	41.38	48.60	114.76	57.76	39.36	46.86	53.19
28	35	24	46	23	25	16	17
10	12	12	28	15	10	12	12
21	32	27	98	26	22	23	25
2	1	2	6	1	1	1	2
129	77	437	1 460	487	658	929	181
18	27	11	55	25	19	16	32
427	416	154	509	239	417	245	223
959 434	2 214 451	183 016	908 873	1 139 863	497 816	174 961	198 449
621	1 266	46 353	16 918	4 785	843	8 048	10 569
1 439	3 920	50 010	48 153	26 915	20 388	15 135	71 391
40 672	64 059	5 054	23 619	21 099	34 454	20 219	1 890
75 331	194 810	4 282	11 856	17 402	15 020	9 826	27 419
179 822	502 666	7 114	89 063	8 819	173 179	51 468	18 404
886 171	2 161 926	212 736	751 354	593 757	480 786	155 003	190 190
77 391	169 522	58 275	72 554	46 167	35 113	23 449	105 258
884 267	1 971 470	123 196	831 946	1 090 761	461 565	141 951	89 070
596 063	1 042 779	93 892	364 062	71 396	316 766	82 817	54 844
288 204	928 691	29 304	467 884	1 019 365	144 799	59 134	34 226

项　　　　目	单位	20个城市合计	占全省%	广州市
#国有经济	万元	10 180 920	70.4	4 251 679
集体经济	万元	4 527 816	43.2	1 005 139
股份制经济	万元	2 162 302	61.1	356 133
外商投资经济	万元	3 385 741	84.1	981 857
港、澳、台投资经济	万元	6 831 203	74.1	1 396 239
四、交通、邮电、电力				
铁路客运量	万人	5 028	73.6	2 482
铁路货运量	万吨	4 929	74.7	2 088
公路客运量	万人	58 573	61.3	9 451
公路货运量	万吨	26 134	57.7	8 549
水运客运量	万人	3 518	76.9	576
水运货运量	万吨	17 641	53.2	9 670
沿海港口货物吞吐量	万吨	10 815	95.5	5 063
内河港口货物吞吐量	万吨	3 052	43.5	1 489
邮电业务总量(1990年不变价)	万元	658 482	70.3	171 623
年末电话机数	部	2 467 461	65.9	776 052
全年用电量	万千瓦时	3 215 721	61.0	750 693
#工业用电	万千瓦时	2 027 986	60.1	408 942
城乡居民生活用电	万千瓦时	452 717	56.0	131 996
五、固定资产投资				
国有经济基本建设投资	万元	4 270 421	78.1	666 526
国有经济更新改造投资	万元	1 021 513	55.6	377 829
城镇集体固定资产投资	万元	310 836	10.2	26 730
竣工住宅建筑面积(包括商品房)	万平方米	1 788	56.3	242
房地产开发投资额	万元	2 175 752	68.8	767 457
#商品住宅	万元	1 482 947	67.3	570 599
六、市政公用事业				
年末实有住宅居住面积(含厅)	万平方米	8 029		2 700
城市居住人口	万人	853		304
平均每人居住面积(含厅)	平方米/人	9.41		8.88

93年）

深圳市	珠海市	汕头市	韶关市	河源市	梅州市	惠州市	潮州市
928 456	195 986	280 057	762 808	47 193	93 550	97 476	49 539
183 728	135 168	374 860	44 546	17 187	15 045	74 411	70 480
762 908	282 635	35 513	32 394	38	20 300		122 292
967 498	323 620	141 665	12 295	1 255	37 881	403 864	20 934
2 668 351	387 107	304 645	11 412	5 893	8 127	280 193	11 957
1 148			514			83	
150			1 079			111	
8 810	8 482	1 100	1 678	415	650	2 106	326
1 574	1 513	975	1 023	95	1 172	769	132
260	1 152	550		55		15	
326	1 227	115	21	31		29	
2 541	343	864					
		24	129			59	20
174 045	37 479	42 033	6 869	3 302	4 423	20 872	5 677
501 769	80 059	197 749	36 807	27 718	32 950	60 837	29 162
746 795	115 400	122 980	184 278	24 240	34 340	65 040	15 245
444 328	64 200	73 529	165 728	13 027	26 236	38 613	7 922
64 467	14 800	36 478	6 913	2 873	3 759	7 276	3 851
1 409 997	479 580	314 413	54 363	25 865	11 459	197 725	33 028
20 794	4 880	59 784	41 667	3 657	4 896	29 012	15 647
86 345	17 088	34 944		254	305	25 550	6 415
251	140	135	36	17	23	98	24
500 332	139 874	88 183	19 501	16 931	12 429	130 840	17 584
337 090	99 554	65 852	12 772	6 935	7 011	53 537	17 584
954	207	632	283	115	170	216	308
73	23	61	39	18	26	21	31
13.07	9.0	10.36	7.26	6.39	6.54	10.29	9.94

项 目	单 位	汕尾市	东莞市	中山市
#国有经济	万元	6 544	278 668	351 529
集体经济	万元	5 153	628 525	743 630
股份制经济	万元		28 979	23 917
外商投资经济	万元	14 373	84 326	124 575
港、澳、台投资经济	万元	2 661	513 288	503 637
四、交通、邮电、电力				
铁路客运量	万人			
铁路货运量	万吨			
公路客运量	万人	573	10 897	2 509
公路货运量	万吨	253	1 976	564
水运客运量	万人	48	10	243
水运货运量	万吨	9	1 280	2 040
沿海港口货物吞吐量	万吨	51		
内河港口货物吞吐量	万吨		313	338
邮电业务总量(1990年不变价)	万元	4 377	65 699	32 973
年末电话机数	部	22 098	161 886	155 466
全年用电量	万千瓦时	10 390	393 962	185 051
#工业用电	万千瓦时	5 430	287 400	117 888
城乡居民生活用电	万千瓦时	4 210	75 928	27 528
五、固定资产投资				
国有经济基本建设投资	万元	28 770	160 578	81 908
国有经济更新改造投资	万元	24 879	20 318	39 043
城镇集体固定资产投资	万元	6 136	35 893	
竣工住宅建筑面积(包括商品房)	万平方米	26	72	279
房地产开发投资额	万元	13 636	52 110	65 264
#商品住宅	万元	12 280	47 966	54 678
六、市政公用事业				
年末实有住宅居住面积(含厅)	万平方米	85	364	123
城市居住人口	万人	14	28	11
平均每人居住面积(含厅)	平方米/人	6.07	13.0	11.18

93年）

江门市	佛山市	阳江市	湛江市	茂名市	肇庆市	清远市	揭阳市
388 010	801 804	48 041	350 298	992 337	179 684	40 879	36 382
293 508	551 568	68 042	91 024	66 551	82 884	42 083	34 284
44 170	111 316		297 870	17 301	23 443	3 093	
48 591	131 382	1 249	17 932	1 767	49 948	4 150	16 579
109 988	371 284	5 864	71 131	7 052	123 231	47 318	1 825
	235		205	78	198	86	
	150		526	428	315	82	
2 466	714	1 667	3 551	2 469		541	167
95	884	842	3 373	1 650		632	63
109	12	33	202	45	130	78	
255	215	374	1 193	129	326	345	56
			1 953				
	156	38			219	244	23
15 958	25 390	4 457	17 579	6 916	8 525	4 181	6 104
60 668	94 272	24 633	81 050	36 777	32 025	24 008	31 475
87 456	151 351	32 326	72 345	106 680	51 259	26 924	38 966
53 124	120 328	15 471	35 202	87 288	30 227	13 966	19 137
11 153	11 960	5 995	8 674	11 987	6 304	7 999	8 566
27 724	32 663	160 755	231 473	146 351	45 660	118 721	42 862
48 414	119 460	5 360	70 501	40 769	68 773	18 393	7 437
20 236		6 655	505	4 909	36 113	1 636	1 122
41	65	81	42	41	140	20	17
46 475	66 257	37 200	28 206	42 451	65 384	28 057	37 581
38 731	54 450	13 512	21 275	18 355	18 147	5 072	27 547
194	420	251	390	193	173	153	99
28	35	17	46	22	24	16	17
6.93	12.0	14.76	8.48	8.77	7.21	9.56	5.82

项 目	单位	20个城市合计	占全省%	广州市
全年供水量	万吨	286 514		108 935
#生活用水量	万吨	136 080		71 463
年末实有公共汽(电)车营运车辆	辆	5 740		1 926
液化石油气供气总量	吨	476 353		55 349
七、批发零售贸易				
批发零售贸易业商品销售总额	万元	26 690 212	70.8	11 721 057
国内商业	万元	14 994 762	64.4	6 235 515
对外贸易业	万元	6 379 633	84.8	3 185 123
物资供销业	万元	5 315 817	77.1	2 300 419
#对居民和社会集团商品零售额	万元	3 226 392	56.3	1 289 754
社会消费品零售总额	万元	8 207 159	59.9	2 762 940
批发零售贸易业、餐饮业网点数	个	299 174	33.4	101 978
批发零售贸易业、餐饮业人员数	人	1 577 261	49.2	688 218
八、外贸与外经				
外贸收购总额	万元	2 591 688	73.0	
外贸口岸进口总额(海关数)	万美元	3 667 854	89.6	1 683 974
外贸口岸出口总额(海关数)	万美元	3 355 463	89.7	1 371 543
新签利用外资协议(合同)数	个	10 440	54.9	470
实际利用外资	万美元	575 674	59.6	84 755
对外借款	万美元	81 325	38.8	17 066
外商直接投资	万美元	453 269	60.5	67 043
外商其它投资	万美元	2 784	48.2	646
旅游外汇收入	外汇券万元	744 413	86.6	237 571
九、财政、金融、保险				
财政收入	万元	2 219 287	64.0	667 165
#各项税收	万元	1 934 090	62.2	706 223
财政支出	万元	1 889 081	57.0	441 588
#文教科学卫生事业费支出	万元	345 011	36.2	92 690
城乡居民储蓄存款年末余额	万元	10 901 840	58.2	3 278 728
承保额	万元	100 178 607	80.3	50 170 979
保费	万元	449 438	64.3	182 511
已决赔款	万元	253 805	66.8	72 887
十、劳动工资				
年末职工人数	万人	519	30.2	183

93 年）

深圳市	珠海市	汕头市	韶关市	河源市	梅州市	惠州市	潮州市
27 390	14 637	13 617	11 284	600	3 863	6 162	2 862
9 516	5 460	7 335	2 729	502	1 472	2 210	1 224
1 926	233	106	51		20	83	20
152 586	13 366	59 780	12 024	2 512	5 495	17 520	7 200
3 708 839	1 091 731	3 478 861	320 006	93 078	77 133	411 815	305 978
2 315 010	770 690	1 234 282	190 026	59 445	46 813	221 729	205 758
687 783	171 994	1 600 976	7 538	18 307	2 719	74 521	20 583
706 046	149 047	643 603	122 442	15 326	27 601	115 565	79 637
619 134	242 918	119 633	73 581	26 560	30 748	102 810	22 492
1 810 558	406 796	395 540	89 390	17 005	47 922	810 310	79 902
4 476	16 378	21 810	4 765	2 310	4 514	8 253	2 673
195 011	51 632	104 535	17 812	34 268	10 902	32 432	32 815
1 535 573	23 432	155 459	37 608	25 868	1 507	74 096	86 460
1 351 275	74 761	366 093	7 328		7 864		16 357
1 369 145	106 008	268 131	5 626		4 301		22 058
3 257	752	736	117	257	50	548	245
143 217	52 058	51 575	6 093	5 582	910	26 345	11 159
43 762	12 034	6 852					
98 900	39 993	44 094	5 983	5 582	910	26 345	11 083
555	31	629	110				76
225 132	84 594	26 533	1 274	63	3 654	2 216	1 288
672 507	130 179	108 364	58 616	5 953	4 315	36 001	21 250
550 300	114 114	103 803	54 799	985	4 179	33 716	19 623
593 327	138 674	104 035	49 396	13 502	6 254	44 315	24 175
81 424	16 888	24 461	8 870	3 291	2 490	8 154	4 675
1 751 290	502 279	429 509	165 303	72 793	74 592	309 988	118 933
30 010 113	401 800	4 247 879	1 255 911	108 407	213 583	136 570	171 446
143 610	17 576	12 052	4 705	2 038	1 237	2 774	1 574
91 992	9 177	10 466	2 169	1 465	1 035	1 870	1 111
77	20	39	21	3	6	15	11

项　　　　　　目	单 位	汕尾市	东莞市	中山市
全年供水量	万吨	1 220	5 818	8 850
＃生活用水量	万吨	854	2 618	4 630
年末实有公共汽(电)车营运车辆	辆		130	150
液化石油气供气总量	吨	2 700	11 739	7 091
七、批发零售贸易				
批发零售贸易业商品销售总额	万元	94 896	603 253	870 497
国内商业	万元	54 869	529 089	522 565
对外贸易业	万元	25 150	4 173	154 620
物资供销业	万元	14 877	69 991	193 312
＃对居民和社会集团商品零售额	万元	6 664	131 564	52 397
社会消费品零售总额	万元	20 523	18 044	952 027
批发零售贸易业、餐饮业网点数	个	2 452	50 588	33 765
批发零售贸易业、餐饮业人员数	人	9 127	104 494	124 590
八、外贸与外经				
外贸收购总额	万元	9 428	119 941	244 477
外贸口岸进口总额(海关数)	万美元	176		
外贸口岸出口总额(海关数)	万美元	2 361		
新签利用外资协议(合同)数	个	132	1 348	321
实际利用外资	万美元	3 126	79 263	38 296
对外借款	万美元			
外商直接投资	万美元	3 020	79 247	
外商其它投资	万美元	106	16	
旅游外汇收入	外汇券万元	272	2 888	12 488
九、财政、金融、保险				
财政收入	万元	10 041	93 828	94 825
＃各项税收	万元	7 501	89 236	92 100
财政支出	万元	14 848	72 910	75 405
＃文教科学卫生事业费支出	万元	2 423	8 716	23 608
城乡居民储蓄存款年末余额	万元	38 312	1 071 713	942 327
承 保 额	万元	188 574	2 897 412	3 153 892
保　　费	万元	2 047	17 523	12 330
已决赔款	万元	1 040	13 178	15 857
十、劳 动 工 资				
年末职工人数	万人	4	18	14

93年)

江门市	佛山市	阳江市	湛江市	茂名市	肇庆市	清远市	揭阳市
9 264	18 471	2 493	13 713	27 695	5 462	2 098	2 080
2 064	10 076	1 196	4 950	3 057	2 736	697	1 291
36	118		861	40	34	6	
9 309	11 592	3 686	19 907	54 871	11 826	10 800	7 000
123 254	1 733 645	281 699	742 953	271 730	622 062	211 645	207 779
66 678	1 224 231	173 090	536 494	194 068	342 411	98 759	146 330
14 673	118 507	77 545	72 212	14 708	158 230	32 546	15 270
41 903	390 907	31 064	134 247	62 954	121 421	80 340	46 179
7 922	200 592	46 052	139 377	49 471	54 699	37 859	18 217
48 933	301 335	83 688	29 883	82 300	211 371	33 822	88 558
	6 697	7 147	933	10 726	9 398	6 973	10 485
	28 685	21 682	33 290	25 807	26 508	34 515	22 620
	6 489	10 198	59 346	37 480	108 659	55 667	
117 549		2 957	20 081	8 137		4 937	6 366
126 960		18 471	40 978	10 082		3 790	6 009
171	311	89	398	154	617	156	311
12 357	17 622	4 101	13 344	3 057	7 880	7 124	7 810
	150	85		1 376			
12 219	17 171	3 987	13 302	1 681	7 880	7 019	7 810
138	301	29	42			105	
116 716	13 210	39	3 086	105	8 886	372	4 026
49 183	103 478	16 608	61 246	38 800	24 495	8 899	13 534
		15 391	60 861	36 881	22 516	8 700	13 162
42 025	92 757	18 420	60 601	32 744	32 980	15 024	16 101
9 096	20 246	4 768	10 811	6 005	8 914	3 665	3 816
268 521	366 949	152 393	848 144	143 920	164 765	148 040	53 341
1 654 000	2 249 639	334 496	1 299 931	451 980	825 681	3 070	403 244
11 070	10 583	3 151	9 076	3 857	7 953	1 966	1 805
6 320	5 980	2 338	4 472	3 825	3 398	2 017	3 208
14	23	7	25	12	13	7	7

项　　目	单位	20个城市合　计	占全省%	广州市
#国有经济单位	万人	321	56.9	124
城镇集体经济单位	万人	105	53.5	39
职工工资总额	万元	3 145 602	69.1	1 165 441
#国有经济单位	万元	2 070 230	68.8	867 514
城镇集体经济单位	万元	487 693	58.2	175 972
十一、教育、科技、卫生、文化				
学校数				
高等学校	个			28
中等专业学校	个	191	77.3	92
普通中学	个	795	21.1	190
小　学	个	3 978	16.1	561
在校学生数				
高等学校	人			78 901
中等专业学校	人	128 355	80.3	67 668
普通中学	万人	73	26.4	17
小　学	万人	165	19.8	33
自然科学方面的人员	人	353 604	50.5	163 917
#中级技术职称以上人员	人	139 148	60.5	61 166
影剧院	个	275	35.9	31
公共图书馆	个	48	43.6	10
医院数	个	445	22.6	134
医院床位数	张	62 884	48.6	22 747
卫生技术人员	人	107 529	50.8	42 669
#医　生	人	47 072	54.2	19 060
十二、社会治安				
火灾起数	起	778	57.1	220
火灾死伤人数	人	870	71.4	74
火灾损失折款	万元	33 242	85.9	1 811
交通事故	件	14 316	33.5	3 836
交通死伤人数	人	8 145	29.1	1 126
#死亡人数	人	2 273	32.8	476

93年）

深圳市	珠海市	汕头市	韶关市	河源市	梅州市	惠州市	潮州市
41	11	20	19	2	4	7	5
5	2	13	2	1	1	3	4
619 863	147 789	188 133	105 446	10 067	21 924	85 415	33 124
357 165	77 299	105 269	95 863	7 776	17 499	39 642	14 761
30 061	15 214	51 659	6 251	1 779	2 547	16 608	12 855
3	1	1	1		2	2	1
5	5	8	8	1	9	9	2
51	18	32	47	37	11	15	19
267	107	135	85	357	70	70	66
3 680	120	4 101	3 117		3 647	3 042	1 358
2 913	3 450	3 218	4 645	640	5 426	6 220	1 473
6	2	3	3	3	1	1	2
14	4	10	4	8	3	3	3
24 628	20 439	16 119	8 818	5 608	344	6 772	6 714
9 042	6 472	8 010	4 995	1 588	112	4 126	2 214
93	10	13	14	2	1	3	8
4	1	5	1	1	1	1	1
45	13	23	13	30	12	7	9
5 168	1 059	4 112	2 171	872	1 317	1 597	965
9 888	2 774	5 772	3 926	2 019	1 782	2 517	2 268
4 798	2 755	2 593	1 695	517	754	890	880
108	39	33	16	7	3	20	20
662		12	6	5	2	5	3
26 302	663	231	29	55	15	76	289
862	685	671	606	212	108	1 342	225
358	139	331	269	142	106	898	122
243	29	93	48	53	22	117	14

项　　　　　　　目	单位	汕尾市	东莞市	中山市
#国有经济单位	万人	3	7	7
城镇集体经济单位	万人	1	7	4
职工工资总额	万元	12 365	107 088	89 425
#国有经济单位	万元	8 783	47 088	47 097
城镇集体经济单位	万元	1 556	40 171	27 049
十一、教育、科技、卫生、文化				
学校数				
高等学校	个		1	1
中等专业学校	个	1	5	3
普通中学	个	15	67	70
小　　学	个	96	589	388
在校学生数				
高等学校	人		1 079	647
中等专业学校	人	300	2 714	1 466
普通中学	万人	1	8	6
小　　学	万人	6	18	14
自然科学方面的人员	人	2 301	16 832	12 074
#中级技术职称以上人员	人	1 900	3 472	5 617
影　剧　院	个	1	53	7
公共图书馆	个		11	2
医　院　数	个	6	38	7
医院床位数	张	414	4 940	1 364
卫生技术人员	人	959	4 524	3 588
#医　　生	人	407	2 023	1 490
十二、社　会　治　安				
火灾起数	起		25	45
火灾死伤人数	人		17	11
火灾损失折款	万元		1 657	307
交通事故	件	68	613	1 046
交通死伤人数	人	61	727	1 227
#死亡人数	人	6	391	215

93年）

江门市	佛山市	阳江市	湛江市	茂名市	肇庆市	清远市	揭阳市
8	13	4	19	9	9	5	4
3	6	2	3	2	2	2	3
78 446	167 669	25 715	116 240	61 527	62 275	28 672	18 978
48 759	100 676	16 528	92 964	50 718	44 874	18 296	11 659
16 136	42 988	8 597	8 926	9 055	6 898	7 130	6 241
2	1		4	1	1		
5	7	1	12	4	11	2	1
14	14	20	57	38	19	36	25
51	66	319	268	169	106	119	89
3 929	3 171		8 794	2 112	3 566		
2 631	5 271	1 002	7 268	2 293	7 045	1 889	823
2	2	2	5	3	2	2	2
3	3	6	14	7	3	5	5
8 682	13 793	4 586	17 394	7 012	9 858	7 696	17
4 785	4 902	2 051	8 298	1 346	4 325	4 720	7
7	4	3	16	2	5	1	1
1	2	1	2	1	1	1	1
8	15	12	29	14	14	7	9
1 778	2 867	1 173	5 161	1 553	2 137	967	522
2 857	4 430	1 756	6 763	3 074	2 916	1 684	1 363
1 181	1 928	725	2 117	726	1 212	726	595
50	23	52	58	7	16	12	24
19		6	34	3	3	3	5
356	286	166	175	15	128	44	637
644	487	193	1 467	410	104	600	137
187	262	69	1 324	180	72	415	130
58	88	24	225	24	26	70	51

二、比例、效益和财务指标

2-1 国民经济主要比例关系

单位：%

项目	1990年	1992年	1993年
一、国内生产总值中三次产业比例			
第一产业	26.1	20.3	17.3
第二产业	39.9	45.9	50.4
第三产业	34.0	33.8	32.3
二、工农业总产值中农轻重比例			
农业	24.0	17.5	14.7
轻工业	51.3	53.0	52.5
重工业	24.7	29.5	32.8
三、工业总产值中轻重工业比例			
轻工业	67.5	64.2	61.5
重工业	32.5	35.8	38.5
四、农业总产值中农林牧副渔比例			
农业	49.6	48.9	45.8
林业	6.8	4.5	4.0
牧业	23.8	23.7	24.7
副业	10.3	9.3	8.4
渔业	11.5	13.6	17.1
五、国民收入使用额中积累与消费比例			
积累	32.8	39.2	40.6
消费	67.2	60.8	59.4
六、轻工业总产值内部比例			
以农产品为原料	55.1	54.8	51.9
以非农产品为原料	44.9	45.2	48.1
七、重工业总产值内部比例			
采掘工业	5.6	5.7	5.1
原料工业	42.3	41.0	41.5
制造工业	52.1	53.3	53.4

项目	1990年	1992年	1993年
八、农村社会总产值中五大生产部门比例			
农业	46.1	34.0	27.8
工业	38.2	48.4	53.4
建筑业	5.7	7.5	8.3
运输业	3.4	3.5	3.4
商业、饮食业	6.6	6.6	7.1
九、能源、原材料、运输邮电业基本建设投资比例			
能源	33.5	22.1	22.5
原材料	4.0	5.0	4.3
运输邮电	18.8	31.3	24.3
十、文教、卫生、科学事业费占财政支出比重	28.9	29.2	28.8
十一、银行存款余额中主要存款比例			
企业存款	36.7	40.2	40.2
财政性存款	7.0	4.6	5.2
城镇储蓄存款	42.8	40.7	49.4
农村存款	9.1	0.9	0.7
十二、银行贷款余额中主要贷款的比例			
短期贷款		80.7	77.9
农业贷款	6.5	5.6	
中长期贷款		14.3	16.3
十三、货运量中各种运输方式比例			
铁路	25.6	26.0	26.4
公路	9.0	8.8	8.5
水运	59.6	58.8	59.1
民航	…	…	…
管道	5.8	6.4	6.0

2-2 国有独立核算工业企业主要经济效益指标

项目	单位	1980年	1985年	1990年	1992年	1993年
产值利税率	%	20.57	20.28	11.82	11.73	12.35
资金利税率	%	25.01	27.36	14.94	16.50	12.67
销售利税率	%	22.19	21.26	12.23	12.22	12.34
每百元固定资产原值实现的产值	元	121.34	123.14	96.62	136.03	128.12
每百元固定资产原值实现的利税	元	25.90	27.64	17.27	17.47	19.77
亏损企业亏损面	%	28.53	14.98	32.14	25.57	24.23
定额流动资金周转天数	天	105.43	95.55	107.17	89.56	197.80
全员劳动生产率	元/人	10 829	17 410	28 806	59 567	22 910

注：1. 本表中有关财务指标1993年由于财务会计制度改革，因而1993年数字与往年不可比；

2. 全员劳动生产率1993年以增加值计算，以前各年为总产值计算；

3. 定额流动资金周转次数，1992年以后为全部流动资金计算。

2-3 各市国有独立核算工业企业主要经济效益指标

（1993年）

市别	产品销售率（%）	资金利税率（%）	成本费用利润率（%）	增加值劳动生产率（元/人）	增加值率（%）	流动资金周转次数（次）	综合指数（“七五”平均数为100）
广州	101.89	15.38	7.30	34 278	32.66	1.85	149.47
深圳	108.22	13.39	10.92	41 084	32.99	1.53	160.08
珠海	97.07	8.29	5.53	35 116	27.87	1.45	125.21
汕头	118.88	5.63	2.34	15 730	27.99	1.49	86.22
韶关	103.10	12.96	6.37	15 750	28.73	1.77	110.55
河源	98.27	16.23	20.23	15 576	44.56	2.01	149.57
梅州	100.78	16.27	10.64	16 262	36.21	1.98	130.84
惠州	99.72	13.99	8.30	14 155	26.00	2.10	115.85
汕尾	110.51	1.72	−2.32	7 623	33.75	1.68	58.96
东莞	109.04	14.86	24.34	17 931	23.00	2.18	153.75
中山	94.66	10.11	3.95	41 065	26.65	1.43	134.99
江门	92.30	10.57	3.07	29 607	33.05	2.06	123.67
佛山	91.85	11.47	5.15	34 826	27.86	1.67	132.70
阳江	110.82	8.83	3.79	7 432	28.86	1.52	81.90
湛江	113.24	10.25	3.38	19 708	32.19	1.61	106.61
茂名	91.79	13.22	0.73	24 360	17.49	3.14	124.30
肇庆	90.65	10.82	8.01	19 260	26.25	1.86	112.61
清远	99.87	15.51	12.35	16 771	36.34	1.85	131.51
潮州	108.46	5.00	1.53	9 744	34.68	1.48	74.32
揭阳	99.42	6.29	2.90	10 680	31.04	1.44	78.05

注：1993年由于实施新的财务会计制度和工业增加值使用新的计算方法，造成各地上报的工业增加值偏大，省根据历史资料和实际情况对全省、各市和行业增加值进行了调整。

2-4 独立核算工业企业主要财务指标

（1993 年）

单位：亿元

指　　　标	全省总计	按经济类型分			按轻重工业分	
		国有经济	集体经济	其他经济	轻工业	重工业
一、年末资产						
流动资产合计	2 414.60	878.34	493.29	1 042.97	1 393.03	1 021.57
存货	873.53	306.65	180.96	385.92	518.33	355.20
#产成品存货	259.03					
流动资产年平均余额	2 077.34	754.01	435.66	887.67	1 215.45	861.89
长期投资	201.07	72.24	57.27	71.56	123.1	77.97
固定资产合计	1 914.84	760.68	387.51	766.65	963.89	950.95
固定资产原价合计	2 099.09	856.85	414.60	827.64	1 038.32	1 060.77
#生产用	1 708.67	673.42	336.94	698.31	847.42	861.25
固定资产净值合计	1 606.74	631.99	317.27	657.48	805.67	801.07
固定资产净值年平均余额	1 461.60	583.50	289.39	588.71	728.43	733.17
二、年末负债及所有者权益						
流动负债合计	2 215.02	811.32	463.07	940.63	1 293.53	921.49
#未交税金	48.59	17.00	12.05	19.54	28.11	20.48
流动负债年平均余额	1 833.45	692.05	381.68	759.72	1 083.85	749.60
长期负债合计	837.67	379.72	174.68	283.25	394.38	443.27
所有者权益	1 465.82	517.49	237.95	710.38	759.54	706.28
三、损益及分配						
产品销售收入	3 920.98	1 372.66	911.99	1 636.33	2 277.34	1 643.64
#产品销售成本	3 122.12	1 074.06	725.51	1 322.55	1 844.13	1277.99
产品销售税金及附加	185.60	91.31	44.59	49.70	104.56	81.04
产品销售利润	451.30	166.61	100.58	184.11	227.40	223.90
管理费用	198.61	78.46	45.10	75.05	106.08	92.53
#税金	9.91	2.91	4.02	2.98	5.67	4.24
财务费用	93.95	29.80	30.93	33.22	48.48	45.47
#利息支出	98.10	30.53	30.09	37.48	56.40	41.70
营业利润	194.33	73.30	31.45	89.58	92.33	102.00
利润总额	211.80	78.10	33.06	100.64	104.40	107.40
利税总额	397.40	169.40	77.64	150.36	208.96	188.44
应交所得税	23.05	7.53	5.94	9.58	11.34	11.71
提取盈余公积	32.61	19.05	5.54	8.02	13.94	18.67

2-5 国有单位基本建设投资效益指标

项　　目	单　位	1980年	1985年	1990年	1991年	1992年	1993年
一、固定资产交付使用率							
本年完成投资	亿元	22.05	94.07	175.43	214.76	338.69	546.63
本年新增固定资产	亿元	15.63	57.41	110.38	127.62	208.08	278.75
固定资产交付使用率	%	70.9	61.0	62.9	59.4	61.4	51.0
二、建成项目投产率							
本年施工项目	个	7 272	4 902	3 389	4 006	4 555	4 561
本年建成投产项目	个	3 056	2 488	1 655	1 971	2 265	2 160
建成项目投产率	%	42.0	50.8	48.8	49.2	49.7	47.4
三、房屋建筑面积竣工率							
本年房屋施工面积	万平方米	1 431.05	2 938.61	1 775.04	2 168.39	2 511.96	2 927.95
本年房屋竣工面积	万平方米	686.85	1 191.77	808.30	929.53	1 065.63	1 189.40
房屋面积竣工率	%	48.0	40.6	45.5	42.9	42.4	40.6
四、建 设 周 期							
计划总投资	亿元	112.30	451.79	716.01	855.93	1 325.18	1 989.14
本年完成投资	亿元	22.05	94.07	175.43	214.76	338.69	546.63
建 设 周 期	年	5.09	4.80	4.08	3.99	3.91	3.64

2-6 国有单位更新改造投资效益指标

项　　目	单　位	1980年	1985年	1990年	1991年	1992年	1993年
一、固定资产交付使用率							
本年完成投资	亿元	3.67	32.31	59.10	74.87	128.57	183.87
本年新增固定资产	亿元	2.78	23.15	57.38	64.86	96.41	127.32
固定资产交付使用率	%	75.7	71.6	97.1	86.6	75.0	69.2
二、建成项目投产率							
本年施工项目	个	2 081	5 277	3 399	3 999	4 452	3 878
本年建成投产项目	个	1 062	2 834	1 762	2 179	2 488	2 113
建成项目投产率	%	51.0	53.7	51.8	54.5	55.9	54.5
三、房屋建筑面积竣工率							
本年房屋施工面积	万平方米	141.28	755.23	742.98	696.46	865.47	845.51
本年房屋竣工面积	万平方米	70.29	401.09	380.27	362.80	404.00	425.77
房屋面积竣工率	%	49.8	53.1	51.2	52.1	46.7	50.4
四、建 设 周 期							
计划总投资	亿元	8.59	39.24	189.09	216.72	293.68	378.31
本年完成投资	亿元	3.67	32.31	59.10	74.87	128.57	183.87
建 设 周 期	年	2.34	1.21	3.20	2.89	2.28	2.06

2-7 邮电通信企业主要财务指标

(1993年)

单位:万元

指标	合计	中央邮电	农村电话
企业个数(个)	220	125	95
#亏损企业(个)	119	66	53
资本金合计	685 449	466 379	219 070
流动资产年末合计	652 423	502 203	150 220
长期投资年末合计	9 338	5 984	3 354
固定资产年末合计	1 508 806	1 066 208	442 598
无形及资产年末合计	247	23	224
其他资产年末合计	92	92	
流动负债年末合计	559 294	408 335	150 959
长期负债年末合计	320 582	176 062	144 520
所有者权益年末合计	1 291 030	990 113	300 917
主营业务收入	787 599	634 941	152 658
营业成本	435 108	333 110	101 998
营业税金及附加	25 293	20 443	4 850
主营业务利润	327 198	281 388	45 810
其他业务利润	544	484	60
管理费用	55 904	48 677	7 227
财务费用	7 170	3 138	4 032
营业利润	264 668	230 057	34 611
附属企业利润	3 391	2 824	567
投资收益	452	451	1
营业外收入	5 473	4 562	911
营业外支出	14 613	11 850	2 763
利润总额	259 371	226 044	33 327
亏损企业亏损总额	24 621	17 025	7 596

2-8 国内商业企业主要财务指标

(1993 年)

单位:万元

指标	1993 年	指标	1993 年
一、资本金		三、损益及分配	
资本金合计	2 382 780	商品销售收入(营业收入)	25 971 839
#国家	1 289 428	商品销售成本(营业成本)	20 540 654
法人	885 902	经营费用(营业费用)	1 028 473
外商	46 522	商品销售税金及附加费	273 048
二、年末资产负债		商品销售利润	858 333
流动资产年末合计	8 765 035	主营业务利润	1 006 749
#货币资金	1 266 440	管理费用	620 785
存货	3 008 877	#税金	26 817
长期投资合计	811 606	财务费用	294 454
固定资产合计	1 692 959	#利息	241 712
#固定资产原价	2 147 513	营业利润	185 473
累计折旧	454 554	投资收益	111 145
#本年提取折旧	99 070	利润总额	466 164
无形及递延资产合计	218 493	应交所得税	325 076
其他资产合计	89 146	应付利润	60 865
流动负债合计	8 550 116	四、其他	
#未交税金	96 852	本年应付工资	417 409
长期负债合计	1 062 602	本年应付福利费	55 252
所有者权益合计	1 964 521		
#股本	169 030		

注:本表不包乡镇局所辖的商业企业和个体商业。

2—9 对外贸易企业主要财务指标

(1993年)

单位:万元

指标	1993年	指标	1993年
一、资本金		三、损益及分配	
资本金合计	631 607	商品销售收入(营业收入)	6 325 787
#国家	476 565	商品销售成本(营业成本)	6 070 451
法人	147 709	经营费用(营业费用)	184 695
外商	1 291	商品销售税金及附加费	19 968
二、年末资产负债		商品销售利润	−272 518
流动资产年末合计	2 904 142	主营业务利润	−240 564
#货币资金	382 951	管理费用	160 519
存货	776 411	#税金	2 651
长期投资合计	311 473	财务费用	11 987
固定资产合计	370 956	#利息	78 926
#固定资产原价	453 998	营业利润	−154 403
累计折旧	83 042	投资收益	39 628
#本年提取折旧	22 446	利润总额	108 285
无形及递延资产合计	15 531	应交所得税	14 900
其他资产合计	12 246	应付利润	12 370
流动负债合计	2 982 837	四、其他	
#未交税金	11 288	本年应付工资	58 432
长期负债合计	196 468	本年应付福利费	8 499
所有者权益合计	435 043		
#股本	48 702		

注:本表不包乡镇局所辖的外贸企业和私营企业。

2—10 物资供销企业主要财务指标

(1993 年)

单位:万元

指　　标	总　计	按经济类型分			按企业规模分		
		国有经济	集体经济	联营经济	大型物资供销业	中型物资供销业	小型物资供销业
一、资本金合计	613 655	553 329	43 735	14 263	92 666	143 140	377 849
#国　家	492 207	477 728	12 399	1 972	83 585	67 949	340 673
法　人	101 675	58 626	29 240	12 222	8 851	59 210	33 614
外　商	468	74	21				468
二、年末资产负债							
#流动资产合计	1 673 983	1 468 489	150 245	45 589	549 125	712 780	412 078
#货币资金	170 377	145 138	17 999	6 342	53 152	70 566	46 659
存　货	583 769	496 802	63 822	22 429	219 183	215 321	149 265
长期投资合计	169 255	131 370	25 410	12 452	22 270	115 313	31 672
固定资产合计	214 077	185 770	21 832	4 787	54 827	80 705	78 545
固定资产原价	246 036	208 196	29 211	7 546	65 470	97 694	82 872
其他长期资产合计	13 536	9 139	3 448	930	518	8 994	4 024
流动负债合计	1 669 233	1 427 441	189 270	42 075	512 048	758 563	398 622
长期负债合计	136 809	100 235	26 790	9 783	26 963	61 117	48 729
所有者权益合计	269 165	224 534	31 222	11 061	92 939	124 387	51 839
#股　本	6 039	2 237	794	1 509		5 938	101
三、损益及分配							
#商品销售收入(营业收入)	6 312 764	5 630 406	500 185	17 1767	1 877 734	2 668 747	1 766 283
商品销售收入净额	4 959 649	4 384 936	394 429	169 877	1 539 882	2 350 914	1068 853
商品销售税金及附加费	39 619	35 386	3 234	931	12 727	14 416	12 476
商品销售利润	182 741	158 530	20 012	3 967	55 466	87 080	40 195
主营业务利润	184 394	159 874	20 348	3 936	55 574	86 689	42 131
财务费用	81 937	65 381	15 322	1 082	19 380	38 775	23 782
营业利润	22 309	24 447	−3 073	809	19 360	8 511	−5 562
投资收益	11 596	8 758	2 172	609	2 103	6 328	3 165
利润总额	50 860	40 589	7 079	3 033	23 980	26 450	430
四、其他							
#本年应付工资	28 657	25 061	2 957	616	8 080	11 382	9 195
本年应付福利费	8 373	5 933	2 306	130	1 768	2 619	3 986

注:本表统计范围为县及县以上独立核算企业。

2-11 重点零售商店主要经济指标

（1993 年）　　　　单位：万元

商　　店	商品销售收入净额	经营费用	商品销售税金及附加	商品销售利润	资产总计	全部职工平均人数（人）
合　　计	**594 344**	**48 557**	**23 198**	**32 225**	**235 662**	**18 514**
广州市南方大厦集团股份公司	96 032	9 630	3 784	2 860	38 308	4 269
广州百货大厦	81 203	8 025	3 726	4 850	37 847	2 222
广州市友谊公司	78 204	8 021	3 555	4 799	39 433	2 286
广州市新大新公司	69 088	5 998	3 240	4 421	31 141	1 867
佛山市升平商业总公司	52 434	1 371	933	2 445	13 428	830
广州市东山百货大楼	43 016	4 071	1 844	1 950	13 547	939
深圳市天虹商场	28 049	2 516	1 086	2 934	13 142	523
广州市海珠购物中心	24 697	2 194	1 031	1 249	10 449	1 191
东莞市运河商场	22 101	352	799	300	5 058	658
广州市华厦百货公司	21 010	1 910	818	794	11 077	916
深圳市友谊公司友谊商场	12 530		298	1 449	4 095	313
珠海市百货公司香洲商场	12 228	1 152	565	892	2 557	309
广州番禺市市桥商业大厦	11 304	371	394	1 341	26 522	257
佛山市百货大厦	10 627	622	277	590	976	358
潮州市商业购物中心	6 436	761	29		3 404	272
韶关市商业大厦	6 037	776	198	163	3 161	343
汕头市汕樟商场	5 233	229	135	264	1 863	291
江门市常安百货公司	5 203	40	185	531	1 843	227
茂名市百货大楼	4 164	269	153	177	867	178
韶关市百货公司	3 004	215	100	281	533	189
深圳市华美商场	1 744		49	447	281	76

2-12 农村经济主要比例关系和效益指标

项　　目	单位	1978年	1980年	1985年	1990年	1992年	1993年
一、各产业劳动力比例	%	100	100	100	100	100	100
第一产业	%	93.7	89.4	76.4	67.7	63.3	59.6
第二产业	%	4.0	7.5	12.8	16.4	19.3	21.7
第三产业	%	2.3	3.1	10.8	15.9	17.4	18.7
二、劳动生产条件							
复种指数	%	239	217	206	225	225	216
平均每亩耕地化肥施用量	公斤	65.2	80.8	26.3	42.9	48.6	47.0
平均每亩耕地农药施用量	公斤	2.4	3.0	1.9	2.0	2.2	2.8
三、物耗率、商品率							
农业物耗率	%	37.1	34.2	30.5	36.7	34.7	38.2
农业商品率	%	43.7	47.2	60.7	67.0	69.3	71.2
四、劳动生产率（每个劳动力创造或生产的）							
农村社会总产值	元	708	1 023	2 088	5 518	8 893	13 173
农业总产值	元	517	776	1 535	3 753	4 782	6 138
农业净产值	元	325	511	1 066	2 376	3 120	3 796
农业增加值	元					3 022	3 821
农业商品产值	元	346	367	932	2 515	3 313	4 370
粮食产量	公斤	908	1 034	1 096	1 341	1 387	1 341
糖蔗产量	公斤	503	513	1 251	1 480	1 740	1 319
水果产量	公斤	113	109	79	232	347	331
水产品产量	公斤	39	39	2 054	3 082	3 553	3 755

三、人口与劳动力

3—1 人口与劳动力主要指标

指标	单位	1980年	1985年	1990年	1992年	1993年	1993年比1992年增长%
年末总人口	万人	5 227.67	5 655.60	6 246.32	6 463.17	6 581.60	1.8
#农业人口	万人	4 317.96	4 457.68	4 769.01	4 822.37	4 773.51	—1.0
性别比(女=100)	%	104.5	106.0	105.9	106.1	106.2	
人口密度	人/平方公里	294	318	351	363	369	1.7
人口出生率	‰	22.82	20.60	22.26	19.31	18.34	
人口死亡率	‰	5.48	6.33	5.76	6.17	5.84	
人口自然增长率	‰	17.34	14.27	16.50	13.14	12.50	
人口净迁移率	‰	1.80	2.70	2.82	4.29	4.62	
从业人员人数	万人	2 367.78	2 731.11	3 118.10	3 367.21	3 433.91	2.0
职工人数	万人	563.62	660.82	785.49	858.12	877.16	2.2
国有单位	万人	400.19	449.40	528.13	559.71	563.63	0.7
企业	万人			368.65	383.75	386.86	0.8
事业和机关	万人			159.48	175.96	176.77	0.5
城镇集体单位	万人	163.43	203.32	207.62	216.57	199.99	—7.7
其他各种单位	万人		8.10	49.74	81.84	113.54	38.7
农村乡(镇)劳动者	万人	1 793.20	2 038.60	2 264.67	2 336.13	2 325.94	—0.4
城镇私营企业从业人员	万人				26.21	39.51	50.7
城镇个体劳动者	万人	10.96	31.69	67.94	76.37	103.72	35.8
其他	万人				70.38	87.58	24.4
第一产业劳动者	万人	1 673.57	1 646.82	1 651.71	1 594.32	1 512.88	—5.1
第二产业劳动者	万人	404.80	614.52	848.37	1 024.98	1 115.42	8.8
第三产业劳动者	万人	289.41	469.77	618.02	747.91	805.61	7.7
离、退休及退职人员	万人		87.96	124.07	137.91	147.32	6.8
#国有单位	万人		55.39	83.00	95.42	106.17	11.3
城镇待业人员就业数	万人		34.94	42.84	49.16	48.28	—1.8
#国有单位安置	万人		14.61	17.05	20.62	19.98	—3.1
城镇集体单位安置	万人		15.20	13.98	13.74	13.63	—0.8

3-2 主要年份年末总人口及指数

年份	总人口	按性别分		按农业、非农业分		人口密度(人/平方公里)
		男	女	非农业人口	农业人口	
一、绝对数(万人)						
1949	2 782.72	1 397.30	1 385.42	437.46	2 345.26	156
1952	2 910.45	1 457.24	1 453.21	512.93	2 397.52	164
1957	3 301.79	1 666.23	1 635.56	597.13	2 704.66	186
1962	3 575.38	1 799.73	1 775.65	658.46	2 916.92	201
1965	3 865.51	1 957.18	1 908.33	679.99	3 185.52	217
1970	4 382.21	2 222.88	2 159.33	693.05	3 689.16	246
1975	4 858.48	2 477.83	2 380.65	759.84	4 098.64	273
1978	5 064.15	2 586.68	2 477.47	823.23	4 240.92	285
1980	5 227.67	2 671.28	2 556.39	909.71	4 317.96	294
1985	5 655.60	2 909.52	2 746.08	1 197.92	4 457.68	318
1990	6 246.32	3 213.20	3 033.12	1 477.31	4 769.01	351
1991	6 348.95	3 266.26	3 082.69	1 540.92	4 808.03	357
1992	6 463.17	3 327.67	3 135.50	1 640.80	4 822.37	363
1993	6 581.60	3 390.37	3 191.23	1 808.09	4 773.51	369
二、指数(%)						
1949	100.0	100.0	100.0	100.0	100.0	100.0
1952	104.6	104.3	104.9	117.3	102.2	105.5
1957	118.7	119.2	118.1	136.5	115.3	119.2
1962	128.5	128.8	128.2	150.5	124.4	128.8
1965	138.9	140.1	137.7	155.4	135.8	139.1
1970	157.5	159.1	155.9	158.4	157.3	157.7
1975	174.6	177.3	171.8	173.7	174.8	175.0
1978	182.0	185.1	178.8	188.2	180.8	182.7
1980	187.9	191.2	184.5	208.0	184.1	188.5
1985	203.2	208.2	198.2	273.8	190.1	203.8
1990	224.5	230.0	218.9	337.7	203.3	225.0
1991	228.2	233.8	222.5	352.2	205.0	228.8
1992	232.3	238.2	226.3	375.1	205.6	232.7
1993	236.5	242.6	230.3	413.3	203.5	236.5

注:本表总人口均按户籍人口统计。

3-3 主要年份人口自然变动情况

年份	出生		死亡		自然增长	
	出生人数（万人）	出生率（‰）	死亡人数（万人）	死亡率（‰）	自然增长人数（万人）	自然增长率（‰）
1949	95.98	36.00	39.99	15.00	55.99	21.00
1952	105.81	36.60	39.32	13.58	66.49	23.02
1957	114.81	35.24	27.24	8.36	87.57	26.88
1962	150.02	42.46	33.28	9.42	116.74	33.04
1965	137.53	36.10	25.95	6.81	111.58	29.29
1970	140.93	32.50	25.52	5.88	115.41	26.62
1975	110.61	22.95	29.38	6.10	81.23	16.85
1978	111.23	22.14	27.35	5.44	83.88	16.70
1980	118.31	22.82	28.40	5.48	89.91	17.34
1985	115.70	20.60	35.53	6.33	80.17	14.27
1990	140.11	22.26	36.25	5.76	103.86	16.50
1991	131.31	20.54	38.04	5.95	93.27	14.59
1992	125.17	19.31	40.00	6.17	85.17	13.14
1993	120.00	18.34	38.00	5.84	82.00	12.50

注：本表出生、死亡人口从1985年起均为人口抽样调查数据。

3-4 主要年份人口迁移情况

年份	迁入		迁出		总迁移		净迁移	
	迁入人数（万人）	迁入率（‰）	迁出人数（万人）	迁出率（‰）	总迁移人数（万人）	总迁移率（‰）	净迁移人数（万人）	净迁移率（‰）
1962	74.75	21.16	93.01	26.32	167.76	47.48	−18.26	−5.16
1965	58.64	15.39	60.54	15.88	119.18	31.27	−1.90	−0.49
1970	61.79	14.25	69.60	16.05	131.39	30.30	−7.81	−1.80
1975	67.34	13.97	62.47	12.96	129.81	26.93	4.87	1.01
1978	81.83	16.29	75.58	15.04	157.41	31.33	6.25	1.25
1980	91.45	17.64	82.09	15.83	173.54	33.47	9.36	1.81
1985	100.10	17.82	84.90	15.12	185.00	32.94	15.20	2.70
1990	94.39	15.38	77.07	12.56	171.46	27.94	17.32	2.82
1991	97.23	15.44	83.74	13.30	180.97	28.74	13.49	2.14
1992	135.89	21.21	108.39	16.92	244.28	38.13	27.50	4.29
1993	158.20	24.25	128.06	19.63	286.26	43.88	30.14	4.62

注：本表按户籍人口统计。

3-5 各市常住人口及自然变动情况

(1993年)

市别	总人口(万人)	出生		死亡		自然增长	
		出生人数(万人)	出生率(‰)	死亡人数(万人)	死亡率(‰)	自然增长人数(万人)	自然增长率(‰)
广州	664.36	9.75	14.80	3.59	5.45	6.16	9.35
深圳	294.99	3.32	11.95	0.38	1.36	2.94	10.59
珠海	70.20	1.13	16.80	0.29	4.30	0.84	12.50
汕头	388.34	7.63	19.80	2.15	5.57	5.48	14.23
韶关	296.13	5.81	19.75	1.77	6.00	4.04	13.75
河源	265.29	4.95	18.82	1.92	7.30	3.03	11.52
梅州	420.93	7.79	18.61	2.56	6.11	5.23	12.50
惠州	250.55	4.63	18.70	1.53	6.18	3.10	12.52
汕尾	234.11	4.95	21.37	1.34	5.77	3.61	15.60
东莞	185.07	3.37	18.38	0.91	4.97	2.46	13.41
中山	133.47	2.34	17.73	0.61	4.59	1.73	13.14
江门	359.04	5.76	16.13	2.09	5.85	3.67	10.28
佛山	322.80	5.69	17.84	1.80	5.66	3.89	12.18
阳江	255.76	4.20	18.70	1.30	5.78	2.90	12.92
湛江	574.85	11.81	20.75	2.93	5.14	8.88	15.61
茂名	519.09	10.29	19.99	3.12	6.06	7.17	13.93
肇庆	589.92	11.01	19.30	3.83	6.71	7.18	12.59
清远	342.47	6.78	20.00	2.24	6.59	4.54	13.41
潮州	225.91	4.24	18.90	1.41	6.30	2.83	12.60
揭阳	438.94	8.67	19.94	2.44	5.60	6.23	14.34

注:本表为人口抽样调查推算数。

3-6 各市迁移人口数

(1993年)

单位:人

市别	迁入		迁出		净迁移	
	省内迁入	省外迁入	迁往省内	迁往省外	省内	省外
广州	110 228	34 815	75 336	18 402	34 892	16 413
深圳	39 747	25 784	3 101	1 060	36 646	24 724
珠海	15 143	9 969	2 354	5 882	12 789	4 087
汕头	40 264	6 629	39 397	2 806	867	3 823
韶关	117 599	13 562	128 714	4 337	−11 115	9 225
河源	67 913	4 256	52 067	3 115	15 846	1 141
梅州	73 231	6 317	81 607	5 087	−8 376	1 230
惠州	62 295	8 281	35 240	2 349	27 055	5 932
汕尾	30 589	3 473	22 228	1 347	8 361	2 126
东莞	5 883	4 918	3 462	1 424	2 421	3 494
中山	19 040	5 764	14 026	2 288	5 014	3 476
江门	106 830	12 832	100 782	10 803	6 048	2 029
佛山	84 944	15 813	53 525	3 913	31 419	11 900
阳江	32 136	3 013	24 822	1 806	7 314	1 207
湛江	96 392	12 630	79 036	5 541	17 356	7 089
茂名	84 576	14 205	82 054	4 837	2 522	9 368
肇庆	111 278	8 740	111 919	4 336	−641	4 404
清远	128 043	7 035	134 685	2 916	−6 642	4 119
潮州	28 027	4 945	33 305	1 418	−5 278	3 527
揭阳	100 924	23 904	106 303	2 946	−5 379	20 958

注:本表按户籍人口统计。

3-7 各市（区）年末人口数

（1993年）

单位：人

市别	总人口	按性别分		按农业、非农业分	
		男	女	非农业人口	农业人口
一、各市人口					
广州	6 236 647	3 210 324	3 026 323	3 753 872	2 482 775
深圳	876 866	452 457	424 409	640 759	236 107
珠海	574 631	297 976	276 655	308 319	266 312
汕头	3 881 169	1 960 130	1 921 039	1 193 065	2 688 104
韶关	2 898 017	1 494 918	1 403 099	963 992	1 934 025
河源	2 877 844	1 468 634	1 409 210	505 396	2 372 448
梅州	4 476 424	2 302 108	2 174 316	723 756	3 752 668
惠州	2 457 206	1 248 290	1 208 916	712 542	1 744 664
汕尾	2 400 282	1 262 144	1 138 138	544 914	1 855 368
东莞	1 389 232	692 016	697 216	337 408	1 051 824
中山	1 216 659	613 153	603 506	328 825	887 837
江门	3 649 999	1 856 078	1 793 921	1 125 201	2 524 798
佛山	2 994 847	1 500 031	1 494 816	1 135 709	1 859 138
阳江	2 354 031	1 245 852	1 108 179	549 971	1 804 060
湛江	5 820 190	3 064 421	2 755 769	1 244 771	4 575 419
茂名	5 525 589	2 902 699	2 622 890	833 935	4 691 654
肇庆	5 764 515	2 965 753	2 798 762	1 291 711	4 472 804
清远	3 515 357	1 813 608	1 701 749	645 432	2 869 925
潮州	2 259 434	1 156 781	1 102 653	534 788	1 724 646
揭阳	4 647 069	2 396 309	2 250 760	706 580	3 940 489
二、各市辖区人口					
广州	3 726 270	1 941 594	1 784 676	3 037 031	689 239
深圳	876 866	452 457	424 409	640 759	236 107
珠海	309 247	160 516	148 731	241 188	68 059
汕头	914 808	463 927	450 881	674 181	240 627
韶关	454 130	243 354	210 776	393 136	60 994
河源	177 314	90 335	86 979	120 284	57 030
梅州	255 540	132 957	122 583	156 878	98 662
惠州	292 844	149 743	143 101	218 129	74 715
汕尾	374 125	195 219	178 906	126 841	247 284
东莞	1 389 232	692 016	697 216	337 408	1 051 824
中山	1 216 659	613 153	603 506	328 825	887 834
江门	325 034	164 041	160 993	275 313	49 721
佛山	413 827	211 090	202 737	351 460	62 367
阳江	486 303	251 732	234 571	240 259	246 044
湛江	1 147 614	601 615	545 999	463 679	683 935
茂名	577 604	301 729	275 875	228 277	349 327
肇庆	393 566	201 179	192 387	251 438	142 128
清远	468 640	237 518	231 122	161 480	307 160
潮州	316 405	159 048	157 357	219 704	96 701
揭阳	531 860	269 693	262 167	167 616	364 244

注：本表各市辖区人口，东莞、中山市为全市的总人口，其余各市均为市辖区人口（即不含市辖县及县级市的人口）。

3-8 各市县(区)镇年末人口数

(1993年)

单位:人

市别	镇个数(个)	总人口	按性别分 男	按性别分 女	按农业、非农业分 非农业人口	按农业、非农业分 农业人口
一、各市县辖镇人口						
广州	60	432 703	220 554	212 149	99 993	332 710
珠海	8	265 384	137 460	127 924	67 131	198 253
汕头	41	844 519	426 497	418 022	174 547	669 972
韶关	112	2 212 135	1 134 559	1 077 576	554 990	1 657 145
河源	84	2 303 017	1 174 699	1 128 318	357 548	1 945 469
梅州	146	4 065 985	2 086 879	1 979 106	521 923	3 544 062
惠州	69	2 008 951	1 019 152	989 799	470 751	1 538 200
汕尾	44	2 026 157	1 066 925	959 232	418 073	1 608 084
江门	86	439 285	230 332	208 953	148 692	290 593
佛山	38	257 812	133 788	124 024	99 900	157 912
阳江	48	1 836 577	975 994	860 583	287 088	1 549 489
湛江	88	3 176 744	1 674 093	1 502 651	566 852	2 609 892
茂名	96	3 482 064	1 830 089	1 651 975	443 799	3 038 265
肇庆	178	2 857 613	1 469 592	1 388 021	488 598	2 369 015
清远	95	2 666 537	1 378 680	1 287 857	468 193	2 198 344
潮州	44	1 923 284	987 022	936 262	313 295	1 609 989
揭阳	67	2 540 440	1 317 226	1 223 214	242 292	2 298 148
二、各市区辖镇人口						
广州	21	1 007 984	516 595	491 389	373 598	634 386
深圳	19	325 717	158 536	167 181	111 361	214 356
珠海	12	109 725	54 596	55 129	85 992	23 733
汕头	3	176 300	89 476	86 824	50 075	126 225
韶关	4	62 411	31 580	30 831	20 576	41 835
河源	3	177 314	90 335	86 979	120 284	57 030
梅州	2	40 019	19 313	20 706	4 870	35 149
惠州	5	73 094	36 085	37 009	13 237	59 857
汕尾	6	240 124	125 343	114 781	25 602	214 522
东莞	29	1 119 539	554 897	564 642	203 929	915 610
中山	24	949 530	478 410	471 120	147 166	802 364
江门	3	114 654	56 150	58 504	65 401	49 253
佛山	4	131 485	66 740	64 745	69 115	62 367
阳江	4	202 190	105 218	96 972	33 111	169 079
湛江	12	643 927	336 650	307 277	69 447	574 480
茂名	8	356 919	181 966	174 953	21 271	335 648
肇庆	6	208 600	104 346	104 254	66 943	141 657
清远	7	332 183	168 538	163 645	41 409	290 774
潮州	1	44 201	21 933	22 268	12 176	32 025
揭阳	4	291 836	149 304	142 532	8 409	283 427

注:本表所列应为截至1993年末止经省人民政府批准的镇,但由于个别年底新建的镇未按镇的要求进行户籍人口统计,故表中均未包括。

3—9 各市育龄妇女初婚及节育情况

（1993年）

单位：人

市别	已婚育龄妇女人数	女性初婚人数	#不足20周岁	早婚率（%）	#23周岁及以上	晚婚率（%）	落实各种节育措施人数	节育率（%）	领取独生子女证累计人数	领证率（%）
总计	11 418 485	537 757	9 096	1.7	378 710	70.4	10 052 163	88.0	1 099 020	9.6
广州	1 156 697	55 172	34	0.1	41 464	75.2	1 032 612	89.3	389 259	33.7
深圳	273 915	9 306	17	0.2	8 061	86.6	252 241	92.1	47 854	17.5
珠海	105 818	4 717	10	0.2	3 797	80.5	92 639	87.6	18 755	17.7
汕头	730 932	28 487	401	1.4	21 529	75.6	647 970	88.7	64 414	8.8
韶关	468 011	20 213	67	0.3	14 983	74.1	425 262	90.9	74 044	15.8
河源	454 813	20 080	256	1.3	12 232	60.9	400 264	88.0	11 296	2.5
梅州	811 788	34 049	1 105	3.2	15 740	46.2	709 763	87.4	33 978	4.2
惠州	377 616	23 773	102	0.4	17 051	71.7	319 669	84.7	26 182	6.9
汕尾	367 466	17 649	992	5.6	12 326	69.8	325 129	88.5	3 675	1.0
东莞	235 150	13 932	6	…	9 793	70.3	200 673	85.3	2 905	1.2
中山	237 141	14 368	63	0.4	11 048	76.9	211 882	89.4	14 139	6.0
江门	691 529	34 391	72	0.2	27 545	80.1	625 904	90.5	83 658	12.1
佛山	553 073	30 915	12	…	21 152	68.4	483 327	87.4	80 365	14.5
阳江	370 764	19 345	628	3.2	13 474	69.7	322 759	87.1	11 883	3.2
湛江	892 035	38 216	1 606	4.2	30 119	78.8	771 200	86.5	68 359	7.7
茂名	901 853	47 512	1 305	2.7	26 668	56.1	769 696	85.4	30 489	3.4
肇庆	986 715	47 132	731	1.6	35 246	74.8	863 940	87.6	62 838	6.4
清远	572 614	24 663	666	2.7	16 281	66.0	519 764	90.8	24 737	4.3
潮州	417 532	17 876	347	1.9	13 037	72.9	378 081	90.6	30 203	7.2
揭阳	813 023	35 961	676	1.9	27 164	75.5	699 388	86.0	19 987	2.5

注：本表按计生人口统计。

3—10 各市人口出生率计划完成情况

（1993年）

单位：‰

市别	调查结果	计划指标	计划完成程度（%）	市别	调查结果	计划指标	计划完成程度（%）
广州	14.80	16.30	90.80	中山	17.73	20.00	88.65
深圳	11.95	16.00	74.69	江门	16.13	18.00	89.61
珠海	16.80	17.30	97.11	佛山	17.84	18.50	96.43
汕头	19.80	20.20	98.02	阳江	18.70	20.00	93.50
韶关	19.75	20.50	96.34	湛江	20.75	21.50	96.51
河源	18.82	20.20	93.17	茂名	19.99	21.50	92.98
梅州	18.61	20.20	92.13	肇庆	19.30	20.20	95.54
惠州	18.70	20.20	92.57	清远	20.00	21.00	95.24
汕尾	21.37	22.50	94.98	潮州	18.90	20.20	93.56
东莞	18.38	20.00	91.90	揭阳	19.94	20.20	98.71

注：本表调查结果为人口抽样调查的评估结果，计划指标则为省下达的计划指标。

3-11 城乡劳动力资源与分配平衡表

单位：万人

项目	1992年			1993年		
	合计	城镇	乡村	合计	城镇	乡村
年末劳动力资源总数	**3 894.37**	**846.31**	**3 048.06**	**4 291.08**	**926.60**	**3 364.48**
一、从业人员总数	**3 367.21**	**971.14**	**2 396.07**	**3 433.91**	**1 038.09**	**2 395.82**
(一)按经济类型分组						
国有经济单位职工	559.71	559.71		563.63	563.63	
城镇集体经济单位职工	216.57	216.57		199.99	199.99	
其他各种经济单位职工	81.84	81.84		113.54	113.54	
农村社会劳动者	2 336.13	5.32	2 330.81	2 325.94	5.37	2 320.57
城镇私营企业从业人员	26.21	26.21		39.51	39.51	
城镇个体劳动者	76.37	76.37		103.72	103.72	
其他	70.38	5.12	65.26	87.58	12.33	75.25
(二)按国民经济行业分组						
农、林、牧、渔、水利业	1 583.33	41.87	1 541.46	1 500.78	36.01	1 464.77
工业	701.61	389.16	312.45	739.03	385.29	353.74
地质普查和勘探业	3.19	3.19		3.39	3.39	
建筑业	229.09	61.32	167.77	270.96	87.91	183.05
交通运输、邮电通讯业	116.57	57.02	59.55	124.94	57.63	67.31
商业、饮食业、物资供销和仓储业	277.74	193.04	84.70	307.33	214.32	93.01
房地产、公用事业、居民和服务业	50.70	47.04	3.66	65.59	61.82	3.77
卫生、体育和社会福利事业	35.03	25.44	9.59	36.33	25.75	10.58
教育、文化艺术和广播电视事业	93.73	63.91	29.82	96.05	65.09	30.96
科学研究和综合技术服务事业	7.43	6.04	1.39	8.26	6.83	1.43
金融、保险业	19.78	17.46	2.32	22.49	20.03	2.46
国家机关、政党机关和社会团体	71.78	60.33	11.45	78.23	67.10	11.13
其他行业	177.23	5.32	171.91	180.53	6.92	173.61
二、城镇待业人员	**67.50**	**67.50**		**66.40**	**66.40**	
三、其他劳动力	**451.37**	**143.76**	**307.61**	**599.19**	**173.93**	**425.26**
# 16岁以上在校学生数	126.25	84.50	41.75	130.68	90.32	40.36
家务劳动者	318.56	53.80	264.76	461.76	77.99	383.77

注：1. 农村社会劳动者已扣除外出做临时合同工人数(下同)。

2. 1993年劳动力资源与分配差额较大，主要是在劳动力资源总数中，包括了超过劳动年龄而具有劳动能力的全部人口数，比往年口径大。

3－12 主要年份从业人员年末人数及指数

年　份	合　计	职工人数	城镇私营企业从业人员年末人数	城镇个体劳动者人数	农村社会劳动者人数	其　他
一、绝对数（万人）						
1952	1 271.21	51.41		179.00	1 040.80	
1957	1 537.40	240.80		11.00	1 285.60	
1962	1 633.53	267.93		10.30	1 355.30	
1965	1 636.13	311.06		7.57	1 317.50	
1970	1 889.60	356.90		5.00	1 527.70	
1975	2 153.87	431.61		4.06	1 718.20	
1978	2 275.95	515.85		2.60	1 757.50	
1980	2 367.78	563.62		10.96	1 793.20	
1985	2 731.11	660.82		31.69	2 038.60	
1990	3 118.10	785.49		67.94	2 264.67	
1991	3 259.20	827.58	19.58	68.23	2 290.41	53.40
1992	3 367.21	858.12	26.21	76.37	2 336.13	70.38
1993	3 433.91	877.16	39.51	103.72	2 325.94	87.58
二、指　数（%）						
1952	100.0	100.0		100.0	100.0	
1957	120.9	468.4		6.1	123.5	
1962	128.5	521.2		5.8	130.2	
1965	128.7	605.1		4.2	126.6	
1970	148.6	694.2		2.8	146.8	
1975	169.4	839.5		2.3	165.1	
1978	179.0	1 003.4		1.5	168.9	
1980	186.3	1 096.3		6.1	172.3	
1985	214.8	1 285.4		17.7	195.9	
1990	245.3	1 527.9		38.0	217.6	
1991	256.4	1 609.8	100.0	38.1	220.1	100.0
1992	264.9	1 669.2	133.9	42.7	224.5	131.8
1993	270.1	1 706.2	201.8	57.9	223.5	164.0

3-13 从业人员年末人数

单位：万人

项目	1980年	1985年	1990年	1992年	1993年	1993年比1992年增长%
总计	**2 367.78**	**2 731.11**	**3 118.10**	**3 367.21**	**3 433.91**	**2.0**
一、按经济类型分						
国有经济单位职工人数	400.19	449.40	528.13	559.71	563.63	0.7
城镇集体经济单位职工人数	163.43	203.32	207.62	216.57	199.99	−7.7
其他各种经济单位职工人数		8.10	49.74	81.84	113.54	38.7
农村社会劳动者人数	1 793.20	2 038.60	2 264.67	2 336.13	2 325.94	−0.4
城镇私营企业从业人数				26.21	39.51	50.7
城镇个体劳动者人数	10.96	31.69	67.94	76.37	103.72	35.8
其他				70.38	87.58	24.4
二、按国民经济行业分						
农、林、牧、渔、水利业	1 672.97	1 642.47	1 643.45	1 583.33	1 500.78	−5.2
工业	314.30	428.88	593.01	701.61	739.03	5.3
地质普查和勘探业	2.90	3.89	3.15	3.19	3.39	6.3
建筑业	85.03	148.36	184.50	229.09	270.96	18.3
交通运输、邮电通讯业	57.45	84.14	101.24	116.57	124.94	7.2
商业、饮食业、物资供销和仓储业	105.73	180.30	233.93	277.74	307.33	10.7
房地产、公用事业、居民和服务业	16.70	25.65	40.52	50.70	65.59	29.4
卫生、体育和社会福利事业	17.54	26.58	30.78	35.03	36.33	3.7
教育、文化艺术和广播电视事业	45.65	60.05	72.94	93.73	96.05	2.5
科学研究和综合技术服务事业	3.87	5.31	6.52	7.43	8.26	11.2
金融、保险业	6.29	9.17	16.13	19.78	22.49	13.7
国家机关、政党机关和社会团体	29.68	50.44	66.73	71.78	78.23	9.0
其他行业	9.67	65.87	125.20	177.23	180.53	1.9
三、按产业分						
第一产业	1 673.57	1 646.82	1 651.71	1 594.32	1 512.88	−5.1
第二产业	404.80	614.52	848.37	1 024.98	1 115.42	8.8
第三产业	289.41	469.77	618.02	747.91	805.61	7.7
四、按物质和非物质生产部门分						
物质生产部门	2 246.49	2 543.30	2 864.32	3 049.59	3 089.81	1.3
非物质生产部门	121.29	187.81	253.78	317.62	344.10	8.3

3—14 职工年末人数

单位：万人

项目	1992年职工人数	#国有单位	#城镇集体单位	1993年职工人数	#国有单位	#城镇集体单位
总计	**858.12**	**559.71**	**216.57**	**877.16**	**563.63**	**199.99**
一、按国民经济行业分						
农、林、牧、渔、水利业	41.70	40.67	0.82	35.77	34.81	0.61
工业	362.54	179.69	113.69	349.81	164.29	90.27
地质普查和勘探业	3.18	3.18	…	3.36	3.31	0.04
建筑业	60.32	29.51	29.92	83.09	41.17	40.51
交通运输、邮电通讯业	52.58	39.29	12.62	52.88	40.21	11.23
商业、公共饮食业、物资供销和仓储业	131.85	84.07	44.57	130.05	80.92	42.66
房地产、公用事业、居民和咨询服务业	36.37	23.46	5.61	43.02	28.43	6.41
卫生、体育和社会福利事业	24.65	22.04	2.54	25.07	23.70	1.37
教育、文化艺术和广播电视事业	61.77	60.90	0.61	62.60	61.83	0.57
科学研究和综合技术服务事业	5.68	5.49	0.12	5.43	5.22	0.14
金融、保险业	17.39	12.69	4.70	19.94	15.56	4.22
国家机关、政党机关和社会团体	60.09	58.72	1.37	66.14	64.18	1.96
二、按产业分						
第一产业	41.70	40.67	0.82	35.77	34.82	0.61
第二产业	422.86	209.20	143.61	432.90	205.47	130.78
第三产业	393.56	309.84	72.14	408.49	323.34	68.60
三、按物质生产部门和非物质生产部门分						
物质生产部门	648.99	373.23	201.62	651.60	361.41	185.28
非物质生产部门	209.13	186.48	14.95	225.56	202.22	14.71

3—15 城镇待业人员就业去向

单位：万人

经济类型	1985年	1990年	1992年	1993年	1993年比1992年增长%
总计	**34.94**	**42.84**	**49.16**	**48.28**	**—1.8**
一、国有单位	14.61	17.05	20.62	19.98	—3.1
二、城镇集体单位	15.20	13.98	13.74	13.63	—0.8
#县区以上集体单位	6.69	7.31	7.96	8.14	2.3
三、其他单位		5.91	7.40	7.56	2.2
四、城镇私营企业			2.43	2.60	7.0
五、城镇个体劳动者	5.13	5.90	4.97	4.51	—9.3

3-16 国有单位职工年末人数

单位：万人

项目	1980年	1985年	1990年	1992年	1993年	1993年比1992年增长%
总计	**400.19**	**449.40**	**528.13**	**559.71**	**563.63**	**0.7**
一、按隶属关系分						
中央	32.60	62.05	64.26	68.91	67.06	—2.7
省属	91.18	83.31	72.43	71.42	67.39	—5.6
省辖市属		158.70	206.56	215.29	204.31	—5.1
县(区)及县以下		145.34	184.88	204.09	223.73	9.6
其他					1.14	
二、按企业、事业和机关分						
企业			368.65	383.75	386.86	0.8
＃地方			318.69	329.55	332.75	1.0
事业和机关			159.48	175.96	176.77	0.5
＃地方			145.18	161.25	162.79	1.0
三、按国民经济行业分						
农、林、牧、渔、水利业	45.67	43.09	41.29	40.67	34.81	—14.4
工业	136.79	155.73	182.18	179.69	164.29	—8.6
地质普查和勘探业	2.90	3.89	3.15	3.18	3.31	4.1
建筑业	16.28	22.78	23.50	29.51	41.17	39.5
交通运输、邮电通讯业	29.12	34.32	36.47	39.29	40.21	2.3
商业、公共饮食业、物资供销和仓储业	73.59	65.83	79.47	84.07	80.92	—3.8
房地产、公用事业、居民和咨询服务业	10.65	15.63	20.04	23.46	28.43	21.1
卫生、体育和社会福利事业	7.86	11.13	14.50	22.04	23.70	7.5
教育、文化艺术和广播电视事业	42.16	45.37	57.03	60.90	61.83	1.5
科学研究和综合技术服务事业	3.75	4.77	5.43	5.49	5.22	—5.1
金融、保险业	3.74	5.76	10.32	12.69	15.56	22.6
国家机关、政党机关和社会团体	27.68	41.10	54.75	58.72	64.18	9.3

3-17 国有单位合同制职工年末人数

单位：万人

行业	1985年	1990年	1992年	1993年	1993年比1992年增长%
总计	**19.94**	**76.50**	**100.66**	**112.39**	**11.7**
农、林、牧、渔、水利业	1.53	5.40	6.68	6.42	—3.9
工业	7.68	30.16	37.65	39.07	3.8
地质普查和勘探业	0.08	0.15	0.25	0.35	40.0
建筑业	0.33	1.70	2.68	5.45	103.4
交通运输、邮电通讯业	1.76	6.34	8.79	9.79	11.4
商业、公共饮食业、物资供销和仓储业	4.11	15.69	21.35	22.74	6.5
房地产、公用事业、居民和咨询服务业	1.23	3.89	5.29	6.74	27.4
卫生、体育和社会福利事业	0.27	1.30	2.74	3.30	20.4
教育、文化艺术和广播电视事业	0.99	3.24	3.83	4.10	7.0
科学研究和综合技术服务事业	0.14	0.50	0.63	0.60	—4.8
金融、保险业	0.40	2.31	3.41	4.58	34.3
国家机关、政党机关和社会团体	1.42	5.82	7.36	9.25	25.7

3—18 工业企业职工年末人数

（1993年）

单位：万人

项目	全部职工人数	工人和学徒	工程技术人员	管理人员	服务人员	其他人员	职工平均人数
总计	**349.81**	**270.25**	**18.27**	**34.79**	**17.65**	**8.85**	**340.12**
一、按经济类型分							
国有单位	164.29	120.55	9.80	17.23	11.45	5.26	162.11
城镇集体单位	90.27	72.89	3.36	8.87	2.84	2.31	85.78
其他单位	95.25	76.81	5.11	8.69	3.36	1.28	92.23
二、按轻、重工业分							
轻工业	211.82	170.34	8.75	19.75	8.03	4.95	205.11
重工业	137.99	99.91	9.52	15.04	9.62	3.90	135.01
三、按行业分							
1.采掘业	14.40	9.54	0.66	1.53	1.64	1.03	14.45
煤炭采选业	5.61	3.55	0.11	0.46	0.73	0.76	5.63
石油和天然气开采业	0.90	0.57	0.16	0.08	0.07	0.02	0.91
黑色金属矿采选业	1.03	0.67	0.09	0.15	0.11	0.01	1.01
有色金属矿采选业	2.93	2.01	0.15	0.28	0.36	0.13	3.02
非金属矿采选业	3.30	2.27	0.12	0.47	0.33	0.11	3.24
其他矿采选业	0.03	0.02	0.01				0.03
木材及竹材采运业	0.60	0.45	0.02	0.09	0.04		0.61
2.制造业	322.50	251.70	16.36	31.79	15.18	7.47	313.16
食品加工业	13.40	10.14	0.57	1.28	0.93	0.48	11.92
食品制造业	11.08	8.57	0.51	1.18	0.55	0.27	10.86
饮料制造业	5.06	3.78	0.32	0.62	0.24	0.10	4.94
烟草加工业	1.25	0.97	0.06	0.12	0.08	0.02	1.25
纺织业	27.54	22.48	0.95	2.19	1.19	0.73	27.59
服装及其他纤维制品制造业	30.18	26.14	0.69	2.25	0.68	0.42	28.89
皮革、毛皮、羽绒及其制品业	13.28	11.54	0.27	1.00	0.29	0.18	13.13
木材加工及竹藤棕草制品业	2.75	2.13	0.12	0.26	0.17	0.07	2.67
家具制造业	3.15	2.50	0.10	0.36	0.15	0.04	3.00
造纸及纸制品业	6.04	4.75	0.20	0.66	0.26	0.17	5.84
印刷业、记录媒介的复制	5.90	4.67	0.22	0.68	0.20	0.13	5.85
文教体育用品制造业	6.15	4.87	0.17	0.55	0.16	0.40	6.29
石油加工及炼焦业	3.98	2.21	0.48	0.56	0.68	0.05	4.00
化学原料及化学制品制造业	13.70	10.08	0.81	1.63	0.86	0.32	13.56
医药制造业	6.12	4.34	0.63	0.70	0.34	0.11	6.16
化学纤维制造业	3.74	2.97	0.20	0.31	0.15	0.11	3.54
橡胶制品业	5.05	4.04	0.20	0.41	0.25	0.15	4.99
塑料制品业	11.00	8.67	0.44	1.27	0.41	0.21	10.58
非金属矿物制品业	24.87	19.88	1.03	2.34	1.23	0.39	23.54
黑色金属冶炼及压延加工业	6.09	4.26	0.33	0.64	0.72	0.14	5.97
有色金属冶炼及压延加工业	3.40	2.28	0.27	0.37	0.36	0.12	3.39
金属制品业	13.59	10.28	0.72	1.64	0.59	0.36	13.16
普通机械制造业	16.53	12.19	0.88	2.03	0.90	0.53	16.25
专用设备制造业	9.89	7.21	0.73	1.12	0.57	0.26	9.87
交通运输设备制造业	14.58	10.61	1.17	1.48	0.99	0.33	14.00
武器弹药制造业	0.03	0.02			0.01		0.03
电气机械及器材制造业	21.11	16.10	1.40	2.26	0.87	0.48	20.63
电子及通信设备制造业	22.81	17.51	2.12	2.08	0.72	0.38	22.08
仪器仪表及办公用机械制造业	5.95	4.78	0.35	0.53	0.18	0.11	5.76
其他制造业	14.28	11.73	0.42	1.27	0.45	0.41	13.42
3.电力煤气及水的生产和供应业	12.91	9.01	1.25	1.47	0.83	0.35	12.51
电力蒸汽热水的生产和供应业	9.83	6.76	1.02	1.10	0.63	0.32	9.53
煤气生产和供应业	0.63	0.43	0.05	0.08	0.06	0.01	0.61
自来水的生产和供应业	2.45	1.82	0.18	0.29	0.14	0.02	2.37

3—19 工业、建筑业职工年末人数

（1993年）

单位：万人

项　　目	全部职工人数	工人和学徒	工程技术人员	管理人员	服务人员	其他人员
一、工　业	**349.81**	**270.25**	**18.27**	**34.79**	**17.65**	**8.85**
采掘业	14.40	9.54	0.66	1.53	1.64	1.03
制造业	322.50	251.70	16.36	31.79	15.18	7.47
电力煤气水的生产和供应	12.91	9.01	1.25	1.47	0.83	0.35
(一)、国有工业企业	164.29	120.55	9.80	17.23	11.45	5.26
采掘业	13.58	8.93	0.62	1.43	1.59	1.01
制造业	140.11	104.10	8.21	14.63	9.19	3.98
电力煤气水的生产和供应	10.60	7.52	0.97	1.17	0.67	0.27
(二)、城镇集体工业企业	90.27	72.89	3.36	8.87	2.84	2.31
采掘业	0.67	0.49	0.03	0.08	0.05	0.02
制造业	88.42	71.57	3.25	8.64	2.71	2.25
电力煤气水的生产和供应	1.18	0.83	0.08	0.15	0.08	0.04
(三)、其他工业企业	95.25	76.81	5.11	8.69	3.36	1.28
采掘业	0.15	0.12	0.01	0.02		
制造业	93.97	76.03	4.90	8.52	3.28	1.24
电力煤气水的生产和供应	1.13	0.66	0.20	0.15	0.08	0.04
二、建　筑　业	**83.09**	**65.69**	**6.24**	**6.19**	**2.49**	**2.48**
国有单位	41.17	31.84	3.11	3.23	1.90	1.09
城镇集体单位	40.51	32.80	2.98	2.83	0.54	1.36
其他各种单位	1.41	1.05	0.15	0.13	0.05	0.03

3-20 城镇集体单位职工年末人数

单位：万人

行业	1980年	1985年	1990年	1992年	1993年	1993年比1992年增长％
总计	**163.43**	**203.32**	**207.62**	**216.57**	**199.99**	**－7.7**
农、林、牧、渔、水利业	1.39	1.45	1.23	0.82	0.61	－25.6
工业	94.74	101.42	109.03	113.69	90.27	－20.6
地质普查和勘探业			…	…	0.04	…
建筑业	14.42	20.22	21.36	29.92	40.51	35.4
交通运输、邮电通讯业	21.37	17.79	13.87	12.62	11.23	－11.0
商业、公共饮食业、物资供销和仓储业	14.71	45.41	43.36	44.57	42.66	－4.3
房地产、公用事业、居民和咨询服务业	4.32	3.90	4.56	5.61	6.41	14.3
卫生、体育和社会福利事业	8.23	8.14	7.73	2.54	1.37	－46.1
教育、文化艺术和广播电视事业	0.71	0.52	0.51	0.61	0.57	－6.6
科学研究和综合技术服务事业	0.03	0.06	0.06	0.12	0.14	16.7
金融、保险业	2.34	2.60	4.11	4.70	4.22	－10.2
国家机关、政党机关和社会团体	1.17	1.81	1.80	1.37	1.96	43.1

3-21 其他单位职工年末人数

单位：万人

行业	1985年	1990年	1992年	1993年	1993年比1992年增长％
总计	**8.10**	**49.74**	**81.84**	**113.54**	**38.7**
一、按经济类型分					
联营经济	1.21	2.71	6.28	8.66	37.9
股份制经济				18.39	
外商投资经济	0.99	6.48	19.63	21.24	8.2
港澳台投资经济	5.86	40.41	55.53	62.95	13.4
其他经济	0.04	0.14	0.40	2.30	475.0
二、按国民经济行业分					
农、林、牧、渔、水利业	0.13	0.22	0.21	0.35	66.7
工业	4.20	40.59	69.16	95.25	37.7
地质普查和勘探业				0.01	
建筑业	0.18	0.40	0.89	1.41	58.4
交通运输、邮电通讯业	0.23	0.40	0.67	1.44	114.9
商业、公共饮食业、物资供销和仓储业	1.47	2.31	3.21	6.47	101.6
房地产、公用事业、居民和咨询服务业	1.86	5.56	7.30	8.18	12.1
卫生、体育和社会福利事业		0.03	0.07	…	
教育、文化艺术和广播电视事业	0.03	0.18	0.26	0.20	－23.1
科学研究和综合技术服务事业		0.05	0.07	0.07	…
金融、保险业		…	…	0.16	
国家机关、政党机关和社会团体					

3－22 女职工年末人数

单位：万人

行业	1980年	1985年	1990年	1992年	1993年	1993年比1992年增长%
总计	**198.27**	**246.69**	**315.84**	**344.23**	**344.55**	**0.1**
农、林、牧、渔、水利业	18.90	17.58	16.21	15.82	13.66	−13.7
工业	95.48	119.09	161.57	175.75	167.49	−4.7
地质普查和勘探业	0.53	0.75	0.68	0.72	0.78	8.3
建筑业	7.08	7.60	6.90	7.64	9.04	18.3
交通运输、邮电通讯业	11.30	11.20	11.55	12.23	12.08	−1.2
商业、公共饮食业、物资供销和仓储业	29.87	43.14	52.67	56.76	56.81	0.1
房地产、公用事业、居民和咨询服务业	6.74	9.79	14.24	16.75	19.61	17.1
卫生、体育和社会福利事业	8.52	10.28	12.09	13.27	14.21	7.1
教育、文化艺术和广播电视事业	12.39	14.16	19.88	22.97	24.56	6.9
科学研究和综合技术服务事业	1.23	1.67	1.89	1.97	1.88	−4.6
金融、保险业	1.48	2.44	5.14	6.36	7.71	21.2
国家机关、政党机关和社会团体	4.75	8.99	13.02	13.99	16.72	19.5

3－23 城镇私营企业从业人员及个体劳动者年末人数

单位：万人

行业	1980年	1985年	1990年	1992年	1993年	1993年比1992年增长%
总计	**10.96**	**31.69**	**67.94**	**102.58**	**143.23**	**39.6**
农、林、牧、渔、水利业	0.01	0.20	0.04	…		
工业	1.27	4.33	12.73	25.17	31.86	26.6
建筑业	0.03	0.08	0.48	0.76	1.63	114.5
交通运输、邮电通讯业	0.07	0.88	2.50	4.23	4.47	5.7
商业、公共饮食业、物资供销和仓储业	8.02	23.33	44.98	60.66	82.95	36.7
房地产、公用事业、居民和咨询服务业	1.52	2.75	6.99	10.52	18.30	74.0
卫生、体育和社会福利事业	0.04	0.11	0.17	0.69	1.91	176.8
教育、文化艺术和广播电视事业		0.01	0.05	0.21	0.78	271.4
科学研究和综合技术服务业				0.34	1.33	291.2

3－24 离休、退休及退职人员数

单位：万人

项目	1985年	1990年	1992年	1993年	1993年比1992年增长%
截至本年末止离休、退休、退职人数	**87.96**	**124.07**	**137.91**	**147.32**	**6.8**
一、国有单位	55.39	83.00	95.42	106.17	11.3
离休	3.48	6.32	6.87	7.27	5.8
退休	50.45	74.98	86.71	96.70	11.5
退职	1.46	1.70	1.84	2.20	19.6
二、城镇集体单位	32.40	40.50	41.12	38.90	−5.4
离休		0.71	0.73	0.68	−6.8
退休		39.09	39.76	37.58	−5.5
退职		0.70	0.63	0.64	1.6
三、其他各种单位	0.17	0.57	1.37	2.25	64.2
离休		0.02	0.02	0.05	150.0
退休		0.52	1.33	2.18	63.9
退职		0.03	0.02	0.02	

3—25 各行业职工年末人数

（1993年）

单位：万人

行业	职工人数 合计	职工人数 国有单位	职工人数 城镇集体单位	职工人数 其他单位	合同制职工 合计	合同制职工 国有单位	合同制职工 城镇集体单位	合同制职工 其他单位
总计	**877.16**	**563.63**	**199.99**	**113.54**	**169.62**	**112.39**	**29.36**	**27.87**
一、按企业、事业和机关分								
企业	694.84	386.86	194.45	113.53	146.91	90.53	28.51	27.87
#地方	332.75	332.75			73.44	73.44		
事业	119.87	115.77	4.09	0.01	13.77	13.06	0.71	…
#地方	107.42	107.42			12.41	12.41		
机关	62.45	61.00	1.45		8.94	8.80	0.14	
#地方	55.37	55.37			8.04	8.04		
二、按国民经济行业分								
农、林、牧、渔业	32.61	31.75	0.51	0.35	5.84	5.70	0.10	0.04
采掘业	14.40	13.58	0.67	0.15	2.85	2.67	0.14	0.04
制造业	322.50	140.11	88.42	93.97	63.61	32.67	10.92	20.02
电力煤气水的生产供应业	12.91	10.60	1.18	1.13	4.40	3.73	0.30	0.37
建筑业	83.09	41.17	40.51	1.41	12.30	5.45	6.19	0.66
地质勘查业、水利管理业	6.53	6.38	0.14	0.01	1.10	1.07	0.03	
交通、仓储及邮电通信业	53.57	40.79	11.25	1.53	11.58	9.86	0.91	0.81
批发和零售贸易、餐饮业	129.30	80.33	42.64	6.33	32.20	22.67	7.10	2.43
金融、保险业	19.94	15.56	4.22	0.16	6.83	4.58	2.20	0.05
房地产业	9.45	7.89	0.90	0.66	2.08	1.76	0.17	0.15
社会服务业	33.56	20.53	5.51	7.52	9.06	4.98	0.84	3.24
卫生、体育和社会福利业	25.07	23.70	1.37	…	3.43	3.30	0.13	…
教育文化广播电影电视业	62.60	61.83	0.57	0.20	4.22	4.10	0.09	0.03
科学研究综合技术服务业	5.42	5.21	0.14	0.07	0.65	0.60	0.03	0.02
国家、政党机关社会团体	61.99	60.41	1.58		8.65	8.50	0.15	
其他行业	4.22	3.79	0.38	0.05	0.82	0.75	0.06	0.01

3-26 各市职工年末人数

单位：万人

市别	1992年 合计	1992年 国有单位	1992年 城镇集体单位	1992年 其他单位	1993年 合计	1993年 国有单位	1993年 城镇集体单位	1993年 其他各种单位
一、全部职工								
广州	206.84	140.58	45.97	20.29	210.53	138.51	47.34	24.68
深圳	71.10	38.85	8.00	24.25	78.11	41.44	5.42	31.25
珠海	21.57	13.33	3.23	5.01	23.40	12.76	3.15	7.49
汕头	50.93	25.76	19.84	5.33	53.34	28.32	19.35	5.67
韶关	43.21	36.89	5.68	0.64	42.57	35.88	5.42	1.27
河源	16.66	13.90	2.62	0.14	17.34	13.95	3.03	0.36
梅州	32.59	26.13	5.69	0.77	32.58	26.07	5.31	1.20
惠州	30.87	17.77	6.99	6.11	34.46	19.55	7.52	7.39
汕尾	14.70	9.27	5.36	0.07	14.03	9.99	3.52	0.52
东莞	15.47	6.81	6.68	1.98	17.66	6.92	7.37	3.37
中山	15.87	7.64	6.19	2.04	13.58	7.31	4.13	2.14
江门	50.17	30.55	17.25	2.37	50.92	28.72	16.59	5.61
佛山	54.39	28.67	21.30	4.42	54.47	29.02	17.08	8.37
阳江	17.97	12.02	5.55	0.40	17.99	12.30	5.09	0.60
湛江	57.16	44.70	11.08	1.38	58.10	45.69	8.68	3.73
茂名	34.93	25.87	8.77	0.29	36.10	26.26	9.08	0.76
肇庆	48.69	33.27	11.80	3.62	48.69	32.93	11.30	4.46
清远	23.28	17.41	4.95	0.92	25.51	18.77	4.78	1.96
潮州	23.21	10.65	11.68	0.88	20.44	10.54	7.92	1.98
揭阳	24.37	15.50	7.94	0.93	24.36	15.72	7.91	0.73
二、合同制职工								
广州	21.76	15.37	3.76	2.63	25.92	15.34	5.16	5.42
深圳	10.26	6.15	0.54	3.57	20.77	11.37	0.73	8.67
珠海	4.53	3.12	0.55	0.86	7.50	3.30	0.99	3.21
汕头	6.42	5.05	0.46	0.91	8.18	5.44	1.43	1.31
韶关	10.71	9.15	1.32	0.24	10.73	9.07	1.18	0.48
河源	5.50	4.68	0.81	0.01	5.77	4.71	0.96	0.10
梅州	6.92	5.88	0.94	0.10	7.33	5.99	0.95	0.39
惠州	5.92	4.22	1.15	0.55	6.85	4.53	1.02	1.30
汕尾	2.23	1.95	0.26	0.02	2.56	2.07	0.45	0.04
东莞	2.29	1.10	0.98	0.21	2.82	1.03	1.23	0.56
中山	1.90	1.02	0.57	0.31	1.79	1.11	0.43	0.25
江门	10.19	6.79	2.84	0.56	11.45	6.61	3.29	1.55
佛山	7.93	4.63	2.55	0.75	9.80	5.25	3.09	1.46
阳江	3.21	2.31	0.85	0.05	3.80	2.82	0.90	0.08
湛江	9.94	7.80	1.67	0.47	13.24	10.49	1.66	1.09
茂名	7.02	5.02	1.92	0.08	8.57	6.08	2.21	0.28
肇庆	9.27	7.18	1.66	0.43	9.96	7.45	1.89	0.62
清远	5.42	4.27	0.94	0.21	5.93	4.32	1.02	0.59
潮州	1.92	1.67	0.23	0.02	2.19	1.72	0.15	0.32
揭阳	3.26	2.88	0.33	0.05	3.92	3.15	0.62	0.15

3－27 各市国有单位分行业职工年末人数

（1993年）

单位：万人

市别	合计	农林牧渔业	采掘业	制造业	电力、煤气、供应业	建筑业	地质勘查水利管理业	交通、仓储及邮电业	批发零售餐饮业
广州	138.51	3.29	0.57	37.63	1.24	15.47	1.76	16.59	18.52
深圳	41.44	1.23	0.03	7.41	0.34	6.62	0.29	2.79	7.24
珠海	12.76	1.97	0.03	2.04	0.20	0.81	0.12	0.63	2.09
汕头	28.32	0.17	0.09	5.31	0.48	4.04	0.18	1.99	5.94
韶关	35.88	1.05	5.55	11.29	1.01	1.69	0.44	2.36	3.26
河源	13.95	0.46	0.47	2.25	0.82	0.01	0.11	0.63	2.36
梅州	26.07	0.77	1.99	6.71	0.86	0.29	0.26	1.38	3.26
惠州	19.55	1.53	0.16	3.41	0.39	1.94	0.35	0.85	3.27
汕尾	9.99	1.14	0.34	0.96	0.30	0.26	0.13	0.59	1.96
东莞	6.92	0.07	0.01	1.44	0.26	0.28	0.09	0.60	1.08
中山	7.31	0.06		2.23	0.11	0.21	0.10	0.42	0.83
江门	28.72	0.66	0.23	10.23	0.40	0.70	0.36	1.13	5.11
佛山	29.02	1.00	0.12	10.67	0.38	1.06	0.36	1.76	3.99
阳江	12.30	1.35	0.41	2.78	0.25	0.31	0.14	0.56	2.11
湛江	45.69	7.59	1.18	10.84	0.72	4.38	0.58	3.54	4.96
茂名	26.26	3.96	0.64	7.15	0.59	1.37	0.17	0.75	3.17
肇庆	32.93	1.90	0.98	8.42	0.67	1.30	0.47	1.91	4.23
清远	18.77	2.08	0.64	3.75	0.59	0.03	0.21	1.23	2.08
潮州	10.54	0.10	0.09	2.86	0.30	0.05	0.10	0.56	2.14
揭阳	15.72	1.37	0.05	2.74	0.69	0.35	0.16	0.53	2.73

市别	金融保险业	房地产业	社会服务业	卫生、体育和社会福利事业	教育文化艺术广播电视事业	科学研究综合技术服务事业	国家机关政党机关社会团体	其他行业
广州	2.87	1.72	7.67	5.57	12.82	3.10	9.52	0.17
深圳	1.46	3.94	2.96	1.38	1.90	0.15	3.07	0.63
珠海	0.44	0.09	1.34	0.41	0.71	0.06	1.72	0.10
汕头	0.74	0.23	0.79	1.49	3.40	0.14	2.88	0.45
韶关	0.67	0.12	0.76	1.04	3.07	0.20	3.21	0.16
河源	0.40	0.04	0.26	0.61	2.60	0.09	2.83	0.01
梅州	0.67	0.14	0.46	1.37	4.41	0.11	3.34	0.05
惠州	0.82	0.23	0.43	0.77	2.03	0.11	3.01	0.25
汕尾	0.33	0.08	0.09	0.44	1.79	0.02	1.56	
东莞	0.41	0.01	0.11	0.26	1.34	0.03	0.92	0.01
中山	0.46	0.05	0.54	0.47	1.09	0.07	0.66	0.01
江门	1.02	0.20	0.76	1.53	2.75	0.17	3.20	0.27
佛山	1.31	0.18	0.69	1.69	2.84	0.18	2.12	0.67
阳江	0.31	0.10	0.18	0.49	1.31	0.03	1.97	
湛江	0.95	0.15	0.93	1.35	4.11	0.28	4.07	0.06
茂名	0.53	0.12	0.47	0.93	3.19	0.08	3.11	0.03
肇庆	0.88	0.17	0.99	1.68	4.57	0.16	4.50	0.10
清远	0.60	0.15	0.56	0.82	3.19	0.08	2.45	0.31
潮州	0.29	0.06	0.21	0.67	1.70	0.07	1.27	0.07
揭阳	0.40	0.11	0.34	0.73	3.01	0.08	2.01	0.42

四、农　　　　　业

4-1 农 业 主 要 指 标

指　　标	单 位	1980年	1985年	1990年	1992年	1993年	1993年比1992年增长%
乡镇户数	万户	889.20	988.50	1 141.71	1 234.58	1 263.50	2.3
乡镇劳动力	万人	1 817.60	2 090.00	2 363.37	2 436.21	2 457.44	0.9
#外出劳动力	万人	24.40	146.70	274.45	350.24	393.32	12.3
第一产业	万人	1 625.90	1 597.60	1 600.85	1 541.46	1 464.77	−5.0
第二产业	万人	135.80	268.30	387.36	470.40	533.35	13.4
第三产业	万人	55.90	224.70	375.16	424.35	459.32	8.2
耕地面积	万亩	4 126.07	3 897.81	3 793.25	3 650.54	3 525.58	−3.4
实际机耕面积	万亩	1 682.30	1 137.00	1 296.94	1 344.91	1 181.80	−12.1
有效灌溉面积	万亩	2 920.28	2 699.74	2 692.69	2 402.11	2 249.24	−6.4
农业机械总动力	亿瓦特	59.60	85.32	127.88	147.73	161.88	9.6
化肥施用量(折纯)	万吨	77.00	102.67	162.41	177.51	165.71	−6.6
农药施用量	万吨	12.21	7.27	7.95	7.90	9.79	23.9
农村用电量	万千瓦时	125 496	266 399	581 030	1 000 286	1 276 537	27.6
农副产品出口生产基地数	个			485	632	729	15.3
农村社会总产值(当年价)	亿元	185.87	436.45	1 304.21	2 166.41	3 237.16	41.4
农业总产值(当年价)	亿元	126.25	245.21	600.71	737.11	899.03	3.8
农业净产值(当年价)	亿元	83.07	170.31	380.37	464.33	556.02	1.9
农业商品率	%	47.20	60.70	67.00	69.3	71.2	
农业增加值	亿元				465.83	559.67	2.2
主要产品产量							
粮　食	万吨	1 681.91	1 604.37	1 896.29	1 810.40	1 629.11	−10.0
糖　蔗	万吨	834.73	1 831.40	2 093.46	2 271.06	1 603.11	−29.4
花　生	万吨	50.00	57.07	57.95	60.30	66.02	9.5
水　果	万吨	29.10	116.28	328.58	453.62	402.44	−11.3
水产品	万吨	63.34	109.44	207.66	251.06	280.75	11.8
猪　肉	万吨	62.62	97.59	145.35	166.22	173.89	4.6
造林面积	万亩	556.00	918.00	467.93	340.50	167.10	−50.9
乡镇企业单位数	万个	9.73	68.66	119.65	130.36	138.99	6.6
乡镇企业人数	万人	204.89	401.95	658.33	791.31	915.51	15.7
乡镇企业总收入	亿元	43.24	192.26	785.39	1 476.75	2 438.10	65.1
乡镇企业固定资产原值	亿元	19.35	65.86	306.32	559.96	852.03	52.2

4-2 农村基层组织情况

指标	单位	1980年	1985年	1990年	1992年	1993年
一、农村基层组织						
镇政府	个		132	1 316	1 346	1 487
乡政府	个	1 629	1 541	338	322	156
村民委员会	个		18 484	23 853	25 405	24 083
村民小组	个		126 418	213 137	212 862	209 126
二、乡镇户数	**万户**	**889.20**	**988.50**	**1 141.71**	**1 234.58**	**1 263.50**
#农业户数	万户	852.70	903.20	997.83	1 026.09	1 033.74
三、乡镇人口	**万人**	**4 419.80**	**4 778.30**	**5 241.91**	**5 512.53**	**5 572.18**
#农业人口	万人	4 217.65	4 370.90	4 700.52	4 762.76	4 739.62
四、乡镇劳动力	**万人**	**1 817.60**	**2 090.00**	**2 363.37**	**2 436.21**	**2 457.44**
#外出劳动力	万人	24.40	146.70	274.45	350.24	393.32
按性别分						
男劳动力	万人	918.40	1 073.80	1 218.95	1 255.30	1 270.22
女劳动力	万人	899.20	1 016.20	1 144.42	1 180.91	1 187.22
按部门分						
#农、林、牧、副、渔劳动力	万人	1 625.90	1 597.59	1 600.85	1 541.46	1 464.77
工业劳动力	万人	81.50	161.77	248.57	287.05	323.17
建筑业劳动力	万人	54.30	105.11	138.79	154.17	167.23
交通运输业劳动力	万人		30.92	48.02	54.75	62.30
商饮、物资供销和仓储业劳动力	万人		44.26	63.83	77.80	84.17

4-3 耕地面积

单位:万亩

项目	1980年	1985年	1990年	1992年	1993年	1993年比1992年增长%
年末实有耕地面积	4 126.07	3 897.81	3 793.25	3 650.54	3 525.58	-3.4
水(旱)田	3 192.88	2 961.34	2 849.78	2 712.55	2 607.19	-3.9
旱地	933.19	936.47	943.47	937.99	918.39	-2.1
当年增加耕地面积	9.71	17.62	32.27	19.42	22.79	17.4
#新开荒	3.73	5.28	16.04	9.12	8.93	-2.1
围海造田	0.47		3.09	1.39	1.54	10.8
当年减少耕地面积	37.09	118.97	25.90	133.66	153.44	14.8
#国家基建占地	3.81	20.28	4.00	13.43	16.82	25.2
种果占用	4.61	52.74	4.42	23.62	20.04	-15.2
年末耕地面积中粮食实际占用	3 177.20	2 702.32	2 602.11	2 364.03	2 122.10	-10.2

注:1993年国家基建占地是国土厅统计年报数。

4-4 农村劳动力转移情况

单位:%

项目	1988年	1990年	1991年	1992年	1993年
一、当年转移的劳动力占总劳动力比重	**7.8**	**3.7**	**4.5**	**5.0**	**9.2**
二、转移劳动力的性别和文化技术素质情况					
性　　别	100.0	100.0	100.0	100.0	100.0
男劳动力	61.1	59.1	64.0	60.3	58.3
女劳动力	38.9	40.9	36.0	39.7	41.7
文化程度	100.0	100.0	100.0	100.0	100.0
文盲与半文盲	4.7	0.5	2.2	3.3	3.4
小学程度	37.4	25.6	32.2	28.2	30.1
初中程度	43.0	57.4	52.6	52.5	48.4
高中程度	14.5	16.2	12.1	15.9	17.5
中专程度	0.3	0.3	0.8	0.1	0.6
大专程度	...	...	0.1	...	...
专业技术	100.0	100.0	100.0	100.0	100.0
受过各种专业培训的劳动力	15.0	20.6	17.7	20.0	29.5
没有受过专业培训的劳动力	85.0	79.4	82.3	80.0	70.5
三、劳动力转移行业分布	**100.0**	**100.0**	**100.0**	**100.0**	**100.0**
转向工业	37.8	41.2	44.5	49.7	33.2
转向建筑业	21.0	25.7	26.3	15.2	20.3
转向交通运输邮电业	8.9	5.4	4.5	7.1	8.0
转向商业、饮食服务业	14.0	11.5	12.5	14.8	23.9
转向教育文化艺术和广播事业	1.3	0.8	1.3	1.7	1.6
转向卫生、体育和社会福利事业	0.5	0.2	0.6	0.4	0.8
转向其他非农行业	16.5	15.2	10.3	11.1	12.2
四、劳动力转移地域行业		**100.0**	**100.0**	**100.0**	**100.0**
#本省内转移		98.3	96.4	97.7	96.8
转向城市		57.6	52.3	49.1	57.9
五、当年返回农业的劳动力占总劳动力比重	**0.7**	**0.6**	**0.6**	**0.6**	**0.7**
#由城市返回		0.4	0.3	0.4	0.5

4—5 农村社会总产值及指数

年　份	合计	农业	工业	建筑业	运输业	商业、饮食业
一、绝对数(亿元)						
1978	125.70	85.94	25.83	5.15	1.13	7.65
1980	185.87	126.25	35.89	10.75	3.05	9.93
1985	436.45	245.21	101.67	46.67	13.44	29.46
1990	1 304.21	600.71	498.89	74.83	44.11	85.67
1992	2 166.41	737.11	1 048.23	162.00	75.83	143.24
1993	3 237.16	899.03	1 727.53	269.82	111.25	229.53
二、指　数(%)						
1978	100.0	100.0	100.0	100.0	100.0	100.0
1980	122.1	110.2	143.5	206.3	242.1	124.1
1985	231.7	157.7	370.4	639.7	907.9	308.4
1990	523.7	228.9	1 524.8	750.9	2 215.1	461.8
1992	831.8	257.7	3 108.1	1 598.7	3 760.1	766.8
1993	1 176.5	267.5	4 973.6	2 630.6	5 437.2	1 217.9

注:绝对数按当年价格计算,指数按可比价格计算。

4—6 农业净产值、物耗率及商品率

单位:亿元

年　份	农业总产值	物耗	农业净产值	农业物耗率(%)	农业商品产值	农业商品率(%)
1978	85.94	31.88	54.06	37.1	37.56	43.7
1980	126.25	43.18	83.07	34.2	59.59	47.2
1985	245.21	74.90	170.31	30.5	148.84	60.7
1990	600.71	220.34	380.37	36.7	402.53	67.0
1992	737.11	272.78	464.33	37.0	510.72	69.3
1993	899.03	343.01	556.02	38.2	640.10	71.2

注:按当年价格计算。

4—7 农业商品产值

单位:亿元

年　份	农业商品产值	种植业商品产值	林业商品产值	牧业商品产值	副业商品产值	渔业商品产值
1978	37.56	24.38	2.18	6.98	1.65	2.37
1980	59.59	38.97	3.22	8.40	6.85	2.15
1985	148.84	73.38	12.80	33.19	17.12	12.35
1990	402.53	162.91	16.77	115.71	45.06	62.08
1992	510.72	216.62	19.85	139.47	46.68	88.10
1993	640.10	244.31	25.62	182.34	56.83	131.00

注:按当年价格计算。

4-8 主要年份农业总产值及指数

年份	农业总产值	种植业产值	林业产值	牧业产值	副业产值	渔业产值
一、绝对数(亿元)						
按1957年不变价格计算						
1949	15.72	12.26	0.05	1.85	1.06	0.50
1952	21.01	15.41	0.17	2.72	1.71	1.00
1957	28.16	20.59	0.86	2.96	2.04	1.71
1962	23.71	17.91	1.11	2.19	1.49	1.01
1965	35.52	24.68	1.68	5.21	2.35	1.60
1970	40.89	27.97	2.16	5.54	3.16	2.06
按1970年不变价格计算						
1975	64.02	44.77	3.24	10.17	2.75	3.09
1978	74.33	49.14	4.09	11.02	7.23	2.85
1980	81.88	53.56	4.43	11.51	9.45	2.93
按1980年不变价格计算						
1985	152.63	82.58	9.05	27.69	22.61	10.70
1990	221.46	107.41	12.61	41.32	38.87	21.25
按1990年不变价格计算						
1990	589.49	307.19	29.97	120.08	51.81	80.44
1991	625.72	321.16	29.71	130.34	56.43	88.08
1992	663.69	334.09	30.42	140.36	58.29	100.53
1993	689.05	320.78	30.94	156.46	60.09	120.78
二、指数(%)						
1949	100.0	100.0	100.0	100.0	100.0	100.0
1952	133.7	125.7	340.0	147.0	161.3	200.0
1957	179.1	167.9	1 720.0	160.0	192.5	342.0
1962	150.8	146.1	2 220.0	118.4	140.6	202.0
1965	226.0	201.3	3 360.0	281.6	221.7	320.0
1970	260.2	228.1	4 320.0	299.5	298.1	412.0
1975	278.9	306.6	4 410.0	367.5	218.5	483.1
1978	323.8	336.5	5 566.9	398.2	574.5	445.6
1980	356.7	366.8	6 029.7	415.9	750.9	458.1
1985	510.8	439.3	8 617.3	805.0	1 435.9	963.2
1990	741.2	571.4	12 007.2	1 201.2	2 468.6	1 912.9
1991	786.4	597.4	11 903.0	1 303.8	2 688.7	2 094.6
1992	834.5	621.4	12 186.3	1 404.1	2 777.7	2 390.6
1993	866.4	596.6	12 394.6	1 565.2	2 863.5	2 872.1

注:指数按可比价格计算。

4-9 主要年份农作物播种面积及构成

年份	农作物总播种面积	一、粮食作物	#稻谷	#薯类	二、大豆	三、经济作物
一、绝对数(万亩)						
1949	7 928.93	7 174.20	6 189.30	743.70	138.87	232.56
1952	8 413.24	7 413.90	6 080.40	998.40	140.71	359.85
1957	9 490.39	8 080.00	6 061.40	1 226.18	143.80	602.91
1962	8 531.36	7 151.30	5 483.70	1 181.25	116.00	470.20
1965	8 699.62	6 884.40	5 413.60	983.47	113.00	944.17
1970	9 381.99	6 958.20	5 657.68	902.43	116.45	1 089.12
1975	10 255.25	7 556.31	5 871.37	918.44	197.60	1 223.18
1978	9 962.46	7 603.47	5 790.39	873.02	163.71	1 277.28
1980	8 954.84	6 908.02	5 596.10	800.67	198.18	1 213.98
1985	8 036.82	5 750.76	4 815.81	730.83	175.22	1 417.68
1990	8 507.35	5 822.06	4 763.67	751.70	172.44	1 338.43
1991	8 489.09	5 643.92	4 596.92	746.74	163.30	1 374.36
1992	8 231.36	5 303.82	4 313.79	710.56	157.48	1 393.07
1993	7 718.41	4 840.76	3 944.83	681.66	160.54	1 295.77
二、构成(%)						
1949	100.0	90.5	78.1	9.4	1.8	2.9
1952	100.0	88.1	72.3	11.9	1.7	4.3
1957	100.0	85.1	63.9	12.9	1.5	6.4
1962	100.0	83.8	64.3	13.8	1.4	5.5
1965	100.0	79.1	62.2	11.3	1.3	10.9
1970	100.0	74.2	60.3	9.6	1.2	11.6
1975	100.0	73.7	57.3	9.0	1.9	11.9
1978	100.0	76.3	58.1	8.8	1.7	12.8
1980	100.0	77.1	62.5	8.9	2.2	13.6
1985	100.0	71.6	59.9	9.1	2.2	17.6
1990	100.0	68.5	56.0	8.8	2.0	15.7
1991	100.0	66.5	54.2	8.8	1.9	16.2
1992	100.0	64.5	52.4	8.6	1.9	16.9
1993	100.0	62.7	51.1	8.8	2.1	16.8

4—9续表

年份	#糖蔗	#花生	#黄红麻	#红(土)烟	#黄(烤)烟	四、其他作物
一、绝对数(万亩)						
1949	43.40	113.00	5.58	7.50	4.50	383.30
1952	89.89	200.37	12.11	16.30	7.23	498.78
1957	145.43	302.54	33.75	24.11	10.03	663.68
1962	92.24	293.92	19.34	23.31	6.19	793.86
1965	222.82	431.83	25.96	22.61	7.68	758.05
1970	255.04	465.08	34.63	21.14	11.50	1 218.22
1975	276.42	475.31	69.32	34.28	23.02	1 278.16
1978	258.96	486.62	94.93	27.25	41.94	918.00
1980	218.57	553.24	42.05	21.87	16.75	634.66
1985	442.83	545.78	58.31	28.69	26.56	693.16
1990	419.73	485.96	7.26	21.89	46.66	1 174.42
1991	453.90	472.15	8.12	22.63	59.30	1 307.51
1992	461.14	471.88	9.52	22.07	57.01	1 376.99
1993	353.65	499.78	7.31	15.58	58.34	1 421.34
二、构　　成(%)						
1949	0.5	1.4	0.1	0.1	0.1	4.8
1952	1.1	2.4	0.1	0.2	0.1	5.9
1957	1.5	3.2	0.4	0.3	0.1	7.0
1962	1.1	3.4	0.2	0.3	0.1	9.3
1965	2.6	5.0	0.3	0.3	0.1	8.7
1970	2.7	5.0	0.4	0.2	0.1	13.0
1975	2.7	4.6	0.7	0.3	0.2	12.5
1978	2.6	4.9	1.0	0.3	0.4	9.2
1980	2.4	6.2	0.5	0.2	0.2	7.1
1985	5.5	6.8	0.7	0.4	0.3	8.6
1990	4.9	5.7	0.1	0.3	0.5	13.8
1991	5.3	5.6	0.1	0.3	0.7	15.4
1992	5.6	5.7	0.1	0.3	0.7	16.7
1993	4.6	6.5	0.1	0.2	0.8	18.4

4-10 主要年份农作物产量及指数

年份	粮食	#稻谷	#薯类	大豆	糖蔗	花生	黄红麻	红(土)烟	黄(烤)烟
一、绝对数(万吨)									
1949	685.85	621.35	55.85	4.62	66.91	6.63	0.48	0.58	0.23
1952	797.40	707.15	76.50	5.41	265.47	13.20	1.44	1.29	0.34
1957	1 007.15	849.10	130.15	4.39	429.72	16.86	3.98	1.63	0.49
1962	929.60	820.25	89.15	3.84	180.60	15.60	2.22	1.15	0.26
1965	1 227.65	1 098.60	106.90	4.74	637.93	25.97	3.99	1.49	0.59
1970	1 283.82	1 157.04	103.10	5.79	656.93	32.16	6.24	1.60	0.70
1975	1 464.58	1 301.35	122.27	9.13	711.61	31.84	13.77	2.52	1.54
1978	1 509.51	1 328.56	121.04	7.99	835.42	35.17	18.07	1.97	2.76
1980	1 681.91	1 523.92	123.68	11.47	834.73	50.00	10.18	1.68	1.04
1985	1 604.37	1 454.29	131.88	11.32	1 831.40	57.07	11.30	2.60	2.29
1990	1 896.29	1 687.00	167.05	13.87	2 093.46	57.95	1.04	2.44	4.64
1991	1 873.50	1 651.65	176.59	12.60	2 286.38	56.11	1.49	2.65	5.81
1992	1 810.40	1 602.27	170.28	13.94	2 271.06	60.30	1.88	2.48	6.14
1993	1 629.11	1 425.81	169.20	15.28	1 603.11	66.02	1.33	1.74	5.96
二、指数(%)									
1949	100.0	100.0	100.0	100.0	100.0	100.0	100.0	100.0	100.0
1952	116.3	113.8	137.0	117.1	396.8	199.1	300.0	222.4	147.8
1957	146.8	136.7	233.0	95.0	642.2	254.3	829.2	281.0	213.0
1962	135.5	132.0	159.6	83.1	269.9	235.3	462.5	198.3	113.0
1965	179.0	176.8	191.4	102.6	953.4	391.7	831.3	256.9	256.5
1970	187.2	186.2	184.6	125.3	981.8	485.1	1 300.0	275.9	304.3
1975	213.5	209.4	218.9	197.6	1 063.5	480.2	2 868.8	434.5	669.6
1978	220.1	213.8	216.7	172.9	1 248.6	530.5	3 764.6	339.7	1 200.0
1980	245.2	245.3	221.5	248.3	1 247.5	754.1	2 120.8	289.7	452.2
1985	233.9	234.1	236.1	245.0	2 737.1	860.8	2 354.2	448.3	995.7
1990	276.5	271.5	299.1	300.2	3 128.8	874.1	216.7	420.7	2 017.4
1991	273.2	265.8	316.2	272.7	3 417.1	846.3	310.4	456.9	2 526.1
1992	264.0	257.9	304.9	301.7	3 394.2	909.5	391.7	427.6	2 669.6
1993	237.5	229.5	303.0	330.7	2 395.9	995.8	277.1	300.0	2 591.3

4—11 主要农作物播种面积、亩产及总产量

单位:万亩、公斤、万吨

作物名称	1990年			1992年			1993年		
	播种面积	亩产	总产量	播种面积	亩产	总产量	播种面积	亩产	总产量
农作物播种面积	**8 507.35**			**8 231.36**			**7 718.41**		
一、粮食作物	**5 822.06**	**326**	**1 896.29**	**5 303.82**	**341**	**1 810.40**	**4 840.76**	**337**	**1 629.11**
按品种分									
1.稻谷	4 763.67	354	1 687.00	4 313.79	371	1 602.27	3 944.83	361	1 425.81
2.小麦	136.86	160	21.94	113.85	128	14.60	58.80	163	9.60
3.旱粮	169.83	120	20.30	165.62	140	23.25	155.47	158	24.50
4.薯类	751.70	222	167.05	710.56	240	170.28	681.66	248	169.20
按季节分									
1.春收	430.49	183	78.76	395.84	183	72.54	315.97	204	64.60
2.夏收	2 527.67	349	882.14	2 308.56	367	846.88	2 106.80	366	771.43
#早稻	2 308.96	364	839.70	2 092.03	382	800.03	1 895.51	381	722.62
3.秋收	2 863.90	327	935.39	2 599.43	343	890.98	2 417.99	328	793.08
#晚稻	2 454.71	345	847.30	2 221.76	361	802.24	2 049.32	343	703.19
二、大豆	**172.44**	**80**	**13.87**	**157.48**	**89**	**13.94**	**160.54**	**95**	**15.28**
三、经济作物	**1 338.43**			**1 393.07**			**1 295.77**		
1.甘蔗	435.90	4 968	2 165.54	482.51	4 926	2 376.62	376.60	4 547	1 712.42
#糖蔗	419.73	4 988	2 093.46	461.14	4 925	2 271.05	353.65	4 533	1 603.11
果蔗	16.17	4 458	72.08	21.37	4 938	105.57	22.95	4 762	109.31
2.油料作物	514.67	115	58.93	499.23	123	61.40	525.77	128	67.24
#花生	485.96	119	57.95	471.88	128	60.30	499.78	132	66.02
芝麻	5.42	42	0.23	5.51	47	0.26	5.85	52	0.30
油菜籽	23.22	32	0.74	21.68	38	0.83	20.14	46	0.92
3.麻类	7.91	134	1.06	9.58	197	1.89	7.37	182	1.34
#黄红麻	7.26	143	1.04	9.52	197	1.88	7.31	182	1.33
4.烟叶	68.55	103	7.08	79.08	109	8.62	73.92	104	7.70
#黄(烤)烟	46.66	99	4.64	57.01	108	6.14	58.34	102	5.96
红(土)烟	21.89	111	2.44	22.07	112	2.48	15.58	112	1.74
5.木薯	264.45	816	215.74	257.07	876	225.22	239.65	924	221.42
6.药材	17.28			25.00			21.13		
7.其他经济作物	29.67			40.60			51.33		
四、其他作物	**1 174.42**			**1 376.99**			**1 421.34**		
#蔬菜	776.00	1 259	976.83	946.88	1 271	1 203.54	1 057.03	1 293	1 367.22

4-12 主要年份农副产品人均拥有量

单位:公斤/人

年份	粮食		#稻谷		花生	
	按总人口	按农业人口	按总人口	按农业人口	按总人口	按农业人口
1949	246.47	311.00	223.29	281.75	2.38	3.01
1952	273.98	328.73	242.97	291.52	4.54	5.44
1957	305.03	376.00	257.16	316.99	5.11	6.29
1962	260.00	319.59	229.42	282.00	4.36	5.36
1965	317.59	391.36	284.21	350.22	6.72	8.28
1970	292.96	353.69	264.03	318.76	7.34	8.86
1975	301.45	365.74	267.85	324.98	6.55	7.95
1978	298.08	364.92	262.35	321.18	6.94	8.50
1980	321.73	398.79	291.51	361.33	9.56	11.86
1985	283.68	367.06	257.14	332.72	10.09	13.06
1990	303.60	403.42	270.09	358.90	9.28	12.33
1991	295.09	398.33	260.14	351.16	8.84	11.93
1992	280.11	380.12	247.91	336.42	9.33	12.66
1993	249.79	339.53	218.60	297.16	10.12	13.76

年份	糖蔗		水果		水产品	
	按总人口	按农业人口	按总人口	按农业人口	按总人口	按农业人口
1949	24.04	30.34			7.55	9.52
1952	91.21	109.44	5.67	6.80	10.35	12.42
1957	130.15	160.43	7.14	8.80	15.11	18.62
1962	50.51	62.09	2.16	2.66	9.64	11.85
1965	165.03	203.36	5.19	6.40	12.80	15.78
1970	149.91	180.98	8.22	9.93	13.08	15.79
1975	146.47	177.71	6.55	7.94	14.79	17.94
1978	164.97	201.96	5.81	7.11	12.93	15.83
1980	159.68	197.92	5.57	6.90	12.12	15.02
1985	323.82	419.00	20.56	26.60	33.25	44.18
1990	335.17	445.37	52.60	69.90	33.25	44.18
1991	360.12	486.12	62.74	83.81	35.86	47.91
1992	351.38	476.84	70.19	95.24	38.84	52.71
1993	245.79	334.11	61.70	83.87	41.66	56.63

4—13 农业机耕、农田水利、化肥和农药施用量及农村用电量

项目	单位	1980年	1985年	1990年	1992年	1993年	1993年比1992年增长%
一、实际机耕面积	万亩	1 682.30	1 137.00	1 296.94	1 344.91	1 181.80	—12.1
二、有效灌溉面积	万亩	2 920.28	2 699.74	2 692.69	2 402.11	2 249.24	—6.4
占耕地面积	%	70.8	69.3	71.1	65.8	63.8	
三、旱涝保收面积	万亩	2 195.20	1 956.97	2 004.15	1 746.33	1 647.67	—5.6
占耕地面积	%	53.6	50.2	52.9	47.9	46.7	
四、化肥施用量							
实物量	万吨	333.54	363.95	541.40	609.61	536.20	—12.0
#氮肥	万吨	223.99	227.73	281.60	292.56	248.21	—15.2
磷肥	万吨	85.85	89.42	134.32	151.06	139.47	—7.7
钾肥	万吨	15.39	32.20	59.55	71.09	63.87	—10.2
折纯量	万吨	77.00	102.67	162.41	177.51	165.71	—6.6
#氮肥	万吨	54.03	69.37	95.82	102.56	88.80	—13.4
磷肥	万吨	15.27	14.62	20.08	20.45	24.23	18.5
钾肥	万吨	6.36	13.97	27.57	29.72	25.99	—12.6
五、农药施用量	万吨	12.21	7.27	7.95	7.90	9.79	23.9
六、农村小型水电站	个	11 100	6 664	10 124	9 627	8 826	—8.3
发电能力	万千瓦	42.95	69.68	81.47	138.45	102.47	—26.0
七、农村用电量	万千瓦时	125 496	266 399	581 030	1 000 286	1 276 537	27.6
八、农村沼气池	个	38 365	51 352	71 737	79 859	75 916	—4.9

4—14 水产品产量及养殖面积

指标	单位	1980年	1985年	1990年	1992年	1993年	1993年比1992年增长%
一、水产品产量	**万吨**	**63.34**	**109.44**	**207.66**	**251.06**	**280.75**	**11.8**
海水产品	万吨	41.54	58.74	124.53	147.42	158.46	7.5
捕捞	万吨	40.78	56.26	110.74	129.85	139.29	7.3
养殖	万吨	0.76	2.48	13.79	17.57	19.17	9.1
淡水产品	万吨	21.80	50.70	83.13	103.64	122.29	18.0
捕捞	万吨	0.85	1.93	4.19	5.46	6.49	18.9
养殖	万吨	20.95	48.77	78.94	98.18	115.80	17.9
二、养殖面积	**万亩**	**300.43**	**435.24**	**515.50**	**536.33**	**580.79**	**8.3**
海水养殖	万亩	32.31	84.19	138.50	140.69	144.01	2.4
淡水养殖	万亩	268.12	351.05	377.00	395.64	436.78	10.4

4—15 茶叶、桑、蚕茧、水果面积及产量

指　　　标	单　位	1980年	1985年	1990年	1992年	1993年	1993年比1992年增长%
一、茶叶年末实有面积	万亩	54.08	58.49	64.42	63.61	64.56	1.5
茶叶总产量	万吨	1.00	1.75	2.59	2.87	3.07	7.0
二、桑地年末实有面积	万亩	21.10	41.73	29.71	55.31	46.38	−16.1
蚕茧总产量	万吨	2.17	2.70	2.55	4.61	4.12	−10.6
三、水果年末实有面积	万亩	177.40	387.83	967.11	1 049.01	1 022.91	−2.5
水果当年收获面积	万亩		191.70	446.73	584.15	548.37	−6.1
水果总产量	万吨	29.10	116.28	328.58	453.62	402.44	−11.3
#柑桔橙年末实有面积	万亩	40.00	114.73	288.99	260.08	221.09	−15.0
柑桔橙当年收获面积	万亩		41.07	162.46	185.95	167.37	−10.0
柑桔橙总产量	万吨	11.66	36.41	151.42	170.78	145.95	−14.5
香(大)蕉年末实有面积	万亩	9.40	69.31	103.10	166.61	165.43	−0.7
香(大)蕉当年收获面积	万亩		42.09	86.19	130.79	127.80	−2.3
香(大)蕉总产量	万吨	3.41	48.37	105.39	181.13	155.03	−14.4
菠萝年末实有面积	万亩	32.40	37.07	51.15	45.48	43.38	−4.6
菠萝当年收获面积	万亩		21.94	34.09	32.47	27.83	−14.3
菠萝总产量	万吨	2.54	6.10	21.47	20.29	21.16	4.3
荔枝年末实有面积	万亩	35.60	60.31	178.99	208.72	226.48	8.5
荔枝当年收获面积	万亩		26.21	39.23	69.28	54.44	−21.4
荔枝总产量	万吨	3.59	6.84	9.73	19.67	9.42	−52.1

4—16 主要农业机械拥有量

机　械　名　称	单　位	1980年	1985年	1990年	1 992年	1993年	1993年比1992年增长%
农业机械总动力	亿瓦特	59.60	85.32	127.88	147.73	161.88	9.6
农用大中型拖拉机	混合台	14 685	13 222	9 754	9 458	9 447	−0.1
手扶拖拉机	台	115 551	185 798	343 830	369 107	409 572	11.0
大中型机引农具	台	26 146	17 079	7 155	24 150	8 351	−65.4
机　耕　船	艘	997	591	619	414	432	4.3
农用水泵	台	131 784	127 063	178 448	224 333	249 739	11.3
联合收割机	台	165	92	293	379	346	−8.7
机动收割机	台	561	250	861	2 787	2 367	−15.1
机动脱粒机	台	129 062	138 844	208 964	244 303	257 055	5.2
碾　米　机	部	66 248	89 156	100 444	103 094	108 190	4.9
磨　面　机	部	5 386	6 327	6 785	10 153	12 448	22.6
榨　油　机	部	4 495	4 954	6 728	8 864	10 296	16.2
农用载重汽车	辆	10 086	25 435	43 389	56 839	80 327	41.3
挂　　　车	辆	10 395	10 685	5 805	6 667	6 081	−8.8
机动喷雾(粉)器	部	4 026	4 163	7 161	23 717	12 559	−47.0

4-17 主要热带、亚热带作物面积及产量

项目	单位	1980年	1985年	1990年	1992年	1993年	1993年比1992年增长%
一、橡胶年末实有面积	万亩	147.82	137.52	128.70	123.60	110.51	-10.6
橡胶当年收获面积	万亩			91.51	89.04	81.61	-8.3
橡胶总产量	万吨	2.15	2.72	3.58	3.45	2.88	-16.5
二、椰子年末实有面积	万亩	0.41	0.14	0.18	0.17	0.16	-5.9
椰子当年收获面积	万亩			0.12	0.13	0.14	7.7
椰子总产量	万个	13.00	10.00	37.03	60.00	69.00	15.0
三、槟榔年末实有面积	万亩	0.05	0.02	0.05	0.08	0.07	-12.5
槟榔当年收获面积	万亩			0.02	0.03	0.03	0.0
槟榔总产量	吨	…	1.00	12.00	9.80	24.00	144.9
四、咖啡年末实有面积	万亩	0.24	0.63	0.35	0.09	0.04	-55.6
咖啡当年收获面积	万亩			0.20	0.07	0.03	-57.1
咖啡总产量	吨	5.00	28.00	24.34	6.00	9.00	50.0
五、胡椒年末实有面积	万亩	5.91	3.41	5.53	4.81	3.85	-20.0
胡椒当年收获面积	万亩			4.08	4.17	3.20	-23.3
胡椒总产量	吨	932.00	1 175.00	5 369.37	4 951.50	3 255.00	-34.3
六、香(疯)茅年末实有面积	万亩	22.57	6.02	7.14	3.28	2.84	-13.4
香(疯)茅当年收获面积	万亩			7.20	3.10	2.54	-18.1
香(疯)茅总产量	吨	1 318.40	493.00	730.42	605.00	290.00	-52.1
七、剑(番)麻年末实有面积	万亩	16.15	9.40	10.52	9.23	11.66	26.3
剑(番)麻当年收获面积	万亩			8.03	7.01	9.06	29.2
剑(番)麻总产量	万吨	1.02	1.15	1.59	2.75	1.68	-38.9

4-18 造林面积及主要林产品产量

项目	单位	1980年	1985年	1990年	1992年	1993年	1993年比1992年增长%
当年造林面积	万亩	556	918.00	467.93	340.50	167.10	-50.9
人工造林	万亩	301	529.00	388.26	321.00	167.10	-47.9
飞机播种	万亩	255	389.00	79.67	19.50		
年末实有育苗面积	万亩	2.73	4.78	8.20	6.00	6.00	0.0
当年幼林抚育面积	万亩	471	496.39	804.40	930.00	763.65	-17.9
当年迹地更新面积	万亩	69	115.42	78.80	88.50	104.85	18.5
主要林产品产量							
油桐籽	吨	976	865	2 622	9 692	3 748	-61.3
油茶籽	吨	13 109	16 303	23 736	22 268	26 509	19.0
松脂	万吨	11.98	9.59	10.02	10.05	12.38	23.2

4—19 牲畜头数及肉类产量

项目	单位	1980年	1985年	1990年	1992年	1993年	1993年比1992年增长%
一、黄、水牛年末存栏头数	万头	306.02	414.58	473.54	472.18	465.63	—1.4
黄牛	万头	96.99	159.02	198.33	200.72	200.07	—0.3
#从事农事劳役的	万头	68.09	118.23	136.71	142.55	141.16	—1.0
水牛	万头	209.03	255.56	275.21	271.46	265.56	—2.2
#从事农事劳役的	万头	155.92	204.43	212.18	205.87	199.20	—3.2
二、奶牛年末存栏头数	万头	1.52	2.01	2.95	2.40	2.29	—4.6
牛奶产量	万吨	2.18	4.09	5.51	5.72	5.71	—0.2
三、山羊年末存栏只数	万只	13.38	10.23	14.21	14.87	17.17	15.5
四、生猪年末存栏头数	万头	1 704.59	1 884.02	2 058.89	2 122.49	2 144.44	1.0
#能繁殖母猪	万头	115.70	154.49	141.98	137.75	141.22	2.5
生猪全年饲养量	万头	2 730.69	3 169.22	3 851.74	4 182.22	4 342.02	3.8
肉猪出栏头数	万头	1 026.10	1 285.20	1 792.85	2 059.73	2 197.58	6.7
五、肉类产量	万吨		128.12	202.45	245.69	271.46	10.5
猪肉	万吨	62.62	97.59	145.35	166.22	173.89	4.6
牛肉	万吨	0.55	1.46	2.88	6.13	5.48	—10.6
羊肉	万吨	0.03	0.09	0.15	0.41	0.30	—26.8
禽肉	万吨		28.95	54.02	72.80	91.55	25.8
兔肉	万吨		0.03	0.05	0.13	0.24	84.6

4—20 国有农、林、牧、渔场基本情况

项目	单位	1985年	1990年	1992年	1993年	1993年比1992年增长%
个数	个	577	599	492	556	13.0
#农场	个	164	274	227	234	3.1
人口	万人	83.58	83.92	70.66	80.67	14.2
劳动力	万人	44.85	44.55	33.01	40.74	23.4
年末耕地面积	万亩	91.99	90.13	75.05	92.76	23.6
粮食播种面积	万亩	52.15	50.61	30.81	35.96	16.7
粮食总产量	万吨	13.04	15.26	9.76	11.53	18.1
糖蔗播种面积	万亩	38.60	43.64	31.93	45.16	41.4
糖蔗总产量	万吨	187.02	253.62	203.45	236.55	16.3
花生播种面积	万亩	8.79	7.37	5.94	13.53	127.8
花生总产量	万吨	0.85	0.87	0.72	0.74	2.8
造林面积	万亩	37.83	30.88	13.61	15.42	13.3
橡胶年末实有面积	万亩	112.80	105.41	109.03	93.62	—14.1
橡胶总产量(干胶片)	万吨	2.64	3.38	4.47	2.60	—41.8
牛年末存栏头数	万头	8.79	9.21	8.25	7.86	—4.7
生猪年末存栏头数	万头	42.05	49.16	41.73	43.82	5.0
水产品产量	万吨	1.30	1.80	9.23	3.93	—57.4
大中型农用拖拉机	混合台	1 946	1631	1 125	1 094	—2.8
小型及手扶拖拉机	台	5 445	5 439	3 949	4 588	16.2
农用载重汽车	辆	2 270	1 900	2 117	1 483	—29.9

4—21 主要农副产品产量与最高年份比较

（1993年）

指标	单位	1993年	最高年份		
			年份	产量	1993年为最高年份%
一、粮食总产量	万吨	1 629.11	1990	1 896.29	85.9
春收	万吨	64.59	1991	87.91	73.5
夏收	万吨	771.43	1983	891.90	86.5
秋收	万吨	793.09	1990	935.39	84.8
稻谷	万吨	1 425.81	1990	1 687.00	84.5
早稻	万吨	722.62	1983	862.25	83.8
晚稻	万吨	703.19	1990	847.31	83.0
二、大豆	万吨	15.28	1982	14.44	105.8
三、经济作物					
甘蔗	万吨	1 712.42	1992	2 376.62	72.1
#糖蔗	万吨	1 603.11	1992	2 271.05	70.6
油料作物	万吨	67.24	1982	63.07	106.6
#花生	万吨	66.02	1982	61.90	106.7
黄红麻	万吨	1.34	1978	18.07	7.4
烟叶	万吨	7.70	1992	8.62	89.3
#黄(烤)烟	万吨	5.96	1992	6.14	97.1
红(土)烟	万吨	1.74	1991	2.66	65.4
四、其他作物					
#蔬菜	万吨	1 367.22	1992	1 203.54	113.6
五、水果	万吨	402.44	1992	453.62	88.7
六、水产品	万吨	280.75	1992	251.06	111.8
七、生猪年末存栏量	万头	2 144.44	1992	2 122.49	101.0
八、生猪出栏头数	万头	2 197.58	1992	2 059.73	106.7
九、猪肉产量	万吨	173.89	1992	166.22	104.6
十、三鸟饲养量	万只	82 192.95	1992	69 588.39	118.1

4—22 乡镇企业基本情况

项目	单位	1980年	1985年	1990年	1992年	1993年	1993年比1992年增长%
一、企业单位数	万个	9.73	68.66	119.65	130.36	138.99	6.6
乡(镇)办	万个	1.91	2.10	2.39	2.51	2.76	10.0
村办	万个	7.82	9.51	8.96	9.51	10.16	6.8
联户	万个		4.84	5.88	6.11	6.41	4.9
个体	万个		52.21	102.42	112.23	119.66	6.6
二、企业人数	万人	204.89	401.45	658.33	791.31	915.51	15.7
乡(镇)办	万人	79.77	109.33	154.86	185.19	209.24	13.0
村办	万人	125.12	140.61	182.77	235.04	287.10	22.1
联户	万人		38.22	56.02	58.17	63.45	9.1
个体	万人		113.29	264.68	312.91	355.72	13.7
三、总收入	亿元	43.24	192.26	785.39	1 476.75	2 438.10	65.1
乡(镇)办	亿元	22.46	80.71	310.16	607.79	1 002.28	64.9
村办	亿元	20.78	63.33	199.00	405.16	685.41	69.2
联户	亿元		13.40	59.58	93.56	153.32	63.9
个体	亿元		34.82	216.64	370.24	597.09	61.3
四、费用支出	亿元	41.07	164.18	698.91	1 305.65	2 197.03	68.3
乡(镇)办	亿元	24.79	72.48	290.94	559.02	944.78	69.0
村办	亿元	16.28	52.72	172.28	350.12	605.23	72.9
联户	亿元		10.84	51.92	81.66	133.99	64.1
个体	亿元		28.14	183.77	314.85	513.03	62.9
五、实交国家税金	亿元	1.64	8.30	25.16	46.26	78.72	70.2
六、纯利润	亿元	6.58	19.78	54.73	112.42	185.58	65.1
七、工资总额	亿元	10.01	37.06	139.26	230.94	331.43	43.5
八、年末固定资产原值	亿元	19.35	65.86	306.32	559.96	852.03	52.2
九、总产值							
按不变价格计算	亿元		174.85	730.34	1 375.80	2 202.01	60.1
乡(镇)办	亿元		77.22	309.22	593.79	944.00	59.0
村办	亿元		55.88	176.37	357.88	584.44	63.3
联户	亿元		11.80	57.32	91.90	146.97	59.9
个体	亿元		29.95	187.43	332.23	526.60	58.5
按当年价格计算	亿元		179.02	740.32	1 431.47	2 350.25	64.2
乡(镇)办	亿元		78.97	308.42	623.95	1 025.28	64.3
村办	亿元		57.09	182.15	369.15	618.93	67.7
联户	亿元		12.30	58.75	96.59	155.31	60.8
个体	亿元		30.66	191.00	341.78	550.73	61.1

注:1985年总产值按1980年不变价格计算,1 990、1 992、1993年按1990年不变价格计算

4-23 乡村工业企业基本情况

项　　　目	单　位	1980年	1985年	1990年	1992年	1993年	1993年比1992年增长%
一、企业单位数	个	10 785	47 743	72 077	78 345	87 067	11.1
二、企业人数	万人	47.40	152.12	268.83	347.91	418.58	20.3
三、总产值							
按不变价格计算	亿元	16.02	80.00	395.75	799.39	1 277.14	59.8
按当年价格计算	亿元		81.95	399.53	835.89	1 383.73	65.5
四、总收入	亿元	43.24	83.34	391.29	804.92	1 339.96	66.5
五、费用支出	亿元	35.02	71.86	356.57	722.80	1 232.41	70.5
六、销售税金(应交)	亿元	1.63	3.68	14.57	28.90	48.26	67.0
七、利润总额	亿元	6.58	7.80	20.15	53.23	95.06	78.6
#所得税(应交)	亿元	0.30	0.99	2.66	5.09	8.32	63.5
八、实交国家税金	亿元	1.93	4.67	13.33	26.60	46.44	74.6
所得税	亿元	0.30	0.99	1.80	3.45	6.71	94.5
九、纯利润	亿元	4.68	6.81	17.31	47.51	78.83	65.9
#上交乡(镇)村	亿元		3.28	8.93	19.15	21.16	10.5
企业提留	亿元		3.11	9.50	26.30	20.11	-23.5
十、工资总额	亿元	10.01	14.63	65.00	113.22	164.87	45.6
十一、年末固定资产原值	亿元	19.35	40.73	209.48	394.64	598.99	51.8
十二、提取折旧基金	亿元			16.63	28.85	53.32	84.8
十三、年末固定资产净值	亿元	15.28	31.28	166.04	303.02	459.06	51.5
十四、年末占用流动资金	亿元	7.19	20.85	151.17	340.46		
十五、定额流动资金平均余额	亿元			93.09	165.60	471.45	184.7
十六、本年银行贷款总额	亿元			137.14	244.62	292.47	19.6
十七、本年银行贷款余额	亿元	5.49	24.16	121.20	231.11	256.56	11.0
十八、利息支出	亿元			16.61	24.71	37.93	53.5
十九、亏损企业	个	4 926	1 805	3 005	1 868	1 947	4.2
二十、亏损金额	亿元	0.25	0.37	6.20	3.79	6.89	81.8

注：1980年总产值按1970年不变价格计算，1985年按1980年不变价格计算，1990、1992、1993年总产值按1990年不变价格计算。

4-24 乡镇工业企业主要产品产量

产品名称	单位	1980年	1985年	1990年	1992年	1993年	1993年比1992年增长%
铁矿石	万吨	44.75	125.69	142.00	194.49	246.00	26.5
生铁	万吨	0.30	1.08	3.78	8.96	14.12	57.6
十种有色金属合计	吨	450	7 446	2 475	1 583	11 684	638.1
石灰石	万吨			2 992	4 350	6 918	59.0
发电量	亿千瓦时	5.50	15.38	24.12	32.51	38.00	16.9
#水电	亿千瓦时	4.78	9.46	14.77	15.14	21.00	38.7
原煤	万吨	109.36	264.88	416.00	690.76	786.00	13.8
硫铁矿(生产量)	万吨	12.65	16.82	43.00	72.78	90.00	23.7
磷肥(折合100%)	吨	2 794	1 473	3 277	10 052	9 297	-7.5
化学农药(原药)	吨	248		586	1 369	2 740	100.1
玩具	亿件			3.64	10.73	6.23	-41.9
水泥	万吨	21.54	229.68	712.00	1 683.00	1 660.00	-1.4
砖	亿块	68.35	93.00	208.32	230.59	324.00	40.5
瓦	亿片	30.08	27.98	47.62	47.20	61.00	29.2
石灰	万吨	252	172	651	1 277	751	-41.2
木材(交售量)	万立方米	170.36	33.66	80.00	388.14	153.00	-60.6
竹材(交售量)	万根	48 640	686 972	59 780	5 420	3 237	-40.3
松香	吨	9 721	3 361	17 506	16 244	31 097	91.4
布	万米	3 833	9 278	19 202	33 400	201 548	503.4
丝(桑蚕丝)	吨	30	112	1 419	601	2 235	271.9
丝织品	万米	737	4 900	2 698	2 275	516	-77.3
皮革制品	万件	531	4 797	16 844	17 345	10 628	-38.7
机制纸及纸板	万吨	1.73	6.66	20.42	47.12	71.00	50.7
原盐	万吨	11.53	8.80	12.78	9.77	13.75	40.7
糖	万吨	5.31	3.89	4.05	11.39	6.00	-47.3
日用陶瓷器	万件	30 254	38 130	85 603	85 555	120 184	40.5
铁制农具	万件	1 077	722	1 542	1 608	1 711	6.4
木制农具	万件	248	141	377	878	1 104	25.7
竹制农具	万件	1 241	279	1 230	1 206	1 534	27.2
日用竹藤棕草葵制品	万件	6 355	7 460	22 908	13 771	23 511	70.7
食用植物油	万吨	4.06	4.36	7.52	166.13	33.00	-80.1
粮食加工	万吨	492	384	1 247	2 891	2 201	-23.9
饲料	万吨			39.62	120.77	101.00	-16.4
服装	万件		14 143	72 633	88 719	141 664	59.7
皮鞋	万双		282	5 928	13 928	26 302	88.8
电风扇	万台		696	2 204	2 652	4 031	52.0
木制家具	万件		1 153	3 548	6 554	18 101	176.2
铁制家具	万件		508	1 685	335	813	142.7
清凉饮料	万吨				335.36	813.00	142.4
汽水	万吨		5.71	14.09	45.25	188.00	315.5
罐头食品	万吨			1.88	4.96	5.89	18.8
饮料酒	万吨			7.14	118.11	33.00	-72.1

4-25 各市农村基层组织情况

（1993年）

市别	镇政府（个）	乡政府（个）	村民委员会（个）	村民小组（个）	乡镇户数（万户）	#农业户数
广州	81		1 255	13 061	81.63	60.69
深圳	25		224	1 185	12.67	6.43
珠海	19		207	1 013	10.17	7.61
汕头	45		914	9 284	68.08	54.38
韶关	97	45	1 284	13 183	50.72	39.87
河源	88	27	1 525	9 977	59.26	47.48
梅州	149	14	2 101	22 490	94.94	79.94
惠州	74	10	1 236	7 486	47.44	35.21
汕尾	53		777	3 744	44.54	33.70
东莞	29		1 596	4 937	35.25	25.44
中山	24		400	3 493	26.41	21.43
江门	93		1 478	11 881	72.00	64.47
佛山	53		726	4 268	65.99	48.42
阳江	44	2	743	9 338	44.56	38.12
湛江	97	8	1 567	12 540	102.01	92.32
茂名	103		1 676	24 759	107.03	92.15
肇庆	189	2	2 474	25 480	121.82	102.29
清远	105	35	1 502	18 081	72.71	59.10
潮州	48	3	935	4 689	50.37	39.45
揭阳	71	10	1 463	8 237	95.92	85.23

市别	乡镇人口（万人）	#农业人口	乡镇劳动力（万人）	按性别分：男劳动力	按性别分：女劳动力	按产业分：第一产业劳动力	按产业分：第二产业劳动力	按产业分：第三产业劳动力
广州	305.89	245.63	147.12	72.99	74.13	89.39	36.21	21.52
深圳	39.15	23.63	11.76	5.45	6.31	3.05	4.19	4.52
珠海	37.08	28.40	15.06	7.46	7.60	8.77	2.70	3.59
汕头	328.34	268.75	144.74	77.42	67.32	70.74	47.00	27.00
韶关	231.53	195.79	87.70	44.13	43.57	67.02	4.44	16.24
河源	276.46	233.51	110.36	55.21	55.15	70.55	5.29	34.52
梅州	432.69	375.16	167.16	81.54	85.62	101.78	23.73	41.65
惠州	219.50	173.26	95.10	48.59	46.51	60.71	17.24	17.15
汕尾	232.93	183.08	86.49	49.59	36.90	52.29	12.77	21.43
东莞	138.92	105.18	62.56	31.12	31.44	21.92	26.74	13.90
中山	104.29	88.79	55.76	28.86	26.90	21.35	19.02	15.39
江门	275.45	250.01	146.91	74.55	72.36	84.91	31.90	30.10
佛山	239.76	183.74	110.32	53.64	56.68	42.97	46.20	21.15
阳江	206.28	179.26	106.66	56.40	50.26	73.00	15.88	17.78
湛江	486.43	441.61	225.74	120.72	105.02	168.79	29.05	27.90
茂名	508.57	455.86	217.56	115.89	101.67	139.63	38.60	39.33
肇庆	524.05	453.39	245.37	124.04	121.33	136.90	54.40	54.07
清远	334.50	288.04	135.66	69.46	66.20	93.94	11.97	29.75
潮州	225.94	172.46	90.98	47.08	43.90	48.04	23.48	19.46
揭阳	424.40	394.05	194.44	106.10	88.34	108.99	39.60	45.85

4-26 各市耕地面积

（1993年）

单位：万亩

市别	年末实有耕地面积	水(旱)田	旱地	当年增加耕地面积	#新开荒	当年减少耕地面积	#国家基建占用	#种果占用
广州	206.94	182.58	24.36	1.56	…	22.32	2.42	2.97
深圳	9.05	6.06	2.99	0.06	0.06	6.61	0.67	0.03
珠海	47.70	43.24	4.46	0.31	0.06	7.06	0.26	0.78
汕头	77.52	64.02	13.50	2.67	2.67	5.45	1.45	0.23
韶关	202.11	158.00	44.11	1.87	0.43	2.18	0.27	0.24
河源	165.03	133.59	31.44	0.57	0.26	3.90	0.54	0.15
梅州	205.77	169.07	36.70	0.28	0.10	4.08	0.48	0.49
惠州	197.79	147.79	50.00	0.05	0.04	11.47	0.85	0.71
汕尾	107.21	73.43	33.78	0.08	0.04	4.75	0.17	0.22
东莞	75.37	60.37	15.00	0.63	0.03	9.77	0.21	6.48
中山	68.50	38.12	30.38	1.32	0.28	11.73	1.82	0.74
江门	256.99	213.47	43.52	2.08	0.12	15.41	1.42	0.39
佛山	140.37	90.54	49.83	0.11	0.02	12.52	2.29	0.08
阳江	168.63	128.69	39.94	0.12	0.10	4.28	0.15	0.87
湛江	514.50	258.55	255.95	5.01	1.19	4.32	0.67	1.59
茂名	258.02	205.44	52.58	1.99	1.34	3.58	0.34	0.43
肇庆	337.09	283.38	53.71	1.01	0.56	9.63	0.70	2.39
清远	272.82	185.01	87.81	1.77	1.34	4.39	0.44	0.19
潮州	63.86	49.14	14.72	1.16	0.30	5.12	0.25	0.61
揭阳	150.32	116.71	33.61	0.15	…	4.86	1.39	0.46

注：国家基建占用为国土厅统计年报数。

4-27 各市农副产品出口生产基地(企业)情况

（1993年）

市别	基地(企业)个数(个)	劳动生产人员(人)	农业生产引进外资额(万美元)	主要农产品产量 蔬菜(吨)	水果(吨)	水产品(吨)	生猪出栏头数(头)	外贸收购额(万元)	外贸出口额(万美元)
广州	14	2 387	0.06	2 549				387	
深圳	257	12 431	2.13	12 343	456	39	417	50 119	0.60
珠海	9	1 318	0.24	466				2 987	
汕头	3	40	1.80	771	95	4	91		
韶关	7	9 500		4 050	4 050	250	3 100	8 300	0.83
河源									
梅州	3			219					
惠州	59	19 650	0.31	5 715	3 830	159	3 601	76 573	6.41
汕尾									
东莞	23	6 897	1.20	1 074	47	5	42		
中山	13	3 000	2.00	1 337				272	
江门	11	1 955	0.10	459	130	24	86		
佛山	248	5 679	3.12	10 998	602	53	548	30 793	0.36
阳江									
湛江	14	324	0.80	1 756	266	16	250		
茂名	20	56 323	3.49	39 117	118	10	108	43 341	
肇庆	12	40	0.01	1 654	85	5	80	8 000	0.80
清远									
潮州	33	25 768	1.42	32 047	80		80	3 800	
揭阳	3		0.01	175	145	10	135	1 325	0.13

4—28 各市农村社会总产值

(1993年)

单位:亿元

市别	农村社会总产值	农业总产值	农村工业总产值	农村建筑业总产值	农村运输业总产值	农村商业、饮食业总产值
广州	400.62	77.36	228.56	40.10	18.81	35.79
深圳	107.48	19.29	67.73	7.73	2.90	9.83
珠海	69.09	12.65	50.79	2.18	0.67	2.80
汕头	118.41	37.05	60.07	13.78	2.16	5.35
韶关	70.20	35.49	23.70	3.27	3.82	3.92
河源	38.78	25.08	7.02	3.09	1.53	2.06
梅州	101.10	33.88	45.46	8.74	7.34	5.68
惠州	118.62	38.75	52.77	13.64	4.70	8.76
汕尾	69.02	26.10	27.39	8.33	1.95	5.25
东莞	161.81	28.45	108.10	6.33	6.58	12.35
中山	202.37	24.71	135.08	24.58	5.19	12.81
江门	273.70	58.73	166.97	15.06	6.25	26.69
佛山	469.77	57.76	326.44	46.37	5.01	34.19
阳江	60.71	36.39	14.83	4.59	1.96	2.94
湛江	168.95	88.54	46.14	11.57	9.36	13.34
茂名	222.33	87.71	77.87	22.68	13.79	20.28
肇庆	304.33	114.66	149.87	17.81	9.46	12.53
清远	83.59	48.47	18.69	6.10	4.51	5.82
潮州	92.98	32.87	46.25	6.96	2.71	4.19
揭阳	139.51	51.32	73.81	6.91	2.53	4.94

注:本表按当年价格计算。

4—29 各市农业总产值

(1993年)

单位:亿元

市别	农业总产值	种植业产值	林业产值	牧业产值	副业产值	渔业产值
广州	77.36	41.55	0.95	22.08	1.95	10.83
深圳	19.29	5.00	0.35	9.50	0.59	3.85
珠海	12.65	4.61	0.18	2.30	0.67	4.89
汕头	37.05	14.95	0.23	6.91	6.13	8.83
韶关	35.49	18.60	2.98	9.17	3.09	1.65
河源	25.08	11.90	1.93	6.63	3.69	0.93
梅州	33.88	17.80	1.79	10.82	1.57	1.90
惠州	38.75	16.74	2.04	9.64	4.40	5.93
汕尾	26.10	8.13	0.72	3.94	1.56	11.75
东莞	28.45	13.07	0.55	7.89	2.27	4.67
中山	24.71	14.60	0.32	3.89	0.44	5.46
江门	58.73	26.60	0.94	15.60	4.01	11.58
佛山	57.76	21.48	0.22	17.24	1.38	17.44
阳江	36.39	14.42	1.65	7.69	2.64	9.99
湛江	88.54	40.55	2.32	19.80	9.91	15.96
茂名	87.71	42.61	3.51	22.53	6.82	12.24
肇庆	114.66	47.06	10.60	30.64	18.81	7.55
清远	48.47	24.39	4.93	13.43	3.71	2.01
潮州	32.87	10.99	0.30	5.27	7.30	9.01
揭阳	51.32	24.83	1.34	11.15	8.35	5.65

注:本表按当年价格计算。

4—30 各市农业总产值

（1993年）

单位：亿元

市别	农业总产值	种植业产值	林业产值	牧业产值	副业产值	渔业产值
广州	50.31	25.58	0.57	15.56	1.90	6.70
深圳	9.28	1.99	0.09	4.98	0.39	1.83
珠海	8.18	2.93	0.15	1.65	0.66	2.79
汕头	28.34	11.50	0.12	4.48	4.44	7.80
韶关	30.83	15.22	3.68	7.24	2.97	1.72
河源	20.61	9.68	2.09	5.03	3.13	0.68
梅州	34.37	21.21	1.83	8.04	1.51	1.78
惠州	27.96	13.21	1.39	6.42	3.24	3.70
汕尾	16.55	5.77	0.38	2.95	1.32	6.13
东莞	19.75	9.88	0.26	4.36	2.09	3.16
中山	16.46	7.20	0.31	3.41	0.44	5.10
江门	41.65	16.80	0.59	10.22	3.30	10.74
佛山	41.90	13.48	0.15	13.27	1.29	13.71
阳江	29.16	9.94	1.48	5.36	1.88	10.50
湛江	83.14	43.56	2.45	14.63	8.52	13.98
茂名	74.02	38.04	3.53	16.48	5.22	10.75
肇庆	85.91	36.05	8.46	21.24	13.31	6.85
清远	35.28	18.11	3.86	8.72	3.10	1.49
潮州	23.64	8.07	0.22	3.43	6.93	4.99
揭阳	38.13	19.27	0.69	6.99	6.91	4.27

注：本表按1990年不变价格计算。

4—31 各市造林面积、水产品产量、牲畜头数及猪肉产量

（1993年）

市别	造林面积（万亩）	水产品产量（万吨）	#淡水养殖	黄牛年末存栏头数（万头）	水牛年末存栏头数（万头）	生猪年末存栏头数（万头）	肉猪出栏头数（万头）	猪肉产量（万吨）
广州	0.03	13.12	8.97	4.24	9.66	105.23	137.25	9.55
深圳	0.00	3.21	1.00	0.18	0.03	15.47	43.45	3.67
珠海	3.22	5.93	3.12	0.07	0.33	15.30	21.56	1.65
汕头	0.00	18.82	1.97	1.13	0.51	36.93	55.69	4.16
韶关		3.52	3.44	13.45	21.10	112.86	117.53	9.84
河源		1.58	1.37	10.41	16.08	92.38	85.21	6.57
梅州	53.73	3.47	3.36	7.75	15.31	172.42	150.09	11.79
惠州	10.11	6.49	2.82	13.46	16.33	92.25	86.41	6.73
汕尾	14.00	20.27	0.81	8.77	4.18	50.35	52.10	4.03
东莞		6.64	2.81	1.06	0.80	40.44	57.77	4.95
中山		10.91	9.78	0.08	0.27	25.32	35.18	2.74
江门		26.17	10.27	1.66	15.30	115.01	129.48	9.25
佛山	2.36	30.36	29.69	0.20	4.58	96.64	160.25	12.10
阳江		31.14	2.75	14.01	21.37	133.14	83.24	6.38
湛江	2.38	34.69	3.65	47.66	28.31	188.79	178.37	15.44
茂名	0.32	21.62	6.54	28.53	38.28	249.47	232.25	19.07
肇庆	18.83	13.91	13.50	15.11	40.19	247.32	264.89	23.18
清远	53.79	3.03	2.84	22.16	25.82	180.76	134.01	11.15
潮州	3.63	9.03	2.83	3.11	2.29	64.72	69.19	4.17
揭阳	4.62	10.27	3.29	7.00	4.82	109.64	103.65	7.49

4—32 各市主要农作物播种面积、亩产及总产量

（1993年）

单位：亩、公斤、吨

市别	一、粮食作物			#稻谷		
	播种面积	亩产	总产量	播种面积	亩产	总产量
广州	2 658 765	341	907 720	2 517 602	349	877 875
深圳	21 361	325	6 950	12 131	316	3 838
珠海	282 936	275	77 885	269 033	275	73 981
汕头	1 297 875	494	641 777	957 508	511	488 819
韶关	2 526 838	382	964 674	2 152 072	415	894 044
河源	2 843 845	315	894 724	2 462 834	339	835 502
梅州	3 661 531	355	1 300 050	3 110 741	388	1 207 389
惠州	2 719 203	280	761 074	2 342 849	292	684 724
汕尾	1 804 601	278	501 468	1 170 792	302	354 126
东莞	551 155	367	202 097	499 223	385	192 018
中山	825 907	328	271 037	779 055	332	258 883
江门	3 920 807	279	1 092 750	3 612 436	287	1 037 874
佛山	1 271 768	346	439 419	1 195 291	355	423 950
阳江	2 318 621	280	649 658	1 885 341	307	579 372
湛江	4 370 309	278	1 216 128	3 203 369	309	989 193
茂名	3 979 384	379	1 508 360	2 952 958	425	1 255 162
肇庆	5 633 410	357	2 010 357	4 727 957	389	1 841 028
清远	3 808 475	330	1 256 160	3 019 829	371	1 119 649
潮州	1 131 130	420	474 627	804 673	453	364 542
揭阳	2 779 640	401	1 114 222	1 772 557	438	776 143

市别	二、大豆			三、经济作物	#糖蔗		
	播种面积	亩产	总产量	播种面积	播种面积	亩产	总产量
广州	28 713	115	3 291	534 274	165 137	7 129	1 177 311
深圳	323	96	31	12 118			
珠海	166	72	12	238 087	220 979	4 870	1 076 182
汕头	17 429	124	2 162	93 951			
韶关	180 567	106	19 216	1 111 551	56 866	3 842	218 482
河源	220 000	82	18 091	480 808	19 791	4 299	85 072
梅州	156 269	85	13 224	671 532	10 242	4 766	48 815
惠州	169 665	81	13 679	574 681	63 150	4 057	256 181
汕尾	40 919	87	3 562	252 400	47 353	3 692	174 811
东莞	12 843	81	1 035	91 529	40 594	8 040	326 389
中山	9 511	193	1 838	41 664	24 363	4 755	115 837
江门	81 690	103	8 399	752 738	146 738	3 272	480 141
佛山	10 589	119	1 256	234 224	82 392	4 540	374 038
阳江	156 406	87	13 607	643 865	104 674	3 699	387 213
湛江	47 020	98	4 591	3 031 841	2 207 348	4 387	9 683 519
茂名	99 641	116	11 554	921 166	125 749	4 205	528 810
肇庆	138 241	111	15 330	1 611 868	122 287	5 632	688 745
清远	155 709	84	13 089	1 216 962	62 038	3 967	246 123
潮州	19 631	97	1 896	122 990	10 404	4 345	45 201
揭阳	60 124	115	6 919	319 429	26 376	4 484	118 269

4—32 续表

单位：亩、公斤、吨

市别	#花生 播种面积	亩产	总产量	#黄红麻 播种面积	亩产	总产量
广州	219 280	141	30 825			
深圳	9 579	137	1 315			
珠海	7 690	152	1 167			
汕头	80 509	163	13 118	35	286	10
韶关	405 674	154	62 373	341	296	101
河源	280 545	118	33 001	65	308	20
梅州	194 475	108	21 049	1 716	300	515
惠州	411 384	117	48 303			
汕尾	176 680	98	17 326	20	250	5
东莞	39 062	143	5 594			
中山	14 389	187	2 691	85	259	22
江门	346 323	121	41 784			
佛山	104 490	139	14 496	279	122	34
阳江	332 198	118	39 153	4 906	175	861
湛江	551 606	131	72 320	5 655	376	2 124
茂名	539 823	154	83 239	19 892	230	4 585
肇庆	538 693	135	72 991	31 902	109	3 463
清远	478 694	127	60 926	1 097	223	245
潮州	69 242	149	10 318	496	141	70
揭阳	197 448	143	28 243	6 561	198	1 296

市别	#烟叶 播种面积	亩产	总产量	四、其他作物 播种面积	#蔬菜 播种面积	亩产	总产量
广州	6 552	119	777	1 539 158	1 315 209	1 290	1 696 604
深圳				157 909	144 468	1 048	151 421
珠海				101 394	75 823	1 297	98 379
汕头				471 717	416 977	2 197	915 924
韶关	389 686	104	40 619	958 088	570 737	1 119	638 931
河源	434	85	37	452 830	346 634	880	304 896
梅州	136 090	83	11 334	784 779	510 207	1 180	602 107
惠州	536	95	51	602 236	459 138	1 084	497 514
汕尾				288 889	257 250	1 025	263 792
东莞	15	200	3	412 526	361 826	1 582	572 376
中山				304 683	229 117	1 500	343 578
江门	11 031	126	1 386	864 555	632 771	1 278	808 614
佛山	549	153	84	932 674	656 591	1 753	1 151 326
阳江	8 755	115	1 005	472 438	408 152	838	342 229
湛江	24 009	114	2 736	1 266 417	1 004 705	941	945 436
茂名	32 775	158	5 192	1 085 519	926 309	1 262	1 168 562
肇庆	64 716	122	7 917	1 402 252	982 892	1 310	1 287 863
清远	63 197	92	5 807	1 103 378	534 357	994	531 278
潮州				308 827	211 645	1 657	350 659
揭阳	865	86	74	703 163	525 448	1 904	1 000 684

4—33 各市水果面积及产量

（1993年）

单位:万亩、万吨

市别	水果合计			#柑桔橙			#香（大）蕉		
	年末面积	收获面积	总产量	年末面积	收获面积	总产量	年末面积	收获面积	总产量
广州	73.12	41.02	32.91	15.68	12.88	13.90	14.00	12.25	11.91
深圳	19.18	8.07	4.58	5.01	4.11	3.20	0.39	0.27	0.22
珠海	8.04	2.76	1.42	1.34	1.16	0.94	2.17	0.63	0.34
汕头	19.90	13.90	13.13	5.78	5.27	8.87	2.11	1.55	2.08
韶关	27.47	17.39	8.04	18.32	11.74	6.05	0.19	0.15	0.08
河源	43.59	21.74	6.94	14.70	9.21	3.14	1.25	0.88	0.28
梅州	78.03	42.39	28.62	10.50	7.66	6.33	4.90	3.54	2.72
惠州	55.85	27.58	20.34	18.59	14.27	14.05	5.83	3.46	2.78
汕尾	27.79	13.56	3.88	1.56	1.19	1.00	1.85	1.46	1.07
东莞	36.01	21.31	27.13	13.86	12.46	18.28	8.63	6.62	8.10
中山	20.58	13.83	14.36	1.30	1.17	1.30	17.10	11.95	12.52
江门	27.87	18.99	13.92	13.74	12.31	10.24	3.52	2.81	2.37
佛山	17.48	9.39	10.25	5.23	3.46	3.56	5.01	4.57	6.01
阳江	32.14	11.86	6.64	3.06	1.95	0.91	8.48	4.35	4.77
湛江	74.02	45.50	51.82	10.09	8.40	6.49	23.05	18.08	26.65
茂名	195.17	86.71	72.89	6.75	5.30	2.21	47.83	39.73	58.14
肇庆	104.06	62.98	36.43	39.78	30.07	19.23	11.21	9.45	8.55
清远	37.93	12.27	8.24	16.83	7.33	5.50	0.62	0.55	0.34
潮州	30.20	18.00	12.07	4.68	4.16	5.14	1.86	1.50	1.57
揭阳	94.47	59.13	28.82	14.30	13.28	15.62	5.45	4.01	4.53

市别	#菠萝			#荔枝			#龙眼		
	年末面积	收获面积	总产量	年末面积	收获面积	总产量	年末面积	收获面积	总产量
广州	1.36	1.04	0.34	23.16	4.10	0.53	2.91	0.90	0.23
深圳	1.16	0.54	0.38	9.22	1.91	0.28	0.86	0.16	0.10
珠海	0.07	0.05	0.03	4.01	0.62	0.02	0.12	0.04	0.00
汕头	0.19	0.19	0.13	1.97	1.24	0.20	0.18	0.04	0.02
韶关	0.00	0.00	0.00	0.00	0.00	0.00	0.02	0.01	0.00
河源	0.14	0.06	0.02	4.60	0.53	0.06	0.61	0.12	0.05
梅州	0.17	0.13	0.09	6.28	1.38	0.60	4.06	0.42	0.18
惠州	2.72	1.17	0.59	17.24	2.59	0.44	1.84	0.39	0.18
汕尾	4.72	3.55	0.59	10.30	2.07	0.33	0.64	0.27	0.04
东莞	0.30	0.23	0.14	11.76	1.25	0.07	0.42	0.11	0.02
中山	0.07	0.04	0.02	0.90	0.27	0.10	0.49	0.05	0.03
江门	0.37	0.31	0.14	5.19	1.67	0.23	2.43	0.19	0.08
佛山	0.07	0.06	0.03	2.59	0.19	0.04	0.82	0.08	0.03
阳江	0.68	0.25	0.09	9.33	1.46	0.25	3.02	0.46	0.08
湛江	16.30	9.86	14.60	7.66	1.93	0.53	2.36	0.59	0.24
茂名	1.01	0.70	0.53	71.55	20.93	3.31	30.80	5.18	1.31
肇庆	1.12	0.86	0.24	17.77	4.34	0.75	3.78	1.10	0.50
清远	0.06	0.02	0.00	1.30	0.16	0.01	0.50	0.06	0.04
潮州	3.28	0.80	0.22	3.76	1.50	0.47	1.65	0.45	0.13
揭阳	9.58	7.98	2.96	17.88	6.27	1.18	1.25	0.49	0.11

4-34 各市乡镇企业基本情况

市别	企业单位数(个)		总收入(万元)		总产值(万元)	
	1992年	1993年	1992年	1993年	1992年	1993年
广州	70 720	73 951	2 093 633	3 767 851	1 835 227	3 207 643
深圳	25 810	38 050	441 766	894 649	333 246	658 766
珠海	6 236	7 700	372 730	588 038	357 699	582 687
汕头	19 618	21 237	387 141	728 781	399 509	754 604
韶关	80 196	89 450	265 410	466 503	210 255	392 012
河源	44 643	48 461	101 873	130 656	87 743	111 994
梅州	148 317	150 016	452 730	764 160	355 998	609 688
惠州	55 958	62 054	407 521	758 005	394 233	682 818
汕尾	54 724	57 736	179 155	367 760	191 138	376 476
东莞	25 398	28 112	742 812	1 098 081	774 139	1 089 266
中山	28 321	29 054	912 874	1 506 239	944 391	1 559 862
江门	85 704	93 325	1 565 649	2 574 950	1 450 435	2 287 331
佛山	64 474	71 652	3 081 056	4 705 708	2 845 668	3 960 267
阳江	55 296	57 792	204 280	309 315	197 882	300 983
湛江	80 781	85 106	556 357	836 199	484 948	728 578
茂名	113 022	129 050	807 716	1 371 060	718 426	1 237 185
肇庆	176 403	167 219	1 014 078	1 769 541	1 038 868	1 806 166
清远	77 676	83 758	268 014	362 901	229 554	294 878
潮州	45 867	49 226	416 902	603 068	399 358	571 985
揭阳	44 452	46 948	495 844	777 482	509 259	806 949

市别	实交国家税金(万元)		纯利润(万元)		年末固定资产原值(万元)	
	1992年	1993年	1992年	1993年	1992年	1993年
广州	66 166	112 284	165 142	300 055	699 402	1 095 862
深圳	17 453	38 125	90 947	179 254	487 020	764 577
珠海	8 157	13 263	25 282	44 047	167 434	247 942
汕头	9 395	19 194	12 446	21 914	128 770	224 951
韶关	8 217	13 435	37 904	61 131	91 941	124 119
河源	2 919	3 666	13 463	16 210	43 152	54 193
梅州	12 815	22 212	38 157	71 655	152 299	248 633
惠州	11 922	23 473	34 554	66 108	173 522	342 966
汕尾	3 962	8 260	10 114	20 942	65 847	109 482
东莞	19 702	31 089	63 690	91 604	481 323	671 392
中山	27 516	68 261	59 247	101 623	328 840	484 535
江门	36 523	63 178	87 942	126 577	463 662	642 143
佛山	133 640	214 776	170 680	293 404	1 234 719	1 942 706
阳江	7 816	12 858	19 963	27 201	69 322	110 526
湛江	15 710	22 766	45 711	65 985	171 509	237 957
茂名	23 021	37 762	81 599	128 116	245 553	319 761
肇庆	29 673	43 815	80 782	118 134	275 388	439 978
清远	9 877	13 222	31 395	43 100	94 946	126 683
潮州	8 846	12 028	31 632	43 415	98 998	141 630
揭阳	9 309	13 488	23 539	35 299	125 957	190 284

五、工　　　业

5-1 工业主要指标

指　　标	单位	1980年	1985年	1990年	1992年	1993年	1993年比1992年增长%
企业单位数(乡及乡以上)	个	20 874	23 879	30 404	32 168	33 790	5.0
工业劳动者人数	万人	314.30	428.88	593.01	701.61	739.03	5.3
固定资产原价合计年末数	亿元	127.53	269.13	884.36	1 485.36	2 099.09	41.3
固定资产净值年末数	亿元	88.55	183.98	667.68	1 114.82	1 606.73	44.1
流动资产平均余额	亿元	50.26	109.76	712.88	1 367.82	2 077.34	51.9
流动资金贷款	亿元	32.90	102.73	371.50	553.48	677.43	22.4
实际利用外资	万美元	13 188	56 210	156 896	358 647	661 991	84.6
固定资产投资	亿元			134.55	209.92	305.92	45.7
#基本建设	亿元	8.40	24.69	96.85	136.46	208.30	52.6
工业总产值	亿元	234.35	505.08	1 907.34	3 352.80	4 669.05	39.3
轻　工　业	亿元	147.59	341.08	1 317.01	2 257.70	3 099.77	37.3
重　工　业	亿元	86.76	164.00	590.33	1 095.10	1 569.28	43.3
国有企业	亿元	147.92	265.13	750.14	1 088.63	1 129.28	3.7
集体企业	亿元	64.79	154.28	467.57	749.30	958.79	28.0
其他类型企业	亿元	4.50	23.25	391.61	931.20	1 627.57	74.8
工业净产值	亿元	79.03	171.18	491.52	878.66	1 357.77	40.3
利税总额	亿元	36.34	75.99	131.27	248.78	397.40	59.74
工业物耗率	%	64.60	67.90	74.20	74.75	74.08	
全员劳动生产率(按净产值计算)	元/人	2 514.00	3 991.00	8 289.00	12 523.00	18 372.33	
主要工业产品产量							
发　电　量	亿千瓦时	108.94	167.13	343.98	459.00	572.77	24.8
原　　煤	万吨	801.69	809.80	889.76	954.21	951.47	−0.3
钢	万吨	40.15	69.53	116.96	147.66	168.86	14.1
家用电冰箱	万台	0.26	23.54	105.75	126.92	123.70	−2.5
家用洗衣机	万台	2.42	77.86	143.01	185.28	243.19	31.3
电　视　机	万台	9.08	108.43	327.60	432.04	583.55	35.0
糖	万吨	76.48	143.52	184.50	227.50	200.93	−11.7
布	亿米	2.54	2.46	4.59	5.90	8.93	51.4

注：1. 固定资产原价、净值、流动资产平均余额，利税总额统计范围为独立核算工业。

2. 1980年工业总产值按1970年不变价计算，1985年按1980年不变价计算，1 990－1993年按1990年不变价计算。

5-2 主要年份工业总产值及指数

年　　份	工业总产值	按轻重分		工业总产值（不含城镇合作、个体和村及村以下工业）	按经济类型分			城镇合作城镇个体和村及村以下工业
		轻工业	重工业		国有经济	集体经济	其他经济类型	
一、绝对数（亿元）								
按1957年不变价格								
1949	7.58	6.64	0.94	4.52	4.52			3.06
1952	14.95	13.10	1.85	10.37	10.23	0.14		4.58
1957	31.89	26.19	5.70	28.40	22.00	6.40		3.49
1962	39.64	30.40	9.24	37.52	28.49	9.03		2.12
1965	64.17	45.91	18.26	60.96	49.25	11.71		3.21
1970	104.46	67.68	36.78	100.87	79.22	21.65		3.59
按1970年不变价格								
1975	157.17	95.49	61.68	152.18	112.96	39.22		4.99
1978	199.65	114.43	85.22	187.56	135.41	52.15		12.09
1980	234.35	147.59	86.76	217.21	147.92	64.79	4.50	17.14
按1980年不变价格								
1985	505.08	341.08	164.00	442.66	265.13	154.28	23.25	62.42
1990	1 430.80	1 020.37	410.43	1 195.90	501.25	380.44	314.21	234.90
按1990年不变价格								
1990	1907.34	1 317.01	590.33	1 609.32	750.14	467.57	391.61	298.02
1991	2 453.57	1 671.87	781.70	2 071.78	903.88	564.56	603.34	381.79
1992	3 352.80	2 257.70	1 095.10	2 769.13	1 088.63	749.30	931.20	583.67
1993	4 669.05	3 099.77	1 569.28	3 715.64	1 129.28	958.79	1 627.57	953.41
二、指数（%）								
1949	100.0	100.0	100.0	100.0	100.0			100.0
1952	197.2	197.3	196.8	229.4	226.3	100.0		149.7
1957	420.7	394.4	606.4	628.3	486.7	4 571.4		114.1
1962	523.0	457.8	983.0	830.1	630.3	6 450.0		69.3
1965	846.6	691.4	1 942.6	1 348.7	1 089.6	8 364.3		104.9
1970	1 378.1	1 019.3	3 912.8	2 231.6	1 752.7	15 464.3		117.3
1975	2 129.7	1 404.3	7 342.9	3 474.4	2 561.5	29 644.7		141.8
1978	2 705.3	1 682.8	10 145.2	4 282.2	3 070.5	39 418.0		343.5
1980	3 175.5	2 170.4	10 328.6	4 959.1	3 354.2	48 972.0	100.0	486.9
1985	6 779.6	4 993.9	19 294.1	10 106.4	5 971.4	117 951.0	503.9	1638.3
1990	19 205.4	14 939.5	48 285.9	27 303.7	11 289.4	290 856.3	6 810.1	6 165.4
1991	24 708.7	18 977.0	63 552.9	35 114.9	13 612.7	351 094.5	10 492.0	7 904.6
1992	33 764.6	25 626.6	89 032.5	46 934.4	16 395.0	465 982.3	16 193.4	12 084.3
1993	47 019.6	35 184.6	127 583.7	62 976.9	17 007.2	596 262.1	28 303.1	19 739.3

5—3 工业企业单位数及产值

单位：亿元

项目	企业单位数(个)			工业总产值		
	1990年	1992年	1993年	1990年	1992年	1993年
全省总计	**30 404**	**32 168**	**33 790**	**1 609.32**	**2 769.15**	**3 715.64**
国有经济	6 886	6 927	6 346	750.14	1 088.63	1 129.28
集体经济	20 641	20 587	19 750	467.57	749.30	958.72
私营经济			82			3.03
联营经济	2 089	401	635	255.82	38.69	76.79
股份制经济			290			309.55
外商投资经济	563	982	1 443	111.86	262.35	380.12
港澳台投资经济	180	3 192	5 063	22.54	619.73	853.68
其他工业	45	79	181	1.38	10.45	4.40
在总计中：乡属工业		13 146	9 439		384.12	467.59
轻工业	20 205	21 355	21 021	1 086.78	1 818.23	2 393.18
重工业	10 199	10 813	12 769	522.54	950.90	1 322.46
大型企业	312	274	316	422.61	636.32	866.81
中型企业	724	1 120	1 087	318.15	715.56	711.54
小型企业	29 368	30 774	32 387	868.56	1 417.25	2 137.29
广州	4 273	4 813	5 262	402.19	635.46	808.62
深圳	2 432	2 793	3 024	186.04	368.03	487.67
珠海	855	1 007	1 128	55.82	130.85	171.66
汕头	2 993	1 663	1 805	88.94	111.16	145.12
韶关	1 462	1 438	1 579	59.31	75.37	95.51
河源	946	924	851	7.48	11.31	13.45
梅州	1 764	1 809	1 724	31.65	44.11	58.48
惠州	1 558	1 873	2 105	35.82	94.13	142.53
汕尾	592	538	480	4.78	7.85	15.57
东莞	1 129	1 250	1 347	51.51	98.13	127.67
中山	685	713	760	68.37	115.85	169.45
江门	1 931	2 107	2 338	134.21	234.00	343.30
佛山	1 863	1 800	1 640	234.24	425.26	576.68
阳江	571	621	683	18.80	29.65	40.05
湛江	1 350	1 305	1 317	70.06	102.98	123.19
茂名	1 256	1 282	1 258	56.61	75.10	91.96
肇庆	2 933	3 020	3 318	68.94	126.14	198.17
清远	1 202	1 256	1 240	17.38	26.96	35.92
潮州	609	906	885	17.16	30.80	38.69
揭阳		1 050	1 046		26.00	31.95

注：1. 本表统计范围为乡及乡以上工业。 2. 产值均为1990年不变价格。 3. 本表1990年汕头市工业企业单位数及产值包括揭阳市和潮州市的饶平县。

5-4 各市分行业工业企业单位数

（1993年）

单位：个

行业	全省合计	广州	深圳	珠海	汕头	韶关	河源
总计	**33 790**	**5 262**	**3 024**	**1 128**	**1 805**	**1 579**	**851**
煤炭采选业	152	4				51	
石油和天然气开采业	2	1					
黑色金属矿采选业	96					20	7
有色金属矿采选业	155	2	1		4	45	14
非金属矿采选业	774	60	21	25	7	59	31
其他矿采选业	10				1		8
木材及竹材采运业	128	6				27	13
食品加工业	1 486	147	44	35	64	93	36
食品制造业	976	145	51	24	103	24	14
饮料制造业	745	69	34	28	21	27	23
烟草加工业	49	5	2	1	1	3	
纺织业	1 726	264	129	60	136	37	14
服装及其他纤维制品制造业	3 128	569	397	159	304	48	35
皮革、毛皮、羽绒及其制品业	1 117	198	108	41	36	6	8
木材加工及竹、藤、棕、草制品业	834	74	17	13	20	112	41
家具制造业	775	84	45	25	34	94	35
造纸及纸制品业	960	130	50	36	45	41	19
印刷业、记录媒介的复制	885	286	74	35	49	23	19
文教体育用品制造业	656	127	102	32	43	16	11
石油加工及炼焦业	34	3	5		2		
化学原料及化学制品制造业	1 294	225	90	52	81	65	16
医药制造业	314	71	35	11	15	11	14
化学纤维制造业	146	11	15	6	14	1	1
橡胶制品业	259	77	18	6	7	3	1
塑料制品业	1 694	329	174	64	179	24	10
非金属矿物制品业	2 668	258	84	62	44	164	79
黑色金属冶炼及压延加工业	272	28	7	11	1	40	6
有色金属冶炼及压延加工业	212	48	21	4	1	16	2
金属制品业	2 189	508	182	60	86	57	82
普通机械制造业	828	215	55	24	45	56	19
专用设备制造业	908	175	93	34	51	43	19
交通运输设备制造业	1 062	248	111	35	44	49	30
武器弹药制造业	1	1					
电气机械及器材制造业	1 428	356	193	49	69	24	15
电子及通信设备制造业	1 385	155	520	106	36	8	11
仪器仪表及文化、办公用机械	481	104	169	26	21	1	5
其他制造业	1 785	206	147	48	203	48	25
电力、蒸汽、热水的生产和供应业	1 703	37	19	7	28	219	167
煤气生产和供应业	26	1		2	1		5
自来水的生产和供应业	447	35	11	7	9	24	16

注：本表统计范围为乡及乡以上工业。

5-4 续表1 (1993年) 单位：个

行 业	梅州	惠州	汕尾	东莞	中山	江门	佛山
总 计	**1 724**	**2 106**	**480**	**1 346**	**760**	**2 338**	**1 640**
煤炭采选业	45	1				3	
石油和天然气开采业							
黑色金属矿采选业	9	8	1				
有色金属矿采选业	11	7	4			3	2
非金属矿采选业	79	59	9	3	9	33	16
其他矿采选业							
木材及竹材采运业	4	13				3	1
食品加工业	43	51	19	48	33	180	93
食品制造业	19	38	18	28	21	84	28
饮料制造业	72	57	13	21	16	34	32
烟草加工业	3			1		5	2
纺织业	73	158	40	90	62	167	141
服装及其他纤维制品制造业	73	253	47	179	84	258	110
皮革、毛皮、羽绒及其制品业	10	178	12	91	47	76	83
木材加工及竹、藤、棕、草制品业	33	65	5	11	7	24	7
家具制造业	61	43	11	31	16	42	20
造纸及纸制品业	61	64	10	67	21	77	57
印刷业、记录媒介的复制	30	28	7	22	13	57	47
文教体育用品制造业	23	58	15	63	28	27	36
石油加工及炼焦业		1		1	1	1	2
化学原料及化学制品制造业	62	58	13	34	23	102	65
医药制造业	9	20	1	7	6	15	10
化学纤维制造业	1	1	13	6	7	17	11
橡胶制品业	6	5		10	3	31	9
塑料制品业	38	128	17	100	50	107	99
非金属矿物制品业	214	127	33	62	33	177	139
黑色金属冶炼及压延加工业	51	2		3	9	46	2
有色金属冶炼及压延加工业	8	3	1	2	6	11	41
金属制品业	107	112	25	89	68	178	106
普通机械制造业	39	30	4	21	17	64	53
专用设备制造业	36	28	15	13	19	56	58
交通运输设备制造业	50	57	16	25	13	96	54
武器弹药制造业							
电气机械及器材制造业	32	68	3	72	42	103	133
电子及通信设备制造业	34	136	8	88	41	71	58
仪器仪表及文化、办公用机	7	20	2	25	17	26	12
其他制造业	89	129	58	99	29	57	70
电力、蒸汽、热水的生产和供应业	262	57	45	9	7	67	16
煤气生产和供应业	2	1			2	5	1
自来水的生产和供应业	28	42	15	25	10	35	26

5—4 续表2 (1993年) 单位：个

行业	阳江	湛江	茂名	肇庆	清远	潮州	揭阳
总计	683	1 317	1 258	3 318	1 240	885	1 046
煤炭采选业	1		3	2	42		
石油和天然气开采业		1					
黑色金属矿采选业	5		5	11	29	1	
有色金属矿采选业	9	12	12	13	13	3	
非金属矿采选业	10	45	75	156	60	11	6
其他矿采选业					1		
木材及竹材采运业	21	2	10	9	19		
食品加工业	37	137	89	188	61	28	60
食品制造业	26	77	36	85	24	72	59
饮料制造业	19	48	41	108	40	19	23
烟草加工业	3	9	5	5	1	1	2
纺织业	12	47	31	137	35	23	70
服装及其他纤维制品制造业	34	61	32	199	63	103	120
皮革、毛皮、羽绒及其制品业	38	19	37	60	21	31	17
木材加工及竹、藤、棕、草制品业	27	24	22	223	50	25	34
家具制造业	23	30	19	105	33	11	13
造纸及纸制品业	16	42	41	105	32	25	21
印刷业、记录媒介的复制	12	43	28	63	19	12	18
文教体育用品制造业	8	5	1	26	16	6	13
石油加工及炼焦业	1	3	12	2			
化学原料及化学制品制造业	22	51	68	168	52	26	21
医药制造业	5	16	9	40	10	7	2
化学纤维制造业		13	2	4	4	6	13
橡胶制品业	9	18	12	27	6	4	7
塑料制品业	23	69	37	94	34	52	66
非金属矿物制品业	66	156	234	438	120	112	66
黑色金属冶炼及压延加工业	3	6	13	12	23	4	5
有色金属冶炼及压延加工业	2	3	5	24	7	4	3
金属制品业	60	97	75	132	66	38	61
普通机械制造业	25	19	23	78	11	7	23
专用设备制造业	12	49	24	116	28	18	21
交通运输设备制造业	20	56	30	50	36	11	31
武器弹药制造业							
电气机械及器材制造业	13	44	34	95	20	24	39
电子及通信设备制造业	3	16	10	47	8	20	9
仪器仪表及文化、办公用机		4	2	19	6	4	11
其他制造业	61	48	60	150	29	106	123
电力、蒸汽、热水的生产和供应业	47	16	107	256	202	59	76
煤气生产和供应业		1	2		2		1
自来水的生产和供应业	10	30	12	71	17	12	12

5—5 各市分行业工业总产值

(1993年)

单位：万元

行业	全省合计	广州	深圳	珠海	汕头	韶关
总计	**37 156 422**	**8 086 248**	**4 876 696**	**1 716 559**	**1 451 181**	**955 065**
煤炭采选业	54 189	1 452				21 682
石油和天然气开采业	94 764	79 427				
黑色金属矿采选业	52 527					18 550
有色金属矿采选业	115 210	435	463		110	57 136
非金属矿采选业	217 299	23 689	8 581	17 531	1 279	5 671
其他矿采选业	2 004				1 382	
木材及竹材采运业	33 971	830				14 701
食品加工业	1 854 762	228 664	286 523	96 512	81 228	34 308
食品制造业	879 041	231 586	39 200	50 536	48 619	4 378
饮料制造业	983 945	185 242	83 095	37 329	4 581	9 355
烟草加工业	434 655	180 534	27 443	3 169	137	86 792
纺织业	2 745 918	443 358	154 880	73 220	107 738	81 901
服装及其他纤维制品制造业	2 083 691	365 870	390 929	91 312	166 998	12 653
皮革、毛皮、羽绒及其制品业	1 176 477	414 281	92 441	19 683	17 563	1 087
木材加工及竹、藤、棕、草制品业	289 261	57 890	36 901	7 972	1 266	19 241
家具制造业	288 705	80 501	31 214	6 393	8 408	16 572
造纸及纸制品业	773 236	169 742	60 770	19 517	25 186	13 067
印刷业、记录媒介的复制	501 913	127 872	59 186	36 975	44 748	9 717
文教体育用品制造业	556 501	134 869	144 067	20 237	16 945	2 798
石油加工及炼焦业	596 805	212 270	4 168		3 994	
化学原料及化学制品制造业	1 816 657	519 849	79 207	276 400	132 182	33 325
医药制造业	1 002 376	356 267	273 847	51 015	43 871	15 040
化学纤维制造业	636 033	43 072	56 018	45 371	25 788	1 080
橡胶制品业	375 120	237 280	8 575	6 528	4 965	1 175
塑料制品业	1 468 277	232 102	153 461	72 917	188 887	9 323
非金属矿物制品业	1 886 234	215 516	74 980	44 002	16 843	60 778
黑色金属冶炼及压延加工业	470 652	153 321	8 613	28 159	15	101 853
有色金属冶炼及压延加工业	680 689	214 262	50 613	9 951	21	74 384
金属制品业	1 546 005	318 741	196 391	44 121	42 829	19 683
普通机械制造业	808 534	244 131	16 160	13 736	35 983	60 249
专用设备制造业	755 225	249 033	61 621	20 140	30 574	43 474
交通运输设备制造业	1 725 954	861 480	157 711	29 474	39 438	11 518
武器弹药制造业	930	930				
电气机械及器材制造业	3 807 818	774 039	219 229	149 857	79 396	32 956
电子及通信设备制造业	4 120 381	301 478	1 795 308	307 297	120 361	21 333
仪器仪表及文化、办公用机械	679 503	119 190	222 011	92 855	18 192	119
其他制造业	885 384	143 502	35 814	16 259	122 746	3 155
电力、蒸汽、热水的生产和供应业	584 181	109 453	38 289	9 559	14 649	52 857
煤气生产和供应业	25 643	1 440		13 441	116	
自来水的生产和供应业	145 954	52 650	8 989	5 092	4 144	3 156

注：1. 本表统计范围为乡及乡以上工业。　2. 本表按1990年不变价格计算。

5—5　续表1　　(1993年)　　单位:万 元

行　　业	河源	梅州	惠州	汕尾	东莞
总　计	**134 535**	**584 777**	**1 425 625**	**155 682**	**1 276 456**
煤炭采选业		15 136	7		
石油和天然气开采业					
黑色金属矿采选业	6 431	2 679	1 843		
有色金属矿采选业	3 994	6 180	1 124	194	
非金属矿采选业	2 033	10 823	4 717	1 035	1 181
其他矿采选业	458				
木材及竹材采运业	5 332	436	1 809		
食品加工业	4 685	8 155	29 392	11 960	48 059
食品制造业	844	10 377	15 675	6 196	28 147
饮料制造业	5 255	8 636	25 301	4 412	234 495
烟草加工业		58 182			60
纺织业	5 852	35 868	104 248	13 510	70 598
服装及其他纤维制品制造业	2 381	18 542	108 801	8 739	78 863
皮革、毛皮、羽绒及其制品业	609	1 734	75 818	2 382	47 435
木材加工及竹、藤、棕、草制品业	2 598	7 096	5 285	54	15 816
家具制造业	1 809	4 074	13 867	1 993	10 070
造纸及纸制品业	4 534	18 595	19 250	3 183	52 339
印刷业、记录媒介的复制	835	8 920	7 936	468	12 415
文教体育用品制造业	620	2 200	19 723	1 840	18 324
石油加工及炼焦业			206		410
化学原料及化学制品制造业	3 917	40 867	21 706	2 340	11 506
医药制造业	13 646	20 477	19 676	66	12 543
化学纤维制造业	18	26 221	350	2 293	757
橡胶制品业	588	1 075	3 398		6 314
塑料制品业	596	6 973	58 892	1 051	49 792
非金属矿物制品业	19 807	85 216	49 633	6 426	56 766
黑色金属冶炼及压延加工业	1 810	21 282	1 419		3 918
有色金属冶炼及压延加工业	234	1 533	1 657	5 885	1 633
金属制品业	4 264	7 016	34 303	2 795	29 641
普通机械制造业	3 043	12 874	8 725	586	29 279
专用设备制造业	1 787	7 139	4 341	464	27 900
交通运输设备制造业	1 466	37 915	18 142	6 749	13 403
武器弹药制造业					
电气机械及器材制造业	2 094	28 215	105 985	11 719	104 494
电子及通信设备制造业	10 973	31 837	587 651	21 271	96 596
仪器仪表及文化、办公用机械制造业	1 624	2 169	10 406	1 961	37 702
其他制造业	1 411	7 332	37 299	27 480	57 072
电力、蒸汽、热水的生产和供应业	18 128	23 384	15 219	7 793	111 571
煤气生产和供应业	128	3 850	49		
自来水的生产和供应业	734	1 771	11 770	838	7 357

5—5 续表2 (1993年) 单位:万元

行业	中山	江门	佛山	阳江	湛江
总计	**1 694 485**	**3 433 010**	**5 766 762**	**400 495**	**1 231 938**
煤炭采选业		6 825		138	
石油和天然气开采业					15 337
黑色金属矿采选业				4 122	
有色金属矿采选业		256	1 783	19 306	1 786
非金属矿采选业	1 956	6 821	8 005	3 495	4 984
其他矿采选业					
木材及竹材采运业		1 290	120	2 076	126
食品加工业	70 139	152 980	210 252	25 639	332 937
食品制造业	63 603	145 568	59 975	6 553	27 893
饮料制造业	10 240	30 665	236 576	6 712	22 047
烟草加工业		8 073	18 428	1 434	47 249
纺织业	141 434	493 980	602 431	62 707	38 292
服装及其他纤维制品制造业	63 195	194 587	195 532	13 283	26 708
皮革、毛皮、羽绒及其制品业	84 811	105 846	110 002	27 949	31 821
木材加工及竹、藤、棕、草制品业	4 367	19 177	12 887	4 154	28 583
家具制造业	12 738	22 083	20 706	18 389	3 446
造纸及纸制品业	29 139	131 109	125 877	7 887	17 911
印刷业、记录媒介的复制	43 137	35 663	61 201	2 181	16 854
文教体育用品制造业	94 515	26 663	47 030	3 261	2 119
石油加工及炼焦业	3 300	340	5 241	29	696
化学原料及化学制品制造业	88 890	150 537	198 116	4 564	32 484
医药制造业	20 342	33 032	41 794	3 295	35 173
化学纤维制造业	63 166	223 869	121 319		5 837
橡胶制品业	2 094	35 127	11 139	5 026	5 164
塑料制品业	54 912	88 641	362 782	2 552	49 580
非金属矿物制品业	74 019	201 892	470 648	26 890	60 253
黑色金属冶炼及压延加工业	30 763	65 970	9 406	10 530	680
有色金属冶炼及压延加工业	13 451	44 032	206 550	9 065	5 253
金属制品业	150 298	167 050	323 971	64 239	18 505
普通机械制造业	24 518	141 381	108 049	18 876	6 256
专用设备制造业	18 082	71 587	90 036	2 272	62 130
交通运输设备制造业	18 271	109 860	189 937	4 480	154 693
武器弹药制造业					
电气机械及器材制造业	275 985	416 662	1 305 560	9 275	73 790
电子及通信设备制造业	169 114	144 845	332 059	7 565	55 552
仪器仪表及文化、办公用机械制造业	25 982	71 818	22 120		27 252
其他制造业	30 066	45 888	205 022	13 901	7 732
电力、蒸汽、热水的生产和供应业	6 668	23 671	37 995	6 931	7 327
煤气生产和供应业	1 023	2 925	999		624
自来水的生产和供应业	4 270	12 298	13 220	1 722	4 866

5—5　续表3　　(1993年)　　单位：万元

行　　业	茂名	肇庆	清远	潮州	揭阳
总　　计	**919 592**	**1 981 709**	**359 238**	**386 913**	**319 460**
煤炭采选业	5 075	342	3 532		
石油和天然气开采业					
黑色金属矿采选业	833	9 379	8 612	79	
有色金属矿采选业	11 546	5 943	1 993	2 961	
非金属矿采选业	31 528	66 421	14 730	1 024	1 797
其他矿采选业			165		
木材及竹材采运业	1 388	2 944	2 920		
食品加工业	39 553	102 835	12 241	64 099	14 602
食品制造业	13 728	89 798	8 142	16 469	11 755
饮料制造业	7 635	51 837	11 694	1 313	7 528
烟草加工业	694	745	1 577	133	3
纺织业	29 521	196 019	46 395	20 238	23 728
服装及其他纤维制品制造业	10 549	220 615	21 460	34 403	58 269
皮革、毛皮、羽绒及其制品业	35 855	78 475	5 635	12 239	10 811
木材加工及竹、藤、棕、草制品业	3 549	53 093	5 783	1 856	1 693
家具制造业	2 900	26 239	2 727	590	3 988
造纸及纸制品业	13 582	48 814	6 028	3 779	2 928
印刷业、记录媒介的复制	5 534	17 416	3 265	3 891	3 699
文教体育用品制造业	2 300	12 546	3 560	1 260	1 625
石油加工及炼焦业	365 125	1 025			
化学原料及化学制品制造业	64 484	118 141	21 734	10 381	6 028
医药制造业	13 877	24 801	11 145	10 473	1 995
化学纤维制造业	1 108	10 035	268	1 926	7 540
橡胶制品业	14 872	28 216	1 753	651	1 181
塑料制品业	9 756	51 107	16 597	29 138	29 218
非金属矿物制品业	94 839	218 440	66 229	35 723	7 336
黑色金属冶炼及压延加工业	14 416	11 601	5 187	674	1 034
有色金属冶炼及压延加工业	6 382	31 790	3 069	526	402
金属制品业	13 949	76 386	9 783	4 304	17 738
普通机械制造业	12 361	59 018	3 518	5 545	4 246
专用设备制造业	10 341	41 149	5 713	4 591	2 852
交通运输设备制造业	8 165	44 185	10 967	1 399	6 700
武器弹药制造业					
电气机械及器材制造业	22 894	100 640	17 089	26 687	51 255
电子及通信设备制造业	8 052	78 432	803	20 483	9 371
仪器仪表及文化、办公用机械制造业	140	22 326	1 405	129	2 103
其他制造业	14 700	33 156	3 324	60 051	19 475
电力、蒸汽、热水的生产和供应业	25 251	41 471	18 381	8 507	7 078
煤气生产和供应业	1 023				26
自来水的生产和供应业	2 089	6 330	1 815	1 391	1 455

5-6 主要工业产品产量

产品名称	单位	1992年生产量	1993年	
			生产量	销售量
原　　煤	万吨	954.21	951.47	639.49
原　　油	万吨	285.69	350.97	335.13
铁矿石原矿量	万吨	689.57	768.07	1 005.61
锡精矿含锡量	吨	1 140.00	2 718.00	2 091.00
钨精矿(折三氧化钨65%)	吨	4 008.00	4 776.00	4 126.00
硫铁矿生产量(折含硫35%)	万吨	331.50	262.68	237.43
原　　盐	万吨	35.24	36.36	30.10
木材(全社会木材产量)	万立方米	250.11	275.51	137.77
精 制 茶	吨	3.69	3.15	3.07
肥　皂	万吨	3.58	3.92	3.85
罐　头	万吨	8.56	12.82	11.03
啤　酒	万吨	65.69	76.65	73.10
卷　烟	万箱	153.90	155.24	155.89
纱	万吨	14.35	17.62	16.68
布	亿米	5.90	8.93	
#棉　布	亿米	5.47	7.23	
印 染 布	亿米	12.61	12.11	10.73
针棉织品折用纱线量	万吨	17.02	10.74	9.07
麻　袋	万条	673.28	1 242.58	1 027.42
丝	吨	4 120.00	4 432.00	3 799.00
丝织品	万米	4 021.48	4 956.38	4 121.73
丝织品	万平方米	5 583.63	6 862.79	5 652.39
服　装	亿件	11.88	28.28	15.19
皮　鞋	万双	31 244.14	59 417.62	34 680.60
人 造 板	万立方米	58.60	69.06	63.28
机制纸及纸板	万吨	134.20	216.20	179.79
#新 闻 纸	万吨	10.63	12.37	11.92
发 电 量	亿千瓦小时	459.00	572.77	495.03
#火　电	亿千瓦小时	366.05	459.31	391.63
水　电	亿千瓦小时	92.84	105.92	96.53
原油加工量	万吨	1 089.00	1 123.13	0.73
汽　油	万吨	246.15	271.95	249.29

5—6　续表1

产品名称	单位	1992年生产量	1993年	
			生产量	销售量
柴　油	万吨	303.40	325.94	303.13
焦　炭	万吨	53.35	54.49	1.58
#机　焦	万吨	53.35	54.49	1.58
硫　酸(折100%)	万吨	113.19	103.69	62.25
氢氧化钠(烧碱)	万吨	13.47	13.67	11.47
电　石	万吨	2.42	2.28	1.15
农用氮、磷、钾化肥(折纯)	万吨	63.33	51.22	50.83
#氮肥(折含N100%)	万吨	41.08	32.30	31.78
磷肥(折含$P_2O_5$100%)	万吨	22.25	19.07	19.05
合成氨	万吨	59.48	49.38	9.08
化学农药(折有效成分100%)	万吨	1.14	0.80	0.85
糖	万吨	227.50	200.93	199.76
塑料树脂及共聚物(塑料)	万吨	10.84	18.03	16.11
化学原料药	万吨	2.57	2.80	2.71
化学纤维	万吨	18.18	24.61	23.60
#合成纤维	万吨	17.38	23.29	22.28
轮胎外胎	万条	305.55	482.30	462.33
自行车外胎	万条	2 377.92	2 426.70	2 291.91
塑料制品	万吨	91.83	248.57	195.86
水　泥	万吨	3 223.27	3 937.61	3 660.83
平板玻璃	万重量箱	548.60	652.31	585.03
生　铁	万吨	104.01	122.63	23.94
钢	万吨	147.66	168.86	7.85
成品钢材	万吨	168.59	190.94	170.65
十种有色金属	万吨	13.15	14.09	12.05
工业锅炉	蒸发量吨	1 691.00	2 290.00	1 366.00
内燃机(生产量)	万千瓦	132.93	122.10	114.75
金属切削机床	台	7 681.00	8 592.00	7 709.00
泵	万台	35.42	63.02	60.26
滚动轴承	万套	4 526.95	4 889.81	4 137.32
矿山设备	吨	10 338.00	18 358.00	18 162.00
石油钻采设备	吨	473.00	373.00	321.00
炼油设备	吨	748.00	1 592.00	1 750.00

5—6 续表2

产品名称	单位	1992年生产量	1993年	
			生产量	销售量
化工设备	吨	16 471	15 432	15 371
冶炼设备	吨	658	146	142
小型拖拉机	万台	5.44	5.39	5.96
电影机械	台	234	182	176
复印机械	台	9 629	11 208	11 449
自行车	万辆	591.90	611.05	573.99
缝纫机	万架	120.91	97.82	104.03
表	万只	3 490.41	27 360.04	12 487.86
照相机	万架	410.80	1 730.34	600.23
汽车	辆	29 321	36 232	34 249
#载货汽车	辆	9 245	8 470	8 294
摩托车	万辆	7.46	24.14	21.08
民用钢质船舶	艘	938	5 704	5 657
民用钢质船舶	综合万吨	27.45	26.78	26.66
机动渔船	艘	442	658	610
发电设备	台(组)	691	686	686
发电设备	万千瓦	13.85	8.57	8.57
交流电动机	万千瓦	239.98	344.88	309.93
直流电动机	万千瓦	0.21	0.17	0.13
变压器	万千伏安	730.01	1 212.89	1 324.25
家用洗衣机	万台	185.28	243.19	245.16
家用电冰箱	万台	126.92	123.70	129.26
电风扇	万台	4 435.11	4 186.83	3 690.31
房间空气调节器	万台	55.75	114.33	104.95
大中小型电子计算机	部	104	243	245
微型电子计算机	万部	4.00	23.83	23.84
电视机	万台	432.04	583.55	586.93
#彩色电视机	万台	367.04	421.89	433.20
录音机	万台	2 134.30	6 089.53	2 747.76
收音机	万台	534.48	3 496.78	2 824.59
电子计算器	万台	1 428.74	5 658.87	3 975.53

5-7 主要工业产品产量与最高年份比较

产品名称	单位	1993年	最高产量年份		产品名称	单位	1993年	最高产量年份	
			年份	产量				年份	产量
钢	万吨	168.86	1 993	168.86	化学原料药	万吨	2.80	1 993	2.80
生铁	万吨	122.63	1 993	122.11	合成氨	万吨	49.38	1 983	79.36
成品钢材	万吨	190.94	1 993	190.94	电风扇	万台	4 186.83	1 992	4 435.11
焦炭(机焦)	万吨	54.49	1 993	54.49	电视机	万台	583.55	1 993	583.55
十种有色金属	万吨	14.09	1 993	14.09	交流电动机	万千瓦	344.88	1 988	390.22
家用洗衣机	万台	243.19	1 993	243.19	工业锅炉	蒸发量吨	2 290.00	1 993	2 290.00
原煤	万吨	951.47	1 978	1 046.96	针棉织品折用纱线	万吨	10.74	1 992	17.02
原油加工量	万吨	1 123.13	1 993	1 123.13	丝织品	万米	4 956.38	1 987	13 154
发电量	亿千瓦时	572.77	1 993	572.77	罐头	万吨	12.82	1 989	18.88
硫酸(折100%)	万吨	103.69	1 992	113.19	表	亿只	2.74	1 993	2.74
化肥(折100%)	万吨	51.22	1 987	71.36	合成洗涤剂	万吨	20.70	1 993	20.70
农药(折100%)	万吨	0.80	1 978	2.62	啤酒	万吨	76.65	1 993	76.65
塑料	万吨	18.03	1 993	18.03	锻压设备	台	8 986.00	1 993	8 986.00
水泥	万吨	3 937.61	1 993	3 937.61	变压器	万千伏安	1 212.89	1 993	1 212.89
平板玻璃	万重量箱	652.31	1 993	652.31	发电设备	万千瓦	8.57	1 992	13.85
金属切削机床	万台	0.86	1 977	1.57	铁合金	吨	15 296	1 989	23 785
汽车	万辆	3.62	1 993	3.62	干电池(折手电池)	亿只	42.33	1 993	42.33
化学纤维	万吨	24.61	1 993	24.61	钨精矿折(65%)	吨	4 776.00	1 993	4 776.00
丝	吨	4 432.00	1 993	4 432.00	锡精矿含锡量	吨	3 957.00	1 958	4 575.00
原盐	万吨	36.36	1 977	95.76	原油	万吨	350.97	1 993	350.97
糖	万吨	200.93	1 992	227.50	电石(折合量)	万吨	2.28	1 976	4.44
卷烟	万箱	155.24	1 993	155.24	自行车外胎	万条	2 426.70	1 993	2 426.7
机制纸及纸板	万吨	216.20	1 993	216.20	轮胎外胎	万条	482.30	1 993	482.30
自行车	万辆	611.05	1 993	611.05	矿山设备	万吨	1.84	1 993	1.84
缝纫机	万架	97.82	1 987	161.00	化工设备	万吨	1.54	1 992	1.65
塑料制品	万吨	248.57	1 993	248.57	泵	万台	63.02	1 993	63.02
家用电冰箱	万台	123.70	1 989	136.98	松香	万吨	13.10	1 989	13.96

5-8 独立核算工业企业主要指标

(1993年)

单位：亿元

项目	固定资产原价合计年末数	固定资产净值年末数	流动资产年平均余额	产品销售收入	产品销售税金及附加	利润总额
全省总计	**2 099.09**	**1 606.73**	**2 077.34**	**3 920.98**	**185.60**	**211.80**
国有经济	856.85	631.99	754.01	1 372.66	91.31	78.10
集体经济	414.60	317.27	435.66	911.99	44.59	33.06
其他经济	827.64	657.47	887.67	1 636.33	49.70	100.64
在总计中：乡属工业	224.96	178.37	236.84	477.29	21.02	19.46
轻工业	1 038.32	805.67	1 215.45	2 277.34	104.56	104.40
重工业	1 060.77	801.06	861.89	1 643.64	81.04	107.40
大型企业	618.85	452.66	571.90	1 098.17	67.88	90.04
中型企业	430.40	324.00	461.28	770.66	47.43	40.36
小型企业	1 049.84	830.08	1 044.16	2 052.15	70.29	81.40
广州	422.12	309.89	481.72	905.26	50.37	55.7
深圳	293.05	232.71	300.40	579.64	10.20	51.50
珠海	93.23	72.68	103.94	156.88	5.38	8.58
汕头	68.22	52.43	75.23	133.84	4.71	2.26
韶关	87.40	63.03	69.02	122.35	8.20	7.46
河源	19.17	14.66	7.53	15.90	0.96	2.09
梅州	49.75	39.51	37.73	71.93	5.32	6.03
惠州	47.69	37.64	48.05	121.20	8.60	6.00
汕尾	11.79	10.05	5.37	13.51	0.36	0.19
东莞	100.46	81.52	71.77	151.39	6.15	7.04
中山	74.28	57.25	84.16	161.16	8.28	4.44
江门	169.41	124.63	144.40	305.15	16.42	10.33
佛山	307.14	239.95	354.74	578.75	31.77	24.54
阳江	19.06	13.94	18.85	36.20	2.10	0.72
湛江	98.43	73.93	94.07	141.45	8.96	6.89
茂名	63.81	44.30	49.18	144.07	9.14	2.67
肇庆	102.63	83.28	70.32	168.18	8.33	9.46
清远	34.43	26.62	22.82	44.77	2.82	3.24
潮州	18.64	14.39	24.00	39.75	1.53	2.14
揭阳	18.38	14.32	14.03	29.59	1.01	0.42

5-8 续表 (1993年) 单位：亿元

项目	固定资产原价合计年末数	固定资产净值年末数	流动资产年平均余额	产品销售收入	产品销售税金及附加	利润总额
煤炭采选业	10.95	6.77	4.65	9.58	0.35	0.32
石油和天然气开采业	14.49	4.26	8.06	9.86	0.27	0.05
黑色金属矿采选业	3.80	2.53	3.41	5.32	0.21	0.55
有色金属矿采选业	10.62	6.45	7.09	9.13	0.29	0.13
非金属矿采选业	16.88	12.78	11.00	22.53	0.96	3.13
其他矿采选业	0.06	0.05	0.03	0.07		
木材及竹材采运业	1.22	0.98	1.12	2.40	0.20	0.10
食品加工业	89.13	66.36	73.66	201.87	7.93	7.04
食品制造业	44.26	34.65	39.37	91.55	3.93	3.11
饮料制造业	53.78	42.72	62.82	101.76	9.37	6.61
烟草加工业	14.54	12.10	22.51	46.83	17.39	2.34
纺织业	157.56	122.73	130.10	240.08	8.53	2.68
服装及其他纤维制品制造业	70.97	56.17	91.29	173.28	3.88	7.16
皮革、毛皮、羽绒及其制品业	37.04	29.51	47.16	107.01	1.55	2.52
木材加工及竹、藤、棕、草制品业	19.00	15.81	14.22	37.20	1.01	1.96
家具制造业	10.87	8.42	15.63	28.46	0.88	1.35
造纸及纸制品业	43.91	33.81	39.58	81.26	3.48	2.62
印刷业、记录媒介的复制	25.85	19.40	26.10	42.13	1.88	2.17
文教体育用品制造业	29.56	23.48	26.10	54.82	1.24	4.38
石油加工及炼焦业	50.14	32.24	32.89	136.20	7.37	3.10
化学原料及化学制品制造业	84.45	61.91	102.17	165.73	11.13	5.13
医药制造业	33.61	26.56	63.73	105.18	4.37	10.23
化学纤维制造业	60.44	48.10	37.91	55.72	3.03	4.94
橡胶制品业	16.40	13.00	19.37	31.50	2.46	−0.18
塑料制品业	77.80	60.06	67.29	125.51	4.34	3.70
非金属矿物制品业	188.53	146.42	126.26	282.27	23.85	32.49
黑色金属冶炼及压延加工业	37.53	25.09	36.00	97.16	6.06	7.44
有色金属冶炼及压延加工业	36.90	28.40	32.06	51.44	2.12	1.71
金属制品业	65.82	49.74	87.96	151.08	5.71	6.79
普通机械制造业	33.14	24.13	55.38	91.11	3.74	4.83
专用设备制造业	32.85	23.67	52.72	83.87	3.51	4.44
交通运输设备制造业	64.40	51.34	131.69	200.38	6.59	12.62
武器弹药制造业	0.11	0.09	0.09	0.13		0.05
电气机械及器材制造业	119.18	92.29	210.62	349.55	17.03	15.84
电子及通信设备制造业	114.83	87.70	186.05	366.31	6.96	16.88
仪器、仪表及文化、办公用机械制造业	21.00	16.05	36.43	56.04	1.24	2.79
其他制造业	30.38	22.58	42.40	83.63	2.66	2.63
电力、蒸汽、热水的生产和供应业	333.13	263.62	109.43	184.16	9.22	17.06
煤气生产和供应业	4.25	3.34	3.80	9.68	0.23	0.10
自来水的生产和供应业	39.70	31.43	19.18	29.21	0.62	10.98

5-9 国有独立核算工业企业主要指标

（1993年）

单位：亿元

项目	固定资产原价合计年末数	固定资产净值年末数	流动资产年平均余额	产品销售收入	产品销售税金及附加	利润总额
全省总计	**856.85**	**631.99**	**754.01**	**1372.66**	**91.31**	**78.10**
轻工业	317.05	242.53	341.70	605.45	46.28	29.30
重工业	539.80	389.46	412.31	767.21	45.03	48.80
大型企业	371.26	260.84	276.19	556.37	40.21	41.87
中型企业	250.94	189.70	252.83	416.58	30.86	20.64
小型企业	234.65	181.46	225.00	399.71	20.24	15.59
煤炭采选业	10.25	6.21	4.21	7.70	0.31	0.10
石油和天然气开采业	14.49	4.26	8.06	9.86	0.27	0.05
黑色金属矿采选业	3.28	2.15	2.56	3.61	0.15	0.43
有色金属矿采选业	9.81	5.86	5.97	7.04	0.24	0.03
非金属矿采选业	10.09	7.43	6.90	7.63	0.44	0.97
其他矿采选业			0.02			
木材及竹材采运业	1.18	0.95	1.10	2.22	0.19	0.08
食品加工业	58.39	43.95	38.72	103.94	6.40	2.99
食品制造业	20.79	15.99	18.67	42.94	2.03	0.82
饮料制造业	21.76	17.56	21.64	32.08	3.26	1.26
烟草加工业	14.24	11.88	22.22	46.33	17.36	2.33
纺织业	50.46	38.00	44.39	68.88	3.19	−0.70
服装及其他纤维制品制造业	5.15	4.33	5.44	7.47	0.19	0.24
皮革、毛皮、羽绒及其制品业	5.22	4.31	3.46	5.63	0.13	−0.07
木材加工及竹、藤、棕、草制品业	6.69	5.55	4.87	11.87	0.40	0.71
家具制造业	1.31	1.04	0.72	2.09	0.05	−0.02
造纸及纸制品业	16.87	12.57	10.50	24.69	1.50	0.59
印刷业、记录媒介的复制	10.56	7.52	11.93	15.90	0.84	0.76
文教体育用品制造业	1.77	1.19	2.88	4.20	0.12	0.33
石油加工及炼焦业	49.31	31.73	32.14	133.84	7.31	2.92
化学原料及化学制品制造业	41.81	30.82	41.12	66.39	5.11	0.72
医药制造业	19.74	15.13	40.53	70.72	2.64	7.07
化学纤维制造业	4.97	3.80	4.53	6.25	0.21	0.16
橡胶制品业	4.39	3.00	6.35	10.23	1.12	−0.03
塑料制品业	11.95	9.13	9.26	17.35	0.63	0.96
非金属矿物制品业	66.98	52.13	46.39	111.74	10.86	14.33
黑色金属冶炼及压延加工业	13.71	9.34	22.35	45.73	3.48	4.76
有色金属冶炼及压延加工业	12.55	8.42	10.67	15.01	0.78	0.51
金属制品业	10.58	7.79	13.05	18.86	0.82	0.47
普通机械制造业	20.28	14.43	33.76	54.15	2.41	2.53
专用设备制造业	19.31	13.17	31.82	45.76	2.06	1.66
交通运输设备制造业	22.98	16.94	42.05	61.34	2.28	2.02
武器弹药制造业	0.11	0.09	0.09	0.13		0.05
电气机械及器材制造业	21.65	16.09	40.61	64.16	3.17	2.81
电子及通信设备制造业	30.62	24.20	52.00	67.53	2.03	1.93
仪器、仪表及文化、办公用机械制造业	5.75	3.97	14.39	16.75	0.58	1.04
其他制造业	5.00	3.71	7.31	10.27	0.44	0.24
电力、蒸汽、热水的生产和供应业	201.49	152.67	75.00	125.55	7.69	12.96
煤气生产和供应业	3.18	2.42	2.06	4.93	0.17	
自来水的生产和供应业	28.17	22.27	14.28	21.89	0.43	10.10

5-10 集体独立核算工业企业主要指标

（1993年）

单位：亿元

项目	固定资产原价合计年末数	固定资产净值年末数	流动资产年平均余额	产品销售收入	产品销售税金及附加	利润总额
全省总计	**414.60**	**317.27**	**435.66**	**911.99**	**44.59**	**33.06**
轻工业	239.42	182.45	277.63	553.74	24.62	13.36
重工业	175.18	134.82	158.03	358.25	19.97	19.70
大型企业	35.92	28.65	38.08	60.81	3.70	2.55
中型企业	71.73	52.15	88.29	150.33	9.15	6.64
小型企业	306.95	236.47	309.29	700.85	31.74	23.87
煤炭采选业	0.70	0.56	0.44	1.88	0.03	0.22
石油和天然气开采业						
黑色金属矿采选业	0.52	0.38	0.85	1.71	0.06	0.13
有色金属矿采选业	0.67	0.50	0.63	1.76	0.04	0.09
非金属矿采选业	4.69	3.72	2.81	12.11	0.45	1.35
其他矿采选业	0.05	0.05	0.02	0.06		
木材及竹材采运业	0.02	0.01	0.01	0.17	0.01	0.02
食品加工业	5.71	4.56	6.31	20.49	0.41	0.32
食品制造业	7.01	5.28	6.80	16.87	0.63	0.09
饮料制造业	6.02	4.42	4.87	11.12	1.36	0.30
烟草加工业	0.11	0.09	0.05	0.30	0.03	
纺织业	27.38	21.41	22.26	48.19	1.69	0.77
服装及其他纤维制品制造业	25.82	19.83	24.61	60.29	2.20	1.91
皮革、毛皮、羽绒及其制品业	11.35	8.69	10.53	26.95	0.79	0.65
木材加工及竹、藤、棕、草制品业	3.26	2.70	3.61	10.75	0.35	0.65
家具制造业	4.94	3.67	7.82	14.09	0.53	0.23
造纸及纸制品业	13.97	10.59	13.26	31.44	1.37	0.34
印刷业、记录媒介的复制	5.69	4.36	6.27	12.20	0.61	0.32
文教体育用品制造业	15.85	12.79	9.83	27.06	0.84	2.26
石油加工及炼焦业	0.13	0.11	0.18	0.53	0.02	0.01
化学原料及化学制品制造业	9.14	7.21	12.41	26.93	1.36	0.51
医药制造业	3.65	2.78	6.05	10.00	0.70	0.55
化学纤维制造业	4.84	3.95	2.45	4.77	0.19	−0.06
橡胶制品业	4.15	3.32	3.47	7.01	0.54	
塑料制品业	29.74	22.89	26.48	49.39	2.44	1.10
非金属矿物制品业	67.46	50.01	47.04	113.44	9.25	10.32
黑色金属冶炼及压延加工业	4.16	3.39	4.07	16.22	0.42	0.44
有色金属冶炼及压延加工业	8.45	6.91	10.72	18.95	0.83	0.01
金属制品业	25.06	18.97	38.13	69.15	3.33	1.76
普通机械制造业	8.01	5.95	13.18	23.43	1.01	1.12
专用设备制造业	7.04	5.27	9.43	19.38	0.90	0.65
交通运输设备制造业	9.57	7.31	14.65	27.02	1.26	0.80
武器弹药制造业						
电气机械及器材制造业	32.83	25.03	71.63	116.39	6.80	2.52
电子及通信设备制造业	12.78	9.90	16.62	31.46	1.53	0.29
仪器、仪表及文化、办公用机械制造业	3.15	2.31	3.92	6.59	0.21	0.26
其他制造业	14.61	10.47	20.25	51.69	1.74	1.06
电力、蒸汽、热水的生产和供应业	26.19	20.22	9.12	14.68	0.43	1.21
煤气生产和供应业	0.23	0.15	0.17	0.70	0.04	0.07
自来水的生产和供应业	9.65	7.51	4.68	6.83	0.18	0.78

5-11 独立核算"三资"工业企业主要指标

(1993年)　　单位：亿元

项　　目	固定资产原价合计年末数	固定资产净值年末数	流动资产年平均余额	产品销售收入	产品销售税金及附加	利润总额
全省总计	**620.91**	**490.38**	**630.69**	**1196.51**	**30.12**	**56.58**
轻工业	333.52	260.55	417.39	799.83	19.23	31.04
重工业	287.38	229.83	213.30	396.67	10.89	25.55
大型企业	98.82	71.58	102.66	219.17	11.29	17.41
中型企业	70.17	52.60	74.74	130.67	3.93	6.84
小型企业	451.92	366.21	453.30	846.66	14.89	32.33
煤炭采选业						
石油和天然气开采业						
黑色金属矿采选业						
有色金属矿采选业	0.13	0.08	0.48	0.30	0.01	0.01
非金属矿采选业	1.26	1.06	0.78	1.61	0.04	0.56
其他矿采选业						
木材及竹材采运业	0.01	0.01	0.01	0.01	...	...
食品加工业	16.39	11.73	16.66	54.24	0.52	1.59
食品制造业	11.01	8.97	9.04	19.55	0.69	1.43
饮料制造业	23.28	18.68	34.48	54.64	4.59	4.42
烟草加工业	0.19	0.12	0.24	0.20	0.01	0.01
纺织业	67.21	53.53	52.17	98.12	1.37	0.52
服装及其他纤维制品制造业	35.82	28.41	56.08	100.35	1.40	4.41
皮革、毛皮、羽绒及其制品业	18.73	15.01	32.22	71.58	0.56	1.68
木材加工及竹、藤、棕、草制品业	8.19	6.81	5.02	12.48	0.21	0.54
家具制造业	3.75	2.90	6.98	11.72	0.29	1.05
造纸及纸制品业	11.84	9.71	14.44	21.90	0.49	1.63
印刷业、记录媒介的复制	7.51	5.96	6.54	11.03	0.27	0.75
文教体育用品制造业	9.79	7.69	12.68	21.98	0.22	1.44
石油加工及炼焦业	0.61	0.31	0.45	0.93	0.03	0.09
化学原料及化学制品制造业	24.68	17.53	38.20	50.33	3.09	2.02
医药制造业	3.20	2.83	4.99	4.76	0.21	0.65
化学纤维制造业	15.10	11.92	10.68	18.19	0.44	0.68
橡胶制品业	6.91	6.12	8.10	9.97	0.12	−0.15
塑料制品业	29.73	22.98	27.20	49.04	0.91	1.15
非金属矿物制品业	42.50	34.85	23.22	38.86	1.84	5.03
黑色金属冶炼及压延加工业	18.18	11.05	8.19	31.64	2.10	2.22
有色金属冶炼及压延加工业	12.98	10.48	7.91	13.45	0.29	1.16
金属制品业	25.03	18.94	31.92	48.81	1.17	3.03
普通机械制造业	3.10	2.43	5.82	9.50	0.20	0.81
专用设备制造业	4.27	3.40	9.09	13.19	0.41	1.76
交通运输设备制造业	15.41	12.54	30.95	60.15	2.44	3.30
武器弹药制造业						
电气机械及器材制造业	29.91	21.57	40.25	81.01	2.69	3.09
电子及通信设备制造业	55.37	40.66	82.47	198.04	1.79	7.09
仪器、仪表及文化、办公用机械制造业	10.82	8.84	17.44	30.58	0.39	1.13
其他制造业	9.49	7.39	13.58	18.68	0.39	1.05
电力、蒸汽、热水的生产和供应业	98.47	85.88	22.40	39.64	0.94	2.41
煤气生产和供应业						
自来水的生产和供应业	0.01	0.01				

5-12 乡属独立核算工业主要指标

（1993年）

单位：亿元

项目	固定资产原价合计年末数	固定资产净值年末数	流动资产年平均余额	产品销售收入	产品销售税金及附加	利润总额
全省总计	**224.96**	**178.37**	**236.84**	**477.29**	**21.02**	**19.46**
轻工业	129.78	103.64	153.99	286.19	11.50	8.36
重工业	95.18	74.73	82.85	191.10	9.52	11.10
大型企业	13.70	11.83	20.31	31.78	1.81	2.09
中型企业	36.26	26.72	47.23	73.43	4.27	3.47
小型企业	175.00	139.82	169.30	372.08	14.94	13.90
煤炭采选业	0.58	0.47	0.31	1.56	0.03	0.20
石油和天然气开采业						
黑色金属矿采选业	0.20	0.17	0.25	0.89	0.02	0.09
有色金属矿采选业	0.49	0.39	0.44	1.42	0.03	0.09
非金属矿采选业	2.87	2.26	1.92	8.57	0.31	0.86
其他矿采选业	0.03	0.03	0.01	0.04		
木材及竹材采运业	0.02	0.01	0.01	0.16	0.01	0.02
食品加工业	5.17	4.37	4.56	13.90	0.23	0.19
食品制造业	3.03	2.37	2.98	8.04	0.21	0.15
饮料制造业	3.11	2.28	3.57	7.53	1.08	0.24
烟草加工业	0.10	0.08	0.02	0.10	0.01	
纺织业	22.48	17.88	21.03	39.74	0.95	0.57
服装及其他纤维制品制造业	11.59	8.97	12.28	27.38	0.83	0.93
皮革、毛皮、羽绒及其制品业	7.22	5.64	8.40	19.79	0.39	0.60
木材加工及竹、藤、棕、草制品业	1.25	0.98	1.89	5.33	0.15	0.22
家具制造业	2.21	1.84	3.15	5.19	0.15	0.22
造纸及纸制品业	7.02	5.40	6.45	14.49	0.57	0.13
印刷业、记录媒介的复制	1.77	1.29	1.72	2.88	0.12	0.01
文教体育用品制造业	6.46	5.32	3.42	7.29	0.23	0.42
石油加工及炼焦业	0.04	0.03	0.09	0.30		0.01
化学原料及化学制品制造业	4.45	3.50	7.51	15.69	0.64	0.38
医药制造业	1.04	0.82	1.61	3.10	0.24	0.11
化学纤维制造业	3.09	2.77	1.56	2.53	0.07	0.03
橡胶制品业	1.91	1.65	0.95	2.29	0.10	0.04
塑料制品业	10.54	8.40	11.01	19.32	0.58	0.33
非金属矿物制品业	43.76	33.77	29.89	71.82	5.05	6.36
黑色金属冶炼及压延加工业	2.69	2.20	2.28	10.98	0.29	0.23
有色金属冶炼及压延加工业	7.59	6.21	9.70	17.20	0.76	0.02
金属制品业	13.35	10.64	19.48	33.20	1.48	1.08
普通机械制造业	3.75	2.77	5.85	11.85	0.36	0.34
专用设备制造业	2.76	2.06	3.08	7.68	0.29	0.36
交通运输设备制造业	2.79	2.27	4.55	7.68	0.22	0.11
武器弹药制造业						
电气机械及器材制造业	23.06	18.74	46.43	68.50	4.41	3.04
电子及通信设备制造业	5.25	4.31	4.41	10.61	0.42	-0.01
仪器、仪表及文化、办公用机械制造业	0.84	0.70	1.44	1.88	0.05	0.11
其他制造业	6.38	4.96	8.34	16.32	0.44	0.64
电力、蒸汽、热水的生产和供应业	11.78	9.35	4.13	8.76	0.23	1.01
煤气生产和供应业	0.19	0.13	0.14	0.39	0.03	0.07
自来水的生产和供应业	4.11	3.34	1.98	2.91	0.06	0.27

5-13 村办工业主要指标

(1993年)

行业	企业单位数(个)	现价工业总产值(万元)	年末全部从业人数(人)	产品销售收入(万元)	固定资产原价年末数(万元)	产品销售税金及附加(万元)	利润总额(万元)
全省总计	**69 481**	**5 196 160**	**2 685 298**	**5 744 919**	**2 920 507**	**192 262**	**6 007 441**
轻工业	51 945	3 737 412	2 181 863	4 248 551	2 157 336	131 626	430 905
重工业	17 536	1 458 748	503 435	1 496 368	763 171	60 636	169 839
煤炭采选业	424	10 406	8 024	10 345	3 067	328	1 152
石油和天然气开采业							
黑色金属矿采选业	71	3 721	2 407	3 623	885	139	477
有色金属矿采选业	220	10 717	3 303	9 974	2 942	260	982
非金属矿采选业	3 726	179 459	70 548	167 124	57 336	5 783	19 288
其他矿采选业	805	42 928	15 009	42 571	10 563	1 742	5 970
木材及竹材采运业	185	4 172	1 727	4 087	1 035	128	247
食品加工业	6 619	115 501	37 447	113 190	29 616	2 516	8 410
食品制造业	5 460	103 338	53 440	111 127	46 059	3 518	8 146
饮料制造业	393	23 280	6 173	30 923	9 634	1 152	4 141
烟草加工业	23	1 097	554	867	330	26	142
纺织业	2 521	283 075	179 471	316 095	152 337	9 384	26 180
服装及其他纤维制品制造业	5 615	585 079	401 423	634 986	270 024	17 813	52 202
皮革、毛皮、羽绒及其制品业	1 573	201 142	144 136	209 777	128 447	5 994	24 757
木材加工及竹、藤、棕、草制品业	1 990	92 784	44 515	91 640	22 963	2 888	7 986
家具制造业	2 100	122 299	69 967	148 988	64 204	4 623	21 242
造纸及纸制品业	1 383	153 833	57 527	169 660	113 089	5 486	17 328
印刷业、记录媒介的复制	982	74 274	29 458	83 947	41 441	3 238	8 176
文教体育用品制造业	1 086	174 904	124 387	187 698	113 818	4 233	19 902
石油加工及炼焦业	17	4 884	439	4 549	789	80	508
化学原料及化学制品制造业	777	134 254	26 355	141 759	76 437	5 682	1 0247
医药制造业	24	5 286	1 790	5 078	1 791	259	677
化学纤维制造业	65	14 406	4 328	13 488	4 450	363	1 556
橡胶制品业	303	28 970	41 826	37 285	67 219	1 664	3 977
塑料制品业	5 354	369 871	264 762	459 283	242 845	13 935	50 507
非金属矿物制品业	7 185	526 309	211 655	533 591	223 440	19 633	50 202
黑色金属冶炼及压延加工业	290	58 382	9 246	64 862	21 042	2 043	5 865
有色金属冶炼及压延加工业	431	104 982	15 267	111 756	39 493	5 024	9 081
金属制品业	4 720	464 663	204 949	594 617	257 848	22 565	60 866
普通机械制造业	1 148	120 136	29 893	138 881	48 280	5 528	12 536
专用设备制造业	6	1 664	384	1 664	595	46	200
交通运输设备制造业	207	26 413	7 758	27 137	10 851	1 152	3 315
电气机械及器材制造业	700	114 386	49 932	157 445	66 301	6 620	15 743
电子及通信设备制造业	1 501	112 194	143 438	169 630	150 882	3 454	24 520
仪器仪表及文化办公机械制造业	570	37 156	20 190	43 004	31 337	875	4580
其他工业	9 197	810 306	380 102	820 940	570 546	31 833	115 004
电力、蒸汽、热水生产和供应业	1 456	72 820	21 308	76 144	25 978	2 062	3559
煤气生产和供应业	84	1 511	382	1 365	483	49	99
自来水生产和供应业	270	5 558	1 778	5 819	12 110	144	974

5-14 独立核算工业企业主要经济效益指标

（1993年）

项目	产品销售率（%）	资金利税率（%）	成本费用利润率（%）	增加值劳动生产率（元/人）	增加值率（%）	流动资产周转次数（次）	综合指数（"七五"为100）
全省总计	**95.98**	**11.23**	**5.97**	**22 910**	**27.50**	**1.89**	**117.34**
国有经济	100.08	12.67	6.42	24 662	29.87	1.82	124.84
集体经济	91.98	10.71	3.95	14 668	28.74	2.09	101.30
联营经济	99.17	14.41	7.52		28.39	1.95	
私人经济	98.39	10.12	3.55		21.97	2.13	
股份制经济	101.64	16.67	12.53		23.52	1.65	
外商投资经济	92.96	9.11	4.84		25.33	1.94	
港澳台投资经济	93.00	7.55	5.21		24.95	1.88	
其他经济	86.52	11.08	4.75		28.50	3.04	
在总计中：乡属工业	91.67	10.18	4.44		25.64	2.02	
轻工业	94.28	10.75	5.00	21 139	27.15	1.87	111.09
重工业	98.43	11.81	7.36	25 960	28.02	1.91	126.80
大型企业	99.68	16.09	9.48	51 343	27.89	1.92	181.22
中型企业	97.60	11.81	5.85	25 242	26.84	1.67	119.79
小型企业	93.53	8.36	4.27	17 436	27.55	1.97	99.65
广州	97.76	13.76	6.92	28 086	29.36	1.88	133.78
深圳	101.61	11.93	9.72	28 390	26.02	1.93	135.20
珠海	99.10	8.06	5.94	34 687	27.50	1.51	125.58
汕头	100.71	5.51	1.76	13 613	26.82	1.78	81.48
韶关	99.10	12.63	6.73	15 762	29.50	1.77	110.13
河源	97.67	14.59	16.30	13 587	38.95	2.11	135.89
梅州	97.92	15.18	9.88	15 385	34.20	1.91	123.76
惠州	92.69	11.46	5.33	13 437	20.86	2.52	105.53
汕尾	87.44	3.56	1.44	10 108	28.07	2.52	77.42
东莞	99.32	9.14	5.71	9 649	22.99	2.11	92.24
中山	91.09	9.77	2.98	31 644	25.80	1.91	121.73
江门	87.17	10.56	3.67	36 558	31.78	2.11	136.28
佛山	94.17	10.08	4.65	34 281	26.27	1.63	127.22
阳江	105.17	8.62	2.25	9 026	30.28	1.92	85.25
湛江	105.43	9.90	5.43	20 550	40.21	1.50	111.20
茂名	95.00	13.10	2.02	19 011	30.45	2.93	120.39
肇庆	83.07	11.89	6.19	18 618	50.29	2.39	123.61
清远	97.28	12.55	8.59	15 119	16.29	1.96	109.48
潮州	92.38	9.89	5.91	11 951	13.27	1.66	88.63
揭阳	90.79	5.26	1.49	10 514	9.67	2.11	71.61

注：1.本表增加值劳动生产率和增加值率为省调整数，与各市计算的不一致。2.综合指数的六项效益指标，以全国"七五"时期平均数为标准值。

5—14 续表

项　　目	产　品 销售率 (%)	资　金 利税率 (%)	成本费用 利润率 (%)	增加值劳 动生产率 (元/人)	增　加 值　率 (%)	流动资产 周转次数 (次)	综合指数 ("七五" 为100)
煤炭采选业	95.42	6.73	3.21	5 625	36.25	2.06	79.39
石油和天然气开采业	226.67	2.51	0.52	22 300	46.92	1.22	106.82
黑色金属矿采选业	87.93	12.62	12.25	15 597	36.81	1.56	118.19
有色金属矿采选业	98.92	3.28	1.50	7 918	28.66	1.29	61.90
非金属矿采选业	89.30	17.75	17.09	15 000	39.89	2.05	143.86
其他矿采选业	87.50	12.50		6 787	34.31	2.33	89.37
木材及竹材采运业	142.01	13.89	4.90	8 118	38.00	2.14	110.92
食品加工业	98.60	11.59	3.73	30 692	23.19	2.74	134.89
食品制造业	96.94	9.87	3.67	20 005	24.07	2.33	109.32
饮料制造业	93.33	15.89	7.62	42 395	28.59	1.62	159.02
烟草加工业	100.62	59.90	8.80	206 416	56.00	2.08	538.50
纺织业	84.38	4.59	1.17	20 071	25.94	1.85	86.74
服装及其他纤维制品制造业	84.28	7.59	4.32	12 096	28.49	1.90	87.56
皮革、毛皮、羽绒及其制品业	91.70	5.42	2.44	12 376	25.38	2.27	83.97
木材加工及竹、藤、棕、草制品业	103.91	10.32	5.73	18 922	26.53	2.62	117.33
家具制造业	96.08	9.47	5.13	17 254	27.97	1.82	102.24
造纸及纸制品业	100.17	8.73	3.49	21 191	25.46	2.05	106.30
印刷业、记录媒介的复制	92.03	9.17	5.69	21 651	33.05	1.61	108.50
文教体育用品制造业	96.45	11.16	8.77	8 067	32.88	2.10	102.48
石油加工及炼焦业	96.43	16.45	2.47	70 671	20.00	4.14	221.70
化学原料及化学制品制造业	95.57	9.89	3.39	30 700	27.87	1.62	119.44
医药制造业	106.78	16.32	10.99	46 829	34.45	1.65	177.55
化学纤维制造业	99.34	10.20	9.95	37 101	28.17	1.47	141.19
橡胶制品业	87.09	7.36	—.61	14 616	27.50	1.63	79.46
塑料制品业	94.05	6.68	3.17	20 279	25.76	1.87	96.92
非金属矿物制品业	95.53	21.43	14.34	25 776	33.97	2.24	165.46
黑色金属冶炼及压延加工业	103.94	23.05	8.57	30 404	23.74	2.70	169.01
有色金属冶炼及压延加工业	73.63	6.70	3.58	32 486	20.60	1.60	109.49
金属制品业	96.25	9.35	4.83	20 614	25.25	1.72	104.85
普通机械制造业	100.99	11.11	5.78	15 728	27.90	26.59	376.02
专用设备制造业	98.66	10.71	5.80	18 571	26.59	1.59	105.71
交通运输设备制造业	98.07	10.66	6.87	28 769	23.15	1.52	121.91
武器弹药制造业	118.18	41.67	55.56	14 134	33.17	1.44	259.49
电气机械及器材制造业	92.72	11.17	4.95	30 394	26.32	1.66	124.03
电子及通信设备制造业	100.49	8.96	4.89	26 341	21.59	1.97	115.45
仪器仪表及文化、办公用机械	85.26	7.72	5.34	22 722	28.42	1.54	102.99
其他制造业	95.93	8.27	3.32	12 754	29.81	1.97	91.36
电力、蒸汽、热水的生产和供应业	116.72	7.83	11.34	43 283	33.68	1.68	155.25
煤气生产和供应业	275.00	4.51	1.04	3 825	6.19	2.55	90.32
自来水的生产和供应业	104.66	25.56	61.24	75 483	58.00	1.52	340.18

5—15 主要工业产品年生产能力

产 品 名 称	单 位	1 980 年	1985 年	1990 年	1992 年	1993 年
钢	万吨	52.15	79.60	119.26	147.10	141.42
#电炉钢	万吨	27.62	40.40	74.39	102.09	96.64
转炉钢	万吨	24.53	39.07	44.07	44.07	44.07
生铁	万吨	68.73	66.59	92.23	106.46	108.43
钢材	万吨	85.25	106.64	178.58	238.41	220.54
铁合金	万吨	2.10	1.05	2.25	2.27	2.16
机械化焦炭	万吨	48.60	44.00	54.00	54.00	54.00
铁矿石开采	万吨	245.37	217.00	356.50	362.00	628.00
电解铜	万吨	0.96	0.92	1.74	2.32	2.24
电解铝	万吨	0.88	0.58	1.14	1.14	1.14
电铅	万吨	1.75	1.70	2.65	2.75	2.75
发电设备装机容量总计	万千瓦	302.68	387.88	827.84	1 082.0	1 475.89
#水电	万千瓦	165.75	227.81	267.76	384.90	311.91
化学医药(二十四大类)	万吨	0.35	1.66	2.90	4.43	4.32
原煤	万吨	843.88	507.00	442.50	414.00	432.00
原油加工量	万吨	750.00	870.00		1 370.00	1 370.00
洗煤	万吨	30.00	30.00	30.00	30.00	30.00
水泥	万吨	523.18	1 298.06	2 793.26	3 916.62	5 239.70
平板玻璃	万重量箱	49.00	367.00	544.00	589.60	634.60
汽车	万辆	0.43	0.45	2.50	4.62	5.93
小型拖拉机	万台	3.75	3.30	7.80	9.33	4.50
硫酸(折100%)	万吨	75.49	80.47	111.65	118.05	117.05
合成氨	万吨	96.25	85.72	83.67	78.30	75.60
化学肥料(折100%)	万吨	86.20	83.61	88.04	81.45	74.66
化学农药(折100%)	万吨	3.15	2.99	1.15	1.73	1.71
塑料	万吨	1.45	1.96	1.30	9.42	12.9
化学纤维	万吨	1.14	3.17	13.90	20.26	26.81
布	亿米			5.57	5.40	
机制纸及纸板	万吨	33.83	56.56	90.75	110.06	202.96
缝纫机(按二班计)	万架	46.50	122.08	115.73	121.19	126.88
自行车(按二班计)	万辆	85.49	240.27	408.00	656.50	700.00
机制糖(处理原料量)	万吨	7.02	13.24	16.97	19.71	19.91
卷烟(按二班计)	万箱	61.23	108.58	187.62	209.62	166.59
家用电冰箱(容积500 升及以下)	万台	0.45	43.50	216.70	272.00	266.00
家用洗衣机(洗衣容量6KG 以下)	万台	4.20	153.41	183.00	293.00	343.00
彩色电视机	万台	6.00	116.50	455.50	761.10	575.50
合成洗涤剂	万吨	2.10	4.96	20.57	22.47	21.59
原盐	万吨	81.47	45.61	34.19	36.97	36.68
灯泡	亿只	0.79	1.01	1.45	2.26	2.32
罐头	万吨	10.86	12.49	13.18	18.51	19.59

5-16 重点工业企业主要产品质量指标

指　　标	单位	1992年	1993年	指　　标	单位	1992年	1993年
一、钢铁工业				硫酸合格率	%	100.00	100.00
电炉钢锭合格率	%	99.41	99.41	尿素合格率(大中型)	%	100.00	98.13
转炉炼钢钢锭合格率	%	99.24	99.36	七、机械工业			
生铁合格率	%	99.59	99.87	铸铁件合格率	%	90.50	89.70
钢材合格率	%	98.86	98.43	质量稳定提高率	%	96.40	98.47
铁合金合格率	%	99.98	99.93	八、建材工业			
输出矿石品位	%	53.29	53.90	出厂水泥合格率	%	100.00	
结焦率	%	77.76	77.52	熟料平均标号	号	575.48	
二、有色金属工业				水泥平均标号(软练)	号	428.19	
铜精矿品位	%	28.94	29.12	九、森林工业			
铅精矿品位	%	57.88	58.80	锯材出材率	%	76.70	85.60
锌精矿品位	%	53.78	54.41	十、纺织工业			
铅矿金属收回率	%	82.69	82.19	棉纱一等一级以上品率	%	98.69	98.58
锌选矿金属回收率	%	91.25	91.31	棉布入库一等品率	%	92.23	89.21
钨精矿品位	%	69.25	66.33	棉(纯棉)印染布入库一等品率	%	92.31	93.58
钨精矿选矿回收率	%	95.11	95.11	粘胶纤维正品率(混合)	%	99.99	99.56
电解铜一级品位率(石碌)	%	89.91	97.42	麻袋正品率	%	99.54	99.31
电解铝一级品率(大岭厂)	%	99.86	100.00	丝织品(成品绸)入库一等品率	%	90.91	
三、煤炭工业				十一、轻工业			
商品煤灰分	%	20.94	20.88	机制纸及纸板成品率	%	93.83	94.47
商品煤含矸率	%	0.93	1.07	甘蔗产糖率(混合)	%	10.34	10.42
四、电力工业				甘蔗糖成品合格率	%	98.65	97.25
发电厂用电率	%	6.16	5.81	卷烟成品率	%	97.60	97.51
线路损失率	%	8.91	9.67	华南牌缝纫机质量分	分	94.00	93.65
五、石油工业				五羊牌MM660QE－48型自行车质量分	分	93.53	92.18
石油加工损失率	%	1.45	1.57	手表成品返修率	%	32.03	31.68
六、化学工业				普通灯泡综合合格率	%	87.75	87.90

六、运 输 、邮 电

6—1 运输邮电主要指标

指　　标	单　位	1986年	1988年	1990年	1992年	1993年	1993年比1992年增长%
铁路营业里程	公里	1 027	1 128	1 287	1 426	1 564	9.7
公路通车里程	公里	52 785	53 820	54 671	55 883	67 554	20.9
内河通航里程	公里	10 782	10 793	10 857	10 857	10 808	—0.5
民航航线里程	公里	64 059	81 706	107 979	169 491	219 418	29.5
港口码头泊位	个	1 243	1 167	1 938	2 030	2 619	29.0
#万吨级泊位	个	34	38	61	66	71	7.6
码头泊位长度	米	42 702	42 930	81 605	86 674	92 674	6.9
公路桥梁	座	10 224	10 790	11 067	11 518	13 503	17.2
#永久式	座	10 113	10 709	10 996	11 466	13 451	17.3
民用汽车	辆	244 558	324 195	402 086	607 585	824 424	35.7
机动船艘数	艘		37 775	40 473	33 663	30 401	—9.7
吨位数	净载重吨		4 944 417	7 611 980	6 353 196	7 203 499	13.4
民用飞机	架	82	68	73	89	102	14.6
邮电局所	处	2 537	2 541	2 573	2 695	2 927	8.6
长途自动交换机容量	路	2 835	16 042	38 030	97 527	200 958	106.1
电话交换机总容量	万门	48.2	92.7	180.7	305.0	500.0	63.9
#市话交换机容量	万门	25.2	58.1	108.9	179.0	291.7	62.9
电话机总数	部	471 770	871 224	1 554 259	2 630 790	3 869 235	47.1
平均百人电话拥有量	部/百人	0.78	1.47	2.45	4.10	5.88	43.4
长途电话电路	路	4 576	10 211	20 845	45 230	87 160	92.7
客运量	万人	34 742	37 476	34 152	41 667	45 650	8.6
旅客周转量	亿人公里	222.18	298.79	301.08	426.45	473.64	11.1
货运量	万吨	15 660	19 173	18 792	23 409	25 007	6.8
货物周转量	亿吨公里	1 700.16	1 953.57	2 214.38	2 916.95	3 030.51	3.9
港口货物吞吐量	万吨	9 120	11 582	11 904	14 934	16 792	12.4
港口旅客吞吐量	万人	2 977	3 166	2 686	3 276	3 144	—4.0
航站旅客吞吐量	万人	435	638	687	1 045	1 339	28.1
邮电业务总量 (按1990年不变价)	亿元	4.50	13.46	26.30	57.06	93.73	64.3

6-2 主要年份客货运输量和邮电业务总量及指数

年份	客运量（万人）	旅客周转量（亿人公里）	货运量（万吨）	货物周转量（亿吨公里）	沿海主要港口货物吞吐量（万吨）	邮电业务总量（亿元）（按1990年不变价）
一、绝对数						
1952	2 229	10.97	856	14.55	358	0.35
1957	5 972	27.17	3 942	47.48	1 137	0.60
1962	8 892	38.06	4 940	58.93	1 326	1.15
1965	7 721	31.36	7 196	128.33	1 798	1.03
1970	9 189	40.92	9 518	341.67	1 667	1.06
1975	12 646	59.21	13 216	803.69	2 188	1.36
1978	15 906	75.89	15 204	1 038.88	2 786	1.59
1980	21 444	113.62	14 201	1 412.67	3 075	1.86
1985	38 603	233.85	15 004	1 607.96	5 073	3.63
1989	34 633	292.16	19 434	2 090.81	7 231	18.30
1990	34 152	301.08	18 792	2 214.38	6 895	26.30
1991	36 720	349.89	20 800	2 752.17	7 828	38.89
1992	41 667	426.45	23 409	2 916.95	9 010	57.06
1993	45 650	473.64	25 007	3 030.51	10 753	93.73
二、指数(%)						
1952	100.0	100.0	100.0	100.0	100.0	100.0
1957	267.9	247.7	460.5	326.3	317.6	171.4
1962	398.9	346.9	577.1	405.0	370.4	328.6
1965	346.4	285.9	840.7	882.0	502.2	294.3
1970	412.7	373.0	1 111.9	2 348.2	465.6	302.9
1975	567.3	539.7	1 543.9	5 523.6	611.2	388.6
1978	713.6	691.8	1 776.2	7 140.1	778.2	454.3
1980	962.0	1 035.7	1 659.0	9 709.1	858.9	531.4
1985	1 731.9	2 131.7	1 752.8	11 051.3	1 417.0	1 037.1
1989	1 553.7	2 663.3	2 270.3	14 369.8	2 019.8	5 228.5
1990	1 532.2	2 744.6	2 195.3	15 219.1	1 924.9	7 514.3
1991	1 647.4	3 189.5	2 429.9	18 915.3	2 186.6	11 111.4
1992	1 869.3	3 887.4	2 734.7	20 047.8	2 516.8	16 302.9
1993	2 048.0	4 317.6	2 921.4	20 828.2	3 003.6	26 780.0

6-3 客货运输量

项目	1980年	1985年	1990年	1992年	1993年	1993年比1992年增长%
一、客运量(万人)	**21 444**	**38 603**	**34 152**	**41 667**	**45 650**	**9.6**
铁路	2 811	3 545	4 467	6 243	6 835	9.5
公路	15 829	32 485	27 358	32 401	35 803	10.5
水路	2 714	2 340	1 857	2 219	2 165	−2.4
民航	90	233	470	804	847	5.3
二、旅客周转量(亿人公里)	**113.62**	**233.85**	**301.08**	**426.45**	**473.64**	**11.1**
铁路	28.52	52.57	82.57	131.99	161.05	22.0
公路	62.71	142.22	157.02	191.02	203.83	6.7
水路	17.11	18.40	17.92	22.38	21.36	−4.6
民航	5.28	20.66	43.57	81.05	87.40	7.8
三、货运量(万吨)	**14 201**	**15 004**	**18 792**	**23 409**	**25 007**	**6.8**
铁路	3 110	3 444	4 803	6 089	6 595	8.3
公路	3 006	1 947	1 690	2 067	2 119	2.5
水路	7 656	8 745	11 200	13 804	14 784	7.1
民航	2	4	8	12	14	16.7
管道	427	864	1 091	1 437	1 495	4.0
四、货物周转量(亿吨公里)	**1 412.67**	**1 607.96**	**2 214.38**	**2 916.95**	**3 030.51**	**3.9**
铁路	84.86	112.90	179.53	239.34	261.91	9.4
公路	8.09	5.54	6.12	7.70	8.17	6.1
水路	1 318.01	1 483.88	2 021.34	2 659.48	2 749.24	3.4
民航	0.10	0.37	0.90	1.41	1.70	20.6
管道	1.61	5.27	6.49	9.02	9.49	5.2

6-4 运输线路长度

单位:公里

项目	1980年	1985年	1990年	1992年	1993年	1993年比1992年增长%
铁路营业里程	1 006	1 026	1 287	1 426	1 564	9.7
中央铁路	702	703	680	686	686	0
地方铁路	304	323	607	740	878	18.6
公路通车里程	49 405	51 288	54 671	55 883	67 554	20.9
内河通航里程	10 808	10 775	10 857	10 857	10 808	−0.5
民用航空航线里程	23 357	53 668	107 979	169 491	219 418	29.5
输油管道里程	182	182	182	196	197	0.5

6-5 运输工具拥有量

项　　目	单　位	1992年	1993年	1993年比1992年增长％
一、铁　路				
铁路机车	台	334	363	8.7
铁路客货车	辆	2 410	2 524	4.7
客　车	辆	1 319	1 436	8.9
货　车	辆	991	1 088	9.8
二、公　路				
(一)民用汽车	辆	607 585	824 424	35.7
载客汽车	辆	208 736	273 382	31.0
	客位	2 566 338	3 724 786	45.1
普通载货汽车	辆	383 055	513 692	34.1
	吨位	1 262 850	1 446 871	14.6
专用载货汽车	辆	1 993	2 486	24.7
	吨位	11 958	20 916	74.9
其他专用汽车	辆	5 854	23 890	308.1
特种汽车	辆	7 947	10 974	38.1
(二)轮胎式拖拉机	台	356 871	348 104	－2.5
#手扶拖拉机	台	326 650	311 092	－4.8
(三)摩托车	辆	1 428 530	2 051 998	43.6
(四)其他机动车	辆	41 379	50 723	22.6
(五)载货挂车	辆	4 677	6 301	34.7
三、水　运				
(一)机动船	艘	33 663	30 401	－9.7
	净载重吨位	6 353 196	7 203 499	13.4
	客位	149 554	164 653	10.1
货　船	艘	30 636	27 601	－9.9
	净载重吨位	6 338 841	7 175 713	13.2
客货船	艘	621	524	－15.6
	净载重吨位	14 355	27 786	93.6
	客位	32 383	31 954	－1.3
客　船	艘	1 826	1 794	－1.8
	客位	117 171	132 699	13.3
拖　船	艘	580	482	－16.9
	千瓦	126 281	169 499	34.2
(二)驳　船	艘	4 635	3 319	－28.4
	净载重吨位	632 596	470 507	－25.6
	客位	2 762	739	－73.2
(三)帆　船	艘	266	146	－45.1
	净载重吨位	13 899	8 491	－38.9
四、民　航				
民用飞机	架	89	102	14.6

6–6 各市机动车拥有量

(1993年)

单位：辆

市别	总计	汽车	客车	普通货车	专用汽车	其他专用汽车	特种车	摩托车	拖拉机（台）
广州	579 121	181 653	64 951	113 138	201	1 136	2 227	373 865	23 603
深圳	181 206	110 521	31 843	63 194		14 537	947	66 149	4 536
珠海	58 447	28 511	12 745	14 983	88	87	608	24 439	5 497
汕头	175 427	32 633	15 280	16 917	80	82	274	127 730	15 064
韶关	92 844	28 650	8 608	18 747	228	239	828	41 424	22 770
河源	39 030	9 947	4 147	5 541	22	22	215	19 223	9 860
梅州	120 003	20 570	5 890	14 248	48	106	278	67 575	31 858
惠州	157 248	41 964	16 884	24 367	39	136	538	97 024	18 260
汕尾	44 873	10 395	5 445	3 810	23	833	284	25 680	8 798
东莞	212 889	52 507	13 072	35 421		3 585	429	153 014	7 368
中山	123 903	27 626	7 977	18 888	359	173	229	86 313	9 964
江门	215 191	44 237	16 151	27 402	158	162	364	145 066	25 888
佛山	505 960	80 215	19 876	57 683	437	1 201	1 018	395 081	30 664
阳江	101 901	12 892	3 745	8 816	46	36	249	63 529	25 480
湛江	164 825	41 060	12 378	27 209	364	321	788	89 093	34 672
茂名	113 307	27 125	7 401	18 167	129	1 055	373	61 041	25 141
肇庆	178 402	32 902	10 666	21 527	174	137	398	108 874	36 626
清远	88 356	19 676	7 031	12 152			493	39 310	29 370
潮州	48 181	8 287	3 161	4 785	37	2	302	26 146	13 748
揭阳	74 135	13 053	6 131	6 697	53	40	132	41 422	19 660

6–7 各市公路基本情况

(1993年)

单位：公里

市别	通车里程	按等级分		按路面分		晴雨通车里程	桥梁	
		等级路	等外路	有路面里程	无路面里程		座	米
广州	3 694	2 091	1 603	3 290	404	3 646	865	34 738
深圳	917	881	36	917		917	245	5 365
珠海	415	313	102	415		415	115	6 376
汕头	870	798	72	846	24	849	275	7 730
韶关	5 829	3 813	2 016	5 425	404	5 458	915	26 211
河源	6 448	5 418	1 030	5 575	873	5 503	1 038	25 300
梅州	5 817	4 462	1 355	5 754	63	5 656	1 302	32 917
惠州	4 981	4 198	783	4 136	845	4 453	900	27 760
汕尾	1 583	1 350	233	1 267	316	1 414	403	11 033
东莞	1 398	1 232	166	963	435	1 112	286	12 902
中山	466	338	128	466		466	267	7 037
江门	3 243	2 179	1 064	3 021	222	3 112	933	26 892
佛山	2 208	1 871	337	2 206	2	2 185	657	24 567
阳江	2 206	1 676	530	1 252	954	1 998	459	16 125
湛江	5 751	4 888	863	4 620	1 131	5 208	548	18 298
茂名	5 630	4 804	826	4 302	1 328	5 100	1 193	34 778
肇庆	7 688	6 229	1 459	7 139	549	7 368	1 439	37 758
清远	5 160	3 406	1 754	4 994	166	4 810	860	30 587
潮州	1 185	597	588	1 026	159	1 101	266	8 887
揭阳	1 956	1 269	687	1 897	59	1 831	468	15 148

6-8 公路通车里程和桥梁数

项　　目	单　位	1992年	1993年	1993年比1992年增长％
一、通车里程	**公里**	**55 883**	**67 554**	**20.9**
#晴雨通车里程	公里	51 428	62 710	21.9
(一)按等级分				
1.等级路	公里	39 984	51 922	29.9
高速公路	公里	46	109	137.0
一　级	公里	452	936	107.1
二　级	公里	2 720	3 587	31.9
三　级	公里	4 028	4 367	8.4
四　级	公里	32 738	42 923	31.1
2.等外公路	公里	15 899	15 632	−1.7
(二)按路面分				
1.有路面里程	公里	47 891	59 619	24.5
高级、次高级	公里	14 751	16 667	13.0
中　级	公里	9 782	11 735	20.0
低　级	公里	23 358	31 217	33.6
2.无路面里程	公里	7 992	7 935	−0.7
二、桥　梁	**座**	**11 518**	**13 503**	**17.2**
	米	**361 528**	**416 520**	**15.2**
#永久式	座	11 466	13 451	17.3
	米	360 068	415 065	15.3
半永久式	座	44	43	−2.3
	米	1 347	1 327	−1.5
三、渡　口	**个**	**37**	**34**	**−8.1**

6-9 输油管道长度和运输量

项　　目	单　位	1992年	1993年	1993年比1992年增长%
总　　计				
条　　数	条	17	17	0
输油里程	公里	196.46	196.55	…
输油延展里程	公里	207.13	207.62	0.3
输油量	万吨	1 437	1 495	4.0
输油周转量	万吨公里	90 185	94 945	5.3
一、输原油管道				
条　　数	条	3	3	0
输油里程	公里	109.09	109.09	0
输油延展里程	公里	119.49	119.49	0
输油量	万吨	1 106	1 120	1.3
输油周转量	万吨公里	74 285	77 155	3.9
二、成品油管道				
条　　数	条	14	14	0
输油里程	公里	87.46	87.46	0
输油延展里程	公里	88.13	88.13	0
输油量	万吨	331	375	13.3
输油周转量	万吨公里	15 900	17 790	11.9

6-10 民航航站吞吐量

年　份	合计			进港			出港		
	架次（万次）	旅客（万人）	货、邮、行（万吨）	架次（万次）	旅客（万人）	货、邮、行（万吨）	架次（万次）	旅客（万人）	货、邮、行（万吨）
1978								43	0.8
1980	1.6	161	2.9	0.8	81	1.4	0.8	80	1.5
1985	4.0	318	6.2	2.0	160	3.0	2.0	158	3.2
1990	6.2	687	13.5	3.1	343	5.9	3.1	344	7.6
1992	7.8	1 045	19.2	3.9	519	7.8	3.9	526	11.4
1993	11.2	1 339	25.6	5.6	660	10.9	5.6	679	14.7

6－11 货物吞吐量

（全　　港）

单位：万吨

项　　目	1980年	1985年	1990年	1992年	1993年	1993年比1992年增长％
总　　计	**7 059**	**8 811**	**11 904**	**14 934**	**16 792**	**12.4**
一、沿海主要港口合计	**3 075**	**5 073**	**6 895**	**9 010**	**10 753**	**19.3**
广州港	1 824	3 446	4 163	5 464	6 552	19.9
湛江港	1 075	1 231	1 557	1 644	1 953	18.8
汕头港	176	201	279	591	662	12.0
蛇口港		130	480	656	821	25.2
赤湾港		65	412	507	602	18.7
妈湾港			4	148	163	10.1
二、地方港口合计	**3 984**	**3 738**	**5 009**	**5 924**	**6 039**	**1.9**
广　　州	283	255	936	1 013	991	－2.2
深　　圳	30	131	267	316	349	10.4
珠　　海		155	269	433	444	2.5
汕　　头	523	224	279	329	285	－13.4
韶　　关	75	44	72	148	129	－12.8
河　　源		72	90	43	33	－23.3
梅　　州	206	134	92	169	252	49.1
惠　　州	524	107	83	88	69	－21.6
汕　　尾		27	46	50	57	14.0
东　　莞		276	314	293	312	6.5
中　　山		239	300	353	338	－4.2
江　　门		494	615	700	760	8.6
佛　　山	1 309	552	675	707	682	－3.5
阳　　江		31	19	12	35	191.7
湛　　江	266	177	260	328	399	21.6
茂　　名		34	42	96	147	53.1
肇　　庆	500	503	421	524	412	－21.4
清　　远	268	240	201	211	240	13.7
潮　　州		43	28	30	20	－33.3
揭　　阳						
省航务管理局				81	85	4.9

6—12 货物吞吐量

（本　　港）　　　　单位：万吨

项　　目	1980年	1985年	1990年	1992年	1993年	1993年比1992年增长%
合　　计			**7 598**	**9 654**	**11 506**	**19.2**
一、沿海主要港口	**3 023**	**3 862**	**5 355**	**7 228**	**8 810**	**21.9**
广州港	1 772	2 235	2 750	4 107	5 023	22.3
湛江港	1 075	1 231	1 511	1 490	1 737	23.3
汕头港	176	201	254	460	662	43.9
蛇口港		130	478	592	740	25.0
赤湾港		65	358	431	485	12.5
妈湾港			4	148	163	10.1
二、地方港口			**2 243**	**2 426**	**2 696**	**11.1**
外　贸			203	319	453	42.0
内　贸			2 040	2 107	2 243	6.5
1.进口合计			1 257	1 395	1 554	11.4
外　贸			92	181	290	60.2
内　贸			1 165	1 214	1 264	4.1
2.出口合计			986	1 031	1 142	10.8
外　贸			111	138	163	18.1
内　贸			875	893	979	9.6

6—13 旅客吞吐量

单位：万人

项　　目	1980年	1985年	1990年	1992年	1993年	1993年比1992年增长%
合　　计	**1 678.1**	**2 704.2**	**2 685.7**	**3 275.9**	**3 144.0**	**—4.0**
#出　口	1 660.7	1 605.0	1 320.6	1 594.4	1 553.9	—2.5
一、沿海主要港口	**470.1**	**460.2**	**707.2**	**916.9**	**797.6**	**—13.0**
#出　口	452.7	397.0	341.7	442.4	379.8	—14.2
广州港	439.8	354.3	434.8	433.4	394.5	—9.0
#出　口	438.3	345.5	206.5	201.3	182.7	—9.2
湛江港	3.7	1.8	9.2	8.5	21.2	149.4
#出　口	1.7	0.8	4.4	3.9	9.4	141.0
汕头港	26.6	21.2	33.2	47.0	26.4	—43.8
#出　口	12.7	10.2	15.4	21.5	11.8	—45.1
蛇口港		82.9	230.0	428.0	355.5	—16.9
#出　口		40.5	115.4	215.7	175.9	—18.5
二、地方港口	**1 208.0**	**2 244.0**	**1 978.5**	**2 359.0**	**2 346.4**	**—0.5**
#出　口	1 208.0	1 208.0	978.9	1 152.0	1 174.1	1.9

6-14 港口设备拥有量

项　　　目	单　位	1992年	1993年	1993年比1992年增长%
一、沿海主要港口				
码头泊位个数	个	893	898	0.6
#万吨级泊位	个	64	67	4.7
码头泊位长度	米	51 717	52 394	1.3
浮　筒　数	个	35	33	−5.7
总　面　积	万平方米	250.3	269.5	7.7
#仓　　库	万平方米	68.3	68.2	−0.1
堆　　场	万平方米	160.1	196.2	22.5
总　容　积	万吨	477.9	535.7	12.1
#仓　　库	万吨	86.4	84.6	−2.1
堆　　场	万吨	376.3	430.8	14.5
机械实有数	台	2 442	2 843	16.4
#起重机械	台	559	685	22.5
二、地方港口				
码头泊位个数	个	1 137	1 721	51.4
#万吨级泊位	个	2	4	100
码头泊位长度	米	34 957	42 306	21.0
总　面　积	万平方米	112	145	29.5
#仓　　库	万平方米	22	19	−13.6
堆　　场	万平方米	90	126	40.0
总　容　积	万吨	183	263	43.7
#仓　　库	万吨	30	29	−3.3
堆　　场	万吨	152	234	53.9
机械实有数	台	655	734	12.1
#起重机械	台	248	277	11.7

6-15 沿海主要港口国际标准集装箱吞吐量

单位：TEU

港口名称	1992年			1993年		
	合计	进口	出口	合计	进口	出口
总　　计	**277 973**	**138 011**	**139 962**	**319 905**	**154 741**	**165 164**
广州港	180 407	89 770	90 637	187 587	93 453	94 134
湛江港	11 910	6 174	5 736	17 652	9 055	8 597
汕头港	28 092	14 644	13 448	55 014	27 544	27 470
蛇口港	23 613	10 791	12 822	26 005	9 420	16 585
赤湾港	30 947	15 390	15 557	33 093	15 006	18 087
妈湾港	3 004	1 242	1 762	554	263	291

6-16 运输主要技术经济指标

项　　目	单　位	1992年	1993年	1993年比1992年增长 %
一、铁　路(广州分局)				
货车周转时间	天	1.24	1.25	0.8
货车静载重	吨	53.0	53.7	1.3
货物列车旅行速度	公里/小时	31.6	32.9	4.1
货物列车运行正点率	%	86.9	85.1	
货运机车日产量	万吨公里	118.4	116.5	−1.6
内燃机车万吨公里耗油	千克	22.8	22.1	−3.1
电力机车万吨公里耗电	千瓦时	90.9	93.1	3.0
二、公　路				
载货汽车完好率	%	85.0	86.6	
载货汽车工作率	%	65.0	64.6	
载货汽车实载率	%	66.0	70.2	
载货汽车车吨年产量	吨公里	24 804	28 224	13.8
载货汽车单车年产量	吨公里	197 220	240 584	22.0
载货汽车每百吨公里耗汽油	升	8.0	6.7	−16.3
载货汽车每百吨公里耗柴油	升	5.0	4.2	16.0
载客汽车完好率	%	93.0	93.9	
载客汽车工作率	%	85.0	83.3	
载客汽车实载率	%	69.0	68.8	
载客汽车车座年产量	人公里	58 172	54 992	−5.5
载客汽车单车年产量	人公里	1 615 450	1 567 690	−3.0
三、水　运				
部直属轮船营运率	%	87.9	87.9	
部直属轮船吨船年产量	吨公里	50 965	52 795	3.6
地方航运轮驳船营运率	%	90.5	88.9	
地方航运轮驳船货运吨船年产量	吨公里	10 822	11 747	8.5
四、民　航				
飞机班次	班次	60 481	37 483	11.6
飞行里程	万公里	6 095.48	7 100.41	16.5
飞行小时	小时	105 445	117 233	11.2
# 运输飞机	小时	95 944	110 273	14.9
专业飞机	小时	9 501	6 960	−26.7
载运率	%	68.6	58.5	
客座率	%	86.3	75.8	

6-17 各市邮电业务量

(1993年)

市别	业务总量(万元)(1990年不变价)	函件(万件)	报刊累计数(万份)	电报(万份)	长途电话(万张)	市内电话(万户)	农村电话(万户)
总计	**942 465**	**80 899**	**151 964**	**2 204**	**124 975**	**198**	**113**
广州市邮政局	63 622	18 039	28 420	58	9 074		13
广州市电信局	155 331			303	18 689	52	
深圳市邮电局	174 045	16 725	14 984	387	21 094	28	12
珠海市邮电局	41 950	2 390	3 843	87	6 014	8	1
汕头市邮电局	61 537	3 072	7 249	101	8 021	21	4
韶关市邮电局	13 505	2 796	8 976	80	1 694	7	1
河源市邮电局	6 419	1 012	3 429	47	1 108		4
梅州市邮电局	13 035	1 988	7 948	57	1 592	6	3
惠州市邮电局	46 330	3 635	5 330	81	5 295	8	5
汕尾市邮电局	14 416	605	2 517	28	2 613		7
东莞市邮电局	65 698	7 601	7 841	154	8 708	5	10
中山市邮电局	32 973	2 321	2 920	69	4 137	5	8
江门市邮电局	46 984	3 034	11 103	93	5 841	13	5
佛山市邮电局	89 014	4 033	11 499	153	14 536	13	15
阳江市邮电局	7 745	831	3 556	42	1 181		4
湛江市邮电局	29 560	3 387	7 223	110	3 900	10	3
茂名市邮电局	15 029	3 138	4 997	95	2 243	6	2
肇庆市邮电局	22 588	2 764	8 677	98	2 847	8	3
清远市邮电局	7 194	1 251	4 224	55	1 205		5
潮州市邮电局	12 812	817	2 563	41	1 826	3	3
揭阳市邮电局	21 138	1 460	4 665	65	3 357	5	5
省机要通信局	91						
省长途电信线路局	20						
省报刊发行局	187						

6-18 邮电通信工具

年份	邮运汽车(辆)	长途自动交换机容量(万路)	自动转报设备容量(路)	用户电报交换机容量(线)	载波终端设备容量(路)	电话交换机总容量(万门)	#市话交换机	电话机总数(万部)	#市话话机
1949	14					1.2	1.2	0.9	0.9
1952	14				57	3.6	2.1	1.7	1.4
1957	31				144	6.5	3.2	5.6	2.9
1962	56				604	14.2	4.4	11.7	4.6
1965	59				615	14.0	4.8	11.6	5.1
1970	82				839	14.9	5.2	11.3	4.6
1975	153				2 131	17.4	6.3	14.5	6.2
1978	211				2 546	21.1	7.9	17.5	7.9
1980	247				4 751	24.2	9.8	18.9	9.2
1985	383	0.2	136	1 860	12 462	40.0	19.7	36.6	24.2
1989	513	2.0	267	4 208	76 701	129.6	76.8	116.9	79.8
1990	613	3.8	587	4 068	92 686	180.7	108.9	155.4	108.0
1992	755	9.8	996	4 152	158 759	305.0	179.0	263.1	177.6
1993	850	20.1	1 445	4 364	156 998	500.0	291.7	386.9	257.3

6-19 各市邮电通信网

(1993年)

市别	邮电局所（处）	#设在农村的	邮路长度（公里）	#航空邮路	长途电话电路（路）	电报报路（路）	农村投递路线（公里）
总计	**2 927**	**2 335**	**106 738**	**45 666**	**76 032**	**995**	**150 137**
广州	302	147	4 789				10 268
深圳	194	106	13 362	11 720			1 291
珠海	77	61	1 031				1 493
汕头	146	110	9 593	7 570			4 456
韶关	181	157	3 805				10 183
河源	121	111	3 476				7 795
梅州	201	183	4 023				14 943
惠州	142	111	2 381				5 979
汕尾	72	58	801				5 102
东莞	161	144	740				2 057
中山	50	41	609				4 922
江门	160	133	2 819				14 795
佛山	155	128	1 871				6 885
阳江	83	71	1 063				5 912
湛江	159	128	4 048				12 261
茂名	123	108	2 154				8 677
肇庆	229	204	6 634				12 369
清远	163	146	3 494				10 338
潮州	72	61	964				2 901
揭阳	135	127	997				7 510
省机要通信局	1		11				
省邮运局			38 073	26 376			

6-20 邮电通信水平

项目	单位	1980年	1985年	1990年	1992年	1993年	1993年比1992年增长%
全省邮电通信水平							
平均每人每年发函件数	件	4.8	6.0	8.7	10.0	12.3	23.0
平均每百人每年订报刊数	份	15.7	22.5	16.6	21.9	23.1	5.5
当天看到省报的县(市)数	个	62	54	55	58	55	-5.2
平均每百人拥有电话机数	部	0.36	0.62	2.45	4.07	5.88	44.5
省会到市平均长话电路数	路	8.8	27.7	206.4	345.6	543.4	57.2
装有市话自动交换机的县(市)比重	%			34.2	93.6	100	
农村邮电通信水平							
设有邮电局所的(乡)镇比重	%	93.6	94.9	95.8	96.1	95.9	
当天看到省报的县(市)比重	%	56.9	49.1	58.5	60.4	56.1	
已装电话交换机的乡(镇)比重	%			89.0	87.7	84.1	
已通电话的管理区比重	%			77.6	84.9	89.5	

注：本表1980年和1985年数包海南数字。

七、固定资产投资与建筑业

7-1 固定资产投资与建筑业主要指标

指　　　标	单位	1985年	1990年	1991年	1992年	1993年
全社会固定资产投资总额	亿元	184.59	372.59	478.20	921.75	1 629.87
#国有单位	亿元	131.11	272.18	343.01	603.29	895.50
#基本建设	亿元	94.07	175.43	214.76	338.69	546.63
更新改造	亿元	32.31	59.10	74.87	128.57	183.87
集体单位	亿元	24.18	53.81	71.21	209.32	305.71
个人投资	亿元	29.30	46.60	63.98	109.14	167.80
国有单位新增固定资产	亿元	84.45	205.08	230.01	371.92	489.67
固定资产交付使用率	%	64.4	75.3	67.1	61.6	54.7
国有单位房屋竣工面积	万平方米	1 709.96	1 890.77	1 984.89	2 411.53	2 387.18
房屋面积竣工率	%	44.1	47.3	42.9	37.3	36.6
国有单位计划总投资	亿元	495.76	1 021.61	1 241.31	2 087.32	2 832.21
建设周期	年	3.8	3.8	3.6	3.5	3.2
基本建设、更新改造投资资金	亿元	126.38	234.53	289.63	4 67.26	730.50
#国家预算内资金	亿元	13.64	14.22	14.28	14.55	17.38
国内贷款	亿元	35.59	45.88	72.62	118.34	162.05
利用外资	亿元	16.54	44.40	43.50	70.48	105.50
自筹资金	亿元	50.07	89.64	122.45	208.36	348.51
基本建设主要新增生产能力						
原煤开采	万吨/年	34.00	20.00			9.00
发电机组容量	万千瓦	25.84	74.07	82.94	109.72	411.24
输电线路(11万伏以上)	公里	629.80	704.76	667.68	1 107.06	1 079.62
市内电话自动交换	门	48 288	222 714	78 880	316 952	627 100
建筑企业(或单位)个数	个	461	686	705	910	1 766
建筑业企业平均人数	万人	51.63	67.22	67.71	84.80	144.12
建筑业总产值	亿元	50.45	113.40	137.30	216.56	459.95
劳动生产率(按施工产值计算)	元/人	9 431	16 398	19 831	25 208	31 914
建筑业房屋施工面积	万平方米	3 040.5	4 477.3	4 813.0	6 657.2	10 342.9
建筑业房屋竣工面积	万平方米	1 426.8	2 345.4	2 200.2	2 727.5	3 599.0

7-2 全社会固定资产投资总额及指数

年 份	全社会投资总额	国有单位	基本建设	更新改造	商品房	其他	集体单位	城乡个人
一、绝对数(亿元)								
1978	27.23	20.04	17.85	2.19			0.84	6.35
1979	28.29	20.06	17.63	2.43			0.95	7.28
1980	38.29	25.72	22.05	3.67			1.68	10.89
"六五"时期	548.80	354.06	246.86	98.26		8.94	72.20	122.54
1981	60.40	34.61	28.37	6.24			6.41	19.38
1982	84.73	51.77	33.86	17.91			11.50	21.46
1983	88.71	55.92	35.23	19.91		0.78	11.91	20.88
1984	130.37	80.65	55.33	21.89		3.43	18.20	31.52
1985	184.59	131.11	94.07	32.31		4.73	24.18	29.30
"七五"时期	1 541.03	1 113.63	680.30	282.17	129.10	22.06	218.38	209.02
1986	216.50	158.58	103.48	42.78	10.00	2.32	25.86	32.06
1987	251.01	178.96	107.27	51.36	16.29	4.04	33.97	38.08
1988	353.59	254.22	146.68	79.22	21.96	6.36	51.93	47.44
1989	347.34	249.69	147.44	49.71	48.15	4.39	52.81	44.84
1990	372.59	272.18	175.43	59.10	32.70	4.95	53.81	46.60
"八五"时期								
1991	478.20	343.01	214.76	74.87	49.75	3.63	71.21	63.98
1992	921.75	603.29	338.69	128.57	125.57	10.46	209.32	109.14
1993	1 629.87							
二、指数(%)								
1978	100.0	100.0	100.0	100.0			100.0	100.0
1979	103.9	100.1	98.8	111.0			113.1	114.6
1980	140.6	128.3	123.5	167.6			200.0	171.5
1981	221.8	172.7	158.9	284.9			763.1	305.2
1982	311.2	258.3	189.7	817.8			1 369.0	338.0
1983	325.8	279.0	197.4	909.1		100.0	1 417.9	328.8
1984	478.8	402.4	310.0	999.5		439.7	2 166.7	496.4
1985	677.9	654.2	527.0	1 475.3		606.4	2 878.6	461.4
1986	795.1	791.3	579.7	1 953.4	100.0	297.4	3 078.6	504.9
1987	921.8	893.0	601.0	2 345.2	162.9	517.9	4 044.0	599.7
1988	1 298.5	1 268.6	821.7	3 617.4	219.6	815.4	6 182.1	747.1
1989	1 275.6	1 246.0	826.0	2 270.0	481.5	562.8	6 286.9	706.1
1990	1 368.3	1 358.2	982.8	2 698.6	327.0	634.6	6 406.0	733.9
1991	1 756.2	1 711.6	1 203.1	3 418.7	497.5	465.4	8 477.4	1 007.6
1992	3 385.1	3 010.4	1 897.4	5 870.8	1 255.7	1 341.0	24 919.0	1 718.7
1993	5 985.6							

注:1986 年商品房开始单独统计。1993 年分组口径与以前年度不一致,本表无法细分及对比。

7-3 全社会固定资产投资

（1993年）

项目	全省合计	国有单位	#基本建设	#更新改造	集体单位	#城镇	城乡个人	#城镇	其他类型
一、投资总额(亿元)	**1 629.87**	**895.50**	**546.63**	**183.87**	**305.71**	**110.65**	**167.81**	**40.33**	**260.85**
按隶属关系分									
中央项目	158.24	156.42	109.14	38.02	0.20	0.20			1.62
地方项目	1 471.63	739.08	437.49	145.85	305.51	110.45	167.81	40.33	259.23
按构成分									
建筑安装工程	1 019.74	535.47	342.19	84.58	19 .53	75.77	145.34	40.33	140.40
设备、工器具购置	381.90	217.73	127.48	86.44	72.79	10.17	22.47		68.91
其他费用	228.23	142.30	76.96	12.85	34.39	24.71			51.54
二、财务拨贷款									
合计(亿元)	**1 734.61**	**940.79**	**539.43**	**188.22**	**319.00**	**46.23**	**167.81**	**40.33**	**307.01**
国家预算内资金	21.09	18.24	15.80	1.40	2.60	0.24			0.25
国内贷款	342.60	218.01	104.17	57.83	80.81	15.64			43.78
利用外资	285.28	116.05	86.22	18.54	35.38	2.47			133.85
自筹资金	650.25	427.58	256.76	90.42	142.76	22.22			79.91
其他资金	435.39	160.91	76.48	20.03	57.45	5.66	167.81	40.33	49.22
三、房屋建筑面积									
(万平方米)									
施工面积	16 274.97	6 514.02	2 927.95	845.51	4 028.59	1 738.27	3 739.12	854.73	1 993.24
竣工面积	8 772.68	2 387.18	1 189.40	425.77	2 213.14	666.04	3 739.12	854.73	433.24
# 住宅	5 413.50	1 287.92	537.38	134.74	661.85	413.21	3 258.86	656.66	204.87

7-4 各市全社会固定资产投资额

（1993年）

单位：亿元

市别	投资总额	国有单位	基本建设	更新改造	房地产开发	其他	集体单位	＃城镇	城乡个人	＃城镇	其他类型
广州	373.40	188.56	79.91	53.98	54.49	0.18	67.66	27.50	23.53	5.88	93.65
深圳	213.98	166.90	141.00	2.08	22.77	1.05	12.44	5.88	5.68	2.23	28.96
珠海	79.15	59.76	53.91	0.73	5.12		10.76	9.10	1.00	0.75	7.63
汕头	73.56	50.02	33.88	8.34	6.55	1.25	11.00	4.68	9.07	2.18	3.47
韶关	29.23	19.29	7.96	7.65	1.05	2.63	3.18	0.78	1.87	0.43	4.89
河源	13.87	8.69	4.56	1.91	2.22		1.51	0.22	2.95	0.93	0.72
梅州	27.84	16.31	6.29	5.42	1.20	3.40	7.24	0.42	3.10	0.86	1.19
惠州	91.80	58.38	33.37	9.19	14.36	1.46	18.30	5.00	10.39	2.14	4.73
汕尾	21.37	11.89	5.76	4.79	1.33	0.01	3.16	1.09	6.14	1.57	0.18
东莞	32.76	18.10	16.06	2.03	0.01		6.02	3.59	2.41	1.26	6.23
中山	58.49	14.32	8.19	3.90	0.71	1.52	29.11	8.85	10.55	0.07	4.51
江门	77.23	30.12	8.22	17.32	3.63	0.95	22.34	10.49	8.72	0.48	16.05
佛山	176.88	41.09	17.70	17.43	4.41	1.55	72.64	23.87	18.31	1.52	44.84
阳江	35.14	23.40	17.61	1.71	4.08		2.10	0.39	7.08	3.78	2.56
湛江	57.47	40.87	26.63	10.91	2.92	0.41	3.34	0.56	10.41	1.79	2.85
茂名	50.05	28.76	16.45	7.03	3.68	1.60	5.23	1.87	14.47	1.57	1.59
肇庆	83.72	41.60	14.00	17.33	4.31	5.96	15.21	3.34	16.84	6.45	10.07
清远	34.69	24.46	17.08	4.77	2.19	0.42	4.86	1.01	3.64	0.90	1.73
潮州	25.88	11.44	5.19	2.22	1.72	2.31	3.95	1.02	7.74	4.31	2.75
揭阳	27.79	16.29	8.37	4.37	2.83	0.72	5.66	0.99	3.91	1.23	1.93

7-5 各市国有单位中央和地方项目投资额

（1993年）

单位：亿元

市别	固定资产投资		基本建设		更新改造		房地产开发		国有其他	
	中央	地方	中央	地方	中央	地方	中央	地方	中央	地方
广州	51.46	137.10	31.74	48.17	14.05	39.93	5.67	48.82		0.18
深圳	34.07	132.83	31.36	109.64	0.90	1.18	1.81	20.96		1.05
珠海	2.26	57.50	2.26	51.65		0.73		5.12		
汕头	7.74	42.28	5.32	28.56	2.38	5.96		6.55	0.04	1.21
韶关	2.42	16.87	1.33	6.63	1.05	6.60		1.05	0.04	2.59
河源	0.54	8.15	0.33	4.23	0.21	1.70		2.22		
梅州	1.42	14.89	0.22	6.07	1.20	4.22		1.20		3.40
惠州	3.84	54.54	1.55	31.82	2.26	6.93		14.36	0.03	1.43
汕尾	2.31	9.58	0.45	5.31	1.86	2.93		1.33		0.01
东莞		18.10		16.06		2.03		0.01		
中山	0.96	13.36	0.69	7.50	0.27	3.63		0.71		1.52
江门	1.13	28.99	0.81	7.41	0.32	17.00		3.63		0.95
佛山	3.52	37.57	0.33	17.37	3.19	14.24		4.41		1.55
阳江	0.47	22.93	0.10	17.51	0.37	1.34		4.08		
湛江	13.75	27.12	10.53	16.10	3.22	7.69		2.92		0.41
茂名	10.95	17.81	7.95	8.50	2.61	4.42	0.39	3.29		1.60
肇庆	2.97	38.63	0.50	13.50	1.19	16.14		4.31	1.28	4.68
清远	1.05	23.41	0.73	16.35	0.32	4.45		2.19		0.42
潮州	0.66	10.78	0.20	4.99	0.46	1.76		1.72		2.31
揭阳	2.22	14.07	0.07	8.30	2.15	2.22		2.83		0.72

7—6 国有单位固定资产投资主要指标

项　　目	1980年	1985年	1990年	1991年	1992年	1993年
一、建设项目个数(个)						
施工项目	9 353	10 179	7 556	9 157	10 569	10 233
全部建成投产项目	4 118	5 322	3 698	4 556	5 190	4 943
二、投资总额(亿元)	**25.72**	**131.11**	**272.18**	**343.01**	**603.29**	**895.50**
按构成分						
建筑安装工程	16.81	87.40	160.31	210.52	372.95	535.47
设备、工器具购置	8.11	31.95	82.22	92.91	149.25	217.73
其他费用	0.80	11.76	29.65	39.58	81.09	142.30
按建设性质分						
#新　建		65.93	158.14	164.97	356.48	523.29
扩　建		30.53	69.04	93.85	141.18	249.85
改　建		14.83	27.67	46.74	70.03	76.15
按资金来源分						
国家预算内资金	11.48	13.64	14.25	14.75	14.91	18.36
国内贷款	3.31	35.59	54.84	84.35	156.76	205.63
利用外资	1.48	16.54	47.07	49.65	83.16	114.44
自筹资金	9.45	50.07	103.41	144.32	261.33	410.77
其他资金		10.54	52.61	49.94	87.13	146.30
三、新增固定资产(亿元)	**18.41**	**84.45**	**205.08**	**230.01**	**371.92**	**489.67**
四、房屋建筑面积(万平方米)						
施工面积	1 572.33	3 785.54	3 995.91	4 713.36	6 467.34	6 514.02
竣工面积	757.14	1 709.96	1 890.77	1 984.89	2 411.53	2 387.18
#住宅	432.62	834.88	985.65	1 031.76	1 343.38	1 287.92

注：1985年建设项目个数，投资额按建设性质分，按资金来源分，不含国有其他固定资产投资单位。

7–7 基本建设主要指标

项目	1980年	1985年	1990年	1991年	1992年	1993年
一、建设项目个数(个)						
施工项目	7 272	4 902	3 389	4 006	4 555	4 561
#大中型项目	36	54	103	96	113	98
全部建成投产项目	3 056	2 488	1 655	1 971	2 265	2 160
#大中型项目	5	11	25	22	24	23
二、投资总额(亿元)	**22.05**	**94.07**	**175.43**	**214.76**	**338.69**	**546.63**
按构成分						
建筑安装工程	15.01	68.39	95.99	132.92	211.12	342.19
设备、工器具购置	6.24	15.74	56.81	55.33	82.73	127.48
其他费用	0.80	9.94	22.63	26.51	44.84	76.96
按建设性质分						
#新建		61.49	115.01	140.56	220.29	362.43
扩建		14.61	37.81	47.22	66.12	133.32
改建		7.23	9.21	15.07	26.49	17.69
按资金来源分						
国家预算内资金	10.71	13.06	13.50	13.48	13.65	16.01
国内贷款	2.41	20.88	29.25	47.49	70.96	105.56
利用外资	1.37	14.74	37.56	36.97	58.32	87.38
自筹资金	7.56	36.30	59.52	85.59	151.29	260.18
其他资金		9.09	35.60	31.23	44.47	77.50
三、新增固定资产(亿元)	**15.63**	**57.41**	**110.38**	**127.62**	**208.08**	**278.75**
四、房屋建筑面积(万平方米)						
施工面积	1 431.05	2 938.61	1 775.04	2 168.39	2 511.96	2 927.95
竣工面积	686.85	1 191.77	808.30	929.53	1 065.63	1 189.40
#住宅	416.73	631.76	310.86	345.40	404.21	537.38

7－8 基本建设项目计划总投资及完成情况

项目	1980年	1985年	1990年	1991年	1992年	1993年
计划总投资（亿元）	112.30	451.79	716.01	855.93	1 325.18	1 989.14
自开始建设至本年底						
累计完成投资（亿元）	81.78	180.45	391.63	525.67	717.71	982.81
＃本年完成投资	22.05	94.07	175.43	214.76	338.69	546.63
＃本年新开工项目投资			25.30	92.54	88.64	174.58
累计新增固定资产(亿元)	52.29	94.88	188.77	246.19	318.30	417.18
不增加固定资产投资(亿元)	4.32	7.47	14.39	20.02	24.91	26.75
未完工程投资(亿元)	25.17	78.10	188.47	259.46	374.50	538.88
全部建成尚需投资（亿元）	30.52	271.34	324.38	330.26	607.47	1 006.33
未完工程占用率（%）	114.1	83.0	107.4	120.8	110.6	98.6
建设周期（年/月）	5/1	4/10	4/1	4/0	3/11	3/8

7－9 基本建设大中型项目计划总投资及完成情况

项目	1980年	1985年	1990年	1991年	1992年	1993年
计划总投资（亿元）	57.33	188.83	444.86	518.41	816.99	970.99
自开始建设至本年底						
累计完成投资（亿元）	45.27	51.91	205.58	277.64	380.64	370.97
＃本年完成投资	6.23	16.22	92.56	110.98	139.00	140.85
＃本年新开工项目投资		1.58	6.58	7.00	10.24	37.74
累计新增固定资产(亿元)	30.71	28.55	82.06	99.88	154.71	125.34
不增加固定资产投资(亿元)		1.25	9.46	13.66	14.37	1.91
未完工程投资(亿元)		22.11	114.06	164.10	211.56	243.72
全部建成尚需投资（亿元）	12.06	136.92	239.28	240.77	436.35	600.02
未完工程占用率（%）		136.3	123.2	147.9	152.2	173.0
建设周期（年/月）	9/2	11/8	4/10	4/8	5/11	6/11

7-10 工业分行业基本建设主要指标

（1993年）

行　　业	投资额（亿元）	施工项目个数（个）	全部建成投产项目个数（个）	新增固定资产（亿元）	固定资产交付使用率（%）
总　计	**208.30**	**852**	**355**	**116.37**	**55.86**
煤炭采选业	0.36	15	7	0.24	66.7
石油和天然气开采业	8.29	4		0.26	3.1
黑色金属矿采选业	0.29	5		0.13	44.8
有色金属矿采选业	0.11	4		0.03	27.3
非金属矿采选业	0.31	11	4	0.11	35.5
木材及竹材采运业	…	1			
食品加工业	5.17	30	11	1.91	36.9
食品制造业	0.83	14	5	0.50	60.2
饮料制造业	1.40	20	11	1.67	119.3
烟草加工业	0.27	7	1	0.02	7.4
纺织业	3.70	32	17	1.27	34.3
服装及其他纤维制品制造业	0.90	21	6	0.26	28.9
皮革毛皮羽绒及其制品业	0.16	5	3	0.11	68.8
木材加工及竹藤棕草制品业	0.06	4	2	0.02	33.3
家具制造业	0.25	4	2	0.03	12.0
造纸及纸制品业	2.72	10	7	2.02	74.3
印刷业、记录媒介的复制	0.10	3	3	0.10	100.0
文教体育用品制造业	0.06	3	1	0.07	116.7
电力蒸气热水生产和供应业	95.02	269	116	55.65	58.6
石油加工业及炼焦业	6.72	4	1	1.68	25.0
化学原料及化学制品制造业	10.72	26	12	1.72	16.0
医药制造业	1.27	9	4	0.65	51.2
化学纤维制造业	5.01	7	3	1.96	39.1
橡胶制品业	1.61	5	3	0.12	7.5
塑料制品业	1.13	21	10	0.60	53.1
非金属矿物制品业	9.58	67	29	6.18	64.5
黑色金属冶炼及压延加工业	1.32	5	2	1.07	81.1
有色金属冶炼及压延加工业	1.22	5		0.08	6.6
金属制品业	2.48	19	10	1.13	45.6
普通机械制造业	0.46	10	4	0.14	30.4
专用设备制造业	1.12	34	19	0.81	72.3
交通运输设备制造业	6.54	26	8	4.58	70.0
电气机械及器材制造业	5.68	21	10	3.51	61.8
电子及通讯设备制造业	17.72	37	11	18.50	104.4
仪器仪表及文化办公用机械制造业	0.14	3			
其他制造业	3.22	23	10	1.06	32.9
煤气生产和供应业	2.26	11	5	1.95	86.3
自来水生产和供应业	10.10	57	18	6.23	61.7

7-11 分行业基本建设、更新改造投资额

（1993年） 单位：亿元

行业	投资额合计	基本建设		更新改造	
		投资额	比重(%)	投资额	比重(%)
总计	**730.50**	**546.63**	**100.0**	**183.87**	**100.0**
一、农、林、牧、渔、水利业	**7.28**	**6.10**	**1.1**	**1.18**	**0.7**
农业	0.94	0.72	0.1	0.22	0.1
林业	0.49	0.38	0.1	0.11	0.1
畜牧业	0.98	0.96	0.2	0.02	…
渔业	0.86	0.69	0.1	0.17	0.1
水利业	2.86	2.35	0.4	0.51	0.3
农林牧渔水利服务业	1.15	1.00	0.2	0.15	0.1
二、工业	**305.92**	**208.30**	**38.1**	**97.62**	**53.0**
煤炭采选业	0.88	0.36	0.1	0.52	0.3
石油和天然气开采业	8.52	8.29	1.5	0.23	0.1
黑色金属矿采选业	0.42	0.29	0.1	0.13	0.1
有色金属矿采选业	0.91	0.11	…	0.80	0.4
非金属矿采选业	0.72	0.31	0.1	0.41	0.2
其他矿采选业	0.01	…	…	0.01	…
木材及竹材采运业	0.03	…	…	0.03	…
食品加工业	12.05	5.17	0.9	6.88	3.8
食品制造业	4.09	0.83	0.2	3.26	1.8
饮料制造业	6.91	1.40	0.3	5.51	3.0
烟草加工业	1.31	0.27	0.1	1.04	0.6
纺织业	9.27	3.70	0.7	5.57	3.0
服装及其他纤维制造业	1.25	0.90	0.2	0.35	0.2
皮革毛皮羽绒及其制品业	0.59	0.16	…	0.43	0.2
木材加工及竹藤棕草制品业	0.13	0.06	…	0.07	…
家具制造业	0.35	0.25	0.1	0.10	0.1
造纸及纸制品业	6.94	2.72	0.5	4.22	2.3
印刷业、记录媒介的复制	1.04	0.10	…	0.94	0.5
文教体育用品制造业	0.23	0.06	…	0.17	0.1
电力蒸汽热水生产和供应业	102.95	95.02	17.4	7.93	4.3
石油加工业及炼焦业	8.92	6.72	1.2	2.20	1.2
化学原料及化学制品制造业	15.85	10.72	2.0	5.13	2.8
医药制造业	2.98	1.27	0.2	1.71	0.9
化学纤维制造业	10.24	5.01	0.9	5.23	2.8
橡胶制品业	2.67	1.61	0.3	1.06	0.6
塑料制品业	2.44	1.13	0.2	1.31	0.7
非金属矿物制品业	26.15	9.58	1.8	16.57	9.0
黑色金属冶炼及压延加工业	3.52	1.32	0.2	2.20	1.2
有色金属冶炼及压延加工业	2.55	1.22	0.2	1.33	0.7
金属制品业	3.56	2.48	0.4	1.08	0.6
普通机械制造业	2.65	0.46	0.1	2.19	1.2
专用设备制造业	3.51	1.12	0.2	2.39	1.3
交通运输设备制造业	13.00	6.54	1.2	6.46	3.5
电气机械及器材制造业	9.07	5.68	1.0	3.39	1.8

7—11 续表 （1993年） 单位：亿元

行业	投资额合计	基本建设		更新改造	
		投资额	比重(%)	投资额	比重(%)
电子及通信设备制造业	19.43	17.72	3.2	1.71	0.9
仪器仪表及文化办公用机械制造业	0.99	0.14	...	0.85	0.5
煤气生产和供应业	3.00	2.26	0.4	0.74	0.4
自来水生产和供应业	13.22	10.10	1.8	3.12	1.7
其他制造业	3.57	3.22	0.6	0.35	0.2
三、地质普查和勘探业	**0.37**	**0.24**	**0.1**	**0.13**	**0.1**
四、建 筑 业	**25.61**	**22.78**	**4.2**	**2.83**	**1.5**
五、交通运输邮电通讯业	**190.37**	**132.88**	**24.3**	**57.49**	**31.3**
交通运输业	129.22	103.76	19.0	25.46	13.9
邮电通讯业	61.15	29.12	5.3	32.03	17.4
六、商业、公共饮食业、物资供销和仓储业	**14.09**	**9.73**	**1.8**	**4.36**	**2.4**
商业	8.58	5.76	1.1	2.82	1.5
公共饮食业	1.28	1.23	0.2	0.05	...
物资供销业	3.23	2.06	0.4	1.17	0.7
仓 储业	1.00	0.68	0.1	0.32	0.2
七、房地产管理、公用事业、居民服务和咨询服务业	**99.35**	**86.72**	**15.9**	**12.63**	**6.9**
#房地产管理业	22.17	21.45	3.9	0.72	0.4
公用事业	65.59	54.63	10.0	10.96	6.0
八、卫生体育和社会福利业	**9.60**	**8.29**	**1.5**	**1.31**	**0.7**
卫生事业	5.63	4.53	0.8	1.10	0.6
体育事业	3.60	3.48	0.6	0.12	0.1
社会福利事业	0.37	0.28	0.1	0.09	...
九、教育、文化艺术和广播电影电视事业	**23.25**	**22.06**	**4.0**	**1.19**	**0.6**
教育事业	20.13	19.28	3.5	0.85	0.4
文化艺术事业	2.24	2.13	0.4	0.11	0.1
广播电视事业	0.88	0.65	0.1	0.23	0.1
十、科学研究和综合技术服务事业	**2.00**	**1.84**	**0.3**	**0.16**	**0.1**
科学研究事业	1.02	0.94	0.2	0.08	0.1
综合技术服务事业	0.98	0.90	0.1	0.08	...
十一、金融、保险业	**3.12**	**2.53**	**0.5**	**0.59**	**0.3**
金融业	2.70	2.25	0.4	0.45	0.2
保险业	0.42	0.28	0.1	0.14	0.1
十二、国家、政党机关和社会团体	**33.73**	**30.84**	**5.6**	**2.89**	**1.6**
#国家机关	31.88	29.03	5.3	2.85	1.6
政党机关	1.10	1.08	0.2	0.02	...
社会团体	0.29	0.27	...	0.02	...
十三、其他行业	**15.81**	**14.32**	**2.6**	**1.49**	**0.8**

7—12 各市分行业基本建设投资额

（1993年）

单位：万元

市别	农、林、牧、渔业	采掘业	制造业	电力、煤气及水的生产和供应业	建筑业	地质勘查业、水利管理业	交通运输、仓储及邮电通讯业	批发和零售贸易、餐饮业
全省合计	**37 440**	**93 569**	**915 594**	**1 073 851**	**227 818**	**25 915**	**1 335 585**	**90 482**
广州	3 748	209	121 999	78 150	24 481	3 081	276 751	16 860
深圳	10 015	1 218	172 577	351 558	41 103	4 990	230 905	16 528
珠海	6 740		111 138	76 963	16 872	459	183 657	19 218
汕头	3 257	170	19 838	179 713	860	380	38 601	5 033
韶关	371	3 264	26 815	29 408	23	913	4 088	286
河源	483	1 922	11 595	8 098	4 231	250	5 931	685
梅州	613	1 056	14 519	16 548	279	265	3 426	4 806
惠州	3 092	976	43 902	30 348	80 309	4 155	25 842	9 226
汕尾	996	80	2 163	4 147	4 257	391	7 296	3 954
东莞	283		96 081	13 626	37 485	1 720	1 794	115
中山	33		10 216	22 202		732	31 192	120
江门	302		5 034	38 963		619	20 162	727
佛山	597	150	4 094		182	1 232	151 189	120
阳江	507	194	32 834	40 929			3 049	2 375
湛江	1 722	82 668	36 602	58 130	534	346	63 944	1 710
茂名	940	204	92 739	11 109	16 671	1 130	20 882	511
肇庆	532		31 315	27 852		1 357	12 138	1 573
清远	2 170	1 158	70 671	31 989	220	191	20 951	1 358
潮州	533		11 252	17 717	311	317	10 343	1 493
揭阳	506	300	210	6 701		3 387	8 281	3 784

市别	金融、保险业	房地产业	社会服务业	卫生体育和社会福利业	教育、文化艺术及广播电视业	科学研究和综合技术服务业	国家机关、政党机关和社会团体	其他行业
全省合计	**25 305**	**214 508**	**652 717**	**82 864**	**220 632**	**18 384**	**308 373**	**143 223**
广州	1 757	3 687	98 831	9 920	65 887	8 042	81 917	3 731
深圳	7 228	116 679	353 058	9 355	18 048	265	16 248	60 222
珠海	240	13 225	22 652	12 590	18 993	464	44 296	11 604
汕头		54 429	8 474	2 711	11 219	353	13 719	
韶关	250	3 818	2 182	448	2 988	100	4 634	55
河源	456	143	223	876	1 178	3 589	5 409	553
梅州	1 500	340	1 126	1 331	7 591	140	9 215	171
惠州	1 328	15 699	36 340	5 224	12 150	115	15 760	49 281
汕尾	1 673	1 960	1 298	943	6 654	200	18 222	3 370
东莞				1 493	1 798	1 198	4 985	
中山	1 804	620	2 149	2 655	1 842	1 358	5 468	1 516
江门			235	1 648	11 413	185	2 435	500
佛山	110		640	1 040	12 367	150	5 145	
阳江	839	501	86 323	155	739	30	7 167	488
湛江	688		452	1 291	9 606		8 061	500
茂名	378		1 663	1 375	4 337	46	5 510	6 989
肇庆	3 072	1 220	4 237	24 124	17 865	264	14 334	93
清远	3 508	1 467	9 546	3 017	5 911	1 057	15 193	2 369
潮州		590		223	6 514		1 591	1 041
揭阳	474	130	23 288	2 445	3 532	828	29 064	740

注：本表行业按1993年新制度划分。

7—13 能源、原材料、运输邮电业基本建设投资及比重

年份	投资额(亿元)			比重(以投资总额为100)		
	能源	原材料	运输邮电	能源	原材料	运输邮电
1980	2.88	2.96	2.86	13.1	13.4	13.0
1981	3.49	2.34	3.70	12.3	8.2	13.0
1982	3.23	1.82	4.24	9.5	5.4	12.5
1983	3.06	2.60	7.27	8.7	7.4	20.6
1984	4.61	2.70	11.24	8.3	4.9	20.3
1985	6.89	4.68	14.55	7.3	5.0	15.5
1986	23.10	6.35	16.07	22.3	6.1	15.5
1987	28.18	8.02	15.28	26.3	7.5	14.2
1988	26.57	16.36	23.04	18.1	11.2	15.7
1989	31.31	8.96	25.42	21.2	6.1	17.2
1990	58.80	7.06	32.97	33.5	4.0	18.8
1991	60.42	8.47	46.87	28.1	3.9	21.8
1992	74.95	16.84	105.85	22.1	5.0	31.3
1993	122.75	23.54	132.88	22.5	4.3	24.3

7—14 各市房地产开发投资情况

(1993年)

市别	房地产开发(亿元)	#住宅	商品房销售额(亿元)	房屋建筑面积(万平方米)			商品房销售面积(万平方米)
				施工面积	竣工面积	#住宅	
总计	**316.53**	**220.37**	**164.67**	**5 279.95**	**1 350.31**	**1 110.66**	**808.41**
广州	125.12	89.16	54.87	1 554.86	371.90	275.20	176.08
深圳	50.03	33.71	47.45	925.35	173.28	128.14	117.27
珠海	18.74	13.26	8.44	296.91	79.50	62.19	41.83
汕头	10.49	8.17	16.39	394.83	143.28	118.05	99.61
韶关	2.21	1.50	1.10	48.27	17.22	14.74	7.72
河源	2.70	1.28	0.28	21.69	5.25	4.82	2.29
梅州	2.28	1.44	0.89	62.05	11.61	10.27	10.50
惠州	20.94	13.47	2.70	369.60	57.79	48.86	16.93
汕尾	2.60	1.93	1.71	38.15	22.05	21.31	18.84
东莞	5.21	4.80	0.79	57.05	19.28	17.53	55.04
中山	6.53	5.47	3.03	96.55	28.46	25.72	36.84
江门	12.03	10.43	8.76	412.05	130.77	123.67	67.45
佛山	22.98	15.03	9.03	493.37	129.84	115.93	61.63
阳江	4.59	1.94	0.62	58.56	10.50	8.61	5.16
湛江	3.38	2.47	2.24	88.34	31.88	28.17	20.61
茂名	5.82	3.00	1.79	53.64	19.97	17.68	21.02
肇庆	9.88	4.03	1.80	115.18	31.00	29.92	21.27
清远	3.34	3.11	0.73	34.39	12.35	10.37	7.96
潮州	3.22	2.90	1.52	81.65	28.08	26.03	16.30
揭阳	4.44	3.27	0.53	77.46	26.30	23.45	4.06

7—15 基本建设新增主要生产能力或效益

（1993年）

项目	单位	数量	项目	单位	数量
原煤开采	万吨/年	9	新(扩)建客.货运站	个	2
天然原油开采	万吨/年	60		平方米	7 966
油罐容量	万立方米	3.20	民航机场跑道	条	1
炼钢	万吨	24		米	630
水力发电	万千瓦	102.17	长途电缆	延长公里	146
火力发电	万千瓦	309.07	市内电话自动交换机	门	627 100
输电线路(11万伏及以上)	公里	1 079.62	长途自动电话交换设备	路端	8 626
变电设备(11万伏及以上)	万千伏安	3 649.15	商品蛋鸡场	万公斤蛋/年	8.70
水泥	万吨/年	127	耕地面积	万亩	1.20
平板玻璃	万重量箱/年	0.50	造林面积	万亩	6.83
木材采运	万立方米/年	2	水库容量(总库容)	亿立方米	3.10
胶合板	万立方米/年	0.48	有效灌溉面积	万亩	50.20
氮肥(农用尿素)	吨/年	18 400	除涝面积	万亩	28.02
塑料树脂及共聚物	吨/年	10	排灌装机	万千瓦	0.24
合成纤维单体	吨/年	1 000	商业石油库	万立方米	121
轿车制造	辆/年	1 000	粮食仓库	万公斤	3 018
化学纤维	吨/年	800		平方米	13 568
棉印染	万米/年	200	商业饮食服务网点	处	1 314
食用植物油：日处理原料	吨	17		平方米	158 204
日精炼油	吨	5	高等院校学生席位	个	10 300
饼干	吨/年	750	中等学校学生席位	个	170 152
酒	吨/年	1 000	小学校学生席位	个	122 489
机制纸及纸板	万吨/年	0.70	其他学校学生席位	个	6 534
日用陶瓷器	万件/年	1 080	公共图书馆：藏书量	万册(件)	3.7
服装	万件/年	12	阅览室座席	个	150
载货汽车购置	辆	2	建筑面积	平方米	3 300
载客汽车购置	辆	32	影剧院：座席	个	200
小汽车购置	辆	19	建筑面积	平方米	4 800
其它汽车购置	辆	9	文化馆	平方米	3 800
增建铁路第二线交付营运里程	公里	1.60	医院病床	张	2 818
新建公路	公里	928.48	宾馆、旅馆、招待所客房数	间	722
#高速公路	公里	63.79	城市自来水供水能力	万吨/日	89.89
改建公路	公里	453.50	城市自来水管道长度	公里	76.27
#一级公路	公里	52.80	城市煤气生产能力	万立方米/日	19
新建独立公路桥梁	延长米	6 440.10	城市液化石油气储气能力	吨	2 400
	座	43	城市公共交通车辆购置	辆	84
新(扩)建港口码头	年吞吐量:万吨	170	城市道路扩建长度	公里	49.95
	泊位:个	8	城市道路扩建面积	万平方米	73.10
船舶购置	艘	19	城市排水管道铺设长度	公里	56.63
载重量	吨位	246 898	城市永久性桥梁	座	9
拖轮功率	千瓦	2 650			

7-16 建成投产的大中型基建项目

（1993年）

项　　目	开工年月	全部投产年月	新增生产能力
深圳市南山热电有限公司	1993年6月	1993年8月	火力发电12.3万千瓦
深圳市蛇口工业区港口办	1990年8月	1993年12月	新(扩)建港口码头泊位3个 年吞吐量80万吨
深圳市正大康地(蛇口)有限公司	1990年2月	1993年12月	
珠海市洪湾燃机电厂	1991年4月	1993年12月	火力发电10.5万千瓦
汕头市电力工业局官埭输变电	1991年11月	1993年3月	22万伏输电线路38.8公里 22万伏变电设备能力15万千伏安
茂名市雷岭电厂	1991年4月	1993年3月	火力发电2.5万千瓦
肇庆市邮电局	1992年5月	1993年11月	市内电话自动交换机40 000门
广东省云浮水泥厂	1988年5月	1993年1月	水泥生产68吨/年
惠州市荃湾实业联合总公司	1990年5月	1993年12月	新(扩)建港口码头泊位3个 年吞吐量180万吨
惠州市龙门县天堂山水库	1987年11月	1993年12月	水利发电1.95万千瓦 水库容量2.43立方米 有效灌溉面积18万亩
清远市银英公路	1992年4月	1993年2月	新建公路39公里
清远市侨远发电厂	1992年1月	1993年6月	火力发电5.12万千瓦
东莞市沙角发电厂	1989年9月	1993年6月	火力发电60万千瓦
省电力局500千伏蓄能——罗洞输变电	1990年12月	1993年7月	输电线路139.6公里， 变电能力75万千伏安
省电力局500千伏蓄能——增城线路	1990年12月	1993年3月	输电线路80.6公里
省电力局增城——罗洞线路	1990年12月	1993年9月	输电线路79.4公里
省电力局220千伏罗洞——雷岗输变电	1990年4月	1993年10月	输电线路70.7公里 变电能力15万千伏安
省电力局220千伏深圳——横岗输变电	1991年10月	1993年5月	输电线路14.6公里 变电能力15万千伏安
省电力局220千伏罗洞——三水输变电	1991年10月	1993年5月	输电线路13.4公里 变电能力15万千伏安
省电力局220千伏马坝——董塘线路	1992年10月	1993年12月	输电线路51.9公里
省电力局220千伏罗洞——红星线路	1992年10月	1993年5月	输电线路25.2公里
广东省高速公路公司惠盐高速公路	1990年10月	1993年12月	新建公路(高速公路)63.79公里
广东省高速公路公司后门遂道	1991年11月	1993年12月	

7-17 各市房屋建筑面积

（1993年）

市别	施工建筑面积（万平方米）	#住宅	竣工建筑面积（万平方米）	#住宅	竣工价值（亿元）	#住宅	竣工率（%）	#住宅
基本建设	**2 927.95**	**1 093.97**	**1 189.40**	**537.38**	**90.86**	**37.19**	**40.6**	**49.1**
广州	504.95	230.52	165.94	75.82	13.39	5.89	32.9	32.9
深圳	567.60	228.15	212.91	110.50	22.86	10.41	37.5	48.4
珠海	210.50	63.09	79.81	27.05	8.80	2.75	37.9	42.9
汕头	341.11	118.51	76.95	39.81	4.83	2.00	22.6	33.6
韶关	70.00	35.55	29.48	17.04	1.60	0.79	42.1	47.9
河源	52.32	13.83	20.41	8.42	1.22	0.50	39.0	60.9
梅州	127.73	37.94	49.88	20.26	2.43	0.86	39.1	53.4
惠州	230.59	95.28	122.23	58.75	8.01	3.88	53.0	61.7
汕尾	81.26	31.26	44.47	25.73	2.98	1.62	54.7	82.3
东莞	25.19	3.84	14.48	3.48	2.06	0.20	57.5	90.6
中山	49.13	6.68	16.02	2.55	1.19	0.14	32.6	38.2
江门	52.41	12.11	28.44	6.73	1.70	0.33	54.3	55.6
佛山	52.23	22.42	24.14	12.22	1.50	0.65	46.2	54.5
阳江	42.15	8.73	21.82	5.34	1.21	0.28	51.8	61.2
湛江	98.62	38.73	46.82	25.53	2.53	1.39	47.5	65.9
茂名	91.15	43.14	38.83	20.44	2.59	1.32	42.6	47.4
肇庆	136.93	45.63	72.82	33.66	3.86	1.79	53.2	73.8
清远	115.48	40.82	76.76	31.00	4.66	1.64	66.5	75.9
潮州	33.68	5.82	19.07	4.37	1.30	0.18	56.6	75.1
揭阳	42.08	11.47	25.76	8.23	1.59	0.42	61.2	71.8
更新改造	**845.51**	**233.64**	**425.77**	**134.74**	**27.63**	**7.45**	**50.4**	**57.7**
广州	197.03	63.70	68.51	25.99	5.31	1.75	34.8	40.8
深圳	0.34	0.20	0.34	0.20	0.05	0.01	100.0	100.0
珠海	1.22		0.45		0.03		36.9	
汕头	20.89	3.65	10.42	2.37	0.74	0.14	49.9	64.9
韶关	55.52	25.81	34.07	17.25	1.86	0.79	61.4	66.8
河源	19.95	2.77	16.05	2.25	0.48	0.05	80.5	81.2
梅州	32.21	12.45	22.92	7.93	1.41	0.39	71.2	63.7
惠州	41.26	18.40	20.75	8.55	1.46	0.59	50.3	46.5
汕尾	14.44	2.13	6.30	1.72	0.42	0.21	43.6	80.8
东莞	6.65	0.56	1.88	0.56	0.20	0.05	28.3	100.0
中山	14.49	2.16	7.66	2.04	0.64	0.13	52.9	94.4
江门	96.19	21.00	49.45	14.53	3.00	0.66	51.4	69.2
佛山	91.88	11.47	36.36	5.19	2.84	0.29	39.6	45.2
阳江	4.21	0.43	3.81	0.43	0.19	0.02	90.5	100.0
湛江	45.58	12.67	31.93	10.29	1.78	0.53	70.1	81.2
茂名	58.66	26.74	26.53	12.60	1.53	0.75	45.2	47.1
肇庆	108.64	19.73	60.77	13.45	4.10	0.69	55.9	68.2
清远	20.80	6.05	17.80	5.67	1.11	0.24	85.6	93.7
潮州	7.60	2.26	6.48	2.26	0.26	0.07	85.3	100.0
揭阳	7.95	1.46	3.29	1.46	0.22	0.09	41.4	100.0

7-18 更新改造主要指标

项目	1980年	1985年	1990年	1991年	1992年	1993年
一、建设项目个数(个)						
施工项目	2 081	5 277	3 399	3 999	4 452	3 878
#限额以上项目		86	81	79	65	84
全部建成投产项目	1 062	2 834	1 762	2 179	2 488	2 113
#限额以上项目		20	15	20	17	21
二、投资总额(亿元)	**3.67**	**32.31**	**59.10**	**74.87**	**128.57**	**183.87**
按构成分						
建筑安装工程	1.80	14.76	30.27	32.21	55.03	84.58
设备、工器具购置	1.87	15.88	24.93	36.60	63.69	86.44
其他费用		1.67	3.90	6.06	9.85	12.85
按用途分						
增产	1.98	12.12	19.94	28.06	38.54	66.40
节约能源	0.13	0.79	1.34	1.71	2.42	2.44
其他节约	0.12	0.12	0.06	0.09	0.05	0.44
增加品种		4.52	6.14	10.50	13.75	15.42
提高产品质量	0.21	1.42	2.12	4.02	5.54	4.58
三废治理	0.16	0.28	0.55	0.82	0.93	1.33
其他	1.07	13.06	28.95	29.67	67.34	93.26
按建设性质分						
#新建		4.44	10.21	5.13	10.15	15.20
扩建		15.93	30.57	41.53	73.18	109.01
改建		7.61	14.41	22.09	35.45	48.25
按资金来源分						
国家预算内资金	0.77	0.58	0.72	0.80	0.90	1.37
国内贷款	0.90	14.71	16.63	25.13	47.38	56.49
利用外资	0.11	1.80	6.84	6.53	12.16	18.12
自筹资金	1.89	13.77	30.12	36.86	57.07	88.33
其他资金		1.45	4.79	5.55	11.06	19.56
三、新增固定资产(亿元)	**2.78**	**23.15**	**57.38**	**64.86**	**96.41**	**127.32**
四、房屋建筑面积(万平方米)						
施工面积	141.28	755.23	742.98	696.46	865.47	845.51
竣工面积	70.29	401.09	380.27	362.80	404.00	425.77
#住宅	15.89	168.53	129.01	121.90	131.57	134.74

7－19 更新改造项目计划总投资及完成情况

项　　　目	1980年	1985年	1988年	1990年	1991年	1992年	1993年
计划总投资（亿元）	8.59	39.24	208.41	189.09	216.72	293.68	378.31
自开始建设至本年底							
累计完成投资（亿元）	6.10	46.07	124.13	137.39	145.07	196.31	261.93
＃本年完成投资	3.67	32.31	79.22	59.10	74.87	128.57	183.87
累计新增固定资产(亿元)	3.37	28.80	74.80	88.85	96.02	120.84	161.34
不增加固定资产投资(亿元)		1.70	2.91	5.66	5.80	8.56	4.74
未完工程投资(亿元)	2.73	15.57	46.42	42.88	43.25	66.91	95.85
全部建成尚需投资（亿元）	2.49		84.28	51.70	71.65	97.37	116.38
未完工程占用率（%）	74.4	48.2	58.6	72.6	57.8	52.0	52.1
建设周期（年/月）	2/4	1/2	2/7	3/2	2/10	2/3	2/1

7－20 更新改造限额以上项目计划总投资及完成情况

项　　　目	1985年	1988年	1990年	1991年	1992年	1993年
计划总投资（亿元）	16.90	33.40	63.67	62.32	61.35	84.65
自开始建设至本年底						
累计完成投资（亿元）	11.20	18.65	47.13	48.49	44.04	57.00
＃本年完成投资	8.21	9.39	16.89	15.31	21.15	39.61
累计新增固定资产(亿元)	5.37	10.99	27.39	32.54	25.08	32.97
不增加固定资产投资(亿元)	0.29	0.25	1.31	2.21	1.33	1.01
未完工程投资(亿元)	5.54	7.41	18.43	13.74	17.63	23.02
全部建成尚需投资（亿元）	5.70	14.75	16.54	13.83	17.31	27.65
未完工程占用率（%）	67.5	78.9	109.1	89.7	83.4	58.1
建设周期（年/月）	2/1	4/7	3/10	4/0	2/11	2/2

7-21 工业分行业更新改造主要指标

（1993年）

行业	投资额（亿元）	施工项目个数（个）	全部建成投产项目个数（个）	新增固定资产（亿元）	固定资产交付使用率（%）
总计	**97.62**	**2 147**	**1 074**	**71.04**	**72.8**
煤炭采选业	0.52	25	13	0.29	55.8
石油和天然气开采业	0.23	1		0.24	104.3
黑色金属矿采选业	0.13	3		0.03	23.1
有色金属矿采选业	0.80	23	9	0.89	111.3
非金属矿采选业	0.41	16	5	0.17	41.5
其他矿采选业	0.01	1	1	0.01	100.0
木材及竹材采运业	0.03	3	2	0.03	100.0
食品加工业	6.88	91	58	4.31	62.5
食品制造业	3.26	69	37	2.99	91.7
饮料制造业	5.51	59	33	2.47	44.8
烟草加工业	1.04	23	7	0.42	40.4
纺织业	5.57	108	56	4.66	83.7
服装及其他纤维制造业	0.35	10	8	0.36	102.9
皮革毛皮羽绒及其制品业	0.43	7	6	1.42	330.2
木材加工及竹藤棕草制品业	0.07	8	4	0.03	42.9
家具制造业	0.10	4	4	0.15	150.0
造纸及纸制品业	4.22	46	22	2.06	48.8
印刷业、记录媒介的复制	0.94	31	17	0.60	63.8
文教体育用品制造业	0.17	5	1	0.04	23.5
电力蒸气热水生产和供应业	7.93	106	52	7.29	91.9
石油加工业及炼焦业	2.20	127	91	1.78	80.9
化学原料及化学制品制造业	5.13	169	72	3.21	62.6
医药制造业	1.71	45	19	1.07	62.6
化学纤维制造业	5.23	18	9	2.64	50.5
橡胶制品业	1.06	27	11	0.40	37.7
塑料制品业	1.31	19	14	1.38	105.3
非金属矿物制品业	16.57	242	159	14.70	88.7
黑色金属冶炼及压延加工业	2.20	57	28	0.98	44.5
有色金属冶炼及压延加工业	1.33	44	18	0.57	42.9
金属制品业	1.08	48	25	0.64	59.3
普通机械制造业	2.19	107	55	1.85	84.5
专用设备制造业	2.39	77	34	2.40	100.4
交通运输设备制造业	6.46	118	53	3.11	51.2
电气机械及器材制造业	3.39	138	47	3.02	89.1
电子及通信设备制造业	1.71	43	23	1.94	113.5
仪器仪表及文化办公用机械制造业	0.85	25	8	0.48	56.5
其他制造业	0.35	8	7	0.12	34.3
煤气生产和供应业	0.74	104	5	0.33	44.6
自来水生产和供应业	3.12	92	61	1.96	62.8

7—22 更新改造新增主要生产能力或效益

（1993年）

项目	单位	数量	项目	单位	数量
原煤开采	万吨/年	2	日用陶瓷器	万件/年	5 010
油罐容量	万立方米	5.10	日用玻璃制品	万吨/年	3
铁矿石成品矿	万吨/年	2	灯泡、灯管	万只/年	4 300
炼铁	万吨/年	1.80	家用电风扇	万台/年	50
炼钢(电炉钢)	万吨/年	8.90	家用洗衣机	万台/年	23
钢材	万吨/年	0.8	小汽车购置	辆	92
无缝钢管	万吨/年	9 000	新建公路	公里	1.5
金属丝及其制品	吨/年	1 700	改建公路	公里	411.67
铜加工	吨/年	9 400	新建独立公路桥梁	延长米	425
铅锌选矿：处理原矿	万吨/年	45	新(扩)建港口码头：年吞吐量	万吨	28
铅含量	吨/年	8 500	泊位	个	4
锌含量	吨/年	21 500	船舶购置	艘	140
镁冶炼(镁电解)	吨/年	1 500	载重量	吨位	18 755
水力发电	万千瓦	0.99	载客量	客位	2 746
火力发电	万千瓦	36.15	拖轮功率	千瓦	22 820
其他发电	万千瓦	0.11	新(扩)建客、货运站	个	2
输电线路(11万伏及以上)	公里	127.50		平方米	23 100
变电设备(11万伏及以上)	万千伏安	53.44	长途电缆	延长公里	3 038
水泥	万吨/年	414.04	新建微波电路	公里	665.14
硫酸	吨/年	10 000	市内电话自动交换机	门	1 097 706
化学农药	吨/年	10 000	长途自动电话交换设备	路端	90 897
油漆	吨/年	2 500	除涝面积	万亩	3.73
染料	吨/年	1 000	商业冷藏库	万吨	300.23
轮胎内外胎	万条/年	128	商业饮食服务网点	处	79
化学原料药	吨/年	1 860		平方米	87 895
蒸汽锅炉制造	台/年	1 117	中等学校学生席位	个	12 919
铸钢件能力	吨/年	6 814	小学校学生席位	个	29 804
载货汽车制造	辆/年	3 000	其他学校学生席位	个	1 190
摩托车制造	万辆/年	1.80	公共图书馆：藏书量	万册(件)	12
化学纤维	吨/年	17 064	阅览室座席	个	1 000
毛纺锭	锭	5 592	建筑面积	平方米	1 000
丝织机	台	24	医院病床	张	1 567
桑蚕缫丝机	绪	1 200	城市自来水供水能力	万吨/日	69.50
日精炼食用植物油	吨	5 003	城市自来水管道长度	公里	420.11
机制糖：日处理原料	吨	3 920	城市液化石油气储气能力	吨	871
年生产糖	吨	46 470	城市公共交通车辆购置	辆	416
酒	吨/年	76 500	城市道路扩建面积	万平方米	57.24
机制纸及纸板	万吨/年	7.30	城市排水管道铺设长度	公里	43.81
皮鞋	万双/年	221	城市永久性桥梁	座	11
服装	万件/年	371	由于低效锅炉改造而节约原煤	万吨/年	1.7

7—23 建成投产的更新改造限上项目

（1993年）

项　　　目	开工年月	全部投产年月	新增生产能力
广州市人民制革厂年产50万张牛皮革	1987年7月	1993年3月	鞣制皮革50万张/年
广州市人民制革厂年产180万张牛皮革	1987年10月	1993年3月	鞣制皮革90万张/年
广东省广州摩托集团公司	1989年1月	1993年12月	年产摩托车100 000辆
韶关市有色总公司凡口铅锌矿	1987年5月	1993年12月	铅锌选矿：处理原矿45万吨/年
			铅含量8 500吨/年
			锌含量21 500吨/年
佛山市顺德邮电局	1993年4月	1993年12月	
江门市翡翠玻璃公司	1987年11月	1993年10月	
江门市开平华士达有限公司	1992年5月	1993年3月	
江门市开平公路局	1993年1月	1993年12月	改建公路52.9公里
江门市开平涤纶厂	1992年3月	1993年6月	年产化学纤维2 500吨
江门市开晖异形合成纤维有限公司	1992年10月	1993年6月	年产化学纤维3000吨
江门市开平依利安达电子有限公司	1992年9月	1993年6月	
湛江市邮电局程控数字农话工程	1992年10月	1993年9月	
湛江市包装材料有限公司	1989年9月	1993年6月	
茂名市高州高德食品工业有限公司	1993年1月	1993年12月	商业冷藏库300万吨
肇庆市化学纤维厂	1991年12月	1993年6月	年产化学纤维7 500万吨
肇庆市肇港玻璃厂	1987年1月	1993年11月	年产日用玻璃制品3万吨
肇庆市高要水泥厂	1992年8月	1993年9月	年产水泥20万吨
惠州市惠阳发电厂(B厂)	1992年8月	1993年12月	火力发电10万千瓦
汕尾市陆丰邮电局	1993年1月	1993年12月	长途电缆92延长公里
			市内电话自动交换机27 696门
中山市宏华喷丝板厂	1991年10月	1993年12月	
揭阳市普宁邮电局	1993年1月	1993年12月	市内电话自动交换机10 000门
			长途自动电话交换设备397路端

7-24 建筑施工企业主要指标

指标	单位	1990年		1992年		1993年	
		合计	#国有单位	合计	#国有单位	合计	#国有单位
施工企业(或单位)个数	个	686	176	910	278	1 766	546
建筑业企业平均人数	万人	67.22	28.62	84.80	33.12	144.12	52.76
年底自有固定资产原价	亿元	42.32	26.39	62.84	37.01	119.87	79.44
年底自有机械设备台数	万台	19.53	5.97	25.39	6.96	29.97	9.97
年底自有机械设备净值	亿元	16.02	10.15	26.52	15.90	40.72	21.42
年底自有机械设备总功率	万千瓦	232.3	130.4	297.1	152.9	561.5	296.5
建筑业总产值	亿元	113.40	58.64	216.56	107.59	459.95	205.10
本年提取折旧	亿元	2.55	1.62	4.65	3.06	6.47	4.40
施工面积	万平方米	4 477.3	1 442.3	6 657.2	2 086.0	10 342.9	3 532.0
竣工面积	万平方米	2 345.4	701.8	2 727.5	791.4	3 599.0	1 120.4
利润总额	亿元	3.12	1.92	9.65	3.86	26.88	20.86
全员劳动生产率(按施工产值计算)	元/人	16 870	20 489	25 538	32 487	31 914	38 874
技术装备率	万元/人	0.24	0.38	0.29	0.45	0.28	0.41
动力装备率	千瓦/人	3.5	4.9	3.3	4.3	3.9	5.6
房屋建筑面积竣工率	%	52.4	48.7	41.0	37.9	37.8	31.7
工程质量优良品率	%	40.1	59.4	40.7	62.3	33.6	44.6
产值利润率	%	2.8	3.3	4.5	3.6	5.8	10.2

7—25 建筑业总产值

(1993年)

项目	建筑业总产值(万元)	建筑工程产值	安装工程产值	房屋构筑物修理产值	非标准设备制造产值	建筑业全员劳动生产率(元/人)
总计	**4 560 600**	**4 282 545**	**229 335**	**41 057**	**7 663**	**31 788**
一、按经济类型分						
国有经济	2 023 798	1 836 204	165 100	17 781	4 713	38 778
城镇集体经济	2 492 718	2 414 339	55 888	19 541	2 950	30 065
城镇私人经济	468	468				23 400
联营经济	3 186	1 959	928	299		28 964
股份制经济	4 536	4 419	117			113 400
外商投资经济	11 741	8 712	3 029			1 523
港、澳、台投资经济	24 153	16 444	4 273	3 436		49 292
二、按行业类别分						
土木工程建筑业	3 718 804	3 614 467	73 577	24 548	6 212	29 335
线路管道设备安装业	174 820	59 145	114 248	223	1 204	29 782
建筑物装修装饰业	666 976	608 933	41 510	16 286	247	61 586
三、按主管系统分						
建设部系统	3 480 840	3 379 076	76 987	21 643	3 134	29 377
冶金工业系统	41 612	33 569	7 214	829		36 184
有色工业系统	20 767	13 592	5 672	71	1 432	25 959
煤炭工业系统	27 352	26 886	399		67	29 098
化学工业系统	14 172	5 433	7 023	588	1 128	42 945
石化总公司系统	4 059	2 731	626	702		15 033
水利电力系统	180 426	92 120	86 840	162	1 304	58 390
机械工业系统	9 765	9 673	92			39 060
林业系统	47 711	45 720	1 991			50 756
国防工业系统	22 682	22 372	3	307		59 689
建材系统	5 762	5 202		560		27 438
轻纺工业系统	6 652	6 652				19 006
铁道系统	45 948	45 575	33	340		45 948
交通系统	229 224	227 878	840	100	406	72 770
邮电系统	251	251				25 100
农牧渔业系统	36 468	34 566	143	1 667	92	26 426
商业系统	9 147	3 192	5 072	883		53 806
广播电影电视系统	100			100		5 000
公安劳改系统	353	353				35 300
其他系统	377 309	327 704	36 400	13 105	100	35 832

注:本表不含附属于其他行业和企业、事业、行政单位的附营建筑业施工单位。

7-26 建筑业工程质量及房屋面积

（1993年）

项目	单位工程竣工个数（个）	#优良工程个数	单位工程优良品率（%）	房屋建筑施工面积（万平方米）	房屋建筑竣工面积（万平方米）	#优良工程面积	房屋竣工面积优良品率（%）	人均竣工面积（平方米/人）
总计	**26 182**	**13 882**	**53.0**	**10 330.77**	**3 593.32**	**1 205.49**	**33.5**	**25.05**
一、按经济类型分								
国有经济	14 251	10 719	75.2	3 520.15	1 114.85	496.41	44.5	21.36
城镇集体经济	11 264	2 935	26.1	6 762.29	2 454.69	702.30	28.6	29.61
城镇私人经济	2			1.16	0.38			19.00
联营经济	65	28	43.1	8.93	1.97	1.97	100.0	17.91
股份制经济	29			5.38	4.62			115.50
外商投资经济	192	57	29.7	26.28	13.57	3.16	23.3	1.76
港、澳、台投资经济	379	143	37.7	6.58	3.24	1.65	50.9	6.61
二、按行业类别分								
土木工程建筑业	14 393	4 408	30.6	10 111.52	3 503.49	1 171.82	33.4	27.64
线路管道设备安装业	9 398	8 343	88.8	62.86	9.00	3.06	34.0	1.53
建筑物装修装饰业	2 391	1 131	47.3	156.39	80.83	30.61	37.9	7.46
三、按主管系统分								
建设部系统	12 385	3 609	29.1	8 935.32	3 138.04	1 021.71	32.6	26.48
冶金工业系统	174	84	48.3	62.72	27.70	13.21	47.7	24.09
有色工业系统	107	54	50.5	31.37	12.22	5.37	43.9	15.28
煤炭工业系统	122	32	26.2	37.40	11.32	6.17	54.5	12.04
化学工业系统	86	68	79.1	15.55	6.01	3.52	58.6	18.21
石化总公司系统	196	74	37.8	5.63	0.31			1.15
水利电力系统	8 786	8 054	91.7	29.68	12.32	7.01	56.9	3.99
机械工业系统	57	5	8.8	20.06	6.18	1.06	17.2	24.72
林业系统	302	228	75.5	83.35	30.01	15.54	51.8	31.93
国防工业系统	22	3	13.6	6.38	3.57	0.60	16.8	9.39
建材系统	36	3	8.3	84.51	13.34			63.52
轻纺工业系统	266	143	53.8	12.24	6.76	2.20	32.5	19.31
铁道系统	166	150	90.4	43.76	15.46	14.38	93.0	15.46
交通系统	101	61	60.4	4.37	2.52	1.27	50.4	0.80
邮电系统	7	1	14.3	0.10	0.10	0.05	50.0	10.00
农牧渔业系统	111	57	51.4	69.19	30.29	15.74	52.0	21.95
商业系统	155	127	81.9	130.90	9.73	6.60	67.8	57.24
广播电影电视系统				0.05				
公安劳改系统	2	1	50.0	1.66	0.98	0.67	68.4	98.00
其他系统	3 101	1 128	36.4	756.53	266.46	90.39	33.9	25.30

注：本表不含附属于其他行业和企业、事业、行政单位的附营建筑业施工单位。

7-27 建筑施工企业个数及技术装备

（1993年）

项目	施工企业个数（个）	年底自有机械设备总台数（台）	自有机械设备年末净值（万元）	自有机械设备年末总功率（万千瓦）	#施工机械功率	建筑企业平均人数（万人）
总计	**1 721**	**297 566**	**407 217**	**556.15**	**400.40**	**143.47**
一、按经济类型分						
国有经济	525	98 013	214 183	293.22	214.02	52.19
城镇集体经济	1 064	196 343	191 120	261.52	185.53	82.91
城镇私人经济	4	60	4	0.03		0.02
联营经济	19	326	544	0.47	0.21	0.11
股份制经济	11	152	54	0.14	0.13	0.04
外商投资经济	42	1 569	510	0.36	0.16	7.71
港、澳、台投资经济	56	1 103	802	0.41	0.35	0.49
二、按行业类别分						
土木工程建筑业	1 268	277 575	362 031	516.33	369.17	126.77
线路管道设备安装业	89	7 558	17 415	11.08	6.95	5.87
建筑物装修装饰业	364	12 433	27 771	28.74	24.28	10.83
三、按主管系统分						
建设部系统	1 042	230 366	235 237	297.63	236.89	118.49
冶金工业系统	19	1 613	1 710	4.93	3.49	1.15
有色工业系统	8	1 372	2 480	3.12	3.00	0.80
煤炭工业系统	16	1 892	1 876	1.81	1.44	0.94
化学工业系统	8	2 367	642	2.30	1.59	0.33
石化总公司系统	5	468	51	2.15	1.81	0.27
水利电力系统	57	14 147	34 657	29.42	25.66	3.09
机械工业系统	8	611	193	0.44	0.42	0.25
林业系统	68	1 982	4 375	4.72	4.08	0.94
国防工业系统	5	437	1 539	2.19	0.32	0.38
建材系统	4	420	1 134	0.29	0.19	0.21
轻纺工业系统	13	784	269	0.58	0.53	0.35
铁道系统	11	1 657	5 516	7.83	7.09	1.00
交通系统	40	5 893	69 568	20.07	15.36	3.15
邮电系统	2	102	2	0.01	0.01	0.01
农牧渔业系统	16	3 608	3 296	4.21	3.36	1.38
商业系统	15	906	167	0.33	0.23	0.17
广播电影电视系统	1	43	73	0.05	0.05	0.02
公安劳改系统	1	32	36	0.10	0.09	0.01
其他系统	382	28 866	44 396	173.97	94.79	10.53

注：本表不含附属于其他行业和企业、事业、行政单位的附营建筑业施工单位。

7-28 建筑施工企业利润、税金及费用

（1993年）

项目	利润总额（万元）	营业利润（万元）	利税总额（万元）	产值利润率（%）	管理费用（万元）	#税金	财务费用（万元）	#利息支出
总计	**268 834**	**120 979**	**408 437**	**5.9**	**172 609**	**12 776**	**30 151**	**22 597**
一、按经济类型分								
国有经济	208 575	61 994	263 099	10.3	73 654	3 462	8 555	6 197
城镇集体经济	54 478	54 621	133 518	2.2	93 713	9 134	20 340	16 141
城镇私人经济	－503	－503	－439	－107.5	463		40	39
联营经济	－599	－873	－449	－18.8	1 357	37	62	5
股份制经济	2 024	915	5 972	44.6	356	…	547	208
外商投资经济	871	711	1 544	7.4	1 343	77	44	－11
港、澳、台投资经济	3 988	4 114	5 192	16.5	1 723	66	563	18
二、按行业类别分								
土木工程建筑业	98 122	102 121	227 944	2.6	153 185	12 004	30 178	21 694
线路管道设备安装业	11 461	13 853	15 946	6.6	11 641	327	－1 492	2
建筑物装修装饰业	159 251	5 005	164 547	23.9	7 783	445	1 465	901
三、按主管系统分								
建设部系统	243 671	92 505	349 932	7.0	125 709	9 902	25 489	19 030
冶金工业系统	－9	162	753	…	894	9	84	81
有色工业系统	－1 180	－730	－437	－5.7	941	66	212	207
煤炭工业系统	467	841	1 138	1.7	500	22	113	65
化学工业系统	508	1 207	856	3.6	715	15	53	48
石化总公司系统	275	48	506	6.8	360	27	19	7
水利电力系统	12 416	15 250	16 655	6.9	11 327	326	－1 438	36
机械工业系统	54	76	117	0.6	－28	8	6	3
林业系统	3 769	2 348	5 672	7.9	1 981	81	498	301
国防工业系统	62	120	259	0.3	597	1	69	60
建材系统	6	7	120	0.1	90	40	－3	－3
轻纺工业系统	341	169	780	5.1	376	73	67	56
铁道系统	1 297	2 568	2 815	2.8	2 254	11	132	－102
交通系统	－3 727	－2 945	321	－1.6	8 543	984	1 734	1 352
邮电系统	47	44	58	18.7	15	1	…	－1
农牧渔业系统	816	856	2 059	2.2	1 107	30	595	536
商业系统	230	276	624	2.5	681	4	197	196
广播电影电视系统	1	1	6	1.0	4		…	
公安劳改系统	13	13	29	3.7	19	…	－5	－5
其他系统	9 777	8 163	26 174	2.6	16 524	1 176	2 329	730

注：本表不含附属于其他行业和企业、事业、行政单位的附营建筑业施工单位。

7-29 各市建筑业总产值

(1993年)

单位:万元

市别	总计	国有经济	城镇集体经济	城镇私人经济	联营经济	股份制经济	外商投资经济	港澳台投资经济
全省合计	**4 560 600**	**2 023 798**	**2 492 718**	**468**	**3 186**	**4 536**	**11 741**	**24 153**
广州	1 031 844	719 874	296 544		521		2 847	12 058
深圳	613 264	319 520	289 218		351	157	3 035	983
珠海	166 080	102 417	55 207		1 100	4 327	226	2 803
汕头	308 342	171 934	135 645				763	
韶关	99 836	62 570	36 716					550
河源	27 477		27 347				130	
梅州	47 786	8 203	39 542				41	
惠州	219 840	120 228	99 546				66	
汕尾	46 565	10 623	35 942					
东莞	53 907	16 594	37 313					
中山	69 112	16 672	52 440					
江门	324 710	37 965	278 690	468	392		1 523	5 672
佛山	278 027	102 519	172 901		262		1 480	865
阳江	67 777	9 834	57 943					
湛江	276 309	187 883	87 254				230	942
茂名	117 297	34 743	82 274					280
肇庆	144 744	78 225	65 869				650	
清远	40 905	526	40 379					
潮州	564 274	7 556	555 916			52	750	
揭阳	62 504	15 912	46 032		560			

注:本表不含附属于其他行业和企业、事业、行政单位的附营建筑业施工单位。

7-30 建筑业企业总收入

（1993年）

单位:万元

项目	企业总收入	工程结算收入	工程结算成本	工程结算税金及附加	工程结算利润	其他业务收入	其他业务利润
总计	**4 082 064**	**3 874 955**	**3 470 259**	**126 826**	**277 870**	**207 109**	**45 869**
一、按经济类型分							
国有经济	2 069 872	1 924 473	1 754 792	51 062	118 619	145 399	25 583
城镇集体经济	1 881 044	1 824 232	1 604 907	69 906	149 419	56 812	19 255
城镇私人经济	766	766	702	64			
联营经济	2 793	1 653	1 235	113	305	1 140	242
股份制经济	74 465	71 020	65 738	3 947	1 335	3 445	483
外商投资经济	15 303	15 007	12 608	596	1 803	296	296
港、澳、台投资经济	37 821	37 804	30 277	1 138	6 389	17	10
二、按行业类别分							
土木工程建筑业	3 760 916	3 573 903	3 212 499	117 818	243 586	187 013	4 1896
线路管道设备安装业	164 578	153 720	128 276	4 158	21 286	10 858	2 717
建筑物装修装饰业	156 570	147 332	129 484	4 850	12 998	9 238	1 256
三、按主管系统分							
建设部系统	3 079 721	2 912 152	2 607 671	96 360	208 121	167 569	35 581
冶金工业系统	24 204	23 076	21 100	753	1 223	1 128	−83
有色工业系统	22 318	22 291	21 207	677	407	27	16
煤炭工业系统	20 278	19 301	17 428	648	1 225	977	229
化学工业系统	12 635	12 431	10 328	332	1 771	204	204
石化总公司系统	5 308	5 285	4 676	205	404	23	23
水利电力系统	178 226	166 260	141 355	3 913	20 992	11 966	4 148
机械工业系统	3 589	3 520	3 407	55	58	69	−5
林业系统	64 153	56 269	51 303	1 821	3 145	7 884	1 683
国防工业系统	6 452	6 126	5 194	196	736	326	51
建材系统	2 173	2 130	1 989	73	68	43	26
轻纺工业系统	7 714	7 707	6 735	367	605	7	7
铁道系统	54 380	54 063	47 906	1 507	4 650	317	304
交通系统	191 051	186 163	176 706	3 064	6 393	4 888	939
邮电系统	250	250	182	10	58		
农牧渔业系统	36 384	35 248	31 686	1 212	2 350	1 136	208
商业系统	10 939	10 645	9 136	390	1 119	294	35
广播电影电视系统	100	100	90	5	5		
公安劳改系统	454	454	412	15	27		
其他系统	361 735	351 484	311 748	15 223	24 513	10 251	2 503

注:本表不含附属于其他行业和企业、事业、行政单位的附营建筑业施工单位。

八、商　　　业

8—1 商业主要指标

指标	单位	1980年	1985年	1990年	1992年	1993年	1993年比1992年增长%
机构数	万个	14.45	66.57	88.36	105.35		
商业	万个	10.39	51.86	71.07	84.15	80.74	-4.1
饮食业	万个	2.50	6.16	7.12	8.84	9.66	9.3
服务业	万个	1.56	8.55	10.17	12.36		
人员数	万人	63.01	172.12	247.26	292.06		
商业	万人	44.59	123.80	178.82	211.61	208.59	-1.4
饮食业	万人	12.41	23.87	33.74	39.71	43.14	8.6
服务业	万人	6.01	24.45	34.70	40.74		
社会商品零售总额	亿元	136.94	319.73	732.25	1 060.41	1 456.04	37.3
消费品零售额	亿元	117.47	289.23	667.36	984.16	1 371.02	39.3
农业生产资料零售额	亿元	19.47	30.50	64.89	76.25	85.02	11.5
国有经济零售额	亿元	66.72	146.43	291.49	401.89	546.57	36.0
集体经济零售额	亿元	62.42	91.09	153.22	204.17	277.69	36.0
合营零售额	亿元	0.13	9.09	19.95	34.37	52.56	52.9
个体零售额	亿元	1.20	48.27	187.61	297.07	410.66	38.2
农民对非农业居民零售额	亿元	6.47	24.85	79.98	122.91	168.56	37.1
国内纯购进总额	亿元			702.94	942.19	1 156.86	22.8
国内纯销售总额	亿元			780.34	996.55	1 246.22	25.1
年末库存总额	亿元			258.79	261.77	262.24	0.2
农副产品收购总额	亿元	52.63	105.82	285.66	384.58	482.29	25.4
城乡集市贸易市场个数	个	1 891	2 598	3 287	3 822	3 975	4.0
#农村	个	1 787	2 352	2 620	3 048	3 061	0.4
城乡集市贸易成交额	亿元	22.72	65.79	256.69	408.37	583.54	42.9
#农村	亿元	20.65	54.02	159.16	228.90	301.64	31.8
货币收入总额	亿元	173.82	418.24	1 071.70	1 728.47	2 458.25	42.2
非商品性支出总额	亿元	13.45	34.37	126.76	195.74	288.56	47.4
当年购买力总额	亿元	160.37	383.87	944.94	1 532.73	2 169.69	41.6
#已实现的购买力	亿元	136.94	319.73	732.25	1 060.41	1 456.04	37.3
年末结余货币总额	亿元	68.54	255.85	949.30	1 658.14	2 371.79	43.0

注：机构、人员数统计范围为社会零售商业。购、销、存总额统计范围为社会商业。

8-2 主要年份社会商品零售总额及指数

（按经济类型分）

年份	社会商品零售总额	国有经济	集体经济	#供销合作社	合营	个体	农民对非农业居民零售额
一、绝对数（亿元）							
1952	20.21	1.80	1.75	1.73	0.06	16.17	0.43
1957	33.21	9.55	9.26	5.39	11.14	2.11	1.15
1962	46.84	20.93	22.05	13.89		1.07	2.79
1965	47.55	24.28	21.66	14.69		0.52	1.09
1970	58.38	27.91	28.65	21.78		0.41	1.41
1975	80.13	40.36	37.16	30.41		0.20	2.41
1978	93.41	46.08	44.37	37.17		0.33	2.63
1980	136.94	66.72	62.42	46.72	0.13	1.20	6.47
1985	319.73	146.43	91.08	47.70	9.10	48.27	24.85
1990	732.25	291.49	153.22	75.15	19.95	187.61	79.98
1991	857.58	329.94	170.20	79.89	25.49	235.39	96.56
1992	1 060.41	401.89	204.17	80.94	34.37	297.07	122.91
1993	1 456.04	546.57	277.69	102.27	52.56	410.66	168.56
二、指数（%）							
1952	100.0	100.0	100.0	100.0	100.0	100.0	100.0
1957	164.3	530.6	529.1	311.6	18 566.7	13.0	267.4
1962	231.8	1 162.8	1 260.0	802.9		6.6	648.8
1965	235.3	1 348.9	1 237.7	849.1		3.2	253.5
1970	288.9	1 550.6	1 637.1	1 259.0		2.5	327.9
1975	396.5	2 242.2	2 123.4	1 757.8		1.2	560.5
1978	462.2	2 560.0	2 535.4	2 148.6		2.0	611.6
1980	677.6	3 706.7	3 566.9	2 700.6	216.7	7.4	1 504.7
1985	1 582.0	8 135.0	5 204.6	2 757.2	15 166.7	298.5	5 779.1
1990	3 623.2	16 193.9	8 755.4	4 343.9	33 250.0	1 160.2	18 600.0
1991	4 243.3	18 330.0	9 725.7	4 617.9	42 483.3	1 455.7	22 455.8
1992	5 247.0	22 327.2	11 666.9	4 678.6	57 283.3	1 837.2	28 583.7
1993	7 204.6	30 365.0	15 868.0	5 911.6	87 600.0	2 539.6	39 200.0

8—3 主要年份社会商品零售总额及指数

（按行业分）

年份	社会商品零售总额	商业零售额	饮食业零售额	工业零售额	其他行业零售额	农民对非农业居民零售额
一、绝对数(亿元)						
1952	20.21	16.15	1.90	1.42	0.31	0.43
1957	33.21	26.38	2.50	2.44	0.74	1.15
1962	46.84	36.85	4.97	1.76	0.47	2.79
1965	47.55	41.84	2.73	1.41	0.48	1.09
1970	58.38	51.41	2.95	1.67	0.94	1.41
1975	80.13	69.04	4.39	2.69	1.60	2.41
1978	93.41	80.83	5.24	3.04	1.67	2.63
1980	136.94	113.83	7.29	6.74	2.61	6.47
1985	319.73	230.73	26.74	22.34	15.07	24.85
1990	732.25	509.34	71.11	42.20	29.62	79.98
1991	857.58	585.06	87.87	49.71	38.38	96.56
1992	1 060.41	698.17	111.76	63.35	64.22	122.91
1993	1 456.04	936.14	164.38	94.22	92.74	168.56
二、指　数(%)						
1952	100.0	100.0	100.0	100.0	100.0	100.0
1957	164.3	163.3	131.6	171.8	238.7	267.4
1962	231.8	228.2	261.6	123.9	151.6	648.8
1965	235.3	259.1	143.7	99.3	154.8	253.5
1970	288.9	318.3	155.3	117.6	303.2	327.9
1975	396.5	427.5	231.1	189.4	516.1	560.5
1978	462.2	500.5	275.8	214.1	538.7	611.6
1980	677.6	704.8	383.7	474.6	841.9	1 504.7
1985	1 582.0	1 428.7	1 407.4	1 573.2	4 861.3	5 779.1
1990	3 623.2	3 153.8	3 742.6	2 971.8	9 554.8	18 600.0
1991	4 243.3	3 622.7	4 624.7	3 500.7	12 380.6	22 455.8
1992	5 247.0	4 323.0	5 882.1	4 461.3	20 716.1	28 583.7
1993	7 204.6	5 796.5	8 651.6	6 635.2	29 916.1	392 00.0

8-4 社会商品零售总额

单位:万元

项目	1980年	1985年	1990年	1992年	1993年	1993年比1992年增长%
社会商品零售总额	**1 369 416**	**3 197 304**	**7 322 458**	**10 604 088**	**14 560 360**	**37.3**
一、按对象和用途分						
1.对居民和社会集团消费品零售额	1 174 710	2 892 304	6 673 560	9 841 585	13 710 171	39.3
对居民的消费品零售额	1 077 138	2 642 479	6 194 197	9 127 984	12 605 573	38.1
对社会集团的消费品零售额	97 572	249 825	479 363	713 601	1 104 598	54.8
2.对农民农业生产资料零售额	194 706	305 000	648 898	762 503	850 189	11.5
二、按行业分						
1.商业零售额	1 138 282	2 307 332	5 093 403	6 981 675	9 361 341	34.1
#国有商业	577 376	1 175 633	2 255 291	2 944 132	3 913 101	32.9
供销合作社	446 783	460 524	729 024	786 854	994 237	26.4
合营		37 131	52 122	81 368	133 465	64.0
个体	7 799	398 371	1 596 482	2 502 167	3 408 193	36.2
2.饮食业零售额	72 878	267 362	711 077	1 117 566	1 643 820	47.1
#国有饮食业	33 549	100 558	255 660	351 821	509 948	44.9
供销合作社	20 387	16 492	22 474	22 527	28 464	26.4
合营	273	37 990	132 921	243 565	366 539	50.5
个体	3 162	66 956	211 564	357 940	532 422	48.7
3.工业部门零售额	67 438	223 345	421 955	633 507	942 158	48.7
#国有经济	35 683	108 256	200 813	282 878	427 930	51.3
集体经济	29 699	101 290	167 595	248 134	365 979	47.5
合营	1 066	1 738	2 611	15 988	19 941	24.7
个体	990	12 061	50 936	86 507	128 308	48.3
4.其他行业零售额	26 123	150 736	296 201	642 215	927 434	44.4
#国有经济	22 622	79 846	203 109	440 025	614 678	39.7
集体经济	3 501	51 809	64 139	175 330	269 375	53.6
合营		14 088	11 828	2 744	5 688	107.3
个体		4 993	17 125	24 116	37 693	56.3
5.农民对非农业居民零售额	64 695	248 529	799 822	1 229 125	1 685 607	37.1

8—5 社会消费品零售总额

单位：亿元

项目	1980年	1985年	1990年	1992年	1993年	1993年比1992年增长%
社会消费品零售总额	**117.47**	**289.23**	**667.36**	**984.16**	**1 371.02**	**39.3**
一、食品类	**65.83**	**137.96**	**349.02**	**514.71**	**717.04**	**39.3**
#粮食	9.76	23.72	54.23	81.12	105.65	30.2
肉禽蛋	17.88	44.83	113.34	160.69	218.26	35.8
水产品	3.53	8.69	41.51	57.61	81.8	42.0
烟酒茶	6.71	16.84	70.74	45.80	61.26	33.8
二、衣着类	**17.88**	**39.05**	**79.42**	**111.21**	**158.53**	**42.6**
#呢绒绸缎	0.44	1.23	1.60	1.55	2.14	38.1
各种服装	0.93	2.79	21.17	42.73	64.63	51.3
三、用品类	**23.52**	**74.04**	**151.50**	**217.51**	**298.35**	**37.2**
#家用电器	1.18	12.74	26.36	23.31	32.48	39.3
1.日用杂品	17.81	49.05	99.44	145.66	192.38	32.1
2.文化娱乐用品	4.90	21.57	40.71	56.10	77.28	37.8
四、医药和医疗用品类	**6.47**	**16.78**	**34.70**	**54.13**	**75.39**	**39.3**
五、房屋及建筑材料类	**0.24**	**14.46**	**35.37**	**60.03**	**83.65**	**39.3**
六、燃料类	**3.53**	**6.94**	**17.35**	**26.57**	**38.06**	**43.2**

8—6 各市社会商品零售总额及城乡集市贸易成交额

单位：亿元

市别	社会商品零售总额			城乡集市贸易成交额		
	1992年	1993年	1993年比1992年增长%	1992年	1993年	1993年比1992年增长%
合计	**1 060.41**	**1 456.04**	**37.3**	**408.37**	**583.54**	**42.9**
广州	217.71	313.34	43.9	62.27	87.49	40.5
深圳	116.32	161.44	38.8	62.78	92.71	47.7
珠海	38.57	54.35	40.9	10.75	16.49	53.4
汕头	54.39	69.43	27.7	18.59	27.61	48.5
韶关	29.34	37.52	27.9	10.28	12.39	20.5
河源	12.60	15.13	20.1	6.09	7.06	15.9
梅州	24.91	33.49	34.4	12.72	15.18	19.3
惠州	38.92	65.38	68.0	21.19	27.13	28.0
汕尾	22.27	28.77	29.2	13.41	18.46	37.7
东莞	40.20	54.92	36.6	9.09	11.22	23.4
中山	29.72	37.21	25.2	19.10	24.18	26.6
江门	66.84	90.38	35.2	14.97	20.54	37.2
佛山	97.97	144.29	47.3	25.84	36.93	42.9
阳江	20.17	25.59	26.9	13.46	15.00	11.4
湛江	68.10	89.90	32.0	31.25	41.12	31.6
茂名	51.25	65.81	28.4	21.03	26.71	27.0
肇庆	59.19	74.67	26.2	18.63	23.70	27.2
清远	26.57	34.51	29.9	11.81	17.12	45.0
潮州	17.70	23.35	31.9	7.56	14.22	88.1
揭阳	27.67	36.56	32.1	17.55	48.28	175.1

8－7 社会商业商品购、销、存总额

单位：万元

项　　目	1988年	1989年	1990年	1991年	1992年	1993年
一、国内纯购进总额	**5 762 420**	**6 408 226**	**7 029 437**	**8 265 756**	**9 421 900**	**11 568 595**
国有商业	3 667 940	4 143 656	4 697 231	5 231 777	5 542 255	6 835 609
#外贸部门	537 479	812 738	868 719	1 309 841	1 146 351	1 423 678
集体商业	1 217 473	1 258 000	1 191 830	1 748 946	2 286 756	2 685 458
#供销合作社	705 097	661 574	626 387	916 912	1 021 068	1 265 331
合营商业	23 630	32 355	34 656	41 651	42 141	56 676
个体商业	853 377	974 215	1 105 720	1 243 382	1 550 748	1 990 852
#农副产品购进	1 243 891	1 531 741	1 566 834	1 848 372	1 902 166	2 401 631
国有商业	635 037	866 010	828 417	1 014 588	889 303	1 064 116
#外贸部门	126 201	222 761	141 295	251 487	274 836	349 873
集体商业	222 608	221 869	216 025	253 651	267 992	322 693
#供销合作社	157 052	144 506	130 146	155 057	144 631	122 828
合营商业	159	50	69	79	62	304
个体商业	386 087	443 812	522 323	580 054	744 809	1 014 518
二、国内纯销售总额	**6 721 754**	**7 599 260**	**7 803 406**	**8 085 291**	**9 965 463**	**12 462 226**
国有商业	3 491 643	4 056 629	4 166 151	3 776 645	4 463 523	5 519 101
#外贸部门	58 740	92 153	34 652	44 183	28 356	36 213
集体商业	2 037 065	2 005 345	1 916 617	2 130 431	2 804 627	3 372 258
#供销合作社	1 193 399	1 188 647	1 154 283	1 241 663	1 388 760	1 780 326
合营商业	25 745	61 640	64 314	75 834	98 572	164 788
个体商业	1 167 301	1 475 646	1 656 324	2 102 381	2 598 741	3 406 079
三、年末库存总额	**2 437 252**	**2 653 211**	**2 587 857**	**2 780 558**	**2 617 697**	**2 622 384**
国有商业	1 606 239	1 864 166	1 752 154	1 645 847	1 582 108	1 500 233
#外贸部门	382 963	450 143	382 675	364 750	280 761	236 768
集体商业	657 687	601 101	614 829	877 676	712 547	833 300
#供销合作社	459 175	406 694	404 461	429 645	421 055	414 933
合营商业	18 970	15 414	10 466	13 383	16 557	16 595
个体商业	154 356	172 530	210 408	243 652	306 485	272 256

8-8 社会商业商品购、销、存数量

商品名称	单位	国内纯购进		国内纯销售		年末库存	
		1992年	1993年	1992年	1993年	1992年	1993年
粮食	吨	2 377 845	3 275 089	5 657 313	4 377 862	1 069 423	839 305
食用植物油	吨	85 540	79 353	197 601	182 573	38 529	23 780
猪和猪肉	百头	206 904	125 640	175 974	180 206	5 417	3 750
鲜蛋	吨	81 315	131 024	98 631	143 361	3 433	4 878
水产品	吨	585 459	458 495	791 854	466 069	20 797	21 781
盐	吨	673 422	679 200	490 202	489 782	210 859	216 365
食糖	吨	899 205	946 649	372 296	424 681	74 215	75 123
卷烟	箱	1 799 504	1 847 651	841 928	903 909	134 832	57 420
酒	吨	271 432	236 734	194 308	208 363	59 545	42 478
布	万米	32 748	34 261	26 772	54 015	14 072	14 664
#棉布	万米	23 701	18 746	15 682	24 861	8 331	6 245
呢绒	百米	32 850	29 885	37 111	41 019	19 290	24 153
绸缎	百米	120 210	93 580	69 707	57 038	63 424	36 023
各种服装	百件	1 233 536	1 035 719	1 199 401	1 246 838	175 378	166 932
洗衣粉	吨	65 346	84 751	35 852	46 497	10 750	23 173
自行车	辆	2 905 115	2 734 272	2 299 540	2 258 302	659 311	468 952
半导体收音机	台	255 533	261 960	468 515	455 246	160 397	131 173
电视机	台	458 702	486 060	426 609	465 417	137 289	113 413
#彩电	台	239 866	275 963	213 209	257 732	72 911	65 193
录音机	台	223 700	171 409	627 309	877 006	131 819	120 481
电风扇	台	5 017 040	4 399 763	2 362 056	2 723 979	1 078 037	547 718
洗衣机	台	692 262	813 298	431 267	586 586	81 271	183 775
电冰箱	台	321 543	360 915	225 466	309 811	59 238	51 680
煤炭	吨	7 864 982	8 908 655	8 118 850	9 418 609	2 382 555	1 841 545
化学肥料	吨	3 994 288	4 042 365	4 776 425	4 539 361	1 594 101	1 106 948
化学农药	吨	43 210	48 339	39 940	55 190	21 768	21 431

8－9 国、合商业商品纯购进总额

单位:万元

项　　目	1980年	1985年	1990年	1992年	1993年
国内纯购进总额	**1 434 070**	**2 673 935**	**5 543 046**	**5 908 534**	**6 889 121**
一、按商品性质分					
工　业　品	991 932	2 105 188	4 360 797	4 811 709	5 651 821
农　副　产　品	426 582	521 866	1 099 303	989 184	1 080 217
废　旧　物　资	15 556	46 881	82 946	107 641	157 083
二、按部门及系统分					
1.国内商业部门	1 143 958	2 226 810	4 442 374	4 762 183	5 683 565
#省商业厅系统	438 004	963 556	1 739 045	1 717 013	2 221 384
省供销社系统	287 330	550 377	1 093 782	1 021 068	1 263 383
省粮食局系统	145 896	205 483	416 061	202 673	313 255
省医药局系统		71 896	182 017	243 911	288 036
省烟草公司系统		74 808	349 515	455 886	547 906
省水产局系统	19 982	33 296	55 823	57 383	58 754
省农机公司系统	14 528	41 863	76 834	184 360	251 236
(1)工业品收购		1 748 837	3 442 735	3 940 194	4 743 412
#省商业厅系统		863 078	1 478 034	1 456 613	1 978 128
省供销社系统		400 253	864 087	774 453	990 042
省医药局系统		53 071	146 298	194 390	233 772
省烟草公司系统		73 803	337 922	430 241	521 346
省农机公司系统		41 863	76 834	184 360	251 236
(2)农副产品收购	428 803	431 092	916 693	714 348	783 070
#省商业厅系统	108 645	95 052	261 011	260 400	243 256
省供销社系统	118 651	110 891	148 983	144 631	121 162
省粮食局系统	145 535	179 694	412 539	197 974	309 108
省医药局系统		16 639	33 485	43 864	49 360
省水产局系统	16 332	25 192	39 365	42 415	31 633
(3)废旧物资收购		46 881	82 946	107 641	157 083
#省商业厅系统		5 426			
省供销社系统		39 233	80 712	101 984	152 179
2.外贸部门	290 112	447 125	1 100 672	1 146 351	1 205 556
(1)工业产品收购	254 615	356 351	918 062	871 515	908 409
(2)农副产品收购	35 497	90 774	182 610	274 836	297 147

注:本表1992年、1993年纯购、销不包括对集体、个体商业的纯购销。

8—10 国、合商业主要商品收购量

商品名称	单位	1980年	1985年	1990年	1992年	1993年
粮食	吨	2 964 955	3 232 535	4 302 855	1 628 228	2 410 837
食用植物油	吨	71 091	118 530	142 118	40 427	32 252
猪和猪肉	百头	62 456	33 391	66 151	71 161	60 127
家禽	百只	189 300	250 900	111 086	197 297	63 688
鲜蛋	吨	16 725	7 280	6 867	7 749	5 265
水产品	吨	273 600	179 500	164 993	140 893	95 590
食盐	吨	544 200	463 100	691 857	657 634	474 513
食糖	吨	654 700	1 443 700	1 351 977	772 484	590 445
卷烟	箱	582 900	794 300	1 583 750	1 673 361	1 676 668
酒	吨	154 400	182 000	186 119	175 124	159 216
布	万米	15 020	24 502	25 941	22 564	18 512
#棉布	万米	8 907	11 692	15 351	15 555	11 790
呢绒	百米	833	61 684	124 509	12 105	12 839
绸缎	百米	103 500	157 342	245 747	105 133	82 571
针织内衣裤	百件	733 600	1 669 846	1 017 216	432 796	
各种服装	百件		198 310	425 324	473 819	457 946
胶鞋	百双	287 100	478 309	429 412	207 765	140 871
火柴	百件	13 185	7 421	3 606	1 896	1 800
肥皂	百箱	21 558	27 928	31 159	8 659	8 282
洗衣粉	吨	14 933	34 177	53 626	56 808	62 150
手表	百只	9 903	40 534	24 321	6 043	14 166
缝纫机	架	558 900	1 222 300	382 124	258 052	260 988
自行车	辆	669 400	1 853 600	2 270 474	2 493 498	2 381 270
半导体收音机	台	876 300	393 600	382 578	227 588	217 869
电视机	台	48 900	325 000	552 031	346 237	352 405
#彩电	台			289 833	171 855	188 851
录音机	台		1 170 400	163 381	147 586	106 316
电风扇	台		4 843 400	7 709 273	4 100 675	3 658 924
洗衣机	台		251 600	477 939	606 523	794 520
电冰箱	台		74 402	285 664	259 642	313 334
煤油	吨	129 500	264 000	97 179	349 431	86 682
煤炭	吨	2 586 100	2 274 400	2 571 111	7 304 057	10 128 471
化学肥料	吨	2 321 000	3 534 400	2 603 600	3 994 288	4 138 754
化学农药	吨	83 799	41 744	55 230	43 210	36 252

注:1993年家禽收购量中未包外贸。煤油不包供销社。

8—11 国、合商业商品购进、销售、调拨及库存总额

单位:万元

项目	1980年	1985年	1990年	1992年	1993年	1993年比1992年增长%
一、国内纯购进总额	**1 434 070**	**2 673 935**	**5 543 046**	**5 908 534**	**6 889 121**	**16.6**
二、省外调入	**472 758**	**652 936**	**923 078**	**1 333 764**	**1 728 466**	**29.6**
#省商业厅系统	238 946	244 138	342 246	454 773	490 176	7.8
省供销社系统	76 870	141 833	174 374	337 219	436 866	29.5
省粮食局系统	36 034	118 146	123 182	131 504	213 775	62.6
三、国内纯销售总额	**1 409 064**	**2 728 077**	**5 412 781**	**5 243 079**	**6 688 854**	**27.6**
#省商业厅系统	557 880	1 060 539	1 974 664	1 673 526	2 215 147	32.4
省供销社系统	559 720	883 147	1 565 489	1 388 760	1 787 710	28.7
省粮食局系统	140 076	292 491	572 480	377 877	381 650	1.0
在纯销售中:零售额	1 044 408	1 559 744	2 596 454	3 052 947	3 897 480	27.7
#省商业厅系统	368 351	574 631	945 303	1 146 731	1 614 182	40.8
省供销社系统	453 357	464 919	737 357	787 357	945 114	20.0
省粮食局系统	127 198	260 532	413 253	341 061	336 927	—1.2
省医药局系统	43 821	85 568	210 581	291 867	388 677	33.2
在纯销售中:						
(一)对居民和社会集团消费品零售额	879 996	1 308 463	2 102 427	2 472 169	3 284 870	32.9
1.按对象分						
对居民的消费品零售额	801 354	1 149 063	1 845 933	2 140 344	2 824 943	32.0
对集团的消费品零售额	78 642	159 400	256 494	331 825	459 927	38.6
2.按地区分						
市的零售额	279 457	599 439	1 068 308	1 347 419	1 965 354	45.9
县的零售额	177 258	248 575	383 773	454 546	549 429	20.9
县以下的零售额	423 281	460 449	650 346	670 204	770 087	14.9
(二)对农民的农业生产资料零售额	164 412	251 281	494 027	580 778	612 610	5.5
四、调出省外	**366 693**	**851 214**	**1 529 210**	**1 812 896**	**1 773 038**	**—2.2**
#省商业厅系统	121 413	482 897	648 344	625 875	677 495	8.2
省供销社系统	37 940	99 000	325 510	526 537	507 831	—3.6
省粮食局系统	1 370	1 634	11 933	16 944	11 553	—31.8
五、期末商品库存总额	**844 203**	**1 173 374**	**1 911 850**	**1 819 649**	**2 023 040**	**11.2**
#省商业厅系统	246 540	494 191	581 639	537 623	621 585	15.6
省供销社系统	171 959	274 410	404 461	421 055	416 576	—1.1

8－12 国、合商业主要商品库存量

商品名称	单位	1980年	1985年	1990年	1992年	1993年
食用植物油	吨	58 901	70 987	52 117	30 070	16 103
猪和猪肉	百头	6 294	5 784	5 508	5 164	3 546
家禽	百只	5 900	14 300	57 231	78 539	49 194
鲜蛋	吨	935	1 085	2 852	560	305
水产品	吨	19 400	19 800	19 096	14 135	13 674
食盐	吨	184 300	200 300	177 271	203 463	155 867
食糖	吨	117 400	131 900	169 200	58 536	38 388
卷烟	箱	55 400	68 500	123 863	104 722	34 504
酒	吨	35 800	31 000	23 124	36 700	30 456
布	万米	28 626	21 647	16 674	11 019	7 865
#棉布	万米	18 795	9 075	8 450	6 337	4 670
呢绒	百米	19 115	119 256	91 213	10 534	25 971
绸缎	百米	156 800	120 700	194 495	52 478	28 192
针织内衣裤	百件	681 600	1 303 100	922 887	443 063	
各种服装	百件		139 483	139 499	65 411	72 987
胶鞋	百双	209 900	237 600	177 767	105 579	81 853
火柴	百件	4 092	2 781	874	542	796
肥皂	百箱	9 798	5 173	6 613	1 667	968
洗衣粉	吨	3 768	8 562	8 306	8 556	5 938
手表	百只	5 214	18 618	9 735	9 505	8 405
缝纫机	架	133 700	239 800	157 420	84 564	79 045
自行车	辆	141 400	453 200	518 172	557 692	441 127
半导体收音机	台	405 600	315 200	183 929	140 438	109 310
电视机	台	111 900	303 000	189 943	104 442	95 633
#彩电	台			100 962	56 962	62 063
录音机	台		373 754	112 805	98 649	73 743
电风扇	台		1 578 465	1 590 884	899 533	523 168
洗衣机	台		89 574	57 263	68 812	63 620
电冰箱	台		77 822	104 122	49 031	35 700
煤油	吨	36 200	24 700	28 313	25 141	12 002
煤炭	吨	536 400	339 100	778 531	2 313 062	2 013 003
化学肥料	吨	1 035 900	1 335 000	1 808 270	1 594 101	715 670
化学农药	吨	89 304	63 393	28 354	21 768	19 631

8－13 城乡集市贸易情况

项　　　　目	1980年	1985年	1990年	1992年	1993年	1993年比1992年增长%
一、集贸市场总数(个)	**1 891**	**2 598**	**3 287**	**3 822**	**3 975**	**4.0**
城　　市	104	246	667	774	914	18.1
综合市场数			456	520	613	17.9
农副产品市场			51	76	62	－18.4
工业品市场			130	159	197	23.9
废旧品及其他市场			30	19	42	121.1
农　　村	1 787	2 352	2 620	3 048	3 061	0.4
综合市场数			2 249	2 663	2 635	－1.1
农副产品市场			81	178	202	13.5
工业品市场			152	141	155	9.9
废旧品及其他市场			138	66	69	4.5
二、集市贸易成交额(万元)	**227 195**	**657 895**	**2 566 896**	**4 083 737**	**5 835 374**	**42.9**
城　　市	20 742	117 713	975 289	1 794 747	2 818 969	57.1
农　　村	206 453	540 182	1 591 607	2 288 990	3 016 405	31.8
三、各类产品成交额(万元)						
粮油类	22 819	26 622	131 557	243 025	373 230	53.6
肉禽蛋类	73 284	209 800	1 061 093	1 528 488	1 967 596	28.7
水产品类	14 745	56 615	286 083	546 093	720 282	31.9
蔬菜类	12 030	25 395	177 125	335 886	469 872	39.9
干鲜果类	4 612	28 857	246 964	403 936	639 451	58.3
日用杂品类	3 686	3 606	17 787	24 011	31 677	31.9
棉烟麻类	2 258	5 623	19 802	22 586	29 081	28.8
柴草类	12 191	30 222	11 003	10 031	15 433	53.9
饲料农具种苗类	4 502	7 943	22 052	29 087	37 126	27.6
大牲畜类	16 443	19 309	33 526	37 945	64 350	69.6
家畜幼禽类	32 831	50 592	96 767	125 448	156 923	25.1
工业品类	4 609	100 263	343 836	575 317	848 235	47.4
废旧物品类	1 326	2 740	10 995	11 522	22 957	99.2
其他类	21 859	90 308	108 306	190 362	459 161	141.2
四、主要农产品成交量(吨)						
粮　　食		259 798	508 807	934 410	1 188 720	27.2
食　　油		8 735	54 986	93 680	111 310	18.8
猪　　肉		446 763	827 658	794 180	1 174 880	47.9
牛羊肉			87 352	132 920	143 760	8.2
鲜　　蛋		52 607	130 165	207 190	229 440	10.7
家　　禽			213 657	260 300	285 590	9.7

8-14 批发贸易业餐饮业机构、人员

(1993 年)

项目	全省合计		市		县		县以下	
	机构（个）	人员（人）	机构（个）	人员（人）	机构（个）	人员（人）	机构（个）	人员（人）
一、批发贸易业	**81 083**	**760 158**	**28 498**	**450 653**	**18 204**	**145 374**	**34 381**	**144 131**
按经济类型分								
国有经济	15 859	329 305	7 137	204 169	3 330	65 861	5 392	59 275
集体经济	19 737	230 540	5 989	134 751	3 898	42 635	9 850	53 154
私营经济	81	1 084	10	104	61	950	10	30
港、澳、台投资经济	41	511	40	481	1	30		
个体经济	44 944	158 029	14 966	93 451	10 872	33 746	19 106	31 009
其他经济	421	20 512	356	17 697	42	2 152	23	663
按原所属行业分								
国内商业	68 349	509 958	19 893	296 972	14 381	75 437	34 075	137 549
对外贸易业	3 873	56 099	2 799	40 515	1 029	15 044	45	540
物资供销业	8 861	174 101	5 806	113 166	2 794	54 893	261	6 042
按企业规模分								
大型批发企业	246	39 853	214	32 486	27	3 383	5	3 984
中型批发企业	2 148	176 309	1 496	100 837	591	68 031	61	7 441
小型批发企业	78 689	523 996	26 788	317 330	17 586	73 960	34 315	132 706
二、餐饮业	**96 588**	**431 395**	**29 742**	**207 441**	**21 350**	**88 342**	**45 496**	**135 612**
按经济类型分								
国有经济	2 190	72 609	1 314	58 087	557	11 619	319	2 903
集体经济	6 445	72 230	3 545	43 338	612	8 558	2 288	20 334
私营经济	38	2 483	6	1 226	31	1 243	1	14
港、澳、台投资经济	79	8 164	65	6 802	14	1 362		
个体经济	87 675	245 319	24 715	73 516	20 072	59 442	42 888	112 361
其他经济	161	30 590	97	24 472	64	6 118		
按企业规模分								
大型餐饮业	81	24 963	65	19 873	15	4 638	1	452
中型餐饮业	567	56 986	408	46 890	141	8 933	18	1 163
小型餐饮业	95 940	349 446	29 269	140 678	21 194	74 771	45 477	133 997

8-15 零售贸易业机构、人员

(1993年)

项目	全省合计		市		县		县以下	
	机构(个)	人员(人)	机构(个)	人员(人)	机构(个)	人员(人)	机构(个)	人员(人)
总计	**849 109**	**2 160 146**	**263 718**	**951 365**	**179 130**	**445 514**	**406 261**	**763 267**
按经济类型分								
国有经济	35 152	415 890	16 643	274 631	6 747	79 766	11 762	61 493
集体经济	91 278	546 617	36 018	299 736	8 055	54 332	47 205	188 549
私营经济	104	1 695	8	48	93	1 641	3	6
港、澳、台投资经济	28	628	28	628				
个体经济	722 030	1 183 094	210 575	364 609	164 192	309 480	347 263	509 005
其他经济	517	12 222	446	11 713	43	295	28	214
按国民经济行业分								
食品饮料和烟草零售业	33 243	231 443	14 401	127 261	5 381	41 758	13 461	62 424
日用百货零售业	11 712	145 540	6 766	102 776	1 048	21 828	3 898	20 936
纺织品、服装和鞋帽零售业	2 963	26 266	1 136	13 673	473	8 324	1 354	4 269
日用杂品零售业	6 273	39 573	2 852	21 453	702	5 158	2 719	12 962
五金、交电、化工零售业	10 356	91 116	7 871	73 672	827	9 123	1 658	8 321
农业生产资料零售业	6 877	37 785	1 233	10 242	651	6 472	4 993	21 071
药品及医疗器械零售业	4 295	31 314	1 413	14 957	795	7 636	2 087	8 721
图书报刊零售业	2 173	12 638	805	7 234	211	2 319	1 157	3 085
其他零售业	49 187	361 377	16 666	215 488	4 850	33 416	27 671	112 473
个体有证商业	722 030	1 183 094	210 575	364 609	164 192	309 480	347 263	509 005
按企业规模分								
大型零售业	46	29 710	39	28 754	3	438	4	518
中型零售业	767	74 847	489	39 475	172	16 114	106	19 258
小型零售业	848 296	2 055 589	263 190	883 136	178 955	428 962	406 151	743 491

8-16 工业部门对集体、个体商业销售商品数量

商品名称	单位	1991年		1992年		1993年	
		合计	#零售	合计	#零售	合计	#零售
总额	**万元**	**2 291 662**	**461 066**	**3 028 098**	**587 481**	**4 077 552**	**847 005**
盐	吨	74 849	1 295	49 986	1 390	45 459	442
食糖	吨	294 793	55 459	443 986	39 777	525 058	41 731
糖果	吨	8 887	994	16 136	968	14 295	1 563
糕点	吨	37 230	4 356	37 041	5 751	54 348	10 180
卷烟	箱	20 504	7 747	22 389	7 839	13 073	6 785
酒	吨	192 249	15 927	260 140	14 008	313 630	21 784
茶叶	吨	3 572	1 338	4 355	1 573	3 564	1 411
布	万米	10 930	1 175	10 228	1 253	8 882	1 392
#棉布	万米	4 356	826	5 714	923	3 881	528
呢绒	百米	3 634	337	2 006	2	28 311	800
绸缎	百米	20 691	256	582	206	45 213	628
各种服装	百件	293 817	64 637	248 781	74 484	184 992	51 695
绵纶袜	百双	11 551	3 661	10 914	3 388	4 569	2 413
针织内衣裤	百件	73 302	10 575	59 305	8 612	45 609	14 023
毛线	百公斤	23 608	112	22 842	761	12 063	334
皮鞋	百双	62 778	7 899	77 140	13 659	63 888	8 199
胶鞋	百双	281 445	9 268	250 774	12 796	135 740	18 049
火柴	百件	10 612	395	6 059	93		
肥皂	百箱	6 231	532	5 908	214		
洗衣粉	吨	1 035	182	1 196	83	3 651	191
保温瓶	百个	3 472	520	9 405	478	2 552	12
缝纫机	架	5 077	1 544	2 190	351		
手表	百只	436	74	2 529	110		
机制薄纸	吨	62 685	4 541	66 769	4 223		
自行车	辆	107 229	24 862	107 475	26 136	68 463	18 205
半导体收音机	台	112 174	10 361	72 491	3 620	54 641	255
电视机	台	251 981	6 158	177 648	2 570	485 141	7 306
#彩电	台	197 785	5 053	168 334	1 910	310 960	5 968
录音机	台	156 973	13 951	53 977	6 115	42 465	8 483
电风扇	台	7 884 264	422 398	6 754 745	370 849	4 867 887	164 837
洗衣机	台	577 099	24 268	630 389	22 803	677 519	52 887
电冰箱	台	152 770	18 259	150 696	31 212	186 715	34 591
市场用煤	吨	745 088	509 685	900 509	642 358	899 620	560 651
化学肥料	吨	592 433	127 031	603 552	190 731	542 265	140 452
化学农药	吨	6 905	2 986	14 073	5 555	4 419	702
农用塑料薄膜	吨	4 216	804	2 304	544	1 101	332

8-17 平均每人主要消费品生活消费量

年份	粮食（公斤）	猪肉（公斤）	食用植物油（公斤）	鲜蛋（公斤）	食糖（公斤）
1980	185.4	10.0	2.1	0.9	10.6
1985	191.2	13.1	2.9	2.0	12.1
1986	178.5	15.4	3.2	2.2	12.1
1987	188.6	19.1	4.0	2.4	12.2
1988	183.9	18.7	3.8	2.6	13.1
1989	186.8	17.8	3.0	2.7	11.2
1990	189.3	18.8	3.3	3.5	12.6
1991	168.7	18.3	3.1	3.5	10.0
1992	168.9	18.8	3.5	4.2	10.8
1993	160.5	19.2	3.2	5.4	10.6

年份	盐（公斤）	棉布（米）	棉花化纤混纺布（米）	化纤布（米）	煤炭（公斤）
1980	6.4	4.2			35.0
1985	6.2	5.8	3.3	0.8	43.8
1986	6.5	3.1	2.4	0.5	46.9
1987	7.2	3.3	2.2	0.7	59.9
1988	6.7	4.0	2.2	0.8	73.3
1989	5.2	3.3	2.0	1.1	50.9
1990	4.9	2.8	1.6	0.5	43.9
1991	3.6	2.9	1.7	0.9	61.8
1992	3.4	3.0	1.8	1.0	51.0
1993	3.1	4.1	2.5	1.4	40.8

年份	自行车（辆/百人）	电视机（台/百人）	电风扇（台/百人）	洗衣机（台/百人）	电冰箱（台/百人）
1980	1.7				
1985	3.2	1.0	3.1	0.4	0.2
1986	3.5	0.9	0.8	0.5	0.2
1987	4.0	1.2	6.2	0.7	0.3
1988	5.1	2.3	7.7	1.0	0.8
1989	3.9	1.1	5.9	0.5	0.6
1990	3.9	0.9	6.9	0.6	0.6
1991	3.2	0.7	4.7	0.6	0.3
1992	3.1	0.6	3.6	0.5	0.3
1993	3.3	0.7	3.9	0.7	0.4

8—18 社会商品购买力来源与分配

单位:亿元

指 标	1990年	1992年	1993年	1993年比1992年增长%
一、货币收入总额	**1 071.70**	**1 728.47**	**2 335.50**	**35.1**
国有单位职工工资	154.05	222.27	300.86	35.4
城镇集体单位职工工资	49.76	72.07	83.75	16.2
各种合营单位职工工资	18.21	40.27	70.61	75.3
城镇个体劳动者净货币收入	33.22	56.69	68.02	20.0
农民从集体统一经营中得到的收入	93.96	219.60	237.56	8.2
农民从经济联合体中得到的收入	7.56	37.17	20.40	—45.1
农民出售农副产品的收入	256.35	375.49	421.78	12.3
农民从事工业和手工业的净货币收入	39.16	38.13	30.51	—20.0
农民劳务净收入	104.56	84.36	119.91	42.1
居民从国家财政得到的收入	7.70	15.16	10.87	—28.3
银行和信用社农贷净增加额	14.41	13.89	11.77	—15.3
居民其他货币收入	154.62	385.42	679.46	76.3
外宾购买消费品的货币	7.75	21.11	25.33	20.0
社会集团购买公用消费品的货币	47.94	71.36	110.27	54.5
乡(镇)购买农业生产资料的货币	0.65	0.76	0.84	10.5
外地汇(带)入货币总额	81.80	74.72	143.56	92.1
二、非商品性支出总额	**126.76**	**195.74**	**288.56**	**47.4**
居民文化生活服务支出	61.82	85.04	118.00	38.8
居民向国家缴纳的各种税金	12.03	20.72	31.20	50.6
居民其他货币支出	52.91	89.98	139.36	54.9
三、当年购买力总额	**944.94**	**1 532.73**	**2 169.69**	**41.6**
#已实现的购买力	732.25	1 060.41	1 456.04	37.3
居民消费品购买力	611.67	891.69	1 235.42	38.5
外宾消费品购买力	7.75	21.11	25.33	20.0
社会集团公用消费品购买力	47.94	71.36	110.27	54.5
农民农业生产资料购买力	64.89	76.25	85.02	11.5
四、年末结余货币总额	**949.30**	**1 658.14**	**2 249.04**	**35.6**
储蓄存款	752.16	1 314.17	1 751.76	33.3
手存现金	197.14	343.97	497.28	44.6

8-19 居民货币收支平衡表

单位:万元

项目	1992年		1993年	
	非农业居民	农业居民	非农业居民	农业居民
一、年初结余	**6 374 728**	**5 483 512**	**8 313 998**	**8 267 422**
储蓄	6 103 005	3 680 347	7 827 886	5 313 839
手存现金	271 723	1 803 165	486 112	2 953 583
二、货币收入总额	**7 353 524**	**8 998 844**	**12 125 776**	**9 864 806**
国有单位职工工资	2 056 369	166 356	2 782 920	225 642
集体单位职工工资	632 822	87 823	736 957	100 494
各种合营单位职工工资	305 313	97 433	536 664	169 473
从单位得到的其他收入	1 225 457		1 244 797	
城镇个体劳动者收入	566 874		680 249	
出售农副产品收入		3 754 931		4 217 776
从事工业、手工业的净货币收入		381 312		305 050
劳务净收入		843 570		1 199 063
从国家财政得到的收入	63 915	87 651	70 307	38 400
其他货币收入	1 845 216	3 490 101	4 638 236	3 608 908
外地汇(带)入货币总额	657 558	89 667	1 435 646	
三、货币支出总额	**5 414 254**	**6 214 934**	**8 505 167**	**7 576 354**
购买消费品	4 592 080	4 324 780	7 056 870	5 297 298
购买农业生产资料		754 878		841 770
向国家缴纳的各种税金	39 090	168 186	104 353	207 654
文化生活服务支出	500 807	349 574	695 675	484 292
房租、水、电、煤气费	155 765	84 398	210 283	112 275
交通、邮电费	88 326	73 914	128 073	110 131
医疗保健费	59 628	108 074	85 387	135 093
学杂费	47 091	46 179	72 991	69 730
文娱费	54 784	12 911	75 164	20 916
其他文化生活服务支出	95 213	24 098	123 777	36 147
其他货币支出	282 277	617 516	648 269	745 340
四、年末结余	**8 313 998**	**8 267 422**	**11 934 607**	**10 555 874**
储蓄	7 827 886	5 313 839	11 047 107	6 470 574
手存现金	486 112	2 953 583	887 500	4 085 300

九、物资消费与能源

9—1 国有单位主要物资消费量

物资名称	单位	1980年	1985年	1990年	1992年	1993年
煤炭	万吨	975.64	1 008.32	1 866.08	2 443.90	2 630.06
焦炭	万吨	54.94	64.94	85.53	102.22	96.25
原油	万吨	614.54	705.34	911.20	1 107.01	1 130.41
燃料油	万吨	184.82	253.24	321.16	367.97	389.83
汽油	万吨	17.01	31.40	33.52	36.55	38.98
柴油	万吨	74.64	70.42	95.80	151.07	156.85
煤油	万吨	0.34	11.41	19.27	32.69	32.54
生铁	万吨	45.56	65.61	82.38	74.97	112.64
钢材	万吨	77.60	172.71	200.95	321.89	364.82
铜	吨	10 729	20 991	29 187	43 281	45 570
铝	吨	19 532	41 508	35 476	53 999	51 407
铅	吨	8 690	7 717	14 099	18 170	20 802
锌	吨	23 576	26 516	43 383	49 446	54 235
铜材	吨	8 011	16 155	23 686	35 060	30 774
铝材	吨	4 274	13 228	19 579	64 442	43 627
硫酸	万吨	52.41	43.83	67.56	72.38	58.26
烧碱	万吨	7.43	8.87	11.01	14.43	11.33
纯碱	万吨	5.91	9.95	13.80	19.15	19.34
橡胶	万吨	1.99	2.46	3.64	6.14	4.89
水泥	万吨	186.78	416.30	455.14	752.07	900.89
木材	万立方米	156.68	129.44	131.51	187.79	172.24

注：本表统计范围为县和县以上国有企业、事业单位，不包括直拨农村。

9-2 主要原材料、能源消费量

（1993年）

商品名称	计量单位	消费量							
		合计	农林牧渔业	工业	建筑业	运输邮电业	批发零售、餐饮业	服务业	行政事业
煤炭	万吨	2 928.03	4.93	2 863.99	1.66	2.41	49.60	0.49	4.95
焦炭	吨	997 868	107	994 143	61	25	1 777	115	1 640
原油	万吨	1 143.66		1 143.59		0.04	0.01	0.01	0.01
燃料油	万吨	484.21	0.05	463.79	0.07	18.34	1.27	0.37	0.32
汽油	万吨	234.29	2.05	191.26	2.66	13.56	12.24	3.24	9.28
柴油	万吨	454.48	8.82	351.66	4.48	50.15	16.57	9.70	13.10
煤油	吨	325 953	758	29 644	1 025	285 386	5 552	2 829	759
润滑油	吨	68 911	3 251	36 328	2 569	16 783	6 551	713	2 716
生铁	吨	1 162 965	274	1 144 333	10 657	1 684	31	1 706	4 280
钢材	万吨	536.17	0.95	245.81	244.72	2.70	28.70	3.19	10.10
铜	吨	218 326		104 309	112 683	10	1 299	2	23
铝	吨	129 543		128 065	530	6	854	77	11
铅	吨	41 307	557	40 529	135	9	4	1	72
锌	吨	57 453	6	55 223	57	4	2 130		33
锡	吨	5 847	5	2 677	3 057	2	10		96
铜材	吨	1 237 023	145	1 232 632	3 334	38	791	21	62
铝材	吨	118 821	210	100 865	17 092	19	258	73	304
硫酸	吨	722 555	237	721 161	1 034	16	48		59
烧碱	吨	178 725	39	178 436		1	48	7	194
纯碱	吨	222 875	9	222 351	200	6	229	3	77
天然橡胶	吨	310 620	245	310 052	19	180	9		115
合成橡胶	吨	717 248	14	671 790	44 733	222	489		
平板玻璃	重量箱	1 578 050	3 022	832 903	708 784	2 306	2 756	6 591	21 688
水泥	万吨	1 552.59	2.68	84.70	1 306.10	8.52	35.43	11.21	103.95
原木	立方米	2 526 744	20 415	1 207 375	1 122 034	3 590	84 231	6 146	82 953
原木直接消费	立方米	1 527 351	10 400	840 241	534 462	2 542	70 914	3 214	65 578
锯材	立方米	1 134 543	1 939	232 399	879 421	2 611	3 701	452	14 020

9-3 原材料消费与库存总值

(1993年)　　　　单位:亿元

项　　目	企业单位数(个)	年初库存总值	消费总值	主营活动用	乡镇建筑企业施工消费总值	年末库存总值
合　计	83 083	1 541.26	13 563.13	13 337.72	125.41	2 066.92
一、按隶属关系分						
#中央	1 807	101.18	516.16	482.18	3.20	130.67
省、自治区、直辖市	2 280	98.78	773.79	759.58	3.49	104.27
地区	15 849	607.48	4 703.36	4 632.51	32.41	857.95
县	33 511	409.60	3 961.68	3 874.29	80.67	502.24
二、按经济类型分						
#国有经济	41 614	734.64	5 567.10	5 387.26	107.17	991.78
集体经济	31 892	305.33	3 095.17	3 068.93	9.63	358.19
私营经济	311	0.17	3.67	3.43		0.21
联营经济	1 146	18.34	185.77	184.01	0.52	18.02
股份制经济	519	164.96	1 885.80	1 881.33	5.99	306.96
外资企业	180	6.10	81.99	81.99		6.88
港、澳、台独资企业	877	49.31	289.31	288.97	0.11	25.62
其他经济	561	0.03	2.86	1.44	0.21	0.11
三、按行业分						
#农、林、牧、渔业	1 494	2.64	13.39	7.20	0.61	2.17
采掘业	1 119	18.76	73.30	72.04	0.43	18.92
制造业	26 880	1 292.65	10 633.19	10 547.77	34.76	1 739.78
电力、煤气及水的生产和供应业	2 002	21.76	250.57	242.42	3.40	39.51
建筑业	1 739	114.48	1 977.71	1 944.45		126.71
地质勘查业、水利管理业	782	0.51	7.49	6.46	0.52	0.40
交通运输、仓储及邮电通信业	1 513	22.57	184.27	175.88	7.54	21.23
批发和零售贸易、餐饮业	20 756	58.15	228.74	212.85	10.05	104.90
金融、保险业	1 043	0.02	2.47	0.62	0.40	0.17
房地产业	1 454	1.04	20.48	11.62	1.58	1.26
社会服务业	3 584	1.07	10.17	8.37	0.28	2.09
卫生、体育和社会福利业	2 193	1.02	7.18	5.19	1.47	1.21
教育、文化艺术及广播电影电视业	4 835	1.93	12.46	7.09	5.12	2.01
科学研究和综合技术服务业	1 168	1.10	20.75	20.61	0.18	1.80
国家机关、政党机关和社会团体	11 348	2.90	100.58	55.51	58.52	3.96

9－4 能源消费与库存总值

(1993年)

单位:亿元

项目	企业单位数(个)	年初库存总值	消费总值	主营活动用	乡镇建筑企业施工消费总值	年末库存总值
合计	83 083	243.73	4 342.43	4 296.26	7.16	349.72
一、按隶属关系分						
#中央	1 807	63.20	617.34	608.46		65.20
省、自治区、直辖市	2 280	33.74	632.90	628.76	0.08	39.09
地区	15 849	78.17	1 414.80	1 404.70	0.42	142.57
县	33 511	39.79	1 005.01	994.37	6.52	76.24
二、按经济类型分						
#国有经济	41 614	190.85	2 961.20	2 937.12	6.95	289.04
集体经济	31 892	12.36	550.68	544.04	0.11	17.20
私营经济	311	0.06	1.85	1.85		0.09
联营经济	1 146	0.68	22.81	22.31	0.04	0.57
股份制经济	519	6.10	159.68	151.97		9.76
外资企业	180	0.39	14.36	14.36		1.36
港、澳、台独资企业	877	0.10	25.03	24.84		0.22
其他经济	561	0.07	2.62	2.27		0.04
三、按行业分						
#农、林、牧、渔业	1 494	0.91	27.15	24.19	0.01	1.07
采掘业	1 119	14.19	53.36	52.91	0.02	16.59
制造业	26 880	168.82	2 527.80	2 505.34	1.41	255.68
电力、煤气及水的生产和供应业	2 002	28.47	862.46	859.50	0.37	43.14
建筑业	1 739	1.40	58.62	56.90		1.85
地质勘查业、水利管理业	782	0.03	1.64	1.39		0.01
交通运输、仓储及邮电通信业	1 513	16.11	464.50	460.18	4.78	12.43
批发和零售贸易、餐饮业	20 756	12.81	94.55	90.67	0.24	17.79
金融、保险业	1 043		2.60	2.42		
房地产业	1 454		4.51	3.97	0.01	0.01
社会服务业	3 584	0.45	47.23	46.14		0.65
卫生、体育和社会福利业	2 193	0.01	4.19	3.59		0.02
教育、文化艺术及广播电影电视业	4 835	0.13	6.81	5.65	0.02	0.06
科学研究和综合技术服务业	1 168	0.27	11.93	11.46		0.29
国家机关、政党机关和社会团体	11 348	0.10	171.87	169.20	0.28	0.08

9－5 物资供销企业购进、销售、库存总值

单位：万元

项　　目	购　进		销　售		年末库存	
	1992年	1993年	1992年	1993年	1992年	1993年
总　　额	4 456 539	5 856 919	4 676 749	6 105 168	392 492	496 166
一、物资系统	2 488 794	3 647 797	2 633 753	3 777 074	195 178	298 553
二、供销机构	1 967 745	2 209 122	2 042 996	2 328 094	197 314	197 613
燃　　料	555 090	695 663	626 246	787 221	45 984	42 974
黑色金属	1 112 399	1 774 051	1 151 933	1 771 116	87 260	165 988
有色金属	244 240	214 704	255 436	235 296	34 279	20 355
化工材料	559 793	578 687	568 548	614 471	64 973	45 499
建筑材料	222 390	262 001	231 099	279 251	11 562	15 434
木　　材	123 979	181 863	149 901	197 676	9 269	14 996
机　　电	986 541	1 479 393	1 008 161	1 512 305	81 315	122 132
其　　他	652 107	670 557	685 425	707 832	57 850	68 788

注：本表统计范围为县及县以上独立核算的物资供销企业。

9－6 物资供销企业商品销售、库存分类

(1993年)

单位：万元

商品分类	销售总额	批发	#大中型企业	零售	#大中型企业	年末库存	#大中型企业
合　　计	6 877 060	6 433 460	5 181 090	443 600	275 618	630 679	502 572
#食品类	37 629	32 981	12 537	4 648	102	2 885	1 194
饮料、烟酒类	37 285	25 816	5 740	11 469	55	2 380	81
服装、鞋帽类	53 728	48 950	23 895	4 778	7	2 771	275
纺织品类	22 056	19 777	8 690	2 279	14	1 408	544
中西药品类	6 938	6 625	6 374	313	190	757	730
化妆品类	667	577	338	90	1	56	4
书报、杂志类	795	367		428	2	124	1
文化体育用品类	1 678	1 333	827	345	5	349	254
日用品类	36 731	28 289	10 538	8 442	892	4 512	441
家用电器类	93 583	77 029	47 555	16 554	643	19 201	13 954
首饰类	205	190		15		6	
石油及制品类	292 533	259 339	216 579	33 194	21 211	4 886	3 514
煤炭及制品类	351 378	334 813	289 500	16 565	13 715	26 560	19 362
黑色金属材料类	2 006 873	1 979 572	1 646 576	27 301	16 046	153 959	123 918
有色金属材料类	239 245	238 126	199 905	1 119	13	20 970	17 203
建筑材料类	373 864	342 030	265 977	31 834	7 808	21 202	15 109
化工材料及制品类	629 855	621 606	521 253	8 249	3 974	71 156	61 098
木材类	203 240	197 161	171 579	6 079	2 949	28 816	25 008
机电设备类	1 590 074	1 417 215	1 130 456	172 859	131 004	153 151	124 205

9-7 物资供销企业商品销售量

(1993年)

商品名称	单 位	销售量	批发	大中型企 业	小型企业	零售	大中型企 业	小型企业
汽 车	辆	123 306	100 294	56 271	44 023	23 012	15 660	7 352
#载货汽车	辆	49 280	37 378	30 668	6 710	11 902	7 011	4 891
生 铁	吨	102 894	101 788	24 227	77 561	1 106		1 106
钢 材	万吨	546.63	537.63	439.80	97.83	9.00	5.30	3.70
#普通中型钢材	万吨	26.21	25.80	10.55	15.25	0.41	0.31	0.10
普通小型钢材	万吨	169.13	165.79	138.62	27.17	3.34	2.13	1.21
钢 带	万吨	1.25	1.17	0.98	0.19	0.08		0.08
线 材	万吨	125.55	122.74	102.14	20.60	2.81	1.66	1.15
中厚钢板	万吨	40.44	39.90	33.22	6.68	0.54	0.44	0.10
薄 钢 板	万吨	83.25	82.65	66.66	15.99	0.60	0.56	0.04
硅 钢 片	万吨	2.26	2.25	2.01	0.24	0.01		0.01
无缝钢管	万吨	3.42	3.41	2.91	0.50	0.01		0.01
焊接钢管	万吨	5.27	5.17	3.98	1.19	0.10	0.05	0.05
铜	吨	34 852	34 417	18 330	16 087	435		435
铝	吨	86 851	86 751	82 326	4 425	100	60	40
铅	吨	9 668	9 571	9 533	38	97	97	
锌	吨	33 258	33 252	33 069	183	6		6
锡	吨	1 580	1 560	1 337	223	20		20
铜 材	吨	7 390	7 346	4 313	3 033	44	5	39
铝 材	吨	8 859	8 853	3 019	5 834	6		6
硫 酸	吨	3 968	3 914	2 926	988	54		54
烧 碱	吨	60 141	59 898	27 428	32 470	243	79	164
纯 碱	吨	273 056	272 440	204 642	67 798	616	456	160
天然橡胶	吨	44 780	44 447	39 945	4 502	333	10	323
合成橡胶	吨	10 958	10 543	6 690	3 853	415		415
水 泥	万吨	315.98	292.51	243.21	49.30	23.47	16.40	7.07
平板玻璃	万重量箱	292.07	287.27	95.99	191.28	4.80	4.25	0.55
原 木	立方米	408 822	375 938	201 575	174 363	32 884	17 841	15 043
锯 材	立方米	207 238	202 391	167 610	34 781	4 847	1 354	3 493
润 滑 油	吨	1 820	1 745	931	814	75	57	18
煤 炭	万吨	1 208.78	1 157.39	875.59	281.80	51.39	38.64	12.75
焦 炭	吨	25 405	24 779	23 113	1 666	626	1	625
原 油	吨	139 171	138 982	138 200	782	189		189
汽 油	吨	136 348	109 954	78 017	31 937	26 394	17 441	8 953
柴 油	吨	439 779	330 371	271 814	58 557	109 408	89 778	19 630
煤 油	吨	8 640	4 552	513	4 039	4 088	3 920	168
燃 料 油	万吨	160.95	160.82	144.11	16.71	0.13	0.02	0.11

9-8 物资供销企业商品购进、销售、库存总额

(1993年)　　　　单位:万元

项目	商品购进总额	从生产者购进	从批发零售贸易业购进	进口	其他	年末库存额
总额	6 355 863	3 366 546	2 175 977	573 937	239 403	630 679
按经济类型分						
#国有经济	5 625 434	3 031 256	1 838 252	547 511	208 415	484 142
集体经济	571 985	251 555	304 305	8 262	7 863	122 402
私营经济						
联营经济	146 044	79 742	27 399	15 815	23 088	24 019
股份制经济	10 014	3 993	6 021			76
外资企业						
港、澳、台独资企业						
其他经济						
按企业规模分						
大型企业	2 205 803	1 372 187	545 737	203 479	84 400	180 004
中型企业	2 817 106	1 293 370	1 079 556	329 271	114 909	322 568
小型企业	1 332 954	700 989	550 684	41 187	40 094	128 107
附营单位	52 084	30 194	9 126	12 676	88	8 196

项目	商品销售总额	批发	对生产经营者批发	对批发零售贸易业批发	出口	对居民和社会集团商品零售额
总额	6 877 060	6 433 460	3 328 213	3 022 653	82 594	443 600
按经济类型分						
#国有经济	6 040 199	5 649 562	2 966 479	2 612 823	70 260	390 637
集体经济	651 007	606 010	279 355	320 358	6 297	44 997
私营经济						
联营经济	172 986	165 777	76 453	83 287	6 037	7 209
股份制经济	10 330	10 330	4 159	6 171		
外资企业						
港、澳、台独资企业						
其他经济						
按企业规模分						
大型企业	2 389 342	2 308 131	1 271 850	1 012 928	23 353	81 211
中型企业	3 067 365	2 872 958	1 566 066	1 277 668	29 224	194 407
小型企业	1 420 353	1 252 371	490 297	732 057	30 017	167 982
附营单位	84 176	75 912	11 169	58 997	5 746	8 264

9—9 综合能源平衡表

单位:万吨标准煤

项 目	1985年	1990年	1991年	1992年	1993年
一、可供本地区消费的能源量	**2 494.70**	**4 044.28**	**4 689.76**	**5 207.75**	**5 813.99**
年初库存量	408.79	583.00	649.20	647.32	705.15
一次能源生产量	855.05	1 006.24	1 114.98	1 452.69	1 614.20
外省调入量	2 155.94	2 955.36	3 415.25	3 381.61	3 269.20
进口量	30.03	473.83	517.89	1 046.31	1 779.92
我国轮、机在外国加油量		12.28			
本省调出量	−501.20	−113.82	−173.52	−349.73	−589.05
出口量	−5.05	−153.11	−128.49	−197.14	−276.37
外国轮、机在我国加油量(—)		−70.30	−58.23	−68.16	−92.12
年末库存量(—)	−448.86	−649.20	−647.32	−705.15	−596.94
二、加工转换投入(—)产出(+)量	**−29.04**	**−13.74**	**−23.94**	**−9.53**	**−7.27**
火力发电					
供　热					
洗　煤	−2.80	−2.63	−2.37	−2.59	−2.53
炼　焦	−0.89	−4.21	−12.60	−3.90	−3.57
炼　油	−25.35	−6.90	−8.97	−3.04	−1.17
制　气					
#焦炭再投入量					
三、损　失　量	**59.57**	**113.33**	**147.88**	**181.88**	**217.96**
#运输和输配损失	59.57	104.17	143.27	175.65	213.53
四、终端消费量	**2 406.06**	**3 936.44**	**4 520.14**	**5 019.36**	**5 589.99**
(一)物质生产部门	2 011.57	3 402.19	3 877.96	4 311.57	4 719.04
1.农、林、牧、渔、水利业	132.21	195.02	220.76	252.19	296.42
2.工　业	1 587.49	2 728.01	3 077.09	3 390.40	3 645.08
#用作原料、材料	208.60	335.68	250.54	256.13	210.03
3.建 筑 业	35.92	47.57	58.17	68.71	87.47
4.交通运输和邮电通讯业	240.40	339.43	401.06	450.23	471.64
#远洋运输业		58.92	76.72	76.05	74.42
5.商业、公共饮食业、物资供销和仓储业	15.54	92.16	120.88	150.04	218.43
(二)非物质生产部门	34.02	81.65	116.97	144.59	178.78
(三)生 活 消 费	360.48	452.60	525.21	563.20	692.17
城　镇	212.32	296.73	309.18	319.58	420.21
乡　村	148.16	155.87	216.03	243.62	271.96
五、平 衡 差 额	**0.03**	**−19.23**	**−2.20**	**−3.02**	**−1.23**
六、消费量合计	**2 494.67**	**4 063.51**	**4 691.96**	**5 210.77**	**5 815.22**

注:本表1990年数据作了调整。

9—10 重点工业企业能源消耗量

单位：万吨标准煤

行　　业	企业单位数（个）	能源消耗量 1992年	能源消耗量 1993年	能源消耗量 1993年比1992年增长%	扣除向社会提供二次能源 1992年	扣除向社会提供二次能源 1993年	扣除向社会提供二次能源 1993年比1992年增长%
总　计	**145**	**3 468.36**	**3 693.37**	**6.5**	**1 064.19**	**1 113.61**	**4.6**
煤炭采选业	4	31.49	28.27	—10.2	22.56	18.89	—16.3
有色金属矿采选业	3	17.74	16.14	—9.0	17.74	16.14	—9.0
自来水生产和供应业	2	12.82	14.02	9.4	12.82	14.02	9.4
食品、饮料制造业	23	207.42	222.13	7.1	96.13	96.47	0.4
纺织业	5	15.11	16.19	7.2	14.52	14.76	1.7
造纸及纸制品业	7	47.28	50.17	6.1	44.23	46.01	4.0
电力、蒸气、热水生产和供应业	25	994.52	1 111.47	11.8	160.58	184.67	15.0
石油加工业及炼焦业	2	1 637.08	1 686.91	3.0	196.30	186.28	—5.1
化学工业	19	125.03	121.81	—2.6	124.98	121.80	—2.5
化学纤维工业	2	6.76	5.75	—14.9	6.76	5.75	—14.9
建筑材料及其他非金属矿物制品业	39	174.93	197.60	13.0	174.93	197.60	13.0
黑色金属冶炼及压延加工业	8	160.23	182.56	13.9	154.69	170.87	10.5
有色金属冶炼及压延加工业	2	29.07	30.41	4.6	29.07	30.41	4.6
机械工业	2	6.22	7.03	13.0	6.22	7.03	13.0
其他工业	2	2.66	2.91	9.4	2.66	2.91	9.4

注：本表重点工业企业为年耗能2万吨以上。

9—11 重点工业企业万元产值综合能耗

单位：吨标准煤

行　　业	企业单位数（个）	万元产值综合能耗 1992年	万元产值综合能耗 1993年	万元产值综合能耗 1993年比1992年增长%	扣除向社会提供的二次能源净能耗 1992年	扣除向社会提供的二次能源净能耗 1993年	扣除向社会提供的二次能源净能耗 1993年比1992年增长%
总　计	**145**	**15.70**	**15.60**	**—0.6**	**4.82**	**4.70**	**—2.5**
煤炭采选业	4	15.91	13.87	—12.8	11.43	9.26	—19.0
有色金属矿采选业	3	2.51	2.79	11.2	2.51	2.79	11.2
自来水生产和供应业	2	4.38	4.36	—0.5	4.38	4.36	—0.5
食品、饮料制造业	23	5.98	6.74	12.7	2.77	2.93	5.8
纺织业	5	1.12	1.07	—4.5	1.08	0.97	—10.2
造纸及纸制品业	7	4.67	4.49	—3.9	4.37	4.12	—5.7
电力、蒸气、热水生产和供应业	25	45.16	44.84	—0.7	7.29	7.45	2.2
石油加工业及炼焦业	2	30.11	29.53	—1.9	3.61	3.26	—9.7
化学工业	19	10.21	10.24	0.3	10.20	10.24	0.4
化学纤维工业	2	3.45	3.87	12.2	3.45	3.87	12.2
建筑材料及其他非金属矿物制品业	39	5.69	5.22	—8.3	5.69	5.22	—8.3
黑色金属冶炼及压延加工业	8	8.42	8.76	4.0	8.13	8.20	0.9
有色金属冶炼及压延加工业	2	4.33	4.29	—0.9	4.33	4.29	—0.9
机械工业	2	2.39	1.76	—26.4	2.39	1.76	—26.4
其他工业	2	2.65	2.29	—13.6	2.65	2.29	—13.6

注：本表重点工业企业为年耗能2万吨以上。

9-12 工业企业能源加工转换情况

（1993年）

项目	投入量合计（万吨标准煤）	产出量合计（万吨标准煤）	加工转换损失量（万吨标准煤）	加工转换效率（%）
一、火力发电	**－1 808.94**	**564.49**	**－1 244.45**	**31.21**
煤炭采选业	－1.35	0.32	－1.03	23.70
石油和天然气开采业	－0.11	0.04	－0.07	36.36
有色金属矿采选业	－0.02	0.01	－0.01	50.00
食品、饮料制造业	－203.16	63.08	－140.08	31.05
纺织业	－5.20	1.03	－4.17	19.81
缝纫业	－0.12	0.03	－0.09	25.00
石油工业	－18.32	5.70	－12.62	31.11
造纸及纸制品业	－14.52	4.34	－10.18	29.89
文教体育用品制造业	－0.02	0.01	－0.01	50.00
电力、蒸汽、热水生产和供应业	－1 496.93	470.72	－1 026.21	31.45
化学工业	－11.78	3.54	－8.24	30.05
医药工业	－0.16	0.04	－0.12	25.00
塑料制品业	－0.10	0.03	－0.07	30.00
建筑材料及其他非金属矿物制品业	－2.90	0.63	－2.27	21.72
黑色金属冶炼及压延加工业	－2.59	0.79	－1.80	30.50
有色金属冶炼及压延加工业	－36.37	9.32	－27.05	25.63
金属制品业	－2.14	0.75	－1.39	35.05
机械、电气、电子设备制造业	－9.15	2.87	－6.28	31.37
其他工业	－0.08	0.02	－0.06	25.00
二、供热	**－93.08**	**76.44**	**－16.64**	**82.12**
电力、蒸汽、热水生产和供应业	－15.86	12.77	－3.09	80.52
三、洗煤	**－11.35**	**8.81**	**－2.54**	**77.62**
煤炭采选业	－11.35	8.81	－2.54	77.62
四、炼焦	**－69.98**	**66.41**	**－3.57**	**94.90**
黑色金属冶炼及压延加工业	－69.98	66.41	－3.57	94.90
五、炼油	**－1 621.73**	**1 602.56**	**－1.17**	**99.93**
石油加工业	－1 621.73	1 602.56	－1.17	99.93

9－13 能源生产量及构成

项　　　目	单位	1985年	1990年	1991年	1992年	1993年
能源生产总量(折标准煤)	万吨	855.05	1 006.24	1 114.98	1 452.69	1 614.20
构　　成	%	100.0	100.0	100.0	100.0	100.0
原　　煤	%	63.6	63.1	59.8	46.9	42.1
原　　油	%	1.7	7.0	19.4	28.1	31.1
水　　电	%	34.7	29.9	20.8	25.0	26.8

9－14 能源消费量及构成

项　　　目	单位	1985年	1990年	1991年	1992年	1993年
一、一次能源消费量(折标准煤)	万吨	2 446.90	3 690.25	4 161.71	4 553.66	4 983.87
构　　成	%	100.0	100.0	100.0	100.0	100.0
煤　　炭	%	45.1	56.5	59.5	56.9	58.3
原　　油	%	41.9	35.3	35.0	35.1	33.0
水　　电	%	13.0	8.2	5.5	8.0	8.7
二、最终能源消费总量(折标准煤)	万吨	2 494.67	4 063.51	4 691.96	5 210.77	5 815.22
构　　成	%	100.0	100.0	100.0	100.0	100.0
煤　　炭	%	39.7	32.4	31.1	29.2	28.9
油　　品	%	22.1	22.6	22.5	22.1	20.3
电　　力	%	29.1	32.0	32.3	34.9	37.4
其　　他	%	9.1	13.0	14.1	13.8	13.4

9－15 平均每人年生活用能源

年　　份	平均每人生活消费能源(千克标准煤/人)	煤炭(千克)	电力(千瓦时)	煤油(千克)	液化石油气(千克)
1985	67.85	64.16	47.16	2.00	1.73
1990	72.04	56.77	63.90	1.95	1.76
1991	82.72	54.89	81.27	1.70	3.56
1992	87.14	47.90	101.92	1.51	3.94
1993	105.17	41.27	122.31	1.36	12.52

9—16 平均每天各种能源消费量

能源品种	单位	1985年	1990年	1991年	1992年	1993年
合计	**吨标准煤**	**64 712**	**112 476**	**128 546**	**142 761**	**159 321**
煤炭	吨	37 447	50 828	55 891	58 411	64 559
焦炭	吨	2 124	2 871	2 879	3 404	2 653
原油	吨	108	754	185	18	41
燃料油	吨	3 595	4 874	6 565	6 796	5 142
汽油	吨	2 021	3 878	4 715	5 315	6 275
煤油	吨	323	866	952	1 198	1 286
柴油	吨	4 032	7 025	7 494	8 360	9 430
液化石油气	吨	269	549	915	791	2 539
电力	万千瓦时	5 034	9 836	10 596	12 709	15 620

注:本表实物量为终端消费量。

9—17 分品种生活能源年消费总量

能源品种	单位	1985年	1990年	1991年	1992年	1993年
合计	**万吨标准煤**	**383.58**	**454.71**	**525.21**	**563.20**	**692.17**
煤炭	万吨	362.85	348.03	348.48	309.59	271.65
煤油	万吨	0.01	11.98	10.80	9.78	8.95
液化石油气	万吨	9.81	10.78	22.63	25.47	82.42
电力	亿千瓦时	26.67	39.17	51.60	65.87	80.50

9—18 能源加工转换效率

单位:%

年份	火力发电	供热	洗煤	炼焦	炼油
1985	30.10	77.10	85.98	94.62	99.30
1990	31.13	79.21	58.05	93.48	99.44
1992	30.93	82.05	75.40	95.52	99.81
1993	31.21	82.12	77.65	94.90	99.93

9—19 能源生产、能源消费弹性系数

年份	能源生产弹性系数				国民收入比上年增长(%)	能源消费弹性系数			
	能源生产比上年增长(%)	电力生产比上年增长(%)	能源生产弹性系数	电力生产弹性系数		能源消费比上年增长(%)	电力消费比上年增长(%)	能源消费弹性系数	电力消费弹性系数
1986	1.03	8.00	0.11	0.88	9.1	8.37	4.73	0.92	0.52
1990	0.28	15.30	0.03	1.50	10.2	4.09	14.70	0.40	1.44
1992	30.29	16.15	1.54	0.82	19.7	11.06	20.35	0.56	1.03
1993	11.12	24.88	0.44	0.98	25.3	11.60	23.10	0.46	0.91

注:国民收入比上年增长速度按可比价计算。

9－20 重点企业单位产品(工作量)能源消耗情况

项目	单位	1992年	1993年	1993年比1992年增长%
一、煤炭工业				
生产万吨原煤自用煤	吨/万吨	202.56	184.68	－8.83
生产吨原煤综合耗电	千瓦小时/吨	76.40	74.34	－2.70
二、石油工业				
原油加工综合能耗	千克标准煤/吨	111.95	109.43	－2.25
单位能量因数能耗	千克标准煤/吨因数	17.34	17.60	1.50
原油加工综合耗电	千瓦小时/吨	46.92	47.53	1.30
原油加工耗燃料油	千克/吨	12.57	11.80	－6.13
原油加工损失率	%	1.45	1.57	
三、电力工业				
火力发电耗标准煤(6千千瓦以上)	克标准煤/千瓦时	382	375	－1.83
火力供电耗标准煤(6千千瓦以上)	克标准煤/千瓦时	410	400	－2.44
发电厂自用电率	%	6.78	6.28	
线路损失率	%	8.97	9.74	
四、冶金工业				
吨钢综合能耗	千克标准煤/吨	1 072.06	1 040.84	－2.91
#电炉钢	千克标准煤/吨	287.60	298.23	3.70
转炉钢	千克标准煤/吨	62.74	62.41	－0.53
电炉钢冶炼综合耗电	千瓦小时/吨	632.51	644.08	1.83
电弧炉吨合格钢水耗电	千瓦小时/吨	603.54	613.25	1.61
吨生铁入炉焦比	千克/吨	663.26	647.85	－2.32
吨生铁综合耗电	千瓦小时/吨	104.26	101.76	－2.40
吨生铁综合能耗	千克标准煤/吨	601.85	590.20	－1.94
吨钢材综合能耗	千克标准煤/吨	113.33	113.31	－0.02
吨轧钢材耗重油	千克/吨	54.12	55.00	1.63
吨轧钢材综合耗电	千瓦小时/吨	77.83	79.70	2.40
吨焦炭耗洗煤	千克/吨	1 405.92	1 400.22	－0.41
吨电解铅综合能耗	千克标准煤/吨	763.99	771.99	1.05
吨电解铜综合耗电	千瓦小时/吨	458.26	422.33	－7.84
电解铝综合能耗	千克标准煤/吨	6 858.49	6 802.43	－0.82
锌冶炼综合能耗	千克标准煤/吨	2 239.99	2 289.00	2.19
五、化学工业				
合成氨综合能耗(大型企业)	千克标准煤/吨	1 567.84	1 613.82	2.93
合成氨综合能耗(中型企业)	千克标准煤/吨	2 654.33	2 650.32	－0.15
合成氨综合能耗(小型企业)	千克标准煤/吨	2 620.29	2 569.52	－1.94
合成氨综合耗电	千瓦小时/吨	900.53	1 015.24	12.74
合成氨工艺耗电	千瓦小时/吨	640.60	686.19	7.12
合成氨耗燃料煤(折7 000大卡)	千克标准煤/吨	298.00	300.37	0.80
合成氨耗原料煤(折7 000大卡)	千克标准煤/吨	1 571.76	1 557.73	－0.89
电石综合能耗	千克标准煤/吨	2 532.48	2 609.72	3.05
电石综合耗电	千瓦小时/吨	4 026.22	4 162.07	3.37
电石耗焦煤	千克标准煤/吨	709.00	753.88	6.33

注:本表重点工业企业指年耗能2万吨以上,统计范围(企业数)作了相应调整。

9—20 续表

项　　　　目	单　　位	1992年	1993年	1993年比1992年增长%
烧碱综合能耗	千克标准煤/吨	1 751.03	1 731.41	－1.12
碳黑综合能耗	千克标准煤/吨	3 456.13	3 332.36	－3.58
黄磷综合能耗	千克标准煤/吨	8 086.76	8 634.00	6.77
六、机 械 工 业				
化铁炉吨金属炉料耗焦炭	千克/吨	115.90	133.14	14.87
七、建 材 工 业				
水泥综合能耗	千克标准煤/吨	167.11	169.05	1.16
转　　窑	千克标准煤/吨	182.33	177.47	－2.67
立　　窑	千克标准煤/吨	166.76	168.64	1.13
水泥熟料能耗	千克标准煤/吨	158.67	158.60	－0.04
转　　窑	千克标准煤/吨	194.23	174.08	－10.37
立　　窑	千克标准煤/吨	153.99	156.28	1.49
水泥综合耗电	千瓦小时/吨	89.51	89.90	0.44
转　　窑	千瓦小时/吨	111.11	115.29	3.76
立　　窑	千瓦小时/吨	87.66	87.05	－0.70
平板玻璃综合能耗	千克标准煤/重量箱	27.46	20.64	－24.84
平板玻璃耗重油	千克/重量箱	16.70	12.33	－26.17
平板玻璃耗电	千瓦小时/重量箱	8.71	7.17	－17.68
万块红砖综合能耗	千克标准煤/万块	736.88	905.88	22.93
八、纺 织 工 业				
吨棉纱综合耗电	千瓦小时/吨	1 818.00	1 946.00	7.04
百米棉布综合耗电	千瓦小时/百米	157.66	134.39	－14.76
百米印染布综合耗电	千瓦小时/百米	77.70	72.48	－6.72
九、轻 工 业				
机制纸和纸板综合能耗	千克标准煤/吨	628.91	617.60	－1.80
机制纸及纸板综合耗电	千瓦小时/吨	508.60	485.82	－4.48
机械木浆综合耗电	千瓦小时/吨	1 766.29	1 783.54	0.98
化学木浆综合耗电	千瓦小时/吨	337.04	329.53	－2.23
百吨甘蔗综合能耗	千克标准煤/百吨	5 466.77	5 501.68	0.64
百吨甘蔗综合耗电	千瓦小时/百吨	2 525.61	2 613.21	3.47
日用陶瓷综合能耗	千克标准煤/吨	401.75	323.46	－19.49
日用玻璃综合能耗	千克标准煤/吨	465.02	456.42	－1.85
日用玻璃综合耗电	千瓦小时/吨	216.76	213.68	－1.42
日用玻璃耗重油	千克/吨	255.17	250.25	－1.93
万只灯泡综合能耗	千克标准煤/万只	2 172.13	2 187.12	0.69
吨味精综合能耗	千克标准煤/吨	2 278.96	1 971.00	－13.51
吨白酒综合能耗	千克标准煤/吨	733.95	700.69	－4.53
吨啤酒综合能耗	千克标准煤/吨	138.80	114.15	－17.76
纤维板生产综合能耗	千克标准煤/立方米	502.23	562.82	12.06
十、交　　通				
汽车百吨公里耗汽油	升	8.0	9.7	21.25
汽车百吨公里耗柴油	升	5.0	7.9	58.00
千吨海里运输船泊耗燃料油	千克	8.68	10.00	15.21

十、物　　价

10—1 物价总指数

(以上年为100)

年份	零售物价总指数	居民生活费用价格总指数	城镇居民生活费用价格总指数	农民生活费用价格总指数	农副产品收购价格总指数	农村工业品零售价格总指数	工农业商品综合比价指数(以农副产品收购价格总指数为100)
1951	98.2		98.5		98.0	105.9	108.1
1952	99.8		102.9		99.3	98.2	98.9
1953	101.0		102.7		122.6	94.2	76.8
1954	99.7		98.8		103.2	100.2	97.1
1955	100.3		99.6		96.9	101.8	105.1
1956	99.6		99.5		103.9	98.7	95.0
1957	102.3		103.4		103.8	101.0	97.3
1958	100.6		99.2		101.0	99.9	98.9
1959	101.2		100.6		101.9	100.4	98.5
1960	101.1		100.5		105.3	100.6	95.5
1961	112.1		112.0		120.7	107.4	89.0
1962	100.5		100.5		98.3	103.4	105.2
1963	98.1		99.4		98.0	98.4	100.4
1964	96.8		98.1		100.6	97.2	96.6
1965	98.6		97.6		99.6	97.9	98.3
1966	99.6		99.7		99.8	98.6	98.8
1967	100.3		100.4		100.9	99.7	98.8
1968	99.8		99.8		99.9	99.8	99.9
1969	99.7		101.8		100.0	99.7	99.7
1970	99.3		99.5		99.9	98.9	99.0
1971	99.6		100.2		104.5	99.2	94.9
1972	99.7		99.9		100.1	99.2	99.1
1973	100.0		100.0		100.3	100.0	99.7
1974	99.9		99.7		101.2	100.1	98.9
1975	100.0		100.0		100.1	100.0	99.9
1976	100.1		100.1		100.0	100.2	100.2
1977	100.1		100.0		100.1	100.0	99.9
1978	100.4		100.3		101.7	100.1	98.4
1979	103.0		104.6		121.0	100.3	82.9
1980	108.5		109.5		110.9	101.4	91.4
1981	109.3		106.3		108.0	101.9	94.4
1982	102.3		102.6		104.1	102.1	98.1
1983	100.7		102.8		100.0	100.5	100.5
1984	101.2	101.3	101.9	100.4	102.2	101.9	99.7
1985	113.6	114.8	117.1	111.2	114.9	104.5	90.9
1986	104.8	104.9	104.7	105.3	105.6	104.4	98.9
1987	111.7	111.2	112.8	109.7	111.5	109.4	98.1
1988	130.2	129.4	129.5	129.3	135.9	125.9	92.6
1989	121.0	122.1	121.9	122.4	125.3	119.5	95.4
1990	95.6	97.5	97.4	97.6	90.3	97.2	107.6
1991	100.6	101.2	102.3	99.9	98.4	100.8	102.4
1992	105.8	107.3	108.4	105.9	103.1	102.3	99.2
1993	118.2	121.6	122.0	120.6	117.3	115.5	98.5

注:1.本表零售物价总指数,居民生活费用价格总指数是包括牌价、议价和市价的指数。农副产品收购价格总指数是包括牌价、议价和超购加价(1985年起为合同订购价、比例价和议价等市场收购价)的指数。

2.城镇居民生活费用价格指数原称职工生活费用价格指数(下同)。

10-2 物价总指数

（以1950年为100）

年份	零售物价总指数	城镇居民生活费用价格总指数	农副产品收购价格总指数	农村工业品零售价格总指数	工农业商品综合比价指数（以农副产品收购价格总指数为100）
1951	98.2	98.5	98.0	105.9	108.1
1952	98.0	101.4	97.3	101.8	104.6
1953	99.0	104.1	119.3	95.9	80.4
1954	98.7	102.9	123.1	96.1	78.1
1955	99.0	102.5	119.3	97.8	82.0
1956	98.6	102.0	124.0	96.5	77.8
1957	100.9	105.5	128.7	97.3	75.6
1958	101.5	104.7	130.0	97.3	74.8
1959	102.7	105.3	132.5	97.7	73.7
1960	103.8	105.8	139.6	98.3	70.4
1961	116.4	118.5	168.5	105.6	62.7
1962	117.0	119.1	165.7	109.1	65.8
1963	114.8	118.4	162.3	106.9	65.9
1964	111.1	116.2	163.3	103.9	63.6
1965	109.5	113.4	162.6	101.7	62.5
1966	109.1	113.1	162.3	100.3	61.8
1967	109.4	113.6	163.8	100.0	61.1
1968	109.2	113.4	163.6	99.8	61.0
1969	108.9	115.4	163.6	99.5	60.8
1970	108.1	114.8	163.4	98.4	60.2
1971	107.6	115.0	170.8	97.6	57.1
1972	107.3	114.9	170.0	96.8	56.9
1973	107.3	114.9	171.5	96.8	56.4
1974	107.3	114.6	173.6	96.9	55.8
1975	107.3	114.6	173.8	96.9	55.8
1976	107.4	114.7	173.8	97.1	55.9
1977	107.5	114.7	174.0	97.1	55.8
1978	108.0	115.0	177.0	97.8	55.3
1979	111.2	120.3	214.2	98.1	45.8
1980	120.7	131.7	237.5	99.5	41.9
1981	131.8	140.0	256.5	101.4	39.5
1982	134.9	143.6	267.0	103.5	38.8
1983	135.8	147.6	267.0	104.0	39.0
1984	137.4	150.4	272.9	106.0	38.8
1985	156.1	176.1	313.6	110.8	35.5
1986	163.6	184.4	331.2	115.7	34.9
1987	182.7	208.0	369.3	126.6	34.3
1988	237.9	269.4	501.9	159.4	31.8
1989	287.9	328.4	628.9	190.5	30.3
1990	275.2	319.9	567.9	185.2	32.6
1991	276.9	327.3	558.8	186.7	33.4
1992	293.0	354.8	576.1	191.0	33.2
1993	346.3	432.9	675.8	220.6	32.6

10—3 生活费用价格总指数及零售物价总指数

(1993年,以主要年份价格为100)

基期	居民生活费用价格总指数	城镇居民生活费用价格总指数	农民生活费用价格总指数	零售物价总指数	城镇	农村
以1950年价格为100		432.9		346.3	388.8	309.7
以1952年价格为100		426.9		353.4	464.5	306.0
以1957年价格为100		410.3		343.0	438.9	303.0
以1962年价格为100		363.3		294.1	344.6	261.4
以1965年价格为100		381.6		316.2	357.0	282.3
以1970年价格为100		377.0		320.3	370.3	285.0
以1975年价格为100		378.0		325.8	367.5	269.7
以1978年价格为100		376.4		320.7	355.0	284.6
以1980年价格为100		328.8		287.3	315.2	261.1
以1985年价格为100	237.2	245.7	227.6	222.0	235.5	211.3
以1990年价格为100	132.1	135.3	127.6	125.8	131.8	120.9
以1992年价格为100	121.6	122.0	120.6	118.2	120.9	116.7

10—4 农产品价格总指数及工农业产品综合比价指数

(1993年,以主要年份价格为100)

基期	农民出售农副产品价格总指数	农副产品收购价格总指数	农村工业品零售价格总指数	工农业产品综合比价指数			
				按出售方计算		按收购方计算	
				以农民出售农副产品价格总指数为100	以农村工业品零售价格总指数为100	以农副产品收购价格总指数为100	以农村工业品零售价格总指数为100
以1950年价格为100	691.7	675.8	220.6	31.9	313.6	32.6	306.3
以1952年价格为100	710.4	694.5	216.7	30.5	327.8	31.2	320.5
以1957年价格为100	532.0	525.2	226.5	42.6	234.9	43.1	231.9
以1962年价格为100	417.2	407.6	202.2	48.5	206.3	49.6	201.6
以1965年价格为100	424.1	415.7	216.9	51.1	195.5	52.2	191.7
以1970年价格为100	420.1	413.0	224.2	53.4	187.4	54.3	184.2
以1975年价格为100	393.0	388.6	227.0	57.8	173.1	58.4	171.2
以1978年价格为100	386.1	381.8	225.0	58.3	171.6	58.9	169.7
以1980年价格为100	298.1	284.6	221.9	74.4	134.3	78.0	128.3
以1985年价格为100	224.3	215.5	128.0	57.1	175.2	59.4	168.4
以1990年价格为100	122.8	119.0	119.1	97.0	103.1	100.1	99.9
以1992年价格为100	119.2	117.3	115.5	96.9	103.2	98.5	101.6

10—5 零售物价分类指数

（1993年，以上年价格为100）

类别	全省	城镇			农村
		合计	城市	县城	
零售物价总指数	**118.2**	**120.9**	**122.0**	**118.1**	**116.7**
一、消费品价格指数	**119.8**	**120.9**	**122.0**	**118.1**	**117.9**
1.食品类	122.0	124.2	125.6	120.4	118.4
粮食	124.8	125.2	124.8	126.0	123.9
细粮	123.7	124.3	123.6	125.5	122.4
粗粮	143.4	148.8	154.4	139.5	139.3
副食品	123.3	125.3	126.9	120.6	119.6
食用植物油	125.7	125.1	124.4	126.4	126.4
鲜菜	143.2	143.2	145.1	124.4	
干菜	118.2	119.2	121.3	116.6	117.5
肉禽蛋	117.2	117.7	117.9	117.4	116.3
水产品	132.3	135.4	140.2	127.1	127.2
调味品	114.0	115.4	116.7	113.4	113.5
食糖	129.3	129.1	129.2	128.9	129.3
烟酒茶	112.9	115.7	118.0	112.7	110.3
烟	116.8	118.7	120.5	116.0	114.2
酒	110.9	114.1	116.5	111.4	108.8
茶叶	105.1	106.0	107.6	104.5	104.6
其它食品	118.4	121.3	123.2	116.4	114.6
鲜果	126.4	129.7	132.4	123.2	120.9
干果	117.8	115.9	115.3	116.8	120.1
糖果	109.8	109.1	108.6	110.2	110.5
糕点	111.9	114.2	115.6	108.5	108.3
奶及奶制品	114.8	118.2	121.1	109.2	109.5
罐头	116.6	120.4	123.0	112.1	112.0
饮料	109.3	111.0	112.8	107.8	108.3
2.衣着类	106.1	108.2	110.8	102.0	101.7
棉布	101.4	102.3	103.2	101.0	101.0
棉花化纤混纺布	100.4	100.2	99.7	100.7	100.5
化纤布	103.4	106.9	109.6	99.5	99.3
呢绒	101.1	102.5	104.2	99.9	99.8
绸缎	101.1	102.0	103.5	100.3	100.0

10—5 续表　　　　(1993年,以上年价格为100)

类别	全省	城镇			农村
		合计	城市	县城	
针纺织品	107.1	107.7	108.4	105.7	105.5
服装	107.6	109.5	112.7	101.3	101.3
鞋	107.0	109.9	112.6	102.2	102.1
其它衣着	102.2	102.9	104.4	101.2	101.4
3.日用品类	111.8	112.5	113.6	109.8	110.2
一般日用品	109.2	110.0	111.2	107.8	107.8
日用机电消费品	112.0	111.8	112.0	111.4	112.5
家具	113.8	117.2	120.5	105.8	105.5
日用杂品	113.7	113.3	112.8	114.3	114.2
4.文化娱乐用品类	106.1	107.6	109.3	105.1	103.6
纸张文具	106.9	108.4	110.5	105.5	105.6
文娱用机电消费品	105.9	107.8	109.7	105.2	103.0
其它文娱用品	106.3	106.8	108.1	104.4	104.8
5.书报杂志类	124.8	126.4	129.9	122.3	121.8
6.药及医疗用品类	114.6	115.1	115.6	114.0	113.9
中药	115.5	115.8	115.9	114.7	114.8
西药及医疗用品	113.6	114.2	115.2	113.3	113.1
7.建筑装璜材料类	142.3	141.6	140.3	142.9	142.8
8.燃料类	121.5	122.1	122.1	122.1	119.9
二、农业生产资料价格指数	**112.4**				**112.4**
1.小农具	119.4				119.4
铁制小农具	125.5				125.5
竹木制小农具	110.3				110.3
2.半机械化农具	118.9				118.9
3.机械化农具	136.1				136.1
4.化学肥料	108.7				108.7
5.农药及农药械	98.1				98.1
化学农药	97.8				97.8
农药械	102.3				102.3
6.农机用油	131.6				131.6
7.其它	104.9				104.9

10—6 居民生活费用价格分类指数

(1993 年，以上年价格为100)

类别	全省	城镇			农村
		合计	城市	县城	
居民生活费用价格总指数	**121.6**	**122.0**	**122.7**	**119.9**	**120.6**
一、消费品价格指数	**119.8**	**120.9**	**122.0**	**118.1**	**117.9**
食品类	122.0	124.2	125.6	120.4	118.4
衣着类	106.1	108.2	110.8	102.0	101.7
日用品类	111.8	112.5	113.6	109.8	110.2
文化娱乐用品类	106.1	107.6	109.3	105.1	103.6
书报杂志类	124.8	126.4	129.9	122.3	121.8
药及医疗用品类	114.6	115.1	115.6	114.0	113.9
建筑装璜材料类	142.3	141.6	140.3	142.9	142.8
燃料类	121.5	122.1	122.1	122.1	119.9
二、服务项目价格指数	**133.4**	**129.2**	**126.7**	**132.4**	**138.4**
房租	133.6	139.2	142.0	123.4	112.8
水电费	117.3	116.6	117.1	115.6	118.1
交通费	159.5	145.7	135.1	177.4	177.1
邮电费	115.2	113.8	113.8	115.2	116.3
医疗保健费	140.8	135.4	132.3	138.9	141.5
学杂保育费	139.9	133.6	124.8	142.5	144.1
文娱费	142.0	144.6	146.7	134.2	134.7
修理及其它服务费	122.1	122.9	124.6	120.6	118.4

10—7 集市贸易价格分类指数

(1993年)

类别	以上年价格为100			以本年国营商业价格为100		
	全省	城市	县城	全省	城市	县城
集市贸易价格总指数	**125.0**	**125.7**	**119.9**	**98.5**	**98.8**	**93.8**
一、消费品价格指数	**125.1**	**125.7**	**120.1**	**98.5**	**98.8**	**93.8**
粮食	124.8	124.5	127.2	94.4	93.6	98.4
食用植物油	127.2	126.3	129.9	102.7	105.3	100.6
鲜菜	142.9	145.0	119.9	96.5	98.5	75.7
干菜	132.8	134.9	119.3	98.9	96.8	103.3
肉禽蛋	118.5	118.6	118.1	102.6	102.5	99.8
水产品	137.0	138.0	129.3	88.0	87.7	95.7
鲜果	121.8	121.9	121.0	107.0	107.7	98.2
干果	113.8	113.3	117.8	94.6	91.9	97.3
日用杂品	111.5	120.1	108.1	61.5	93.2	53.1
柴草	101.3	104.6	100.9	124.6	124.6	
其它	102.5	100.7	104.7	96.7	97.0	96.1
二、农业生产资料价格指数	**116.5**		**116.5**			
饲料	112.4		112.4			
小农具	125.2		125.2			
幼禽家畜	126.8		126.8			
大牲畜	107.7		107.7			
竹木材	103.2		103.2			

10－8 主要食品全社会综合平均零售价格及指数

价格单位:元

食品名称	规格等级	单位	1992年价格	1993年价格	指数(以上年价格为100)
大米	标二	公斤	1.122	1.447	129.0
面粉	标准粉	公斤	1.227	1.564	127.5
绿豆	一等	公斤	3.680	5.043	137.0
花生油	二级	公斤	6.928	8.729	126.0
猪肉	鲜上肉	公斤	8.001	9.112	113.9
瘦猪肉	鲜	公斤	11.510	13.513	117.4
牛肉	去骨统肉	公斤	9.263	10.907	117.7
白条鸡	开膛	公斤	9.370	11.809	126.0
活鸡	中等项鸡	公斤	12.808	15.506	121.1
活鸭	中等	公斤	6.060	7.662	126.4
鸡蛋	新鲜完整	公斤	5.945	6.895	116.0
鸭蛋	新鲜完整	公斤	4.523	5.858	129.5
鲜带鱼	中等0.25公斤以上一条	公斤	8.866	11.236	126.7
胖头鱼	中等0.5公斤以上一条	公斤	5.887	7.701	130.8
草鱼	中等0.5公斤以上一条	公斤	7.354	9.719	132.2
小海米	二级	公斤	46.888	55.712	118.8
精盐	再制盐	500克	0.517	0.569	110.1
白砂糖	国产机制一级	公斤	2.423	3.187	131.5
粮食白酒	散装	公斤	2.686	2.744	102.2
啤酒	熟12度瓶装	瓶	2.157	2.747	127.4
花茶	茉莉烘青二级	公斤	17.539	18.082	103.1
乌龙茶	二级	公斤	15.001	15.813	105.4
苹果	一级	公斤	5.470	6.146	112.4
梨	一级	公斤	4.266	5.217	122.3
柑	一级	公斤	2.149	2.692	125.3
香蕉	一级	公斤	3.334	4.023	120.7
花生米	一级生货	公斤	3.854	5.572	144.6
面包	中等	公斤	5.191	5.880	113.3
奶粉	国产500克袋装全脂	袋	6.558	6.893	105.1
汽水	小瓶	瓶	0.732	0.801	109.4
大白菜	一等	公斤	1.232	1.622	131.7
油菜	一等	公斤	1.315	1.830	139.2
黄瓜	一等	公斤	1.566	2.159	137.9
冬瓜	一等	公斤	0.603	1.329	220.4
西红柿	一等	公斤	1.995	2.919	146.3
萝卜	一等	公斤	0.923	1.206	130.7
土豆	一等	公斤	1.392	1.809	130.0
菜芯	一等	公斤	2.101	2.902	138.1

10－9 各月零售物价分类指数

（1993年，以上年同月价格为100）

类　　别	1 月	2 月	3 月	4 月	5 月	6 月
零售物价总指数	**111.9**	**111.6**	**115.5**	**115.5**	**119.5**	**122.0**
一、消费品价格指数	**112.9**	**112.3**	**116.0**	**116.5**	**120.7**	**123.7**
1.食品类	115.0	113.1	116.2	116.9	121.8	126.1
粮食	109.1	115.2	119.3	119.5	118.4	120.1
细粮	107.5	114.0	117.9	118.4	116.9	118.3
粗粮	137.9	137.0	143.8	139.4	144.5	151.6
副食品	118.2	114.3	116.7	117.8	124.9	130.7
食用植物油	99.0	104.4	122.7	128.3	129.7	128.2
鲜菜	129.8	117.2	93.7	84.5	138.2	191.7
干菜	114.9	112.9	113.4	112.3	114.5	118.8
肉禽蛋	115.5	111.5	116.4	118.3	118.9	119.2
水产品	128.4	124.6	129.7	131.3	135.6	136.3
调味品	122.0	120.3	120.2	121.9	124.0	111.9
食糖	95.6	100.9	108.1	120.6	132.8	155.4
烟酒茶	107.4	106.5	109.0	111.6	113.0	115.2
烟	112.2	110.7	115.4	118.9	119.5	120.8
酒	101.8	102.0	103.0	104.5	107.0	113.3
茶叶	105.0	103.2	101.7	103.7	105.3	102.2
其它食品	107.3	108.4	115.1	113.2	114.1	113.9
鲜果	113.1	114.1	124.7	119.6	115.8	114.3
干果	98.8	101.4	108.4	116.6	118.5	124.9
糖果	102.7	103.5	105.3	105.4	105.9	107.6
糕点	105.4	106.6	106.6	107.7	110.4	111.7
奶及奶制品	103.0	104.3	110.1	111.0	112.7	115.2
罐头	104.5	106.1	108.1	110.2	113.3	117.6
饮料	102.8	103.4	104.1	103.1	104.6	107.5
2.衣着类	102.3	103.0	103.9	103.8	104.6	105.0
棉布	100.6	100.2	98.8	98.9	99.8	100.3
棉花化纤混纺布	100.4	100.7	101.1	100.8	101.5	102.2
化纤布	101.3	101.8	102.3	103.1	102.7	102.6
呢绒	100.1	100.5	100.4	100.3	100.9	100.9
绸缎	100.3	100.2	99.8	100.6	100.7	100.3

10—9 续表1　　(1993年,以上年同月价格为100)

类　　别	7 月	8 月	9 月	10 月	11 月	12 月
零售物价总指数	**122.3**	**121.2**	**119.5**	**120.7**	**120.7**	**122.4**
一、消费品价格指数	**123.9**	**122.7**	**120.3**	**122.3**	**122.5**	**124.8**
1.食品类	126.3	124.7	121.9	126.0	126.0	130.0
粮食	119.2	122.6	124.3	126.2	133.4	168.6
细粮	117.5	121.1	123.0	125.3	132.8	170.2
粗粮	148.3	149.1	146.2	142.4	144.0	141.0
副食品	129.3	126.5	122.4	128.5	126.7	126.8
食用植物油	128.9	130.8	131.5	134.2	133.4	139.2
鲜菜	184.7	160.4	118.3	178.6	170.1	151.3
干菜	121.6	124.0	124.1	124.2	123.5	123.7
肉禽蛋	118.5	118.2	118.7	118.2	117.4	119.9
水产品	133.7	133.5	132.7	134.9	132.5	133.4
调味品	109.7	109.6	110.4	111.7	110.2	108.5
食糖	157.5	145.0	140.2	135.0	136.7	143.9
烟酒茶	118.1	117.7	116.3	113.8	113.0	112.7
烟	123.2	121.9	119.9	114.5	113.2	111.5
酒	116.3	118.3	115.5	115.2	116.0	116.8
茶叶	106.2	103.6	107.0	108.9	106.5	107.8
其它食品	121.7	121.6	120.4	120.4	123.9	122.4
鲜果	130.9	126.9	120.7	124.1	132.0	125.8
干果	128.5	135.1	138.9	130.2	122.7	123.7
糖果	110.3	112.1	116.1	115.6	116.5	118.2
糕点	111.7	112.6	115.5	116.8	116.4	117.6
奶及奶制品	116.5	118.8	120.2	120.4	121.8	122.2
罐头	119.7	122.3	123.7	122.6	123.9	125.4
饮料	110.7	116.3	114.6	114.1	115.0	119.4
2.衣着类	105.5	105.9	106.4	107.7	109.0	109.4
棉布	100.8	101.5	102.6	102.9	105.4	105.5
棉花化纤混纺布	99.9	99.1	99.6	99.7	99.8	99.2
化纤布	102.6	104.5	104.3	105.2	105.1	106.0
呢绒	101.2	101.4	101.4	101.3	101.6	101.5
绸缎	100.5	101.3	101.2	102.3	103.7	103.7

10—9 续表2 (1993年,以上年同月价格为100)

类 别	1 月	2 月	3 月	4 月	5 月	6 月
针纺织品	103.5	103.8	104.7	104.8	106.5	107.0
服 装	102.5	104.0	104.9	104.5	105.3	105.6
鞋	103.1	102.9	104.7	104.4	104.9	106.1
其它衣着	100.7	100.5	101.1	101.1	101.7	101.1
3.日用品类	102.8	103.2	104.5	106.9	108.8	112.8
一般日用品	103.2	103.8	104.7	105.5	107.9	109.7
日用机电消费品	102.7	102.9	104.5	106.7	108.4	112.7
家 具	101.9	102.5	103.5	108.1	109.3	115.8
日用杂品	103.7	103.8	105.8	108.5	111.0	115.3
4.文化娱乐用品类	99.9	100.9	102.8	103.9	105.9	107.9
纸张文具	105.1	105.7	104.6	105.0	107.1	107.4
文娱用机电消费品	98.5	99.8	102.5	103.7	105.8	108.4
其它文娱用品	102.5	102.5	103.0	103.9	105.6	106.5
5.书报杂志类	120.8	121.4	122.0	123.0	121.7	121.7
6.药及医疗用品类	113.9	114.4	115.3	114.2	114.1	1146.0
中 药	121.1	120.6	121.1	117.5	116.6	117.0
西药及医疗用品	106.6	108.1	109.2	110.2	111.5	114.6
7.建筑装璜材料类	133.0	137.4	157.6	152.2	164.3	159.3
8.燃 料 类	117.8	116.6	120.1	121.8	122.8	124.2
二、农业生产资料价格指数	**103.1**	**105.7**	**109.9**	**111.6**	**115.0**	**115.5**
1.小 农 具	104.9	105.0	108.2	114.0	116.5	122.6
铁制小农具	106.2	107.6	111.9	117.7	121.4	130.5
竹木制小农具	102.9	100.9	102.4	108.1	108.7	110.2
2.半机械化农具	106.0	106.4	117.1	116.7	121.5	124.8
3.机械化农具	112.9	117.5	129.8	135.3	145.5	147.2
4.化学肥料	99.8	102.8	106.3	107.5	109.5	109.5
5.农药及农药械	93.8	95.0	95.7	96.9	97.9	98.7
化学农药	93.4	94.7	95.4	96.3	97.3	98.4
农 药 械	98.5	98.9	99.6	104.7	105.8	102.8
6.农机用油	126.3	130.7	136.5	135.8	147.6	145.2
7.其 它	102.8	103.0	103.3	105.0	104.8	104.8

10—9　续表3　　　　　(1993年,以上年同月价格为100)

类　　别	7　月	8　月	9　月	10　月	11　月	12　月
针纺织品	106.7	107.0	107.9	109.0	110.5	110.8
服　装	106.2	106.4	107.1	108.9	110.6	110.9
鞋	107.7	108.6	108.6	109.8	111.1	112.1
其它衣着	103.0	103.2	102.9	103.0	104.2	104.4
3.日用品类	114.2	115.9	116.4	116.6	116.9	116.8
一般日用品	110.7	112.1	113.0	113.8	113.4	113.6
日用机电消费品	114.4	116.3	117.3	117.0	116.9	116.3
家　具	117.7	120.2	118.3	117.5	119.4	118.5
日用杂品	115.8	117.1	118.3	120.2	120.8	123.2
4.文化娱乐用品类	109.0	108.1	107.2	107.9	108.1	108.8
纸张文具	108.2	108.3	107.2	107.1	109.1	109.3
文娱用机电消费品	109.6	108.3	107.2	108.0	107.8	108.2
其它文娱用品	107.5	107.3	107.4	107.8	108.7	110.4
5.书报杂志类	124.4	125.2	127.1	127.2	127.0	127.4
6.药及医疗用品类	117.2	117.6	115.8	114.0	114.1	114.0
中　药	117.5	116.9	113.3	111.1	111.3	111.2
西药及医疗用品	116.9	118.3	118.5	117.0	117.1	117.1
7.建筑装璜材料类	155.7	148.9	138.9	131.8	133.1	133.1
8.燃料类	125.3	126.6	124.2	121.6	120.8	116.4
二、农业生产资料价格指数	**116.3**	**115.5**	**116.3**	**114.9**	**114.2**	**113.4**
1.小农具	123.4	126.0	127.7	126.6	129.4	128.2
铁制小农具	131.1	133.0	136.5	135.4	136.1	134.1
竹木制小农具	111.2	115.0	114.0	112.8	119.0	119.0
2.半机械化农具	123.9	123.0	120.8	121.7	121.3	123.1
3.机械化农具	144.1	143.1	141.4	140.3	139.7	135.4
4.化学肥料	111.4	111.1	112.7	111.6	110.6	110.4
5.农药及农药械	100.2	99.2	100.3	99.6	99.5	99.5
化学农药	99.9	99.0	100.2	99.4	99.1	99.4
农药械	104.6	101.7	100.9	101.8	104.4	104.4
6.农机用油	143.2	136.6	135.8	129.9	127.2	122.9
7.其　它	105.6	106.2	105.7	105.5	105.4	105.8

10—10 各月居民生活费用价格分类指数

（1993年，以上年同月价格为100）

类别	1月	2月	3月	4月	5月	6月
居民生活费用价格总指数	**114.8**	**113.8**	**117.9**	**118.3**	**121.9**	**124.9**
城镇居民生活费用价格指数	**115.3**	**113.4**	**116.7**	**117.1**	**121.7**	**125.9**
一、消费品	**113.6**	**111.9**	**115.1**	**115.5**	**120.8**	**125.3**
食品类	116.6	113.4	116.2	116.4	123.5	129.7
衣着类	103.3	104.4	105.6	105.4	106.2	106.9
日用品类	103.0	103.4	104.9	107.6	109.7	114.2
文化娱乐用品类	99.9	101.3	103.3	105.0	107.0	109.6
书报杂志类	121.9	122.0	123.7	124.0	123.1	123.1
药及医疗用品类	113.7	113.9	115.1	114.5	113.9	116.2
建筑装璜材料类	135.0	138.6	156.5	151.3	161.5	157.3
燃料类	116.6	115.5	119.5	120.9	121.7	124.0
二、服务项目	**126.7**	**123.2**	**126.6**	**126.9**	**127.6**	**129.5**
房租	120.4	135.4	135.9	131.5	131.5	146.4
水电费	110.3	107.7	108.3	108.2	112.5	114.0
交通费	161.3	142.0	145.1	145.6	149.9	150.5
邮电费	115.5	112.9	112.8	113.0	112.9	112.9
医疗保健费	114.3	123.7	132.1	133.3	134.6	138.3
学杂保育费	136.1	128.8	132.7	133.6	129.3	128.9
文娱费	141.2	157.3	166.5	156.2	157.5	150.5
修理及其它服务费	119.2	112.2	117.4	121.4	122.5	125.9
农民生活费用价格指数	**114.5**	**114.6**	**119.6**	**120.4**	**122.2**	**123.0**
一、消费品	**112.0**	**112.8**	**117.4**	**118.2**	**120.6**	**121.0**
食品类	112.4	112.7	116.0	118.0	119.0	120.1
衣着类	100.5	100.5	100.7	100.5	101.3	101.1
日用品类	102.6	102.8	103.8	105.5	107.2	109.9
文化娱乐用品类	99.9	100.5	102.1	102.1	104.1	105.1
书报杂志类	118.7	120.2	119.4	120.8	119.0	119.0
药及医疗用品类	114.0	114.8	115.6	113.6	114.1	115.7
建筑装璜材料类	131.9	137.0	158.6	153.2	166.7	161.0
燃料类	120.6	119.5	121.8	124.0	125.3	124.2
二、服务项目	**130.9**	**126.1**	**133.7**	**134.6**	**132.3**	**135.7**
房租	120.6	114.9	111.6	109.6	110.5	110.5
水电费	107.2	107.2	107.2	105.3	112.1	115.8
交通费	187.5	161.7	175.0	178.7	178.7	180.0
邮电费	110.6	112.7	112.7	112.7	112.7	112.7
医疗保健费	112.4	122.8	131.6	137.8	139.5	152.9
学杂保育费	138.8	131.5	143.6	143.6	133.6	133.6
文娱费	129.4	127.4	131.0	134.1	134.8	138.6
修理及其它服务费	107.0	107.8	110.3	111.2	111.9	121.0

注：居民生活费用价格总指数中的消费品各类与10—9表相同。

10—10 续表　　(1993年,以上年同月价格为100)

类　　别	7 月	8 月	9 月	10 月	11 月	12 月
居民生活费用价格总指数	**125.1**	**124.3**	**122.8**	**125.0**	**125.1**	**126.9**
城镇居民生活费用价格指数	**126.5**	**125.2**	**122.7**	**126.3**	**126.2**	**127.2**
一、消 费 品	**126.1**	**124.4**	**121.0**	**124.9**	**125.0**	**126.9**
食 品 类	130.1	127.5	122.9	129.7	129.7	133.0
衣 着 类	107.5	107.9	108.5	110.0	111.5	112.0
日用品类	115.9	117.2	117.1	117.0	117.5	117.5
文化娱乐用品类	110.9	110.0	109.0	109.9	110.1	111.0
书报杂志类	125.0	125.8	127.0	128.0	127.6	128.4
药及医疗用品类	118.0	118.5	117.2	114.9	114.7	114.3
建筑装璜材料类	158.7	151.1	141.2	134.8	133.1	131.1
燃 料 类	125.3	128.0	126.5	123.9	123.6	117.8
二、服务项目	**129.3**	**129.9**	**133.7**	**134.8**	**134.1**	**132.3**
房 租	144.3	144.5	144.6	143.5	142.9	142.9
水 电 费	117.8	121.0	122.1	125.5	125.4	121.6
交 通 费	149.3	149.0	148.9	149.6	144.7	135.0
邮 电 费	113.0	114.9	114.9	114.9	113.9	108.1
医疗保健费	137.1	142.8	139.4	134.7	143.2	143.2
学杂保育费	129.3	129.2	144.1	142.2	140.2	140.2
文 娱 费	150.3	139.7	133.0	132.1	133.3	133.2
修理及其它服务费	122.0	123.1	123.5	128.6	129.0	131.1
农民生活费用价格指数	**122.7**	**122.7**	**122.9**	**122.5**	**122.4**	**125.1**
一、消 费 品	**120.5**	**120.2**	**119.0**	**118.3**	**118.4**	**121.7**
食 品 类	120.1	120.3	120.0	120.3	119.8	125.1
衣 着 类	101.4	101.9	102.1	102.8	103.8	104.1
日用品类	110.8	113.4	114.8	115.5	115.5	115.5
文化娱乐用品类	106.1	105.0	104.4	104.5	104.9	105.1
书报杂志类	123.1	123.9	125.6	125.6	125.6	125.6
药及医疗用品类	116.3	116.6	114.3	113.0	113.5	114.0
建筑装璜材料类	153.8	147.5	137.4	129.7	132.8	134.3
燃 料 类	125.3	123.0	118.2	115.6	114.0	113.3
二、服务项目	**137.2**	**138.5**	**148.2**	**150.0**	**148.4**	**147.0**
房 租	115.0	112.7	114.5	115.3	113.9	113.9
水 电 费	122.6	124.9	127.4	129.6	129.6	125.5
交 通 费	178.3	178.3	178.3	191.5	176.5	174.3
邮 电 费	112.7	118.8	118.8	118.8	118.8	112.7
医疗保健费	154.1	148.9	148.9	145.4	145.4	145.4
学杂保育费	133.6	137.3	160.2	159.5	159.5	159.5
文 娱 费	136.7	131.6	132.5	142.6	139.6	135.5
修理及其它服务费	122.0	123.5	124.0	126.6	129.6	129.0

10—11 各月居民生活费用价格总指数和零售物价总指数

(1993年,以上年12月价格为100)

类别	1月	2月	3月	4月	5月	6月
居民生活费用价格总指数	107.7	108.0	110.2	112.1	114.0	116.7
# 消费品	107.2	107.4	109.2	111.4	113.6	116.2
服务项目	110.7	111.9	115.9	116.2	116.4	119.4
# 城镇居民	109.3	109.1	110.6	112.3	114.5	117.0
农民	104.8	106.2	109.1	111.3	112.9	115.6
零售物价总指数	106.5	106.9	108.9	111.1	113.4	115.9
# 消费品	107.2	107.4	109.2	111.4	113.6	116.2
农业生产资料	100.0	102.0	104.4	106.9	109.8	111.7
# 城镇	109.5	108.8	110.2	112.1	114.6	117.1
农村	102.7	104.3	106.8	109.1	111.3	113.7

类别	7月	8月	9月	10月	11月	12月
居民生活费用价格总指数	118.0	118.4	120.9	123.9	123.9	127.0
# 消费品	117.5	117.5	117.9	121.0	120.8	124.3
服务项目	121.1	122.9	140.0	142.5	142.9	143.0
# 城镇居民	118.8	118.4	119.3	123.2	122.5	125.4
农民	116.2	117.1	121.5	123.0	123.7	127.0
零售物价总指数	117.3	117.3	117.7	119.9	119.7	122.8
# 消费品	117.5	117.5	117.9	121.0	120.8	124.3
农业生产资料	113.6	113.6	114.2	113.3	113.2	113.5
# 城镇	118.9	118.3	117.8	121.9	120.9	124.2
农村	114.5	115.1	116.3	117.1	117.7	120.6

注：各月与上年12月比的定基指数由各月环比指数连乘求得,主要观察各月变动趋势。如观察12月与上年12月指数变化,要按价格变动计算为准(即按10—9表和10—10表)。

10—12 物价调查点消费品零售价格分类指数

(1993年,以上年价格为100)

市、县	消费品价格指数	1.食品类	(1)粮食	(2)副食品	#鲜菜	#肉禽蛋	#水产品	(3)烟酒茶	(4)其它食品	#鲜果
广州	125.1	128.3	124.4	128.9	148.5	119.2	143.1	117.5	132.9	152.8
佛山	122.3	126.6	132.0	127.9	146.8	117.8	140.9	117.3	118.1	122.5
湛江	125.8	130.1	130.4	131.9	137.0	125.1	150.4	113.5	120.1	130.7
深圳	119.9	122.6	118.8	123.1	135.9	113.1	139.2	118.3	125.6	131.8
韶关	119.7	121.6	122.8	122.5	139.7	116.4	129.4	117.4	117.7	120.1
肇庆	121.8	125.0	119.1	127.3	138.9	122.7	135.6	118.2	118.6	127.1
惠州	122.8	126.9	127.7	127.1	139.3	118.7	148.9	116.1	130.7	137.9
汕头	118.7	122.5	131.0	120.9	134.9	112.9	129.2	127.3	119.4	127.9
梅州	118.1	119.5	126.1	120.1	120.1	118.8	123.6	111.1	113.3	109.6
珠海	117.9	123.9	121.6	124.5	135.4	117.9	136.3	124.4	121.6	125.9
东莞	119.5	123.7	132.4	123.4	138.4	117.5	132.4	119.1	121.8	136.8
普宁	116.2	116.9	129.8	116.0	124.6	113.0	110.1	112.4	112.6	115.8
顺德	122.2	122.1	120.5	123.2	121.2	116.3	139.3	113.6	120.6	137.1
连县	117.1	120.9	120.1	124.7	134.1	118.3	141.2	111.9	108.5	105.3
兴宁	117.8	121.3	130.9	121.0	131.2	116.3	129.1	105.8	119.3	121.9
电白	121.1	122.4	129.9	123.3	121.0	121.9	127.9	110.0	114.1	124.9
鹤山	116.5	119.8	123.7	120.3	130.6	115.5	132.9	115.9	116.9	130.8
廉江	118.4	119.6	123.0	119.2	109.0	121.7	119.4	114.9	117.1	122.5

市、县	2.衣着类	3.日用品类	4.文化娱乐用品类	5.书报杂志类	6.药及医疗用品类	7.建筑装璜材料类	8.燃料类
广州	118.0	114.4	111.5	128.4	114.3	157.5	121.8
佛山	104.3	118.6	111.3	134.0	123.3	131.7	116.4
湛江	108.9	111.8	108.0	123.7	125.3	145.0	142.8
深圳	109.6	114.1	110.2	125.2	109.3	132.1	128.0
韶关	116.5	116.0	106.3	145.6	120.2	140.4	121.2
肇庆	107.2	110.5	111.3	149.2	119.8	152.8	122.6
惠州	109.6	113.2	113.0	130.9	118.3	139.3	122.6
汕头	103.6	108.6	107.6	121.2	116.4	130.2	131.5
梅州	106.7	112.2	110.3	140.1	110.7	145.8	117.5
珠海	103.1	110.3	105.0	132.5	110.3	132.7	109.8
东莞	102.0	109.0	104.2	138.4	126.5	147.9	130.7
普宁	99.4	107.3	112.2	104.7	106.2	137.6	127.4
顺德	100.9	110.2	109.5	126.1	111.6	170.2	121.2
连县	104.0	112.2	97.9	112.0	113.4	136.4	111.6
兴宁	101.4	107.4	102.2	121.0	113.5	128.8	134.5
电白	103.1	111.2	105.6	126.3	115.8	143.9	131.0
鹤山	100.4	111.7	107.9	152.1	114.9	131.3	123.8
廉江	102.8	112.2	99.0	127.9	116.6	141.9	120.6

10—13 物价调查点零售物价总指数

(1993 年,以上年价格为100)

市、县	城镇居民生活费用价格指数	零售物价总指数	市、县	城镇居民生活费用价格指数	零售物价总指数
广州	125.0	125.1	珠海	121.3	117.9
佛山	122.9	122.3	东莞	121.8	119.5
湛江	127.6	125.8	普宁	119.4	116.2
深圳	120.1	119.9	顺德	124.2	122.2
韶关	123.6	119.7	连县	118.4	117.1
肇庆	121.8	121.8	兴宁	119.7	117.8
惠州	122.8	122.8	电白	122.7	121.1
汕头	120.4	118.7	鹤山	117.9	116.5
梅州	117.1	118.1	廉江	118.4	118.4

注:普宁、顺德等以下的7个县市零售物价总指数为城镇部分,未包括农村零售物价指数在内。

10—14 物价调查点集市贸易价格分类指数

(1993 年,以上年价格为100)

市、县	总指数	消费品	#粮食	#鲜菜	#肉禽蛋	#水产品	农业生产资料
广州	127.6	127.6	124.2	148.6	119.1	137.4	
佛山	119.9	119.9	117.4	134.5	118.0	140.7	
湛江	129.9	129.9	129.8	138.3	124.5	159.4	
深圳	123.7	123.7	118.5	133.0	113.6	143.5	
韶关	123.9	123.9	124.0	136.0	117.1	132.0	
肇庆	124.6	124.6	125.8	132.8	122.1	133.6	
惠州	123.8	123.8	122.3	140.4	118.3	146.1	
汕头	121.6	121.6	122.0	137.2	112.3	134.6	
梅州	120.6	120.6	129.2	118.5	118.9	126.6	
珠海	122.1	122.1	131.0	126.1	116.4	131.9	
东莞	125.3	125.3	130.8	142.6	118.0	131.2	
普宁	115.7	115.6	128.6	125.5	113.3	113.6	122.3
顺德	124.0	124.1	121.3	115.7	122.6	141.3	107.2
连县	121.4	123.3	125.1	128.8	118.9	145.6	108.0
兴宁	122.2	122.4	133.2	133.2	116.8	131.6	119.3
电白	119.1	119.5	129.5	115.6	118.7	121.6	115.3
鹤山	119.0	119.1	124.9	120.6	115.9	136.6	117.0
廉江	118.4	118.8	118.4	107.5	121.4	119.7	115.7

10－15　农副产品收购价格分类指数

(1993 年,以主要年份价格为100)

类　　别	以1957年价格为100	以1965年价格为100	以1978年价格为100	以1980年价格为100	以1985年价格为100	以上年价格为100
总　指　数	**525.2**	**415.7**	**381.8**	**286.6**	**215.5**	**117.3**
一、粮　食　类	424.7	345.0	306.0	251.1	226.9	128.2
二、经济作物类	411.6	348.0	291.6	243.2	215.5	103.7
食用植物油及油料	575.7	438.5	237.8	290.1	257.0	123.7
麻	225.2	209.0	193.1	146.2	120.2	101.9
烟　　叶	251.8	227.0	200.2	195.0	196.7	100.4
糖　　料	350.2	311.0	274.0	234.8	199.9	94.9
茶　　叶	623.1	478.0	303.8	260.1	221.5	113.2
三、竹 木 材 类	1004.9	856.2	709.9	591.6	291.7	105.2
四、工业用油漆类	545.6	409.7	401.9	316.9	321.9	129.4
五、禽畜产品类	373.4	315.6	309.8	259.9	200.4	120.0
肉　　畜	385.9	320.7	318.1	262.0	196.9	119.0
禽　　蛋	362.6	314.3	289.8	270.0	214.4	122.5
皮　　张	168.9	153.9	267.1	118.7	118.7	109.9
鬃　　毛	344.6	205.2	175.1	166.8	147.1	117.0
六、蚕茧蚕丝类	620.3	477.9	477.9	399.9	282.6	85.3
七、干 鲜 果 类	352.6	271.8	219.3	333.4	161.3	116.7
八、干鲜菜及调味品类	632.4	291.3	533.5	463.7	365.0	131.4
九、药　材　类	380.9	259.7	213.1	209.8	149.2	93.2
十、土副产品类	514.8	385.2	364.6	373.3	339.1	128.2
十一、水产品类	683.6	522.9	522.0	457.2	331.1	150.0

注：各年总指数是用牌价、议价综合平均计算的；1984 年以前各年分类指数按国有商业农副产品收购牌价计算。

10－16　农副产品收购价格分类指数涨跌构成

(1993 年,以上年价格为100)

类　　别	指　　数	涨 跌 率	涨 跌 构 成	涨跌构成比重(%)
总　指　数	**117.3**	**17.3**	**17.30**	**100.0**
一、粮　食　类	128.2	28.2	4.40	25.4
二、经济作物类	103.7	3.7	0.75	4.3
食用植物油及油料	123.7	23.7	0.13	6.5
麻	101.9	1.9	1.03	0.2
烟　　叶	100.4	0.4	0.01	0.0
糖　　料	94.9	－5.1	－0.47	－2.7
茶　　叶	113.2	13.2	0.30	1.7
三、竹 木 材 类	105.2	5.2	0.14	0.8
四、工业用油漆类	129.4	29.4	0.35	2.0
五、禽畜产品类	120.0	20.0	4.56	26.3
肉　　畜	119.0	19.0	2.57	14.8
禽　　蛋	122.5	22.5	1.56	9.0
皮　　张	109.9	9.9	0.29	1.7
鬃　　毛	117.0	117.0	0.14	0.8
六、蚕茧蚕丝类	85.3	－14.7	－0.37	－2.1
七、干 鲜 果 类	116.7	16.7	1.02	5.9
八、干鲜菜及调味品类	131.4	31.4	2.24	12.9
九、药　材　类	93.2	－6.8	－0.18	－1.0
十、土副产品类	128.2	28.2	1.79	10.4
十一、水产品类	150.0	50.0	2.60	15.0

10—17 主要农副产品收购价格及指数

产品名称	规格等级	单位	综合平均价(元)		指数(以上年价格为100)
			1992年价格	1993年价格	
小麦	中等	百公斤	82.68	108.92	131.7
籼稻	中等	百公斤	68.85	89.33	129.7
糯米	中等	百公斤	119.00	145.27	127.9
籼米	中等	百公斤	107.80	137.88	122.1
黄豆	中等	百公斤	186.72	226.60	121.4
绿豆	中等	百公斤	215.00	269.60	125.4
花生油	二级	百公斤	683.36	865.22	126.6
芝麻	中等	百公斤	600.07	624.09	104.0
茶油	二级	百公斤	750.00	779.09	103.9
黄红麻	二等熟麻	百公斤	186.29	190.00	102.0
烤烟	金黄四级	百公斤	578.00	555.36	96.1
糖蔗	中等	百公斤	13.52	12.83	94.9
绿毛茶	三级中等	百公斤	1132.05	1221.96	107.9
松原木	二等	立方米	231.0	221.70	95.9
杉原木	二等	立方米	423.00	449.14	106.2
毛竹	围径23.3cm以上、二等	百根	267.72	524.57	195.9
桐油	中等	百公斤	805.00	900.00	111.8
香茅油	中等	百公斤	2077.58	3100.00	149.2
肥猪	出肉率63%	百公斤	520.25	618.48	118.9
菜牛	估净肉中等	百公斤	590.26	756.77	128.2
鸡	二等活公鸡	百公斤	928.24	1114.60	120.1
鸭	二等活鸭	百公斤	546.28	675.41	123.6
鸡蛋	新鲜完整	百公斤	622.01	696.38	112.0
鸭蛋	新鲜完整	百公斤	462.50	567.48	122.7
广柑	一等	百公斤	125.80	149.50	118.8
香蕉	一等	百公斤	158.08	195.49	123.7
菠萝	一等	百公斤	98.58	102.46	103.9
桑蚕茧	茧层率16%	百公斤	1072.11	915.00	85.3
黑木耳	中等	百公斤	2059.51	2087.27	101.3
蘑菇	香菇中等	百公斤	4247.32	4175.68	98.3
胡椒	中等	百公斤	1660.67	1728.33	104.1
松脂	中等	百公斤	123.22	183.99	149.3
蜂蜜	一等40度	百公斤	562.64	696.14	123.7
对虾	一级	百公斤	4083.17	9030.81	221.2
草鱼	1公斤以上	百公斤	624.09	831.94	133.3

注：1. 表中综合平均价用全省27个调查点价格综合平均计算。

2. 27个调查点包括：普宁、顺德、东莞、连县、兴宁、电白、鹤山、廉江、增城、清远、南雄、英德、乐昌、徐闻、梅县、海康、化州、潮州、中山、怀集、新会、博罗、和平、蕉岭、四会、广州、湛江等市县。

十一、对外经济与旅游

11-1 对外经济贸易旅游主要指标

指　　标	单 位	1980年	1985年	1990年	1992年	1993年	1993年比1992年增长%
外贸进出口总额	万美元	255 084	537 889	1 630 912	2 961 877	4 692 544	19.1
外贸出口总额	万美元	219 472	295 267	1 056 024	1 843 954	2 702 683	10.7
#贸易出口	万美元	210 574	245 031	617 531	918 446	1 023 307	−1.0
“三资”企业出口	万美元		22 116	372 383	815 906	1 034 681	26.8
进口总额	万美元	35 612	242 622	574 888	1 117 923	1 989 861	32.8
#地方外汇进口	万美元		223 309	524 494	1 025 585	1 955 434	42.2
新签利用外资协议(合同)数	宗	5 048	13 621	7 196	12 916	19 012	47.2
#对外借款	宗	1	73	47	51	55	7.8
外商直接投资	宗	188	1 640	3 042	9 769	16 768	71.6
实际利用外资	万美元	21 419	91 910	202 347	486 147	965 225	98.5
#对外借款	万美元	590	28 960	44 132	115 721	209 225	80.8
外商直接投资	万美元	12 320	51 529	145 984	355 150	749 805	111.1
年末“三资”企业工商登记数	家			12 232	26 365	44 705	69.6
从业人员	万人			171.37	393.08	634.40	61.4
注册资本	万美元		447 938	1 477 997	4 313 423	8 401 836	94.8
国际游客出入境人数	万人次	1 045.15	3 309.70	5 024.23	6 437.70	6 714.38	4.3
#入境人数	万人次	532.09	1 675.69	2 527.54	3 063.28	3 279.20	7.0
涉外宾馆(酒店)接待人数	万人次			2 231.04	2 953.50	3 263.18	10.5
#国际旅游者	万人次			541.48	687.47	647.43	−5.8
国际旅游外汇收入	万美元			71 683.38	112 271.30	111 122.11	−1.0
对外承包工程合同数	宗		28	23	27	25	−7.4
营业金额	万美元		2 490.74	7 585.86	16 212.81	12 642.61	−22.0
劳务合作签订合同数	宗		273	1 101	3 342	3 706	10.9
营业金额	万美元		433.08	3 188.69	13 567.62	15 200.80	12.0
华侨、港澳台同胞对我省捐赠	万元	12 031	54 529	91 887	687 814	188 133	

注:1、1993年进出口总额含计划不在我省的中央部属公司,来料加工、各作各价出口按全额统计,统计口径与前年不同,但增长数按可比统计口径计算。 2、华侨、港澳台同胞对我省捐赠1992年前为批准数,1993年为实际数。

11－2 主要年份外贸进出口总额及指数

年份	进出口总额	出口总额	贸易出口	“三来一补”	“三资”企业	进口总额
一、绝对数(万美元)						
1952		12 062	12 062			
1957		22 219	22 219			
1962	19 078	18 265	18 265			813
1965	34 533	31 110	31 110			3 423
1970	48 221	43 485	43 485			4 736
1975	125 553	112 511	112 511			13 042
1978	159 145	138 755	138 639	116		20 390
1980	255 084	219 472	210 574	8 898		35 612
1985	537 889	295 267	245 031	28 120	22 116	242 622
1990	1 630 912	1 056 024	617 531	66 110	372 383	574 888
1991	2 219 796	1 368 787	746 561	89 478	532 748	851 009
1992	2 961 877	1 843 954	918 446	109 602	815 906	1 117 923
1993	4 692 544	2 702 683	1 023 307	644 695	1 034 681	1 989 861
二、指数(%)						
1952		100.0	100.0			
1957		184.2	184.2			
1962	100.0	151.4	151.4			100.0
1965	181.0	257.9	257.9			421.0
1970	252.8	360.5	360.5			582.5
1975	658.1	932.8	932.8			1 604.2
1978	834.2	1 150.3	1 149.4	100.0		2 508.0
1980	1 337.1	1 819.5	1 745.8	7 670.7		4 380.3
1985	2 819.4	2 447.9	2 031.4	24 241.4	100.0	29 842.8
1990	8 548.7	8 755.0	5 119.6	56 991.4	1 683.8	70 711.9
1991	11 635.4	11 347.9	6 189.4	77 136.2	2 408.9	104 675.2
1992	15 525.1	15 287.3	7 614.4	94 484.5	3 689.2	137 505.9
1993	18 483.4	16 928.5	7 540.2	84 250.9	4 678.4	182 576.5

注：1993年前进出口总额为计划口径，1993年为全额口径，指数按可比口径计算。

11－3 外贸进出口总额

单位:万美元

项　　目	1980年	1985年	1990年	1992年	1993年	1993年比1992年增长%
一、出口总额(按全额口径统计)					**2 702 683**	
按贸易方式分						
贸易出口					1 023 307	
来料加工装配出口					634 751	
补偿贸易出口					9 944	
"三资"企业出口					1 034 681	
按出口构成分						
农副土特产品					134 231	
农副产品加工品					108 700	
轻纺产品					2 054 558	
工矿产品					405 194	
二、出口总额(按计划口径统计)	**219 472**	**295 267**	**1 056 024**	**1 843 954**	**2 041 914**	**10.7**
#对港澳出口	112 680	216 820	870 911	1 579 445		
按贸易方式分						
贸易出口	210 574	245 031	617 531	918 446	909 502	－1.0
来料加工装配出口	8 233	27 250	58 332	99 933	87 787	－12.2
补偿贸易出口	665	870	7 778	9 669	9 944	2.8
"三资"企业出口		22 116	372 383	815 906	1 034 681	26.8
贸易出口按构成分						
农副土特产品	66 329	79 999	105 094	131 889	132 787	0.7
农副产品加工品	20 637	21 652	50 203	74 478	75 334	1.1
轻纺产品	67 632	96 644	338 433	528 940	536 606	1.4
工矿产品	55 976	46 736	123 801	183 139	164 775	－10.0
三、地方进口到货总额						
按计划口径统计	35 612	242 622	574 888	1 117 923	1 484 347	32.8
按全额统计					1 989 861	
#"三资"企业		33 656	329 744	601 496	857 521	42.6

11—4 对主要国家(地区)进出口额

单位:万美元

国家(地区)	出口			进口		
	1990年	1992年	1993年	1990年	1992年	1993年
香港	854 310	1 555 825	2 295 141	411 608	826 820	1 554 017
澳门	16 601	23 621	23 692	36 608	13 281	13 013
台湾	895	6 262	9 636	5 378	24 747	59 262
日本	28 820	47 340	68 549	25 217	56 303	79 151
菲律宾	744	1 089	3 168	138	1 124	2 207
泰国	4 792	4 370	5 189	1 061	1 766	1 789
马来西亚	3 721	4 286	5 136	9 515	9 380	9 308
新加坡	13 974	14 639	20 747	6 043	10 028	24 227
印度尼西亚	1 717	1 500	2 226	4 530	29 711	9 537
巴基斯坦	2 008	1 363	1 889	0	22	9
孟加拉国	511	499	942	170		1
印度	1 814	1 606	1 322	306	633	2 140
沙特阿拉伯	1 341	2 003	3 657		609	1 697
阿联酋	1 430	5 009	8 174	30	173	812
埃及	1 292	928	2 525			331
突尼斯	1 158	991	1 014			
前苏联	2 744	5 138	8 106	1 841	6 688	14 509
波兰	652	516	1 174	1	175	319
匈牙利	327	369	1 601	35	60	855
捷克	2 022	100	169	0	196	1 325
罗马尼亚	313	108	1 042	224	3	1 494
德国	11 701	12 850	19 987	6 980	9 476	19 152
法国	4 472	8 962	11 410	46 370	46 458	42 535
意大利	5 850	4 872	6 959	1 874	3 780	12 992
荷兰	5 027	6 930	8 885	1 157	460	1 477
比利时	1 621	2 152	3 393	315	4 685	5 973
英国	4 615	11 065	9 824	22 792	2 253	5 693
丹麦	695	681	889	331	1 582	360
瑞典	974	839	1 463	2 674	10 873	18 304
挪威	300	356	580	1 470	1 337	403
瑞士	445	602	1 364	578	1 462	2 958
奥地利	364	209	542	1 202	765	642
西班牙	1 381	3 266	4 312	161	436	1 458
希腊	984	790	2 534		5	2
墨西哥	366	587	559	56	227	277
秘鲁	132	224	685	690	565	491
加拿大	4 012	4 987	6 876	306	2 646	5 167
美国	40 297	77 830	112 061	10 312	27 815	44 127
澳大利亚	3 818	6 421	7 079	2 342	4 039	6 997
新西兰	343	556	765	289	1 087	514

11－5 进出口市场结构

地区	1990年 金额（万美元）	1990年 比重（%）	1992年 金额（万美元）	1992年 比重（%）	1993年 金额（万美元）	1993年 比重（%）
出口总额	**1 056 024**	**100.0**	**1 843 954**	**100.0**	**2 702 683**	**100.0**
亚洲	937 369	88.8	1 679 447	91.1	2 466 462	91.3
#港澳地区	870 911	82.5	1 579 446	85.7	2 318 833	85.8
台湾	895	0.1	6 262	0.3	9 636	0.4
日本	28 820	2.7	47 340	2.6	68 549	2.5
东盟六国	25 011	2.4	25 957	1.4	36 554	1.4
中东	5 424	0.5	10 421	0.6	17 171	0.6
非洲	5 826	0.6	6 270	0.3	9 920	0.4
欧洲	45 435	4.3	60 903	3.3	86 873	3.2
#前苏联、东欧	6 155	0.6	6 243	0.3	12 448	0.5
西欧	39 280	3.7	54 660	3.0	74 425	2.7
拉丁美洲	2 569	0.2	4 197	0.2	9 142	0.3
北美洲	44 309	4.2	82 777	4.5	118 937	4.4
大洋洲	4 492	0.4	7 302	0.4	8 135	0.3
其他	16 024	1.5	3 058	0.2	3 214	0.1
进口总额	**574 888**	**100.0**	**1 117 923**	**100.0**	**1 989 861**	**100.0**
亚洲	468 508	81.5	983 656	88.0	1 788 858	89.9
#港澳地区	415 215	72.2	840 101	75.1	1 567 030	78.8
台湾	5 378	0.9	24 747	2.2	59 262	3.0
日本	25 217	4.4	56 303	5.0	79 151	4.0
东盟六国	21 287	3.7	52 008	4.7	47 068	2.4
中东	565	0.1	1 459	0.1	10 049	0.5
非洲	1 433	0.3	2 499	0.2	1 935	0.1
欧洲	88 685	15.4	91 574	8.2	134 542	6.8
#前苏联、东欧	2 577	0.4	7 431	0.7	20 150	1.0
西欧	86 108	15.0	84 143	7.5	114 392	5.7
拉丁美洲	1 564	0.3	2 928	0.3	6 098	0.3
北美洲	10 618	1.8	30 461	2.7	49 294	2.5
大洋洲	2 712	0.5	5 535	0.5	8 710	0.4
其他	1 368	0.2	1 270	0.1	424	…

11－6 地方进口到货分类值

单位：万美元

商品类别	1990年	1992年	1993年	商品类别	1990年	1992年	1993年
地方进口到货总额	**574 888**	**1 117 923**	**1 989 861**	轻工业品	129 746	228 117	503 399
成套设备及技术引进	77 434	55 783	91 542	工艺品	15 595	31 499	66 244
机械	35 186	81 792	216 204	纺织品	37 894	101 642	208 354
仪器	30 560	76 819	127 970	粮油、食品	37 902	33 712	28 138
五金、矿产	37 045	115 383	197 457	土产、畜产	38 645	63 491	72 723
石油、化工	90 306	221 743	290 842	种籽、种畜	960	2 060	1 284
医药	11 973	17 000	16 146	其他	31 642	88 882	169 558

11—7 外贸出口分类值

单位:万美元

商品类别	1986年	1990年	1991年	1992年	1993年
总值	**428 965**	**1 056 024**	**1 368 787**	**1 843 954**	**2 702 683**
粮油	11 158	10 131	7 664	8 020	9 892
食品	69 230	94 764	97 720	114 423	114 495
饲料	6 886	7 114	10 508	7 652	6 752
茶叶、咖啡、可可	10 251	8 103	8 564	10 792	10 773
香调料及香料油	4 139	3 720	3 863	4 448	5 909
烟类	2 900	4 483	2 050	2 267	2 725
工业用土产原料	2 474	3 434	4 297	3 825	4 428
山货	13 321	16 279	22 343	25 492	25 508
畜产品	9 913	21 950	26 593	34 197	36 611
木材	1 097	4 525	4 807	6 203	7 802
中药材	9 051	4 598	5 603	6 433	6 550
种籽、种畜	24	253	704	293	234
纺织纤维及废棉	7 005	10 985	8 914	10 906	11 976
纺织品	41 148	113 962	160 569	209 722	302 831
丝织品	4 317	12 111	12 934	15 040	21 478
服装	27 699	72 404	123 597	219 714	364 191
抽纱	8 220	12 653	14 086	19 347	24 295
地毯	169	1 117	878	1 217	1 458
轻工业品	75 231	311 910	430 851	573 343	1 053 055
陶瓷类	4 775	14 864	19 968	23 284	20 364
工艺品	30 710	45 622	58 320	78 011	163 952
黑色金属	3 378	23 628	30 825	35 726	42 089
有色金属	10 668	17 539	16 992	17 467	21 324
非金属矿产品	4 735	12 369	14 665	15 394	17 585
煤炭		136	174	161	974
石油类	8 607	10 238	8 036	5 138	13 224
化工类	8 204	25 135	28 695	35 360	42 605
橡胶及制品	1 221	4 516	6 264	7 305	7 034
医药	4 349	9 924	14 180	15 055	18 285
运输工具	897	7 204	10 909	18 914	25 242
机械及设备	4 931	22 696	28 748	43 042	93 291
工农具	779	2 546	3 015	3 989	5 255
仪器仪表	1 371	38 746	47 672	107 759	122 223
图书		69	91	103	116
技术类		28	25		
其他	3 798	7 228	10 023	19 822	98 157
各作各价对口合同		32 930	34 164	34 488	
来料加工(加工费)	35 112	58 332	79 972	99 933	
补偿贸易	1 197	7 778	9 506	9 669	

注:1986年出口分类值包括海南省在内,难于分出。

11—8 机电产品出口分类值

单位:万美元

商品类别	1990年	1992年	1993年	商品类别	1990年	1992年	1993年
合计	**261 538**	**507 104**	**750 529**	其他运输工具	160	331	511
一、轻工业品	**176 401**	**299 539**	**459 658**	**六、机械及设备**	**22 518**	**42 736**	**93 151**
自行车类	13 286	22 079	20 900	动力设备	954	3 393	3 635
缝纫机类	1 529	2 429	3 361	电工设备	6 181	14 213	15 884
搪瓷器皿	236	434	773	重型矿山机械	1 290	4 719	9 377
保温瓶	422	1 438	1 815	金工机械	3 228	2 980	4 590
金属器皿	3 207	8 321	10 952	通用机械	2 510	5 198	6 292
钟表	14 958	15 430	25 859	轴承基础件	1 811	1 793	2 235
日用五金	6 330	14 325	16 883	农业机械	1 322	1 129	1 312
锁类	2 177	4 098	4 156	煤矿机械		1	1
绘图仪、文具剪	62	71	35	土建机械	205	745	418
办公用品	3 386	4 727	5 241	地质机械	78		29
体育用品	1	6	670	纺织机械	460	611	474
铜响乐器、电子琴	412	336	911	粮油食品加工机械	163	368	237
电子、机械玩具	5 077	14 358	15 256	橡胶加工机械	51	30	103
磅称、台称、弹簧称	82	171	143	制药机械	3	14	7
家用电器	53 931	91 594	221 249	轻工机械	533	360	687
电视机及音响设备	67 865	112 870	115 255	杂项机械	204	579	1 028
照相机及电影器材	3 440	6 852	16 199	炭素制品	168	147	59
二、工艺品	**2 176**	**7 534**	**10 090**	小成套设备	520	206	2 567
尼龙伞	845	1 144	926	其他	2 837	6 250	44 216
工艺遥控、电动玩具	12	1 761	2 002	**七、工农具**	**2 546**	**3 989**	**5 255**
铜、锡、铁制品	300	1 431	1 959	工具	2 063	2 997	3 760
钢家具、钢木家具	1 019	3 198	5 203	硬质合金	75	155	260
三、黑色金属	**10 047**	**23 620**	**31 940**	农具	345	579	932
金属制品	3 661	10 851	14 356	其他	63	258	303
小五金	4 604	9 333	14 223	**八、仪器仪表**	**38 746**	**107 759**	**122 223**
铸铁制品	1 384	2 202	2 083	电讯设备	30 907	101 726	108 614
铸锻件	398	1 234	1 278	电子设备	2 989	4 718	6 810
四、医疗器械	**1 193**	**1 786**	**1 750**	光学仪器	691	848	3 943
五、运输工具	**7 204**	**18 914**	**25 242**	物理化工仪器	223	41	258
船舶	5 651	13 846	19 449	其他	3 936	426	2 598
航空设备		162	296	**九、其他**	**707**	**1 227**	**1 220**
铁路车辆及设备	50	274	24	民用铸件			
汽车及摩托车	336	2 766	3 060	厨房炊事用具	707	1 227	1 220
汽车零件	1 007	1 535	1 902				

11－9 主要商品出口数量和金额

金额单位：万美元

商品名称	计量单位	1990年		1992年		1993年	
		数量	金额	数量	金额	数量	金额
优质大米	吨	22 195	878	23 569	919	59 598	1 426
活大猪	万头	43	5 248	45	6 155	44	6 600
活家禽	万只	3 218	7 075	3 377	8 843	3 477	8 722
蔬菜	吨	304 892	10 568	347 589	14 186	328 991	12 350
水产品	吨	104 035	26 327	121 983	28 671	98 750	25 772
#塘鱼	吨	29 481	4 528	37 383	5 802	34 850	5 286
冻对虾	吨	21 051	8 427	11 829	6 499	4 664	2 430
水果	吨	53 437	2 581	60 303	3 015	58 820	2 777
罐头	吨	70 294	5 896	64 470	5 601	58 107	4 561
茶叶	吨	38 929	6 911	31 639	5 574	32 379	4 995
松香	吨	61 894	2 992	70 069	3 499	68 340	3 810
鞭炮烟花	万箱	180	4 092	244	5 220	299	5 048
棉纱	件	153 441	5 708	134 952	5 815	118 576	4 559
棉布	万米	53 834	41 313	91 336	66 869	87 367	62 220
棉针织品			24 263		44 218		55 059
毛针织品			3 673		16 050		65 398
服装			72 404		219 714		364 191
绸缎	万米	2 764	8 354	2 141	7 427	2 249	10 005
抽纱			12 653		19 348		24 295
陶瓷			14 864		23 284		20 364
家具			6 750		12 476		26 660
藤制品			3 431		5 116		4 339
塑料制品			23 592		38 450		75 881
金属制品			3 661		10 851		14 356
皮鞋	万双	3 299	15 113	6 700	34 868	9 736	50 769
纸张	吨	215 125	7 310	242 588	8 536	205 088	9 218
玩具(包工艺玩具)			16 160		36 077		110 090
吊扇	万个	806	10 767	654	10 035	1 058	16 926
电池	万打	8 044	5 476	15 107	10 344	23 520	11 258
收录两用机	万台	847	17 296	1 282	29 277	1 633	34 022
彩色电视机	万台	169	23 997	190	25 277	192	25 736
人造花					5 834		9 859
石蜡	吨	43 956	2 019	64 913	2 868	68 063	2 772
成品油	吨	551 011	10 147	344 274	5 074	701 773	13 170
金属切削机床	台	5 874	1 406	8 459	1 187	44 444	1 478
工具			2 063		2 997		3 760
电话机	万台	751	5 456	591	7 242	544	6 458
立德粉	吨	39 955	1 460	29 726	927	43 832	1 292
聚丙烯	吨	12 085	1 093	20 517	973	6 528	381

11—10 主要商品进口数量和金额

金额单位:万美元

商品名称	计量单位	1990年		1992年		1993年	
		数量	金额	数量	金额	数量	金额
汽车	辆	1 260	1 653	3 233	4 759	6 741	13 105
汽车零件			3 422		7 887		7 780
动力设备			2 879		3 349		11 597
机床	台	4 094	71	1 861	786	1 051	2 430
化工机械			1 836		9 368		19 023
轻工机械			7 532		19 925		72 228
电子仪器			8 698		18 030		35 174
电子机算机			4 838		6 451		9 287
钢材	吨	288 475	23 585	1 187 734	68 381	4 664 255	148 086
有色金属			10 140		34 287		29 021
水泥	吨	24 095	148	49 428	286	727 562	3 866
石油及制品			14 143		77 828		115 256
#原油	吨	149 728	2 234	2 005 055	31 017	1 217 949	18 088
汽油	吨	39 751	1 013	126 140	2 826	658 466	15 046
柴油	吨	297 276	6 907	1 109 734	22 816	2 386 791	45 797
橡胶及制品			9 888		12 719		27 855
#天然橡胶	吨	32 523	2 916	21 088	1 889	12 519	1 196
化肥	吨	672 936	10 998	516 112	7 689	224 231	2 428
#尿素	吨	608 261	9 331	440 547	6 579	58 823	711
化工原料	吨	755 113	48 900	1 332 886	110 408	6 055 785	131 759
#聚丙烯	吨	150 878	3 690	101 907	7 609	98 372	6 096
高压聚乙烯	吨	7 076	688	59 682	5 087	26 161	2 315
ABS树脂	吨	31 144	2 055	21 859	2 594	37 846	4 496
聚苯乙烯	吨	26 732	2 501	82 170	7 290	136 368	9 765
西药			9 361		11 586		10 738
医疗器械			1 814		3 869		3 458
家用电器			11 921		23 262		28 810
玩具			2 760		3 856		40 095
建材			3 784		5 917		7 565
纸张	吨	184 041	10 927	361 475	22 412	701 386	20 095
彩色电视机	台	14 040	495	40 310	732	120 706	1 835
藤枝	吨	14 668	1 421	2 973	314	7 232	685
棉花	吨	12 778	2 179	5 326	835	2 983	418
合成纤维	吨	26 870	4 949	85 391	9 347	62 103	8 666
织物			10 986		37 406		87 333
粮食	吨	91 213	1 419	166 018	3 846	192 938	4 039
动植物油	吨	620 622	22 397	189 373	9 931	137 603	6 300
#棕榈油	吨	315 406	10 615	113 585	5 334	82 014	3 665
饲料			3 143		6 357		4 333
卷烟	吨	8 407	398	289	230	2 011	431
胶合板	立方米	348 958	12 639	474 930	15 424	712 030	19 693

11－11 各市外贸出口总额

(1993 年,全额口径)　　单位:万美元

市别	出口总额	贸易出口	“三来一补”	“三资”企业
广州	348 222	152 335	54 256	141 631
深圳	576 827	171 534	112 854	292 439
珠海	102 907	32 714	3 740	66 453
汕头	185 776	86 213	29 512	70 051
韶关	9 483	5 474	2 055	1 954
河源	6 480	3 060	1 913	1 507
梅州	14 019	6 255	280	7 484
惠州	78 975	20 096	6 535	52 344
汕尾	10 033	3 394	2 969	3 670
东莞	441 509	20 934	357 248	63 327
中山	112 022	40 629	18 593	52 800
江门	136 694	65 671	17 356	53 667
佛山	233 089	91 917	7 646	133 526
阳江	18 627	14 707	138	3 782
湛江	24 291	15 630	643	8 018
茂名	16 316	8 108	5 051	3 157
肇庆	70 085	35 140	6 005	28 940
清远	14 008	7 815	1 210	4 983
潮州	35 603	14 121	2 772	18 710
揭阳	33 628	5 792	3 746	24 090
省直属单位	234 089	221 768	10 173	2 148

11－12 各市外贸出口总额

(1993 年,计划口径)　　单位:万美元

市别	出口总额	贸易出口	“三来一补”	“三资”企业	1993 年比 1992 年增长％
广州	270 678	118 930	10 117	141 631	10.2
深圳	485 716	169 878	23 399	292 439	1.5
珠海	98 884	31 642	789	66 453	16.5
汕头	161 949	85 273	6 625	70 051	2.7
韶关	8 221	5 280	987	1 954	－6.2
河源	4 810	3 009	294	1 507	－11.8
梅州	13 809	6 255	70	7 484	9.4
惠州	72 772	17 314	3 114	52 344	31.0
汕尾	7 538	3 394	474	3 670	5.8
东莞	118 678	19 803	35 548	63 327	27.4
中山	89 971	33 241	3 930	52 800	39.2
江门	115 081	58 857	2 557	53 667	23.3
佛山	205 513	69 100	2 887	133 526	16.6
阳江	18 498	14 690	26	3 782	30.9
湛江	23 771	15 624	129	8 018	4.8
茂名	12 158	8 108	893	3 157	25.3
肇庆	65 314	34 513	1 861	28 940	18.3
清远	13 970	7 777	1 210	4 983	12.9
潮州	33 352	13 935	707	18 710	61.1
揭阳	30 461	5 792	579	24 090	13.4
省直属单位	190 770	187 087	1 535	2 148	－3.9

11-13 海关进出口总额

单位:亿美元

项目	1990年		1992年		1993年	
	出口	进口	出口	进口	出口	进口
总计	222.21	196.77	334.58	322.90	373.94	409.50
按贸易方式分						
一般贸易	59.52	34.52	79.11	49.54	78.15	68.28
来料加工装配贸易	91.66	76.24	131.47	108.11	136.49	108.19
补偿贸易	1.26	0.99	1.35	0.83	1.11	0.79
进料加工贸易	68.42	51.37	121.15	102.52	154.87	126.56
来料加工装配进口设备		7.39		11.66		12.54
外商投资进口设备		21.45		36.95		67.51
加工内销进口料件		1.23		3.34		4.61
易货贸易					1.36	4.53
华侨及港澳同胞捐赠		0.82		4.38		5.78
其他	1.35	2.76	1.50	5.57	1.96	10.71
对主要国家及地区贸易						
香港	186.63	122.19	272.25	180.78	145.13	80.23
澳门	3.78	1.49	4.03	1.51	4.17	1.39
日本	5.30	19.66	9.64	40.29	35.50	92.47
马来西亚	0.49	3.21	0.60	2.96	1.41	4.88
新加坡	2.79	4.08	2.81	7.35	6.04	15.86
泰国	1.05	0.99	0.77	1.31	1.47	2.37
巴基斯坦	0.73	0.06	0.24	0.36	0.36	0.48
埃及	0.15	…	0.22	…	0.46	0.07
比利时	0.24	0.48	0.56	0.60	1.38	0.97
英国	0.71	3.59	1.56	2.33	9.90	4.71
德国	1.54	4.59	3.70	6.78	16.11	12.19
法国	0.57	6.78	1.04	6.63	5.29	7.93
意大利	0.50	1.80	0.91	3.49	3.94	6.89
荷兰	0.93	0.70	1.62	0.54	4.65	1.56
瑞士	0.09	0.63	0.17	1.33	1.51	3.16
前苏联	0.42	0.51	0.98	1.60	1.41	4.96
加拿大	0.65	0.40	1.17	1.67	5.58	2.08
美国	8.43	8.17	21.26	15.57	89.69	32.58
澳大利亚	0.77	1.39	1.11	2.64	3.92	4.04
按主要市分						
广州市	23.55	18.24	36.87	33.88	54.15	58.90
深圳市	52.15	47.71	65.95	61.94	141.57	139.71
珠海市	8.41	9.17	14.23	17.25	16.23	20.41
汕头市	9.61	9.02	16.70	15.42	18.01	30.04
湛江市	1.32	0.86	1.79	2.21	2.35	7.20
其他地区	127.17	111.77	199.04	192.20	141.63	153.24

注:1.本表资料为广州海关根据海关总署整理各地海关实际进出口货物的统计数字编制。

2.本表统计范围是广东省对外贸易实际进出口货物,不包括外省经广东口岸进出口货物和不通过我国国境的转口贸易。

3.进出口国别按产销国别统计。

11－14 新签利用外资协议(合同)数

(按引进方式、行业分)

单位:宗

引进方式、行业	1987年	1988年	1989年	1990年	1991年	1992年	1993年
总计	**6 999**	**7 662**	**6 636**	**7 196**	**8 507**	**12 916**	**19 012**
按引进方式分							
对外借款	**33**	**92**	**76**	**47**	**53**	**51**	**55**
外国政府贷款		33	11	13	11	6	9
国际金融组织贷款	1	1	2		1		1
出口信贷							
#卖方信贷							
外国银行商业贷款	30	57	62	33	41	44	43
对外发行债券、股票	2	1	1	1		1	2
外商直接投资	**1 186**	**2 741**	**2 438**	**3 042**	**4 554**	**9 769**	**16 768**
合资经营企业	596	1 519	1 301	1 213	2 119	4 219	6 811
合作经营企业	565	1 120	834	1 018	1 311	3 624	6 603
外资(独资)企业	25	102	303	811	1 124	1 926	3 354
外商其它投资	**5 780**	**4 829**	**4 122**	**4 107**	**3 900**	**3 096**	**2 189**
国际租赁	6	51	26	15	17	16	18
补偿贸易	152	223	141	130	133	132	111
加工装配	5 622	4 555	3 955	3 962	3 750	2 948	2 060
按行业分							
农、林、牧、渔、水利业	88	131	66	76	97	248	494
工业	6 766	7 287	6 438	7 015	8 184	11 691	15 176
地质普查和勘探业							4
建筑业	16	31	10	7	10	70	354
交通运输、邮电通讯业	37	90	22	28	21	49	95
商业、饮食业、物资供销和仓储业	14	20	16	19	42	131	945
房地产、公用、居民服务和咨询业	44	63	39	31	105	617	1 662
卫生、体育和社会福利事业	2	1	4	1	2	17	26
教育、文化艺术和广播电视事业	1	6	9		8	15	63
科学研究和综合技术服务事业	2	3	4	7	12	12	58
金融、保险业	12	4			6	1	1
国家机关、政党机关和社会团体						1	
其他行业	17	26	28	12	20	64	134

11—14 续表　　　　(按国家或地区分)　　　　单位:宗

国家或地区	1987年	1988年	1989年	1990年	1991年	1992年	1993年
总计	**6 999**	**7 662**	**6 636**	**7 196**	**8 507**	**12 916**	**19 012**
香港				6 476	7 623	11 246	16 313
澳门	6 846	7 381	6 356	268	326	519	704
台湾		29	82	270	276	526	873
日本	44	67	41	27	49	59	99
韩国				1	8	17	33
朝鲜						2	2
菲律宾			3	4	2	10	8
泰国	7	11	10	9	16	74	138
马来西亚	4	6	1	3	8	26	51
新加坡	21	19	13	22	30	92	149
文莱						1	
印度尼西亚		1	2	1	3	10	16
塞浦路斯			1				1
科威特				1			
阿联酋	1	1	1	1			1
德国		5	1	2	3	7	9
西班牙				2	2		2
法国	4	3	15	6	10	13	15
意大利	1	6	1	1	2	1	6
荷兰			1		1	4	6
英国	2	9	5	11	9	27	59
爱尔兰				1			
丹麦	2	3	1		2	1	
挪威	1		1	2	1	2	1
瑞士		1		3	2	3	2
瑞典		4	2	1	1	1	5
波兰						1	
芬兰		2			2	2	
奥地利	1	2	3	5		1	2
比利时		1		2			3
葡萄牙			1				1
加拿大		4	3	6	10	27	60
美国	24	65	53	47	65	150	291
秘鲁				1		1	2
巴西						1	1
玻利维亚			1	1	1	1	1
西萨摩亚						1	
澳大利亚	3	5	5	5	7	19	50
新西兰			1		3	2	4
汤加						1	
洪都拉斯						1	
巴拿马	1		1	5	7	5	4
百慕大						2	
苏丹				1			
利比里亚						3	
毛里求斯	1		1			3	1
马达加斯加						1	1
世界银行	1	1	2		1		
我在境外机构投资	31	36	27	10	34	51	53
其他	4		1	1	3	2	45

11—15 协议(合同)规定利用外资额

(按引进方式、行业分)

单位:万美元

引进方式、行业	1987年	1988年	1989年	1990年	1991年	1992年	1993年
总　　计	**201 750**	**382 748**	**362 311**	**316 751**	**580 152**	**1 986 673**	**3 489 660**
按引进方式分							
对外借款	**45 183**	**110 847**	**88 914**	**30 277**	**68 036**	**71 672**	**160 020**
外国政府贷款		16 487	9 634	6 175	29 178	8 075	13 748
国际金融组织贷款	380	1 910	158	161	3 192	598	5 500
出口信贷							
#卖方信贷							
外国银行商业贷款	39 519	77 258	79 014	23 644	35 666	50 899	110 772
对外发行债券、股票	5 284	15 192	108	297		12 100	30 000
外商直接投资	**124 647**	**224 196**	**243 813**	**268 958**	**490 530**	**1 885 764**	**3 314 887**
合资经营企业	30 611	106 228	96 519	73 863	180 601	564 629	1 084 736
合作经营企业	53 789	104 574	82 798	95 659	146 895	945 456	1 598 059
外资(独资)企业	40 247	13 394	64 496	99 436	163 034	375 679	632 092
外商其它投资	**31 920**	**47 705**	**29 584**	**17 516**	**21 586**	**29 237**	**14 753**
国际租赁	387	10 334	5 942	1 800	2 585	5 401	2 509
补偿贸易	17 397	17 707	11 996	8 085	9 405	15 298	7 713
加工装配	14 136	19 664	11 646	7 631	9 596	8 538	4 531
按行业分							
农、林、牧、渔、水利业	8 590	14 668	5 156	4 128	8 392	30 462	46 597
工　　业	151 202	274 059	279 672	259 565	466 839	1 149 215	1 653 452
地质普查和勘探业							293
建筑业	7 454	7 277	4 591	13 912	6 875	68 687	79 359
交通运输、邮电通讯业	990	10 354	6 051	4 831	5 631	98 653	64 316
商业、饮食业、物资供销和仓储业	808	2 737	3 794	7 280	8 281	24 640	182 275
房地产、公用、居民服务和咨询业	16 796	23 424	15 215	15 561	67 708	561 393	1 320 756
卫生、体育和社会福利事业	5	300	2 746	2 574	180	22 016	13 687
教育、文化艺术和广播电视事业	154	2 968	394		947	3 862	9 923
科学研究和综合技术服务事业	15	231	108	162	666	327	4 034
金融、保险业	9 300	4 500			5 188	1 188	2 227
国家机关、政党机关和社会团体						18	
其他行业	6 436	42 230	44 584	8 738	9 445	26 212	112 741

11—15 续表　　（按国家或地区分）　　单位：万美元

国家或地区	1987年	1988年	1989年	1990年	1991年	1992年	1993年
总　计	**201 750**	**382 748**	**362 311**	**316 751**	**580 152**	**1 986 673**	**3 489 660**
香港				235 366	422 957	1 642 911	2 879 881
澳门	121 942	261 969	252 936	10 774	24 826	75 326	136 417
台湾		8 748	10 995	25 749	26 310	65 839	114 135
日本	24 943	55 182	24 937	10 800	31 505	47 455	62 614
韩国				80	842	3 360	3 342
朝鲜						943	56
菲律宾			135	251	111	1 747	509
泰国	324	865	2 821	1 360	889	16 102	23 804
马来西亚	183	242	10	224	853	6 741	7 541
新加坡	2 094	3 929	2 149	5 942	5 564	15 125	21 706
文莱						56	
印度尼西亚		16	35	18	104	2 383	2 355
塞浦路斯			75				190
科威特		41		830			
阿联酋	36 400		20	7			70
德国	12	1 370	3 066	392	1 502	3 631	1 323
西班牙			252	739	689	507	809
法国	2 731	2 394	3 477	841	23 524	10 268	5 926
意大利	350	3 948	248	27	784	50	1 821
荷兰			562		819	2 596	1 180
英国	287	7 526	3 330	2 603	5 733	13 014	49 002
爱尔兰				900		100	
丹麦	52	728	350		635	283	21
挪威	290		315	285	339	430	214
瑞士		1 342		921	358	3 988	1 200
瑞典		4 596	6 330	19	574	4 303	10 859
波兰						96	
芬兰		1 995			1 007	948	
奥地利	90	631	1 469	3 045	688	1 035	703
比利时		248		1 005		840	553
葡萄牙			200				129
加拿大		739	2 559	2 378	2 733	5 855	16 756
美国	6 271	13 490	35 471	7 459	7 440	24 606	78 113
秘鲁				15		31	63
巴西						23	139
玻利维亚			7	64	52	33	700
西萨摩亚						2 460	
澳大利亚	270	772	1 779	1 119	1 372	4 667	18 926
新西兰			27		166	168	417
汤加						118	
洪都拉斯						28	
巴拿马	100		7	290	543	761	455
百慕大						1 950	
苏丹				19			
利比里亚						183	321
毛里求斯	15		11			786	26
马达加斯加						81	200
世界银行	380	1 910	158		2 724		
我在境外机构投资	4 194	5 960	8 472	2 932	13 831	24 594	24 931
其他	822	4 107	108	297	678	252	22 253

11—16 实 际 利 用 外 资

（按引进方式、行业分）

单位：万美元

引进方式、行业	1987年	1988年	1989年	1990年	1991年	1992年	1993年
总　　计	**121 671**	**243 965**	**239 915**	**202 347**	**258 250**	**486 147**	**965 225**
按引进方式分							
对外借款	**48 592**	**122 739**	**107 591**	**44 132**	**63 962**	**115 721**	**209 648**
外国政府贷款		4 046	9 176	4 772	12 700	19 513	17 442
国际金融组织贷款	1 718	4 173	3 325	2 240	1 207	2 462	2 177
出口信贷		284					
#卖方信贷		284					
外国银行商业贷款	41 590	99 044	94 982	36 823	50 055	81 646	160 029
对外发行债券、股票	5 284	15 192	108	297		12 100	30 000
外商直接投资	**59 396**	**91 906**	**115 644**	**145 984**	**182 286**	**355 150**	**749 805**
合资经营企业	19 895	37 655	56 438	64 563	78 614	130 046	281 576
合作经营企业	38 049	43 692	42 532	45 315	53 045	137 694	291 597
外资（独资）企业	1 452	10 559	16 674	36 106	50 627	87 410	176 632
外商其它投资	**13 683**	**29 320**	**16 680**	**12 231**	**12 002**	**15 276**	**5 772**
国际租赁	405	9 996	5 604	1 069	680	1 840	536
补偿贸易	5 507	14 206	7 169	6 911	5 207	9 131	3 077
加工装配	7 771	5 118	3 907	4 251	6 115	4 305	2 159
按行业分							
农、林、牧、渔、水利业	4 544	8 318	6 062	3 785	2 290	9 458	6 746
工　　业	83 951	161 862	159 531	156 896	213 713	358 647	661 991
地质普查和勘探业							
建筑业	4 535	1 572	262	85	433	3 478	8 357
交通运输、邮电通讯业	1 355	6 232	8 566	3 420	5 378	32 888	34 916
商业、饮食业、物资供销和仓储业	878	1 324	2 246	4 098	1 746	1 860	15 200
房地产、公用、居民服务和咨询业	8 218	11 456	10 274	9 166	16 932	43 382	134 425
卫生、体育和社会福利事业	16	171	63		35	70	789
教育、文化艺术和广播电视事业	40	33	150	214	41	173	494
科学研究和综合技术服务事业	150	20			78	6	87
金融、保险业	11 240	4 168	10 666	5 913	9 837	14 008	
国家机关、政党机关和社会团体							
其他行业	6 744	48 809	42 095	18 770	7 767	22 177	102 220

11—16 续表 （按国家或地区分） 单位:万美元

国家或地区	1987年	1988年	1989年	1990年	1991年	1992年	1993年
总计	**121 671**	**243 965**	**239 915**	**202 347**	**258 250**	**486 147**	**965 225**
香港				125 827	162 283	345 364	737 159
澳门	88 409	153 796	154 489	4 049	10 197	16 961	28 157
台湾		324	2 272	7 033	11 517	12 984	26 700
日本	18 720	65 513	39 819	26 091	31 175	53 370	59 843
韩国					128	452	868
朝鲜						50	
菲律宾		41		70	19	262	443
泰国	72	88	169	52	242	3 264	4 033
马来西亚	1	16		5	54	439	371
新加坡	475	496	2 375	3 567	1 708	2 272	3 123
印度尼西亚					38	306	550
科威特						121	
德国	124	1 538	3 401	118	1 274	915	338
西班牙			252	89	578	156	615
法国	1 641	1 797	6 397	4 177	11 975	15 109	11 633
意大利	280	375	77	58	88	61	988
荷兰	10			337	891	1 153	3 511
英国	545	6 230	4 168	901	1 294	3 087	19 947
爱尔兰					250	100	150
丹麦	208	284		102	176	558	113
挪威	150	210	104	456		196	316
瑞士			447	500	519	672	1 298
瑞典	1	1 763	5 097	519	154	4 595	10 249
芬兰				593	508	997	
奥地利	90	35	537	1 453	1 931	2 555	635
比利时	25	248		531	468	450	
加拿大	1 401	150	820	58	1 858	743	3 970
美国	3 796	2 319	11 040	17 117	11 966	7 795	35 868
巴拿马	43	137		50	272		384
玻利维亚					52		
苏丹				16			
毛里求斯						11	9
利比里亚	3				26	1	851
澳大利亚	194	195	2 242	1 304	862	1 332	1 604
新西兰					8	101	32
国际金融组织						1 035	
世界银行	30	2 140	2 423	2 079	739	829	730
我在境外机构投资	3 466	2 163	3 678	4 898	4 866	7 655	8 358
其他	1 987	4 107	108	297	134	196	2 379

11－17 吸收外商直接投资情况

行业、国家(地区)	1987年	1988年	1989年	1990年	1991年	1992年	1993年
一、新签协议(合同)数(宗)	**1 186**	**2 741**	**2 438**	**3 042**	**4 554**	**9 769**	**16 768**
按行业分							
农、林、牧、渔、水利业	59	95	53	46	80	227	463
工业	1 014	2 429	2 271	2 905	4 270	8 574	12 968
地质普查和勘探业							4
建筑业	15	31	10	7	10	70	354
交通运输、邮电通讯业	36	82	19	25	17	47	93
商业、饮食业、物资供销和仓储业	14	20	16	19	42	131	945
房地产、公用、居民服务和咨询业	41	62	39	31	105	613	1 662
卫生、体育和社会福利事业	2		4	1	2	17	26
教育、文化艺术和广播电视事业	1	6	9		8	15	63
科学研究和综合技术服务事业	2	3	4	7	12	12	58
金融、保险业							1
国家机关、政党机关和社会团体						1	
其他行业	2	13	13	1	8	62	131
按国家(地区)分							
香港				2 432	3 780	8 206	14 152
澳门	1 079	2 532	2 229	203	269	455	673
台湾		27	82	267	264	524	868
日本	18	23	23	15	33	44	75
韩国				1	7	17	33
朝鲜						2	2
菲律宾			3	4	2	10	8
泰国	7	11	10	9	16	73	138
马来西亚	4	5	1	3	8	26	51
新加坡	19	19	12	19	30	90	149
文莱						1	
印度尼西亚		1	2	1	3	10	16
塞浦路斯			1				1
科威特				1			
阿联酋	1	1	1	1	1		1
德国		5	1	2	3	7	9
西班牙					2		
法国	2	1		4	5	10	13
意大利	1	2	1		1	1	6
荷兰			1			3	5
英国	2	5		5	8	23	50
爱尔兰				1			
丹麦	2	1					

11—17　续表1

行　业、国　家(地区)	1987年	1988年	1989年	1990年	1991年	1992年	1993年
挪　　　威	1			1			1
瑞　　　士		1		2	2	2	2
瑞　　　典			1	1			3
波　　　兰						1	
奥　地　利	1	2					1
比　利　时				1			2
葡　萄　牙			1				1
加　拿　大		4	3	10	9	27	59
美　　　国	23	62	41	45	64	148	289
秘　　　鲁				1		1	2
巴　　　西						1	1
玻利维亚			1	1	1	1	1
西萨摩亚						1	
澳大利亚	3	4	3	4	6	19	50
新　西　兰			1		3	1	4
汤　　　加						1	
巴　拿　马	1		1		7	4	4
洪都拉斯						1	
利比里亚						3	
百　慕　大						2	
毛里求斯	1		1			3	1
马达加斯加						1	1
苏　　　丹				1			
我在境外机构投资	18	35	18	7	29	48	52
其　　　他	3				2	2	44
二、协议规定利用外资额(万美元)	**124 647**	**224 196**	**243 813**	**268 958**	**490 530**	**1 885 764**	**3 314 887**
按　行　业　分							
农、林、牧、渔、水利业	4 321	7 152	4 019	2 635	5 324	25 223	38 430
工　业	99 168	179 066	209 795	225 171	394 876	1 077 061	1 567 222
地质普查和勘探业							293
建　筑　业	4 997	7 277	4 591	13 912	6 875	68 687	79 359
交通运输、邮电通讯业	909	3 576	1 497	1 623	2 925	90 432	55 294
商业、饮食业、物资供销和仓储业	808	2 737	3 794	7 280	8 281	24 640	182 275
房地产、公用、居民服务和咨询业	14 236	20 276	15 215	15 561	67 708	560 144	1 320 756
卫生、体育和社会福利事业	5		2 746	2 574	180	22 016	13 687
教育、文化艺术和广播电视事业	154	2 968	394		947	3 862	9 923
科学研究和综合技术服务事业	15	231	108	162	666	327	4 034
金融、保险业					150		2 227
国家机关、政党机关和社会团体						18	
其他行业	34	913	1 654	40	2 598	13 354	41 387

11—17 续表2

行 业、国 家(地区)	1987年	1988年	1989年	1990年	1991年	1992年	1993年
按国家或地区分							
香 港				210 912	392 176	1 596 698	2 792 733
澳 门	70 219	181 046	180 011	9 213	23 048	70 608	132 447
台 湾		8 612	10 995	25 736	26 159	65 827	113 642
日 本	3 771	4 257	2 398	3 107	12 453	13 009	37 852
韩 国				80	826	3 359	3 342
朝 鲜						943	56
菲 律 宾			135	251	111	1 747	509
泰 国	324	865	2 821	1 360	889	16 092	23 804
马 来 西 亚	183	242	10	224	853	6 741	7 541
新 加 坡	1 089	3 929	2 123	3 688	4 564	14 170	21 706
文 莱						56	
印度尼西亚		16	35	18	104	2 383	2 355
塞 浦 路 斯			75				190
科 威 特				830			
阿 联 酋	36 400	41	20	7			70
德 国	12	1 370	48	392	502	2 931	1 107
西 班 牙						351	
法 国	2 131	1 409		141	372	7 692	1 086
意 大 利	350	143	248		585	48	1 821
荷 兰			562		561	2 096	1 005
英 国	287	804		1 008	5 113	12 565	31 734
爱 尔 兰				900		100	
丹 麦	52	25					
挪 威	290			40			214
瑞 士		1 342		421	358	3 000	500
瑞 典			2 600	19			813
波 兰						96	
奥 地 利	90	131					88
比 利 时				6		390	55
葡 萄 牙			200				129
加 拿 大		739	2 559	704	180	5 855	14 142
美 国	6 121	12 937	30 666	6 175	6 434	24 059	63 097
秘 鲁				15		31	63
巴 西						23	139
玻 利 维 亚			7	64	52	33	700
西 萨 摩 亚						2 460	
澳 大 利 亚	270	560	1 113	877	887	4 656	18 926
新 西 兰			27		166	20	417
汤 加						118	
洪 都 拉 斯						28	
巴 拿 马	100		7		543	706	455
百 慕 大						1 950	
苏 丹				19			
利 比 里 亚						183	321
毛 里 求 斯	15		11			786	26
马达加斯加						81	200
我在境外机构投资	2 405	5 728	7 142	2 751	13 515	23 772	24 913
其 他	538				79	101	16 689

11—17 续表3

行业、国家(地区)	1987年	1988年	1989年	1990年	1991年	1992年	1993年
三、实际利用外资(万美元)	**59 396**	**91 906**	**115 644**	**145 984**	**182 286**	**355 150**	**749 805**
按行业分							
农、林、牧、渔、水利业	1 469	2 181	2 205	1 324	1 614	3 620	3 388
工业	47 234	75 582	97 351	125 983	156 941	298 964	554 964
建筑业	2 056	1 572	262	85	433	3 336	8 357
交通运输、邮电通讯业	819	2 675	2 645	1 854	3 384	2 576	21 227
商业、饮食业、物资供销和仓储业	877	985	1 703	4 098	1 746	1 744	14 900
房地产、公用、居民服务和咨询业	5 693	7 807	10 274	9 166	16 932	42 003	134 239
卫生、体育和社会福利事业	16	171	63		35	70	789
教育、文化艺术和广播电视事业	40	33	150	195	41	173	494
科学研究和综合技术服务事业	150	20			78	6	87
其他行业	1 042	880	991	3 279	1 082	2 658	11 360
按国家或地区分							
香港				98 501	135 657	303 879	652 954
澳门	50 267	83 654	95 272	3 358	9 203	12 348	24 363
台湾		324	2 272	7 032	10 956	12 857	26 649
日本	996	3 322	3 873	13 223	7 927	1 626	10 589
韩国					128	452	868
菲律宾		41		70	19	262	443
泰国	72	88	169	47	242	3 264	4 033
马来西亚	1	16		5	54	439	371
新加坡	475	262	2 375	1 317	708	1 770	2 823
印度尼西亚					38	306	550
科威特						121	
德国	106	201		118	274	215	122
法国	447		182	1 918	191		494
意大利			15				988
荷兰	10			337	72	20	
英国	6	5	498	701	157	1 453	2 615
爱尔兰					250	100	150
丹麦	150	210					
挪威	1						102
瑞典	280		297		519		
瑞士						100	88
奥地利	90	35	57	128			
比利时	25						
加拿大	802	85	713	58	411		611
美国	3 796	1 499	5 218	13 644	9 832	7 024	8 635
巴拿马	43	137		50	272		384
苏丹				16			
毛里求斯						11	9
利比里亚						1	851
澳大利亚	144	195	1 673	835	824	1 321	1 604
新西兰					8	101	32
我在境外机构投资	1 667	1 832	3 030	4 626	4 466	7 435	8 358
其他	18				78	45	1 119

11-18 经济特区利用外资情况

引进方式	1992年				1993年			
	合计	深圳	珠海	汕头	合计	深圳	珠海	汕头
一、新签协议数(宗)	**2 414**	**1 077**	**669**	**668**	**3 719**	**2 231**	**752**	**736**
对外借款	**42**	**1**	**40**	**1**	**41**	**2**	**39**	
外国政府贷款								
国际金融组织贷款								
出口信贷								
#卖方信贷								
外国银行商业贷款	42	1	40	1	41	2	39	
对外发行债券、股票								
外商直接投资	**2 314**	**1 069**	**625**	**620**	**3 650**	**2 229**	**712**	**709**
合资经营企业	1 170	667	343	160	1 940	1 426	386	128
合作经营企业	457	91	188	178	652	159	196	297
外资(独资)企业	687	311	94	282	1 058	644	130	284
外商其它投资	**58**	**7**	**4**	**47**	**28**		**1**	**27**
国际租赁	2	2						
补偿贸易	8		1	7				
加工装配	48	5	3	40	28		1	27
二、协议利用外资(万美元)	**393 738**	**182 415**	**121 724**	**89 599**	**607 717**	**377 575**	**150 157**	**79 985**
对外借款	**14 402**	**1 188**	**12 714**	**500**	**12 834**	**800**	**12 034**	
外国政府贷款								
国际金融组织贷款								
出口信贷								
#卖方信贷								
外国银行商业贷款	14 402	1 188	12 714	500	12 834	800	12 034	
对外发行债券、股票								
外商直接投资	**376 364**	**180 137**	**108 940**	**87 287**	**594 642**	**376 775**	**138 084**	**79 783**
合资经营企业	141 792	63 732	56 357	21 703	257 245	184 140	59 898	13 207
合作经营企业	94 829	45 502	22 646	26 681	118 125	47 664	37 297	33 164
外资(独资)企业	139 743	70 903	29 937	38 903	219 272	144 971	40 889	33 412
外商其它投资	**2 972**	**1 090**	**70**	**1 812**	**241**		**39**	**202**
国际租赁	800	800						
补偿贸易	1 636		1	1 635	30			30
加工装配	536	290	69	177	211		39	172

11—18 续表

引进方式	1992年				1993年			
	合计	深圳	珠海	汕头	合计	深圳	珠海	汕头
三、实际利用外资(万美元)	**112 244**	**58 582**	**30 033**	**23 629**	**215 077**	**111 444**	**52 058**	**51 575**
对外借款	**45 315**	**25 808**	**12 714**	**6 793**	**62 640**	**43 762**	**12 026**	**6 852**
外国政府贷款	466			466	557			557
国际金融组织贷款								
出口信贷								
#卖方信贷								
外国银行商业贷款	44 849	25 808	12 714	6 327	62 083	43 762	12 026	6 295
对外发行债券、股票								
外商直接投资	**65 280**	**32 166**	**17 253**	**15 861**	**151 308**	**67 221**	**39 993**	**44 094**
合资经营企业	29 276	19 541	6 003	3 732	69 434	43 274	16 179	9 981
合作经营企业	14 918	5 568	4 883	4 467	36 299	8 174	8 979	19 146
外资(独资)企业	21 086	7 057	6 367	7 662	45 575	15 773	14 835	14 967
外商其它投资	**1 649**	**608**	**66**	**975**	**1 129**	**461**	**39**	**629**
国际租赁	298	298			175	175		
补偿贸易	926		1	925	583			583
加工装配	425	310	65	50	371	286	39	46

11—19 对外承包工程和劳务合作情况

项目	单位	1988年	1989年	1990年	1991年	1992年	1993年
一、承包工程							
签订合同数	宗	17	37	23	20	27	25
合同金额	万美元	1 787.32	10 628.34	5 952.72	4 090.72	22 519.14	4 557.45
营业金额	万美元	4 895.09	6 862.67	7 585.86	9 941.72	16 212.81	12 642.61
外汇净收入	万美元	91.07	3 082.87	107.71	319.60	661.79	
营业利润	万美元	361.22	952.85	189.74	1 080.71	533.48	
年末在外人数	人	387	290	688	537	1 085	1 219
二、劳务合作							
签订合同数	宗	754	988	1 101	2 578	3 342	3 706
合同金额	万美元	4 550.99	5 915.00	6 055.02	17 962.76	23 497.10	26 173.33
营业金额	万美元	1 287.93	1 937.76	3 188.69	6 928.87	13 567.62	15 200.80
外汇净收入	万美元	916.06	1 387.33	998.61	1 047.57	1 653.89	
营业利润	万美元	320.81	494.47	450.40	1 065.86	878.31	
年末在外人数	人	4 904	7 395	8 045	19 317	30 240	29 375

11－20 各市利用外资情况

市别	1992年 新签协议（合同）数（宗）	1992年 协议（合同）规定利用外资额（万美元）	1992年 实际利用外资（万美元）	1993年 新签协议（合同）数（宗）	1993年 协议（合同）规定利用外资额（万美元）	1993年 实际利用外资（万美元）
总计	**12 916**	**1 986 673**	**486 147**	**19 012**	**3 489 660**	**965 225**
广州	2 925	471 080	72 880	2 620	704 764	146 392
深圳	1 561	251 774	71 539	3 257	497 737	143 217
珠海	762	131 459	32 704	885	161 311	56 277
汕头	1 118	112 225	30 664	1 435	140 430	68 574
韶关	166	16 326	5 545	288	32 927	8 698
河源	166	20 909	1 601	505	86 901	8 820
梅州	288	16 283	4 353	489	33 663	11 700
惠州	559	126 649	22 091	922	248 273	58 589
汕尾	235	32 071	4 845	424	44 460	7 725
东莞	883	179 339	33 219	1 348	300 727	79 263
中山	325	47 482	20 088	321	90 171	38 296
江门	669	83 351	18 076	797	107 449	34 710
佛山	1 014	160 640	29 236	1 217	287 778	56 592
阳江	116	12 980	3 550	144	23 086	7 132
湛江	288	47 835	6 642	698	193 783	18 168
茂名	275	20 515	4 029	633	47 869	7 583
肇庆	522	44 921	16 471	1 442	177 598	32 805
清远	204	17 330	5 700	279	37 751	10 378
潮州	297	17 037	3 880	561	76 374	21 720
揭阳	532	53 966	13 757	738	69 458	20 484
省直单位	11	122 501	85 277	9	127 150	128 102

11－21 珠江三角洲经济开放区利用外资情况

项目	单位	1990年	1991年	1992年	1993年	1993年比1992年增长％
新签利用外资协议(合同)数	宗	4 439	4 436	6 091	9 473	55.5
协议(合同)规定利用外资额	亿美元	12.36	23.67	89.66	192.93	115.2
实际利用外资	亿美元	8.04	10.14	18.91	39.23	107.5
对外借款	亿美元	0.21	0.15	0.14	0.18	28.6
合资经营企业	亿美元	2.90	3.75	7.49	14.69	96.1
合作经营企业	亿美元	2.54	2.93	6.12	14.99	144.9
外资(独资)企业	亿美元	1.86	2.64	4.77	9.19	92.7
补偿贸易	亿美元	0.29	0.22	0.22	0.08	－63.6
加工装配	亿美元	0.24	0.45	0.17	0.10	－41.2

11－22 “三资”企业工商登记主要情况

（1993年末数）

指标	年末企业数（户）	从业人数（人）	#外方	投资总额（万美元）	注册资本（万美元）	#外方
总计	**44 705**	**6 344 032**	**230 594**	**13 149 126**	**8 401 836**	**5 856 975**
按行业分						
农、林、牧、渔、水利业	1 238	80 991	5 417	170 070	137 054	100 452
工业	36 616	5 606 666	172 537	7 694 076	5 478 303	3 675 612
地质普查和勘探业	13	912	271	1 395	829	588
建筑业	704	66 499	5 044	582 921	167 984	122 429
交通运输、邮电通讯业	719	44 535	10 890	291 511	156 206	107 609
商业、饮食业、物资供销和仓储业	1 699	201 534	12 342	512 626	385 216	260 312
房地产、公用、居民服务和咨询业	3 046	267 018	20 235	3 637 599	1 898 548	1 470 174
卫生、体育和社会福利事业	64	5 564	346	48 116	27 235	22 562
教育、文化艺术和广播电视事业	238	18 146	1 246	50 288	40 459	29 950
科学研究和综合技术服务事业	105	6 862	538	29 798	12 635	7 707
金融、保险业	7	214	34	7 913	7 913	5 856
其他行业	256	45 091	1 694	122 813	89 454	53 724
按市分						
广州	5 498			2 600 571	1 350 581	1 019 061
深圳	9 096			2 548 158	1 537 674	1 045 703
珠海	3 207			636 900	466 966	300 473
汕头	3 083			490 555	404 170	311 871
韶关	495			111 598	76 845	51 941
河源	811			209 288	172 881	125 044
梅州	999			122 088	87 622	56 870
惠州	2 031			749 405	488 674	369 350
汕尾	737			101 583	92 821	78 632
东莞	3 462			913 148	779 752	625 848
中山	1 178			344 625	242 578	167 158
江门	2 083			661 662	414 247	245 842
佛山	3 119			1 205 288	805 983	484 287
阳江	315			102 444	78 949	47 139
湛江	1 241			395 634	264 433	162 978
茂名	1 155			215 996	159 405	89 882
肇庆	2 202			434 176	328 048	215 635
清远	667			162 317	124 410	79 765
潮州	822			169 907	126 650	86 223
揭阳	1 629			201 396	170 300	140 877
省工商局本部	875			772 387	228 847	152 216

11—23 批准接受华侨、港澳台同胞捐赠情况

项　　目	1980年	1985年	1990年	1991年	1992年	1993年
一、绝对数(万元)						
总　　计	12 031	54 529	91 887	227 235	687 814	188 133
工 农 业	4 373	19 660	30 837	70 638	357 342	63 666
文化教育事业	4 081	8 133	24 695	56 065	100 570	43 615
卫生事业	997	2 303	10 453	17 024	39 154	21 587
旅游事业	1 338	4 948	2 480	1 860	4 309	492
社会福利事业	291	2 071	21 422	76 605	177 547	43 861
其　　他	951	17 414	2 000	5 043	8 892	14 912
在总计中：						
捐赠物品价值	10 780	53 156	88 239	222 025	683 859	183 804
捐赠现金	1 251	1 373	3 648	5 210	3 955	4 329
二、比重(%)						
总　　计	100.0	100.0	100.0	100.0	100.0	100.0
工 农 业	36.4	36.1	33.6	31.1	52.0	33.8
文化教育事业	33.9	14.9	26.9	24.7	14.6	23.2
卫生事业	8.3	4.2	11.4	7.5	5.7	11.5
旅游事业	11.1	9.1	2.7	0.8	0.6	0.3
社会福利事业	2.4	3.8	23.3	33.7	25.8	23.3
其　　他	7.9	31.9	2.1	2.2	1.3	7.9

注：本表1992年前的数字是批准数，1993年数为实际接受捐赠的数量。

11—24 各市实际接受华侨、港澳台同胞捐赠情况

(1993年)

市　　别	宗数(宗)	总值(万元)	工农业	文化教育事业	卫生事业	旅游事业	社会福利事业	其他
总　　计	**4 398**	**188 133**	**63 666**	**43 615**	**21 587**	**492**	**43 861**	**14 912**
广　　州	172	5 288	2 188	1 031	437	12	1 299	321
深　　圳	35	734	151	284	108	5	140	46
珠　　海	14	957	156	247	248	1	106	199
汕　　头	208	10 147	1 734	7 083	162		1 139	29
韶　　关	238	3 850	1 122	801	639	7	519	762
河　　源	162	4 813	2 103	457	158	4	1 950	141
梅　　州	319	10 442	1 899	1 931	1 409	19	4 322	862
惠　　州	213	3 611	671	550	299		1 444	647
汕　　尾	286	11 013	5 247	2 378	903		1 829	656
东　　莞	153	10 487	3 805	1 251	1 061	59	2 546	1 765
中　　山	15	410	183	110	7		106	4
江　　门	331	24 857	7 578	10 233	5 454		1 279	313
佛　　山	244	9 009	4 706	1 468	708	43	1 198	886
阳　　江	106	3 120	1 455	434	534		672	25
湛　　江	167	5 578	1 955	689	127		2 668	139
茂　　名	161	4 307	856	631	1 204		516	1 100
肇　　庆	593	14 989	4 309	1 630	975	160	6 534	1 381
清　　远	248	6 493	2 020	1 138	1 042	12	2 036	245
潮　　州	112	17 421	5 979	3 336	1 163	9	6 144	790
揭　　阳	367	28 053	15 268	3 604	877		6 574	1 730
省直单位	254	12 554	281	4 329	4 072	161	840	2 871

11-25 一类口岸开放使用情况

（1993年底）

海关名称	合计	口岸名称 水运	陆运	空运	地点
全省总计	**44**	**32**	**7**	**5**	
广州海关	10	7	2	1	
		广州港	广九（流花）车站	白云空港	广州市
		肇庆港			肇庆市
		莲花山港			番禺市
		南沙港			番禺市
		容奇港			顺德市
		佛山港	佛港直通车站		佛山市
		高明港			高明市
黄埔海关	2	2			
		黄埔港			广州市
		太平港			东莞市
九龙海关	13	8	4	1	
		蛇口码头	罗湖	深圳空港	深圳市
		赤湾码头	文锦渡		深圳市
		梅沙（旅游专用）	沙头角		深圳市
		东角头码头	皇岗		深圳市
		妈湾码头			深圳市
		盐田码头			深圳市
		西涌码头（旅游专用，在建）			深圳市
		澳头港			惠阳市
拱北海关	5	4	1		
		九州港	拱北		珠海市
		湾仔港			珠海市
		斗门港（试航营运）			斗门县
		中山港			中山市
江门海关	6	6			
		江门港			江门市
		三埠港			开平市
		广海港			台山市
		鹤山港			鹤山市
		新会港			新会市
		阳江港			阳江市
汕头海关	5	3		2	
		汕头港		汕头空港	汕头市
		汕尾港			汕尾市
		南澳港			南澳县
				梅州空港	梅州市
湛江海关	3	2		1	
		湛江港		湛江空港	湛江市
		水东港			茂名市

附：全省二类口岸154个，其中，装卸点96个，起运点58个。

11－26 旅游部门基本情况

项目	单位	1985年	1990年	1992年	1993年	1993年比1992年增长%
旅游机构	个	338	880	1 148	1 263	10.0
职工人数	人	87 216	189 979	240 023	250 811	4.5
涉外宾馆(酒店)旅行社	家	210	604	726	798	9.9
#五星级	家		5	5	8	60.0
四星级	家		9	11	12	9.1
三星级	家		35	61	78	27.9
二星级	家		76	136	143	5.1
一星级	家		13	25	23	－8.0
涉外宾馆(酒店)旅业部						
客房	间	28 525	72 719	89 927	100 038	11.2
床位	张	63 604	155 761	190 049	212 679	11.9
客房出租率	%	72.4	63.1	73.7	71.1	
旅游车辆	辆	5 956	7 178	8 968	9 700	8.2
#大型	辆	651	720	868	920	6.0
中型	辆	1 887	1 201	1 371	1 454	6.1
小型	辆	2 494	3 829	4 447	4 899	10.2
经营情况						
营业收入	万元	243 413	880 324	1 487 964	1 957 002	31.5
外汇收入	万美元	18 673	71 683	112 271	111 122	－1.0
利润总额	万元	14 991	37 622	122 386	161 773	32.2
利润率	%	6.2	4.3	8.2	8.3	

11－27 涉外宾馆(酒店)接待外国人数

单位:人次

国别	1992年		1993年		1993年比1992年增长%
	人数	比重	人数	比重	
总计	**935 479**	**100.0**	**958 769**	**100.0**	**2.5**
日本	165 236	17.7	194 356	20.3	17.6
菲律宾	23 826	2.6	9 768	1.0	－59.0
新加坡	75 983	8.1	76 584	8.0	0.8
泰国	85 741	9.2	71 488	7.5	－16.6
印度尼西亚	64 895	6.9	44 523	4.6	－31.4
美国	93 149	10.0	106 158	11.1	14.0
加拿大	25 838	2.8	26 113	2.7	1.1
英国	30 289	3.2	37 361	3.9	23.3
法国	33 931	3.6	39 885	4.2	17.5
德国	26 402	2.8	36 727	3.8	39.1
意大利	24 572	2.6	29 864	3.1	21.5
前苏联	2 453	0.3	2 606	0.3	6.2
澳大利亚	24 215	2.6	21 496	2.2	－11.2
新西兰	15 471	1.6	4 246	0.4	－72.6
其他	243 478	26.0	257 594	26.9	5.8

11—28 国际旅游人数

项　　　　目	1980年	1985年	1990年	1992年	1993年	1993年比1992年增长%
一、国际游客出入境人数(万人次)	**1 045.15**	**3 309.70**	**5 024.23**	**6 437.70**	**6 714.38**	**4.3**
外　国　人	53.61	140.28	174.47	276.38	283.80	2.7
华　　侨	7.99	8.72	14.98	35.58	28.02	−21.2
港澳同胞	983.55	3 160.00	4 739.04	5 971.86	6 250.48	4.7
台湾同胞		0.70	95.74	153.88	152.08	−1.2
#入境人数	**532.09**	**1 675.69**	**2 527.54**	**3 063.28**	**3 279.20**	**7.0**
外　国　人	26.04	67.37	85.07	126.84	129.51	2.1
华　　侨	3.06	4.57	6.62	13.45	12.77	−5.1
港澳同胞	502.99	1 603.37	2 388.76	2 855.30	3 061.85	7.2
台湾同胞		0.38	47.09	67.69	75.07	10.9
二、涉外宾馆(酒店)接待人数(万人次)			**2 231.04**	**2 953.50**	**3 263.18**	**10.5**
国际旅游者			541.48	687.47	647.43	−5.8
外　国　人			56.36	93.55	95.88	2.5
华　　侨			11.52	17.92	23.98	33.8
港澳同胞			412.97	515.01	473.02	−8.2
台湾同胞			60.63	60.99	54.55	−10.6
国内游客			1 689.56	2 266.03	2 615.75	15.4
三、旅游系统接待人数(万人次)	**86.83**	**185.10**	**195.40**	**224.80**	**222.10**	**−1.2**
#组团人数	16.53	51.94	64.66	93.88	96.73	3.0
一日游人数	8.82	20.23	31.82	39.43	38.95	−1.2
国际旅行社	19.81	35.56	34.11	35.65	35.22	−1.2
中国旅行社	48.98	50.51	37.26	43.28	35.49	−18.0
青年旅行社	0.51	1.09	6.86	9.86	7.77	−21.2
其　　他	17.53	97.94	117.17	136.01	143.62	5.6
四、境外旅游人数(万人)		**6.44**	**23.53**	**38.32**	**42.33**	**10.5**
港　澳　游		6.44	23.19	37.23	41.01	10.2
新马泰游			0.34	1.09	1.32	21.1

11—29 国际旅游外汇收入

单位:万美元

项目	1992年 外汇收入	1992年 比重(%)	1993年 外汇收入	1993年 比重(%)	1993年比1992年增长%
总计	**112 271.25**	**100.0**	**111 122.11**	**100.0**	**—1.0**
一、按收入性质分					
1.商品性收入	45 621.12	40.6	43 405.80	39.1	—4.9
商品销售收入	28 368.68	25.3	29 081.10	26.2	2.5
饮食销售收入	17 252.44	15.3	14 324.70	12.9	—17.0
2.劳务性收入	66 650.13	59.4	67 716.31	60.9	1.6
旅行社旅游业务费	5 037.63	4.5	5 061.66	4.6	0.5
宿费	25 553.49	22.8	26 593.53	23.9	4.1
长途交通费	16 364.60	14.6	17 221.74	15.5	5.2
民航	8 242.55	7.4	7 687.61	6.9	—6.7
铁路	3 530.82	3.2	3 882.69	3.5	10.0
海运	1 396.59	1.2	2 184.05	2.0	56.4
内河	2 364.94	2.1	2 487.17	2.2	5.2
公路	829.70	0.7	980.22	0.9	18.1
市内交通费	1 942.39	1.7	1 983.99	1.8	2.1
邮政电讯费	3 405.01	3.0	3 550.53	3.2	4.3
文化娱乐费	5 439.64	4.9	5 909.96	5.3	8.6
其他	8 907.37	7.9	7 394.90	6.6	—17.0
二、按市分					
广州	41 419.20	36.9	41 289.87	37.2	—0.3
深圳	39 099.41	34.8	39 127.94	35.2	0.1
珠海	15 597.42	13.9	14 702.47	13.2	—5.7
汕头	6 486.90	5.8	4 611.44	4.1	—28.9
韶关	214.98	0.2	221.41	0.2	3.0
河源	10.40	...	10.96	...	5.4
梅州	517.50	0.5	635.01	0.6	22.7
惠州	595.82	0.5	385.23	0.3	—35.3
汕尾	44.81	...	47.26	...	5.5
东莞	453.53	0.4	501.96	0.5	10.7
中山	2 206.52	2.0	2 170.44	2.0	—1.6
江门	1 541.36	1.4	2 028.53	1.8	31.6
佛山	2 272.54	2.0	2 295.92	2.1	1.0
阳江	6.18	...	6.58	...	6.5
湛江	381.11	0.3	536.27	0.5	40.7
茂名	21.96	...	18.16	...	—17.3
肇庆	924.53	0.8	1 544.45	1.4	67.1
清远	68.51	0.1	64.64	0.1	—5.6
潮州	216.49	0.2	223.78	0.2	3.4
揭阳	192.08	0.2	699.79	0.6	264.3

11－30 各市涉外宾馆(酒店)住宿设施情况

(1993年)

市别	宾馆(酒店)(家)	#五星级	#四星级	#三星级	#二星级	#一星级	客房(间)	床位(张)	客房出租率(%)
广州	150	4	2	17	40	2	37 787	78 422	74.8
深圳	178	3	3	20	30	3	20 978	44 384	68.0
珠海	44	1	3	6	8	1	5 519	12 344	69.7
汕头	27		1	1	12	2	3 324	7 107	78.9
韶关	31			2	7		2 311	5 165	60.8
河源	20						745	1 676	62.3
梅州	28				2		1 466	3 294	64.0
惠州	41			6	1		2 700	5 623	67.3
汕尾	6						324	669	66.6
东莞	19			6	1		1 687	3 450	75.1
中山	12		2	2	2		2 113	4 244	66.4
江门	52			6	14	2	4 398	9 382	71.3
佛山	37		1	4	5		3 573	7 687	78.4
阳江	10				3		771	1 827	84.8
湛江	14			3	6	1	2 181	4 013	69.4
茂名	23			1	1		1 641	3 580	67.3
肇庆	55			2	5	11	4 835	11 219	64.2
清远	25				1		1 638	3 787	52.3
潮州	13			1	1		930	2 331	69.4
揭阳	13			1	4	1	1 117	2 475	72.0

注:本表星级宾馆(酒店)指1993年底止已得到国家旅游局或省旅游局批准的,不包括已报未批部分。

11－31 各市涉外宾馆(酒店)接待人数

单位:万人次

市别	1992年		1993年		1993年比1992年增长%	
	接待人数	#国际旅游	接待人数	#国际旅游	接待人数	国际旅游
广州	770.01	208.35	1 032.16	209.59	34.0	0.6
深圳	712.14	214.37	616.67	180.88	−13.4	−15.6
珠海	227.65	44.18	248.66	43.58	9.2	−1.4
汕头	80.95	17.95	74.90	18.25	−7.5	1.7
韶关	84.49	7.70	91.60	8.60	8.4	11.7
河源	33.00	0.47	33.10	0.42	0.3	−10.6
梅州	39.71	3.33	51.23	2.06	29.0	−38.1
惠州	95.78	16.37	100.43	12.21	4.9	−25.4
汕尾	18.02	0.60	14.57	0.50	−19.1	−16.7
东莞	172.47	46.97	168.95	51.85	−2.0	10.4
中山	81.27	34.71	84.17	31.93	3.6	−8.0
江门	146.56	29.06	158.93	26.29	8.4	−9.5
佛山	120.29	25.65	124.26	24.25	3.3	−5.5
阳江	40.98	0.73	71.07	0.83	73.4	13.7
湛江	43.41	4.05	49.82	3.32	14.8	−18.0
茂名	51.20	0.64	58.42	0.54	14.1	−15.6
肇庆	133.95	24.08	146.12	23.46	9.1	−2.6
清远	50.80	4.10	58.81	4.12	15.8	0.5
潮州	22.87	2.48	30.93	2.54	35.2	2.4
揭阳	27.97	1.67	48.38	2.21	73.0	32.3

11—32 旅游部门主要财务指标

(1993年)

单位:万元

项目	年末固定资产		营业收入	营业税金及附加	利润总额
	原值	净值			
总计	**1 829 430**	**1 277 181**	**1 957 002**	**70 602**	**161 773**
一、按部门分					
国际旅行社	8 394	4 394	17 727	728	1 087
中国旅行社	72 488	46 086	247 241	5 808	14 276
青年旅行社	1 281	674	7 307	128	596
旅游公司	58 226	37 486	176 528	3 266	9 429
宾馆、酒店	1 567 826	1 112 089	1 331 131	54 782	115 598
车船队	10 311	2 537	11 108	322	650
游乐场	76 994	47 912	45 899	1 891	15 790
其他	33 910	26 003	120 061	3 677	4 347
二、按市分					
广州	575 439	371 090	748 373	29 161	77 922
深圳	615 457	455 693	418 725	15 596	58 343
珠海	135 648	105 413	124 045	4 096	6 789
汕头	51 280	33 059	88 244	2 333	1 491
韶关	16 817	13 332	15 524	483	−865
河源	4 770	3 883	5 343	242	381
梅州	6 789	4 972	5 813	206	150
惠州	41 347	31 614	53 312	1 975	2 149
汕尾	3 227	2 358	3 202	106	−45
东莞	39 158	26 234	42 237	1 976	1 547
中山	50 787	27 637	50 802	1 391	207
江门	63 660	45 821	94 258	4 208	3 976
佛山	54 950	34 194	141 640	3 828	5 584
阳江	8 022	5 928	4 134	227	183
湛江	27 934	19 465	34 844	1 149	1 205
茂名	23 206	20 903	21 891	696	628
肇庆	77 602	53 902	62 320	1 874	942
清远	10 064	8 593	11 786	374	288
潮州	10 133	8 537	15 088	324	372
揭阳	13 140	4 553	15 421	357	526

十二、财政、金融、保险

12－1 主要年份财政收入及指数

年份	合计	1.各项税收	#工商税	#农业税	2.企业收入	#工业	#商业	3.其他收入
一、绝对数(亿元)								
1952	7.15	4.87	3.22	1.65	1.71	0.54	0.63	0.57
1957	10.45	7.74	5.94	1.80	2.17	1.11	0.46	0.54
1962	13.26	8.92	7.52	1.40	4.18	1.75	0.99	0.16
1965	19.59	11.75	10.18	1.55	7.72	4.25	2.49	0.14
1970	24.34	13.50	11.74	1.76	10.69	6.89	3.18	0.15
1975	34.37	19.37	17.63	1.74	14.93	10.75	4.40	0.07
1978	39.46	25.78	24.12	1.66	13.59	9.79	3.65	0.09
1980	36.10	27.72	26.18	1.54	8.19	9.18	1.41	0.19
1985	65.46	65.25	62.73	2.52	－0.75	4.28	1.27	0.96
1989	136.87	145.02	142.16	2.86	－22.99	3.69	0.87	14.84
1990	131.02	135.62	132.70	2.91	－24.24	3.05	0.46	19.64
1991	177.35	158.31	154.76	3.55	－5.63	2.09	0.13	24.67
1992	222.64	195.98	191.52	4.46	－5.94	1.25	－0.63	32.60
1993	346.56	310.78	306.36	4.42	－3.61	－0.41	0.80	39.39
二、指数(%)								
1952	100.0	100.0	100.0	100.0	100.0	100.0	100.0	100.0
1957	146.2	158.9	184.5	109.1	126.9	205.6	73.0	94.7
1962	185.5	183.2	233.5	84.8	244.4	324.1	157.1	28.1
1965	274.0	241.3	316.1	93.9	451.5	787.0	395.2	24.6
1970	340.4	277.2	364.6	106.7	625.1	1 275.9	504.8	26.3
1975	480.7	397.7	547.5	105.5	873.1	1 990.7	698.4	12.3
1978	551.9	529.4	949.1	100.6	794.7	1 813.0	579.4	15.8
1980	504.9	569.2	813.0	93.3	478.9	1 700.0	223.8	33.3
1985	915.5	1 339.8	1 948.1	152.7		792.6	201.6	168.4
1989	1 914.3	2 977.8	4 414.9	173.3		683.3	138.1	2 603.5
1990	1 832.4	2 784.8	4 121.1	176.4		564.8	73.0	3 445.6
1991	2 480.4	3 250.7	4 806.2	215.2		387.0	20.6	4 328.1
1992	3 113.8	4 024.2	5 947.8	270.3		231.5		5 719.3
1993	4 847.0	6 381.5	9 514.3	267.9			127.0	6 910.5

注:财政收入不包括养老保险基金和待业保险金。

12-2 主要年份财政支出及指数

年 份	合计	1.经济建设	#工交商业	#农林水气	2.社会文教卫生科研费	3.行政经费	4.其他支出
一、绝对数(亿元)							
1952	3.32	1.57	0.32	0.71	0.55	0.77	0.43
1957	4.74	1.63	0.98	0.52	1.91	1.12	0.08
1962	6.04	2.85	1.24	1.44	2.07	1.05	0.07
1965	9.12	5.41	1.86	1.64	2.33	1.09	0.29
1970	12.57	8.25	4.40	2.19	3.12	0.98	0.22
1975	17.11	10.12	4.96	2.49	4.70	1.63	0.66
1978	27.03	17.63	0.35	2.45	5.67	2.06	1.67
1980	24.93	12.65	0.37	3.12	7.69	2.90	1.69
1985	60.84	16.53	0.69	5.88	18.46	6.49	9.36
1989	141.16	40.48	7.89	12.22	41.01	10.39	49.28
1990	150.69	36.92	7.20	13.43	43.56	10.86	59.35
1991	182.48	51.78	7.16	14.22	49.50	12.93	68.27
1992	219.61	67.28	8.11	17.55	64.14	17.40	70.79
1993	331.27	95.81	9.08	25.03	95.38	26.34	113.74
二、指 数(%)							
1952	100.0	100.0	100.0	100.0	100.0	100.0	100.0
1957	142.8	103.8	306.3	73.2	347.3	145.5	18.6
1962	181.9	181.5	387.5	202.8	376.4	136.4	16.3
1965	274.7	344.6	581.3	231.0	423.6	141.6	67.4
1970	378.6	525.5	1 375.0	308.5	567.3	127.3	51.2
1975	515.4	644.6	1 550.0	350.7	854.5	211.7	153.5
1978	814.2	1 122.9	109.4	345.1	1 030.9	267.5	3 88.4
1980	750.9	805.7	115.6	439.4	1 398.2	376.6	393.0
1985	1 832.5	1 689.8	215.6	828.2	3 356.4	842.9	2176.7
1989	4 251.8	2 578.3	2 465.6	1 721.1	7 456.4	1 349.4	11 460.5
1990	4 538.9	2 351.6	2 250.0	1 891.5	7 920.0	1 410.4	13 802.3
1991	5 496.4	3 298.1	2 237.5	2 002.8	9 000.0	1 679.2	15 876.7
1992	6 614.8	4 285.4	2 534.4	2 471.8	11 661.8	2 259.7	16 462.8
1993	9 978.0	6 102.5	2 837.5	3 525.4	17 341.8	3 420.8	26 451.2

注:其他支出含价格补贴支出。

12－3 各市财政收支

单位：亿元

市别	1992年		1993年		1993年比1992年增长%	
	财政收入	财政支出	财政收入	财政支出	财政收入	财政支出
广州	51.35	32.25	77.37	53.82	50.7	66.9
深圳	42.96	42.00	67.25	59.33	56.5	41.3
珠海	8.07	8.80	14.78	15.78	83.1	79.3
汕头	9.33	9.47	13.77	14.21	47.6	50.1
韶关	6.90	7.39	10.08	9.99	46.1	35.2
河源	1.11	3.72	1.32	3.66	18.9	－1.6
梅州	4.49	8.28	7.47	10.63	66.4	28.4
惠州	5.76	7.73	9.36	10.89	62.5	40.9
汕尾	1.72	3.13	2.19	3.53	27.3	12.8
东莞	5.62	4.02	9.38	8.11	66.9	101.7
中山	6.09	4.41	9.48	7.54	55.7	71.0
江门	10.00	8.01	16.13	13.46	61.3	68.0
佛山	21.70	16.84	35.79	29.44	64.9	74.8
阳江	2.39	3.05	3.37	4.02	41.0	31.8
湛江	8.24	7.93	11.44	10.89	38.8	37.3
茂名	4.88	5.00	7.55	7.64	54.7	52.8
肇庆	6.25	8.15	9.87	11.88	57.9	45.8
清远	2.42	4.39	3.56	5.97	47.1	36.0
潮州	2.55	3.19	3.92	4.82	53.7	51.1
揭阳	3.00	4.79	4.80	6.35	60.0	32.6

注：1992年汕头市的数字按新的行政区划来统计。

12－4 银行信贷存款和贷款

单位：亿元

项目	1980年	1985年	1990年	1992年	1993年	1993年比1992年增长%
一、各项存款合计	**103.10**	**303.70**	**1 141.19**	**2 376.92**	**2 483.82**	**4.5**
#财政存款	35.70	26.32	80.42	108.61	128.52	18.3
企业存款	24.29	130.91	418.50	955.91	1 107.70	15.9
城镇储蓄存款	17.96	86.63	488.64	966.52	1 227.42	27.0
农业存款	15.58	39.11	104.16	21.51	17.22	－19.9
二、各项贷款合计	**161.44**	**498.52**	**1 267.21**	**1 813.88**	**2 235.43**	**23.2**
#短期贷款	117.04	349.36	1 006.54	1 463.27	1 742.05	19.1
#工业	32.90	102.73	371.50	553.48	677.43	22.4
商业	84.14	240.47	551.16	681.17	698.96	2.6
国营、集体农业贷款	13.03	35.88	82.27	102.30		
中长期贷款	0.57		162.89	259.93	365.06	40.4

注：1980年的数字包海南。1992年开始农村存款、流动资金贷款、固定资产贷款分别改为农业存款、短期贷款、中长期贷款。

12—5 农村信用合作社存款和贷款

单位:亿元

项　　目	1980年	1985年	1990年	1992年	1993年	1993年比1992年增长%
一、各项存款合计	**23.08**	**89.37**	**303.92**	**656.79**	**830.80**	**26.5**
#集体、个体户存款	5.26	6.47	18.79	81.56	93.62	14.8
乡镇企业存款	2.03	5.98	19.12	72.03	82.27	14.2
社员存款	13.93	75.98	263.52	493.79	647.06	31.0
其他存款	1.86	0.94	2.48	9.41	7.85	—16.6
二、各项贷款合计	**11.99**	**60.60**	**236.82**	**495.57**	**670.14**	**35.2**
#集体贷款	9.70	41.99	168.19	347.32	462.84	33.3
#集体农业贷款	3.73	4.06	19.67	37.25	48.17	29.3
乡镇企业贷款	5.74	37.93	148.52	310.07	414.67	33.7
承包户贷款	2.29	18.61	55.71	104.41	133.83	28.2

12—6 城乡居民储蓄存款余额及构成

项　　目	1980年	1985年	1990年	1992年	1993年	1993年比1992年增长%
一、绝对数(亿元)						
城乡居民储蓄年底余额	31.89	154.88	752.78	1 460.01	1 874.3	28.4
城镇储蓄	17.96	82.63	488.64	966.52	1 227.42	27.0
社员储蓄	13.93	72.25	264.14	493.49	646.88	31.1
二、构　　成(%)						
城乡居民储蓄年底余额	100.0	100.0	100.0	100.0	100.0	
城镇储蓄	56.3	53.4	64.9	66.2	65.5	
社员储蓄	43.7	46.6	35.1	33.8	34.5	

12-7 保险情况

项目	1985年	1988年	1989年	1990年	1992年	1993年	1993年比1992年增长%
国内业务(千元)							
一、保费	**173 613**	**1 117 480**	**1 458 850**	**1 804 871**	**3 774 206**	**5 342 417**	
财产险	153 685	515 476	669 228	813 175	1 779 000	2 267 992	
#企业财产险	49 922	122 818	155 445	182 985	268 247	352 816	31.5
家庭财产险	991	10 482	22 306	54 811	315 318	48 188	
运输工具及责任险	95 446	309 419	397 039	471 586	1 049 403	1 668 239	59.0
货物运输险	7 326	62 712	89 994	96 618	119 771	144 161	20.4
其他		5 208	4 504	7 175	26 261	54 588	
农业险	282	4 837	8 759	21 854	90 389	145 286	
人身意外险	19 646	292 411	53 447	495 592	1 194 654	1 757 203	
二、赔款	**76 818**	**302 852**	**481 240**	**854 687**	**1 252 176**	**3 466 694**	**176.9**
财产险	75 123	188 365	285 802	325 188	781 676	2 052 037	162.5
#企业财产险	13 387	29 356	48 213	47 556	115 249	310 747	169.6
家庭财产险	110	8 169	6 341	6 941	30 974	89 501	189.0
运输工具及责任险	61 045	135 732	203 595	247 820	579 695	1 519 720	162.2
货物运输险	581	12 535	27 078	21 026	49 100	102 906	109.6
其他		528	575	1 845	6 658	29 163	338.0
农业险	48	2 045	5 243	11 423	65 829	260 736	296.1
人身意外险	1 647	19 570	16 216	49 648	101 413	173 617	71.2
国外业务(千美元)							
一、保费	**46 196**	**83 177**	**87 030**	**90 802**	**123 312**	**202 058**	**63.9**
运输险	11 471	22 393	21 610	15 541	19 179	20 122	4.9
#出口远洋	3 771	9 473	6 542	6 953	7 261	6 846	−5.7
出口港澳	2 982	5 043	5 246	4 187	4 583	4 828	5.4
进口	4 718	7 877	9 822	4 401	7 335	8 444	15.1
船舶险	11 927	8 708	9 067	10 066	17 989	21 056	17.1
海上石油	8 149	6 577	6 902	4 503	8 061	16 260	101.7
各种非水险	14 643	42 428	48 553	58 811	70 027	122 883	75.5
飞机险		3 071	898	1 663	6 483	17 287	166.7
其他险	6						
二、赔款	**14 540**	**25 502**	**33 497**	**89 701**	**52 665**	**169 018**	**220.9**
运输险	1 636	8 515	8 908	8 117	7 589	11 362	49.7
#出口远洋	1 203	6 321	4 082	2 887	2 973	3 775	27.0
出口港澳	124	547	549	372	688	918	33.4
进口	309	1 647	4 277	4 858	3 928	6 669	69.8
船舶险	1 989	3 361	4 149	7 018	12 164	15 780	29.7
海上石油	7 934	3 564	1 746	619	4 830	1 563	−67.6
各种非水险	2 981	10 062	18 694	18 290	27 773	99 464	258.1
飞机险				55 599		40 642	
其他险							

注:1993年国内业务保费各项指标是新口径,与1992年数不可比。

十三、人 民 生 活

13－1 人民生活主要指标

指　　　　标	单位	1980年	1985年	1990年	1992年	1993年	1993年比1992年增长％
全部职工工资总额	亿元	42.83	88.91	223.29	334.61	455.33	36.1
＃奖金和计件超额工资	亿元		19.78	51.67	86.72	136.81	57.8
各种津帖	亿元		13.09	52.59	75.50	95.31	26.2
职工平均工资	元	789	1 393	2 929	4 027	5 327	32.3
国有单位	元	828	1 458	3 000	4 059	5 431	33.8
城镇集体单位	元	691	1 216	2 508	3 510	4 388	25.0
其他各种单位	元		2 209	3 972	5 157	6 435	24.8
劳保福利费用总额	亿元	6.09	19.58	64.36	90.65	124.48	37.3
＃用于离、退休、退职费	亿元		7.22	14.57	20.13	26.10	29.7
城镇居民家庭每一就业者负担人口	人	1.80	1.77	1.74	1.73	1.73	0
城镇居民家庭人均生活费收入	元	462.00	900.70	2 135.00	3 183.78	4 277.23	34.3
城镇居民家庭人均生活费支出	元	485.78	899.53	1 983.88	2 830.62	3 777.43	33.4
商品支出	元	451.80	814.35	1 749.76	2 436.66	3 221.50	32.2
吃	元	318.12	518.89	1 134.84	1 457.67	1 847.33	26.7
穿	元	54.72	62.48	137.12	201.56	267.93	32.9
用	元	68.64	218.29	423.79	698.95	1 002.39	43.4
烧	元	10.32	14.69	54.01	78.48	103.86	32.3
非商品支出	元	33.96	75.18	234.10	393.96	555.93	41.1
城镇居民人均居住面积	平方米	6.43	8.55	12.13	14.32	15.04	5.0
每百户城镇居民家庭耐用消费品拥有量							
电视机	台	32.89	85.50	107.86	113.93	116.94	2.6
电冰箱	台		23.06	52.80	63.61	65.98	3.7
洗衣机	台		50.13	80.73	87.23	90.67	3.9
摩托车	辆			3.33	8.13	12.37	52.2
农民家庭每个劳动力负担人口	人	2.17	1.77	1.74	1.77	1.75	－1.1
农民人均纯收入	元	274.37	495.31	1 043.03	1 307.65	1 674.78	28.1
农民人均生活费支出	元	222.22	388.00	932.63	1 060.29	1 391.01	31.2
生活消费品支出	元	215.65	371.64	840.49	931.04	1 193.67	28.2
吃	元	134.12	234.19	531.30	566.24	726.41	28.3
穿	元	19.58	19.55	38.74	45.58	56.80	24.6
住	元	21.06	54.46	124.34	127.99	131.88	3.0
用	元	22.26	41.18	118.87	150.36	221.80	47.5
烧	元	18.63	22.26	34.24	40.87	56.78	38.9
非商品支出	元	6.57	16.36	92.14	129.25	197.34	52.7
农民人均生活用房面积	平方米	10.51	14.87	17.39	18.77	20.56	9.5
农村每百户耐用品拥有量							
电视机	台	1.38	9.98	50.31	66.76	76.12	14.0
收录机	台		13.86	41.33	44.71	47.54	6.3
电风扇	台		54.97	163.48	212.92	243.31	14.3
自行车	辆	75.00	126.87	186.09	206.58	220.32	6.7

13-2 主要年份职工工资总额与平均工资及指数

年份	工资总额（亿元）				平均工资（元）			
	合计	国有经济单位	城镇集体单位	其他各种单位	合计	国有单位	城镇集体经济单位	其他各种单位
一、绝对数								
1952	1.84	1.79	0.05		387	392	271	
1957	11.05	7.46	3.59		458	592	312	
1962	13.65	10.43	3.22		501	570	359	
1965	16.07	11.45	4.62		527	615	389	
1970	18.59	12.80	5.79		532	583	447	
1975	24.31	17.78	6.53		575	611	494	
1978	30.59	22.67	7.92		615	638	558	
1980	42.83	32.00	10.83		789	828	691	
1985	88.91	63.42	23.85	1.64	1 393	1 458	1 216	2 209
1990	223.29	154.96	50.06	18.27	2 929	3 000	2 508	3 972
1991	268.19	179.81	60.15	28.23	3 358	3 383	2 931	4 558
1992	334.61	222.27	72.06	40.28	4 027	4 059	3 510	5 157
1993	455.33	300.91	83.79	70.63	5 327	5 431	4 388	6 435
二、指数(%)								
1952	100.0	100.0	100.0		100.0	100.0	100.0	
1957	600.5	416.8	7 180.0		118.3	151.0	115.1	
1962	741.8	582.7	6 440.0		129.5	145.4	132.5	
1965	873.4	639.7	9 240.0		136.2	156.9	143.5	
1970	1 010.3	715.1	11 580.0		137.5	148.7	164.9	
1975	1 321.2	993.3	13 060.0		148.6	155.9	182.3	
1978	1 662.5	1 266.5	15 840.0		158.9	162.8	205.9	
1980	2 327.7	1 787.7	21 660.0		203.9	211.2	255.0	
1985	4 832.1	3 543.0	47 700.0	100.0	359.9	371.9	448.7	100.0
1990	12 135.3	8 657.0	100 120.0	1 114.0	756.8	765.3	925.5	179.8
1991	14 575.5	10 045.3	120 300.0	1 721.3	867.7	863.0	1 081.5	206.3
1992	18 185.3	12 417.3	144 120.0	2 456.1	1 040.6	1 035.5	1 295.2	233.5
1993	24 746.2	16 810.6	167 580.0	4 306.7	1 376.5	1 385.5	1 619.2	291.3

13-3 职工工资总额及平均工资

项　　　目	1980年	1985年	1990年	1992年	1993年	1993年比1992年增长%
一、工资总额（亿元）	**42.83**	**88.91**	**223.29**	**334.61**	**455.33**	**36.1**
国有单位	32.00	63.42	154.96	222.27	300.91	35.4
城镇集体单位	10.83	23.85	50.06	72.06	83.79	16.3
其他各种单位		1.64	18.27	40.28	70.63	75.3
在职工工资总额中：						
（一）各种奖金和计件超额工资		19.78	51.67	86.72	136.81	57.8
国有单位		13.29	36.78	62.52	96.33	54.1
城镇集体单位		6.08	10.49	15.33	22.13	44.4
其他各种单位		0.41	4.40	8.87	18.35	106.9
（二）各种津贴		13.09	52.59	75.50	95.31	26.2
国有单位		10.70	42.36	61.20	77.22	26.2
城镇集体单位		2.39	7.76	9.54	9.75	2.2
其他各种单位			2.47	4.76	8.34	75.2
在各种津贴中：物价补贴			25.21	33.89	34.33	1.3
国有单位			19.82	27.04	27.04	0
城镇集体单位			4.31	4.92	4.31	－12.4
其他各种单位			1.08	1.93	2.98	54.4
二、平均工资（元）	**789**	**1 393**	**2 929**	**4 027**	**5 327**	**32.3**
国有单位	828	1 458	3 000	4 059	5 431	33.8
城镇集体单位	691	1 216	2 508	3 510	4 388	25.0
其他各种单位		2 209	3 972	5 157	6 435	24.8
在职工平均工资中：						
（一）各种奖金和计件超额工资		310	678	1 044	1 600	53.3
国有单位		306	712	1 142	1 739	52.3
城镇集体单位		310	526	747	1 159	55.2
其他各种单位		553	956	1 136	1 672	47.2
（二）各种津贴		205	690	909	1 115	22.7
国有单位		246	820	1 118	1 394	24.7
城镇集体单位		122	389	465	511	9.9
其他各种单位			536	609	759	24.6
在各种津贴中：物价补贴			331	408	402	－1.5
国有单位			384	494	488	－1.2
城镇集体单位			216	239	226	－5.4
其他各种单位			235	247	271	9.7

13—4 分行业工资总额及平均工资

行　　　业	1980年	1985年	1990年	1992年	1993年	1993年比1992年增长％
一、工资总额（亿元）	**42.83**	**88.91**	**223.29**	**334.61**	**455.33**	**36.1**
农、林、牧、渔、水利业	2.74	4.27	8.64	11.28	11.07	—1.9
工　　业	17.82	34.73	95.95	146.40	185.53	26.7
地质普查和勘探业	0.31	0.71	1.07	1.40	2.29	63.6
建筑业	2.71	7.45	14.74	25.37	46.22	82.2
交通运输、邮电通讯业	4.44	7.82	16.64	24.07	34.78	44.5
商业、公共饮食业、物资供销和仓储业	6.46	13.65	31.10	43.64	57.63	32.1
房地产、公用事业、居民和咨询服务业	1.16	3.11	10.34	17.03	26.54	55.8
卫生、体育和社会福利事业	1.21	2.78	6.82	9.84	13.00	32.1
教育、文化艺术和广播电视事业	2.96	6.39	15.79	22.51	29.63	31.6
科学研究和综合技术服务业	0.31	0.73	1.68	2.32	2.79	20.3
金融、保险业	0.42	1.16	4.14	7.01	11.25	60.5
国家机关、政党机关和社会团体	2.29	6.11	16.38	23.74	34.60	45.7
二、平均工资（元）	**789**	**1 393**	**2 929**	**4 027**	**5 327**	**32.3**
农、林、牧、渔、水利业	587	985	2 046	2 730	3 084	13.0
工　　业	804	1 389	3 023	4 178	5 455	30.6
地质普查和勘探业	1 054	1 807	3 325	4 303	6 780	57.6
建筑业	935	1 805	3 346	4 627	5 846	26.3
交通运输、邮电通讯业	903	1 536	3 355	4 762	6 805	42.9
商业、公共饮食业、物资供销和仓储业	761	1 234	2 530	3 358	4 489	33.7
房地产、公用事业、居民和咨询服务业	810	1 538	3 513	4 886	6 324	29.4
卫生、体育和社会福利事业	771	1 458	3 112	4 086	5 338	30.6
教育、文化艺术和广播电视事业	710	1 434	2 778	3 779	4 828	27.8
科学研究和综合技术服务业	843	1 542	3 059	4 136	5 127	24.0
金融、保险业	721	1 460	3 013	4 290	6 027	40.5
国家机关、政党机关和社会团体	827	1 471	2 958	4 022	5 317	32.2

13-5 国有单位企、事业和机关职工工资总额及平均工资

项　　　目	1987年	1988年	1990年	1992年	1993年	1993年比1992年增长%
一、工资总额　(亿元)	**85.01**	**113.60**	**154.96**	**222.27**	**300.91**	**35.4**
企　业	62.13	84.08	109.50	155.24	212.80	37.1
#地　方	51.15	71.34	91.06	128.00	174.74	36.5
事业、机关	22.88	29.52	45.46	67.03	88.11	31.4
#地　方	20.28	26.10	40.75	60.53	80.67	33.3
在职工工资总额中：						
(一)各种奖金和计件超额工资	16.99	26.57	36.78	62.52	96.33	54.1
企　业	14.86	22.38	30.92	49.04	77.30	57.6
#地　方	12.20	19.33	25.98	40.70	64.29	58.0
事业、机关	2.13	4.19	5.86	13.48	19.03	41.2
#地　方	1.85	3.62	5.18	12.00	17.16	43.0
(二)各种津贴	16.66	27.03	42.36	61.20	77.22	26.2
企　业	10.31	17.48	24.59	34.19	41.48	21.3
#地　方	7.89	14.07	19.49	26.27	31.36	19.4
事业、机关	6.35	9.55	17.77	27.01	35.74	32.3
#地　方	5.68	8.60	16.18	24.83	32.92	32.6
二、平均工资　(元)	**1 806**	**2 320**	**3 000**	**4 059**	**5 431**	**33.8**
企　业	1 815	2 378	3 044	4 141	5 589	35.0
#地　方	1 745	2 308	2 927	3 972	5 331	34.2
事业、机关	1 784	2 169	2 899	3 883	5 082	30.9
#地　方	1 770	2 146	2 855	3 830	5 056	32.0
在职工工资总额中：						
(一)各种奖金和计件超额工资	361	543	712	1 142	1 739	52.3
企　业	434	633	860	1 308	2 030	55.2
#地　方	416	625	835	1 263	1 961	55.3
事业、机关	166	308	373	781	1 098	40.6
#地　方	162	298	363	760	1 076	41.6
(二)各种津贴	354	552	820	1 118	1 394	24.7
企　业	302	495	684	912	1 089	19.4
#地　方	270	455	627	815	957	17.4
事业、机关	495	702	1 133	1 564	2 061	31.8
#地　方	497	707	1 134	1 571	2 064	31.4

13—6 国有单位职工工资总额及平均工资

项目	1980年	1985年	1990年	1992年	1993年	1993年比1992年增长%
一、工资总额（亿元）	**32.00**	**63.42**	**154.96**	**222.27**	**300.91**	**35.4**
按隶属关系分						
中央	3.20	10.55	23.15	33.74	44.92	33.1
省属	7.34	11.20	20.98	27.31	37.00	35.5
省辖市属		24.48	67.00	97.70	126.43	29.4
县及县以下		17.19	43.83	63.52	91.83	44.6
其他					0.73	
按行业分						
农、林、牧、渔、水利业	2.66	4.10	8.29	10.92	10.62	−2.7
工业	11.66	21.77	53.93	73.40	88.30	20.3
地质普查和勘探业	0.31	0.71	1.07	1.40	2.25	60.7
建筑业	1.54	4.64	8.81	14.52	27.09	86.6
交通运输、邮电通讯业	2.98	5.76	13.55	19.67	28.73	46.1
商业、公共饮食业、物资供销和仓储业	5.61	8.56	21.59	30.00	38.85	29.5
房地产、公用事业、居民和咨询服务业	0.87	2.29	6.77	10.82	18.10	67.3
卫生、体育和社会福利事业	0.64	1.80	4.73	8.86	12.28	38.6
教育、文化艺术和广播电视事业	2.92	6.32	15.59	22.09	29.21	32.2
科学研究和综合技术服务业	0.31	0.72	1.64	2.22	2.66	19.8
金融、保险业	0.28	0.89	3.15	5.25	9.18	74.9
国家机关、政党机关和社会团体	2.22	5.86	15.84	23.12	33.64	45.5
二、平均工资（元）	**828**	**1 458**	**3 000**	**4 059**	**5 431**	**33.8**
按隶属关系分						
中央	1 036	1 741	3 694	5 014	6 830	36.2
省属	822	1 380	2 921	3 867	5 559	43.8
省辖市属		1 591	3 300	4 613	6 182	34.0
县及县以下		1 236	2 449	3 211	4 249	32.3
其他					6 460	
按行业分						
农、林、牧、渔、水利业	589	981	2 031	2 707	3 039	12.3
工业	889	1 452	3 059	4 162	5 447	30.9
地质普查和勘探业	1 054	1 807	3 326	4 304	6 758	57.0
建筑业	1 008	2 099	3 792	5 301	6 781	27.9
交通运输、邮电通讯业	1 055	1 731	3 777	5 148	7 310	42.0
商业、公共饮食业、物资供销和仓储业	792	1 331	2 759	3 606	4 848	34.4
房地产、公用事业、居民和咨询服务业	853	1 551	3 454	4 793	6 486	35.3
卫生、体育和社会福利事业	838	1 654	3 319	4 109	5 335	29.8
教育、文化艺术和广播电视事业	714	1 436	2 775	3 691	4 819	30.6
科学研究和综合技术服务业	846	1 543	3 054	4 088	5 084	24.4
金融、保险业	796	1 651	3 204	4 455	6 358	42.7
国家机关、政党机关和社会团体	834	1 476	2 956	4 010	5 328	32.9

13—7 国有单位各种奖金及计件超额工资

项　　目	1985年	1988年	1990年	1992年	1993年	1993年比1992年增长%
一、各种奖金及计件超额工资（亿元）	**13.29**	**26.57**	**36.78**	**62.52**	**96.33**	**54.1**
按隶属关系分						
中　　央	2.25	3.62	5.63	9.81	14.69	49.7
省　　属	2.42	3.44	5.74	8.51	12.21	43.5
省辖市属	5.88		18.19	31.64	46.71	47.6
县及县以下	2.74		7.22	12.56	22.53	79.4
其　　他					0.19	
按行业分						
农、林、牧、渔、水利业	0.76	1.22	1.60	2.28	2.04	−10.5
工　　业	5.37	11.30	15.52	24.38	35.54	45.8
地质普查和勘探业	0.10	0.18	0.19	0.32	0.79	146.9
建筑业	1.40	2.06	2.97	4.82	9.53	97.7
交通运输、邮电通讯业	1.17	2.34	3.57	6.19	10.62	71.6
商业、公共饮食业、物资供销和仓储业	2.00	4.65	5.65	8.69	12.52	44.1
房地产、公用事业、居民和咨询服务业	0.64	1.36	2.08	3.66	6.44	76.0
卫生、体育和社会福利事业	0.31	0.58	0.88	2.00	3.02	51.0
教育、文化艺术和广播电视事业	0.50	1.13	1.63	4.10	5.82	42.0
科学研究和综合技术服务业	0.09	0.13	0.23	0.48	0.69	43.7
金融、保险业	0.16	0.33	0.57	1.13	2.21	95.6
国家机关、政党机关和社会团体	0.79	1.29	1.89	4.47	7.11	59.1
二、平均奖金及计件超额工资（元）	**306**	**543**	**712**	**1 142**	**1 739**	**52.3**
按隶属关系分						
中　　央	372	616	897	1 458	2 234	53.2
省　　属	299	482	800	1 204	1 834	52.3
省辖市属	382		896	1 494	2 284	52.9
县及县以下	197		403	635	1 043	64.3
其　　他					1 660	
按行业分						
农、林、牧、渔、水利业	181	290	391	565	585	3.5
工　　业	358	664	880	1 383	2 192	58.5
地质普查和勘探业	258	504	590	977	2 387	144.3
建筑业	632	883	1 277	1 759	2 385	35.6
交通运输、邮电通讯业	353	672	996	1 619	2 701	66.8
商业、公共饮食业、物资供销和仓储业	311	627	723	1 045	1 563	49.6
房地产、公用事业、居民和咨询服务业	431	782	1 062	1 620	2 306	42.3
卫生、体育和社会福利事业	290	450	616	930	1 310	40.9
教育、文化艺术和广播电视事业	115	221	291	685	961	40.3
科学研究和综合技术服务业	191	270	421	894	1 314	47.0
金融、保险业	292	415	578	955	1 532	60.4
国家机关、政党机关和社会团体	199	273	352	775	1 127	45.4

13-8 国有单位职工各种津贴

项　　　目	1985年	1990年	1992年	1993年	1993年比1992年增长%
一、各种津贴总额（亿元）	**10.70**	**42.36**	**61.20**	**77.22**	**26.2**
按隶属关系分					
中　　央	2.20	6.68	10.09	12.82	27.1
省　　属	1.86	5.30	6.72	8.07	20.1
省辖市属	3.65	16.97	24.12	28.53	18.3
县及县以下	2.99	13.41	20.27	27.67	36.5
其　　他				0.13	
按行业分					
农、林、牧、渔、水利业	0.61	1.83	2.70	2.66	—1.5
工　　业	3.41	11.01	13.87	14.81	6.8
地质普查和勘探业	0.22	0.41	0.53	0.67	26.4
建筑业	0.60	1.49	2.32	3.22	38.8
交通运输、邮电通讯业	1.37	4.03	5.77	7.34	27.2
商业、公共饮食业、物资供销和仓储业	1.39	5.55	7.69	8.71	13.3
房地产、公用事业、居民和咨询服务业	0.32	1.75	2.85	4.08	43.2
卫生、体育和社会福利事业	0.38	1.78	3.66	4.94	35.0
教育、文化艺术和广播电视事业	1.17	6.34	9.15	12.24	33.8
科学研究和综合技术服务业	0.12	0.62	0.86	0.92	7.0
金融、保险业	0.20	1.25	2.33	3.86	65.7
国家机关、政党机关和社会团体	0.91	6.30	9.47	13.77	45.4
二、平均各种津贴（元）	**246**	**820**	**1 118**	**1 394**	**24.7**
按隶属关系分					
中　　央	363	1 067	1 500	1 950	30.0
省　　属	229	738	951	1 213	27.5
省辖市属	237	836	1 139	1 395	22.5
县及县以下	216	750	1 024	1 280	25.0
其　　他				1 133	
按行业分					
农、林、牧、渔、水利业	146	450	670	762	13.7
工　　业	228	625	786	913	16.2
地质普查和勘探业	546	1 268	1 622	2 011	24.0
建筑业	275	643	847	804	—5.1
交通运输、邮电通讯业	412	1 124	1 511	1 868	23.6
商业、公共饮食业、物资供销和仓储业	216	709	924	1 087	17.6
房地产、公用事业、居民和咨询服务业	217	894	1 263	1 463	15.8
卫生、体育和社会福利事业	350	1 250	1 699	2 148	26.4
教育、文化艺术和广播电视事业	266	1 129	1 528	2 020	32.2
科学研究和综合技术服务业	256	1 149	1 579	1 760	11.5
金融、保险业	375	1 275	1 978	2 670	35.0
国家机关、政党机关和社会团体	230	1 175	1 643	2 181	32.7

13—9 城镇集体单位职工工资总额及平均工资

行　　　业	1980年	1985年	1990年	1992年	1993年	1993年比1992年增长%
一、工资总额（亿元）	**10.83**	**23.85**	**50.06**	**72.06**	**83.79**	**16.3**
农、林、牧、渔、水利业	0.07	0.15	0.26	0.27	0.25	−7.4
工　　业	6.16	12.10	27.41	39.62	38.85	−1.9
地质普查和勘探业			...	...	0.03	
建筑业	1.17	2.76	5.71	10.39	18.29	76.0
交通运输、邮电通讯业	1.46	2.01	2.92	3.90	4.54	16.4
商业、公共饮食业、物资供销和仓储业	0.85	4.76	8.71	11.98	14.55	21.5
房地产、公用事业、居民和咨询服务业	0.29	0.51	1.30	2.29	3.27	42.8
卫生、体育和社会福利事业	0.57	0.98	2.08	0.95	0.72	−24.2
教育、文化艺术和广播电视事业	0.04	0.06	0.12	0.23	0.29	26.1
科学研究和综合技术服务业	...	0.01	0.02	0.05	0.08	60.0
金融、保险业	0.14	0.27	0.99	1.76	1.96	11.4
国家机关、政党机关和社会团体	0.08	0.24	0.54	0.62	0.96	54.8
二、平均工资（元）	**691**	**1 216**	**2 508**	**3 510**	**4 388**	**25.0**
农、林、牧、渔、水利业	533	1 030	2 232	3 432	4 106	19.6
工　　业	682	1 254	2 640	3 672	4 529	23.3
地质普查和勘探业			1 615	2 429	7 175	195.4
建筑业	854	1 454	2 800	3 886	4 838	24.5
交通运输、邮电通讯业	698	1 155	2 181	3 335	4 342	30.2
商业、公共饮食业、物资供销和仓储业	607	1 062	2 049	2 740	3 462	26.4
房地产、公用事业、居民和咨询服务业	702	1 320	2 943	4 264	5 293	24.1
卫生、体育和社会福利事业	707	1 198	2 719	3 832	5 392	40.7
教育、文化艺术和广播电视事业	530	1 146	2 520	4 000	5 206	30.2
科学研究和综合技术服务业	493	1 472	2 454	4 537	5 993	32.1
金融、保险业	608	1 057	2 531	3 861	4 800	24.3
国家机关、政党机关和社会团体	668	1 361	3 013	4 525	4 973	9.9

13—10 其他单位职工工资总额及平均工资

项　　目	1985年	1990年	1992年	1993年	1993年比1992年增长%
一、工资总额（亿元）	**1.64**	**18.27**	**40.28**	**70.63**	**75.3**
农、林、牧、渔、水利业	0.02	0.09	0.09	0.20	122.2
工　　业	0.86	14.61	33.37	58.38	74.9
地质普查和勘探业				0.01	
建筑业	0.05	0.22	0.46	0.84	82.6
交通运输、邮电通讯业	0.05	0.17	0.49	1.51	208.2
商业、公共饮食业、物资供销和仓储业	0.33	0.80	1.66	4.23	155.4
房地产、公用事业、居民和咨询服务业	0.31	2.27	3.92	5.17	31.6
卫生、体育和社会福利事业		0.01	0.04	…	
教育、文化艺术和广播电视事业	0.01	0.08	0.19	0.13	−31.6
科学研究和综合技术服务业	0.01	0.02	0.06	0.05	−16.7
金融、保险业		…	…	0.11	
国家机关、政党机关和社会团体			…		
二、平均工资（元）	**2 209**	**3 972**	**5 157**	**6 435**	**24.8**
农、林、牧、渔、水利业	1 886	3 770	4 460	5 839	30.9
工　　业	2 293	3 924	5 041	6 329	25.6
地质普查和勘探业				15 708	
建筑业	2 612	5 253	6 512	6 427	−1.3
交通运输、邮电通讯业	2 379	4 891	7 792	11 128	42.8
商业、公共饮食业、物资供销和仓储业	2 206	3 758	5 466	6 794	24.3
房地产、公用事业、居民和咨询服务业	1 944	4 193	5 675	6 560	15.6
卫生、体育和社会福利事业		6 161	6 121	7 417	21.2
教育、文化艺术和广播电视事业	3 589	4 637	6 971	6 780	−2.7
科学研究和综合技术服务业	2 169	5 399	7 025	6 689	−4.8
金融、保险业		5 310	5 711	7 889	38.1
国家机关、政党机关和社会团体			5 269		

13—11 分行业职工工资总额及平均工资

（1993年，按经济类型分）

项目	工资总额（亿元）合计	国有单位	城镇集体单位	其他单位	平均工资（元）合计	国有单位	城镇集体单位	其他单位
总计	**455.33**	**300.91**	**83.79**	**70.63**	**5 327**	**5 431**	**4 388**	**6 435**
一、按企业、事业和机关分								
企业	364.67	212.80	81.25	70.62	5 395	5 589	4 380	6 435
#地方	174.74	174.74			5 331	5 331		
事业	58.55	56.64	1.90	0.01	4 984	4 992	4 731	5 913
#地方	52.01	52.01			4 947	4 947		
机关	32.11	31.47	0.64		5 232	5 251	4 436	
#地方	28.66	28.66			5 268	5 268		
二、按国民经济行业分								
农、林、牧、渔业	9.77	9.38	0.19	0.20	2 983	2 940	3 724	5 839
采掘业	6.59	6.10	0.41	0.08	4 559	4 464	6 492	5 079
制造业	171.62	76.54	37.70	57.38	5 481	5 541	4 488	6 304
电力煤气水的生产供应业	7.32	5.66	0.74	0.92	5 849	5 494	6 448	8 626
建筑业	46.22	27.09	18.29	0.84	5 846	6 781	4 838	6 427
地质勘查业、水利管理业	3.59	3.49	0.09	0.01	5 502	5 473	6 357	15 708
交通、仓储及邮电通信业	35.30	29.09	4.55	1.66	6 814	7 293	4 344	11 473
批发和零售贸易、餐饮业	57.07	38.49	14.54	4.04	4 471	4 839	3 461	6 628
金融、保险业	11.25	9.18	1.96	0.11	6 027	6 358	4 800	7 889
房地产业	6.74	5.52	0.61	0.61	7 461	7 284	7 087	10 293
社会服务业	19.80	12.58	2.66	4.56	6 013	6 189	5 004	6 258
卫生、体育和社会福利业	13.00	12.28	0.72	...	5 338	5 335	5 392	7 417
教育文化广播电影电视业	29.63	29.21	0.29	0.13	4 828	4 819	5 206	6 780
科学研究综合技术服务业	2.79	2.66	0.08	0.05	5 127	5 084	5 993	6 689
国家、政党机关社会团体	32.03	31.31	0.72		5 253	5 270	4 596	
其他行业	2.61	2.33	0.24	0.04	6 313	6 249	6 535	9 804

13-12 各市职工工资总额与平均工资

市别	1992年 合计	1992年 国有单位	1992年 城镇集体单位	1992年 其他各种单位	1993年 合计	1993年 国有单位	1993年 城镇集体单位	1993年 其他各种单位
一、工资总额（亿元）								
广州	97.96	69.66	18.51	9.79	131.68	94.15	22.69	14.84
深圳	40.38	22.61	3.37	14.40	61.96	35.69	3.01	23.26
珠海	11.07	6.92	1.44	2.71	16.69	8.93	2.02	5.74
汕头	15.17	8.33	4.39	2.45	22.74	13.03	6.46	3.25
韶关	15.05	13.42	1.46	0.17	18.69	16.47	1.67	0.55
河源	3.46	3.01	0.41	0.04	4.50	3.73	0.64	0.13
梅州	8.38	7.07	1.08	0.23	10.83	9.17	1.25	0.41
惠州	11.47	6.71	2.17	2.59	16.99	9.59	3.45	3.95
汕尾	3.50	2.18	1.29	0.03	4.15	2.93	0.98	0.24
东莞	6.95	3.06	2.99	0.90	10.71	4.71	4.02	1.98
中山	8.05	3.67	3.32	1.06	8.94	4.71	2.70	1.53
江门	18.50	11.69	5.90	0.91	25.46	14.53	7.92	3.01
佛山	28.02	14.61	11.14	2.27	37.39	20.14	11.32	5.93
阳江	5.08	3.45	1.50	0.13	6.34	4.46	1.67	0.21
湛江	16.86	13.75	2.64	0.47	22.15	18.17	2.34	1.64
茂名	9.82	7.61	2.13	0.08	13.47	10.48	2.69	0.30
肇庆	15.35	11.05	3.08	1.22	19.39	13.97	3.54	1.88
清远	7.25	5.53	1.47	0.25	9.73	7.33	1.68	0.72
潮州	5.57	2.78	2.54	0.25	6.00	3.16	2.09	0.75
揭阳	5.16	3.60	1.23	0.33	6.38	4.42	1.65	0.31
二、平均工资（元）								
广州	4 822	5 009	4 130	5 082	6 342	6 807	4 987	6 230
深圳	5 931	6 026	4 435	6 270	8 144	8 854	5 681	7 633
珠海	5 282	5 430	4 751	5 229	7 399	7 318	6 509	7 918
汕头	3 113	3 303	2 379	4 829	4 371	4 632	3 507	5 941
韶关	3 509	3 653	2 650	2 672	4 451	4 623	3 244	4 527
河源	2 219	2 271	1 867	2 808	2 725	2 787	2 310	3 595
梅州	2 621	2 736	2 002	3 096	3 399	3 570	2 479	3 594
惠州	3 890	3 925	3 248	4 537	5 119	5 097	4 810	5 480
汕尾	2 490	2 433	2 579	3 512	3 112	3 033	3 091	4 835
东莞	4 609	4 625	4 563	4 712	6 228	7 007	5 583	6 044
中山	5 210	4 925	5 488	5 435	6 728	6 564	6 665	7 424
江门	3 831	3 904	3 668	4 036	5 131	5 135	4 959	5 626
佛山	5 263	5 166	5 374	5 362	6 948	6 989	6 655	7 426
阳江	2 947	2 978	2 856	3 273	3 614	3 675	3 448	3 734
湛江	3 061	3 186	2 497	3 502	3 952	4 115	2 837	4 511
茂名	2 863	2 991	2 475	3 133	3 792	4 036	3 056	4 017
肇庆	3 239	3 399	2 685	3 574	4 052	4 308	3 191	4 348
清远	3 188	3 231	3 079	2 932	3 862	3 939	3 574	3 822
潮州	2 578	2 658	2 462	3 010	3 206	3 174	3 026	4 039
揭阳	2 392	2 485	1 979	3 808	2 909	2 989	2 541	4 741

13-13 各市职工奖金及津贴和补贴

（1993年）

市别	奖金（含计件超额工资）合计	国有单位	城镇集体单位	其他各种单位	津贴和补贴 合计	国有单位	城镇集体单位	其他各种单位
一、总额(万元)								
广州	509 364.1	393 105.9	68 532.5	47 725.7	248375.1	206 526.9	24 327.2	17 521.0
深圳	147 872.6	92 289.6	4 030.2	51 552.8	103302.4	75 252.9	1 836.9	26 212.6
珠海	34 915.2	19 472.5	3 572.2	11 870.5	52044.8	34 369.0	6 075.3	11 600.5
汕头	45 539.1	30 822.9	9 877.7	4 838.5	47719.4	39 050.8	5 183.0	3 485.6
韶关	45 646.5	40 981.9	2 790.5	1 874.1	59536.6	54 850.3	3 653.4	1 032.9
河源	7 796.5	7 089.8	588.2	118.5	10389.1	9 560.5	746.5	82.1
梅州	23 956.8	21 775.4	1 468.0	713.4	25882.8	24 035.3	1 582.9	264.6
惠州	26 648.3	19 271.1	3 581.6	3 795.6	35310.2	27 111.7	4 427.3	3 771.2
汕尾	5 733.5	5 071.1	598.8	63.6	8462.5	7 541.8	854.5	66.2
东莞	29 609.5	15 734.3	10 808.4	3 066.8	23947.4	16 823.6	5 438.5	1 685.3
中山	40 441.9	19 740.9	13 494.7	7 206.3	13510.1	9 600.7	2 452.4	1 457.0
江门	90 959.3	55 676.3	24 197.7	11 085.3	50069.2	37 060.2	8 862.0	4 147.0
佛山	165 129.8	86 475.7	52 135.7	26 518.4	64413.5	48 789.2	10 876.5	4 747.8
阳江	16 181.9	11 632.5	3 979.4	570.0	13264.9	11 696.0	1 436.6	132.3
湛江	55 003.4	46 530.5	2 873.4	5 599.5	64016.0	56 005.9	4 989.0	3 021.1
茂名	35 502.8	30 031.7	4 774.5	696.6	30429.6	25 394.8	4 478.7	556.1
肇庆	41 578.8	34 357.3	4 422.2	2 799.3	46589.9	40 622.0	4 273.7	1 694.2
清远	19 379.9	15 667.1	2 277.8	1 435.0	26476.7	23 890.6	1 828.7	757.4
潮州	12 760.1	7 289.0	3 962.0	1 509.1	10907.3	8 471.0	1 607.4	828.9
揭阳	12 061.9	8 316.4	3 282.4	463.1	15509.5	12 618.9	2 602.4	288.2
二、平均工资(元)								
广州	2 453	2 842	1 506	2 004	1 796	1 493	535	736
深圳	1 944	2 289	762	1 692	2 562	1 867	347	860
珠海	1 548	1 596	1 148	1 638	4 265	2 817	1 953	1 601
汕头	875	1 095	536	885	1 696	1 388	281	637
韶关	1 087	1 150	541	1 578	1 671	1 539	708	869
河源	472	529	213	340	776	714	270	235
梅州	752	848	292	620	1 008	936	315	230
惠州	803	1 024	500	526	1 877	1 441	618	523
汕尾	430	525	188	131	875	780	269	136
东莞	1 722	2 341	1 502	935	3 564	2 504	756	514
中山	3 043	2 751	3 325	3 501	1 883	1 338	604	708
江门	1 833	1 967	1 515	2 069	1 769	1 310	555	774
佛山	3 069	3 001	3 065	3 320	2 236	1 693	639	594
阳江	923	959	821	1 018	1 093	964	296	236
湛江	981	1 054	348	1 541	1 450	1 269	604	831
茂名	1 000	1 157	542	934	1 172	978	509	746
肇庆	869	1 060	398	648	1 437	1 253	385	392
清远	769	842	485	759	1 423	1 284	390	400
潮州	682	732	575	807	1 095	851	233	444
揭阳	550	563	505	702	1 049	854	401	437

13-14 劳保福利费用总额

单位：亿元

项　目	1980年	1985年	1990年	1992年	1993年	1993年比1992年增长%
总　计	**6.09**	**19.58**	**64.36**	**90.65**	**124.48**	**37.3**
国有单位	4.90	15.52	51.29	72.60	100.40	38.3
#用于离休、退休、退职费	1.62	5.26	10.90	15.56	20.83	33.9
城镇集体单位	1.19	3.91	11.48	14.92	17.03	14.1
#用于离休、退休、退职费	0.39	1.94	3.61	4.37	4.82	10.3
其他各种单位		0.15	1.59	3.13	7.05	125.2
#用于离休、退休、退职费		0.02	0.06	0.20	0.45	125.0

注：劳保福利费用总额含在职职工和非在职职工。

13-15 国有单位在职职工劳保福利费用总额

单位：亿元

项　目	1988年	1989年	1990年	1992年	1993年	1993年比1992年增长%
总　计	**19.34**	**23.52**	**28.52**	**38.68**	**53.27**	**37.7**
医疗卫生费	8.38	10.58	12.25	16.14	21.20	31.4
丧葬抚恤救济费	0.24	0.29	0.33	0.39	0.52	33.3
生活困难补助	0.57	0.68	0.71	1.00	1.23	23.0
文体宣传费	0.49	0.59	0.99	1.35	1.96	45.2
集体福利事业补贴费	2.15	2.69	3.33	4.69	7.08	51.0
集体福利设施费	2.87	2.87	3.80	5.56	7.73	39.0
计划生育补贴	0.63	0.80	1.01	1.07	1.36	27.1
上下班交通补贴	0.73	0.91	1.41	1.69	2.20	30.2
洗理费	1.50	1.79	1.99	2.68	3.35	25.0
其他	1.78	2.32	2.70	4.11	6.64	61.6

13-16 国有单位非在职职工劳保福利费用总额

单位：亿元

项　目	1988年	1989年	1990年	1992年	1993年	1993年比1992年增长%
总　计	**13.80**	**18.50**	**22.77**	**33.92**	**47.13**	**38.9**
离休金	0.98	1.17	1.27	1.73	2.11	22.0
退休金	6.66	8.12	9.47	13.61	18.41	35.3
退职生活费	0.14	0.16	0.16	0.22	0.31	40.9
医疗卫生费	2.50	3.65	4.29	7.50	11.23	49.7
护理费	0.04	0.06	0.04	0.08	0.12	50.0
生活补贴	1.40	1.51	3.24	6.83	9.44	38.2
交通费补贴	0.10	0.11	0.17	0.22	0.34	54.5
丧葬抚恤救济费	0.16	0.18	0.23	0.33	0.44	33.3
其他	1.82	3.54	3.90	3.40	4.73	39.1

城镇居民家庭收支抽样调查资料(13－17至13－26)

13－17 主要年份城镇居民家庭基本情况

项目	单位	1978年	1980年	1985年	1990年	1992年	1993年	1993年比1992年增长%
一、调查户数	**户**			**1 600**	**1 500**	**1550**	**1 550**	
二、平均每户家庭人口	**人**	**4.84**	**4.60**	**4.19**	**3.85**	**3.73**	**3.63**	**－2.7**
三、平均每户就业人口	**人**	**2.69**	**2.56**	**2.37**	**2.21**	**2.15**	**2.10**	**－2.3**
四、平均每一就业者负担人口	**人**	**1.80**	**1.80**	**1.77**	**1.74**	**1.73**	**1.73**	**0**
五、平均每人生活费收入	**元**	**401.88**	**462.00**	**900.70**	**2 135.00**	**3 183.78**	**4 277.23**	**34.3**
＃平均每人工资性收入	元	379.08	459.00	753.70	1 527.47	2 355.10	3 093.24	31.3
六、平均每人生活费支出	**元**	**399.96**	**485.76**	**889.53**	**1 983.86**	**2 830.62**	**3 777.43**	**33.4**
1.商品支出	元	374.88	451.80	814.35	1 749.76	2 436.66	3 221.50	32.2
食品	元	266.40	318.12	518.89	1 134.84	1 457.67	1 847.33	26.7
衣着	元	35.76	54.72	62.48	137.12	201.56	267.93	32.9
用品	元	67.80	68.64	218.29	423.79	698.95	1 002.39	43.4
燃料	元	4.92	10.32	14.69	54.01	78.48	103.86	32.3
2.非商品支出	元	25.08	33.96	75.18	234.1	393.96	555.93	41.1
＃房租	元	6.24	6.72	7.15	12.24	17.49	20.83	19.1
水电费	元	3.12	5.52	17.28	56.91	76.29	101.32	32.8
七、平均每人居住面积	**平方米**	**5.47**	**6.43**	**8.55**	**12.13**	**14.32**	**15.04**	**5.0**
八、人均购买商品情况								
粮食	公斤	176.40	153.53	118.70	116.48	82.75	82.50	－0.3
猪肉	公斤	19.68	23.65	21.21	22.42	20.50	20.39	－0.5
牛羊肉	公斤	2.28	2.32	2.36	2.38	2.58	2.47	－4.3
家禽	公斤	3.96	4.51	6.72	8.41	11.47	12.12	5.7
鱼	公斤	11.20	14.48	16.41	17.38	17.48	16.42	－6.1
食用植物油	公斤	3.36	3.88	4.09	4.45	5.44	5.87	7.9
鲜菜	公斤	147.36	136.54	95.05	100.70	96.07	96.13	0.1
卷烟	盒	27.84	26.31	18.59	16.39	16.85	16.09	－4.5
酒	公斤	1.44	1.91	3.17	3.20	3.14	2.93	－6.7
棉布	米	4.33	3.19	0.96	0.44	0.26	0.18	－30.8

13-18 城镇居民家庭平均每人现金收入

（1993年，按收入等级分组）　　　　单位：元

项　　目	合　计	最低收入户	#困难户	低收入户	中等偏下户	中等收入户	中等偏上户	高收入户	最高收入户
实际收入	**4 640.61**	**2 243.13**	**2 018.06**	**2 776.51**	**3 378.96**	**4 228.50**	**5 468.46**	**6 935.30**	**9 928.24**
#生活费收入	**4 277.23**	**1 983.34**	**1 798.99**	**2 567.92**	**3 103.14**	**3 925.52**	**5021.44**	**6 330.27**	**9 321.65**
国有单位职工工资	2 356.35	894.67	653.64	1 436.99	1 751.54	2 305.65	2 969.10	3 632.13	4 356.49
基本工资	757.55	372.08	294.92	580.26	656.52	815.76	848.40	995.38	1 155.79
各种奖金	810.28	256.04	158.41	446.64	551.84	747.78	1 030.22	1308.62	1 767.76
津贴和补贴	713.28	230.46	174.40	376.32	504.60	684.50	973.18	1207.24	1 263.90
其　　他	75.24	36.09	25.91	33.77	38.58	57.61	117.30	120.89	169.04
集体单位职工工资	607.75	494.17	508.06	486.65	531.52	591.21	611.49	688.41	1 036.83
基本工资	237.42	261.59	310.17	273.59	206.69	226.84	256.91	262.63	189.34
各种奖金	268.61	142.73	100.44	146.33	216.91	272.13	250.68	301.99	707.52
津贴和补贴	85.96	68.00	68.13	59.13	95.83	81.60	90.57	80.07	126.33
其　　他	15.76	21.85	29.32	7.60	12.09	10.64	13.33	43.72	13.64
其他单位职工收入	129.14	84.70	89.04	122.81	99.62	113.35	135.09	68.89	355.40
国有集体职工从单位得到的其它收入	333.09	90.35	64.39	145.67	187.65	278.50	485.08	593.70	762.90
个体经营者净收益	186.14	101.79	151.20	32.67	91.41	168.02	197.49	309.61	601.52
个体被雇者收入	59.14	49.72	47.21	44.88	90.43	38.99	40.54	25.52	137.01
离退休再就业人员收入	32.30	2.10	3.65	17.22	20.10	29.44	56.53	66.30	39.37
其他就业人员收入	10.92	17.08	23.50	1.35	14.65	14.01	3.35	24.53	
其他劳动收入	103.06	39.42	30.70	69.41	69.71	96.40	119.23	191.48	196.72
财产性收入	148.98	19.47	18.40	36.21	32.58	107.73	119.72	317.94	718.73
#利　　息	81.70	8.73	12.03	22.09	22.49	44.63	68.57	138.91	447.99
红　　利	57.01	1.10	0.37	13.56	6.45	50.57	45.43	156.08	240.80
转移性收入	664.27	448.31	425.96	380.34	483.93	481.45	730.82	942.15	1 721.20
#离退休金	301.75	249.40	220.78	200.86	266.73	255.73	357.76	394.50	468.48
赡养收入	74.22	27.99	32.93	47.17	51.33	32.23	76.36	190.51	193.25
赠送收入	158.54	52.18	54.96	40.90	76.53	96.80	170.66	192.17	724.15
家庭副业生产收入	9.47	1.35	2.31	2.31	5.82	3.75	0.02	74.64	2.07

13—19 城镇居民家庭现金收入构成

（1993 年，按收入等级分组）　　单位：%

项目	合计	最低收入户	#困难户	低收入户	中等偏下户	中等收入户	中等偏上户	高收入户	最高收入户
实际收入	**100.0**	**100.0**	**100.0**	**100.0**	**100.0**	**100.0**	**100.0**	**100.0**	**100.0**
#生活费收入	**92.2**	**88.4**	**89.2**	**92.5**	**91.8**	**92.8**	**91.8**	**91.3**	**93.9**
国有单位职工工资	50.8	39.9	32.4	51.8	51.8	54.5	54.3	52.4	43.9
基本工资	16.3	16.6	14.6	20.9	19.4	19.3	15.5	14.4	11.7
各种奖金	17.5	11.4	7.9	16.1	16.3	17.7	18.8	18.9	17.8
津贴和补贴	15.4	10.3	8.6	13.6	14.9	16.2	17.8	17.4	12.7
其他	1.6	1.6	1.3	1.2	1.2	1.3	2.2	1.7	1.7
集体单位职工工资	13.1	22.0	25.2	17.5	15.7	14.0	11.2	9.9	10.4
基本工资	5.1	11.7	15.4	9.8	6.1	5.4	4.7	3.8	1.9
各种奖金	5.8	6.3	5.0	5.3	6.4	6.4	4.6	4.4	7.1
津贴和补贴	1.9	3.0	3.4	2.1	2.8	1.9	1.7	1.1	1.3
其他	0.3	1.0	1.4	0.3	0.4	0.3	0.2	0.6	0.1
其他单位职工收入	2.8	3.8	4.4	4.4	3.0	2.7	2.5	1.0	3.6
国有集体职工从单位得到的其它收入	7.2	4.0	3.2	5.2	5.5	6.6	8.9	8.5	7.7
个体经营者净收益	4.0	4.5	7.5	1.2	2.7	4.0	3.6	4.4	6.1
个体被雇者收入	1.3	2.2	2.3	1.6	2.7	0.9	0.7	0.4	1.4
离退休再就业人员收入	0.7	0.1	0.2	0.6	0.6	0.7	1.0	1.0	0.4
其他就业人员收入	0.2	0.8	1.2	0.1	0.4	0.3	0.1	0.3	
其他劳动收入	2.2	1.8	1.5	2.5	2.1	2.3	2.2	2.8	2.0
财产性收入	3.2	0.9	0.9	1.3	1.0	2.5	2.2	4.6	7.2
#利息	1.8	0.4	0.6	0.8	0.7	1.1	1.2	2.0	4.5
红利	1.2	0.1	…	0.5	0.2	1.2	0.8	2.2	2.4
转移性收入	14.3	20.0	21.1	13.7	14.3	11.4	13.3	13.6	17.3
#离退休金	6.5	11.1	10.9	7.2	7.9	6.1	6.5	5.7	4.7
赡养收入	1.6	1.3	1.6	1.7	1.5	0.8	1.4	2.8	2.0
赠送收入	3.4	2.3	2.7	1.5	2.3	2.3	3.1	2.8	7.3
家庭副业生产收入	0.2	…	0.1	0.1	0.2	0.1	…	1.1	…

13—20 城镇居民家庭平均每人消费性支出

（1993年，按收入等级分组）

单位：元

项　　目	合计	最低收入户	#困难户	低收入户	中等偏下户	中等收入户	中等偏上户	高收入户	最高收入户
消费性支出	**3 777.43**	**1 992.46**	**1 807.64**	**2 592.46**	**2 991.30**	**3 579.97**	**4 552.94**	**4 867.51**	**7 164.36**
一、食　品	**1 847.33**	**1 283.32**	**1 196.93**	**1 493.99**	**1 666.64**	**1 881.38**	**2068.19**	**2 203.06**	**2 546.56**
二、衣　着	**267.93**	**103.84**	**79.87**	**142.05**	**193.41**	**276.72**	**356.29**	**400.34**	**472.39**
服　装	185.29	70.15	53.43	94.12	126.83	192.53	248.87	283.34	335.66
衣着材料	19.47	8.91	5.87	12.25	15.41	17.12	24.45	31.89	33.90
鞋、袜、帽及其他衣着	58.66	23.72	19.70	34.12	47.63	63.33	76.12	76.76	95.09
衣着加工服务费	4.51	1.06	0.87	1.56	3.54	3.74	6.85	8.35	7.74
三、家庭设备、用品及服务	**395.97**	**101.92**	**79.85**	**190.89**	**262.76**	**304.28**	**534.01**	**653.06**	**1 007.21**
耐用消费品	250.88	45.43	30.47	115.68	151.31	169.03	350.27	440.02	708.08
室内装饰品	8.49	1.21	0.53	1.00	3.50	5.00	9.07	11.18	43.42
床上用品	28.17	10.91	12.28	11.25	24.69	27.43	33.09	42.57	56.49
家庭日用杂品	82.17	37.69	30.71	50.23	67.22	80.63	99.36	109.03	155.60
家具材料	1.41	0.45	0.76	0.60	0.54	1.22	2.80	2.71	1.89
家庭服务	24.85	6.23	5.10	12.13	15.50	20.97	39.42	47.55	41.73
四、医疗保健	**103.66**	**42.20**	**38.69**	**68.43**	**86.01**	**86.92**	**149.31**	**133.36**	**181.81**
五、交通和通讯	**298.03**	**54.76**	**29.03**	**101.63**	**141.84**	**268.68**	**415.87**	**374.79**	**975.90**
交　通	191.69	26.64	21.39	63.82	75.22	160.17	260.43	205.08	762.06
通　讯	106.34	28.12	7.64	37.81	66.62	108.51	155.44	169.71	213.84
六、娱乐、教育、文化服务	**347.10**	**157.90**	**139.17**	**294.63**	**251.77**	**324.59**	**404.63**	**396.05**	**771.81**
文娱用耐用消费品	99.57	11.14	4.69	60.95	33.87	73.88	147.04	158.09	319.01
教　育	171.55	119.46	110.35	193.60	159.07	182.82	160.45	128.99	287.52
文化娱乐	75.98	27.30	24.13	40.08	58.83	67.89	97.14	108.97	165.28
七、居　住	**350.21**	**192.51**	**192.12**	**210.63**	**278.54**	**291.95**	**422.15**	**417.17**	**816.13**
住　房	143.20	30.30	37.14	61.07	85.44	74.49	201.29	167.46	543.76
水、电及燃料	207.01	162.21	154.98	149.56	193.10	217.46	220.86	249.71	272.37
八、杂项商品和服务	**167.20**	**56.01**	**51.98**	**90.21**	**110.33**	**145.45**	**202.49**	**289.68**	**392.55**
个人消费	122.65	30.28	24.60	56.40	77.33	102.89	153.62	232.82	299.44
其他商品	28.97	16.06	16.43	27.33	25.15	29.91	29.38	36.89	45.99
其他服务	15.58	9.67	10.95	6.48	7.85	12.65	19.49	19.97	47.12

13—21 城镇居民家庭消费性支出构成

（1993年，按收入等级分组）　　　　单位：%

项　　目	合　计	最低收入户	#困难户	低收入户	中等偏下户	中等收入户	中等偏上户	高收入户	最高收入户
消费性支出	**100.0**	**100.0**	**100.0**	**100.0**	**100.0**	**100.0**	**100.0**	**100.0**	**100.0**
一、食　品	**48.9**	**64.4**	**66.2**	**57.6**	**55.7**	**52.6**	**45.4**	**45.3**	**35.5**
二、衣　着	**7.1**	**5.2**	**4.4**	**5.5**	**6.5**	**7.7**	**7.8**	**8.2**	**6.6**
服　装	4.9	3.5	3.0	3.6	4.3	5.4	5.5	5.8	4.7
衣着材料	0.5	0.4	0.3	0.5	0.5	0.5	0.5	0.6	0.5
鞋、袜、帽及其他衣着	1.6	1.2	1.1	1.3	1.6	1.7	1.7	1.6	1.3
衣着加工服务费	0.1	0.1	…	0.1	0.1	0.1	0.1	0.2	0.1
三、家庭设备、用品及服务	**10.5**	**5.1**	**4.4**	**7.4**	**8.8**	**8.5**	**11.7**	**13.4**	**14.1**
耐用消费品	6.6	2.3	1.7	4.5	5.1	4.7	7.7	9.0	9.9
室内装饰品	0.2	0.1	…	…	0.1	0.1	0.2	0.2	0.6
床上用品	0.8	0.5	0.7	0.4	0.8	0.8	0.7	0.9	0.8
家庭日用杂品	2.2	1.9	1.7	2.0	2.3	2.3	2.2	2.2	2.2
家具材料	…	…	…	…	…	…	0.1	0.1	…
家庭服务	0.7	0.3	0.3	0.5	0.5	0.6	0.8	1.0	0.6
四、医疗保健	**2.7**	**2.1**	**2.2**	**2.6**	**2.9**	**2.4**	**3.3**	**2.7**	**2.5**
五、交通和通讯	**7.9**	**2.8**	**1.6**	**3.9**	**4.7**	**7.5**	**9.1**	**7.7**	**13.6**
交　通	5.1	1.4	1.2	2.4	2.5	4.5	5.7	4.2	10.6
通　讯	2.8	1.4	0.4	1.5	2.2	3.0	3.4	3.5	3.0
六、娱乐、教育、文化服务	**9.2**	**7.9**	**7.7**	**11.4**	**8.4**	**9.1**	**8.9**	**8.1**	**10.8**
文娱用耐用消费品	2.6	0.5	0.3	2.4	1.1	2.1	3.2	3.2	4.5
教　育	4.6	6.0	6.1	7.5	5.3	5.1	3.5	2.7	4.0
文化娱乐	2.0	1.4	1.3	1.5	2.0	1.9	2.2	2.2	2.3
七、居　住	**9.3**	**9.7**	**10.6**	**8.1**	**9.3**	**8.2**	**9.3**	**8.6**	**11.4**
住　房	3.8	1.5	2.0	2.3	2.9	2.1	4.4	3.5	7.6
水、电及燃料	5.5	8.2	8.6	5.8	6.4	6.1	4.9	5.1	3.8
八、杂项商品和服务	**4.4**	**2.8**	**2.9**	**3.5**	**3.7**	**4.0**	**4.5**	**6.0**	**5.5**
个人消费	3.2	1.5	1.4	2.2	2.6	2.9	3.4	4.8	4.2
其他商品	0.8	0.8	0.9	1.0	0.8	0.8	0.7	0.8	0.6
其他服务	0.4	0.5	0.6	0.3	0.3	0.3	0.4	0.4	0.7

13-22 城镇居民家庭平均每人主要食品购买量

（1993年，按收入等级分组）

项目	单位	合计	最低收入户	#困难户	低收入户	中等偏下户	中等收入户	中等偏上户	高收入户	最高收入户
粮食	公斤	82.50	77.37	73.23	84.66	85.53	85.46	81.70	81.50	75.78
#粗粮	公斤	0.61	0.42	0.37	0.39	0.53	0.54	0.63	1.26	0.79
细粮	公斤	81.88	76.94	72.86	84.27	85.00	84.92	81.07	80.24	74.99
#富强粉	公斤	0.93	1.03	0.86	1.43	0.95	0.67	0.83	0.62	1.22
大米	公斤	69.17	66.52	63.55	71.02	72.43	72.18	66.98	67.97	61.90
食用植物油	公斤	5.87	5.19	5.30	5.69	5.45	5.97	6.39	5.89	6.63
鲜菜	公斤	96.13	82.47	79.98	91.04	93.21	100.38	101.40	99.32	103.54
干菜	公斤	0.64	0.49	0.43	0.52	0.58	0.71	0.70	0.68	0.77
猪肉	公斤	20.39	18.71	18.27	18.69	20.41	20.87	21.13	21.84	20.40
牛羊肉	公斤	2.47	2.03	1.74	2.20	2.35	2.59	2.88	2.39	2.66
家禽	公斤	12.12	8.82	8.33	10.46	11.48	12.51	13.29	14.48	14.25
蛋	公斤	6.19	4.65	4.36	5.52	5.98	6.62	6.92	6.74	6.46
鱼	公斤	16.42	13.08	12.30	15.97	15.57	17.32	17.26	16.86	19.31
食糖	公斤	2.37	2.08	2.04	2.69	2.25	2.52	2.22	2.68	2.27
卷烟	盒	16.09	9.93	9.38	13.47	15.23	15.96	19.82	19.77	18.07
白酒	公斤	1.30	0.93	1.10	1.81	1.55	1.07	1.13	1.54	1.17
啤酒	公斤	1.33	0.58	0.57	1.38	1.24	1.09	1.94	1.43	1.68
苹果	公斤	4.49	2.30	2.46	3.52	3.71	4.85	5.70	5.75	5.82
柑橙	公斤	3.61	2.42	2.46	3.36	3.27	3.79	3.84	4.53	4.50
香蕉	公斤	2.13	1.09	0.97	1.85	1.76	2.01	2.38	2.90	3.65
西瓜	公斤	2.94	1.40	1.11	1.87	2.28	3.17	4.03	4.13	3.77
葡萄	公斤	0.40	0.16	0.13	0.25	0.34	0.47	0.45	0.46	0.78
桔子	公斤	0.99	0.61	0.60	1.05	0.79	1.00	1.22	0.83	1.59
干果	公斤	0.38	0.20	0.24	0.35	0.40	0.35	0.40	0.47	0.56
坚果及果仁	公斤	1.57	1.29	1.36	1.31	1.53	1.51	1.83	1.62	1.92
糕点	公斤	2.84	1.56	1.44	2.33	2.65	2.81	3.39	3.25	4.16
鲜乳	公斤	1.27	0.49	0.50	0.99	1.11	1.08	1.23	2.04	2.77
奶粉	公斤	0.26	0.14	0.16	0.15	0.20	0.32	0.26	0.40	0.37
糖果	公斤	0.90	0.47	0.47	0.58	0.74	0.87	1.23	1.26	1.22
茶叶	公斤	0.40	0.27	0.24	0.40	0.41	0.46	0.36	0.43	0.47

13－23 城镇居民家庭平均每人购买非食品数量

（1993年，按收入等级分组）

项目	单位	合计	最低收入户	#困难户	低收入户	中等偏下户	中等收入户	中等偏上户	高收入户	最高收入户
呢大衣	件	0.02	…		…	0.01	0.02	0.03	0.01	0.03
风雨衣	件	0.03	0.01	0.02	0.03	0.03	0.03	0.04	0.04	0.05
西服	件	0.09	0.06	0.05	0.06	0.07	0.10	0.14	0.10	0.13
茄克衫	件	0.12	0.06	0.07	0.08	0.10	0.12	0.14	0.16	0.19
羽绒衣	件	0.01	…	0.01	0.01	0.01	…	0.01	0.01	0.02
毛线衣	件	0.24	0.10	0.05	0.15	0.16	0.23	0.34	0.40	0.38
衬衫	件	0.60	0.32	0.27	0.38	0.45	0.60	0.80	0.83	0.88
裤子	件	0.79	0.35	0.28	0.54	0.72	0.81	1.05	0.94	1.13
棉布	米	0.18	0.07	0.07	0.10	0.11	0.16	0.23	0.24	0.45
棉花化纤混纺布	米	0.31	0.24	0.26	0.25	0.18	0.32	0.34	0.59	0.35
化纤布	米	0.65	0.41	0.36	0.42	0.58	0.60	0.72	0.98	1.01
呢绒	米	0.07	0.01	0.01	0.06	0.04	0.05	0.11	0.14	0.13
绸缎	米	0.06	0.03	…	0.05	0.05	0.04	0.05	0.06	0.18
毛线	公斤	0.04	0.04	0.01	0.03	0.04	0.04	0.05	0.03	0.06
皮鞋	双	0.43	0.21	0.19	0.25	0.35	0.47	0.58	0.55	0.69
旅游鞋	双	0.10	0.03	0.01	0.11	0.13	0.10	0.11	0.09	0.14
布鞋	双	0.10	0.07	0.05	0.16	0.10	0.09	0.10	0.10	0.14
雨鞋	双	0.03	0.04	0.03	0.01	0.02	0.03	0.05	0.03	0.03
凉鞋	双	0.31	0.19	0.21	0.26	0.29	0.33	0.36	0.29	0.39
拖鞋	双	0.43	0.32	0.37	0.39	0.40	0.43	0.45	0.52	0.58
各种袜子	双	1.26	0.61	0.50	0.65	1.06	1.41	1.61	1.66	1.83
各种帽子	顶	0.06	0.03	0.02	0.05	0.04	0.05	0.07	0.08	0.08
床罩	条	0.02	…	0.01	0.03	0.03	0.02	0.02	0.04	0.04
肥皂	块	4.91	3.85	8.62	4.95	5.10	5.37	5.71	4.29	3.70
洗衣粉	公斤	1.55	1.20	0.99	1.18	1.58	1.56	1.71	1.97	1.58
煤炭	公斤	66.18	102.67	106.81	83.14	78.38	62.89	51.34	47.30	26.34
液化石油气	公斤	32.01	23.06	21.74	24.87	28.65	34.89	34.92	38.14	41.56

13—24 城镇居民家庭平均每百户购买耐用品数量

（1993年，按收入等级分组）

项目	单位	合计	最低收入户	#困难户	低收入户	中等偏下户	中等收入户	中等偏上户	高收入户	最高收入户
组合家具	套	2.46			0.45	2.03	0.23	5.61	4.84	3.61
沙发床	个	3.01	1.81	3.27	0.45	1.77	1.32	4.87	3.03	8.90
沙发	个	11.54	6.90	7.01	6.45	8.29	9.97	20.26	5.61	19.48
大衣柜	个	4.26	1.29	2.34	4.06	3.16	2.45	5.35	8.00	7.42
写字台	张	2.51			0.84	2.42	3.10	2.23	3.10	5.61
缝纫机	台	0.17				0.23		0.23	0.45	0.45
洗衣机	台	5.65	1.81		4.06	5.35	3.74	7.29	8.97	8.90
电风扇	台	11.69	6.32	4.79	10.58	13.29	9.45	14.10	12.00	14.39
电冰箱	台	3.01	1.29		2.26	2.45	2.68	3.06	3.55	6.65
家用冷暖风机	台	0.64					0.23	0.90	1.35	2.77
空调器	台	5.51			1.81	1.97	3.87	7.81	8.71	17.23
电炊具	个	7.95	5.81	4.09	3.87	8.06	8.06	8.35	10.00	10.97
淋浴热水器	台	6.10	3.55	0.82	2.13	5.10	3.97	9.65	8.45	9.42
排油烟机	台	5.76	1.29		1.29	7.03	4.97	7.39	9.81	6.45
排风扇	台	2.15	1.29	0.82		2.19	2.19	1.77	5.29	2.58
吸尘器	台	0.31				0.23			0.84	1.81
钟	个	10.61	2.58	0.82	11.55	12.55	9.97	11.58	10.26	13.55
摩托车	辆	3.32			0.83	1.13	2.45	4.48	5.42	10.77
自行车	辆	22.41	8.90	7.36	20.45	17.84	27.39	22.52	29.94	29.42
三轮车	辆	0.26			1.81	0.42				
电话	部	10.12	2.65	0.82	3.55	6.65	7.45	14.23	18.52	19.81
BB机	部	0.95			0.45		1.29	1.97	0.84	1.74
彩色电视机	台	3.83	0.45		5.87	1.81	4.65	4.00	4.45	6.58
黑白电视机	台	0.36			1.35		0.68	0.42		
录放像机	台	0.93				0.23	0.23	2.45	1.29	2.26
游戏机	台	2.28				1.77	1.97	4.32	2.13	4.45
组合音响	套	2.81			1.74	1.32	0.87	4.97	4.45	7.61
立体声收录机	台	1.81			0.45	2.23	1.71	2.68	2.65	1.74
普通收录机	台	2.29	0.84	1.52	2.65	2.23	2.19	1.71	4.90	2.13
收音机	台	3.80	0.84		1.29	5.94	3.32	3.16	4.84	6.19
照相机	架	2.26				1.06	0.65	4.71	2.65	7.10
钢琴	架	0.05						0.23		

13－25 城镇居民家庭平均每百户年末主要消费品拥有量

（1993 年，按收入等级分组）

项目	单位	合计	最低收入户	#困难户	低收入户	中等偏下户	中等收入户	中等偏上户	高收入户	最高收入户
毛皮大衣	件	32.56	31.81	29.01	18.62	18.39	37.42	34.14	45.43	49.83
呢大衣	件	115.02	70.78	41.03	69.83	97.42	112.29	138.93	140.01	172.34
毛毯	条	177.70	138.88	124.81	145.52	179.35	168.11	181.38	195.52	239.32
地毯	平方米	12.48	8.19	13.26	2.67	13.84	8.10	22.03	10.34	15.69
组合家具	套	50.66	27.33	22.15	28.19	42.37	53.58	65.13	63.97	64.92
沙发床	个	42.98	17.50	17.48	28.71	31.12	44.48	57.50	53.10	64.23
沙发	个	158.81	94.05	73.79	97.67	152.94	152.94	200.52	199.92	183.72
大衣柜	个	158.01	128.88	119.35	127.94	148.15	157.12	170.52	188.28	183.37
写字台	张	128.88	102.25	99.53	105.78	119.35	126.60	136.43	160.70	155.35
摩托车	辆	12.37	5.34	6.55	4.31	8.71	11.46	14.23	19.23	26.04
自行车	辆	255.97	237.25	224.51	241.99	250.31	266.69	259.32	268.80	258.97
家用三轮车	辆	1.39	0.43	0.78	2.24	2.24	0.43	0.65	3.19	1.38
缝纫机	台	87.37	90.01	92.20	79.57	87.67	88.02	85.61	91.55	90.01
洗衣机	台	90.67	80.69	76.45	77.59	86.25	91.12	95.95	101.73	100.00
电风扇	台	365.79	330.19	324.97	330.01	371.05	359.58	359.93	405.79	410.79
电冰箱	台	65.98	49.14	41.34	50.61	59.66	66.60	71.77	80.43	83.54
冰柜	台	0.76	1.38			0.69	0.22	1.29	0.43	1.38
彩色电视机	台	91.34	67.76	65.22	70.86	85.61	88.58	99.80	108.71	118.11
黑白电视机	台	25.60	38.88	38.06	34.05	26.29	27.20	19.83	14.66	21.81
录放像机	台	27.60	11.38	7.80	15.17	22.07	27.24	34.18	40.52	41.99
游戏机	台	19.85	7.59	7.18	12.33	18.49	18.92	24.57	22.76	31.81
组合音响	套	23.00	12.67	7.80	12.59	17.20	23.66	29.65	28.10	35.61
立体声收录机	台	30.65	21.30	16.07	20.43	25.82	30.05	36.25	35.69	44.83
普通收录机	台	52.04	43.62	45.24	48.79	55.65	51.16	48.66	59.48	57.50
照相机	架	29.45	13.54	15.91	15.26	20.99	28.66	35.05	40.52	55.78
钢琴	架	0.66				0.43	0.43	0.86	1.29	1.81
其它中高档乐器	件	9.98	2.76	2.50	4.83	8.45	9.87	12.41	13.45	17.33
家用冷暖风机	台	3.22		0.86	1.29	3.58	2.24	7.59	9.57	
空调器	台	18.54	5.17	4.68	5.26	13.36	14.78	24.78	24.66	44.48
电炊具	个	110.65	76.04	70.99	90.09	102.81	108.45	121.47	133.11	141.81
淋浴热水器	台	53.27	30.43	24.81	30.77	43.54	51.81	65.35	73.71	76.38
排油烟机	台	43.73	21.64	20.75	29.57	42.80	44.61	45.99	60.35	58.97
吸尘器	台	2.28	1.38	2.50		2.20	1.51	1.72	2.15	8.36

13－26 城镇居民家庭年末居住情况

单位：户

项　目	1985年	1986年	1987年	1988年	1989年	1990年	1991年	1992年	1993年
调查户数	1 600	1 600	1 600	1 500	1 500	1 500	1 550	1 550	1 550
一、按居住面积分									
无房户	7	6	4	2	3			1	
4平方米以下	285	226	201	256	152	126	84	7	20
4－6平方米	276	229	201	253	112	110	86	41	49
6－8平方米	285	292	265	272	190	170	147	64	100
8平方米以上	747	847	929	717	1 043	1 094	1 233	1 437	1 381
二、按自来水使用情况分									
无自来水	58	40	37	25	12	14	4	2	2
独用自来水	1 273	1 335	1 327	1 329	1 362	1 388	1 458	1 478	1 475
公用自来水	262	219	232	144	123	98	88	69	73
三、按卫生设备拥有情况分									
无卫生设备	652	607	534	430	397	326	273	239	193
有浴室厕所	552	639	676	652	720	787	912	1 068	1 167
有厕所无浴室	220	205	252	294	270	262	238	138	100
公用卫生设备	169	143	134	122	110	125	127	104	90
四、按厨房使用情况分									
无厨房	101	87	87	51	47	37	47	29	31
独用厨房	1 324	1 366	1 378	1 359	1 362	1 390	1 432	1 462	1 461
公用厨房	168	141	131	88	88	73	71	58	58
五、按房屋产权分									
公房	1 148	1 167	1 191	1 096	1 077	1 077	1 049	915	800
租赁私房	90	72	68	54	49	47	39	32	26
自有房	344	336	322	339	365	372	461	597	721
其它	11	19	15	9	6	4	1	5	3
六、按燃料使用情况分									
管道煤气				3	7	8		25	39
液化石油气	413	523	609	751	837	926	1 123	1 199	1 236
煤	930	884	823	651	587	519	386	295	238
其它	250	187	164	93	66	47	41	30	37

农村住户抽样调查资料(13—27至13—41)

13—27 农村调查户基本情况

项目	单位	1985年	1988年	1989年	1990年	1991年	1992年	1993年
一、调查户数	**户**	**2 936**	**2 640**	**2 660**	**2 560**	**2 560**	**2 400**	**2 480**
二、调查户人口、劳动力								
常住人口	人	17 477	15 273	15 132	14 459	14 109	13 181	13 355
平均每户常住人口	人	5.95	5.79	5.69	5.65	5.51	5.49	5.39
平均每户整半劳动力	人	3.37	3.35	3.31	3.25	3.11	3.11	3.07
平均每个劳动力负担人口	人	1.77	1.73	1.72	1.74	1.77	1.77	1.75
平均每百个劳动力的文化程度								
文盲或半文盲	人	19.71	15.52	14.88	13.76	10.80	9.93	8.87
小学程度	人	42.57	45.17	44.62	44.34	44.05	43.32	41.75
初中程度	人	27.92	30.36	31.57	32.93	35.35	36.59	38.19
高中程度	人	9.48	8.47	8.45	8.38	9.11	9.47	10.31
中专程度	人	0.27	0.42	0.41	0.48	0.58	0.60	0.76
大专程度	人	0.05	0.06	0.07	0.11	0.11	0.09	0.12
三、平均每人经营耕地面积	**亩**	**1.05**	**1.01**	**1.00**	**1.04**	**1.02**	**1.00**	**0.97**
#自留地面积	亩	0.09	0.08	0.07	0.07	0.07	0.08	0.09
四、平均每人年末使用房屋面积	**平方米**	**16.80**	**18.69**	**19.71**	**20.04**	**20.84**	**21.51**	**23.30**
#生活用房面积	平方米	14.87	16.39	17.11	17.39	18.03	18.77	20.56
五、平均每户年末生产性固定资产原值	**元**	**770.49**	**1 075.36**	**1 255.70**	**1 385.96**	**1 503.10**	**1 806.32**	**2 997.43**
役畜、产品畜	元	336.65	330.29	376.02	390.70	391.31	416.32	559.23
大中型铁木农具	元	67.47	84.95	95.56	105.42	136.33	137.23	150.72
农林牧渔机械	元	54.92	112.63	130.47	188.33	166.85	235.26	408.55
工业机械	元	15.57	44.39	75.73	69.60	71.71	54.81	91.61
运输机械	元	81.40	212.24	261.54	287.82	296.37	478.46	927.47
生产用房	元	153.23	202.63	233.58	255.65	361.44	393.17	687.36
其他	元	61.25	88.23	82.80	88.44	79.09	91.07	172.49
六、平均每百户年末拥有主要固定资产								
汽车	辆	0.26	0.14	0.36	0.44	0.28	0.48	1.25
大中型拖拉机	台	0.10	0.11	0.26	0.29	0.17	0.14	0.24
小型及手扶拖拉机	台	3.19	4.80	4.53	5.90	6.53	7.10	7.78
机动脱粒机	台	1.92	4.77	4.02	3.36	4.21	4.48	5.81
胶轮大车	辆	1.03	1.16	1.10	1.86	1.78	1.44	2.86
胶轮手推车	辆	16.77	17.85	18.02	15.30	17.12	18.16	21.81
抽水机	台	0.33	0.70	1.28	1.58	2.64	3.13	3.35
水泵	台	0.67	1.34	1.79	2.71	4.13	5.07	8.39
机动船	条	0.92	0.84	0.67	0.61	0.59	0.85	0.93

13-28 农村调查户家庭房屋情况

项　　　目	单位	1985年	1988年	1989年	1990年	1991年	1992年	1993年
一、平均每户年内新建房屋								
间　　数	间	0.24	0.20	0.20	0.19	0.18	0.16	0.20
面　　积	平方米	5.77	4.29	4.21	4.19	4.24	3.83	4.02
#砖木结构	平方米	3.53	1.83	1.48	1.49	1.12	0.79	0.72
钢筋混凝土结构	平方米	1.61	2.06	2.14	2.53	2.86	2.85	3.08
在新建房屋面积中								
生活用房	平方米	4.77	3.91	3.39	3.23	3.61	3.14	3.68
楼　　房	平方米	1.50	1.36	1.79	1.79	1.83	1.86	1.01
每间房屋价值	元	1 291.04	2 370.58	2 781.93	3 084.69	4 193.97	4 219.37	5 622.14
每平方米价值	元	53.82	110.08	134.78	137.33	178.11	173.20	282.52
二、平均每户年末使用房屋								
间　　数	间	5.05	5.64	5.75	5.82	5.66	5.74	5.86
每间房屋价值	元	826.88	891.01	989.92	1 097.06	1 488.41	1 700.00	2 348.43
三、平均每人年末使用房屋面积	**平方米**	**16.80**	**18.69**	**19.71**	**20.04**	**20.84**	**21.51**	**23.30**
生产用房	平方米	1.93	2.30	2.60	2.65	2.81	2.74	2.74
生活用房	平方米	14.87	16.39	17.11	17.39	18.03	18.77	20.56
#砖木结构	平方米	11.48	10.42	10.31	10.67	11.03	11.69	11.17
钢筋混凝土结构	平方米	1.04	1.71	2.21	2.63	3.47	4.47	7.52

13-29 农村按人均纯收入水平分组的户数及构成

分　　组	1985年	1988年	1989年	1990年	1991年	1992年	1993年
一、调查户数（户）	**2 936**	**2 640**	**2 660**	**2 560**	**2 560**	**2 400**	**2 480**
300元以下	666	98	34	25	18	11	7
300—600元	1 510	940	604	370	339	181	97
600—1 000元	565	957	1 088	1 053	995	792	491
1 000—1 500元	146	389	568	659	653	746	707
1 500—2 000元	25	148	194	263	275	296	475
2 000元以上	24	108	172	190	280	374	703
二、构　成（%）	**100.0**	**100.0**	**100.0**	**100.0**	**100.0**	**100.0**	**100.0**
300元以下	22.7	3.7	1.2	1.0	0.7	0.5	0.3
300—600元	51.4	35.6	22.7	14.5	13.2	7.5	3.9
600—1 000元	19.3	36.3	40.9	41.1	38.9	33.0	19.8
1 000—1 500元	5.0	14.7	21.4	25.7	25.5	31.1	28.5
1 500—2 000元	0.8	5.6	7.3	10.3	10.8	12.3	19.2
2 000元以上	0.8	4.1	6.5	7.4	10.9	15.6	28.3

13—30 农村调查户家庭种植业、林业、动物饲养业生产情况

项　　目	单位	1985年	1988年	1989年	1990年	1991年	1992年	1993年
平均每户主要农作物播种面积	亩	**11.71**	**10.55**	**10.58**	**10.67**	**11.26**	**9.47**	**8.92**
粮　　食	亩	8.96	8.14	8.23	8.35	8.75	6.87	6.27
油　　料	亩	0.91	0.80	0.77	0.77	0.73	0.69	0.73
麻　　类	亩	0.10	0.02	0.01	…	…	…	…
糖　　料	亩	0.64	0.42	0.36	0.32	0.36	0.49	0.38
烟　　叶	亩	0.10	0.11	0.13	0.14	0.12	0.15	0.14
蔬　　菜	亩	0.96	0.98	0.97	0.98	1.18	1.15	1.28
果 用 瓜	亩	0.04	0.08	0.11	0.11	0.12	0.12	0.12
平均每人主要农林产品产量								
粮　　食	公斤	425.66	414.31	483.57	504.08	466.32	429.31	385.00
油　　料	公斤	17.38	16.44	16.98	17.47	18.49	17.26	20.59
麻　　类	公斤	3.93	1.58	0.46	0.94	0.26	0.14	0.05
糖　　料	公斤	417.11	308.71	271.26	253.32	280.95	412.37	327.59
烟　　叶	公斤	1.39	1.77	3.30	2.87	2.74	3.52	2.05
蔬　　菜	公斤	203.82	218.99	207.46	205.02	290.61	318.31	322.84
果 用 瓜	公斤	7.91	21.30	18.41	27.98	30.31	34.03	13.24
水　　果	公斤	13.65	43.76	43.59	54.11	82.23	74.82	63.78
茶　　叶	公斤	0.08	0.19	0.14	0.14	0.21	0.08	0.09
油 茶 籽	公斤	0.62	0.04	0.74	0.41	0.21	0.01	0.21
平均每户年末饲养畜禽存栏量								
生　　猪	头	2.54	2.36	2.42	2.39	2.42	2.41	2.43
#母　猪	头	0.25	0.21	0.24	0.27	0.25	0.23	0.23
羊	只	0.03	0.02	0.03	0.01	0.02	0.01	0.01
家　　禽	只	21.04	24.32	19.20	19.48	20.96	21.44	22.12
蜜　　蜂	箱	0.03	0.03	0.16	0.23	0.01	0.01	0.01
兔	只	0.12	0.01	0.01	0.06	0.03	0.08	0.07
大 牲 畜	头	0.63	0.56	0.53	0.67	0.58	0.51	0.51
平均每户出售和自宰畜禽量及其他								
出售和自宰肉猪头数	头	1.96	2.19	2.19	2.12	2.38	2.59	2.61
猪肉产量	公斤	158.20	186.75	189.45	186.97	211.32	223.85	225.63
出售和自宰菜羊只数	只	0.02	0.01	0.03	0.01	…	…	0.01
羊肉产量	公斤	0.30	0.15	0.30	0.28	0.01	0.03	0.21
出售和自宰家禽只数	只	29.76	45.04	28.37	24.71	30.20	32.56	30.15
出售和自宰兔只数	只	0.08	0.01	0.16	0.02	0.10	0.22	0.20
禽蛋产量	公斤	8.36	9.41	8.48	10.07	9.51	8.31	9.61
蜂蜜产量	公斤	0.39	0.85	…	0.03	0.09	0.11	0.06
蚕茧产量	公斤	3.93	2.58	3.83	4.80	6.94	6.22	5.84
牛、羊奶产量	公斤	0.25	0.16	0.20	0.15	0.20	0.08	0.21
鱼虾产量	公斤	102.51	127.07	108.02	98.64	123.41	122.47	113.96

13-31 农村调查户出售农林产品、畜禽及其他小动物和鱼虾产品情况

项目	单位	1985年	1988年	1989年	1990年	1991年	1992年	1993年
平均每人出售量								
粮食(原粮)	公斤	82.33	82.09	100.87	125.00	118.02	75.43	60.03
油料	公斤	5.21	4.89	4.36	4.89	5.50	5.10	6.16
麻类	公斤	3.56	1.51	0.46	0.94	0.25	0.13	0.05
糖料	公斤	293.56	223.32	229.88	258.39	221.81	394.29	317.43
烟叶	公斤	1.11	1.52	2.09	2.53	2.46	2.74	1.68
蔬菜	公斤	76.18	99.24	91.82	95.92	152.40	167.29	201.08
果用瓜	公斤	6.82	20.00	16.37	25.62	24.82	26.49	10.92
水果	公斤	12.45	41.12	38.23	48.47	73.02	65.33	54.88
茶叶	公斤	0.04	0.11	0.07	0.08	0.15	0.03	0.05
树苗	株	13.45	6.57	5.07	1.38	2.77	0.24	0.47
平均每户出售量								
生猪	头	1.88	2.06	2.15	2.06	2.28	2.48	2.42
猪肉	公斤	155.98	175.88	180.27	178.18	196.35	209.94	205.49
肉牛	头	0.04	0.01	0.01	0.01	…	0.02	0.01
牛肉	公斤	3.21	1.03	0.98	1.24	0.34	1.71	1.48
菜羊	只	0.02	0.01	0.03	0.01	…	…	…
羊肉	公斤	0.22	0.15	0.30	0.27	0.01	0.03	0.10
家禽	只	19.51	35.83	18.53	14.51	18.86	19.99	20.91
蛋类	公斤	3.66	3.70	2.77	4.58	4.05	2.14	2.49
蜂蜜	公斤	0.39	0.84	…	0.03	0.08	0.04	0.04
蚕茧	公斤	3.93	2.32	3.58	4.80	6.83	6.17	5.80
牛羊奶	公斤	0.25	0.16	0.19	0.13	0.14	0.08	0.20
鱼虾	公斤	87.97	116.80	98.22	89.09	114.39	112.93	100.20

13-32 农村平均每户购买农业生产资料

项目	单位	1985年	1988年	1989年	1990年	1991年	1992年	1993年
化肥	公斤	452.16	566.05	628.07	641.33	649.08	603.43	536.48
饼肥	公斤	23.53	22.91	16.83	14.47	13.40	15.32	4.53
农药	公斤	7.06	7.37	8.10	8.79	9.64	8.90	9.49
农用薄膜	公斤	0.38	0.55	0.68	0.58	0.63	0.62	0.48
生产用柴油	公斤	10.44	15.69	14.33	15.69	12.74	14.09	21.89
生产用汽油	公斤	0.57	1.97	1.12	2.52	5.62	6.68	7.73
生产用煤	公斤	23.87	13.43	20.81	14.84	1.59	0.08	14.38
小型和手扶拖拉机	辆	0.01	0.01	0.01	0.01	0.01	0.01	0.01
役畜、产品畜	头	0.06	0.05	0.05	0.04	0.05	0.04	0.09

13-33 农村平均每人总收入和纯收入及构成

项目	1985年	1988年	1989年	1990年	1991年	1992年	1993年
一、总 收 入 (元)	**677.17**	**1 169.97**	**1 394.84**	**1 488.92**	**1 614.56**	**1 842.50**	**2 257.01**
从集体统一经营中得到的收入	30.20	57.58	70.41	71.04	63.30	91.23	139.08
从统一核算单位分配的收入	7.45	9.33	10.60	9.73	8.48	14.20	55.22
从乡村企业直接得到的收入	12.39	32.84	43.36	43.01	34.90	51.52	83.86
从公益金中得到的收入	0.39	0.23	0.15	0.18	0.15	0.27	…
从集体得到的奖励收入	0.95	1.49	0.98	1.51	2.17	2.99	…
从集体得到的其他收入	9.02	13.69	15.32	16.61	17.60	22.25	…
从经济联合体得到的收入	1.46	5.15	6.22	0.95	2.04	5.96	…
家庭经营收入	587.03	1 033.62	1 228.32	1 322.62	1 436.08	1 604.67	1 894.40
其他非生产性收入	58.48	73.62	89.89	94.31	113.14	140.64	223.53
总收入构成 (%)	**100.0**	**100.0**	**100.0**	**100.0**	**100.0**	**100.0**	**100.0**
从集体统一经营中得到的收入	4.5	4.9	5.1	4.8	3.9	5.0	6.2
从经济联合体得到的收入	0.2	0.4	0.4	0.1	0.1	0.3	…
家庭经营收入	86.7	88.4	88.1	88.8	89.0	87.1	83.9
其他非生产性收入	8.6	6.3	6.4	6.3	7.0	7.6	9.9
二、纯 收 入 (元)	**495.31**	**808.70**	**955.02**	**1 043.03**	**1 143.06**	**1 307.65**	**1 674.78**
按收入来源分							
从集体统一经营中得到的收入	30.20	57.58	70.41	71.04	63.30	91.23	139.08
从经济联合体得到的收入	1.46	5.15	6.22	0.95	2.04	5.96	…
家庭经营收入	410.90	680.67	797.67	886.46	973.28	1 079.83	1 324.00
其他非生产性收入	52.75	65.30	80.72	84.58	104.44	130.63	211.70
按收入来源分构成 (%)	**100.0**	**100.0**	**100.0**	**100.0**	**100.0**	**100.0**	**100.0**
从集体统一经营中得到的收入	6.1	7.1	7.4	6.8	5.5	7.0	8.3
从经济联合体得到的收入	0.3	0.6	0.6	0.1	0.2	0.4	…
家庭经营收入	83.0	84.2	83.5	85.0	85.2	82.6	79.1
其他非生产性收入	10.6	8.1	8.5	8.1	9.1	10.0	12.6
按收入性质分							
生产性纯收入	426.98	715.20	843.08	923.45	1 005.97	1 135.47	1 436.90
农业生产性收入	341.40	464.77	536.82	601.69	663.72	707.84	849.55
非农业生产性收入	85.58	250.43	306.26	321.76	342.25	427.63	587.35
非生产性纯收入	68.33	93.50	111.94	119.58	137.09	172.18	237.88
按收入性质分构成 (%)	**100.0**	**100.0**	**100.0**	**100.0**	**100.0**	**100.0**	**100.0**
生产性纯收入	86.2	88.4	88.3	88.5	88.0	86.8	85.8
农业生产性收入	68.9	57.5	56.2	57.7	58.1	54.1	50.7
非农业生产性收入	17.3	30.9	32.1	30.8	29.9	32.7	35.1
非生产性纯收入	13.8	11.6	11.7	11.5	12.0	13.2	14.2

注：1990年以来自产自用产品的价格是按当年合同定购综合平均计算的(下同)。

13—34 农村平均每人家庭经营纯收入及构成

项　　目	1985年	1988年	1989年	1990年	1991年	1992年	1993年
一、家庭经营纯收入　（元）	**410.90**	**680.67**	**797.67**	**886.46**	**973.28**	**1 079.83**	**1 324.00**
1.农业收入	183.63	231.06	277.67	392.54	437.31	463.51	545.15
2.林业收入	9.75	6.62	7.06	5.46	8.33	6.52	24.55
3.牧业收入	78.66	133.73	160.41	127.97	129.50	137.27	178.61
4.渔业收入	21.15	43.37	39.64	35.85	51.95	51.14	67.25
5.手工业收入	10.72	19.11	19.17	15.73	16.36	20.82	5.55
6.采集捕猎收入	18.64	21.55	22.27	24.14	20.27	28.58	28.44
7.工业收入	2.77	12.47	15.83	21.27	18.14	14.96	18.73
8.建筑业收入	17.46	33.07	39.08	36.65	38.30	43.46	58.34
9.运输业收入	9.05	20.06	24.00	22.83	25.95	39.92	49.44
10.生产性劳务收入	36.11	105.01	133.57	134.44	164.19	196.89	218.51
11.商业收入	8.71（11、12合计）	20.79	25.88	31.15	29.61	34.34	49.88
12.饮食业收入		2.53	2.03	2.24	2.78	5.36	8.12
13.服务业收入	4.97	12.79	14.50	16.06	12.24	16.04	26.18
14.其他家庭经营收入	9.28	18.51	16.56	20.13	18.35	21.02	45.25
二、家庭经营纯收入构成　（%）	**100.0**	**100.0**	**100.0**	**100.0**	**100.0**	**100.0**	**100.0**
1.农业收入	44.7	33.9	34.8	44.3	44.9	42.9	41.2
2.林业收入	2.4	1.0	0.9	0.6	0.8	0.6	1.9
3.牧业收入	19.1	19.6	20.1	14.4	13.3	12.7	13.5
4.渔业收入	5.1	6.4	5.0	4.0	5.3	4.7	5.1
5.手工业收入	2.6	2.8	2.4	1.8	1.7	1.9	0.4
6.采集捕猎收入	4.5	3.2	2.8	2.7	2.1	2.7	2.1
7.工业收入	0.7	1.8	2.0	2.4	1.9	1.4	1.4
8.建筑业收入	4.3	4.9	4.9	4.1	3.9	4.0	4.4
9.运输业收入	2.2	2.9	3.0	2.6	2.7	3.7	3.7
10.生产性劳务收入	8.8	15.4	16.7	15.2	16.9	18.2	16.5
11.商业收入	2.1（11、12合计）	3.1	3.2	3.5	3.0	3.2	3.8
12.饮食业收入		0.4	0.3	0.3	0.3	0.5	0.6
13.服务业收入	1.2	1.9	1.8	1.8	1.3	1.5	2.0
14.其他家庭经营收入	2.3	2.7	2.1	2.3	1.9	2.0	3.4

13－35 农村平均每人总支出及构成

项　　目	1985年	1988年	1989年	1990年	1991年	1992年	1993年
一、总　支　出　（元）	**585.45**	**1 077.62**	**1 355.12**	**1 410.21**	**1 453.31**	**1 679.04**	**2 027.07**
（一）家庭经营费用支出	151.70	313.35	380.83	373.64	398.67	454.64	482.59
1.农业生产支出	57.04	110.93	143.93	150.97	169.91	165.00	155.25
2.林业生产支出	0.61	0.39	0.53	0.79	0.66	1.88	2.16
3.牧业生产支出	66.10	141.53	159.08	160.86	165.67	201.94	223.66
4.渔业生产支出	12.54	32.91	28.29	29.28	29.16	48.14	51.55
5.手工业生产支出	4.82	10.48	10.58	5.18	4.59	3.45	5.54
6.工业生产支出	1.74	4.24	16.70	6.19	7.17	3.39	3.73
7.建筑业支出	0.24	0.90	1.13	0.59	0.77	0.80	5.67
8.运输业支出	2.69	5.79	8.72	12.52	10.40	15.72	21.27
9.商 业 支 出	2.99（9、10合计）	1.16	5.84	2.26	1.86	3.49	4.98
10.饮食业支出		0.32	0.41	0.68	1.18	2.43	2.06
11.服务业支出	0.91	1.70	1.17	1.31	0.66	3.80	1.01
12.其他经营支出	2.02	3.00	4.45	3.01	6.64	4.60	5.71
（二）购置生产性固定资产支出	16.34	27.96	36.12	24.87	27.99	58.11	48.98
＃大中型铁木农具	1.15	1.03	2.73	1.45	1.29	0.61	0.92
农林牧渔业机械	3.65	3.37	4.43	8.84	6.17	11.35	3.75
工 业 机 械	1.19	2.29	6.95	4.13	1.16	0.71	0.61
（三）缴 纳 税 款	8.16	14.89	17.50	21.79	18.85	19.08	22.24
（四）上交集体的承包任务	7.64	12.31	17.61	24.37	27.10	29.19	28.46
（五）生活消费支出	388.00	684.67	870.59	932.63	942.40	1 060.29	1 391.01
1.生活消费品支出	371.64	627.55	788.56	840.49	837.95	931.04	1 193.67
2.非商品支出	16.36	57.12	82.03	92.14	104.45	129.25	197.34
（六）其他非生产性支出	13.61	24.44	32.47	32.91	38.30	57.73	53.79
1.寄给和带给在外人口	0.91	1.30	1.11	2.76	1.50	1.77	5.07
2.赠送农村以外亲友	4.80	4.61	5.74	4.11	3.37	5.58	2.69
3.其 他 支 出	7.90	18.53	25.62	26.04	33.43	50.38	46.03
二、总支出构成　（%）	**100.0**	**100.0**	**100.0**	**100.0**	**100.0**	**100.0**	**100.0**
家庭经营费用支出	25.9	29.1	28.1	25.5	27.4	27.1	23.8
购置生产性固定资产支出	2.8	2.6	2.7	1.8	1.9	3.5	2.4
缴 纳 税 款	1.4	1.4	1.3	1.6	1.3	1.1	1.1
上交集体的承包任务	1.3	1.1	1.3	1.7	1.9	1.7	1.4
生活消费支出	66.3	63.5	64.2	66.1	64.9	63.2	68.6
其他非生产性支出	2.3	2.3	2.4	2.3	2.6	3.4	2.7

13—36 农村平均每人生活消费支出

单位：元

项　　目	1985年	1988年	1989年	1990年	1991年	1992年	1993年
生活消费支出	**388.00**	**684.67**	**870.59**	**932.63**	**942.40**	**1 060.29**	**1 391.01**
一、生活消费品支出	**371.64**	**627.55**	**788.56**	**840.49**	**837.95**	**931.04**	**1 193.67**
（一）按消费类别分							
1.食　　品	234.19	373.93	460.82	531.30	533.70	566.24	726.41
＃主　　食	73.17	84.56	89.91	143.85	134.96	138.22	172.49
副　　食	125.27	214.33	273.91	288.81	298.53	320.13	425.37
2.衣　　着	19.55	31.56	38.58	38.74	40.40	45.58	56.80
3.住　　房	54.46	96.69	133.84	124.34	110.33	127.99	131.88
4.燃　　料	22.26	28.36	30.09	34.24	30.53	40.87	56.78
5.用品及其他	41.18	97.01	125.23	111.87	122.99	150.36	221.80
＃日 用 品	22.07	47.88	64.94	54.07	63.39	78.21	99.96
文化娱乐用品	5.60	23.54	26.69	19.62	16.83	21.65	23.78
书报杂志	1.60	3.45	4.70	5.43	5.10	5.64	4.72
医药卫生用品	8.25	15.60	20.21	22.82	22.68	26.88	28.91
（二）按消费性质分							
商品性消费	**249.99**	**481.91**	**623.35**	**594.41**	**608.35**	**690.58**	**882.15**
1.食　　品	133.51	250.92	319.61	314.55	329.62	358.32	455.27
2.衣　　着	19.44	31.50	38.53	38.59	40.13	45.35	56.12
3.住　　房	53.28	96.63	133.27	123.48	109.24	126.99	131.51
4.燃　　料	2.60	6.13	6.89	6.11	7.62	10.82	18.30
5.用品及其他	41.16	96.73	125.05	111.68	121.74	149.10	220.95
自给性消费	**121.65**	**145.64**	**165.21**	**246.08**	**229.60**	**240.46**	**311.52**
1.食　　品	100.68	123.01	141.21	216.75	204.08	207.92	271.14
2.衣　　着	0.11	0.06	0.05	0.15	0.27	0.23	0.68
3.住　　房	1.18	0.06	0.57	0.86	1.09	1.00	0.37
4.燃　　料	19.66	22.23	23.20	28.13	22.91	30.05	38.48
5.用品及其他	0.02	0.28	0.18	0.19	1.25	1.26	0.85
二、非商品支出	**16.36**	**57.12**	**82.03**	**92.14**	**104.45**	**129.25**	**197.34**
1.文化服务支出	8.79	24.15	37.02	41.92	50.52	67.27	101.83
＃学 杂 费	6.76	20.44	31.73	36.77	44.51	59.83	90.17
技术培训费	0.71	1.81	2.81	2.15	2.76	3.94	7.59
文 娱 费	0.62	1.11	1.39	1.38	0.92	1.09	2.01
2.生活服务支出	7.57	32.97	45.01	50.22	53.93	61.98	95.51
＃医 疗 费	3.48	6.41	9.57	9.81	11.05	13.09	15.24
电　　费	3.75	8.74	12.32	15.77	14.61	17.39	23.19

13－37 农村平均每人非储蓄借贷性现金收入

单位：元

项目	1985年	1988年	1989年	1990年	1991年	1992年	1993年
年内现金收入	**500.36**	**1 004.15**	**1 222.70**	**1 177.66**	**1 315.25**	**1 605.71**	**1 898.32**
一、从集体统一经营中得到的现金	29.81	57.32	70.17	71.04	62.97	90.04	136.42
从统一核算单位分配的现金	7.45	9.26	10.46	9.74	8.42	14.19	52.61
从乡村企业直接得到的现金	12.12	32.83	43.36	43.01	34.65	51.03	83.81
从公益金中得到的现金	0.39	0.23	0.15	0.18	0.15	0.27	…
从集体得到的奖励现金	0.95	1.45	0.98	1.51	2.17	2.95	…
其他现金收入	8.90	13.55	15.22	16.60	17.58	21.60	…
二、从经济联合体得到的现金	1.46	5.15	5.92	0.95	2.04	5.96	…
三、出售产品的现金	308.56	584.89	704.75	656.66	758.65	824.12	880.77
出售农业产品	111.20	204.23	277.50	285.75	363.69	376.09	399.64
#出售粮食	30.65	52.01	78.75	85.92	83.72	61.07	58.24
出售林业产品	9.84	6.41	7.11	5.76	9.16	8.45	10.33
出售牧业产品	133.37	258.41	298.36	268.56	270.94	309.37	346.11
出售渔业产品	29.04	72.07	65.36	62.09	80.19	97.57	105.20
出售手工业产品	16.07	29.44	30.63	21.43	21.77	25.26	11.63
出售采集捕猎产品	2.52	3.60	3.29	4.19	3.76	3.58	2.39
出售工业产品	4.67	7.71	20.57	7.23	7.94	3.41	2.34
出售其他产品	1.85	3.02	1.93	1.65	1.20	0.39	3.13
四、工业加工费的现金收入		9.58	12.10	21.37	18.45	15.37	21.19
五、建筑业的现金收入	18.32	33.96	40.88	39.09	40.55	45.82	67.12
六、运输业的现金收入	12.16	28.27	35.36	37.10	38.05	57.67	74.15
七、生产性劳务的现金收入	37.60	105.11	135.41	140.77	171.13	204.95	176.56
八、商业的现金收入	12.21	21.65	32.20	34.43	31.40	36.56	57.53
九、饮食业的现金收入		2.80	2.46	3.07	4.14	8.15	10.68
十、服务业的现金收入	6.13	14.22	15.93	18.11	13.44	20.69	28.51
十一、其他经营的现金收入	9.04	18.06	19.17	22.39	24.33	26.24	105.18
十二、其他非生产性现金收入	65.07	123.14	148.35	132.68	150.10	270.14	340.21
在外人口寄回和带回的现金	19.46	18.50	25.15	23.25	28.04	28.81	69.17
职工工资收入	9.44	16.07	21.32	24.11	28.37	35.36	45.83
从国家财政得到的现金	9.78	13.73	16.01	16.74	16.18	17.07	8.00
出售财物的现金	4.52	21.29	13.46	13.82	19.77	110.83	92.16
亲友赠送的现金	14.66	41.95	56.69	38.70	33.51	36.15	45.40
其他现金收入	7.21	11.60	15.72	16.06	24.23	41.92	79.65

注：1985年"八、商业的现金收入"与"九、饮食业的现金收入"合计为12.21（表中以括号合并）。

13—38 农村平均每人非储蓄借贷性现金支出

单位：元

项　　　目	1985年	1988年	1989年	1990年	1991年	1992年	1993年
年内现金支出	**437.67**	**900.57**	**1 151.35**	**1 089.40**	**1 171.29**	**1 359.79**	**1 675.01**
一、生产费用支出的现金	139.31	298.26	363.49	322.25	357.44	418.96	463.04
1.家庭经营费用支出	123.09	270.42	327.38	297.40	329.59	361.11	414.07
(1) 农业生产支出	50.78	99.25	128.36	127.82	152.99	145.61	141.46
(2) 林业生产支出	0.59	0.35	0.53	0.37	0.62	1.04	2.15
(3) 牧业生产支出	44.35	111.65	123.36	109.50	114.34	137.41	170.31
(4) 渔业生产支出	12.17	32.13	27.81	28.68	28.74	42.67	50.65
(5) 手工业生产支出	4.82	10.47	10.47	4.84	4.56	3.43	5.52
(6) 工业生产支出	1.64	4.22	16.59	6.07	7.12	3.31	3.69
(7) 建筑业支出	0.24	0.90	1.13	0.58	0.70	0.80	5.59
(8) 运输业支出	2.69	5.64	8.38	12.48	10.35	14.89	20.99
(9) 商 业 支 出	2.98	1.02	5.13	2.15	1.75	3.44	4.98
(10)饮食业支出		0.26	0.40	0.64	1.18	2.41	2.06
(11)服务业支出	0.91	1.70	1.14	1.30	0.66	1.99	1.00
(12)其他现金支出	1.92	2.83	4.08	2.97	6.58	4.11	5.67
2.购买生产性固定资产支出	16.22	27.84	36.11	24.85	27.85	57.85	48.97
二、开发性生产投资	0.34	1.74	0.66	1.85	1.33	5.80	…
三、缴 纳 税 款	4.02	9.34	11.49	8.06	7.42	9.44	11.62
四、上交集体的承包任务的现金	6.48	10.39	14.86	14.68	22.79	19.24	25.20
五、生活消费支出的现金	266.35	538.88	705.34	686.43	710.94	819.25	1 079.49
1.生活消费品支出	249.99	481.91	623.35	594.41	608.35	690.58	882.15
食　　品	133.51	250.92	319.61	314.55	329.62	358.32	455.27
#主　　食	13.53	24.61	26.43	18.62	17.88	21.92	28.70
副　　食	86.21	155.40	201.49	203.78	217.59	236.46	305.78
衣　　着	19.44	31.50	38.53	38.59	40.13	45.35	56.12
住　　房	53.28	96.63	133.27	123.48	109.24	126.99	131.51
燃　　料	2.60	6.13	6.89	6.11	7.62	10.82	18.30
用品及其他	41.16	96.73	125.05	111.68	121.74	149.10	220.95
2.非商品支出	16.36	56.97	81.99	92.02	102.59	128.67	197.34
文化服务支出	8.79	24.00	36.98	41.86	48.72	66.74	101.83
#学 杂 费	6.85	20.44	31.67	36.70	42.78	59.76	90.17
技术培训费	0.63	1.66	2.81	2.15	2.76	3.56	7.59
文 娱 费	0.75	1.11	1.38	1.37	0.92	1.08	2.01
生活服务支出	7.57	32.97	45.01	50.16	53.87	61.93	95.51
#医 疗 费	3.72	6.41	9.57	9.72	11.04	13.07	15.24
电　　费	3.75	8.74	12.32	15.77	14.67	17.39	23.19
六、其他非生产性现金支出	21.17	41.96	55.51	56.13	71.37	87.10	95.66
寄给和带给在外人口的现金	0.90	1.24	1.10	2.53	1.50	1.73	4.87
赠送亲友的现金	12.92	23.73	30.09	30.63	36.81	36.12	45.18
其他现金支出	7.35	16.99	24.32	22.97	33.06	49.25	45.61

13—39 农村平均每人主要食品消费量及衣着消费量

品　　名	单位	1985年	1988年	1989年	1990年	1991年	1992年	1993年
粮　食（原粮）	公斤	256.11	256.13	260.22	260.30	248.59	254.54	252.50
#稻　　谷	公斤	244.30	232.90	241.87	248.17	236.40	230.56	233.55
蔬　　菜	公斤	118.51	121.70	118.50	112.77	106.10	107.89	106.63
食　　油	公斤	3.15	4.69	4.76	4.85	4.92	5.12	5.67
肉　　类	公斤	12.61	14.41	15.19	15.42	17.00	17.07	18.09
家　　禽	公斤	3.41	3.98	4.06	4.43	4.72	5.58	6.53
蛋　　类	公斤	1.16	1.61	1.74	1.73	2.00	2.42	2.77
鱼　　虾	公斤	8.44	9.21	8.97	9.50	9.38	9.94	9.59
食　　糖	公斤	3.83	3.89	3.89	3.96	3.48	3.73	3.37
卷　　烟	盒	20.34	20.76	21.96	22.20	20.44	19.15	19.35
酒	公斤	3.40	3.97	4.75	5.10	4.27	4.57	3.78
茶　　叶	公斤	0.32	0.51	0.53	0.52	0.44	0.43	0.48
水　　果	公斤	2.38	4.58	5.88	7.32	8.46	9.92	13.90
棉　　布	米	1.14	0.52	0.38	0.36	0.37	0.33	0.21
化　纤　布	米	1.83	2.45	2.16	1.89	1.70	1.70	1.46
呢　　绒	米	0.11	0.15	0.11	0.08	0.06	0.05	0.06
绸　　缎	米	0.02	0.01	0.01	0.01	0.01	0.04	…
毛线及毛线织品	公斤	0.02	0.02	0.02	0.02	0.02	0.02	0.02
胶鞋、球鞋、皮鞋	双	0.39	0.75	0.77	0.78	0.85	0.90	0.54

13—40 农村平均每百户主要耐用品年末拥有量

品　　名	单位	1985年	1988年	1989年	1990年	1991年	1992年	1993年
自　行　车	辆	126.87	167.69	179.47	186.09	196.52	206.58	220.32
缝　纫　机	架	57.12	65.83	67.67	69.77	68.13	69.69	73.19
钟	只	64.44	82.80	84.32	86.21	84.02	94.75	104.11
手　　表	只	171.63	213.18	221.20	224.84	223.59	236.21	243.06
#电　子　表	只		13.11	10.86	10.39	9.41	13.38	32.46
电　风　扇	台	54.97	119.85	143.91	163.48	191.91	212.92	243.31
洗　衣　机	台	0.17	2.46	3.57	4.26	4.84	5.54	10.56
电　冰　箱	台	0.03	0.45	0.83	1.17	1.13	2.17	5.08
摩　托　车	辆	0.34	1.12	1.71	1.84	2.11	4.04	8.19
收　音　机	台	52.04	49.17	44.06	41.21	34.65	34.33	33.67
黑白电视机	台	8.14	25.98	35.45	40.51	44.77	50.38	53.02
彩色电视机	台	1.84	5.45	7.29	9.80	12.42	16.38	23.10
收　录　机	台	13.86	30.15	38.23	41.33	40.94	44.71	47.54
照　相　机	架	0.27	0.64	0.60	0.70	1.17	0.83	0.97
沙　　发	个	27.79	54.66	69.92	76.41	86.48	100.46	101.77
大　衣　柜	个	79.56	94.77	100.68	105.51	108.20	113.29	122.62
写　字　台	张	61.17	78.52	86.88	91.76	101.52	110.04	120.28

13—41 农村平均每人粮食收支平衡及收支构成

项　　　目	1985年	1988年	1989年	1990年	1991年	1992年	1993年
一、粮食收支平衡							
（一）年初粮食结存（公斤）	**160.60**	**218.93**	**228.19**	**266.24**	**256.62**	**267.68**	**275.09**
（二）年内粮食收入（公斤）	**463.03**	**450.40**	**512.11**	**572.53**	**508.96**	**485.70**	**441.41**
1.从集体统一经营中得到的粮食	0.04	0.05	0.03	0.02	0.93	2.03	4.64
2.家庭经营生产的粮食	425.65	414.32	483.57	504.08	466.32	429.31	385.00
3.购入粮食	29.28	31.62	23.97	19.88	33.18	50.84	48.76
4.借入粮食	1.87	1.03	1.46	1.30	0.59	0.58	0.44
5.收回借出粮	2.37	1.13	1.07	0.86	1.30	1.45	0.72
6.其他粮食收入	3.82	2.25	2.01	1.39	6.64	1.51	1.85
（三）年内粮食支出（公斤）	**453.36**	**445.70**	**470.44**	**500.83**	**479.53**	**451.92**	**417.13**
1.主食用粮	256.11	256.14	260.22	260.30	248.59	254.54	252.50
#稻　　谷	244.30	232.90	241.87	248.17	236.40	230.56	233.55
2.其他生活用粮	4.75	4.22	5.13	5.61	3.56	3.42	2.64
3.出售（含国家征购）	99.12	100.69	118.74	145.35	136.31	89.40	60.08
#出售给国家的	61.54	69.33	75.95	91.87	75.79	20.66	5.60
4.种　　籽	12.51	9.11	9.30	8.48	6.61	5.62	4.89
5.饲　　料	68.39	62.30	59.98	62.41	71.66	89.49	76.00
6.借出粮食	0.69	1.13	1.19	0.92	0.70	0.94	0.15
7.归还借粮	1.45	1.25	1.29	1.23	0.65	0.50	0.11
8.上交集体的承包任务	5.94	6.77	9.18	10.54	8.05	4.59	4.32
9.其他粮食支出	4.40	4.09	5.41	5.99	3.40	3.42	16.44
（四）年末粮食结存（公斤）	**170.27**	**223.63**	**269.86**	**292.96**	**286.05**	**301.46**	**299.37**
二、粮食收支构成							
（一）粮食收入构成（%）	**100.0**	**100.0**	**100.0**	**100.0**	**100.0**	**100.0**	**100.0**
1.从集体统一经营中得到的粮食	…	…	…	…	0.2	0.4	1.1
2.家庭经营生产的粮食	91.9	92.0	94.4	95.5	91.6	88.4	87.2
3.购入粮食	6.3	7.0	4.7	3.8	6.5	10.5	11.0
4.借入粮食	0.4	0.2	0.3	0.2	0.1	0.1	0.1
5.收回借出粮	0.5	0.3	0.2	0.2	0.3	0.3	0.2
6.其他粮食收入	0.8	0.5	0.4	0.3	1.3	0.3	0.4
（二）粮食支出构成（%）	**100.0**	**100.0**	**100.0**	**100.0**	**100.0**	**100.0**	**100.0**
1.主食用粮	56.5	57.5	55.3	52.0	51.8	56.3	60.5
2.其他生活用粮	1.0	0.9	1.1	1.1	0.7	0.8	0.6
3.出　　售	21.9	22.6	25.2	29.0	28.4	19.8	14.4
4.种　　籽	2.8	2.0	2.0	1.7	1.4	1.2	1.2
5.饲　　料	15.1	14.0	12.7	12.5	15.0	19.8	18.2
6.借出粮食	0.1	0.3	0.3	0.2	0.2	0.2	0.1
7.归还借粮	0.3	0.3	0.3	0.2	0.1	0.1	0.1
8.上交集体的承包任务	1.3	1.5	2.0	2.1	1.7	1.0	1.0
9.其他粮食支出	1.0	0.9	1.1	1.2	0.7	0.8	3.9

十四、科 学 技 术

14-1 科技活动基本情况

指标	单位	1988年	1990年	1992年	1993年	1993年比1992年增长%
统计单位数	个	1 270	1 589	1 955	1 979	1.2
科学研究与技术开发机构	个	483	491	491	493	0.4
科技情报与文献机构	个	13	14	14	14	0.0
全日制普通高等学校	个	47	48	57	69	21.1
大中型工业企业	个	727	1 036	1 393	1 403	0.7
科技活动机构数	个	819	993	1 484	1 608	8.4
科学研究与技术开发机构	个	483	491	491	493	0.4
科技情报与文献机构	个	13	14	14	14	0.0
全日制普通高等学校	个	85	88	362	415	14.6
大中型工业企业	个	238	400	617	686	11.2
从事科技活动人员	人	55 861	61 553	68 271	70 947	3.9
科学研究与技术开发机构	人	29 363	29 163	23 817	23 760	−0.2
科技情报与文献机构	人	389	432	359	341	−5.0
全日制普通高等学校	人	7 815	12 163	13 753	14 766	7.4
大中型工业企业	人	18 294	19 795	30 342	32 080	5.7
科技活动经费筹集总额	万元	126 295	149 548	276 329	358 654	29.8
科学研究与技术开发机构	万元	48 998	70 847	129 290	174 569	35.0
科技情报与文献机构	万元	1 061	983	1 632	2 142	31.3
全日制普通高等学校	万元	3 540	5 750	10 387	10 103	−2.7
大中型工业企业	万元	72 696	71 968	135 020	171 840	27.3
科技活动经费使用总额	万元	110 503	128 238	186 801	275 918	47.7
科学研究与技术开发机构	万元	43 270	60 584	69 766	115 340	65.3
科技情报与文献机构	万元	986	973	1 121	1 599	42.6
全日制普通高等学校	万元	2 758	4 896	8 412	8 268	−1.7
大中型工业企业	万元	63 489	61 785	107 502	150 711	40.2
科研基本建设支出	万元	10 709	8 879	10 398	18 002	73.1
科学研究与技术开发机构	万元	10 232	8 879	10 187	17 916	75.9
科技情报与文献机构	万元	477		211	86	−59.2
科技活动课题(项目)数	个	8 087	9 488	12 899	13 142	1.9
科学研究与技术开发机构	个	4 129	3 787	4 851	4 848	−0.1
科技情报与文献机构	个			67	77	14.9
全日制普通高等学校	个	3 068	4 132	5 399	5 774	6.9
大中型工业企业	个	890	1 569	2 582	2 443	−5.4

注：1988年—1990年，高校科技活动机构未包括经学校和非上级主管部门批准的部分，经费筹集额与课题均未包括县属科学研究与技术开发机构部分。

14-2 科技成果项数

单位：项

项 目	1988年	1989年	1990年	1991年	1992年	1993年
一、国家级科技奖励成果	22	23	21	35	25	22
国家发明奖			4	7	2	2
国家自然科学奖			2	1		
国家科技进步奖	17	21	15	16	20	15
国家星火奖	5	2		11	3	5
二、省级重大科技成果	441	400	718	817	822	828
三、省级科技奖励成果	217	162	165	178	175	163
1.省科技进步奖	160	117	115	128	130	129
农业方面	28	14	21	25	20	18
工业方面	108	85	75	82	83	83
医药卫生方面	24	18	12	16	23	24
其他			7	5	4	4
2.省自然科学奖	33	19	17	18	19	19
3.省星火奖	24	26	33	32	26	15

注：1990年国家星火奖未评。

14-3 国有企业、事业单位科学技术人员年末人数

单位：人

项 目	1980年	1985年	1990年	1991年	1992年	1993年
科技人员	**274 519**	**460 927**	**734 621**	**706 891**	**795 236**	**843 438**
#工程技术人员	66 799	144 229	211 995	207 656	221 428	240 299
农业技术人员	14 968	20 848	22 199	14 181	14 960	15 394
卫生技术人员	53 741	87 550	106 384	106 931	118 879	133 022
科学研究人员	9 166	13 299	10 080	10 566	10 096	10 160
教学人员	75 391	129 002	190 819	203 089	211 733	220 907
经济人员		1 331	94 501	80 823	81 024	93 045
财会人员	40 390	42 162	62 136	51 819	56 712	66 242
统计人员	8 579	13 518	14 389	11 297	11 527	12 394
文艺人员	4 101	4 582	3 728	3 577	3 553	3 271
外语翻译人员	738	1 318	2 263	2 046	2 243	2 505
平均每万职工科技人员数	**685.97**	**1 205.65**	**1 390.99**	**1 471.86**	**1 609.55**	**1 704.96**
#工程技术人员	166.92	320.94	401.41	432.37	448.17	485.75
农业技术人员	37.40	46.39	42.03	29.53	30.28	31.12
卫生技术人员	134.29	199.82	201.44	222.64	240.61	268.90
科学研究人员	22.90	29.59	19.09	22.00	20.43	20.54
教学人员	188.39	287.05	361.31	422.86	428.54	446.55
经济人员		2.96	178.94	168.29	163.99	188.09
财会人员	123.42	93.82	117.65	107.90	114.78	133.90
统计人员	21.44	30.08	27.25	23.52	23.33	25.05
文艺人员	10.25	10.20	7.06	7.45	7.19	6.61
外语翻译人员	1.84	2.93	4.28	4.26	4.54	5.06

注：1991、1992、1993年科技人员数不包括党政机关、团体。

14－4 国有企业、事业单位分行业科学技术人员年末人数

（1993年） 单位：人

行业	科学技术人员	#工程技术人员	#农业技术人员	#卫生技术人员	#科学研究人员	#教学人员
总计	**843 438**	**240 299**	**15 394**	**133 022**	**10 160**	**220 907**
一、中央驻粤单位科技人员	116 162	76 859	1 148	15 063	5 772	17 320
二、地方科技人员	727 276	163 440	14 246	117 959	4 388	203 587
农、林、牧、渔、水利业	44 542	14 319	11 378	1 505	44	703
工业	154 622	82 957	346	7 147	64	2 108
地质普查和勘探业	527	441		5		
建筑业	29 722	21 300	23	684	9	152
交通运输、邮电通讯业	24 847	10 651	12	1 143	27	510
商业、公共饮食业、物资供销和仓储业	92 221	9 127	1 217	2 500	52	274
房地产管理、公用事业、居民服务和咨询服务业	20 471	8 409	251	532	23	120
卫生体育和社会福利事业	108 364	731	17	101 392	213	993
教育、文化艺术和广播电视事业	224 318	4 956	124	2 280	995	197 979
科学研究和综合技术服务业	12 692	7 172	811	154	2 529	48
金融、保险业	3 569	558	1	14	1	19
国家机关、政党机关和社会团体						
其他	11 381	2 819	66	603	431	681

行业	#经济人员	#财会人员	#统计人员	#文艺人员	#外语翻译人员
总计	**93 045**	**66 242**	**12 394**	**3 271**	**2 505**
一、中央驻粤单位科技人员					
二、地方科技人员	93 045	66 242	12 394	3 271	2 505
农、林、牧、渔、水利业	4 967	6 170	1 300	17	83
工业	25 978	15 912	4 547	50	733
地质普查和勘探业	15	25	2		
建筑业	2 561	2 758	454	3	43
交通运输、邮电通讯业	5 801	3 501	853	3	56
商业、公共饮食业、物资供销和仓储业	43 348	23 469	3 899	26	542
房地产管理、公用事业、居民服务和咨询服务业	3 986	3 744	585	19	636
卫生体育和社会福利事业	360	2 782	277	11	20
教育、文化艺术和广播电视事业	913	3 808	165	3 112	57
科学研究和综合技术服务业	551	765	83	2	130
金融、保险业	1 682	1 110	22		46
国家机关、政党机关和社会团体					
其他	2 883	2 198	207	28	159

14—5 各市国有企业、事业单位科学技术人员年末数

（1993年）

单位：人

市别	科学技术人员	#工程技术人员	#农业技术人员	#卫生技术人员	#科学研究人员	#教学人员
广州	148 993	40 155	1 440	24 733	871	27 196
深圳	34 393	10 278	502	7 416	169	6 355
珠海	16 363	5 579	441	2 560	28	3 292
汕头	37 981	8 026	419	5 660	202	9 628
韶关	30 122	5 579	518	5 709	114	9 793
河源	14 355	2 049	370	1 924	24	6 697
梅州	32 200	4 222	1 088	5 473	187	13 206
惠州	21 970	4 661	579	4 219	60	7 217
汕尾	7 512	722	214	1 294	14	4 131
东莞	8 700	1 215	228	1 732	36	4 205
中山	11 125	2 379	208	2 133	14	4 318
江门	42 622	9 058	697	6 488	66	13 143
佛山	41 724	10 146	605	6 724	80	12 130
阳江	10 618	1 364	262	1 440	22	5 339
湛江	50 639	9 943	1 489	9 048	173	15 533
茂名	26 642	3 577	863	4 037	43	11 406
肇庆	42 886	7 103	870	7 578	107	15 556
清远	21 992	2 827	631	4 172	26	8 915
潮州	11 592	1 363	341	1 880	32	6 094
揭阳	15 662	1 606	464	2 658	25	8 427
省直属单位	99 185	31 588	2 017	11 081	2 095	11 006

市别	#经济人员	#财会人员	#统计人员	#文艺人员	#外语翻译人员
广州	25 270	14 004	3 094	868	497
深圳	4 106	3 011	300	232	265
珠海	1 377	1 567	230	59	194
汕头	6 940	3 860	630	256	158
韶关	3 230	2 604	667	85	21
河源	1 186	1 244	212	25	
梅州	3 608	2 369	396	207	12
惠州	1 610	2 071	300	95	43
汕尾	150	482	99	45	2
东莞	290	474	115	6	12
中山	635	688	152	22	72
江门	6 364	3 813	782	14	80
佛山	4 985	3 794	569	79	128
阳江	549	914	199	13	13
湛江	4 843	5 148	970	175	72
茂名	2 242	2 319	456	73	8
肇庆	5 063	3 613	746	89	59
清远	2 385	1 763	246	36	9
潮州	769	424	97	14	10
揭阳	983	711	127	26	2
省直属单位	16 460	11 369	2 007	852	848

14－6 县级以上政府部门属研究与开发机构基本情况

项　　目	单位	1988年	1989年	1990年	1992年	1993年
总　计						
机　构　数	个	289	289	294	295	301
职工总数	人	31 526	31 650	32 291	29 859	29 385
＃科学家工程师	人	12 215	12 763	13 454	12 341	12 490
其他科技人员	人	6 524	6 512	5 989	6 344	5 894
经费收入	万元	42 649	60 451	66 785	116 690	155 793
＃政府拨款	万元	15 860	18 112	20 025	24 581	25 038
经费支出	万元	36 921	54 410	56 522	100 043	146 645
基本建设投资实际完成额	万元	9 070	6 852	7 588	9 168	16 038
一、自然科学及技术领域						
机　构　数	个	263	263	267	268	274
职工总数	人	30 344	30 447	31 067	28 609	28 148
＃科学家工程师	人	11 549	12 044	12 722	11 593	11 715
其他科技人员	人	6 208	6 223	5 707	6 020	5 642
经费收入	万元	41 489	58 798	64 917	113 900	151 747
＃政府拨款	万元	14 839	17 037	18 892	22 838	22 826
经费支出	万元	35 910	53 062	54 842	97 311	142 706
基本建设投资实际完成额	万元	7 982	6 305	6 774	8 457	15 917
二、社会及人文科学领域						
机　构　数	个	13	13	13	13	13
职工总数	人	644	663	679	716	734
＃科学家工程师	人	390	442	445	476	508
其他科技人员	人	172	168	150	183	139
经费收入	万元	549	906	904	1 213	1 925
＃政府拨款	万元	509	584	595	987	1 378
经费支出	万元	502	704	756	1 271	1 767
基本建设投资实际完成额	万元	611	497	814	500	35
三、科技情报和文献机构						
机　构　数	个	13	13	14	14	14
职工总数	人	538	540	545	534	503
＃科学家工程师	人	276	277	287	272	267
其他科技人员	人	144	121	132	141	113
经费收入	万元	611	747	964	1 577	2 121
＃政府拨款	万元	512	491	538	756	834
经费支出	万元	509	644	924	1 461	2 172
基本建设投资实际完成额	万元	477	50		211	86

14—7 县级政府部门属研究与开发机构基本情况

项目	单位	1988年	1989年	1990年	1992年	1993年
机构数	个	207	211	211	205	199
职工总数	人	6 857	6 420	6 315	5 928	5 629
#科学家工程师	人	378	404	361	450	418
其他科技人员	人	869	949	1 062	1 039	945
经费收入	万元	6 349	4 851	4 062	6 126	8 111
#来自政府的经费	万元			1 281	1 571	1 674

14—8 各市县级及以上政府部门属研究与开发机构基本情况

(1993年)

市别	机构数(个)	职工总数(人)	#科学家工程师	#其他科技人员	经费收入(万元)	#政府拨款	经费支出(万元)	基本建设投资实际完成额(万元)
全省合计	**500**	**35 014**	**12 908**	**6 839**	**163 904**	**26 712**	**154 089**	**17 112**
广州	190	22 701	11 033	4 778	125 726	20 838	119 311	13 729
深圳	6	431	192	85	2 076	1 378	2 088	487
珠海	13	530	81	64	3 551	460	2 852	484
汕头	21	1 186	268	188	7 046	491	6 014	576
韶关	32	886	146	198	2 236	356	1 810	18
河源	11	395	16	66	273	72	211	
梅州	16	697	84	133	545	290	572	51
惠州	23	553	54	95	651	173	560	178
汕尾	4	171	4	15	44	28	44	
东莞	5	248	40	37	985	255	935	640
中山	4	91	19	9	335	42	248	83
江门	29	1 125	173	224	4 775	232	4 445	138
佛山	25	1 021	195	186	8 443	323	8 132	158
阳江	5	143	11	21	134	34	120	
湛江	31	1 849	314	288	2 960	737	2 820	141
茂名	17	853	64	99	1 094	154	1 042	16
肇庆	28	857	83	145	1 111	308	978	82
清远	23	633	49	98	1 161	176	1 197	318
潮州	7	300	44	70	589	228	540	4
揭阳	10	344	38	42	169	137	170	9

14—9 高等院校研究与发展人员及经费

项目	单位	1988年	1989年	1 990年	1992年	1993年
研究与发展人员总数	人	7 815	8 867	12 163	13 121	14 225
#科学家工程师	人	7 115	8 104	11 420	12 290	13 375
其他科技人员	人		504	482	471	539
当年拨入研究与发展经费	万元	3 540	3 594	5 750	7 251	10 103
研究与发展经费内部支出	万元	2 758	3 065	4 896	5 714	7 144

注：当年拨入研究与发展经费不包括上年结转经费。研究与发展经费内部支出不包括转拨外单位经费。

14—10 三种专利申请受理量与批准量

单位：件

项　　目	1988年	1989年	1990年	1992年	1993年
一、受　理　量	1 203	1 276	1 947	4 656	5 020
发　　明	148	175	231	476	603
实用新型	790	683	1 000	1 640	2 002
外观设计	265	418	716	2 540	2 415
二、批　准　量	379	683	889	1 708	4 546
发　　明	21	32	40	34	96
实用新型	276	462	571	891	1 822
外观设计	82	189	278	783	2 628

14—11 各类技术合同签订情况

项　　目	单位	1988年	1989年	1990年	1992年	1993年
一、技术合同项目数	**项**	**3 644**	**2 481**	**5 813**	**7 011**	**7 605**
技术开发合同	项	1 665	621	2 050	1 046	1 070
技术咨询合同	项			462	631	636
技术转让合同	项	291	156	260	439	406
技术服务合同	项	1 653	1 693	3 041	4 895	5 493
涉外技术合同	项	35	11			
二、技术合同金额	**万元**	**19 735**	**13 957**	**20 262**	**63 934**	**104 293**
技术开发合同	万元	11 452	6 423	7 290	22 346	28 716
技术咨询合同	万元			1 118	3 817	15 048
技术转让合同	万元	1 492	764	3 114	8 190	9 382
技术服务合同	万元	6 646	6 463	8 740	29 581	51 147
涉外技术合同	万元	145	307			
三、技术合同实现金额	**万元**	**17 579**	**10 628**	**8 459**	**7 512**	**27 269**
技术开发合同	万元	10 214	5 138	1 729	1 579	8 851
技术咨询合同	万元			793	530	5 683
技术转让合同	万元	1 343	688	1 405	971	368
技术服务合同	万元	5 891	4 495	4 532	4 432	12 367
涉外技术合同	万元	131	307			

注：1990年设置"技术咨询合同"指标，并取消了"涉外技术合同"指标。

14—12 省及省以上优秀新产品评选情况

项　　目	单位	1987年	1988年	1989年	1990年	1992年	1993年
项 目 数	个	175	336	133	227	307	262
年新增产值	万元	72 600	192 556	64 652	178 764	285 393	302 000
年均每项新增产值	万元	414	573	486	787	930	1 152
年均增利税	万元	11 100	34 590	12 520	21 094	41 815	48 500
年均每项新增利税	万元	63	103	94	93	136	185
创　　汇	万美元		3 090	1 008	4 686	6 224	2 605
替代进口	万美元		6 506	2 301	4 936	13 821	13 334

14－13 科协机构及活动情况

项目	单位	1988年	1989年	1990年	1992年	1993年
一、科协机构	个	**168**	**179**	**194**	**306**	**234**
省科协	个	1	1	1	1	1
市科协	个	18	18	18	19	20
县科协	个	77	77	77	78	78
厂矿科协	个	72	83	98	208	135
二、各级学会及研究会	个	**2 160**	**2 438**	**2 829**	**3 655**	**3 738**
省级学会	个	128	130	132	138	141
市级学会	个	632	694	718	824	856
农村专业技术研究会	个	1 400	1 614	1 979	2 693	2 741
三、各级学会及研究会会员	人	**283 323**	**299 011**	**345 234**	**421 205**	**436 208**
省级学会会员	人	128 964	137 232	151 129	149 470	170 965
市级学会会员	人	117 067	116 048	141 585	192 985	168 493
农村专业技术研究会会员	人	37 292	45 731	52 520	78 750	96 750
四、科协活动开展情况						
引进推广重大技术项目	项				841	831
完成各类合同和无偿咨询项目	项	6 625	9 291	2 546	7 196	7 490
举办各类学术交流会	次	1 979	1 733	1 585	3 581	2 632
接待国外来访	次	666	506	591	496	489
科技考察	次	428	616	478	947	976
举办科技科普展览	次	634	1 255	836	3 309	632
举办科普讲座	次	28 152	19 161	17 453	5 949	5 999
建立科普示范基地数	个				1 035	1 707
青少年科技竞赛获奖项目数	项	4 600	1 376	4 247	2 622	5 924
五、参加科协各类活动人次	人次	**4 009 268**	**4 061 065**	**6 344 088**	**3 848 626**	**2 590 723**
参加各类学术交流会	人次	136 484	118 295	95 821	224 998	133 802
参加各类科技培训	人次	371 320	299 311	369 151	248 870	182 898
参加各类科普活动	人次	3 501 464	3 643 459	5 879 116	3 374 758	2 274 023
六、出版各类学术刊物、科普读物	种	**2 997**	**1 854**	**581**	**384**	**296**
各类学术刊物、科普读物发行量	万册(份)	2 982	1 435	666	1 615	567

14－14 大中型工业企业技术开发基本情况

项　　目	单 位	1988年	1989年	1990年	1992年	1993年
一、机构与人员						
有技术开发机构的企业数	个	230	348	385	584	543
占全部大中型企业数的比重	%	31.6	38.1	37.2	41.9	38.7
技术开发机构数	个	238	360	400	617	686
企业技术开发人员	人	18 294	19 044	19 795	30 342	32 080
＃科学家和工程师	人	5 333	7 465	8 057	12 237	13 900
技术开发机构中的人数	人	6 695	9 154	8 186	13 897	14 870
＃科学家和工程师	人	2 241	3 798	3 725	6 318	6 927
二、经费收支						
筹集总额	万元	72 696	60 108	71 968	135 020	171 840
＃上级拨款	万元	2 276	1 198	1 588	3 543	3 101
企业自筹	万元	25 321	26 225	37 165	85 204	119 847
支出总额	万元	63 489	61 598	61 785	107 502	150 711
＃开发新产品用款	万元	21 662	21 858	26 738	40 406	82 149
技术开发经费支出占						
产品销售收入的比重	%	1.37	1.07	0.88	0.90	0.83
三、技术开发项目						
项目数合计	项	890	1 302	1 569	2 582	2 443
＃上级计划	项	279	391	445	534	457
企业自选	项	557	825	1 025	1 940	1 917
新产品项目	项	451	621	774	1 451	1 322
项目当年投资	万元	46 392	44 289	44 447	69 698	111 551
已完成项目	项	406	700	843	1 263	1 388
已投入生产(使用)项目	项	392	627	752	1 140	1 215

注：本表1988年至1991年统计的技术开发项目系累计支出达万元以上。

14－15 大型工业企业技术开发基本情况

项　　目	单 位	1988年	1989年	1990年	1992年	1993年
一、机构与人员						
有技术开发机构的企业数	个	75	113	116	156	171
占全部大型企业数的比重	%	36.6	45.2	42.0	57.1	54.1
技术开发机构数	个	81	118	121	174	240
企业技术开发人员	人	7 795	8 680	8 917	12 804	16 709
#科学家和工程师	人	2 516	3 609	3 742	5 943	8 199
技术开发机构中的人数	人	3 433	4 487	3 924	5 590	7 923
#科学家和工程师	人	1 186	1 930	1 742	1 940	3 810
二、经费收支						
筹集总额	万元	30 801	29 603	38 186	53 653	87 496
#上级拨款	万元	1 090	714	812	1 522	1 688
企业自筹	万元	10 449	11 436	17 776	38 742	71 631
支出总额	万元	34 408	26 558	31 424	46 937	77 924
#开发新产品用款	万元	14 441	7 341	17 104	13 262	46 769
技术开发经费支出占产品销售收入的比重	%	1.27	0.86	0.84	0.70	0.72
三、技术开发项目						
项目数合计	项	338	476	595	1 177	1 212
#上级计划	项	125	142	186	314	268
企业自选	项	207	323	387	828	916
新产品项目	项	162	199	287	593	493
项目当年投资	万元	23 805	17 715	23 760	26 471	58 768
已完成项目	项	140	283	270	511	589
已投入生产(使用)项目	项	137	255	231	473	518

注：本表1988年至1991年统计的技术开发项目系累计支出达万元以上。

十五、教育、文化、卫生、体育、司法、民政、环保

15－1 社会事业主要指标

指　　标	单位	1980年	1985年	1990年	1992年	1993年	1993年比1992年增长%
在校学生数							
普通高等学校	人	41 004	69 897	95 929	97 432	116 957	20.0
成人高等学校	人	57 506	103 692	87 153	75 685	125 213	65.4
普通中等学校	人	2 600 008	2 559 071	2 735 691	2 952 203	3 195 231	8.2
成人中等学校	人	239 457	241 764	146 890	195 353	250 385	28.2
小学毕业生升学率	%	73.28	65.91	87.56	86.49	88.38	
学龄儿童入学率	%	96.22	98.07	99.29	99.34	99.46	
每万人口普通高校在校学生数	人	7.84	12.36	15.36	15.07	17.77	17.9
电影放映单位	个	6 030	4 703	4 024	3 917	3 974	1.5
艺术表演团体	个	173	147	130	125	127	1.6
文　化　馆	个	95	105	113	113	115	1.8
公共图书馆	个	82	98	103	108	110	1.9
博　物　馆	个	25	97	106	108	108	0
档　案　馆	个			138	150	148	−1.3
图书出版量	万册	16 845	39 857	28 070	30 646	28 880	−5.8
杂志出版量	万册	1 927	12 768	11 325	17 812	19 398	8.9
报纸出版量	万份	48 808	171 838	138 060	183 793	207 073	12.7
广播电台	座	4	15	87	91	94	3.3
电　视　台	座	1	13	38	39	43	10.3
医院床位数	万张	8.50	9.82	11.41	12.48	12.93	3.6
卫生技术人员数	万人	14.45	17.53	19.48	20.51	21.19	3.3
＃医　　生	万人	5.51	6.56	8.11	8.64	9.01	4.3
平均每千人口有医院床位数	张	1.63	1.74	1.83	1.93	1.96	1.6
平均每千人口有卫生技术人员数	人	2.76	3.10	3.12	3.17	3.22	1.6
举办县区级及以上体育运动会	次	964	2 383	2910	4 554	2 116	−53.5
参加运动会的运动员人数	万人次	28.17	78.04	128.33	160.53	96.01	−40.2
达到《国家体育锻炼标准》人数	万人	89.06	319.56	488.92	578.06	855.08	47.9
执业律师人数	人		1 816	3264	4 681	5 840	24.8
公证人员数	人		550	909	1 058	1 111	5.0
人民调解委员会调解人员数	人		180 827	219 082	268 521	278 981	3.9
优抚收养性单位收养人数	人次	697	1 149	1 556	1 737	1 628	−6.3
社会困难救济人数	万人次	232.50	214.20	166.40	211.88	161.00	−24.0
每万元产值工业废水排放量	吨/万元	529	286	118	82	65	−20.7
工业废渣利用率	%	20.6	16.5	33.7	47.9	51.4	

注：1992年成人高等教育在校学生数有调整。

15—2 主要年份各级各类学校在校学生数及指数

年份	高等学校	中等学校：中等技术学校	中等学校：中等师范学校	中等学校：技工学校	中等学校：普通中学	中等学校：农业、职业中学	小学
一、绝对数（人）							
1949	12 953	4 447	12 606		122 056		1 345 626
1952	10 016	15 400	20 326		205 309		2 999 984
1957	14 600	17 500	18 431		413 968		3 435 209
1962	35 241	8 200	15 824		474 280	13 959	4 815 925
1965	27 745	7 900	13 116		500 595	174 488	7 042 405
1970	5 800	400	15 784		2 365 481		5 210 932
1975	24 103	20 600	14 491		2 335 613		7 738 483
1978	30 705	23 388	13 044		3 133 188		7 430 209
1980	41 004	27 767	17 823	16 075	2 521 103	17 240	7 488 593
1985	69 897	42 288	22 606	14 463	2 364 548	115 166	6 712 468
1990	95 929	89 956	30 869	52 176	2 340 301	222 389	7 472 928
1991	92 655	92 128	31 654	56 338	2 382 765	214 169	7 789 333
1992	97 432	98 450	32 341	65 776	2 550 239	205 397	8 039 814
1993	116 957	118 445	36 009	76 775	2 771 877	192 125	8 321 421
二、指数（%）							
1949	100.0	100.0	100.0		100.0		100.0
1952	77.3	346.3	161.2		168.2		222.9
1957	112.7	393.5	146.2		339.2		255.3
1962	272.1	184.4	125.5		388.6		357.9
1965	214.2	177.6	104.0		410.1		523.4
1970	44.8	9.0	125.2		1 938.0		387.2
1975	186.1	463.2	115.0		1 913.6		575.1
1978	237.0	525.9	103.5		2 567.0		552.2
1980	316.6	624.4	141.4	100.0	2 065.5	100.0	556.5
1985	539.6	950.9	179.3	90.0	1 937.3	668.0	498.8
1990	740.6	2 022.8	244.9	324.6	1 917.4	1 290.0	555.3
1991	715.3	2 071.7	251.1	350.5	1 952.2	1 242.3	578.9
1992	752.2	2 213.9	256.6	409.2	2 089.4	1 191.4	597.5
1993	902.9	2 663.5	285.6	477.6	2 271.0	1 114.4	618.4

15-3 各级各类学校情况

项目	单位	1980年	1985年	1990年	1992年	1993年	1993年比1992年增长%
一、高等学校							
学校数	所	27	41	45	43	45	4.7
毕业生数	万人	0.76	1.10	3.37	3.03	2.77	−8.6
本科	万人			1.25	1.42	1.24	−12.7
专科	万人			2.12	1.61	1.53	−5.0
招生数	万人	0.97	2.60	2.96	3.55	4.76	34.1
本科	万人			1.32	1.50	1.83	22.0
专科	万人			1.64	2.05	2.93	42.9
在校学生数	万人	4.10	6.99	9.60	9.74	11.70	20.1
本科	万人			5.47	5.58	6.17	10.6
专科	万人			4.13	4.16	5.53	32.9
教职工数	万人	2.42	3.41	3.88	3.89	4.02	3.3
#专任教师	万人	0.95	1.36	1.57	1.51	1.57	4.0
二、中等技术学校							
学校数	所	132	132	179	182	182	0
毕业生数	万人	0.99	1.03	2.49	3.14	3.00	−4.5
招生数	万人	0.95	1.93	3.13	3.69	5.05	36.9
在校学生数	万人	2.78	4.23	9.00	9.85	11.84	20.2
教职工数	万人	0.92	1.17	1.56	1.58	1.63	3.2
#专任教师	万人	0.42	0.50	0.76	0.74	0.77	4.1
三、中等师范学校							
学校数	所	72	46	45	45	45	0
毕业生数	万人	0.79	0.69	1.00	1.09	1.10	0.9
招生数	万人	0.89	0.90	1.06	1.18	1.43	21.2
在校学生数	万人	1.78	2.26	3.09	3.23	3.60	11.5
教职工数	万人	0.36	0.36	0.44	0.47	0.50	6.4
#专任教师	万人	0.17	0.19	0.26	0.28	0.30	7.1
四、技工学校							
学校数	所	82	97	127	145	151	4.1
毕业生数	万人	0.97	0.35	1.56	1.78	1.94	9.0
招生数	万人	0.85	0.80	2.09	2.79	3.55	27.2
在校学生数	万人	1.61	1.45	5.22	6.58	7.68	16.7
教职工数	万人	0.40	0.50	0.88	1.03	1.08	4.9
#专任教师	万人	0.16	0.20	0.39	0.46	0.50	8.7

15—3 续表

项目	单位	1980年	1985年	1990年	1992年	1993年	1993年比1992年增长%
五、普通中学							
学校数	所	2 681	3 849	3879	3 783	3 766	—0.4
毕业生数	万人	66.52	53.33	71.29	69.20	70.81	2.3
招生数	万人	97.42	86.92	83.36	99.71	107.66	8.0
在校学生数	万人	252.11	236.45	234.03	255.02	277.19	8.7
教职工数	万人	16.62	15.87	17.84	19.02	19.94	4.8
#专任教师	万人	13.50	12.03	13.47	14.54	15.39	5.8
六、农、职业中学							
学校数	所	132	345	525	564	558	—1.1
毕业生数	人	3 838	13 548	66 844	67 448	70 036	3.8
招生数	人	8 134	60 194	88 959	77 931	74 301	—4.7
在校学生数	人	17 240	115 166	222 389	205 397	192 125	—6.5
教职工数	人	1 234	8 954	19 049	19 835	18 917	—4.6
#专任教师	人	811	6 468	14 534	14 625	14 163	—3.2
七、小学							
学校数	万所	2.50	2.46	2.46	2.47	2.47	0
毕业生数	万人	104.32	114.12	82.49	102.24	108.69	6.3
招生数	万人	149.31	108.89	129.93	138.65	146.31	5.5
在校学生数	万人	748.86	671.25	747.29	803.98	832.14	3.5
教职工数	万人	33.14	31.64	32.95	34.33	35.19	2.5
#专任教师	万人	28.14	26.81	27.73	28.99	29.86	3.0
八、学龄儿童人学率							
学龄儿童总数	万人	612.38	515.25	583.88	739.60	767.69	3.8
已入学学龄儿童数	万人	589.21	505.33	579.76	734.72	763.57	3.9
学龄儿童入学率	%	96.22	98.07	99.29	99.34	99.46	
九、小学毕业生升学率							
小学毕业生人数	万人	104.32	114.12	82.49	102.24	108.69	6.3
已升学人数	万人	96.45	75.22	72.23	88.42	96.06	8.6
小学毕业生升学率	%	73.28	65.91	87.56	86.49	88.38	
十、幼儿园							
幼儿园数	所	6 513	6 104	7469	6 917	6 533	—5.6
在园幼儿数	万人	47.92	92.99	150.05	177.57	190.53	7.3
教职工数	万人	2.89	4.35	6.52	7.38	7.85	6.4
#专任教师	万人	1.53	2.83	4.29	4.93	5.35	8.5

注：从1991年开始学龄儿童范围改为 7—12岁，以前为 7—11岁。

15—4 研究生基本情况

单位：人

项目	1985年	1990年	1992年	1993年	1993年比1992年增长%
一、攻读博士学位					
毕业生	7	101	76	76	
招生数	73	76	162	201	24.1
在学研究生	91	293	417	533	27.8
二、攻读硕士学位					
毕业生	647	1 303	885	961	8.6
招生数	1 370	1 049	1 112	1 350	21.4
在学研究生	2 678	3 074	3 102	3 450	11.2

注：研究生包括大专院校和研究单位的研究生。

15—5 各类成人教育在校学生数

单位：人

项目	1980年	1985年	1990年	1992年	1993年	1993年比1992年增长%
一、成人高等教育	**57 506**	**103 692**	**87 153**	**75 685**	**125 213**	**65.4**
广播电视大学	3 600	27 000	17 090	22 413	39 118	74.5
函大、夜大、干修科	15 000	19 300	27 366	25 231	37 110	47.1
职工大学、管理学院	9 500	15 700	20 200	17 404	22 996	32.1
教育学院	29 406	41 691	22 497	10 637	25 989	144.3
二、成人中等教育	**239 457**	**241 764**	**146 890**	**195 353**	**250 385**	**28.2**
中等技术学校	63 657	17 000	46 259	81 166	109 515	34.9
教师进修学校	175 800	71 969	50 057	53 795	54 758	1.8
普通中学		152 795	50 574	60 392	86 112	42.6
三、成人初等教育	**513 500**	**254 843**	**1 041 748**	**830 173**	**531 321**	**—36.0**
职工初等学校			21 836	161 383	96 632	—40.1
农民初等学校			1 019 912	668 790	434 689	—35.0
#扫盲班		1 643	99 396	51 603	48 555	—5.9

注：1990年及以前干部专修科统计在普通高等教育中。

15－6 高等学校情况

（1993年）

学校类别	学校数（所）	毕业生数（人）	招生数（人）	在校学生数（人）	教职工数（人）	#专任教师
总计	**45**	**27 670**	**47 560**	**116 957**	**40 169**	**15 734**
#女性		9 095	14 327	35 295	16 005	4 759
一、按隶属关系分						
中央属	12	8 188	14 592	40 700	20 307	7 091
地方属	33	19 482	32 968	76 257	19 862	8 643
二、按学校类别分						
综合大学	10	9 038	16 015	38 129	13 876	4 878
理工院校	9	4 410	9 035	23 191	8 454	3 353
农业院校	5	2 137	4 718	10 639	3 726	1 405
医药院校	5	2 298	2 803	9 637	4 777	1 846
师范院校	6	6 170	8 792	20 119	4 769	2 268
语文院校	1	334	541	1 546	933	356
财经院校	3	1 465	2 408	6 300	1 288	583
政法院校	1		200	200	275	91
体育院校	1	316	502	1 391	472	210
艺术院校	2	348	538	1 318	671	320
民族院校	1	375	766	1 594	419	192
短期职业大学	1	779	1 242	2 893	509	232

15－7 中等学校情况

（1993年）

学校类别	学校数（所）	毕业生数（人）	招生数（人）	在校学生数（人）	教职工数（人）	#专任教师
一、中等专业技术学校	**182**	**29 966**	**50 455**	**118 445**	**16 312**	**7 673**
工业学校	55	11 089	20 685	52 130	6 509	2 973
农业学校	14	2 070	4 091	9 238	1 302	582
林业学校	2	416	429	1 122	192	83
医药学校	36	5 942	9 222	22 682	2 750	1 422
财经学校	35	6 274	9 684	19 886	2 519	1 254
政法学校	10	2 346	3 477	6 351	996	415
体育学校	13	720	1 086	2 658	808	328
艺术学校	11	413	770	2 227	792	406
其他学校	6	696	1 011	2 151	444	210
二、中等师范学校	**45**	**10 996**	**14 340**	**36 009**	**5 030**	**2 982**
#幼儿师范	4	828	1 245	3 102	472	281
三、技工学校	**151**	**19 384**	**35 468**	**76 775**	**10 837**	**4 965**
四、农、职业中学	**558**	**70 036**	**74 301**	**192 125**	**18 917**	**14 163**
#高中	548	67 994	70 727	183 669		13 787
五、普通中学	**3 766**	**708 058**	**1076 623**	**2 771 877**	**199 399**	**153 943**
#高中	802	118 953	119 641	331 501		25 871

15-8 各市普通中学情况

（1993年）

市别	学校数（所）	毕业生数（人）	招生数（人）	在校学生数（人）	教职工数（人）	#专任教师
广州	344	84 125	103 874	292 991	25 321	18 377
深圳	51	14 739	22 417	60 337	5 106	3 892
珠海	35	8 477	11 335	30 827	2 755	1 963
汕头	160	28 270	49 519	121 394	8 889	6 859
韶关	224	39 746	53 164	147 848	11 958	9 119
河源	168	28 116	46 298	111 665	7 136	5 630
梅州	254	51 555	74 211	196 024	14 187	11 091
惠州	154	25 304	43 035	105 233	7 580	5 679
汕尾	86	13 334	26 189	62 385	4 444	3 471
东莞	67	18 363	29 948	75 305	4 843	3 623
中山	70	16 153	21 158	58 919	3 796	3 169
江门	318	46 820	65 616	179 401	12 480	9 874
佛山	165	42 812	56 437	156 125	10 674	8 681
阳江	106	25 044	41 223	98 324	6 476	4 984
湛江	326	60 175	98 898	245 370	16 900	12 936
茂名	309	61 038	87 125	213 349	14 030	11 118
肇庆	323	52 871	90 877	226 221	16 549	12 869
清远	233	35 902	53 320	138 843	9 683	7 651
潮州	131	18 464	35 785	88 090	6 283	4 920
揭阳	242	36 750	66 194	163 226	10 309	8 037

15-9 各市农、职业中学情况

（1993年）

市别	学校数（所）	毕业生数（人）	招生数（人）	在校学生数（人）	教职工数（人）	#专任教师
广州	51	7 047	9 189	23 485	2 196	1 753
深圳	17	2 873	3 275	9 290	920	701
珠海	10	1 029	1 490	4 459	499	362
汕头	23	2 664	2 794	8 075	1 112	741
韶关	33	3 428	3 409	9 215	1 164	802
河源	17	2 316	2 568	6 408	490	398
梅州	62	3 028	3 926	9 987	980	742
惠州	7	1 647	2 414	5 481	477	359
汕尾	7	663	375	845	127	79
东莞	11	3 135	4 188	9 946	562	456
中山	39	3 493	4 931	10 158	829	686
江门	45	6 697	7 053	18 188	1 849	1 360
佛山	38	6 193	7 510	16 842	1 493	1 135
阳江	17	2 372	1 502	5 378	516	400
湛江	52	6 960	5 733	17 961	1 461	1 106
茂名	41	4 870	2 983	9 065	1 016	787
肇庆	39	4 786	4 485	12 164	1 454	1 045
清远	13	1 639	2 635	4 886	484	353
潮州	9	2 852	1 545	4 331	494	357
揭阳	27	2 344	2 296	5 961	794	541

15—10 各市小学情况

（1993年）

市别	学校数（所）	毕业生数（人）	升学率（%）	招生数（人）	在校学生数（人）	教职工数（人）	#专任教师
广州	1 584	86 600	98.13	117 063	644 907	31 829	26 299
深圳	267	17 685	97.79	26 333	139 272	6 337	5 342
珠海	202	10 046	96.25	14 259	76 329	3 393	2 855
汕头	853	54 638	81.48	80 200	507 071	17 263	14 743
韶关	1 447	52 893	89.16	60 222	358 678	17 726	14 958
河源	1 523	53 548	83.21	61 805	404 243	14 139	11 791
梅州	2 303	80 768	83.23	95 405	595 672	24 869	20 756
惠州	1 248	45 642	88.49	56 497	344 397	16 665	14 028
汕尾	762	32 331	74.81	69 470	345 294	9 612	7 815
东莞	589	26 893	97.79	31 841	180 114	8 445	7 314
中山	388	19 969	96.10	25 949	136 864	5 859	4 975
江门	1 402	60 631	96.23	72 415	389 753	17 403	13 953
佛山	903	49 365	97.25	64 970	342 816	16 369	14 229
阳江	820	42 800	87.49	51 868	306 442	12 896	11 323
湛江	2 142	104 718	85.24	157 806	870 309	35 869	30 659
茂名	1 914	93 526	82.72	124 641	681 095	30 468	26 140
肇庆	2 662	95 975	88.64	119 866	692 829	31 848	27 888
清远	1 592	59 186	81.72	84 261	467 742	19 013	15 944
潮州	820	34 215	92.86	41 642	261 556	11 839	10 510
揭阳	1 265	65 447	90.82	100 546	576 038	20 105	17 079

15—11 各市学龄儿童入学情况

市别	1992年			1993年		
	学龄儿童人数（人）	已入学人数（人）	入学率（%）	学龄儿童人数（人）	已入学人数（人）	入学率（%）
广州	588 432	587 708	99.88	621 659	620 813	99.86
深圳	118 061	118 061	100.00	126 589	126 589	100.00
珠海	64 044	64 022	99.97	68 545	68 285	99.62
汕头	426 083	422 287	99.11	446 828	443 193	99.19
韶关	328 285	324 382	98.81	328 881	325 469	98.96
河源	369 803	364 679	98.61	374 993	372 615	99.37
梅州	540 409	537 088	99.39	545 169	541 994	99.42
惠州	310 834	309 908	99.70	324 022	323 048	99.70
汕尾	288 956	285 022	98.64	303 146	299 250	98.71
东莞	161 591	161 487	99.94	170 321	170 242	99.95
中山	123 233	123 154	99.94	129 635	129 536	99.92
江门	349 615	349 112	99.86	365 327	364 604	99.80
佛山	296 121	295 894	99.92	318 493	318 349	99.95
阳江	271 086	270 111	99.64	275 656	274 972	99.75
湛江	734 999	729 680	99.28	779 439	773 683	99.26
茂名	625 073	620 887	99.33	651 880	649 468	99.63
肇庆	643 484	640 053	99.47	665 066	661 837	99.51
清远	417 806	412 656	98.77	427 742	423 584	99.03
潮州	232 426	229 292	98.65	235 995	234 641	99.43
揭阳	505 644	501 724	99.22	517 526	513 542	99.23

15－12　主要年份文化艺术、文物事业机构数

单位：个

年　份	电影放映单位	艺术表演团体	文化馆	公共图书馆	博物馆	档案馆
1949	60	6	.	7	1	
1952	161	46	90	8	2	
1957	482	138	96	17	6	
1962	941	158	93	22	20	
1965	1 065	151	99	38	28	
1970	1 341	115	71	22	14	
1975	3 293	137	94	58	23	
1978	6 346	150	104	63	29	
1980	6 030	173	95	82	25	
1985	4 703	147	105	98	97	
1990	4 024	130	113	103	106	138
1991	4 041	123	110	104	107	147
1992	3 917	125	113	108	108	150
1993	3 974	127	115	110	108	148

15－13　文化部门艺术表演团体演出基本情况

（1993年）

项　目	剧团数（个）	国内演出场次（万场）	#到农村演出	国内演出观众人次（万人次）
合　计	**126**	**2.02**	**0.97**	**1 828.7**
国营剧团	112	1.74	0.80	1 644.0
集体经营剧团	14	0.28	0.17	184.7
话剧、儿童剧、滑稽剧团	5	0.05		29.1
歌剧、舞剧、歌舞剧团	4	0.03	...	35.5
歌舞团、轻音乐团	10	0.10	0.01	87.1
乐　团	4	0.01		19.2
文工团、文宣队	9	0.09	0.05	41.5
戏曲剧团	79	1.34	0.85	1 468.2
曲、杂、木、皮团	15	0.40	0.06	148.1

15—14 文化、文物事业机构及人员数

（1993年）

项目	合计		文化部门		其他部门	
	机构数（个）	人数（人）	机构数（个）	人数（人）	机构数（个）	人数（人）
总计	**2 603**	**22 144**	**693**	**18 059**	**1 910**	**4 085**
一、文化事业合计	**2 476**	**20 170**	**567**	**16 105**	**1 909**	**4 065**
艺术事业	208	9 113	207	9 028	1	85
图书馆事业	110	2 340	110	2 340		
群众文化事业	2 092	5 878	184	1 898	1 908	3 980
教育事业	10	562	10	562		
其他文化事业	56	2 277	56	2 277		
二、文物事业合计	**127**	**1 974**	**126**	**1 954**	**1**	**20**
文物保护管理机构	10	148	9	128	1	20
博物馆	108	1 630	108	1 630		
文物商店	9	196	9	196		

15—15 公共图书馆、群众文化事业机构及人员数

（1993年）

项目	合计		文化部门		其他部门	
	机构数（个）	人数（人）	机构数（个）	人数（人）	机构数（个）	人数（人）
一、图书馆事业	**110**	**2 340**	**110**	**2 340**		
公共图书馆	110	2 340	110	2 340		
#县图书馆	92	1 169	92	1 169		
儿童图书馆	1	26	1	26		
二、群众文化事业	**2 092**	**5 878**	**184**	**1 898**	**1 908**	**3 980**
群众艺术馆	20	451	20	451		
文化馆	115	1 306	115	1 306		
文化站	1 957	4 121	49	141	1 908	3 980
#乡镇文化站	1 757	3 086	32	54	1 725	3 032

15—16 各市文化、文物事业机构数

（1993年）

单位：个

市别	电影放映单位	艺术表演团体	文化馆	公共图书馆	博物馆	档案馆
广州	300	9	12	13	16	16
深圳	159	4	4	4	1	7
珠海	37	2	2	2	1	4
汕头	103	8	7	8	4	7
韶关	234	9	10	9	9	12
河源	85	6	6	5	6	8
梅州	283	12	8	8	8	9
惠州	163	8	5	5	5	8
汕尾	330	5	4	2	3	5
东莞	119	1		1	2	2
中山	53	1	1	1	2	2
江门	194	5	7	6	6	8
佛山	131	5	6	6	5	7
阳江	130	3	4	3	2	6
湛江	551	9	9	7	5	12
茂名	360	8	5	5	5	6
肇庆	181	14	11	11	10	12
清远	145	6	8	7	7	10
潮州	137	2	2	2	3	1
揭阳	265	4	4	4	5	4
省直属单位	14	5		1	3	2

15—17 各市文化、文物事业机构的人员数

（1993年）

单位：人

市别	电影放映单位	艺术表演团体	文化馆	公共图书馆	博物馆	档案馆
广州	2 222	838	145	321	386	203
深圳	1 115	192	43	219	66	77
珠海	316	65	10	44	13	21
汕头	1 177	613	90	94	24	40
韶关	779	214	85	111	63	59
河源	451	183	94	48	27	21
梅州	1 402	402	112	107	45	58
惠州	650	168	58	64	37	43
汕尾	1 695	227	51	28	29	24
东莞	684	17		45	148	11
中山	306	45	3	56	68	11
江门	1 089	224	86	123	40	80
佛山	1 037	139	56	216	216	41
阳江	718	81	32	53	11	20
湛江	2 425	422	106	109	46	71
茂名	1 142	316	60	69	29	37
肇庆	955	210	133	111	71	54
清远	566	101	54	69	29	40
潮州	915	156	14	29	38	10
揭阳	1 639	231	74	131	55	22
省直属单位	60	739		293	189	100

15－18 图书、杂志、报纸出版数量

项目	单位	1980年	1985年	1990年	1992年	1993年	1993年比1992年增长%
一、图书出版							
种数	种	690	1 684	2 240	2 555	2 103	－17.7
总印数	万册	16 845	39 857	28 070	30 646	28 880	－5.8
总印张数	千印张	684 121	1 291 202	891 562	1 037 642	1 137 041	9.6
二、杂志出版							
种数	种	34	170	253	287	287	
总印数	万册	1 927	12 768	11 325	17 812	19 398	8.9
总印张数	千印张	58 717	402 682	288 263	469 456	544 286	15.9
三、报纸出版							
种数	种	9	96	91	100	108	8.0
总印数	万份	48 808	171 838	138 060	183 793	207 073	12.7
总印张数	千印张	484 173	1 457 150	1 201 860	2 138 500	3 517 514	64.5

注：图书出版种数、总印数、总印张数均包括租型图书。

15－19 图书出版情况

（1993年）

门类	本版图书种数（种）	#新出	租型图书种数（种）	总印数（万册）	总印张数（千印张）
总计	**2 103**	**1 691**	**355**	**28 880.0**	**1 137 041.0**
一、使用《中国标准书号》部分	2 103	1 691	355	28 880.0	1 137 041.0
马克思主义、列宁主义、毛泽东思想	3	3		0.6	58.5
哲学	29	27		18.5	1 944.1
社会科学总论	36	32	1	53.2	5 539.7
政治、法律	67	60	6	87.5	6 467.7
军事					
经济	173	147		147.6	17 402.7
文化、科学、教育、体育	722	566	345	26 910.8	1 000 145.1
语言、文字	70	50	1	95.0	8 935.9
文学	276	248		227.7	21 178.8
艺术	151	101		171.9	7 872.8
历史、地理	188	157		701.8	10 580.3
自然科学总论	14	14		11.3	453.6
数学科学、化学	42	35	2	54.9	5 892.6
天文学、地理科学	5	5		0.6	261.3
生物科学	10	9		2.9	323.8
医药、卫生	99	72		136.3	14 254.0
农业科学	40	31		28.2	2 306.5
工业技术	139	102		168.6	26 161.9
交通运输	6	4		5.1	889.5
环境科学	4	3		3.6	629.1
综合性图书	29	25		53.7	5 743.1
二、不使用《中国标准书号》部分					

15—20 杂志出版情况

（1993年）

门类	种数（种）	平均期印数（万册）	总印数（万册）	总印张数（千印张）
总计	**287**	**1 710.1**	**19 397.8**	**544 286.1**
综合	18	414.4	4 821.3	188 956.0
哲学、社会科学	68	310.6	3 593.7	90 008.6
自然科学、技术	138	282.1	3 343.4	102 254.7
文化、教育	28	466.0	5 083.5	71 315.4
文学、艺术	31	126.1	1 243.8	71 474.4
少年儿童读物	2	107.7	1 286.3	19 269.0
画刊	2	3.2	25.8	1008.0

15—21 报纸出版情况

（1993年）

项目	种数（种）	平均期印数（万份）	总印数（万份）	总印张数（千印张）
总计	**108**	**1 680.6**	**207 073**	**3 517 514**
综合报	41	608.5	147 078	2 831 440
专业报	67	1 072.1	59 995	686 074
一、省级报纸合计	41	946.2	124 049	2 062 878
综合报	10	377.5	90 970	1 739 160
专业报	31	568.7	33 079	323 718
二、市级报纸合计	63	726.4	82 474	1 451 419
综合报	27	223.0	55 558	1 089 063
专业报	36	503.4	26 916	362 356
三、县级报纸合计	4	8.0	550	3 217
综合报	4	8.0	550	3 217

15—22 广播、电视事业发展情况

项目	单位	1980年	1985年	1990年	1992年	1993年	1993年比1992年增长%
广播电台	座	4	15	87	91	94	3.3
中波广播发射台和转播台	座	9	11	12	13	12	−7.7
电视台	座	1	13	38	39	43	10.3
1000瓦及以上电视发射台和转播台	座	10	13	23	24	28	16.7
县、市有线广播站	个	93	95	93	87	81	−6.9

15—23 广播电台宣传基本情况

（1993年）

项目	广播电台（座）	节目套数（套）	平均每日播音时间（时:分）	#自办节目时间	#新闻节目	#专题节目	#文艺节目
合计	**94**	**103**	**1 213:39**	**1 003:00**	**129:36**	**197:29**	**472:28**
省级	3	9	129:45	126:36	12:15	16:25	62:30
市级	19	22	361:49	334:59	39:03	72:38	152:32
县级	72	72	722:05	541:25	78:18	108:26	257:26

15—24 电视台宣传基本情况

（1993年）

项目	电视台（座）	节目套数（套）	平均每周播出时间（时:分）	#自办节目时间	#新闻节目	#专题节目	#文艺节目
合计	**43**	**46**	**2 631:40**	**1 210:00**	**191:02**	**152:16**	**715:52**
省级	1	3	283:30	210:00	41:48	62:30	83:18
市级	19	20	1 244:52	753:30	115:32	65:34	490:04
县级	23	23	1 103:18	246:30	33:42	24:12	142:30

15—25 各市广播、电视事业机构数

（1993年）

市别	广播电台（座）	中波发射转播台和广播台（座）	电视台（座）	1000瓦及以上电视发射台和转播台（座）	县、市有线广播站（个）
广州	8	2	2	2	4
深圳	2		1	1	
珠海	2		1	1	
汕头	4	1	4	1	4
韶关	9	2	5	5	8
河源	4	1	1	5	5
梅州	8	2	3	3	7
惠州	4		3	1	4
汕尾	3		1	2	4
东莞	1		1	1	
中山	1		1		
江门	6		4	2	5
佛山	5				5
阳江	2		1	1	2
湛江	6	1	3	4	5
茂名	5	2	4	3	4
肇庆	11		2	1	12
清远	7		1		6
潮州	2		2		5
揭阳	4	1	3		1

15－26 主要年份卫生事业机构、床位、人员及指数

年份	机构（个）	#医院	床位（张）	#医院床位	卫生工作人员（人）	#卫生技术人员
一、绝对数						
1950	512	180	11 037	9 785	40 445	36 952
1952	1 500	183	15 984	12 467	51 961	45 554
1957	4 823	212	23 486	16 864	78 471	67 330
1962	13 783	921	50 733	37 150	99 268	83 353
1965	12 875	1 807	54 271	43 964	100 137	83 036
1970	5 934	1 844	66 448	54 184	105 643	86 023
1975	5 970	1 858	80 960	75 311	137 755	108 973
1978	6 949	1 968	90 645	84 120	159 583	126 606
1980	7 649	1 988	92 506	84 999	181 480	144 537
1985	8 479	1 853	107 702	98 231	220 593	175 337
1990	8 989	1 885	124 015	114 056	244 039	194 771
1991	9 032	1 906	129 774	119 079	249 717	199 051
1992	8 989	1 943	135 527	124 835	257 043	205 110
1993	8 572	1 968	139 812	129 317	267 432	211 874
二、指数（%）						
1950	100.0	100.0	100.0	100.0	100.0	100.0
1952	293.0	101.7	144.8	127.4	128.5	123.3
1957	942.0	117.8	212.8	172.3	194.0	182.2
1962	2 692.0	511.7	459.7	379.7	245.4	225.6
1965	2 514.6	1 003.9	491.7	449.3	247.6	224.7
1970	1 159.0	1 024.4	602.0	553.7	261.2	232.8
1975	1 166.0	1 032.2	733.5	769.7	340.6	294.9
1978	1 357.2	1 093.3	821.3	859.7	394.6	342.6
1980	1 493.9	1 104.4	838.1	868.7	448.7	391.1
1985	1 656.1	1 029.4	975.8	1 003.9	545.4	474.5
1990	1 755.7	1 047.2	1 123.6	1 165.6	603.4	527.1
1991	1 764.1	1 058.9	1 175.8	1 217.0	617.4	538.7
1992	1 755.7	1 079.4	1 227.9	1 275.8	635.5	555.1
1993	1 674.2	1 093.3	1 266.8	1 321.6	661.2	573.4

15—27 卫生事业机构各类人员数

单位：人

人员分类	1980年	1985年	1990年	1992年	1993年	1993年比1992年增长%
总计	**181 480**	**220 593**	**244 039**	**257 043**	**267 432**	**4.0**
一、卫生技术人员	144 537	175 337	194 771	205 110	211 874	3.3
中医师	14 777	6 571	11 225	11 892	12 401	4.3
西医师	25 817	31 878	44 066	47 700	50 593	6.1
中西医结合高级医师		22	41	70	82	17.1
护师		2 724	14 178	18 196	21 117	16.1
中药师	10 757	198	1 145	1 462	1 964	34.3
西药师	888	1 147	2 996	3 727	4 322	16.0
检验师	581	864	2 736	3 236	3 719	14.9
其他技师	769	960	2 504	2 930	3 480	18.8
中医士		7 620	7 556	7 775	7 758	−0.2
西医士	14 523	15 227	16 694	17 977	18 470	2.7
护士	26 058	31 130	34 276	35 017	35 131	0.3
助产士	4 056	3 912	3 148	3 094	3 078	−0.5
中药剂士		3 115	6 941	7 670	7 627	−0.6
西药剂士	4 624	5 277	6 315	6 168	6 012	−2.5
检验士	2 793	3 649	3 570	3 585	3 684	2.8
其他技士	2 672	4 613	4 406	4 192	4 518	7.8
其他中医		4 249	1 485	939	811	−13.6
护理员	12 588	12 925	7 142	6 694	6 296	−5.9
中药剂员		10 693	6 868	5 969	5 579	−6.5
西药剂员	5 801	6 504	4 133	3 815	3 560	−6.7
检验员	1 493	1 669	1 021	1 034	1 012	−2.1
其他初级卫生技术人员	16 340	20 390	12 325	11 968	10 658	−10.9
二、其他技术人员	1 342	1 941	4 065	4 937	5 195	5.2
三、管理人员	16 325	19 377	18 554	19 152	21 988	14.8
四、工勤人员	19 276	23 938	26 649	27 844	28 375	1.9
五、平均每千人口有卫生技术人员	2.76	3.10	3.12	3.17	3.22	1.6
#医生	1.05	1.16	1.30	1.34	1.37	2.2

注：1980年中医师含中医士、其他中医，中药师含中药剂士、中药剂员。

15－28 卫生事业机构、床位数

项目	1980年	1985年	1990年	1992年	1993年	1993年比1992年增长％
一、卫生事业机构数（个）	**7 649**	**8 479**	**8 989**	**8 989**	**8 572**	**－4.6**
医院	1 988	1 853	1 885	1 943	1 968	1.3
＃县及县以上医院	358	464	547	580	598	3.1
疗养院、所	37	53	50	50	45	－10.0
门诊部、所	4 998	5 917	6 353	6 271	5 790	－7.7
专科防治所、站	123	148	152	162	160	－1.2
卫生防疫站	112	127	149	155	168	8.4
妇幼保健所、站	65	58	63	65	66	1.5
药品检验所、室	79	87	95	97	101	4.1
医学科学研究机构	14	15	17	17	21	23.5
高、中等医药院、校	21	29	38	38	41	7.9
其他卫生事业机构	212	192	187	191	212	11.0
二、床位数（万张）	**9.25**	**10.77**	**12.40**	**13.55**	**13.98**	**3.2**
＃医院床位	8.50	9.82	11.41	12.48	12.93	3.6
三、平均每千人口有医院床位数（张）	**1.63**	**1.74**	**1.83**	**1.93**	**1.96**	**1.6**

15－29 各市卫生事业机构、床位和人员数

（1993年）

市别	机构数（个）	＃医院	床位数（张）	＃医院床位	卫生工作人员（人）	＃卫生技术人员	医生（人）	＃中医
广州	2 094	207	31 111	26 261	66 782	50 097	22 153	4 009
深圳	400	45	5 252	5 168	12 261	9 888	4 798	639
珠海	208	21	1 772	1 586	4 388	3 552	1 694	285
汕头	131	69	6 433	6 363	13 297	10 784	4 517	1 310
韶关	626	156	9 005	7 722	14 676	11 421	4 818	785
河源	246	113	3 607	3 473	7 112	5 782	2 033	568
梅州	471	166	7 027	6 804	14 292	11 650	4 924	1 566
惠州	284	92	4 763	4 763	9 400	7 559	3 009	798
汕尾	125	37	1 942	1 942	5 592	4 500	1 683	601
东莞	100	38	4 940	4 940	5 283	4 554	2 044	381
中山	145	32	3 076	2 978	4 321	3 589	1 491	323
江门	580	108	8 761	8 329	14 564	11 841	4 660	1 100
佛山	698	79	10 555	9 643	18 109	14 663	6 262	1 186
阳江	141	57	2 874	2 874	5 176	4 239	1 743	474
湛江	530	147	12 178	11 493	19 456	14 884	6 411	1 502
茂名	416	140	7 118	6 902	11 715	9 597	4 011	1 307
肇庆	657	195	8 660	8 127	16 457	12 939	5 254	1 324
清远	373	144	4 777	4 684	8 384	7 044	3 099	750
潮州	155	47	2 264	2 061	6 926	5 769	2 251	817
揭阳	192	75	3 697	3 204	9 241	7 522	3 260	1 245

15—30 卫生事业机构、床位及人员数

（1993年）

机构类别	机构数（个）	床位数（张）	人员数（人）	#卫生技术人员	#医生
总计	**8 572**	**139 812**	**267 432**	**211 874**	**90 115**
一、医院	1 968	129 317	197 006	156 208	58 608
1.县及县以上医院小计	599	92 312	134 350	102 793	38 250
综合医院	354	56 649	85 847	65 662	24 558
中医医院	105	10 288	17 931	14 396	5 426
医学院校附属医院	16	8 118	13 673	10 376	3 956
传染病院	3	501	753	540	178
精神病院	28	6 201	3 541	2 319	619
结核病院	4	1 202	883	630	182
妇幼保健院	51	3 780	7 179	5 603	2 123
儿童医院	2	426	1 058	781	255
麻风病院	9	2 383	397	239	100
职业病院	5	510	737	549	232
肿瘤医院	3	369	299	220	67
康复医院	7	1 481	748	431	92
口腔医院	5	65	496	393	194
眼科医院	1	60	87	68	21
整形医院	1	20	11	5	1
中西医结合医院	1	60	194	157	71
其他专科医院	4	199	516	424	175
2.乡(镇)卫生院	1 362	36 709	62 217	53 091	20 225
3.其他医院	7	296	439	324	133
二、疗养院、所	45	5 823	2 646	1 290	449
三、门诊部、所	5 790	1 564	30 219	27 117	14 188
四、专科防治所、站	160	733	4 688	3 606	1 750
#结核病防治所、站	27	209	986	736	292
职业病防治所、站	7	15	281	223	117
口腔病防治所、站	11		363	266	144
五、卫生防疫站	168	40	9 219	7 105	4 732
#县卫生防疫站	69		3 237	2 514	1 599
六、妇幼保健所、站	66	415	1 690	1 361	728
七、药品检验所、室	101		910	665	18
八、医学科学研究机构	21	351	1 300	947	439
#中医药研究院、所	3	100	101	79	38
九、高等医药院校	8		5 493	2 078	1 558
十、中等医药学校	33		2 367	1 092	648
十一、其他卫生事业机构	212	1 569	3 320	1 851	821
十二、个体开业			8 574	8 554	6 176

15—31 运动员在各次比赛中取得的成绩

项目	单位	1980年	1985年	1990年	1992年	1993年	1993年比1992年增长%
破世界纪录	项	1	1	9	13	10	—23.1
获得世界冠军	个	2	9	14	14	19	35.7
破亚洲纪录	项		3	4	9	6	—33.3
破全国纪录	项		6	28	20	42	110.0
获得全国冠军	项次		59	92	86	75	—12.8

15—32 群众体育活动情况

项目	单位	1980年	1985年	1990年	1992年	1993年	1993年比1992年增长%
举办县区级及以上运动会	次	964	2 383	2 910	4554	2 116	—53.5
参加运动会的运动员人数	万人次	28.17	78.04	128.33	160.53	96.01	—40.2
达到《国家体育锻炼标准》人数	万人	89.06	319.56	488.92	578.06	855.08	47.9
优秀级	万人			89.17	115.57	162.16	40.3
良好级	万人			204.63	220.87	310.25	40.5
及格级	万人			195.12	241.62	382.67	58.4

15—33 体委系统职工年末人数

（1993年）

单位：人

人员分类	职工人数	# 优秀运动队	# 体育运动学校	# 重点业余体校	# 普通业余体校	# 公共体育场所
合计	**8 063**	**1 771**	**1 006**	**52**	**1 166**	**1 141**
运动员	1 080	1 080				
专职教练员	1 324	223	368	31	695	
专职文化教师	435	26	275	15	119	
科技人员	87		23			
宣传出版人员	31					1
医务人员	142	70	34	3	7	17
管理人员	2 439	198	124	3	167	447
其他人员	2 525	174	182		178	676

15－34 交通事故发生情况

（1993年）

项目	单位	合计	按事故发生程度分			按事故发生地区分	
			特大	重大	一般	城市	郊区、县
发生	起	42 700	100	6 332	36 268	13 046	29 654
死亡	人	6 933	448	6 485		2 105	4 828
受伤	人	21 075	535	2 634	17 906	4 638	16 437
损失折款	万元	19 798.50	439.78	4 427.64	14 931.08	7 222.34	12 576.16
平均每起事故损失	元	4 636	43 978	6 992	4 116	5 536	4 240

15－35 火灾事故发生情况

（1993年）

项目	单位	合计	按事故发生程度分		
			特大	重大	一般
发生	起	1 362	35	227	1 100
死亡	人	329	143	80	106
受伤	人	889	715	53	121
损失折款	万元	38 653.62	32 583.87	3 794.70	2 275.05
平均每起事故损失	元	283 800	9 309 676	167 167	20 682

15-36 律师、公证、基层司法及法学教育基本情况

项　　目	单位	1981年	1985年	1990年	1992年	1993年	1993年比1992年增长%
一、律师工作							
律师事务所	个	67	146	236	328	384	17.1
执业律师	人	246	1 816	3 264	4 681	5 840	24.8
担任常年法律顾问	家		1 579	7 774	12 449	15 731	26.4
民事代理	件	434	5 523	22 203	25 219	13 906	−44.9
非诉讼事件	件	147	3 933	16 066	29 399	38 069	29.5
刑事辩护	件	1 469	3 557	11 647	10 489	8 845	−15.7
国内经济法律事务	件		6 925	25 818			
涉外法律事务	件		1 662	4 217	7 939	8 317	4.8
#涉外经济法律事务	件		608	936	625	873	39.7
帮助避免经济损失	万元		113 988	92 158	81 523	132 000	61.9
解答法律询问	件	8 235	44 350	104 735	122 775	87 828	−28.5
二、公证工作							
公证处	个	99	119	135	138	141	2.2
公证人员	人	274	550	909	1 058	1 111	5.0
办结公证总数	件	69 180	200 022	611 321	962 850	897 258	−6.8
#国内民事公证	件	3 740	19 616	132 135	383 993	294 120	−23.4
国内经济公证	件	136	91 074	124 049	273 401	292 108	6.8
涉外民事经济公证	件	65 304	89 332	355 137	305 456	311 030	1.8
协助调入非贸易外汇	万元	377.4	1 632	4 385	1 854	78 000	4 107.1
三、基层司法工作							
法律服务所	个		1 154	1 816	1 833	1 828	−0.3
法律服务所人员	人		2 837	5 553	6 704	6 532	−2.6
担任法律顾问	家		220	12 945	26 560	29 603	11.5
民事诉讼代理	件		1 327	6 137	8 757	9 049	3.3
非诉讼代理	件		1 470	62 436	87 303	93 905	7.6
帮助挽回经济损失	万元			15 233	56 925	72 000	26.5
人民调解委员会	个	25 290	27 696	32 076	32 370	32 325	−0.1
调解人员	人	151 685	180 827	219 082	268 521	278 981	3.9
调解纠纷总数	件	229 962	237 610	184 231	180 330	172 734	−4.2
四、法学教育							
普通成人高等法学教育							
招生数	人		8 025	3 747	4 853	2 858	−41.1
在校生数	人		7 420	9 746	9 738	6 883	−29.3
毕业生数	人		639	919	2 957	955	−67.7
普通成人中等法学教育							
招生数	人		500	855	798	1 178	47.6
在校生数	人		749	2 475	2 278	1 983	−12.9
毕业生数	人		199	2 065	801	964	20.3

15—37 优抚和社会救济、福利事业情况

项目	单位	1980年	1985年	1990年	1992年	1993年	1993年比1992年增长%
一、优抚事业							
优抚收养性事业单位数	个	28	26	40	39	48	23.1
民政部门办	个	28	26	31	33	35	6.1
集体部门办	个			9	6	13	116.7
优抚收养性单位收养人数	人次	697	1 149	1 556	1 737	1 628	−6.3
民政部门收养人数	人次	697	1 139	1 515	1 696	1 526	−10.0
集体部门收养人数	人次		10	41	41	102	148.8
优抚事业费用	万元	1 404	4 686	12 250	14 939	18 829	26.0
民政部门支出	万元	1 404	2 319	5 941	7 156	9 719	35.8
群众优待	万元		2 367	6 309	7 783	9 110	17.0
二、社会救济							
社会困难救济人数	万人次	232.50	214.20	166.40	211.88	161.00	−24.0
年末社会散居孤老残幼人数	万人	12.67	14.90	17.00	17.05	20.00	17.3
#国家定期定量救济	万人		1.70	2.40	2.58	2.37	−8.1
集体供给	万人	10.90	10.60	12.20	12.44	12.31	−1.0
社会救济福利事业费	万元	2 417	2 900	6 418	8 381	14 081	68.0
自然灾害救济费	万元	2 015	4 643	2 679	4 322	6 519	50.8
三、社会福利							
社会福利事业单位数	个	463	872	1 313	1 527	1 660	8.7
民政部门办	个	37	47	53	63	65	3.2
集体部门办	个	426	825	1 260	1 464	1 595	8.9
社会福利事业单位收养人数	人	6 091	12 624	21 810	27 340	30 921	13.1
民政部门	人	3 037	3 294	4 312	5 075	5 379	6.0
集体单位	人	3 054	9 330	17 498	22 265	25 542	14.7
社会福利企业单位	个	60	415	1 506	2 807	4 228	50.6
安排"四残"人员就业数	人	2 927	5 995	17 801	19 067	19 990	4.8
民政部门安排人数	人	2 927	3 627	4 649	5 189	5 647	8.8
集体单位安排人数	人		2 368	13 152	13 878	14 343	3.4
四、城乡基层社会保障							
农村建立社会保障网络							
乡镇数	个			225	581	909	56.5
城镇社区服务设施数	个			4 985	8 557	2 056	−76.0

15—38 婚姻登记情况

项目	单位	1980年	1985年	1990年	1992年	1993年	1993年比1992年增长%
准予登记结婚	对	391 455	376 759	506 597	524 446	592 487	13.0
＃涉外及华侨港澳同胞	对	9 310	11 650	14 661	14 319	13 925	—2.8
准予登记结婚人数							
占总人口千分率	‰		13.3	16.2	16.2	18.0	
晚婚率	%		67.6	68.3	70.2	70.4	

15—39 环境保护基本情况

项目	单位	1980年	1985年	1990年	1992年	1993年
一、废水						
废水排放总量	万吨	151 267	195 014	251 262	268 851	295 990
＃工业废水	万吨	114 862	126 602	140 250	141 939	139 762
每万元产值工业废水						
排放量	吨/万元	529	286	118	82	64.7
外排工业废水处理率	%	30.2	43.6	56.8	64.4	68.6
外排工业废水达标率	%	22.5	40.4	47.1	50.1	52.6
二、废气						
废气排放总量	万标立方米		17 926 104	35 877 925	49 799 831	58 391 805
工业废气处理率	%		55.1	75.5	81.8	83.1
三、工业粉尘						
粉尘排放量	万吨		42.20	41.70	39.05	53.00
粉尘回收量	万吨		46.10	126.20	153.39	172.00
粉尘回收率	%		52.2	75.2	79.7	76.4
四、工业废渣						
工业废渣产生量	万吨	1 075	1 482	1 678	1 756	1 614
废渣处置贮存率	%		45.1	62.0	51.7	51.7
废渣利用率	%	20.6	16.5	33.7	47.9	51.4
五、"三废"综合利用产品产值	**万元**		**10 068**	**31 624**	**53 284**	**86 426**
六、"三废"综合利用利润	**万元**		**2 444**	**7 762**	**10 348**	**16 860**

十六、各县（区）主要指标

16-1 各县(区)年末人口数及耕地面积

(1993年)

单位:人

县(区)别	总人口	按性别分		按农业、非农业分		耕地面积(亩)
		男	女	非农业人口	农业人口	
广州市						
越秀区	465 345	235 070	230 275	463 688	1 657	
东山区	563 974	291 566	272 408	562 437	1 537	
海珠区	710 153	376 120	334 033	642 750	67 403	17 523
荔湾区	537 544	274 462	263 082	535 579	1 965	
天河区	381 908	207 591	174 317	312 865	69 043	20 984
白云区	748 486	385 714	362 772	284 574	463 912	298 870
黄埔区	169 823	92 392	77 431	123 004	46 819	22 786
芳村区	149 037	78 679	70 358	112 134	36 903	18 730
花都市	529 266	266 941	262 325	150 527	378 739	297 599
增城市	705 861	360 949	344 912	162 637	543 224	507 849
番禺市	822 279	410 009	412 270	300 704	521 575	585 701
从化县	452 971	230 831	222 140	102 973	349 998	299 308
深圳市						
福田区	179 853	98 244	81 609	179 853		1 850
罗湖区	258 214	135 673	122 541	258 214		
南山区	83 343	45 118	38 225	83 343		6 500
宝安区	215 190	106 334	108 856	85 414	129 776	44 056
龙岗区	140 266	67 088	73 178	33 935	106 331	38 110
珠海市						
香洲区	309 247	160 516	148 731	241 188	68 059	76 953
斗门县	265 384	137 460	127 924	67 131	198 253	400 007
汕头市						
龙湖区	102 511	51 481	51 030	54 596	47 915	13 070
金园区	325 799	163 498	162 301	283 589	42 210	5 736
升平区	327 383	169 537	157 846	256 905	70 478	17 997
达濠区	159 115	79 411	79 704	79 091	80 024	12 988
潮阳市	2 121 842	1 069 706	1 052 136	344 337	1 777 505	503 192
澄海县	774 425	391 062	383 363	154 866	619 559	215 255
南澳县	70 094	35 435	34 659	19 681	50 413	6 937
韶关市						
北江区	151 192	81 685	69 507	141 366	9 826	
浈江区	163 947	90 305	73 642	142 096	21 851	
武江区	138 991	71 364	67 627	109 674	29 317	
仁化县	174 691	89 453	85 238	57 665	117 026	137 352

注:本表的农业与非农业人口数是公安部门提供的户籍人口,与从事农业或非农业的人口数统计口径不同。

16－1续表1　　(1993年)　　单位：人

县（区）别	总人口	按性别分		按农业、非农业分		耕地面积（亩）
		男	女	非农业人口	农业人口	
南雄县	444 166	223 330	220 836	81 818	362 348	440 358
始兴县	228 288	113 391	114 897	40 732	187 556	180 825
翁源县	341 835	176 397	165 438	57 864	283 971	299 091
新丰县	219 828	113 392	106 436	42 617	177 211	143 697
曲江县	376 477	193 180	183 297	96 622	279 855	336 757
乳源县	188 525	96 644	91 881	32 402	156 123	155 232
乐昌县	470 077	245 777	224 300	161 136	308 941	286 835
河源市						
源城区	177 314	90 335	86 979	120 284	57 030	50 862
和平县	445 148	228 208	216 940	51 971	393 177	233 178
龙川县	780 981	393 092	387 889	104 125	676 856	444 572
紫金县	666 553	341 253	325 300	134 198	532 355	412 347
连平县	340 057	174 720	165 337	57 123	282 934	210 212
东源县	467 791	241 026	226 765	37 695	430 096	299 104
梅州市						
梅江区	255 540	132 957	122 583	156 878	98 662	41 598
梅　县	579 361	295 990	283 371	74 910	504 451	342 899
蕉岭县	216 157	111 774	104 383	45 981	170 176	112 457
大埔县	488 573	253 605	234 968	68 611	419 962	205 983
丰顺县	591 876	307 608	284 268	73 854	518 022	273 447
五华县	1 056 454	540 202	516 252	105 265	951 189	482 887
兴宁县	1 053 043	540 241	512 802	157 724	895 319	440 927
平远县	235 420	119 731	115 689	40 533	194 887	157 482
惠州市						
惠城区	292 844	149 743	143 101	218 129	74 715	46 220
惠东县	620 917	317 516	303 401	156 364	464 553	496 405
惠阳县	548 696	272 647	276 049	140 296	408 400	479 492
博罗县	704 157	358 546	345 611	139 106	565 051	695 971
龙门县	290 592	149 838	140 754	58 647	231 945	259 762
汕尾市						
城　区	374 125	195 219	178 906	126 841	247 284	82 957
海丰县	651 670	342 767	308 903	155 696	495 974	372 247
陆河县	224 265	118 374	105 891	23 467	200 798	109 067
陆丰县	1 150 222	605 784	544 438	238 910	911 312	507 825

16—1 续表2　　(1993年)　　单位:人

(区) 别	总人口	按性别分		按农业、非农业分		耕地面积(亩)
		男	女	非农业人口	农业人口	
东莞市	1 389 232	692 016	697 216	337 408	1 051 824	753 746
中山市	1 216 659	613 153	603 506	328 825	887 834	685 002
江门市						
城　区	210 380	107 891	102 489	209 912	468	
郊　区	114 654	56 150	58 504	65 401	49 253	22 681
新会市	887 843	443 206	444 637	252 242	635 601	535 384
台山市	1 001 417	516 530	484 887	180 522	820 895	853 121
开平市	656 718	327 856	328 862	166 588	490 130	511 314
鹤山市	339 702	174 113	165 589	101 844	237 858	238 877
恩平县	439 285	230 332	208 953	148 692	290 593	408 500
佛山市						
城　区	283 342	144 350	137 992	282 342		
石湾区	131 485	66 740	64 745	69 118	62 367	16 335
南海市	994 994	492 810	502 184	260 412	734 582	568 505
顺德市	974 568	483 188	491 380	292 894	681 674	319 872
三水市	353 646	179 155	174 491	131 043	222 603	285 457
高明县	257 812	133 788	124 024	99 900	157 912	213 552
阳江市						
江城区	486 303	251 732	234 571	240 259	246 044	179 508
阳东县	481 829	257 406	224 423	58 402	423 427	460 239
阳西县	422 490	229 110	193 380	75 020	347 470	338 879
阳春县	963 409	507 604	455 805	176 290	787 119	707 723
湛江市						
赤坎区	168 958	88 526	80 432	142 313	26 645	11 907
霞山区	283 152	150 987	132 165	228 964	54 188	24 506
坡头区	308 368	159 779	148 589	47 806	260 562	217 957
郊　区	387 136	202 323	184 813	44 596	342 540	289 791
廉江市	1 295 085	683 946	611 139	207 495	1 087 590	853 040
吴川县	808 003	425 909	382 094	157 976	650 027	371 858
徐闻县	584 725	303 958	280 767	98 941	485 784	856 293
海康县	1 190 059	629 251	560 808	187 810	1 002 249	1 492 575
遂溪县	794 704	419 742	374 962	128 870	665 834	1 027 083
茂名市						
茂南区	577 604	301 729	275 875	228 277	349 327	206 082
高州市	1 347 726	707 685	640 041	141 351	1 206 375	645 395

16—1续表3　　(1993年)　　单位:人

县（区）别	总人口	按性别分		按农业、非农业分		耕地面积（亩）
		男	女	非农业人口	农业人口	
信宜县	1 028 792	534 089	494 703	138 766	890 026	397 015
电白县	1 400 059	736 812	663 247	170 635	1 229 424	663 480
化州县	1 171 408	622 384	549 024	155 006	1 016 402	660 433
肇庆市						
端州区	256 789	134 223	122 566	217 913	38 876	10 901
鼎湖区	136 777	66 956	69 821	33 525	103 252	140 117
云浮市	516 250	266 003	250 247	213 884	302 366	252 228
高要市	679 398	341 368	338 030	135 319	544 079	476 275
四会市	384 375	196 011	188 364	104 863	279 512	307 517
罗定市	923 721	486 606	437 115	97 237	826 484	496 001
广宁县	511 744	263 315	248 429	99 511	412 233	245 996
新兴县	408 838	205 944	202 894	87 813	321 025	286 189
德庆县	330 794	172 244	158 550	58 964	271 830	206 272
郁南县	452 276	238 358	213 918	93 401	358 875	226 824
封开县	409 932	211 558	198 374	81 112	328 820	308 655
怀集县	753 621	383 167	370 454	68 169	685 452	413 937
清远市						
清城区	468 640	237 518	231 122	161 480	307 160	290 320
清新县	621 498	321 829	299 669	59 109	562 389	469 314
英德县	936 618	487 622	448 996	196 808	739 810	809 564
佛冈县	277 268	141 867	135 401	40 505	236 763	193 937
连山县	106 572	56 142	50 430	23 262	83 310	111 851
连南县	142 647	73 838	68 809	24 975	117 672	110 081
连　县	485 139	250 051	235 088	83 335	401 804	370 421
阳山县	476 975	244 741	232 234	55 958	421 017	372 730
潮州市						
湘桥区	316 405	159 048	157 357	219 704	96 701	21 326
饶平县	874 976	449 186	425 790	176 126	698 850	289 898
潮安县	1 068 053	548 547	519 506	138 958	929 095	327 327
揭阳市						
榕城区	531 860	269 693	262 167	167 616	364 244	90 025
普宁市	1 510 510	775 726	734 784	193 259	1 317 251	399 342
揭东县	1 051 674	529 044	486 630	57 123	958 551	413 939
惠来县	859 231	437 813	421 418	144 642	714 589	304 858
揭西县	729 794	384 033	345 761	143 940	585 854	295 078

16－2 各县（区）社会总产值

（1993年）　　　　单位：万元

县（区）别	社会总产值	农业	工业	建筑业	运输业	商业
广州市						
市区	12 613 234	292 659	8 442 720	1473 557	947 680	1 456 618
花都市	1 039 114	127 142	638 868	132 138	71 521	69 445
增城市	1 013 058	128 749	593 680	157 502	63 914	69 213
番禺市	2 173 589	163 152	1 534 388	179 182	87 692	209 175
从化县	431 472	61 858	206 244	119 655	13 752	29 963
深圳市	9 311 986	192 876	6 064 973	1 718 872	340 167	995 098
珠海市						
市区	2 345 970	60 705	1 506 455	545 739	75 201	157 870
斗门县	543 836	65 763	283 371	136 435	18 800	39 467
汕头市						
市区	1 978 453	42 145	1 261 419	315 682	108 697	250 510
潮阳市	752 573	196 182	424 795	57 584	17 326	56 686
澄海县	451 288	96 824	279 621	51 125	11 487	12 231
南澳县	60 823	35 339	11 984	8 623	1 761	3 116
韶关市						
市区	1 094 722	13 525	871 841	116 552	41 461	51 343
仁化县	87 629	29 075	34 905	13 640	4 596	5 413
南雄县	236 546	67 005	141 216	9 849	5 147	13 329
始兴县	85 821	47 055	25 793	5 495	3 221	4 257
翁源县	118 389	47 315	51 249	11 188	2 866	5 771
新丰县	64 857	23 318	25 313	6 146	4 001	6 079
曲江县	201 074	57 409	116 450	9 524	6 907	10 784
乳源县	58 211	17 773	25 644	7 749	2 351	4 694
乐昌县	222 439	49 190	137 725	13 663	9 408	12 453
河源市						
市区	119 558	11 619	51 646	42 525	3 580	10 188
和平县	73 090	39 523	17 012	8 631	2 560	5 364
龙川县	134 106	45 599	45 827	30 449	5 177	7 054
紫金县	134 067	74 465	34 600	13 192	3 429	8 381
连平县	80 905	32 654	23 575	8 550	3 123	13 003
东源县	95 652	46 952	31 564	8 403	3 815	4 918
梅州市						
市区	262 947	11 406	183 636	33 121	13 614	21 170
梅县	378 378	91 461	217 961	39 313	18 641	11 002
蕉岭县	141 584	20 739	77 170	24 358	8 523	10 794
大埔县	145 477	33 880	81 078	14 751	8 652	7 116

注：本表按当年价格计算。

16－2　续表1　　(1993年)　　单位:万元

县（区）别	社会总产值	农业	工业	建筑业	运输业	商业
丰顺县	158 120	50 273	69 268	16 400	12 086	10 093
五华县	200 755	60 759	91 222	20 024	15 120	13 630
兴宁县	360 611	47 970	249 474	24 799	19 571	18 797
平远县	95 823	23 671	54 702	7 988	4 861	4 601
惠州市						
市区	1 264 915	13 828	894 184	243 825	21 022	92 056
惠东县	519 423	115 211	232 520	108 915	18 853	43 924
惠阳县	643 791	93 859	283 466	172 620	32 787	61 059
博罗县	531 115	135 549	247 807	101 729	21 209	24 821
龙门县	124 668	32 890	54 929	18 282	8 458	10 109
汕尾市						
市区	232 751	104 841	46 183	45 989	10 980	24 758
海丰县	303 327	72 987	139 092	51 610	12 826	26 812
陆河县	46 614	18 586	11 320	9 843	2 237	4 628
陆丰县	364 846	56 591	225 100	43 825	13 246	26 084
东莞市	2 881 658	284 538	2148 844	167 749	109 307	171 220
中山市	2 913 127	247 139	2239 352	189 382	73 854	163 400
江门市						
市区	1 214 178	14 971	959 434	91 430	38 411	109 932
新会市	1 453 419	145 419	1 129 573	62 837	30 861	84 729
台山市	1 067 368	181 371	708 712	85 281	27 048	64 956
开平市	946 187	101 968	682 120	88 000	20 421	53 678
鹤山市	646 162	59 850	480 902	53 141	10 437	41 832
恩平县	607 016	83 730	447 596	28 150	19 040	28 500
佛山市						
市区	2 710 799	22 389	2 214 451	229 348	35 682	208 929
南海市	2 889 556	221 050	2 093 691	244 021	100 653	230 141
顺德市	3 081 992	182 252	2 364 928	181 102	70 257	283 453
三水市	1 004 756	92 981	690 600	71 618	29 690	119 867
高明县	462 931	58 915	309 316	45 084	17 809	31 807
阳江市						
市区	500 989	67 087	182 898	177 036	15 500	58 468
阳东县	177 177	72 047	54 559	18 965	21 061	10 545
阳西县	173 241	80 107	46 320	17 356	13 528	15 930
阳春县	449 362	144 617	219 053	42 536	17 272	25 884
湛江市						
市区	1 400 452	112 659	908 873	152 547	85 147	141 226
廉江市	569 053	216 970	226 073	44 455	33 572	47 983
吴川县	391 337	67 290	245 585	32 932	11 595	33 935

16—2 续表2 (1993年) 单位:万元

县(区)别	社会总产值	农业	工业	建筑业	运输业	商业
徐闻县	225 766	99 645	69 791	18 061	28 568	9 701
海康县	439 280	200 886	146 195	45 850	13 804	32 545
遂溪县	443 315	187 975	181 912	24 890	16 977	31 561
茂名市						
市区	1 423 715	63 088	1 139 890	122 681	21 817	76 239
高州市	675 908	246 889	269 365	73 260	43 364	43 030
信宜县	367 725	106 953	196 963	30 287	15 377	18 145
电白县	719 037	237 493	295 099	87 179	31 628	67 638
化州县	639 821	222 673	306 254	39 644	12 183	59 067
肇庆市						
市区	853 119	53 599	497 816	185 891	27 148	88 665
云浮市	783 978	126 094	545 307	57 628	28 697	26 252
高要市	645 957	148 363	360 977	69 850	32 976	33 791
四会市	436 071	89 575	287 878	21 016	11 880	25 722
罗定市	760 891	181 702	444 471	86 222	16 946	31 550
广宁县	286 634	78 686	147 687	24 155	20 320	15 786
新兴县	313 760	97 667	167 873	24 374	14 481	9 365
德庆县	215 707	72 455	112 053	19 540	4 558	7 101
郁南县	287 509	88 734	157 108	20 192	11 348	10 127
封开县	288 241	85 517	163 064	18 760	7 026	13 874
怀集县	269 521	124 166	90 961	25 715	12 126	16 553
清远市						
市区	413 479	62 181	174 961	123 129	21 675	31 533
清新县	222 212	98 394	78 742	17 655	10 320	17 101
英德县	355 709	148 613	135 257	29 503	18 814	23 522
佛冈县	95 797	24 250	43 926	12 885	3 510	11 226
连山县	34 720	15 644	9 172	3 154	2 878	3 872
连南县	45 941	12 628	19 802	6 915	1 117	5 479
连县	162 693	61 144	62 998	18 337	7 554	12 660
阳山县	143 184	61 812	45 999	22 472	6 793	6 108
潮州市						
市区	467 948	15 793	371 323	37 595	9 602	33 635
饶平县	388 445	159 823	166 389	36 805	9 405	16 023
潮安县	674 986	153 050	371 556	100 723	27 507	22 150
揭阳市						
市区	338 540	38 829	198 449	71 296	12 715	17 251
普宁市	552 472	111 387	340 006	47 482	16 487	37 110
揭东县	445 366	141 964	189 396	49 310	10 577	54 119
惠来县	326 374	136 718	149 039	25 467	5 091	10 059
揭西县	238 351	84 207	107 854	21 578	14 586	10 126

16-3 各县(区)社会总产值增长速度

(1993年)

单位:%

县(区)别	社会总产值	农业	工业	建筑业	运输业	商业
广州市						
市区						
花都市		7.3	60.4	37.6	80.6	
增城市		12.0		117.0	65.8	35.4
番禺市	45.8	−3.8	57.7	19.6	25.4	38.6
从化县	33.1	−29.6	49.4	92.8	173.0	−16.3
深圳市	36.1	−7.1	40.0	27.0	75.0	26.8
珠海市						
市区	27.7	−9.8	33.0	22.7	6.7	3.4
斗门县	27.1	−20.2	44.9	25.4	14.8	13.7
汕头市						
市区	31.7	−3.7	25.1	40.0	64.9	81.7
潮阳市	38.5	5.6	70.3	1.1	43.5	4.1
澄海县	47.1	−6.6	75.0	58.4	13.2	4.2
南澳县	34.9	33.6	54.7	20.5	66.6	16.2
韶关市						
市区	14.4	9.4	10.4	53.4	23.1	14.4
仁化县	23.7	8.7	41.9	20.8	36.5	25.7
南雄县	63.6	7.8	144.2	−19.8	54.1	17.3
始兴县	18.2	7.1	40.2	40.3	43.5	1.4
翁源县	22.0	4.0	42.6	26.0	15.7	28.5
新丰县	24.7	15.0	36.2	30.6	11.1	42.4
曲江县	23.5	7.2	43.6	11.8	−5.6	2.4
乳源县	24.0	1.1	36.3	67.4	42.5	30.6
乐昌县	34.9	8.3	59.8	31.1	9.4	6.2
河源市						
市区	26.8	−4.8	27.5	54.7	3.8	7.9
和平县	12.4	9.9	12.9	22.0	12.9	11.5
龙川县	24.3	5.3	22.4	102.3	21.9	9.5
紫金县	9.8	1.5	26.5	18.0	29.5	2.9
连平县	22.7	14.6	16.4	33.8	16.5	59.8
东源县	7.8	−1.2	16.6	16.8	38.9	17.9
梅州市						
市区	18.9	14.2	17.3	7.8	179.9	−2.0
梅县	26.3	20.1	30.8	27.5	42.4	6.0
蕉岭县	36.2	10.8	42.7	38.9	24.2	93.0
大埔县	24.7	14.4	49.7	−36.5	39.4	17.2

注:本表按可比价格计算。

16—3 续表1 (1993年) 单位：%

县（区）别	社会总产值	农业	工业	建筑业	运输业	商业
丰顺县	21.2	7.0	27.5	32.6	59.9	35.1
五华县	25.8	3.4	47.4	4.2	81.7	30.7
兴宁县	59.7	—20.9	123.2	4.3	32.8	45.4
平远县	19.9	8.4	33.4	4.5	14.1	27.1
惠州市						
市区	49.2	—13.7	46.1	97.3	78.9	27.6
惠东县	48.0	11.0	67.9	41.5	36.1	80.2
惠阳县	54.9	9.1	99.0	9.9	145.8	60.6
博罗县	41.9	7.2	62.9	56.3	31.3	26.6
龙门县	32.1	3.2	76.1	—4.0	109.7	39.6
汕尾市						
市区	35.6	23.4	51.6	78.7	72.4	—11.6
海丰县	51.1	—3.2	118.9	49.0	18.1	8.2
陆河县	26.0	9.2	38.7	54.4	71.0	5.9
陆丰县	45.8	—25.8	102.3	35.9	15.4	16.2
东莞市	31.4	—16.9	36.0	71.6	32.1	50.9
中山市	39.9	—13.2	51.0	3.4	62.0	18.3
江门市						
市区	32.3	—20.6	35.2	25.0	40.9	20.2
新会市	34.2	—7.8	41.0	43.8	38.7	37.2
台山市	46.8	—4.1	69.7	29.7	7.3	25.4
开平市	46.9	—6.5	55.1	64.5	38.6	31.1
鹤山市	44.9	—4.4	51.2	39.1	88.2	40.7
恩平县	42.8	—17.8	61.4	48.2	63.9	25.9
佛山市						
市区	33.6	—14.0	35.1	18.3	25.7	38.9
南海市	34.7	4.0	33.0	27.4	98.8	77.9
顺德市	35.9	7.0	33.2	9.8	78.5	137.6
三水市	52.3	14.0	30.4	67.0	36.4	63.2
高明县	34.9	5.2	51.4	—17.5	82.4	30.3
阳江市						
市区	39.1	4.1	17.7	218.9	15.7	32.2
阳东县		—6.4	59.7	40.0		—4.7
阳西县	29.8	5.2	39.0	21.2	171.9	181.7
阳春县	25.3	—9.1	51.2	43.8	12.9	26.6
湛江市						
市区	27.0	10.8	26.3	37.1	28.3	34.9
廉江市	14.8	5.3	21.0	16.0	56.4	16.6
吴川县	48.6	6.9	83.0	—2.6	7.5	26.6

16—3　续表2　　　　(1993年)　　　　单位:%

县（区）别	社会总产值	农业	工业	建筑业	运输业	商业
徐闻县	4.6	2.4	12.7	23.0	18.1	—48.8
海康县	8.8	2.1	13.5	12.8	3.6	41.1
遂溪县	13.9	7.7	21.1	4.3	20.1	13.6
茂名市						
市区	19.2	17.2	14.4	48.2	6.3	47.1
高州市	42.4	11.1	70.1	103.8	65.6	65.9
信宜县	74.3	3.0	159.3	169.0	53.8	36.2
电白县	53.7	20.8	54.7	180.8	93.1	100.2
化州县	41.0	9.1	63.7	44.6	57.7	68.5
肇庆市						
市区	38.4	4.5	45.6	41.4	23.7	23.1
云浮市	61.3	13.8	77.2	29.5	56.0	66.0
高要市	44.0	15.5	60.5	38.3	17.1	66.2
四会市	32.4	14.1	41.6	23.4	16.8	20.5
罗定市	46.7	11.8	62.7	47.7	46.5	32.6
广宁县	43.9	9.6	71.7	1.0	132.9	22.2
新兴县	29.2	0.5	51.2	13.7	47.8	2.5
德庆县	37.9	10.4	65.7	37.0	13.7	11.5
郁南县	35.7	9.1	59.4	5.0	25.1	8.2
封开县	44.1	—0.8	88.0	96.7	20.3	7.5
怀集县	28.2	9.2	44.2	63.3	35.4	39.8
清远市						
市区	49.3	5.5	68.2	80.1	13.9	10.5
清新县	14.8	5.8	17.2	32.1	15.0	31.3
英德县	8.8	5.3	8.7	9.2	14.9	28.5
佛冈县	21.0	—1.2	29.5	45.5	42.0	24.3
连山县	6.9	2.7	15.7	20.4	—1.2	6.4
连南县	19.6	5.5	25.9	69.1	2.6	6.0
连县	32.0	10.1	68.5	35.3	15.3	12.2
阳山县	12.3	8.2	17.0	16.1	16.8	5.9
潮州市						
市区	20.1	—12.2	31.0	—27.2	8.6	11.3
饶平县	30.6	11.3	48.7	41.8	40.8	5.4
潮安县	33.5	10.1	37.0	75.8	98.0	13.2
揭阳市						
市区	39.2	5.3	29.1	177.0	20.2	19.3
普宁市	43.9	7.5	60.2	40.5	15.0	38.7
揭东县	56.6	9.7	62.1	262.8	22.5	219.7
惠来县	21.0	8.4	43.0	4.9	—32.7	—21.9
揭西县	27.5	5.8	42.8	43.9	33.8	5.2

16－4 各县（区）国民收入

（1993年）

单位：万元

县（区）别	国民收入	农业	工业	建筑业	运输业	商业
广州市						
市区	4 046 197	179 044	2 466 296	315 250	300 760	784 847
花都市	358 637	72 366	177 913	23 379	41 188	43 791
增城市	340 370	85 003	147 876	35 602	38 630	33 259
番禺市	652 792	94 975	349 794	73 576	34 632	99 815
从化县	135 414	35 815	57 130	25 080	5 577	11 812
深圳市	3 207 832	122 090	1 704 257	517 380	230 400	633 705
珠海市						
市区	648 270	30 853	329 178	164 252	39 967	84 020
斗门县	179 160	33 424	73 676	41 063	9 992	21 005
汕头市						
市区	532 109	25 009	303 661	75 176	42 963	85 300
潮阳市	285 293	110 019	119 944	12 155	8 541	34 634
澄海县	146 860	58 995	64 420	10 047	5 000	8 398
南澳县	17 947	10 665	3 098	1 662	715	1 807
韶关市						
市区	346 201	10 177	254 500	33 926	21 016	26 582
仁化县	39 518	17 868	13 157	4 111	1 777	2 605
南雄县	95 669	46 917	34 542	3 007	1 722	9 481
始兴县	42 956	29 361	8 637	1 492	1 283	2 183
翁源县	49 887	30 446	12 481	2 814	778	3 368
新丰县	35 507	16 835	11 883	1 938	1 562	3 289
曲江县	77 200	37 508	28 801	3 019	3 248	4 624
乳源县	32 369	12 938	13 786	1 981	663	3 001
乐昌县	84 459	33 095	35 363	6 251	3 257	6 493
河源市						
市区	50 664	8 065	21 335	12 388	2 041	6 835
和平县	39 260	24 929	7 128	2 950	949	3 304
龙川县	67 177	31 582	18 162	10 079	2 769	4 585
紫金县	72 432	53 356	9 430	3 827	1 540	4 279
连平县	44 665	24 412	6 472	2 668	2 290	8 823
东源县	50 128	33 419	8 904	2 468	2 205	3 132
梅州市						
市区	94 016	7 937	67 933	4 202	4 868	9 076
梅县	145 308	57 396	59 483	12 359	8 830	7 240
蕉岭县	52 904	13 693	20 545	9 185	5 012	4 469
大埔县	64 028	23 375	26 737	5 867	3 369	4 680

注：本表按当年价格计算。

16－4　续表1　　(1993年)　　单位:万元

县（区）别	国民收入	农业	工业	建筑业	运输业	商业
丰顺县	65 196	33 152	16 203	5 222	5 433	5 186
五华县	95 621	47 976	24 647	7 730	7 131	8 137
兴宁县	137 447	34 923	74 299	8 117	9 340	10 768
平远县	43 758	16 324	20 324	2 950	1 512	2 648
惠州市						
市区	283 019	7 080	174 822	40 512	9 461	51 144
惠东县	216 896	82 466	76 356	30 405	8 679	18 990
惠阳县	301 057	60 360	114 975	69 860	18 635	37 227
博罗县	200 284	77 660	70 565	27 756	10 517	13 786
龙门县	54 778	20 628	18 748	6 493	3 041	5 868
汕尾市						
市区	78 018	41 887	12 454	7 609	4 597	11 471
海丰县	127 647	51 829	37 462	14 252	6 687	17 417
陆河县	23 838	12 456	4 314	2 695	994	3 379
陆丰县	117 105	29 218	53 548	14 979	4 953	14 407
东莞市	879 337	164 696	540 014	33 613	52 478	88 536
中山市	813 891	168 055	453 689	44 200	37 724	110 223
江门市						
市区	304 091	7 155	199 872	23 670	23 514	49 880
新会市	416 009	78 426	241 158	27 867	16 192	52 366
台山市	298 563	92 375	130 210	17 874	11 587	46 517
开平市	329 621	59 730	180 052	37 170	12 658	40 011
鹤山市	166 085	35 615	94 230	14 108	2 816	19 316
恩平县	153 265	49 191	75 260	6 184	8 850	13 780
佛山市						
市区	686 097	11 563	506 473	52 916	17 583	97 562
南海市	956 612	119 421	585 601	73 410	54 266	123 914
顺德市	841 476	92 542	533 705	51 411	46 167	117 651
三水市	350 614	58 657	198 387	18 422	12 258	62 890
高明县	144 588	37 546	69 176	10 515	8 697	18 654
阳江市						
市区	162 772	46 505	50 014	34 252	8 158	23 843
阳东县	80 145	41 636	14 883	5 203	12 070	6 353
阳西县	86 559	48 655	16 208	5 665	6 712	9 319
阳春县	184 162	94 359	59 564	8 736	5 239	16 264
湛江市						
市区	476 692	70 536	210 982	53 018	50 298	91 858
廉江市	264 524	132 643	74 877	12 968	14 215	29 821
吴川县	142 125	36 118	68 696	9 198	4 609	23 504

16－4 续表2 (1993年) 单位:万元

县（区）别	国民收入	农业	工业	建筑业	运输业	商业
徐闻县	98 991	64 051	20 662	4 329	5 865	4 084
海康县	208 617	135 911	35 961	11 609	6 743	18 393
遂溪县	184 164	114 866	36 798	7 201	4 984	20 315
茂名市						
市区	293 837	41 182	170 672	29 919	11 978	40 086
高州市	320 691	180 847	75 811	14 376	18 093	31 564
信宜县	149 142	63 550	58 580	9 998	5 956	11 058
电白县	307 943	162 720	66 900	31 341	14 415	32 567
化州县	282 096	146 845	84 296	12 491	5 742	32 722
肇庆市						
市区	255 317	34 334	122 680	38 525	12 091	47 687
云浮市	306 329	92 221	161 012	16 323	19 890	16 883
高要市	240 798	102 327	93 854	12 733	11 271	20 613
四会市	169 632	59 786	82 045	6 221	6 096	15 484
罗定市	301 286	130 528	116 733	24 573	7 998	21 454
广宁县	140 599	61 575	47 260	10 870	10 160	10 734
新兴县	103 526	59 421	26 124	6 204	5 018	6 759
德庆县	79 357	38 947	24 494	5 745	3 501	6 670
郁南县	116 352	54 773	40 629	6 461	6 932	7 557
封开县	134 142	61 130	54 979	4 827	3 203	10 003
怀集县	141 362	87 404	30 988	8 032	4 621	10 317
清远市						
市区	172 900	44 233	61 306	31 929	11 822	23 610
清新县	104 949	63 234	25 930	3 394	5 551	6 840
英德县	177 549	97 680	47 339	8 851	9 255	14 424
佛冈县	42 437	16 709	14 009	3 775	1 624	6 320
连山县	18 414	11 625	3 279	811	1 057	1 642
连南县	19 660	7 809	6 907	1 579	441	2 924
连县	79 301	42 769	21 849	4 220	3 491	6 972
阳山县	73 389	45 260	15 364	6 011	3 018	3 736
潮州市						
市区	136 455	8 605	97 686	8 473	2 657	19 034
饶平县	179 918	99 809	55 380	10 134	4 432	10 163
潮安县	244 017	92 174	105 224	23 876	10 253	12 490
揭阳市						
市区	110 382	27 472	46 356	23 680	5 013	7 861
普宁市	216 022	67 302	102 943	14 500	8 552	22 725
揭东县	182 267	90 034	49 238	15 452	5 791	21 752
惠来县	147 733	95 705	37 663	7 762	1 959	4 644
揭西县	103 465	57 863	30 411	6 427	4 081	4 683

16－5 各县(区)国民收入增长速度

(1993年)

单位:%

县（区）别	国民收入	农业	工业	建筑业	运输业	商业
广州市						
市区						
花都市		12.2	42.8	52.1	64.5	
增城市		16.2		126.6	123.4	34.8
番禺市	36.2	2.0	43.3	45.2	22.1	52.3
从化县	7.1	－42.4	45.5	99.0	169.7	－37.1
深圳市	43.9	－2.6	49.4	36.6	78.3	34.6
珠海市						
市区	24.3	－14.8	39.8	32.3	3.0	－24.7
斗门县	22.7	－17.1	47.5	36.0	3.6	16.6
汕头市						
市区	22.5	－10.6	25.3	21.6	57.8	11.3
潮阳市	22.4	－2.5	53.3	14.2	25.7	14.9
澄海县	12.4	－2.1	24.5	24.5	24.4	4.2
南澳县	19.4	13.7	25.5	20.3	44.4	32.3
韶关市						
市区	9.5	14.6	6.0	44.5	15.4	3.6
仁化县	10.1	－5.7	41.7	21.4	25.8	9.5
南雄县	27.2	5.9	85.2	－14.1	42.6	16.7
始兴县	13.7	2.7	62.2	48.9	71.2	4.2
翁源县	17.6	6.5	57.5	20.9	－23.3	18.7
新丰县	28.7	22.5	40.2	37.3	33.4	30.2
曲江县	16.1	8.2	43.2	22.3	－16.9	－0.7
乳源县	18.4	3.7	32.4	66.0	－19.1	42.8
乐昌县	16.2	10.1	27.4	20.8	0.3	10.6
河源市						
市区	22.9	－1.9	27.8	55.5	4.7	16.0
和平县	10.5	9.9	8.1	20.6	12.0	11.5
龙川县	13.1	3.9	9.3	102.3	4.2	10.0
紫金县	7.4	5.9	9.6	16.9	39.9	2.0
连平县	21.0	20.6	2.6	25.8	23.2	39.1
东源县	5.0	1.0	11.5	14.0	33.0	9.3
梅州市						
市区	24.2	13.4	34.6	－53.4	178.9	－14.4
梅县	21.5	17.6	26.8	22.5	36.4	11.4
蕉岭县	23.7	8.1	27.9	35.1	50.5	32.7
大埔县	6.3	13.3	7.9	－34.6	24.5	21.0

注：本表按可比价格计算。

16—5 续表1 (1993年) 单位:%

县(区)别	国民收入	农业	工业	建筑业	运输业	商业
丰顺县	18.5	9.4	31.8	32.4	53.0	23.6
五华县	13.7	4.8	19.5	18.5	82.4	21.7
兴宁县	28.7	-18.9	106.5	1.2	30.2	17.8
平远县	23.4	7.3	52.8	16.7	16.3	10.0
惠州市						
市区	46.8	-38.1	58.4	64.9	63.0	14.5
惠东县	31.8	3.0	70.9	42.0	25.3	35.2
惠阳县	56.8	3.4	113.5	14.8	241.8	56.3
博罗县	28.9	2.1	68.6	47.4	22.0	5.6
龙门县	15.8	-8.7	63.9	0.0	119.0	28.4
汕尾市						
市区	18.2	22.6	23.6	5.5	184.6	-21.0
海丰县	33.1	-1.2	143.1	37.8	39.1	4.6
陆河县	16.0	8.4	24.2	44.9	58.4	6.6
陆丰县	7.5	-43.4	93.0	57.4	21.7	-10.4
东莞市	16.2	-20.4	23.3	69.8	20.9	44.3
中山市	21.7	-13.5	31.2	12.2	68.8	31.8
江门市						
市区	16.5	7.4	8.0	12.0	125.9	29.8
新会市	26.0	-9.1	38.5	39.9	32.4	34.3
台山市	24.3	7.5	34.5	6.2	19.5	42.8
开平市	62.1	-12.9	81.5	148.9	61.5	64.6
鹤山市	31.1	4.8	37.6	34.3	49.2	45.8
恩平县	10.5	-16.4	28.2	11.7	66.7	18.9
佛山市						
市区	15.2	-10.4	15.1	20.6	26.1	13.3
南海市	29.0	0.7	24.8	5.3	128.0	79.0
顺德市	26.9	3.5	19.2	9.6	145.1	98.7
三水市	33.3	19.5	34.2	7.3	9.8	61.5
高明县	25.7	6.3	51.2	-36.1	68.0	28.4
阳江市						
市区	23.5	9.7	8.3	193.7	11.8	26.2
阳东县		-10.4	41.5	33.2		-14.0
阳西县	20.1	-7.9	75.0	52.9	113.0	149.0
阳春县	15.7	-6.6	63.8	15.2	5.0	29.6
湛江市						
市区	21.8	11.6	14.0	54.7	30.8	30.3
廉江市	13.4	7.6	25.9	17.6	26.1	7.0
吴川县	36.7	-3.1	85.0	13.7	-4.2	28.8

16—5 续表2 (1993年) 单位:%

县(区)别	国民收入	农业	工业	建筑业	运输业	商业
徐闻县	6.9	—2.0	137.9	15.0	—14.6	—61.6
海康县	6.9	—0.5	47.5	3.4	—4.7	11.9
遂溪县	15.6	12.7	34.3	0.9	9.9	5.8
茂名市						
市区	13.6	16.1	6.6	19.9	22.4	30.5
高州市	33.8	23.1	59.7	48.1	25.1	57.8
信宜县	42.1	1.1	134.3	159.2	32.4	23.8
电白县	51.5	45.3	29.6	241.6	78.9	45.2
化州县	34.9	21.7	52.9	72.7	62.8	38.7
肇庆市						
市区	32.0	9.6	40.8	39.6	29.1	24.4
云浮市	48.7	15.3	70.1	27.8	51.1	65.8
高要市	37.7	14.8	64.6	43.8	22.1	72.0
四会市	28.8	15.2	46.6	5.2	11.8	18.1
罗定市	33.2	9.0	61.9	45.3	44.6	30.0
广宁县	40.8	14.0	78.1	15.6	143.2	44.2
新兴县	16.0	4.8	43.5	14.9	53.5	4.1
德庆县	19.5	9.1	35.5	35.0	43.1	18.5
郁南县	26.5	10.2	56.2	3.4	27.3	9.9
封开县	30.9	0.8	95.4	100.5	25.3	9.3
怀集县	27.2	13.1	56.5	74.8	31.3	47.9
清远市						
市区	36.3	3.6	79.0	46.7	11.2	16.0
清新县	13.0	6.5	26.0	—7.8	12.0	31.4
英德县	6.1	2.4	8.2	0.6	12.2	29.5
佛冈县	18.5	0.4	35.6	41.8	51.8	26.6
连山县	4.0	2.6	4.0	19.7	—11.3	25.0
连南县	13.4	6.2	25.4	53.4	4.0	1.6
连县	20.0	4.6	65.5	39.4	16.0	10.2
阳山县	11.3	7.8	16.5	23.6	18.0	14.0
潮州市						
市区	4.8	—25.4	18.8	—48.1	—32.9	8.3
饶平县	26.5	13.7	55.3	26.4	50.0	—6.0
潮安县	19.3	4.6	30.7	26.8	38.2	13.2
揭阳市						
市区	16.9	12.4	9.5	187.6	—4.3	—33.5
普宁市	34.0	7.2	52.8	38.5	13.5	35.9
揭东县	44.6	2.0	44.8	291.9	155.5	277.0
惠来县	15.0	13.7	31.7	23.3	—49.4	—25.7
揭西县	24.2	12.6	42.7	54.9	38.3	14.2

16－6 各县（区）国内生产总值

（1993年）

单位：万元

县（区）别	国内生产总值	第一产业	第二产业	第三产业
广州市				
市区	5 531 885	175 185	2 570 222	2 786 478
花都市	443 919	85 393	221 153	137 373
增城市	395 225	84 910	185 541	124 774
番禺市	876 011	95 059	461 505	319 447
从化县	161 329	35 413	78 730	47 186
深圳市	4 356 029	116 689	233 5593	1 903 747
珠海市				
市区	974 565	31 283	567 938	375 344
斗门县	244 137	33 890	118 704	91 543
汕头市				
市区	682 631	24 999	399 105	258 527
潮阳市	359 845	114 260	135 196	110 389
澄海县	175 991	58 842	72 690	44 459
南澳县	21 957	11 180	4 509	6 268
韶关市				
市区	413 637	10 180	294 947	108 510
仁化县	46 758	17 423	16 880	12 455
南雄县	112 214	46 667	39 811	25 736
始兴县	50 402	29 796	10 165	10 441
翁源县	59 912	30 758	17 110	12 044
新丰县	41 894	16 490	14 866	10 538
曲江县	85 148	37 300	27 590	20 258
乳源县	37 405	12 900	15 990	8 515
乐昌县	100 984	32 104	42 049	26 831
河源市				
市区	63 212	8 051	35 734	19 427
和平县	42 569	24 213	9 488	8 868
龙川县	87 758	31 304	29 401	27 053
紫金县	79 763	55 058	13 469	11 236
连平县	45 541	24 248	8 921	12 372
东源县	60 651	32 521	16 033	12 097
梅州市				
市区	115 512	8 114	76 534	30 864
梅县	182 316	58 011	88 883	35 422
蕉岭县	62 307	13 715	30 475	18 117
大埔县	84 679	23 420	45 976	15 283

注：本表按当年价格计算。

16－6　续表1　　(1993年)　　单位：万元

县（区）别	国内生产总值	第一产业	第二产业	第三产业
丰顺县	77 102	33 863	20 322	22 917
五华县	118 328	47 840	31 765	38 723
兴宁县	165 928	34 053	83 587	48 288
平远县	47 257	14 734	22 246	10 277
惠州市				
市区	376 620	8 943	218 934	148 743
惠东县	274 037	86 954	101 588	85 495
惠阳县	362 332	62 449	156 701	143 182
博罗县	245 003	79 727	96 963	68 313
龙门县	71 660	21 695	25 280	24 685
汕尾市				
市区	97 923	43 090	21 201	33 632
海丰县	151 562	52 239	51 308	48 015
陆河县	28 803	12 722	7 571	8 510
陆丰县	134 951	28 948	67 358	38 645
东莞市	1 149 478	162 960	614 341	372 177
中山市	980 331	170 889	496 655	312 787
江门市				
市区	377 273	7 221	229 126	140 926
新会市	495 555	78 971	266 977	149 607
台山市	365 441	92 454	144 067	128 920
开平市	392 686	60 288	214 305	118 093
鹤山市	196 296	36 071	106 700	53 525
恩平县	198 230	48 941	92 759	56 530
佛山市				
市区	767 460	11 734	532 533	223 193
南海市	1 129 344	120 939	607 674	400 731
顺德市	996 484	89 735	544 616	362 133
三水市	412 185	59 335	208 552	144 298
高明县	167 843	38 727	75 698	53 418
阳江市				
市区	202 629	50 016	87 708	64 905
阳东县	98 250	43 753	18 394	36 103
阳西县	90 738	45 490	20 200	25 048
阳春县	226 671	93 599	74 446	58 626
湛江市				
市区	568 661	71 101	245 602	251 958
廉江市	303 488	134 541	77 068	91 879
吴川县	165 088	36 360	74 668	54 060

16—6 续表2 (1993年) 单位:万元

县(区)别	国内生产总值	第一产业	第二产业	第三产业
徐闻县	131 444	63 732	24 568	43 144
海康县	251 032	140 553	50 303	60 176
遂溪县	221 806	108 243	51 013	62 550
茂名市				
市区	394 147	40 034	236 905	117 208
高州市	362 473	181 074	89 308	92 091
信宜县	183 119	65 626	68 164	49 329
电白县	385 696	165 097	127 739	92 860
化州县	317 177	138 469	107 670	71 038
肇庆市				
市区	324 346	34 384	166 730	123 232
云浮市	345 135	88 741	177 838	78 556
高要市	280 404	104 960	102 827	72 617
四会市	178 542	59 421	81 263	37 858
罗定市	331 416	130 093	140 094	61 229
广宁县	150 694	58 644	56 115	35 935
新兴县	125 407	59 532	35 381	30 494
德庆县	92 959	38 406	30 084	24 469
郁南县	130 989	55 249	44 752	30 988
封开县	150 420	62 484	58 719	29 217
怀集县	160 056	87 480	39 488	33 088
清远市				
市区	209 061	43 791	102 224	63 046
清新县	123 432	64 345	32 586	26 501
英德县	203 766	98 702	57 385	47 679
佛冈县	48 616	16 150	17 870	14 596
连山县	22 098	11 715	4 225	6 158
连南县	23 134	7 201	8 376	7 557
连县	93 088	42 713	26 152	24 223
阳山县	81 877	44 505	22 156	15 216
潮州市				
市区	166 808	8 785	100 701	57 322
饶平县	199 898	100 035	71 322	28 541
潮安县	284 675	81 155	131 574	71 946
揭阳市				
市区	156 982	27 536	76 842	52 604
普宁市	270 270	69 339	124 178	76 753
揭东县	187 709	90 068	69 430	28 211
惠来县	162 782	93 626	48 024	21 132
揭西县	117 444	59 004	38 215	20 225

16－7 各县(区)国内生产总值增长速度

(1993年)　　　　单位:%

县 (区) 别	国内生产总值	第一产业	第二产业	第三产业
广州市				
市区				
花都市		5.7	39.0	
增城市		14.2		40.0
番禺市		1.4	67.1	
从化县	17.7	－43.4	62.6	45.6
深圳市	32.1	－1.7	45.0	19.3
珠海市				
市区	16.2	－2.3	26.2	3.1
斗门县	39.4	－4.0	42.5	69.3
汕头市				
市区	29.7	－13.3	36.2	24.2
潮阳市	27.0	－0.6	59.4	23.9
澄海县	16.3	－2.9	31.7	18.5
南澳县	22.1	9.3	28.0	56.3
韶关市				
市区	6.9	12.8	6.1	8.3
仁化县	13.4	－3.7	44.0	14.0
南雄县	35.4	6.8	82.6	46.7
始兴县	13.8	1.9	61.6	19.2
翁源县	20.4	6.9	69.5	10.0
新丰县	22.5	20.5	38.9	10.5
曲江县	13.8	8.4	38.9	1.7
乳源县	15.0	3.1	24.7	22.6
乐昌县	18.6	13.6	21.8	21.5
河源市				
市区	24.5	－2.5	38.9	18.1
和平县	12.2	9.3	15.6	15.8
龙川县	19.2	3.1	38.8	25.2
紫金县	10.1	6.3	28.2	8.4
连平县	19.7	18.9	16.8	22.9
东源县	9.3	0.1	27.6	17.7
梅州市				
市区	4.1	12.7	6.5	－4.1
梅县	22.1	21.0	26.8	15.4
蕉岭县	15.1	4.6	25.3	12.3
大埔县	28.3	13.0	45.1	12.1

注：本表按可比价格计算。

16—7 续表1 (1993年) 单位:%

县(区)别	国内生产总值	第一产业	第二产业	第三产业
丰顺县	18.4	12.1	27.5	24.4
五华县	22.5	5.1	28.4	52.7
兴宁县	28.8	—22.4	107.7	18.3
平远县	24.5	6.4	42.7	30.9
惠州市				
市区	46.5	9.5	68.7	19.9
惠东县	33.0	9.7	65.1	29.0
惠阳县	53.3	—5.2	61.6	88.0
博罗县	38.4	6.0	79.6	34.9
龙门县	23.5	—6.2	39.7	59.9
汕尾市				
市区	35.6	22.7	57.0	39.4
海丰县	32.1	—2.1	114.7	20.0
陆河县	18.4	16.8	27.5	13.6
陆丰县	10.0	—43.6	102.2	2.6
东莞市	23.7	—20.2	37.6	27.4
中山市	31.1	—14.3	47.1	36.0
江门市				
市区	19.4	14.9	15.8	26.7
新会市	28.1	—9.3	40.4	34.6
台山市	27.4	—7.4	49.7	37.2
开平市	55.7	—7.5	70.3	72.7
鹤山市	40.5	3.7	51.3	47.4
恩平县	28.6	—7.0	48.7	37.2
佛山市				
市区	13.1	—4.4	13.2	13.8
南海市	30.7	1.3	16.5	77.7
顺德市	36.4	1.1	28.3	67.1
三水市	36.9	17.9	30.3	57.9
高明县	32.2	4.9	32.3	64.3
阳江市				
市区	35.7	20.3	35.9	51.4
阳东县	17.0	—8.6	30.7	62.6
阳西县	16.1	—14.2	58.0	103.9
阳春县	24.3	—5.5	62.3	45.1
湛江市				
市区	18.0	5.7	25.3	15.3
廉江市	15.8	7.7	22.4	26.3
吴川县	32.0	—4.0	71.3	20.8

16—7 续表2 (1993年) 单位:%

县(区)别	国内生产总值	第一产业	第二产业	第三产业
徐闻县	12.3	—2.5	90.7	10.2
海康县	11.3	6.4	35.1	6.1
遂溪县	18.5	10.8	43.0	14.4
茂名市				
市区	17.8	10.1	8.7	38.9
高州市	40.3	25.8	69.2	54.8
信宜县	56.4	9.1	151.2	67.5
电白县	59.4	40.3	82.1	70.9
化州县	34.8	6.4	75.4	49.4
肇庆市				
市区	30.0	9.6	44.0	19.5
云浮市	49.4	9.1	62.7	73.8
高要市	41.4	14.3	60.9	70.6
四会市	29.8	15.6	47.5	19.9
罗定市	31.1	6.2	57.0	31.4
广宁县	46.1	15.7	68.2	76.4
新兴县	17.7	5.0	49.0	13.9
德庆县	26.5	9.0	39.4	49.0
郁南县	26.2	14.8	48.6	15.2
封开县	27.9	0.0	98.3	23.5
怀集县	25.3	13.6	59.5	25.4
清远市				
市区	46.1	3.8	93.1	24.8
清新县	18.8	16.8	14.9	30.5
英德县	8.8	1.1	12.6	23.1
佛冈县	17.5	0.5	37.9	18.8
连山县	2.1	0.9	—2.5	7.8
连南县	10.6	0.1	28.2	5.6
连县	19.6	4.2	67.4	12.4
阳山县	9.0	4.8	16.6	11.3
潮州市				
市区	10.0	—25.7	12.9	12.7
饶平县	24.2	5.0	63.4	7.9
潮安县	19.9	5.6	24.2	29.9
揭阳市				
市区	33.3	12.2	61.2	13.8
普宁市	35.9	7.1	49.7	41.3
揭东县	30.0	2.0	63.7	56.7
惠来县	11.0	—1.8	31.6	25.7
揭西县	37.0	12.7	98.0	28.3

16-8 各县(区)人均国民收入、国内生产总值及增长速度

(1993年)

县(区)别	绝对数(元/人)		增长速度(%)	
	国民收入	国内生产总值	国民收入	国内生产总值
广州市				
市区	10 938	14 954	25.0	14.4
花都市	6 851	8 480	48.0	45.1
增城市	4 890	5 678	62.4	52.0
番禺市	8 036	10 784	32.9	54.5
从化县	3 021	3 599	5.1	15.5
深圳市	11 541	15 672	29.3	18.7
珠海市				
市区	10 841	16 297	5.0	-1.9
斗门县	5 798	7 901	15.6	31.3
汕头市				
市区	5 884	7 548	19.7	26.7
潮阳市	1 353	1 707	21.0	25.5
澄海县	1 913	2 292	10.6	14.4
南澳县	2 579	3 155	17.8	20.5
韶关市				
市区	7 366	8 801	5.3	2.8
仁化县	2 617	3 097	10.1	13.4
南雄县	2 155	2 527	26.6	34.8
始兴县	1 884	2 211	13.2	13.3
翁源县	1 463	1 757	16.6	19.4
新丰县	1 621	1 913	27.5	21.4
曲江县	2 059	2 271	14.8	12.5
乳源县	1 722	1 990	17.1	13.8
乐昌县	1 801	2 153	15.3	17.6
河源市				
市区	2 912	3 633	16.5	18.0
和平县	886	961	9.5	11.2
龙川县	865	1 129	11.7	17.7
紫金县	1 102	1 214	4.3	6.9
连平县	1 318	1 343	20.0	18.7
东源县	1 076	1 302	4.8	9.1
梅州市				
市区	3 783	4 648	18.9	-0.3
梅县	2 506	3 144	21.3	21.9
蕉岭县	2 457	2 894	22.7	14.2
大埔县	1 314	1 737	5.8	27.7

注:本表绝对数按当年价格计算,增长速度按可比价格计算.

16—8 续表1 （1993年）

县（区）别	绝对数（元/人）		增长速度（%）	
	国民收入	国内生产总值	国民收入	国内生产总值
丰顺县	1 106	1 308	17.5	17.4
五华县	911	1 127	12.5	21.2
兴宁县	1 311	1 582	27.5	27.6
平远县	1 864	2 014	22.3	23.3
惠州市				
市区	10 004	13 313	37.2	36.8
惠东县	3 525	4 454	29.4	30.6
惠阳县	5 599	6 739	49.3	46.0
博罗县	2 863	3 503	27.5	36.9
龙门县	1 890	2 473	15.2	22.9
汕尾市				
市区	2 103	2 639	15.0	31.9
海丰县	1 985	2 357	30.8	29.9
陆河县	1 074	1 297	13.9	16.3
陆丰县	1 028	1 185	5.5	8.0
东莞市	6 396	8 360	14.0	21.3
中山市	6 757	8 138	19.3	28.5
江门市				
市区	9 578	11 883	11.0	13.8
新会市	4 709	5 609	24.9	26.9
台山市	2 989	3 658	23.6	26.7
开平市	5 050	6 016	60.5	54.1
鹤山市	4 908	5 801	30.2	39.5
恩平县	3 512	4 542	9.2	27.1
佛山市				
市区	17 063	19 086	9.8	7.8
南海市	9 719	11 474	26.1	27.7
顺德市	8 733	10 341	24.1	33.4
三水市	10 066	11 834	30.1	33.6
高明县	5 672	6 585	23.4	29.8
阳江市				
市区	3 349	4 169	18.1	29.9
阳东县	1 666	2 043	13.4	16.8
阳西县	2 061	2 160	18.3	14.4
阳春县	1 924	2 369	14.3	22.8
湛江市				
市区	4 229	5 045	18.1	14.5
廉江市	2 077	2 383	10.6	12.9
吴川县	1 775	2 062	34.4	29.8

16－8　续表2　　（1993年）

县（区）别	绝对数（元/人）		增长速度（%）	
	国民收入	国内生产总值	国民收入	国内生产总值
徐闻县	1 705	2 264	5.2	10.6
海康县	1 768	2 128	4.9	9.3
遂溪县	2 339	2 817	13.2	15.9
茂名市				
市区	5 173	6 939	9.6	13.6
高州市	2 411	2 725	32.3	38.7
信宜县	1 459	1 792	40.3	54.4
电白县	2 206	2 763	47.6	55.3
化州县	2 428	2 730	32.1	32.0
肇庆市				
市区	6 863	8 719	28.4	26.6
云浮市	5 983	6 741	46.4	47.1
高要市	3 541	4 124	36.7	40.4
四会市	4 441	4 674	27.8	28.7
罗定市	3 275	3 602	32.0	29.9
广宁县	2 746	2 943	38.4	43.5
新兴县	2 531	3 066	14.3	16.0
德庆县	2 405	2 817	18.4	25.3
郁南县	2 580	2 904	25.4	25.0
封开县	3 272	3 669	29.0	26.0
怀集县	1 890	2 140	25.3	23.4
清远市				
市区	3 764	4 552	31.4	40.8
清新县	1 694	1 993	12.0	17.7
英德县	1 902	2 183	5.1	7.8
佛冈县	1 535	1 759	17.6	16.6
连山县	1 732	2 079	1.9	0.1
连南县	1 384	1 628	12.8	9.9
连县	1 642	1 927	19.0	18.6
阳山县	1 540	1 718	10.5	8.2
潮州市				
市区	4 379	5 353	1.4	6.4
饶平县	2 064	2 294	25.4	23.1
潮安县	2 296	2 678	18.2	18.8
揭阳市				
市区	2 113	3 006	12.6	28.3
普宁市	1 441	1 803	32.1	33.9
揭东县	1 809	1 863	42.8	28.4
惠来县	1 729	1 905	13.7	9.8
揭西县	1 431	1 625	21.8	34.4

16-9 各县(区)工农业总产值

单位:万元

县(区)别	工农业总产值(按1990年不变价)		工业总产值(按1990年不变价)		农业总产值(按1990年不变价)	
	1992年	1993年	1992年	1993年	1992年	1993年
广州市						
市区	5 723 545	6 843 826	5 538 740	6 657 397	184 805	186 429
花都市	376 564	648 217	314 338	577 756	62 226	70 461
增城市	329 178	617 776	258 378	538 482	70 800	79 294
番禺市	1 006 998	1 505 160	868 817	1 381 500	138 181	123 660
从化县	186 301	237 215	124 880	193 962	61 421	43 253
深圳市						
市区	3 287 381		3 275 637		11 744	7 225
宝安区	728 682	5 278 470	633 146	5 185 698	95 536	56 413
龙岗区						29 134
珠海市						
香洲区	1 208 331	1 626 223	1 179 405	1 605 505	28 926	20718
斗门县	317 788	383 442	246 435	322 387	71 353	61 055
汕头市						
市区	1 057 588	1 310 020	1 025 429	1 279 047	32 159	30 973
潮阳市	394 096	573 425	250 659	422 026	143 437	151 399
澄海县	242 030	344 585	164 969	272 585	77 061	72 000
南澳县	29 009	39 309	7 256	10 257	21 753	29 052
韶关市						
市区	569 662	619 268	557 543	606 126	12 119	13 142
仁化县	40 046	50 618	17 470	26 075	22 576	24 543
南雄县	103 418	181 546	5 1355	125 408	52 063	56 138
始兴县	54 998	62 700	16 805	21 777	38 193	40 923
翁源县	70 314	8 3591	32 069	4 3769	38245	39 822
新丰县	30 699	37 813	12 177	16 508	18 522	21 305
曲江县	108 421	139 994	60 507	88 644	47 914	51 350
乳源县	28 488	31 730	13 312	16 381	15 176	15 349
乐昌县	107 302	148 229	65 101	102 545	42 201	45 684
河源市						
市区	94 940	101 328	46 706	57 445	48 234	43 883

16—9 续表1

县（区）别	工农业总产值（按1990年不变价）		工业总产值（按1990年不变价）		农业总产值（按1990年不变价）	
	1992年	1993年	1992年	1993年	1992年	1993年
和平县	42 997	46 808	13 770	16 645	29 227	30 163
龙川县	74 454	83 957	32 378	39 635	42 076	44 322
紫金县	87 201	91 146	24 405	29 653	62 796	61 493
连平县	41 644	45 805	16 777	19 615	24 867	26 190
梅州市						
市区	154 729	195 438	144 069	183 259	10 660	12 179
梅县	197 943	249 919	114 463	149 682	83 480	100 237
蕉岭县	54 771	72 669	37 034	53 026	17 737	19 643
大埔县	79 722	123 673	51 081	90 902	28 641	32 771
丰顺县	96 414	113 146	47 499	60 815	48 915	52 331
五华县	10 7250	133367	52 487	76 726	54 763	56 641
兴宁县	157 069	263 423	97 107	216 003	59 962	47 420
平远县	45 513	56 478	24 745	33970	20 768	22 508
惠州市						
市区	688 747	1 014 368	678 548	1 005 591	10 199	8 777
惠东县	200 227	271 364	125 629	188 524	74 598	82 840
惠阳县	190 187	305 744	128 270	245 434	61 917	60 310
博罗县	220 987	325 138	133 975	234 327	87 012	90 811
龙门县	50 802	67 311	21 351	37 727	29 451	29 584
汕尾市						
城区	78 796	89 788	34 458	45 041	44 338	44 747
海丰县	118 336	186 490	61 167	132 714	57 169	53 776
陆河县	1 8921	22 094	6 832	8 895	12 089	13 199
陆丰县	142 928	27 8391	109 900	224 584	72 528	53 807
东莞市	1 713 483	2 066 555	1 475 717	1869 080	237 766	197 475
中山市	1 496 279	2 290 776	1 306 593	2 126 141	189 686	164 635
江门市						
市区	671 890	896 851	658 443	886 171	13 447	10 680
新会市	829 756	1 120 821	700 776	1 001 930	128 980	118 891

16—9 续表2

县（区）别	工农业总产值（按1990年不变价）		工业总产值（按1990年不变价）		农业总产值（按1990年不变价）	
	1992年	1993年	1992年	1993年	1992年	1993年
台山市	566 156	877 169	425 468	742 304	140 688	134 865
开平市	504 125	723 259	442 582	659 345	61 543	63 914
鹤山市	355 551	502 085	316 214	464 490	39 337	37 595
恩平市	270 764	395 058	202 443	344 468	68 321	50 590
佛山市						
市区	1 631 738	2 175 701	1 615 725	2 161 926	16 013	13 775
南海市	1 585 292	2 097 544	1 447 799	1 954 619	137 493	142 925
顺德市	1 751 827	2 300 588	1 617 995	2 157 440	133 832	143 148
高明市	224 735	322 406	182 608	278 095	42 127	44 311
三水市	549885	719352	484218	644473	65 667	74 879
阳江市						
市区	212 869	2 46918	179 804	2 12736	33065	34182
阳东县	94 895	107 523	29 664	46 498	65 231	61 025
阳西县	103 593	118 358	32 732	43 778	70 861	74 580
阳春县	247 475	309 576	136 879	209 073	110 596	100 503
湛江市						
市区	686 470	852 906	594 811	751 354	91 659	101 552
廉江市	358 312	403 677	166 542	201 659	191 770	202 018
吴川县	188 764	316 701	132 607	256 657	56 157	60 044
徐闻县	160 622	162 320	65 101	64 532	95 521	97 788
海康县	324 210	335 220	132 239	139 310	191 971	195 910
遂溪县	315 773	365 480	154 106	191 412	161 667	174 068
茂名市						
市区	543 082	644 464	499 820	593757	4 3262	50707
高州市	161 473	489 954	147 691	248 563	217 192	241 391
信宜县	364 883	278 239	71 382	185 417	90 091	92 822
电白县	311 955	412 671	161 978	234 654	149 977	178 017
化州县	323 528	448 788	169 890	281 209	153 638	167 579
肇庆市						

16—9　续表3

县（区）别	工农业总产值（按1990年不变价）		工业总产值（按1990年不变价）		农业总产值（按1990年不变价）	
	1992年	1993年	1992年	1993年	1992年	1993年
市　　区	371 526	526 018	328 232	480 786	43 294	45 232
云浮市	330 613	538 841	260 204	458 701	70 409	80 140
高要市	320 878	465 041	212 782	340 240	108 096	124 801
四会市	250 449	317 467	183 631	241 207	66 818	76 260
罗定市	380 138	552 860	264 893	424 002	115 245	128 858
广宁县	140 042	223 498	82 923	160 873	57 119	62 625
新兴县	181 789	238 150	107 054	163 079	74 735	75 071
德庆县	116 092	162 465	62 068	102 840	54 024	59 625
郁南县	147 634	214 627	91 638	153 317	55 996	61 310
封开县	141 487	201 204	7 3302	133 506	68 185	67 698
怀集县	124 698	156007	53 816	78 538	70 882	77 469
清远市						
市　　区	250 881	196 217	153 002	155 003	97 879	41 214
清新县		131 720		69 472		62 248
英德县	186 005	198 606	79 722	86 715	106 283	111 891
佛冈县	48 735	56 951	28 553	37 008	20 182	19 943
连山县	19 613	20 921	6 077	7 013	13 536	13 908
连南县	22 346	25 648	11 434	14 133	10 912	11 515
连　县	76 970	102 497	32 745	53 588	44 225	48 909
阳山县	65 689	73 388	25 773	30 201	39 916	43 187
潮州市						
市　　区	267 629	343 949	252 953	331 062	14 676	12 887
饶平县	196 573	257 448	103 392	153 756	93 181	103 692
潮安县	211 645	488 241	101 633	368 380	1 10012	119 861
揭阳市						
市　　区	177 272	221 721	147 329	190 190	29 943	31 531
普宁市	288 244	420 560	210 002	336 440	78 242	84 120
揭东县	207 976	286 988	112 271	182 033	95 705	104 955
惠来县	165 994	243 858	72 211	142 154	93 783	101 704
揭西县	155 147	161 953	99 407	102 953	55 740	59 000

16—10 各县（区）粮食产量

单位：吨、公斤/人

县（区）别	粮食				人均粮食	
	1992年	1993年	#稻谷		1992年	1993年
			1992年	1993年		
广州市						
海珠区	817	739	817	730	1	1
天河区	5 055	1 968	5 055	1 916	14	5
白云区	141 981	125 852	139 897	123 677	197	170
黄埔区	4 662	3 437	4 661	3 364	29	20
芳村区	2 513	1 754	2 513	1 754	17	12
花都市	210 360	184 846	203 962	177 214	409	353
增城市	260 683	233 507	255 457	226 097	383	335
番禺市	262 517	202 766	258 242	198 743	331	250
从化县	156 161	152 851	150 930	144 380	355	341
深圳市						
福田区	197	5			1	…
南山区	122	94	63	43	2	1
宝安区		3 630		1 082		18
龙岗区		3 221		2 713		24
珠海市						
香洲区	16 202	14 406	15 732	13 845	57	48
斗门县	112 221	63 479	108 407	60 136	446	243
汕头市						
市区	53 264	42 386	39 595	30 347	60	47
潮阳市	474 295	421 857	346 836	314 141	228	200
澄海县	201 073	171 502	160 975	141 645	266	223
南澳县	7 647	6 032	3 524	2 686	111	87
韶关市						
韶关市郊	14 492	10 936	13 134	9 977	34	25
仁化县	85 766	80 410	82 011	75 890	493	459
南雄县	204 299	204 882	195 053	190 648	462	462
始兴县	99 578	86 893	94 571	81 424	438	380
翁源县	138 397	140 798	134 113	134 977	410	413
新丰县	76 383	77 489	73 269	74 128	351	354

16—10 续表1 单位:吨、公斤/人

县（区）别	粮食、				人均粮食	
	1992年	1993年	#稻谷		1992年	1993年
			1992年	1993年		
曲江县	188 859	172 940	180 018	164 919	509	461
乳源县	72 171	71 005	65 848	62 041	388	377
乐昌县	131 658	119 321	114 291	100 040	283	254
河源市						
源城区	23 281	20 357	21 641	19 438	141	117
和平县	104 755	117 469	100 002	111 675	239	265
龙川县	290 714	300 264	279 135	290 193	379	386
紫金县	228 694	212 209	198 610	186 281	359	323
连平县	97 503	93 990	90 844	87 757	291	277
东源县	150 891	150 435	141 385	140 158	325	323
梅州市						
梅江区	36 464	30 270	34 623	28 513	153	122
梅县	249 660	237 189	235 296	224 525	431	409
蕉岭县	67 962	61 820	64 731	60 146	318	287
大埔县	131 394	125 143	115 734	114 450	271	257
丰顺县	164 803	153 363	128 469	123 179	282	260
五华县	288 889	276 846	268 912	261 237	278	264
兴宁县	331 821	317 460	311 973	302 536	319	303
平远县	104 794	97 959	98 419	92 803	451	417
惠州市						
惠城区	23 568	14 213	22 654	13 202	89	50
惠东县	203 880	206 874	170 034	169 675	337	336
惠阳县	184 358	174 168	165 283	154 641	360	324
博罗县	279 981	238 820	267 915	225 804	405	341
龙门县	129 842	126 999	126 431	121 402	450	438
汕尾市						
汕尾城区	37 847	35 684	22 918	21 835	105	96
海丰县	194 234	168 034	158 006	140 030	307	261
陆河县	52 536	49 577	39 562	37 584	241	223
陆丰县	254 768	248 173	164 207	154 677	228	218
东莞市	368 083	202 097	354 298	192 018	273	147
中山市	393 020	271 037	381 096	258 883	333	225

16—10 续表2 单位:吨、公斤/人

县(区)别	粮食				人均粮食	
	1992年	1993年	#稻谷		1992年	1993年
			1992年	1993年		
江门市						
江门市郊	4 562	1 322	4 181	902	42	12
新会市	301 359	210 280	294 632	204 237	344	238
台山市	490 544	363 511	465 229	338 201	494	364
开平市	297 096	231 456	287 503	221 435	460	355
鹤山市	122 825	102 493	118 157	97 831	366	303
恩平县	218 604	183 688	210 021	175 268	486	421
佛山市						
石湾区	11 328	6 329	11 292	6 315	96	50
南海市	296 737	183 099	293 475	179 925	309	186
顺德市	71 382	29 275	69 271	26 741	76	30
三水市	175 135	116 090	171 005	112 018	515	333
高明县	138 453	104 626	133 351	98 951	553	411
阳江市						
江城区	105 845	85 536	97 106	77 959	193	179
阳东县	156 608	138 270	142 868	125 570	328	306
阳西县	128 004	122 165	111 793	105 967	309	272
阳春县	334 307	303 687	297 691	269 876	354	317
湛江市						
赤坎区	2 877	2 685	2 324	2 224	18	16
霞山区	6 626	6 446	5 332	5 013	25	23
坡头区	49 010	43 909	35 129	30 553	163	144
湛江市郊	77 764	72 096	64 889	60 202	208	188
廉江市	356 402	346 682	300 290	290 809	287	272
吴川县	165 832	162 642	134 719	130 175	211	203
徐闻县	112 540	115 772	94 886	96 377	197	199
海康县	255 113	253 517	225 578	222 438	220	215
遂溪县	211 730	212 379	150 019	151 402	275	270
茂名市						
茂南区	126 059	112 377	104 876	94 230	230	198
高州市	350 704	322 386	292 242	277 853	267	241
信宜县	337 028	347 451	274 308	275 428	334	340

16－10 续表3 单位：吨、公斤/人

县（区）别	粮食				人均粮食	
	1992年	1993年	#稻谷 1992年	1993年	1992年	1993年
电白县	316 981	322 281	256 923	260 794	233	232
化州县	415 682	403 865	351 338	346 857	365	348
肇庆市						
端州区	7 864	5 296	7 515	5 120	34	21
鼎湖区	85 918	65 734	83 883	64 128	658	489
云浮市	195 441	192 629	178 434	172 698	388	376
高要市	317 225	287 315	299 541	268 529	470	424
四会市	165 092	146 881	154 305	135 942	435	384
罗定市	366 094	351 739	337 746	322 836	402	382
广宁县	142 799	137 205	131 658	123 905	284	270
新兴县	168 427	137 313	159 595	127 445	418	337
德庆县	131 911	117 648	125 370	107 291	403	357
郁南县	137 924	143 055	126 838	127 395	309	317
封开县	190 481	188 296	176 871	172 619	475	463
怀集县	237 717	237 246	217 916	213 120	323	317
清远市						
清城区	155 883	146 053	148 247	137 912	352	318
清新县	245 940	238 904	230 825	220 805	401	386
英德县	320 371	330 735	293 694	293 590	346	354
佛冈县	112 741	108 994	108 881	105 384	411	394
连山县	50 522	50 597	48 667	48 278	485	470
连南县	44 868	45 659	39 348	39 146	317	321
连县	184 964	171 154	171 184	152 864	386	354
阳山县	157 233	164 064	117 552	121 670	332	344
潮州市						
湘桥区	23 084	12 794	19 332	11 080	75	41
饶平县	192 977	178 436	142 686	131 059	223	205
潮安县	311 119	283 397	238 053	222 403	294	267
揭阳市						
榕城区	117 568	99 274	105 034	91 529	229	190
普宁市	290 245	290 080	190 491	190 104	196	194
揭东县	349 108	333 150	262 732	251 538	349	331
惠来县	233 196	210 290	135 561	121 656	276	246
揭西县	182 466	181 428	131 323	121 316	257	251

16—11 各县(区)糖蔗及花生产量

单位:吨

县(区)别	糖蔗 1992年	糖蔗 1993年	糖蔗 1993年比1992年增长%	花生 1992年	花生 1993年	花生 1993年比1992年增长%
广州市						
海珠区	35 960	150	—99.6	7	7	
天河区				216	45	—79.2
白云区	64 654	7 908	—87.8	7 247	6 604	—8.9
黄埔区	45 026	3 724	—91.7	205	109	—46.8
芳村区	14 451	257	—98.2	21		
花都市	2 170	9 756	349.6	6 624	6 775	2.3
增城市	16 245	10 614	—34.7	8 784	8 251	—6.1
番禺市	2 128 592	1 143 454	—46.3	5 783	2 724	—52.9
从化县	1 192	1 448	21.5	6 612	6 310	—4.6
深圳市						
福田区				6		
南山区				20	16	—20.0
宝安区					326	
龙岗区					973	
珠海市						
香洲区	3 513	67 866	1 831.9	176	232	31.8
斗门县	1 577 329	1 008 316	—36.1	1 104	935	—15.3
汕头市						
市区				1 707	1 492	—12.6
潮阳市	150			6 400	6 664	4.1
澄海县				5 850	5 216	—10.8
南澳县				83	85	2.4
韶关市						
韶关市郊	2 082	2 806	34.8	1 468	1 371	—6.6
仁化县	9 899	9 550	—3.5	4 533	6 171	36.1
南雄县				7 109	12 026	69.2
始兴县	42	42		5 732	6 352	10.8
翁源县	280 641	140 203	—50.0	4 920	8 254	67.8
新丰县	3 501	2 077	—40.7	1 291	1 730	34.0

16—11 续表1 单位:吨

县（区）别	糖蔗			花生		
	1992年	1993年	1993年比1992年增长%	1992年	1993年	1993年比1992年增长%
曲江县	75 099	39 053	−48.0	13 161	18 358	39.5
乳源县	1 691	1 987	17.5	2 325	2 250	−3.2
乐昌县	31 734	22 764	−28.3	4 459	5 861	31.4
河源市						
源城区	73 103	36 708	−49.8	3 087	3 690	19.5
和平县	706	659	−6.7	1 521	1 897	24.7
龙川县	959	294	−69.3	1 899	2 502	31.8
紫金县	63 096	38 676	−38.7	8 730	10 377	18.9
连平县	377	1 518	302.7	4 939	5 330	7.9
东源县	13 641	7 217	−47.1	7 608	9 205	21.0
梅州市						
梅江区				531	672	26.6
梅县	467	142	−69.6	4 047	4 626	14.3
蕉岭县				1 881	2 144	14.0
大埔县	663	669	0.9	979	1 130	15.4
丰顺县	81 874	46 983	−42.6	3 008	3 134	4.2
五华县	266	541	103.4	3 188	3 516	10.3
兴宁县	918	480	−47.7	3 272	3 356	2.6
平远县				1 805	2 471	36.9
惠州市						
惠城区	19 958	2 282	−88.6	1 429	891	−37.6
惠东县	62 776	20	−99.9	7 979	9 326	16.9
惠阳县	41 477	25 025	−39.7	11 879	11 754	−1.1
博罗县	420 041	216 535	−48.4	18 947	20 159	6.4
龙门县	23 243	12 319	−47.0	5 189	6 173	19.0
汕尾市						
汕尾城区				2 061	1 952	−5.3
海丰县	195 101	97 794	−49.9	3 370	3 547	5.3
陆河县	18 899	13 573	−28.2	964	1 095	13.6
陆丰县	115 452	63 444	−45.0	11 204	10 732	−4.2
东莞市	523 271	326 389	−37.6	9 323	5 594	−40.0
中山市	631 459	115 837	−81.7	4 056	2 691	−33.7

16－11 续表2 单位:吨

县（区）别	糖蔗			花生		
	1992年	1993年	1993年比1992年增长%	1992年	1993年	1993年比1992年增长%
江门市						
江门市郊	3 845	175	－95.4	90	18	－80.0
新会市	346 525	132 918	－61.6	4 044	3 518	－13.0
台山市	343 685	165 000	－52.0	12 525	13 815	10.3
开平市	122 253	58 379	－52.2	8 785	9 928	13.0
鹤山市	3 683	3 669	－0.4	7 761	8 120	4.6
恩平县	190 000	120 000	－36.8	6 629	6 385	－3.7
佛山市						
石湾区				55	43	－21.8
南海市	93 323	37 095	－60.3	5 005	4 220	－15.7
顺德市	644 457	244 275	－62.1	741	500	－32.5
三水市	142 624	90 116	－36.8	4 668	5 090	9.0
高明县	4 550	2 552	－43.9	5 417	4 643	－14.3
阳江市						
江城区	50 649	11 412	－77.5	1 373	1 771	29.0
阳东县	163 486	17 774	－89.1	11 212	14 135	26.1
阳西县	89 072	16 503	－81.5	4 314	5 971	38.4
阳春县	615 940	341 524	－44.6	14 489	17 276	19.2
湛江市						
赤坎区	22 585	18 756	－17.0	114	114	
霞山区	21 748	15 268	－29.8	286	335	17.1
坡头区	96 480	77 380	－19.8	3 533	4 133	17.0
湛江市郊	601 176	501 988	－16.5	3 833	4 428	15.5
廉江市	1 062 950	984 666	－7.4	12 183	17 113	40.5
吴川县	88 544	58 933	－33.4	15 418	15 011	－2.6
徐闻县	2 063 035	1 658 928	－19.6	2 692	3 211	19.3
海康县	3 483 888	2 879 128	－17.4	7 372	8 756	18.8
遂溪县	3 366 733	3 488 472	3.6	16 248	19 219	18.3
茂名市						
茂南区	83 490	62 168	－25.5	10 163	12 256	20.6
高州市	126 244	109 634	－13.2	14 029	16 072	14.6
信宜县				4 575	5 951	30.1

16—11　续表3　　单位:吨

县（区）别	糖蔗			花生		
	1992年	1993年	1993年比1992年增长%	1992年	1993年	1993年比1992年增长%
电白县	122 793	69 841	−43.1	32 566	33 774	3.7
化州县	308 797	287 167	−7.0	12 807	15 186	18.6
肇庆市						
端州区	75			351	253	−27.9
鼎湖区	56 116	16 490	−70.6	1 583	1 753	10.7
云浮市	841			5 032	5 889	17.0
高要市	84 061	14 457	−82.8	11 942	11 626	−2.6
四会市	375 665	334 883	−10.9	7 485	8 298	10.9
罗定市				12 564	14 105	12.3
广宁县				2 946	3 102	5.3
新兴县	139 103	73 427	−47.2	4 124	4 277	3.7
德庆县				4 690	5 390	14.9
郁南县	3 350	3 220	−3.9	4 748	5 783	21.8
封开县	163 180	128 569	−21.2	6 352	7 523	18.4
怀集县	159 916	117 699	−26.4	4 908	4 992	1.7
清远市						
清城区	67 685	29 214	−56.8	7 702	8 573	11.3
清新县	65 536	26 484	−59.6	8 637	10 102	17.0
英德县	342 655	184 655	−46.1	20 009	22 070	10.3
佛冈县	10 040	1 800	−82.1	3 412	3 299	−3.3
连山县		446		1 041	1 108	6.4
连南县	2 076	1 239	−40.3	1 468	1 641	11.8
连县	75			6 053	7 462	23.3
阳山县	6 551	2 285	−65.1	6 966	6 671	−4.2
潮州市						
湘桥区	153			394	212	−46.2
饶平县	82 625	44 420	−46.2	4 436	5 440	22.6
潮安县	17 726	781	−95.6	4 348	4 666	7.3
揭阳市						
榕城区	15 990	5 844	−63.5	2 880	2 702	−6.2
普宁市	710	132	−81.4	278	122	−56.1
揭东县	116 941	29 045	−75.2	3 805	4 797	26.1
惠来县	62 541	23 806	−61.9	11 289	12 630	11.9
揭西县	92 665	59 442	−35.9	7 997	7 992	−0.1

16－12 各县(区)生猪年末存栏头数、肉猪出栏头数和猪肉产量

县（区）别	生猪年末存栏头数（万头）			肉猪出栏头数（万头）			猪肉产量（万吨）		
	1992年	1993年	1993年比1992年增长%	1992年	1993年	1993年比1992年增长%	1992年	1993年	1993年比1992年增长%
广州市									
海珠区	1.40	1.29	－7.9	2.81	2.95	5.0	0.18	0.20	11.1
天河区	4.68	5.12	9.4	8.12	8.67	6.8	0.56	0.59	5.4
白云区	24.67	24.17	－2.0	42.98	42.72	－0.6	2.91	2.91	0
黄埔区	1.23	1.28	4.1	1.76	1.92	9.1	0.16	0.14	－12.5
芳村区	4.92	4.24	－13.8	6.72	7.09	5.5	0.55	0.51	－7.3
花都市	19.49	18.20	－6.6	22.05	21.40	－2.9	1.66	1.60	－3.6
增城市	20.77	19.44	－6.4	16.64	20.37	22.4	1.29	1.40	8.5
番禺市	10.53	9.31	－11.6	11.14	12.18	9.3	0.71	0.76	7.0
从化县	21.58	22.17	2.7	17.03	19.95	17.1	1.46	1.44	－1.4
深圳市									
福田区	0.35	0.25	－28.6	0.88	0.58	－34.1	0.07	0.04	－42.9
罗湖区	0.13			0.16	0.03	－81.2	0.01		
南山区	0.97	1.75	80.4	2.97	3.00	1.0	0.21	0.18	－14.3
宝安区	18.89（宝安区、龙岗区合计）	13.47		37.72（宝安区、龙岗区合计）	29.21		3.09（宝安区、龙岗区合计）	2.57	
龙岗区					10.63			0.88	
珠海市									
香洲区	2.94	7.49	154.8	4.39	10.27	133.9	0.35	0.67	91.4
斗门县	8.63	7.81	－9.5	8.30	11.29	36.0	4.10	0.99	－75.9
汕头市									
市区	6.05	5.69	－6.0	10.01	10.56	5.5	0.74	0.82	10.8
潮阳市	22.53	20.45	－9.2	28.32	29.14	2.9	2.27	2.32	2.2
澄海县	9.66	8.85	－8.4	15.32	12.75	－16.8	0.87	0.72	－17.2
南澳县	1.86	1.95	4.8	2.89	3.24	12.1	0.29	0.31	6.9
韶关市									
韶关市郊	4.66	4.00	－14.2	5.96	6.39	7.2	0.45	0.49	8.9
仁化县	6.02	6.32	5.0	7.83	7.82	－0.1	0.70	0.71	1.4
南雄县	17.65	19.01	7.7	18.75	19.76	5.4	1.69	1.88	11.2
始兴县	8.59	8.69	1.2	12.88	13.52	5.0	0.95	1.06	11.6
翁源县	14.38	14.09	－2.0	11.50	12.11	5.3	1.04	1.18	13.5
新丰县	7.75	7.59	－2.1	5.43	6.09	12.2	0.49	0.48	－2.0

16－12　续表1

县（区）别	生猪年末存栏头数（万头）			肉猪出栏头数（万头）			猪肉产量（万吨）		
	1992年	1993年	1993年比1992年增长%	1992年	1993年	1993年比1992年增长%	1992年	1993年	1993年比1992年增长%
曲江县	18.08	19.32	6.9	20.83	22.94	10.1	1.58	1.76	11.4
乳源县	8.22	8.71	6.0	6.90	7.74	12.2	0.57	0.56	－1.8
乐昌县	23.79	25.13	5.6	20.29	21.14	4.2	1.57	1.72	9.6
河源市									
源城区	3.73	3.91	4.8	4.37	5.00	14.4	0.30	0.32	6.7
和平县	9.45	10.10	6.9	7.28	8.49	16.6	1.23	1.00	－18.7
龙川县	19.28	18.81	－2.4	13.94	14.20	1.9	1.23	1.25	1.6
紫金县	32.24	31.93	－1.0	21.46	32.31	50.6	1.66	2.11	27.1
连平县	12.38	12.59	1.7	10.09	12.74	26.3	1.11	1.00	－9.9
东源县	15.75	15.05	－4.4	12.09	12.46	3.1	0.90	0.90	0
梅州市									
梅江区	4.70	3.81	－18.9	4.90	4.70	－4.1	0.34	0.35	2.9
梅县	30.34	31.01	2.2	28.43	29.86	5.0	1.99	2.23	12.1
蕉岭县	10.29	9.76	－5.2	9.80	10.17	3.8	0.75	0.77	2.7
大埔县	16.02	16.69	4.2	14.88	14.66	－1.5	1.04	1.21	16.3
丰顺县	28.43	27.75	－2.4	20.40	20.33	－0.3	1.35	1.87	38.5
五华县	36.79	37.95	3.2	35.75	39.00	9.1	2.84	2.96	4.2
兴宁县	35.20	33.77	－4.1	22.06	21.27	－3.6	1.77	1.56	－11.9
平远县	12.51	11.68	－6.6	9.58	10.10	5.4	0.82	0.83	1.2
惠州市									
惠城区	3.46	2.96	－14.5	3.26	4.33	32.8	0.32	0.35	9.4
惠东县	19.72	19.85	0.7	19.29	19.62	1.7	1.59	1.71	7.5
惠阳县	19.44	23.07	18.7	19.02	19.01	－0.1	1.56	1.64	5.1
博罗县	32.28	35.37	9.6	29.57	31.69	7.2	1.97	2.08	5.6
龙门县	11.42	10.63	－6.9	9.32	10.88	16.7	0.70	0.84	20.0
大亚湾		0.38			0.87			0.10	
汕尾市									
城区	4.66	4.65	－0.2	5.86	6.16	5.1	0.44	0.44	0
海丰县	19.30	16.79	－13.0	19.23	18.93	－1.6	1.46	1.43	－2.1
陆河县	9.48	8.45	－10.9	6.66	6.27	－5.9	0.53	0.50	－5.7
陆丰县	22.34	20.47	－8.4	21.92	20.74	－5.4	1.78	1.65	－7.3
东莞市	44.86	40.44	－9.9	53.31	57.77	8.4	4.55	4.95	8.8
中山市	24.71	25.32	2.5	34.13	35.18	3.1	2.56	2.74	7.0

16－12　续表2

县（区）别	生猪年末存栏头数（万头）			肉猪出栏头数（万头）			猪肉产量（万吨）		
	1992年	1993年	1993年比1992年增长%	1992年	1993年	1993年比1992年增长%	1992年	1993年	1993年比1992年增长%
江门市									
江门市郊	4.18	3.50	－16.3	7.86	7.27	－7.5	0.57	0.60	5.3
新会市	22.88	24.33	6.3	32.34	33.89	4.8	2.10	2.59	23.3
台山市	35.39	34.77	－1.8	35.00	38.39	9.7	1.76	2.46	39.8
开平市	20.37	16.29	－20.0	19.28	18.41	－4.5	1.00	1.51	51.0
鹤山市	18.65	19.72	5.7	17.69	17.44	－1.4	0.93	1.05	12.9
恩平市	17.30	16.40	－5.2	19.85	14.08	－29.1	1.26	1.03	－18.3
佛山市									
石湾区	7.01	6.38	－9.0	15.13	14.44	－4.6	1.06	1.02	－3.8
南海市	23.79	27.61	16.1	51.52	53.91	4.6	4.27	4.17	－2.3
顺德市	27.91	30.00	7.5	51.31	53.02	3.3	3.92	4.06	3.6
三水市	15.49	16.79	8.4	19.83	22.85	15.2	1.40	1.58	12.9
高明市	18.35	15.86	－13.6	16.85	16.03	－4.9	1.30	1.28	－1.5
阳江市									
江城区	8.76	9.46	8.0	8.76	9.42	7.5	0.75	0.78	4.0
阳东县	28.27	28.53	0.9	21.54	21.08	－2.1	1.63	1.56	－4.3
阳西县	15.69	16.68	6.3	14.60	21.00	43.8	1.30	1.25	－3.8
阳春县	69.16	76.52	10.6	28.91	29.54	2.2	2.57	2.59	0.8
海陵区	1.96	1.95	－0.5	2.02	2.20	8.9	0.17	0.19	11.8
湛江市									
赤坎区	0.63	0.70	11.1	0.87	1.04	19.5	0.07	0.09	28.6
霞山区	1.41	1.41	0	2.09	2.11	1.0	0.19	0.19	0
坡头区	7.46	7.17	－3.9	6.25	7.12	13.9	0.56	0.57	1.8
郊区	7.25	7.14	－1.5	8.14	9.41	15.6	0.72	0.74	2.8
廉江市	56.80	58.20	2.5	51.18	54.06	5.6	4.91	5.05	2.9
吴川县	18.80	23.33	24.1	16.79	19.06	13.5	1.45	1.51	4.1
徐闻县	25.35	25.15	－0.8	13.83	13.34	－3.5	1.23	1.20	－2.4
海康县	35.92	35.60	－0.9	41.25	39.00	－5.5	3.04	3.20	5.3
遂溪县	28.95	30.09	3.9	30.97	33.23	7.3	2.57	2.89	12.5
茂名市									
茂南区	22.84	23.86	4.5	19.85	21.97	10.7	1.44	1.76	22.2
高州市	79.47	75.94	－4.4	68.52	67.30	－1.8	5.57	5.13	－7.9
信宜县	36.44	35.29	－3.2	31.16	35.54	14.1	2.61	3.15	20.7

16—12 续表3

县（区）别	生猪年末存栏头数(万头)			肉猪出栏头数(万头)			猪肉产量(万吨)		
	1992年	1993年	1993年比1992年增长%	1992年	1993年	1993年比1992年增长%	1992年	1993年	1993年比1992年增长%
电白县	38.78	41.15	6.1	35.55	38.66	8.7	3.07	3.38	10.1
化州县	69.75	72.14	3.4	57.72	67.14	16.3	4.74	5.51	16.2
肇庆市									
端州区	2.81	3.25	15.7	4.34	4.60	6.0	0.42	0.42	0
鼎湖区	9.56	15.39	61.0	16.45	17.86	8.6	1.40	1.43	2.1
云浮市	30.19	30.37	0.6	27.09	29.92	10.4	2.19	2.54	16.0
高要市	33.25	31.69	—4.7	37.03	40.05	8.2	3.06	3.38	10.5
四会市	21.40	25.58	19.5	22.64	28.59	26.3	2.05	2.50	22.0
罗定市	25.59	26.29	2.7	29.09	32.29	11.0	2.92	3.03	3.8
广宁县	17.58	16.92	—3.8	18.21	16.59	—8.9	1.24	1.36	9.7
新兴县	31.64	28.01	—11.5	29.45	31.02	5.3	2.38	2.76	16.0
德庆县	10.72	10.66	—0.6	9.77	9.82	0.5	0.99	0.96	—3.0
郁南县	9.33	12.36	32.5	9.93	12.40	24.9	1.00	1.08	8.0
封开县	17.89	19.58	9.4	14.83	16.94	14.2	1.53	1.65	7.8
怀集县	26.59	27.22	2.4	22.76	24.81	9.0	1.89	2.08	10.1
清远市									
清城区	21.31	22.58	6.0	18.50	21.52	16.3	1.48	1.70	14.9
清新县	34.76	37.87	8.9	23.45	26.06	11.1	1.99	2.09	5.0
英德县	40.88	44.11	7.9	26.22	29.59	12.9	2.08	2.39	14.9
佛冈县	13.03	13.25	1.7	7.35	7.56	2.9	0.52	0.63	21.2
连山自治县	3.09	3.22	4.2	3.09	3.11	0.6	0.31	0.37	19.4
连南自治县	4.64	5.25	13.1	4.77	5.36	12.4	0.35	0.39	11.4
连县	25.96	26.92	3.7	18.69	21.30	14.0	1.82	2.04	12.1
阳山县	26.34	27.57	4.7	18.19	19.49	7.1	1.42	1.54	8.5
潮州市									
湘桥区	3.57	3.06	—14.3	4.79	3.74	—21.9	0.33	0.26	—21.2
饶平县	35.30	36.70	4.0	27.09	32.67	20.6	2.04	1.94	—4.9
潮安县	28.88	24.97	—13.5	34.72	32.78	—5.6	2.32	1.97	—15.1
揭阳市									
榕城区	4.84	3.43	—29.1	5.66	5.16	—8.8	0.58	0.61	5.2
普宁市	31.82	30.57	—3.9	28.35	29.48	4.0	1.68	1.96	16.7
揭东县	30.24	27.09	—10.4	27.34	31.14	13.9	2.11	1.98	—6.2
惠来县	17.33	16.50	—4.8	17.99	18.67	3.8	1.46	1.54	5.5
揭西县	29.75	32.05	7.7	18.11	19.20	6.0	1.21	1.40	15.7

16—13 各县(区)乡镇企业基本情况

县（区）别	企业个数(个)		企业人数(个)		总产值(万元)		总收入(万元)	
	1992年	1993年	1992年	1993年	1992年	1993年	1992年	1993年
广州市								
海珠区	1 383	1 374	26 060	31 571	77 174	131 988	88 239	151 923
天河区	1 812	1 907	40 398	45 197	104 520	189 092	162 027	282 302
白云区	9 560	9 820	135 785	146 625	328 283	517 562	480 268	746 564
黄埔区	1 890	1 939	25 240	34 510	62 568	140 628	92 218	184 539
芳村区	936	1 072	10 451	13 649	34 972	50 182	45 806	64 293
花都市	9 952	11 628	90 583	108 606	304 884	544 282	268 846	530 914
增城市	12 741	14 295	85 749	107 079	177 421	465 567	190 366	480 651
番禺市	21 987	21 546	208 982	243 009	639 383	1 001 982	659 735	1 149 176
从化县	9 878	9 733	47 162	51 771	79 058	127 249	78 129	13 1563
农场	581	637	6 071	6 153	26 964	39 111	27 999	45 926
深圳市	25 810	38 050	620 542	87 2380	333 246	658 766	441 766	894 649
珠海市								
香洲区	2 290	2 874	75 459	92 640	283 989	424 467	89 441	415 687
三灶区	31	37	1 012	1 575	2 672	10 241	3 655	9 345
万山区	127	163	3 363	3 132	10 319	13 984	12 564	19 972
斗门县	3 788	4 626	75 459	34 398	60 719	133 995	89 441	143 034
汕头市								
市区	955	980	25 691	30 068	59 621	91 360	56 487	86 780
潮阳市	12 396	13 130	252 566	273 531	222 961	427 815	220 642	431 238
澄海县	5 741	6 545	72 205	89 625	112 631	225 628	105 602	201 282
南澳县	526	582	4 432	4 816	4 296	9 801	4 410	9 481
韶关市								
浈江区	561	1 139	3 124	4 339	6611	11 613	10542	16 839
北江区	470	516	1 712	2 378	3 881	7 257	5 595	8 510
武江区	984	1 118	3 285	4 295	5 956	10 418	9 461	15 551
仁化县	6 860	7 642	18 875	20 767	19 009	26 432	26 814	39 378
南雄县	12 218	15 513	32 041	45 653	24 324	90 354	34 968	93 701
始兴县	9861	9 532	22 203	22 746	20 225	29 309	23 139	33 259
翁源县	15 423	16692	36 909	41 823	24 723	35 600	30 843	44 842
新丰县	5 240	5 748	12 471	13 866	9 041	16 965	10 199	18 174
曲江县	12 393	13 536	40 880	47 573	50 485	75 613	57 300	88 491

注:总产值按1990年不变价格计算。

16－13 续表1

县（区）别	企业个数（个）		企业人数（个）		总产值（万元）		总收入（万元）	
	1992年	1993年	1992年	1993年	1992年	1993年	1992年	1993年
乳源县	3 335	3 936	10 341	11 683	7 128	12 108	9 868	17 678
乐昌县	12 887	14 078	40 670	44 679	38 872	76 343	46 681	90 080
河源市								
源城区	5 118	5 600	17 560	19 000	13 291	16 000	13 674	17 512
和平县	6 949	7 735	18 011	17 628	10 410	11 141	14 253	16 137
龙川县	7 823	8 534	22 553	27 172	16 625	21 099	23 113	27 135
紫金县	9 239	9 402	23 727	26 129	20 911	29 267	21 772	29 758
连平县	8 472	9 753	15 478	17 397	10 956	14 299	13 219	16 560
东源县	7 042	7 437	21 003	19 680	15 550	20 188	15 842	23 554
梅州市								
梅江区	9 733	10 877	28 320	31 635	24 604	51 662	30 764	60 849
梅县	25 776	25 241	72 666	83 217	86 936	133 600	108 175	183 589
蕉岭县	6 480	6 263	18 497	18 658	16 769	27 901	24 455	43 018
大埔县	11978	12 139	45 395	52 796	38 145	69 507	47 415	76 861
丰顺县	9 726	10 612	36 757	38 675	45 161	67 724	56 215	88 208
五华县	22 244	23 727	64 279	70 244	44 912	65 371	54 557	80 181
兴宁县	54 792	52 564	127 448	148 981	85 049	172 558	112 437	199 747
平远县	7 588	8 593	17 952	19 790	14 422	21 365	18 711	31 707
惠州市								
惠城区	3 133	4 566	23 109	35 244	33 803	65 189	38 459	73 061
惠东县	18 962	19 838	90 095	101 304	141 492	196 821	143 376	199 090
惠阳县	15 267	18 551	72 123	107 737	107 751	225 018	113 400	271 786
博罗县	13 229	13 225	58 239	80 599	91 062	162 991	89 789	172 970
龙门县	5 367	5 874	17 470	22 428	20 125	32 799	22 497	41098
汕尾市								
城区	16 274	16 035	45 226	46 183	28 854	32 654	31 576	35 722
海丰县	19 135	22 081	65 053	81 461	84 951	189 224	84 024	193 972
陆河县	3 737	3936	12 174	12 765	6 252	7 483	4 177	8 197
陆丰县	15 578	15 684	75 244	78 910	71 081	176 957	59 378	152 392
东莞市	25 398	28 112	583 686	714 689	774 139	1 089 266	742 812	1 098 081
中山市	28 321	29 054	313 474	368 022	944 391	1 559 862	912 874	1 506 239
江门市								
江门市郊	4 265	4 438	31 278	32 538	108 943	156 600	129 014	173 784

16—13 续表2

县（区）别	企业个数(个)		企业人数(个)		总产值(万元)		总收入(万元)	
	1992年	1993年	1992年	1993年	1992年	1993年	1992年	1993年
新会市	18 269	18 372	145 376	152 647	438 644	611 803	482 523	717 866
台山市	17 618	22 409	139 578	162 223	323 545	569 671	330 000	610 860
开平市	16 193	17 547	91 286	100 433	291 207	463 469	290 346	491 611
鹤山市	10 040	10 738	55 364	59 921	143 425	210 269	149 753	219 112
恩平市	19 319	19 821	66 085	74 209	144 671	275 519	184 013	361 717
佛山市								
石湾区	429	315	44 600	36 559	230 012	272 990	234 977	276 613
南海市	30 727	34 620	336 782	403 842	1 179 429	1 600 917	1 083 989	1 739 165
顺德市	22 017	24 386	242 839	285 767	1 164 295	1 581 475	14 61050	2 137 038
三水市	5 934	6 498	47 004	59 572	179 960	346 096	207 907	369 093
高明县	5 367	5 833	31 461	34 632	91 972	158 789	93 173	183 799
阳江市								
江城区	6 128	6 399	41 563	45 141	56 307	86 679	56 354	85 017
阳东县	9 378	9 661	32 545	36 394	39 051	58 359	38 176	58 644
阳西县	8 255	9 041	38 965	47 330	42 982	56 881	42 270	56 005
阳春县	30 051	31 775	86 287	90 242	47 780	81 347	54 453	91 346
海陵区	1 484	916	6 873	5 859	11 762	17 717	13 027	18 303
湛江市								
赤坎区	424	457	3 429	3 903	9 046	15 189	9 665	15 996
霞山区	1 521	1 750	8 708	9 143	21 213	24 846	21 100	26 588
坡头区	4 239	4 331	25 092	26 550	44 123	62 135	51 172	71 189
郊区	5 518	3 220	22861	14 197	36 517	31 786	43907	39 941
廉江市	14 467	14 896	64 753	69 373	1 09615	165 822	122 175	180390
吴川县	11 379	11 810	64 951	68 296	140 752	232 901	153 118	247 088
徐闻县	7 126	7 668	22 056	24 761	18 914	28 871	26 194	40 967
海康县	25 200	26 794	65 730	72 123	44 433	58 550	55 287	72 759
遂溪县	10 838	11 525	45 432	48 186	59 621	91 756	72 883	120 900
茂名市								
茂南区	11 030	11 708	47 283	51 897	76 716	140 077	87 589	153 742
高州市	28 660	35 221	98 463	127 440	115 453	284 220	133 179	311 548
信宜县	28 771	35 446	94 216	128 766	63 910	209 971	73 687	221 056
电白县	25 667	27 982	130 771	132 981	243 189	310 673	264 319	346 167
化州县	18 894	18 693	135 236	142 872	219 158	334 744	248 942	380 291

16—13 续表3

县（区）别	企业个数(个)		企业人数(个)		总产值(万元)		总收入(万元)	
	1992年	1993年	1992年	1993年	1992年	1993年	1992年	1993年
肇庆市								
端州区	2 831	2 744	15 130	15 834	37 763	58 203	37 505	57 585
鼎湖区	3 678	3 807	20 572	19 400	36 420	65 393	36 142	64 920
云浮市	15 111	16 376	70 296	83 667	188 774	377 031	174 741	360 302
高要市	21 732	23 117	125 148	146 228	199 651	307 771	197 018	315 131
四会市	15 214	16 209	59 077	65 992	111 852	177 855	103 782	173 290
罗定市	21 955	19 866	129 874	135 768	174 175	311 729	162 301	289 250
广宁县	12 447	13 608	41 629	46 417	52 258	89 884	55 368	89 660
新兴县	7 477	7 527	33 943	43 277	63 580	105 163	55 607	96 656
德庆县	13 699	14 039	3 2375	34 702	40 200	67 314	37352	63 708
郁南县	16 435	13 632	57 506	54 712	4 8289	101 383	58 474	107693
封开县	30483	18 904	66 197	57 775	51 806	87253	56 864	89470
怀集县	15 341	1 7390	58 502	62 022	34 100	57 187	38 924	61 876
清远市								
清城区	11 630	10 894	47 186	46 698	59 729	76 361	61 699	92 286
清新县	15 490	16 341	48 812	51 138	50 091	61 579	51 534	62 715
英德县	18 352	19 056	55 208	54 501	44 622	57 155	55 380	73 762
佛冈县	4 559	4 616	15 552	16 960	15 866	21 553	18 348	27 162
连山自治县	1 999	2 270	4 721	4 712	2 986	3 464	3 930	4 284
连南自治县	2 957	3 420	7 913	9 444	7 359	9 923	9 823	14 653
连县	10 807	15 028	36 607	42 870	30 738	40 034	39 990	50 801
阳山县	11 882	12 133	28 536	29 152	18 163	24 809	27 310	37 238
潮州市								
湘桥区	5 588	5 901	41 509	34 329	35 706	63 734	47 370	72 945
饶平县	11 723	11 762	85 218	88 410	71 319	109397	67 226	108546
潮安县	28 556	31 563	389 822	303 542	292 333	398 854	302 306	421 577
揭阳市								
榕城区	8 257	9 182	61 011	72 867	76 199	110 699	80 506	111 810
普宁市	5 095	5 128	122 272	125 933	171 471	283 036	152 877	250 046
揭东县	17 083	17 882	131 943	147 575	136 651	217 796	141 939	225 976
惠来县	6 824	7 198	53 185	58 673	74 160	108 773	76 097	107 760
揭西县	7 157	7 558	43 570	53 797	50 778	86 645	44 425	81 890

16－14 各县（区）固定资产投资

（1993 年）

单位：万元

县（区）别	基本建设投资额		更新改造投资额		其他投资	房地产开发
	投资完成额	新增固定资产	投资完成额	新增固定资产		
广州市						
市　区	666 526	512 633	377 829	231 466	329 486	767 603
花都市	23 543	15 960	4 023	2 735	7 228	74 957
增城县	31 517	19 333	23 026	16 112	40 797	48 120
番禺市	37 529	19 301	45 389	17 691	109 601	332 894
从化县	39 936	44 706	89 582	7 096	19 971	27 650
深圳市	1 409 997	633 055	20 794	2 711	86345	500 332
珠海市						
市　区	479 580	214 615	4 880	3 946	23 907	139 874
斗门县	59 531	38 488	2 436	2 396	7 171	47 558
汕头市						
市　区	314 413	66 608	59 721	48 267	38 385	88 183
潮阳市	2 365	1 352	19 729	19 890	3 622	13 978
澄海县	16 404	5 553	2 887	3 357	5 353	2 711
南澳县	5 575	2 175	1 100	340	7 194	
韶关市						
市　区	54 363	38 288	41 447	34 458	35 065	19 501
仁化县	10 282	1 043	1 184	1 295	2 980	278
南雄县	2 918	2 363	1 735	1 587	2 681	75
始兴县	2 590	986	3 543	2 889	274	106
翁源县	288	300	3 175	2 228	122	356
新丰县	283	358	11 973	3 280	3 230	60
曲江县	3 150	2 551	5 680	5 335	5 789	338
乳源县	2 444	2 245	2 966	3 164	1 925	4
乐昌县	3 325	1 323	4 813	3 825	19 374	1 390
河源市						
市　区	25 865	8 712	3 657	3 512	1 330	16 931
和平县	2 137	1 896	3 674	3 732	130	76
龙川县	8 874	7 311	8 869	2 366	3 278	9 040
紫金县	3 261	2 386	1 913	543		
连平县	5 485	3 082	1 010	642		890
梅州市						
市　区	11 581	6 584	4 896	5 402	8 738	12 429
梅　县	15 470	7 251	11 106	11 374	5 679	7 252
蕉岭县	8 671	12 510	7 747	8 615	6 651	740
大埔县	9 445	5 051	5 284	5 441	3 763	521
丰顺县	5 795	2 923	3 766	3 873	2 450	228

16—14 续表1　　(1993年)　　单位：万元

县（区）别	基本建设投资额		更新改造投资额		其他投资	房地产开发
	投资完成额	新增固定资产	投资完成额	新增固定资产		
五华县	2 191	862	7 899	4 401	6 871	110
兴宁县	7 510	3 368	8 523	6 907	2 007	1 377
平远县	2 263	1 346	4 950	3 454	3 126	155
惠州市						
市　区	197 725	94 100	29 012	23 980	27 603	130 840
惠东县	62 891	31 511	11 178	7 499	9 882	44 249
惠阳县	34 346	17 280	34 878	32 755	4 361	12 462
博罗县	25 148	19 506	13 541	13 121	1 358	21 811
龙门县	13 637	22 343	3 231	3 963	2 781	
汕尾市						
市　区	28 770	13 456	24 879	20 524		13 636
海丰县	12 584	6 466	7 163	5 145	15	1 666
陆河县	4 799	5 117	1 556	711		800
陆丰县	11 451	7 868	14 306	5 224	90	9 898
东莞市	160 578	192 322	20 318	21 155	46163	52 110
中山市	81 907	49 518	39 043	29 141	90 653	65 264
江门市						
市　区	27 728	18 766	48 414	33 525	21 062	46 471
新会市	6 477	5 471	18 899	17 430	83 775	6 821
台山市	29 478	9 426	8 626	5 778	34 590	19 535
开平市	1 581	1 581	78 425	60 174	5 705	28 756
鹤山市	4 932	2 514	8 216	6 520	35 382	18 222
恩平县	12 027	10 526	10 567	9 923	10 345	481
佛山市						
市　区	32 673	10 101	119 460	69 025	198 849	66 257
南海市	8 271	3 423	37 449	37 043	112 637	22 171
顺德市	132 548	2 026	7 479	5 035	113 572	108 139
三水市	1 800	2 839	8 725	7 367	37 700	18 612
高明县	1 724	1 076	1 161	1 187	54 114	14 636
阳江市						
市　区	160 799	76 744	5 360	4 651	6 655	37 200
阳东县	3 873	1 994	38	38	601	3 103
阳西县	772	1 098	4 092	5 880	2 117	205
阳春县	10 686	9 373	7 632	4 950	15 015	5 412
湛江市						
市　区	231 819	31 103	70 461	57 453	17 641	28 206
廉江县	10 328	8 231	3 905	3 713	451	2 713
吴川县	8 280	519	1 336	833	1 499	405
徐闻县	2 378	1 421	12 216	10 314	89	277

16—14 续表 2　　(1993 年)　　单位：万元

县（区）别	基本建设投资额		更新改造投资额		其他投资	房地产开发
	投资完成额	新增固定资产	投资完成额	新增固定资产		
海康县	10 529	5 190	10 054	10 670	1 851	2 000
遂溪县	2 920	3 315	11 119	10 901	12 100	200
茂名市						
市　区	146 351	56 039	40 769	28 578	23 164	42 451
高州市	3 874	2 563	16 075	15 647	1 190	430
信宜县	7 314	2 911	5 138	4 136	4 605	4 600
电白县	1 847	450	4 869	6 498		4 595
化州县	5 098	1 489	3 409	3 284	245	6 140
肇庆市						
市　区	45 660	21 946	68 773	36 603	39 503	65 384
云浮市	5 836	13 146	15 876	12 487	17 205	7 862
高要市	21 993	4 792	18 904	14 880	12 834	9 801
四会市	5 787	2 314	8 675	10 389	6 588	4 979
罗定市	13 401	10 412	18 119	11 950	18 868	8 007
广宁县	16 174	4 094	4 860	1 432	5 825	130
新兴县	4 560	1 857	6 121	5 199	5 258	1 938
德庆县	11 006	2 511	6 420	3 938	7 169	178
郁南县	1 150	1 487	6 927	6 963	3 987	
封开县	11 820	17 801	10 857	9 159	700	470
怀集县	2 589	1 467	7 790	11 808	20 084	
清远市						
市　区	118 721	76 825	18 393	16 873	595	28 057
清新县	6 656	5 924	3 000	3 000	96	360
英德县	17 133	16 523	6 483	5 825	7 463	722
佛冈县	2 841	2 636	6 001	4 842	3 302	695
连山县	1 729	1 871	2 400	1 000	30	
连南县	5 848	2 177	645	142		62
连　县	6 315	2 701	8 305	6 678		
阳山县	11 533	7 027	2 445	1 107	8 609	3 529
潮州市						
市　区	33 028	27 201	15 647	6 817	15 913	17 584
饶平县	2 203	1 172	1 140	349	17 790	6 771
潮安县	16 694	8 096	5 420	5 036	12 089	7 875
揭阳市						
市　区	42 830	9 070	7 437	4 081	1 133	37 581
普宁市	5 479	3 922	13 721	8 265	6 233	1 435
揭东县	23 073	20 344	6 765	6 667	3 242	3 193
惠来县	9 614	6 531	8 325	10 325	9 302	1 380
揭西县	2 674	2 314	7 416	1 717	310	846

16-15 各县(区)社会商品零售总额

单位:万元

县(区)别	社会商品零售总额			#消费品零售额		
	1992年	1993年	1993年比1992年增长%	1992年	1993年	1993年比1992年增长%
广州市						
市区	1 695 768	2 418 773	42.6	1 672 561	2388 889	42.8
花都市	81 600	122 526	50.2	67 549	106 358	57.5
增城市	97 835	158 852	62.4	88 117	146 128	65.8
番禺市	227 275	319 779	40.7	197 979	280 852	41.9
从化县	74 613	113 512	52.1	68 971	107 863	56.4
深圳市	1 163 168	1 614 405	38.8	1 148 908	1 605 130	39.7
珠海市						
市区	307 688	445 063	44.6	299 603	430 807	43.8
斗门县	77 968	98 439	26.3	63 870	86 151	34.9
汕头市						
市区	345 793	428 783	24.0	334 296	416 942	24.7
潮阳市	135 767	188 193	38.6	121 119	175 513	44.9
澄海县	53 760	66 599	23.9	47 322	61 764	30.5
南澳县	8 627	10 727	24.3	6 294	7 825	24.3
韶关市						
市区	125 356	175 438	40.0	121 831	171 202	40.5
仁化县	17 745	21 012	18.4	15 884	19 285	21.4
南雄县	31 656	36 111	14.1	26 235	29 567	12.7
始兴县	14 631	17 423	19.1	12 324	14 954	21.3
翁源县	17 730	20 600	16.2	15 311	18 129	18.4
新丰县	11 258	14 052	24.8	10 577	13 138	24.2
曲江县	35 898	46 386	29.2	32 515	43 213	32.9
乳源县	10 198	14 061	37.9	9 195	13 134	42.8
乐昌县	28 880	30 122	4.3	26 126	27 309	4.5
河源市						
市区	25 186	35 881	42.5	23 281	34 216	47.0
和平县	13 815	14 711	6.5	11 291	13 289	17.7
龙川县	29 612	37 550	26.8	25 447	36 042	41.6
紫金县	26 105	27 057	3.6	21 776	25 320	16.3
连平县	15 111	16 496	9.2	13 499	15 015	11.2
东源县	16 206	19 590	20.9	14 508	18 168	25.2
梅州市						
市区	33 836	47 998	41.9	31 958	44 914	40.5
梅县	44 497	62 522	40.5	39 125	58 334	49.1

16—15 续表1 单位:万元

县(区)别	社会商品零售总额 1992年	社会商品零售总额 1993年	社会商品零售总额 1993年比1992年增长 %	#消费品零售额 1992年	#消费品零售额 1993年	#消费品零售额 1993年比1992年增长 %
蕉岭县	14 392	23 638	64.2	12 719	21 422	68.4
大埔县	27 987	39 114	39.8	25 409	35 477	39.6
丰顺县	25 160	32 538	29.3	20 555	27 590	34.2
五华县	34 432	43 694	26.9	29 934	39 144	30.8
兴宁县	54 544	68 078	24.8	49 371	62 355	26.3
平远县	14 223	17 322	21.8	12 111	15 572	28.6
惠州市						
市区	122 868	228 617	86.1	109 203	214 022	96.0
惠东县	86 806	152 252	75.4	80 200	146 257	82.4
惠阳县	95 424	150 389	57.6	81 820	136 033	66.3
博罗县	64 382	90 721	40.9	55 868	83 864	50.1
龙门县	19 694	31 852	61.7	16 471	27 484	66.9
汕尾市						
市区	33 737	44 823	32.9	30 009	39 228	30.7
海丰县	82 642	114 062	38.0	78 307	109 012	39.2
陆河县	15 416	18 341	19.0	14 738	17 726	20.3
陆丰县	90 950	110 418	21.4	78 491	94 948	21.0
东莞市	401 998	549 162	36.6	360 416	509 971	41.5
中山市	297 221	372 120	25.2	275 429	344 440	25.1
江门市						
市区	124 129	152 585	22.9	120 215	144 258	20.0
新会市	139 537	189 310	35.7	117 116	159 042	35.8
台山市	153 916	214 810	39.6	144 002	202 960	40.9
开平市	91 128	125 771	38.0	79 355	111 586	40.6
鹤山市	74 433	102 257	37.4	68 963	97 138	40.9
恩平县	85 265	119 100	39.7	79 874	113 605	42.2
佛山市						
市区	314 639	457 564	45.4	309 542	450 670	45.6
南海市	258 156	413 720	60.3	243 296	397 561	63.4
顺德市	279 302	390 300	39.7	247 289	353 034	42.8
三水市	85 637	115 919	35.4	76 797	106 237	38.3
高明县	42 003	65 356	55.6	35 226	58 088	64.9
阳江市						
市区	68 021	90 700	33.3	62 304	83 688	34.3
阳东县	29 401	38 035	29.4	23 963	31 459	31.3
阳西县	27 363	33 637	22.9	23 524	30 108	28.0
阳春县	76 947	93 526	21.5	69 884	84 608	21.1

16—15 续表2 单位:万元

县(区)别	社会商品零售总额			#消费品零售额		
	1992年	1993年	1993年比1992年增长%	1992年	1993年	1993年比1992年增长%
湛江市						
市区	320 853	446 972	39.3	308 486	431 630	39.9
廉江市	96 112	122 582	27.5	85 644	109 093	27.4
吴川县	68 176	83 359	22.3	57 676	72 523	25.7
徐闻县	43 761	52 780	20.6	37 299	45 151	21.1
海康县	77 110	93 436	21.2	68 555	83 364	21.6
遂溪县	75 030	99 834	33.1	52 361	71 602	36.7
茂名市						
市区	159 056	213 090	34.0	147 872	197 695	33.7
高州县	103 388	127 868	23.7	85 613	106 932	24.9
信宜县	64 109	80 852	26.1	56 319	68 054	20.8
电白县	110 682	136 415	23.2	101 130	128 371	26.9
化州县	75 213	99 893	32.8	61 857	80 799	30.6
肇庆市						
市区	129 537	178 330	37.7	117 963	166 065	40.8
云浮市	48 898	60 590	23.9	45 416	56 840	25.2
高要市	71 343	82 237	15.3	58 291	71 187	22.1
四会市	64 033	74 101	15.7	56 005	65 965	17.8
罗定市	68 347	86 442	26.5	61 314	78 080	27.3
广宁县	40 614	52 177	28.5	38 450	50 086	30.3
新兴县	37 481	47 763	27.4	31 737	40 963	29.1
德庆县	22 287	27 670	24.2	19 945	25 092	25.8
郁南县	35 015	43 485	24.2	31 577	40 567	28.5
封开县	34 518	42 844	24.1	31 840	39 960	25.5
怀集县	39 796	51 097	28.4	36 445	47 841	31.3
清远市						
市区	79 767	124 223	55.7	71 210	113 930	60.0
清新县	23 601	28 396	20.3	19 103	23 730	24.2
英德县	71 217	88 562	24.4	63 962	82 593	29.1
佛冈县	24 238	27 087	11.8	22 583	25 397	12.5
连山县	7 573	7 727	2.0	6 539	7 727	18.2
连南县	10 017	9 409	−6.1	8 696	8 339	−4.1
连县	27 565	32 139	16.6	23 765	30 047	26.4
阳山县	21 744	27 510	26.5	18 919	24 678	30.4
潮州市						
市区	56 841	83 265	46.5	56 147	81 284	44.8
饶平县	48 967	61 638	25.9	44 230	56 806	28.4
潮安县	71 191	88 600	24.5	63 582	75 622	18.9
揭阳市						
市区	62 653	86 289	37.7	58 358	83 297	42.7
普宁市	105 504	145 424	37.8	97 170	137 204	41.2
揭东县	32 134	49 338	53.5	27 257	46 656	71.2
惠来县	36 712	40 905	11.4	32 563	37 134	14.0
揭西县	39 670	43 639	10.0	35 653	39 829	11.7

16—16 各县（区）职工年末人数

（1993年） 单位：人

县（区）别	职工人数	#合同制职工	国有经济	城镇集体经济	其他各种经济
广州市					
市区	1 830 483	226 531	1 244 025	390 368	196 090
花都市	49 708	10 306	34 403	4 919	10 386
增城市	50 494	5 437	32 098	11 167	7 229
番禺市	137 230	10 658	49 025	55 955	32 250
从化县	37 405	6 241	25 510	11 008	887
深圳市					
市区	683 178	195 890	349 319	41 866	291 993
宝安区	62 377	6 282	34 362	10 655	17 360
龙岗区	35 578	5 499	30 821	1 660	3 097
珠海市					
市区	200 086	65 396	108 433	20 728	70 925
斗门县	33 914	9 568	19 187	10 753	3 974
汕头市					
市区	391 290	65 294	204 776	133 165	53 349
潮阳市	84 639	7 710	45 603	38 247	789
澄海县	48 705	5 650	25 791	20 375	2 539
南澳县	8 742	3 162	6 996	1 706	40
韶关市					
市区	210 443	45 778	186 419	17 176	6 848
仁化县	14 729	4 005	11 333	3 078	318
南雄县	27 274	7 281	21 271	5 754	249
始兴县	17 807	5 048	15 023	2 423	361
翁源县	22 823	7 368	18 832	3 083	908
新丰县	18 385	5 814	13 650	4 443	292
曲江县	37 763	14 709	30 547	6 158	1 058
乳源县	16 134	4 659	13 877	2 022	235
乐昌县	60 387	12 647	47 850	10 117	2 420

16—16　续表1　　　　(1993年)　　　　单位：人

县(区)别	职工人数	#合同制职工	国有经济	城镇集体经济	其他各种经济
河源市					
市区	32 862	10 841	24 883	6 172	1 807
和平县	21 528	7 417	18 436	2 771	321
龙川县	44 964	15 107	36 039	8 229	696
紫金县	30 098	8 752	24 583	5 453	62
连平县	24 452	9 638	19 822	4 228	402
东源县	19 548	5 895	15 752	3 440	356
梅州市					
市区	59 057	10 463	44 786	9 345	4 926
梅县	54 088	12 844	43 491	8 339	2 258
蕉岭县	23 771	6 739	20 872	2 899	
大埔县	27 172	7 004	21 523	5 002	647
丰顺县	29 984	5 467	22 018	7 801	165
五华县	40 455	12 389	34 820	5 542	93
兴宁县	69 081	13 903	53 991	11 288	3 802
平远县	22 201	7 095	19 224	2 848	129
惠州市					
市区	154 673	20 345	68 574	32 830	53 269
惠东县	47 910	12 830	32 710	9 579	5 621
惠阳县	58 655	15 065	34 772	14 091	9 792
博罗县	59 526	15 180	42 662	12 075	4 789
龙门县	23 840	5 085	16 745	6 630	465
汕尾市					
市区	35 911	15 470	25 894	6 056	3 961
海丰县	35 621	4 433	26 206	8 816	599
陆河县	10 206	703	7 252	2 775	179
陆丰县	58 549	5 002	40 582	17 592	375
东莞市	176 578	28 226	69 156	73 698	33 724
中山市	135 795	17 944	73 073	41 274	21 448
江门市					
市区	137 799	31 528	83 001	30 356	24 442

16—16 续表2 (1993年) 单位：人

县(区)别	职工人数	#合同制职工	国有经济	城镇集体经济	其他各种经济
新会市	104 184	23 808	47 742	40 572	15 870
台山市	79 495	14 732	48 910	25 895	4 690
开平市	86 226	17 074	47 133	38 740	353
鹤山市	47 446	10 737	29 243	10 823	7 380
恩平县	54 092	16 623	31 174	19 584	3 334
佛山市					
市区	233 171	41 382	134 952	62 977	35 242
南海市	105 375	17 065	56 813	42 733	5 829
顺德市	113 790	13 960	49 359	39 017	25 414
三水市	52 626	11 079	32 964	10 527	9 135
高明县	39 713	14 576	16 103	15 496	8 114
阳江市					
市区	69 858	13 503	44 077	24 278	1 503
阳东县	18 488	2 921	14 356	3 812	320
阳西县	19 732	3 323	12 599	6 542	591
阳春县	71 808	18 300	52 014	16 302	3 492
湛江市					
市区	243 624	43 420	186 341	27 583	29 700
廉江市	87 946	20 713	68 242	16 740	2 964
吴川县	49 605	9 169	37 176	9 368	3 061
徐闻县	54 043	19 589	45 202	8 573	268
海康县	82 206	21 915	68 443	13 557	206
遂溪县	63 526	17 559	51 503	10 992	1 031
茂名市					
市区	115 575	25 051	87 842	23 789	3 944
高州县	75 737	18 467	52 719	21 450	1 568
信宜县	39 155	11 733	27 807	10 219	1 129
电白县	63 728	13 208	41 535	21 345	848
化州县	66 764	17 206	52 694	14 018	52

16—16　续表3　　　　(1993年)　　　　单位：人

县（区）别	职工人数	#合同制职工	国有经济	城镇集体经济	其他各种经济
肇庆市					
市区	127 446	21 061	89 185	15 574	22 687
云浮市	40 029	9 254	26 384	11 085	2 560
高要市	39 364	8 545	26 817	10 051	2 496
四会市	44 625	8 365	33 670	7 664	3 291
罗定市	58 384	12 693	32 255	20 302	5 827
广宁县	33 425	9 452	24 979	6 443	2 003
新兴县	28 238	4 743	17 940	9 452	846
德庆县	22 823	4 831	16 014	6 139	670
郁南县	31 386	7 274	19 639	10 602	1 145
封开县	26 941	6 690	18 740	6 652	1 549
怀集县	34 209	6 705	23 637	8 994	1 578
清远市					
市区	72 401	10 811	47 695	16 239	8 467
清新县	23 953	5 667	14 906	4 576	4 471
英德县	58 352	14 597	48 520	9 146	686
佛冈县	17 681	3 720	12 148	4 082	1 451
连山县	10 567	3 287	9 528	960	79
连南县	15 081	4 626	11 554	1 471	2 056
连县	30 106	7 961	21 487	6 950	1 669
阳山县	26 971	8 616	21 824	4 350	797
潮州市					
市区	106 066	10 864	47 465	43 505	15 096
饶平县	49 967	7 735	33 546	15 068	1 353
潮安县	48 324	3 257	24 343	20 610	3 371
揭阳市					
市区	67 761	9 885	38 142	27 463	2 156
普宁市	59 277	8 984	44 084	12 079	3 114
揭东县	26 289	4 569	15 762	9 933	594
惠来县	47 988	6 839	33 163	13 393	1 432
揭西县	42 281	8 951	26 076	16 197	8

16—17 各县(区)职工工资总额及平均工资

(1993年)

县(区)别	合计		国有经济单位		城镇集体经济单位		其他各种经济单位	
	工资总额(万元)	平均工资(元)	工资总额(万元)	平均工资(元)	工资总额(万元)	平均工资(元)	工资总额(万元)	平均工资(元)
广州市								
市区	1 165 440.8	6 400	867 513.9	6 916	175 972.5	4 698	121 954.4	6 344
花都市	25 185.7	5 123	17 092.1	5 091	2 292.6	4 609	5 801.0	5 465
增城市	26 986.2	5 440	17 789.1	5 647	5 763.8	5 255	3 433.3	4 810
番禺市	85 226.0	6 953	28 998.1	6 934	39 408.5	7 356	16 819.4	6 190
从化县	13 934.0	4 114	10 082.1	4 588	3 491.4	3 203	360.5	3 623
深圳市								
市区	555 961.2	8 335	310 909.1	9 119	23 940.1	5 862	221 112.0	7 752
宝安区	34 533.8	5 789	20 379.9	6 220	4 711.9	4 508	9 442.0	5 744
龙岗区	29 152.2	8 534	25 660.3	8 717	1 409.4	8 652	2 082.5	6 729
珠海市								
市区	147 788.8	7 676	77 298.9	7 477	15 214.2	7 404	55 275.7	8 057
斗门县	19 139.4	5 789	11 997.9	6 439	5 035.1	4 767	2 106.4	5 451
汕头市								
市区	188 132.7	4 840	105 268.9	5 157	51 659.0	3 882	31 204.8	6 063
潮阳市	21 984.4	2 933	14 728.7	3 271	7 027.3	2 407	228.4	3 058
澄海县	14 649.2	3 035	8 204.0	3 210	5 408.7	2 666	1 036.5	4 297
南澳县	2 635.7	3 181	2 142.0	3 217	479.8	3 039	13.9	2 896
韶关市								
市区	105 453.0	5 039	95 869.3	5 146	6 251.3	3 780	3 332.4	5 203
仁化县	5 997.7	4 093	4 949.0	4 362	904.9	3 011	143.8	4 777
南雄县	9 887.7	3 692	8 248.1	3 934	1 576.0	2 830	63.6	2 544
始兴县	6 248.6	3 507	5 501.4	3 635	645.2	2 779	102.0	2 825
翁源县	8 405.2	3 694	7 322.8	3 902	820.4	2 665	262.0	2 885
新丰县	6 299.8	3 675	4 964.7	3 840	1 284.0	3 181	51.1	2 871
曲江县	14 704.3	3 988	12 496.6	4 159	1 781.0	3 063	426.7	4 200
乳源县	6 055.0	4 108	5 607.9	4 339	391.3	2 349	55.8	3 745
乐昌县	23 811.5	3 982	19 780.0	4 130	3 090.5	3 224	941.0	4 070

16－17　续表1　　（1993年）

县（区）别	合计		国有经济单位		城镇集体经济单位		其他各种经济单位	
	工资总额（万元）	平均工资（元）	工资总额（万元）	平均工资（元）	工资总额（万元）	平均工资（元）	工资总额（万元）	平均工资（元）
河源市								
市区	10 067.3	3 270	7 775.5	3 283	1 778.8	3 242	513.0	3 159
和平县	4 918.9	2 404	4 414.0	2 525	399.7	1 501	105.2	3 308
龙川县	10 374.1	2 364	8 402.5	2 377	1 607.5	2 051	364.1	5 209
紫金县	7 190.9	2 657	6 474.2	2 817	701.7	1 744	15.0	2 500
连平县	6 683.4	2 849	5 524.8	2 931	1 043.1	2 500	115.5	2 686
东源县	5 739.4	2 957	4 747.1	3 041	851.4	2 471	140.9	3 958
梅州市								
市区	21 919.8	3 885	17 499.1	3 994	2 546.8	3 281	1 873.9	3 868
梅县	19 251.8	3 607	16 360.2	3 785	2 178.3	2 700	713.3	3 439
蕉岭县	8 354.4	3 661	7 597.5	3 770	756.9	2 841		
大埔县	8 166.6	3 080	6 665.0	3 148	1 166.4	2 482	335.2	5 181
丰顺县	8 645.4	2 930	7 102.0	3 276	1 472.4	1 922	71.0	4 303
五华县	13 156.5	3 306	11 982.4	3 517	1 150.9	2 044	23.2	2 495
兴宁县	21 687.8	3 183	18 097.8	3 380	2 507.2	2 275	1 082.8	3 035
平远县	7 111.0	3 223	6 381.7	3 335	695.4	2 469	33.9	3 082
惠州市								
市区	85 415.3	5 863	39 642.0	6 189	16 608.1	5 484	29 165.2	5 680
惠东县	22 927.9	4 852	15 664.5	4 881	4 578.3	4 825	2 685.1	4 734
惠阳县	29 793.8	5 188	18 009.6	5 298	6 721.4	4 934	5 062.8	5 160
博罗县	23 778.7	4 101	16 800.0	4 056	4 512.1	3 862	2 466.6	5 058
龙门县	8 015.5	3 390	5 782.7	3 489	2 058.6	3 117	174.2	3 746
汕尾市								
市区	12 365.4	3 669	8 783.4	3 529	1 556.0	3 085	2 025.8	5 372
海丰县	10 875.5	3 135	7 857.5	3 057	2 837.0	3 351	181.0	3 422
陆河县	3 201.9	3 188	2 397.6	3 405	751.8	2 663	52.5	2 949
陆丰县	15 049.6	2 742	10 279.3	2 633	4 683.1	3 029	87.2	2 325
东莞市	107 088.2	6 228	47 088.1	7 007	40 171.3	5 583	19 828.8	6 044
中山市	89 425.5	6 728	47 097.2	6 564	27 049.2	6 665	15 279.1	7 424
江门市								
市区	78 445.1	5 730	48 758.8	5 873	16 135.7	5 351	13 550.6	5 713

16—17 续表2 （1993年）

县（区）别	合计 工资总额（万元）	合计 平均工资（元）	国有经济单位 工资总额（万元）	国有经济单位 平均工资（元）	城镇集体经济单位 工资总额（万元）	城镇集体经济单位 平均工资（元）	其他各种经济单位 工资总额（万元）	其他各种经济单位 平均工资（元）
新会市	58 073.2	5 677	25 824.8	5 492	23 472.8	5 810	8 775.6	5 899
台山市	37 375.6	4 963	23 265.5	5 172	11 946.6	4 658	2 163.5	4 628
开平市	33 339.5	4 048	20 441.8	4 232	12 735.7	3 779	162.0	4 629
鹤山市	23 073.2	4 972	13 908.7	4 836	4 764.6	4 269	4 399.9	6 786
恩平县	24 341.8	4 594	13 117.9	4 246	10 125.7	5 441	1 098.2	3 153
佛山市								
市区	167 661.7	7 340	100 675.6	7 525	42 988.4	6 969	23 997.7	7 285
南海市	72 614.5	7 012	40 470.9	7 277	27 799.2	6 550	4 344.4	7 909
顺德市	83 513.3	7 239	35 768.1	7 107	27 526.4	6 860	20 218.8	8 117
三水市	31 148.5	5 912	17 427.0	5 289	7 664.6	7 237	6 056.9	6 623
高明县	18 940.7	4 975	7 024.8	4 553	7 216.7	4 731	4 699.2	6 359
阳江市								
市区	25 714.9	3 748	16 528.2	3 805	8 597.0	3 628	589.7	4 028
阳东县	5 952.0	3 188	4 563.6	3 117	1 259.8	3 397	128.6	4 070
阳西县	6 005.0	3 164	3 856.8	3 116	1 907.8	3 171	240.4	4 109
阳春县	25 725.1	3 720	19 642.9	3 862	4 950.5	3 289	1 131.7	3 499
湛江市								
市区	116 239.7	4 823	92 963.6	5 024	8 926.1	3 284	14 350.0	4 985
廉江市	26 357.8	3 034	20 634.5	3 106	4 786.2	2 769	937.1	2 955
吴川县	15 066.9	3 221	12 629.5	3 563	1 762.5	2 120	674.9	2 242
徐闻县	17 071.2	3 452	14 615.2	3 463	2 396.0	3 409	60.0	2 791
海康县	24 278.8	3 104	21 341.8	3 281	2 892.0	2 233	45.0	2 143
遂溪县	22 490.8	3 866	19 481.6	4 115	2 681.3	2 713	327.9	3 441
茂名市								
市区	61 526.9	5 477	50 717.5	5 904	9 054.9	4 028	1 754.5	4 445
高州县	24 813.2	3 338	17 685.0	3 430	6 539.1	3 082	589.1	3 788
信宜县	12 696.2	3 253	9 711.5	3 489	2 594.9	2 558	389.8	3 695
电白县	16 860.0	2 640	11 479.9	2 757	5 123.4	2 397	256.7	3 016
化州县	18 767.5	2 864	15 171.7	2 881	3 589.6	2 802	6.2	1 240

16－17 续表3

（1993年）

县（区）别	合计		国有经济单位		城镇集体经济单位		其他各种经济单位	
	工资总额（万元）	平均工资（元）	工资总额（万元）	平均工资（元）	工资总额（万元）	平均工资（元）	工资总额（万元）	平均工资（元）
肇庆市								
市区	62 275.1	5 014	44 873.8	5 123	6 897.9	4 589	10 503.4	4 865
云浮市	18 980.9	4 807	13 527.2	5 160	4 445.7	4 225	1 008.0	3 675
高要市	16 022.2	4 100	11 985.4	4 517	3 007.6	3 003	1 029.2	4 065
四会市	13 401.2	3 055	10 125.4	3 070	2 020.7	2 638	1 255.1	3 894
罗定市	22 504.2	3 927	13 752.1	4 355	6 705.4	3 288	2 046.7	3 833
广宁县	11 295.4	3 407	9 421.2	3 841	1 192.8	1 796	681.4	3 447
新兴县	10 685.3	3 860	6 916.0	3 970	3 233.2	3 446	536.1	6 106
德庆县	7 935.0	3 555	6 016.0	3 795	1 752.0	2 980	167.0	2 821
郁南县	10 989.6	3 511	7 382.9	3 737	3 181.2	3 083	425.5	3 451
封开县	8 910.8	3 384	7 118.8	3 878	1 195.4	1 840	596.6	4 020
怀集县	10 870.7	3 229	8 561.7	3 655	1 790.4	2 067	518.6	3 289
清远市								
市区	28 671.9	3 960	18 296.0	3 846	7 129.5	4 299	3 246.4	3 935
清新县	8 852.8	3 755	5 586.4	3 788	1 180.9	2 623	2 085.5	4 819
英德县	24 077.9	4 217	20 881.9	4 343	2 978.4	3 561	217.6	3 322
佛冈县	6 492.1	3 719	4 623.7	3 834	1 389.6	3 434	478.8	3 555
连山县	4 009.4	3 822	3 693.8	3 895	280.5	3 003	35.1	4 875
连南县	5 060.5	3 365	4 162.9	3 612	397.8	2 641	499.8	2 492
连县	10 516.8	3 597	7 822.5	3 712	2 275.6	3 400	418.7	2 844
阳山县	9 607.5	3 612	8 215.8	3 822	1 143.4	2 652	248.3	3 155
潮州市								
市区	33 124.9	3 401	14 760.5	3 338	12 854.5	3 296	5 509.9	3 888
饶平县	13 444.1	2 884	9 710.9	2 944	3 017.5	2 445	715.7	5 561
潮安县	13 439.5	3 112	7 133.7	3 187	4 982.3	2 835	1 323.5	4 099
揭阳市								
市区	18 978.4	3 252	11 659.2	3 331	6 241.0	2 882	1 078.2	6 339
普宁市	17 856.2	3 511	13 916.3	3 562	2 594.4	2 894	1 345.5	4 766
揭东县	7 042.7	2 743	4 408.1	2 829	2 431.5	2 561	203.1	3 391
惠来县	10 605.3	2 320	7 596.0	2 337	2 512.0	2 137	497.3	3 399
揭西县	9 333.3	2 408	6 605.1	2 573	2 725.9	2 084	2.3	2 875

16—18 各县(区)财政收支及城乡居民储蓄存款年末余额

单位:万元

县(区)别	财政收入		财政支出		城乡居民储蓄存款年末余额	
	1992年	1993年	1992年	1993年	1992年	1993年
广州市						
市区	453 945	667 165	270 699	441 588	2 560 032	3 278 728
花都市	10 650	22 203	8 709	19 254	155 458	216 244
增城市	9 573	19 841	10 759	20 366	175 834	256 293
番禺市	32 000	52 883	22 913	44 097	453 112	631 182
从化县	7 324	11 598	9 432	12 882	79 362	105 002
深圳市						
市区	429 599	672 507	420 035	593 327	1 539 518	1 751 290
珠海市						
市区	70 710	130 179	76 050	138 674	330 574	531 085
斗门县	9 996	17 602	11 939	19 079	118 658	143 047
汕头市						
市区	75 853	108 366	70 934	104 035	329 866	429 509
潮阳市	10 175	17 993	12 814	22 965	141 219	181 779
澄海县	6 245	9 168	6 837	10 438	70 028	98 580
南澳县	1 034	2 180	4 140	4 697	5 590	6 883
韶关市						
市区	38 809	58 616	32 069	49 190	128 514	165 303
仁化县	3 302	4 991	4 030	5 409	20 320	29 146
南雄县	9 259	11 978	8 846	10 879	28 999	34 936
始兴县	1 966	2 389	3 602	3 948	17 393	23 575
翁源县	2 298	3 739	4 347	5 213	20 940	28 361
新丰县	1 166	1 599	3 684	4 240	14 362	17 595
曲江县	6 546	9 387	8 100	8 856	35 197	47 769
乳源县	1 743	2 698	3 518	4 824	11 389	15 203
乐昌县	3 958	5 426	5 691	7 093	41 078	53 389
河源市						
市区	4 655	5 953	10 919	13 502	52 848	72 793
和平县	1 023	1 166	5 536	5 140	16 018	22 918
龙川县	1 913	2 209	7 747	8 215	32 811	44 977
紫金县	1 867	2 159	6 935	5 931	23 413	24 884
连平县	1 605	1 656	6 206	3 665	15 493	20 460
东源县		1 525.2		4 359		12 992
梅州市						
市区	2 054	4 315	4 742	6 254	62 613	74 592
梅县	5 158	10 156	10 676	15 444	71 821	83 598

16—18 续表1 单位:万元

县(区)别	财政收入		财政支出		城乡居民储蓄存款年末余额	
	1992年	1993年	1992年	1993年	1992年	1993年
蕉岭县	3 075	6 743	6 300	7 767	21 104	27 659
大埔县	3 114	5 529	8 445	8 433	33 230	39 113
丰顺县	2 416	3 740	8 593	8 992	40 578	50 591
五华县	3 508	5 592	9 128	13 640	44 151	56 240
兴宁县	5 170	10 833	11 458	15 651	63 531	74 267
平远县	2 483	4 683	6 480	6 873	13 683	18 026
惠州市						
市区	25 610	36 001	31 359	44 315	253 880	309 988
惠东县	9 998	12 138	13 197	14 459	119 453	145 415
惠阳县	12 366	19 473	15 138	21 371	315 869	343 400
博罗县	6 974	11 835	9 135	13 163	107 925	149 823
龙门县	2 658	4 637	8 480	7 237	26 325	34 350
汕尾市						
市区	8 726	10 041	11 367	14 848	32 307	38 312
海丰县	3 631	5 086	9 270	7 303	33 896	40 150
陆河县	632	706	2 552	4 798	5 282	6 152
陆丰县	4 211	11 558	8 259	11 251	21 303	31 620
东莞市	56 204	93 828	38 162	72 910	815 404	1 071 713
中山市	60 919	94 825	44 055	75 405	746 791	9 42 327
江门市						
市区	30 712	49 183	26 273	42 025	207 713	260 521
新会市	23 362	38 816.8	17 999	30 319.0	313 941	448 285
台山市	15 635	23 847	12 755	20 453	229 710	308 647
开平市	14 650	23 105	10 064	17 008	216 716	300 183
鹤山市	8 615	14 719	6 508	13 115	104 009	145 502
恩平县	7 047	11 668	6 687	11 688	102 026	145 555
佛山市						
市区	68 725	103 478	57 665	92 757	328 679	366 949
南海市	60 288	100 388	46 357	80 065	813 683	1 102 007
顺德市	64 128	111 829	39 920	79 900	651 874	916 309
三水市	18 576	32 182	17 007	30 031	146 577	187 923
高明县	5 328	10 030	7 493	12 707	55 333	80 852
阳江市						
市区	6 740	16 608	7 524	18 589	110 702	152 393
阳东县	3 101	4 219	5 749	5 917	33 440	37 571
阳西县	2 648	3 434	3 622	4 528	29 046	31 096
阳春县	7 020	9 442	8 755	11 346	74 938	99 202

16—18 续表2 单位：万元

县（区）别	财政收入		财政支出		城乡居民储蓄存款年末余额	
	1992年	1993年	1992年	1993年	1992年	1993年
湛江市						
市区	42 706	61 246	38 944	60 601	379 087	509 618
廉江市	10 841	13 417	11 052	12 781	99 800	127 702
吴川县	5 865	8 442	6 621	8 408	66 286	85 617
徐闻县	6 507	9 102	5 691	7 608	50 302	71 657
海康县	8 969	11 963	9 110	11 296	67 525	89 753
遂溪县	7 416	12 227	7 992	9 791	65 058	90 585
茂名市						
市区	23 010	39 667	17 435	32 811	110 776	143 920
高州市	8 096	10 501	9 693	11 804	121 073	138 137
信宜县	4 351	6 370	6 684	10 134	89 889	115 518
电白县	7 139	10 883	7 961	11 200	94 275	134 567
化州县	6 230	8 074	8 201	10 407	79 987	99 022
肇庆市						
市区	16 178	24 495	24 230	32 980	140 119	164 765
云浮市	6 309	10 453	7 171	11 536	61 021	81 336
高要市	6 581	10 929	6 747	11 461	83 914	110 526
四会市	6 006	9 072	5 899	9 091	62 669	83 274
罗定市	6 822	10 355	8 361	11 437	71 557	94 886
广宁县	3 959	6 449	5 199	7 842	36 244	44 923
新兴县	3 416	6 307	4 314	8 307	50 143	75 777
德庆县	2 769	4 002	3 808	5 332	25 648	33 904
郁南县	3 460	5 818	4 551	6 694	41 920	51 373
封开县	3 618	5 989	4 515	7 028	33 544	46 800
怀集县	3 408	4 853	6 699	7 833	26 992	36 506
清远市						
市区	8 095	8 899	14 358	15 024	150 149	208 040
清新县		3 108		9 168		65 279
英德县	6 858	9 269	8 658	11 145	59 273	81 586
佛冈县	1 954	2 714	5 071	4 107	27 295	37 671
连山县	929	1 173	2 793	3 145	9 063	12 082
连南县	1 053	1 280	3 130	3 920	11 285	16 418
连县	2 751	5 185	4 553	6 782	35 666	49 821
阳山县	2 605	3 957	5 336	6 425	22 150	32 005
潮州市						
市区	3 469	21 250	3 217	24 170	14 038	118 933
饶平县	7 009	8 518	9 972	12 313	34 209	45 543
潮安县	6 944	9 446	8 371	12 132	73 371	69 622
揭阳市						
市区	5 234	13 542	5 137	16 102	41 053	53 341
普宁市	10 110	18 140	12 481	20 155	93 515	122 174
揭东县	3 759	5 316	6 367	9 888	45 681	70 771
惠来县	6 718	7 605	11 775	10 253	24 894	23 903
揭西县	2 543	3 431	7 385	7 137	42 882	52 730

注：1992年清远市区数包清城区和清新县。

附　　录

附录A 部分省、市社会经济主要指标

表A

省、市名称	年末总人口(万人) 1992年	1993年	1993年比1992年增长%	国内生产总值(亿元) 1992年	1993年	1993年比1992年增长%
上海	1 345	1 349	0.3	1 054.0	1 510	14.9
江苏	6 911	6 967	0.8	1 833.0	2 550	18.5
浙江	4 236	4 266	0.7	1 174.0	1 645	25.0
安徽	5 834	5 897	1.1	700.0	940	25.0
福建	3 116	3 150	1.1	691.0	953	25.4
山东	8 610	8 642	0.4	1 980.0	2 650	25.0
辽宁	4 016	4 042	0.6	1 295.0	1 805	13.9
河南	8 861	8 949	1.0	1 207.0	1 450	15.2
湖北	5 580	5 653	1.3	994.5	1 295	12.7
湖南	6 267	6 311	0.7	897.4	1 146	12.6
四川	10 998	11 104	1.0	1 477.7	1 866	12.8
广东	6 463	6 582	1.8	2 293.5	3 225.30	22.3

省、市名称	第三产业增加值(亿元) 1992年	1993年	1993年比1992年增长%	工农业总产值(亿元) 1992年	1993年	1993年比1992年增长%
上海	348.0	572		2 233.27	2 563.55	14.8
江苏	399.0	623		4 324.05	5 610.64	29.8
浙江	295.0	390		2 213.5	2 880.48	30.1
安徽	150.0	203		1 136.88	1 365.97	20.2
福建	207.0	278		933.71	1 172.23	25.5
山东	448.0	650		3 136.37	4 021.17	28.2
辽宁	355.0	489		2 061.72	2 350.61	14.0
河南	307.0	360		1 608.97	1 890.23	17.5
湖北	253.0	320		1 623.03	1 866.41	15.0
湖南	245.0	329		1 272.45	1 410.82	10.9
四川	393.2	498		2 299.52	2 621.87	14.0
广东	774.08	1 040.34		3 390.09	4 347.88	28.3

注：1.国内生产总值绝对数按当年价格计算，增长速度按可比价格计算。2.工农业总产值、工业、农业总产值均为1990年不变价，工业产值统计范围为乡及乡以上工业。3.1993年产值指标及增长速度除广东省外，均为快报数。

表A 续表1

省、市名称	农业总产值(亿元)			工业总产值(亿元)		
	1992年	1993年	1993年比1992年增长%	1992年	1993年	1993年比1992年增长%
上海	79.37	75.8	－4.5	2 153.90	2 487.75	15.5
江苏	655.17	683.34	4.3	3 668.88	4 927.3	34.3
浙江	386.26	393.6	1.9	1 827.24	2 486.88	36.1
安徽	384.31	416.98	8.5	752.57	948.99	26.1
福建	293.78	317.87	8.2	639.93	854.36	33.5
山东	851.06	920.0	8.1	2 285.31	3 101.17	35.7
辽宁	339.48	370.03	9.0	1 722.24	1 980.58	15.0
河南	534.33	586.69	9.8	1 074.64	1 303.54	21.3
湖北	437.49	461.55	5.5	1 185.54	1 404.86	18.5
湖南	468.72	486.53	3.8	803.73	924.29	15.0
四川	799.21	808.0	1.1	1 500.31	1 813.87	20.9
广东	663.69	689.05	3.8	2 726.4	3 658.83	34.2

省、市名称	重工业总产值(亿元)			轻工业总产值(亿元)		
	1992年	1993年	1993年比1992年增长%	1992年	1993年	1993年比1992年增长%
上海	1 147.43	1 359.71	18.5	1 008.09	1 128.05	11.9
江苏	1 709.28	2 369.06	38.6	1 960.33	2 558.23	30.5
浙江	651.91	873.56	34.0	1 175.03	1 613.32	37.3
安徽	364.36	458.73	25.9	388.17	490.26	26.3
福建	242.51	325.93	34.4	397.31	528.42	33.0
山东	1 126.43	1 538.7	36.6	1 158.24	1 562.47	34.9
辽宁	1 251.16	1 465.11	17.1	470.75	515.47	9.5
河南	583.51	708.97	21.5	490.97	594.57	21.1
湖北	657.46	806.05	22.6	528.99	598.82	13.2
湖南	463.57	548.4	18.3	340.17	375.89	10.5
四川	861.84	1 097.99	27.4	638.04	715.88	12.2
广东	900.14	1 225.09	36.1	1 827.12	2 433.73	33.2

注：轻、重工业总产值统计范围为乡及乡以上工业，按1990年不变价计算。

表A　续表2

省、市名称	粮食产量(万吨)			油料产量(万吨)		
	1992年	1993年	1993年比1992年增长%	1992年	1993年	1993年比1992年增长%
上　海	227.2	210.0	−7.6	21.9	13.2	−39.7
江　苏	3 297.8	3 191.8	−3.2	127.3	125.8	−1.2
浙　江	1 553.5	1 436.2	−7.6	50.1	38.6	−23.0
安　徽	2 325.1	2 569.9	10.5	140.0	156.6	11.9
福　建	897.1	868.9	−3.1	19.9	20.7	4.0
山　东	3 589.3	3 964.6	10.5	166.3	268.4	61.4
辽　宁	1 568.4	1 696.0	8.1	17.6	21.8	23.9
河　南	3 109.6	3 639.2	17.0	133.6	204.0	52.7
湖　北	2 426.6	2 325.7	−4.2	99.7	111.7	12.0
湖　南	2 620.1	2 570.2	−1.9	83.9	79.1	−5.7
四　川	4 289.6	4 150.6	−3.2	161.7	133.7	−17.3
广　东	1 810.4	1 629.11	−10.0	61.4	67.24	9.5

省、市名称	肉猪出栏头数(万头)			水产品产量(万吨)		
	1992年	1993年	1993年比1992年增长%	1992年	1993年	1993年比1992年增长%
上　海	405.2	410.5	1.3	24.86	23.7	−4.7
江　苏	2 246.2	2 352.9	4.8	134.69	154.0	14.3
浙　江	1 345.5	1 335.5	−0.7	169.75	189.2	11.5
安　徽	1 141.0	1 183.1	3.7	30.43	32.2	5.8
福　建	931.6	1 021.1	9.6	160.04	190.4	19.0
山　东	2 311.6	2 513.4	8.7	248.16	319.3	28.7
辽　宁	945.4	1 034.3	9.4	132.26	146.0	10.4
河　南	1 437.2	1 638.0	14.0	11.55	13.0	12.6
湖　北	1 927.0	2 144.5	11.3	81.63	101.3	24.1
湖　南	3 536.3	3 646.9	3.1	59.57	68.1	14.3
四　川	6 600.3	6 732.0	2.0	27.53	30.0	9.0
广　东	2 059.7	2 168.8	5.3	251.06	280.75	11.8

表A 续表3

省、市名称	原煤产量(万吨)			发电量(亿千瓦小时)		
	1992年	1993年	1993年比1992年增长%	1992年	1993年	1993年比1992年增长%
上海				347.63	369.78	6.4
江苏	2 474.29	2 505.76	1.3	481.15	512.83	6.6
浙江	137.95	138.64	0.5	284.13	298.09	4.9
安徽	3 354.67	3 594.67	7.2	236.19	265.19	12.3
福建	917.64	967.07	5.4	176.55	195.91	11.0
山东	6 374.93	6 891.73	8.1	566.24	605.0	6.8
辽宁	5 357.37	5 162.52	—3.6	489.06	492.1	0.6
河南	8 585.4	8 728.67	1.7	405.52	431.73	6.5
湖北	761.84	858.68	12.7	367.2	397.61	8.3
湖南	3 570.55	4 444.49	24.5	244.78	269.24	10.0
四川	7 127.91	8 141.99	14.2	419.4	459.56	9.6
广东	954.21	951.47	—0.3	459.0	572.77	24.8

省、市名称	钢(万吨)			国有单位基本建设投资额(亿元)		
	1992年	1993年	1993年比1992年增长%	1992年	1993年	1993年比1992年增长%
上海	1 234.24	1 294.68	4.9	129.6	280.33	116.3
江苏	270.78	312.29	15.3	155.87	209.49	34.4
浙江	120.86	143.95	19.1	79.04	131.45	66.3
安徽	261.33	275.89	5.6	71.51	100.26	40.2
福建	61.87	60.92	—1.5	70.86	122.59	73.0
山东	281.22	328.62	16.9	174.69	258.02	47.7
辽宁	1 349.87	1 397.36	3.5	170.88	268.81	57.3
河南	212.87	237.73	11.7	98.32	151.51	54.1
湖北	679.3	721.66	6.2	111.53	175.44	57.3
湖南	182.11	221.07	21.4	90.86	124.03	36.5
四川	609.35	675.63	10.9	160.22	221.88	38.5
广东	147.66	168.86	14.4	338.69	546.63	

表A　续表4

省、市名称	国有单位基建新增固定资产(亿元)			国有单位更新改造投资(亿元)		
	1992年	1993年	1993年比1992年增长%	1992年	1993年	1993年比1992年增长%
上　海	98.48	165.56	68.1	126.77	215.68	70.0
江　苏	99.73	144.81	45.2	93.73	141.39	50.8
浙　江	46.27	61.73	33.4	48.30	72.48	50.1
安　徽	45.93	30.72	—33.1	43.92	62.62	42.6
福　建	32.81	49.09	49.6	29.4	48.90	66.3
山　东	113.38	142.96	26.1	85.84	134.92	57.2
辽　宁	114.33	159.54	39.5	115.28	176.30	52.9
河　南	74.55	112.28	50.6	58.56	85.32	45.7
湖　北	52.39	94.94	81.2	52.06	71.08	36.5
湖　南	73.16	75.26	2.9	49.17	61.46	25.0
四　川	104.74	122.78	17.2	84.46	114.11	35.1
广　东	208.08	278.75		128.57	183.87	

省、市名称	国有单位更新改造新增固定资产(亿元)			社会商品零售总额(亿元)		
	1992年	1993年	1993年比1992年增长%	1992年	1993年	1993年比1992年增长%
上　海	107.10	131.43	22.7	487.69	651.07	33.5
江　苏	76.77	98.02	27.7	802.79	1 040.42	29.6
浙　江	34.88	50.98	46.2	566.4	754.45	33.2
安　徽	26.8	28.73	7.2	337.96	391.70	15.9
福　建	24.21	28.24	16.6	319.69	420.07	31.4
山　东	64.69	88.89	37.4	791.90	993.84	25.5
辽　宁	85.02	121.61	43.0	589.35	720.77	22.3
河　南	45.21	52.20	15.5	495.47	594.56	20.0
湖　北	38.39	45.61	18.8	459.57	556.54	21.1
湖　南	36.25	38.5	6.2	447.83	539.19	20.4
四　川	62.56	66.28	5.9	719.35	807.97	12.3
广　东	96.41	127.32		1 060.41	1 456.04	37.3

表A 续表5

省、市名称	外贸出口总额(亿美元)			财政收入(亿元)		
	1992年	1993年	1993年比1992年增长%	1992年	1993年	1993年比1992年增长%
上海	65.51	73.82	12.7	185.58	242.34	30.6
江苏	46.70	59.59	27.6	152.32	220.25	44.6
浙江	36.97	44.39	20.0	118.36	166.65	40.8
安徽	8.31	9.64	16.0	55.13	73.21	32.8
福建	41.52	56.80	36.8	75.18	110.41	46.9
山东	47.0	59.76	27.1	140.06	194.10	38.6
辽宁	61.7	62.10	0.6	151.3	210.40	39.1
河南	13.02	13.54	4.0	102.46	137.91	34.6
湖北	13.8	16.86	22.0	94.14	114.66	21.8
湖南	14.11			92.78	126.0	35.8
四川	14.86	16.50	11.0	140.39	201.37	43.4
广东	184.40	270.27	10.7	222.64	346.56	55.7

省、市名称	年末职工人数(万人)			职工工资总额(亿元)		
	1992年	1993年	1993年比1992年增长%	1992年	1993年	1993年比1992年增长%
上海	511.2			217.2	277.2	27.6
江苏	904.1			251.5	321.5	27.8
浙江	491.4			138.0	177.4	28.6
安徽	507.6			112.1	136.4	21.7
福建	340.8			91.8	111.8	21.8
山东	837.8			214.3	253.6	18.3
辽宁	1 045.2			282.0	336.0	19.1
河南	746.2			165.5	191.6	15.8
湖北	731.9			171.4	214.3	25.0
湖南	579.7			143.7	177.0	23.2
四川	982.6			238.1	277.3	16.5
广东	858.1	877.16	2.2	334.6	455.33	36.1

表A　续表6

省、市名称	零售物价总指数(%) 1992年	1993年	1993年比1992年增长%	职工生活费用价格指数(%) 1992年	1993年	1993年比1992年增长%
上　海	109.7	117.5	17.5	110.0	120.2	20.2
江　苏	104.8	115.4	15.4	108.8	118.2	18.2
浙　江	106.6	116.7	16.7	109.2	119.8	19.8
安　徽	106.6	112.9	12.9	108.8	114.7	14.7
福　建	105.0	113.4	13.4	108.0	115.4	15.4
山　东	105.9	110.7	10.7	108.6	112.7	12.7
辽　宁	106.0	113.5	13.5	108.1	115.2	15.2
河　南	104.4	108.4	8.4	107.7	110.4	10.4
湖　北	107.0	115.0	15.0	110.5	118.4	18.4
湖　南	109.5	115.1	15.1	113.5	116.8	16.8
四　川	106.4	113.9	13.9	109.8	116.8	16.8
广　东	105.8	118.2	18.2	108.4	122.0	22.0

省、市名称	高等学校在校学生数(万人) 1992年	1993年	1993年比1992年增长%	中等专业学校在校学生数(万人) 1992年	1993年	1993年比1992年增长%
上　海	12.0			6.4		
江　苏	15.3			14.9		
浙　江	6.2			7.2		
安　徽	6.6			8.1		
福　建	5.7			6.5		
山　东	13.0			15.8		
辽　宁	13.5			11.0		
河　南	8.9			14.9		
湖　北	13.7			16.8		
湖　南	9.5			10.6		
四　川	15.0			17.1		
广　东	9.74	11.7	20.1	9.85	11.84	20.2

附录B 广东省国内生产总值在全国位次

单位：亿元

省、市、区名称	1985年		1991年		1992年	
	总额	位次	总额	位次	总额	位次
全国	**8 557.60**		**19 582.20**		**23 900.05**	
北京	257.10	14	598.90	14	709.10	14
天津	175.71	21	342.75	22	411.24	22
河北	396.75	9	959.57	8	1 155.05	8
山西	211.38	15	431.55	19	519.80	18
内蒙	144.30	23	320.99	23	378.62	24
辽宁	489.60	5	1 073.24	5	1 297.65	5
吉林	192.07	17	424.00	21	514.58	19
黑龙江	332.96	12	734.69	12	855.93	12
上海	466.75	6	857.71	9	1 065.94	9
江苏	651.54	1	1 471.05	3	1 971.60	3
浙江	412.07	8	983.54	7	1 220.69	6
安徽	314.20	13	600.13	13	724.82	13
福建	190.80	18	574.42	15	694.70	15
江西	207.26	16	465.10	16	559.52	17
山东	631.30	2	1 596.88	2	1 982.02	2
河南	451.74	7	993.08	6	1 213.23	7
湖北	396.26	10	856.85	10	1 001.37	10
湖南	349.95	11	785.83	11	920.13	11
广东	553.05	4	1 780.56	1	2 293.54	1
广西	180.97	20	453.04	17	572.30	16
四川	584.72	3	1 281.10	4	1 481.22	4
贵州	123.93	24	289.76	25	331.67	25
云南	164.96	22	432.86	18	510.03	20
西藏	17.72	29	30.53	30	33.29	30
陕西	181.36	19	427.90	20	493.49	21
甘肃	123.39	25	255.45	26	301.64	26
青海	33.01	27	72.58	28	84.32	28
宁夏	28.86	28	68.49	29	78.62	29
新疆	110.66	26	311.72	24	382.26	23
海南			107.93	27	141.68	27

注：本表按当年价格计算

附录C **广东省国民收入在全国位次**

单位:亿元

省、市、区名称	1985年		1991年		1992年	
	总额	位次	总额	位次	总额	位次
全国	**7 040.00**		**16 166.01**		**19 852.88**	
北京	194.50	14	406.62	15	507.23	15
天津	150.91	20	289.99	22	344.25	22
河北	340.87	10	792.22	8	949.80	8
山西	172.22	16	334.00	21	406.06	20
内蒙	118.35	23	263.33	23	306.48	23
辽宁	425.72	5	869.75	5	1 060.68	6
吉林	169.62	17	357.36	19	434.52	19
黑龙江	281.75	12	617.60	12	702.65	12
上海	409.73	6	696.91	10	881.00	9
江苏	578.46	1	1 267.85	3	1 697.00	2
浙江	365.93	8	856.02	6	1 071.09	5
安徽	271.81	13	506.49	13	665.38	13
福建	164.97	18	459.77	14	590.02	14
江西	173.00	15	390.73	16	465.90	17
山东	552.37	2	1 376.27	2	1 685.58	3
河南	373.52	7	836.11	7	1 017.32	7
湖北	358.47	9	706.24	9	823.34	10
湖南	300.84	11	651.37	11	767.38	11
广东	467.27	4	1 380.31	1	1 793.59	1
广西	151.29	19	380.44	18	483.83	16
四川	491.39	3	1 064.51	4	1 263.85	4
贵州	107.85	24	239.54	25	270.50	25
云南	143.98	22	381.77	17	446.67	18
西藏	12.58	29	25.94	30	28.18	30
陕西	146.35	21	343.56	20	398.91	21
甘肃	101.76	25	225.84	26	265.78	26
青海	24.60	27	52.87	28	62.41	28
宁夏	22.31	28	52.48	29	60.37	29
新疆	89.79	26	252.44	24	292.05	24
海南			87.68	27	111.06	27

注:本表按当年价格计算

附录D 香港、台湾、新加坡、韩国主要统计资料

表D－1 1992年主要经济指标

指 标	计量单位	香 港	台 湾	新加坡	韩 国
一、人口与面积					
人 口	万人	581	2 075	282	4 366
面 积	平方公里	1 068	36 000	626	99 000
二、国民生产总值	亿本币	7 426	53 074	627	2 727
增长率(比上年)	%	5.3	6.1	5.8	4.7
人均国内生产总值	美元	127 778	8 815	11 160	6 749
三、工业生产指数	%	116	131	206	344
四、农业生产指数	%		112.7	90.0＊	106
五、失业率	%	2.0	1.7	0.9	2.4
六、通货膨胀率	%	9.4	3.7	2.3	6.2
七、财政收支					
财政收入	亿本币	1 147			
财政支出	亿本币	922			
八、对外贸易					
进出口贸易额	亿美元	11 894	1 535	1 357	1 171
进口总额	亿美元	9 553	720	722	612
出口总额	亿美元	2 341	815	635	559

注：1.国民生产总值：新加坡、韩国是1991年数。2.人均国民生产总值：香港的计量单位为本币，台湾、新加坡是1991年数。3.工业生产指数：香港是制造业，以1986年＝100，台湾以1986年＝100，韩国、新加坡以1980年＝100，而新加坡是1991年数。4.农业生产指数，韩国以1979－1981年＝100，台湾、新加坡是1991年数。5.对外贸易的香港计量单位为本币。6.“＊”为1990年数字。

表D-2 实质国内生产总值

(与上年比较的增减百分率)

单位:%

年份	香港	台湾	新加坡	韩国
1980	10.9	7.1	9.7	−3.7
1982	3.0	4.1	6.9	7.2
1983	6.5	8.7	8.2	12.6
1984	9.5	11.6	8.3	9.3
1985	−0.1	5.6	−1.6	7.0
1986	11.9	12.6	1.8	12.9
1987	13.9	11.9	9.5	13.0
1988	7.9	7.8	11.1	12.4
1989	2.3	7.3	9.2	6.8
1990	2.4	5.0	8.3	9.0
1991	4.2	7.2	6.7	9.4
1992	5.3	6.1	5.8	4.7

表D-3 失业率

单位:%

年份	香港	台湾	新加坡	韩国
1980	3.8	1.23	3.5	5.2
1982	3.9	2.14	2.6	4.4
1983	4.1	2.71	3.2	4.1
1984	3.8	2.44	2.7	3.8
1985	3.1	2.90	4.1	4.0
1986	2.2	2.67	6.5	3.8
1987	1.9	1.99	4.7	3.1
1988	1.3	1.69	3.3	2.5
1989	1.3	1.57	2.2	2.6
1990	1.4	1.67	1.3	2.4
1991	2.1	1.50	1.3	2.8
1992	2.0	1.70	0.9	2.4

表D-4 消费物价指数

(与上年比较的增减百分率)

单位:%

年份	香港	台湾	新加坡	韩国
1980	15.6	19.0	8.5	28.7
1982	10.6	3.1	3.9	7.1
1983	9.8	1.3	1.2	3.4
1984	8.2	…	2.6	2.3
1985	3.2	−0.2	0.5	2.5
1986	2.3	0.7	−1.4	2.8
1987	5.5	0.5	0.5	3.0
1988	7.4	1.3	1.5	7.1
1989	10.1	4.4	2.4	5.7
1990	9.7	4.1	3.4	8.6
1991	10.0	3.6	3.4	9.2
1992	9.4	4.5	2.5	6.2

表E－1 国土面积与人口

国家和地区	国土面积（万平方公里）	人口数（万人）						
		1 980年	1985年	1988年	1989年	1990年	1991年	1992年
亚洲								
中国	960.0	98 705	105 004	109 614	111 865	114 333	115 823	117 171
日本	37.8	11 681	12 084	12 261	12 312	12 354	12 392	12 434
印度	297.5	66 879	74 388	78 881	80 419	81 880	84 174	86 191
印度尼西亚	190.5	14 749	16 463	17 559	17 914	17 930	18 772	19 117
菲律宾	30.0	4 832	5 467	5 872	6 010	6 148	6 287	6 426
泰国	51.3	4 672	5 158	5 433	5 521	5 608	5 692	5 776
马来西亚	32.9	1 370	1 568	1 694	1 735	1 776	1 818	1 879
新加坡	0.06	241	256	265	269	271	276	282
巴基斯坦	79.6	8 258	9 613	10 541	10 868	11 205	11 552	11 911
缅甸	67.7	3 364	3 715	3 997	4 081	4 167	4 256	
孟加拉国	14.4	8 868	9 866	10 453	10 651	11 559	11 644	11 929
土耳其	78.1	4 444	4 927	5 242	5 674	5 610	5 739	5 878
蒙古	156.7	166	189	200	200	216	225	
朝鲜	22.2	5 615	6 144	6 387	6 375	6 456	6 546	
南半部	9.9	3 812	4 081	4 198	4 238	4 229	4 327	4 366
越南	33.0	5 732	5 987	6 373	6 438	6 543	6 808	6 948
非洲								
埃及	100.2	4 213	4 850	5 190	5 173	5 315	5 392	5 516
尼日利亚	92.4	8 056	9 520	10 496	10 502	10 854	11 207	11 566
欧洲								
联邦德国	24.8	5 967	5 977	5 962	6 199	6 323	6 412	
民主德国	10.8	1 674	1 664	1 667	1 663	1 665	1 619	
英国	24.4	5 636	5 662	5 708	5 720	5 741	5 765	5 785
法国	55.2	5 388	5 517	5 587	5 616	5 644	5 705	5 737
意大利	30.1	5 643	5 713	5 744	5 752	5 766	5 773	5 678
捷克斯洛伐克	12.8	1 531	1 550	1 562	1 565	1 566	1 558	
波兰	31.3	3 558	3 720	3 786	3 785	3 818	3 824	
匈牙利	9.3	1 071	1 065	1 060	1 058	1 055	1 034	
罗马尼亚	23.8	2 220	2 272	2 305	2 315	2 320	2 319	
保加利亚	11.1	886	896	899	900	898	898	
南斯拉夫	25.6	2 230	2 234	2 356	2 369	2 381	2 393	
北美洲								
美国	936.3	22 776	23 928	24 633	24 876	24 997	25 218	25 502
加拿大	997.1	2 404	2 536	2 595	2 622	2 660	2 703	2 744
墨西哥	197.3	6 939	7 764	8 273	8 449	8 615	8 784	8 954
南美洲								
巴西	851.2	12 129	13 556	14 443	14 740	15 037	15 332	15 628
阿根廷	277.7	2 824	3 056	3 196	3 193	3 232	3 271	3 310
大洋洲								
澳大利亚	768.2	1 470	1 576	1 653	1 681	1 709	1 729	1 753
新西兰	26.8	311	325	329	331	335	338	341
前苏联	2 240.2	26 554	27 754	28 368	28 763	28 934	29 146	

表E－2 经济增长率、通货膨胀率、失业率

（1992年）

国家和地区	经济增长率（%）	通货膨胀率（%）	失业率（%）
全世界	1.7		
发达国家	1.7	3.3	7.8
欧共体	1.1	4.5	10.2
美国	2.5	3.3	7.4
日本	1.3	2.0	2.2
德国	2.1	4.7	6.7
法国	1.4	2.4	10.2
英国	－0.6	5.0	9.7
加拿大	0.7	1.7	
意大利	0.9	5.4	10.6
发展中国家	5.8	38.8	
韩国	4.7	6.2	2.4
香港	5.3	9.4	2.0
中国台湾省	6.1	3.7	1.7
新加坡	5.8	2.3	（1 992.11）0.9
马来西亚	8.0	4.7	
泰国	7.4	4.5	4.7
印度尼西亚	6.3	7.5	
菲律宾	0.6	8.9	（92第一季）9.8

表E－3 国内生产总值

（1981－1991年）　　单位：亿本币

国家和地区	货币名称	1985年	1986年	1987年	1988年	1989年	1990年	1991年
中国	人民币元	8 558	9 457	11 357	13 984	15 921	17 681	20 188
美国	美元	39 440	41 855	44 729	48 473	51 632	54 234	56 775
日本	日元	3 167 680	3 301 160	3 432 380	3 663 660	3 909 420	4 257 350	4 507 950
联邦德国	西德马克	18 399	19 369	20 091	21 106	23 356	24 034	26 126
英国	英镑	3 505	3 505	4 086	4 619	5 072	5 439	5 754
法国	法郎	45 853	45 853	52 887	56 583	61 022	63 939	67 504
意大利	里拉	6 848 430	8 943 620	9 825 900	10 788 600	11 880 000	13 068 300	14 273 000
加拿大	加元	4 725	4 725	5 449	5 987	6 485	6 779	6 744
澳大利亚	澳元	2 320	2 389	2 919	3 150	3 571	3 785	3 792
印度	卢比	21 318	24 355	29 279	33 046	39 116	44 277	60 950
印度尼西亚	卢比	960 660	964 893	1 145 185	1 394 520	1 663 300	1 977 210	2 271 630
菲律宾	比索	6 101	6 267	7 115	8 274	9 640	10 663	12 391
泰国	铢	10 476	10 984	12 125	12 232	17 908	20 512	20 512
马来西亚	林吉特	775	775	806	907	1 015	1 146	1 146
新加坡	新加坡元	384	378	419	480	553	627	691
韩国	南朝鲜元		86 510	997 900	1 253 090	1 422 670	1 697 010	2 075 170
埃及	埃镑	276	276	441	441	647	789	1 104
尼日利亚	奈拉	485	485	1 076	1 370	1 583	2 473	2 886
墨西哥	比索	287 490	777 780	793 534	1 929 350	1 929 350	4 940 550	5 115
巴西	新克鲁扎多	3 869 670		127 886			323 530	1 649 910
阿根廷	奥斯特拉尔	6 827	6 827				255 130	26

注：1.印度尼西亚1990年货币名称是“盾”。2.阿根廷1991年货币单位是“比索”。

表E－4 农业生产指数

(1979－1981 年＝100)

国家和地区	1985 年	1989 年	1990 年	1991 年	1992 年	1993 年
亚　　洲	123.07	138.83	145.21	148.64	153.23	154.65
中　　国	148.60	169.80	182.30	186.60	194.20	
印　　度	123.57	146.73	147.31	150.79	155.32	159.77
印度尼西亚	127.51	152.13	162.37	165.46	176.03	182.47
日　　本	107.06	98.76	98.02	91.01	96.29	86.90
韩　　国	110.33	110.80	114.41	117.05	125.18	120.71
巴基斯坦	123.45	152.79	159.53	171.22	169.41	180.50
菲律宾	99.54	115.03	117.24	117.56	117.95	120.19
泰　　国	121.98	131.50	124.92	134.60	130.88	131.42
越　　南	123.26	147.66	150.98	156.15	131.04	169.39
非　　洲	111.21	126.30	126.62	132.76	128.87	134.27
阿尔及利亚	132.31	149.60	149.11	182.53	178.93	170.87
埃　　及	116.14	129.86	137.34	142.26	147.11	150.93
尼日利亚	117.89	146.77	164.03	172.68	187.55	194.68
北美洲	107.98	105.68	109.79	108.98	116.13	109.23
加拿大	113.38	113.45	126.16	125.74	122.24	121.14
墨西哥	112.53	118.86	125.40	124.97	128.93	123.07
美　　国	106.78	102.13	105.45	104.67	113.59	106.07
南美洲	115.14	126.17	126.31	128.98	133.09	132.91
阿根廷	107.02	102.53	110.45	112.99	116.85	112.40
巴　　西	120.59	138.55	129.07	133.27	140.30	142.87
欧　　洲	107.46	109.67	108.97	108.53	105.82	104.35
保加利亚	93.45	99.07	93.06	82.87	77.32	71.76
捷克斯洛伐克	117.41	127.70	124.74	117.34	106.04	
法　　国	106.40	102.60	105.52	104.36	111.30	103.74
原联邦德国	108.36	115.79	118.63			
匈牙利	108.01	113.95	105.35	114.37	85.89	87.43
意大利	101.80	102.52	97.23	106.13	105.09	103.61
波　　兰	109.48	116.82	119.42	114.75	103.07	114.30
罗马尼亚	109.31	97.87	84.59	84.32	67.42	74.54
英　　国	110.32	109.91	111.61	115.13	112.29	111.03
大洋洲	109.27	109.52	111.96	112.22	120.46	114.08
澳大利亚	109.19	111.30	116.34	113.60	127.18	119.79
新西兰	113.59	108.48	101.02	106.27	108.80	103.22
前苏联	110.45	119.94	118.94	106.09	99.51	97.74

注:国外农业生产指数只包括种植业、畜牧业和农产品的初级加工,按农业增加值计算。中国以1980年为基期,农业生产指数包括种植业、畜牧业、林业、渔业和副业。

表E－5 工业生产指数

(1980年＝100)

国　　家	1983年	1984年	1985年	1986年	1987年	1988年	1989年	1990年	1991年	1992年
中　　国	125	145	176	197	232	280	304	328	376	480
美　　国	101	110	112	113	119	125	125	130	127	129
日　　本	104	114	118	118	122	134	142	149	152	
前联邦德国	96	99	104	107	107	111	117	123	126	
前民主德国	112	114	119	123	126	130	133			
英　　国	102	103	108	111	114	118	119	118	115	115
法　　国	98	100	101	101	103	108	113	114	114	114
意大利	92	95	97	100	104	110	114	114	112	111
加拿大	97	109	115	115	121	127	128	122	126	126
澳大利亚	101	108	115	114	121	129		130	129	
前苏联	111	115	119	125	129	134	136	135	124	
捷克斯洛伐克	107	111	115	119	121	124	125	120	90	
波　　兰	91	95	99	103	106	111	110	81	70	
匈牙利	106	109	110	112	116	115	111	102	82	74
罗马尼亚	108	116	122	131	137	142				
保加利亚	115	120	124	129	134	141	139			
南斯拉夫	105	111	114	119	120	119	120			
印　　度	120	128	140	149	165	178	188	210	212	
印度尼西亚	113	121	130	145	162	185	208	236	261	
马来西亚	122	142	138	152	164	186	205	231	255	
新加坡	106	116	107	116	136	162	178	196	206	
巴基斯坦	136	143	154	165	179	183	192	203		
孟加拉国	101	105	103	112	112	117	172	176		
韩　　国	137	158	164	199	237	269	277	302	327	344
墨西哥	96	102	108	103	107	109	114	120	124	
巴　　西	85	91	99	110	111	107	110	100	100	92
阿根廷	90	94	86	96	95	85	79			

表E-6 棉花、大豆、糖和肉类产量

单位:万吨

国家和地区	棉花		国家和地区	大豆	
	1991年	1992年		1991年	1992年
中国	567.5	452.8	美国	5 406.6	5 737.6
美国	383.5	345.9	巴西	1 493.8	1 913.6
前苏联	244.3	224.3	阿根廷	1 160.0	1 080.0
巴基斯坦	219.3	220.0	中国	971.0	
印度	198.9	202.3	印度	220.0	250.0
巴西	67.5	69.2	加拿大	146.0	148.3
土耳其	53.9	60.5	印度尼西亚	155.5	147.6
澳大利亚	41.0	49.9	意大利	144.9	145.1
埃及	30.2	29.5	巴拉圭	103.3	131.5
希腊	21.6	27.5	前苏联	85.0	86.0

国家和地区	糖		国家和地区	肉类	
	1991年	1992年		1991年	1992年
印度	1 294.0	1 456.5	中国	3 144.4	2 933.0①
巴西	923.8	925.0	美国	2 947.2	3 069.9
前苏联	638.8	842.6	前苏联	1 861.7	1 719.8
中国	640.1	815.8	巴西	682.8	721.1
古巴	762.3	700.0	德国	677.1	626.5
美国	657.7	689.4	法国	577.3	587.9
泰国	405.5	510.6	意大利	392.8	392.2
法国	442.3	454.0	墨西哥	343.3	372.6
德国	424.7	440.0	西班牙	356.6	362.5
澳大利亚	310.0	379.0	阿根廷	358.4	348.2

注:仅为猪、牛、羊肉产量,不包括禽肉等。

表E－7 谷物产量

单位:万吨

国　　家	1991年	1992年				
			#小麦	#稻谷	#玉米	#大麦
亚　　洲	86 532.5	87 671.9	21 200.7	47 682.4	13 129.6	1 819.3
中　　国①	43 529.0	4 425.8				
孟加拉国	2 787.0	2 883.5	106.5	2 769.5		
印　　度	19 142.6	19 763.0	5 420.0	10 950.0	940.0	163.0
印度尼西亚	5 055.6	5 256.4		4 580.0	676.4	
伊　　朗	1 442.3	1 642.6	1 020.0	250.0		370.0
日　　本	1 307.9	1 466.2	80.0	1 348.9		34.0
韩　　国	786.6	787.2		731.0		45.0
缅　　甸	1 365.2	1 434.0		1 377.1		
巴基斯坦	2 113.8	2 068.2	1 470.9	420.0	127.9	14.0
菲 律 宾	1 432.9	1 424.2		909.2	515.0	
泰　　国	2 437.4	2 380.3		2 000.0	352.2	
土 耳 其	3 114.8	2 905.3	1 930.0		210.0	690.0
越　　南	2 115.7	1 916.5		1 850.0	66.0	
非　　洲	9 836.9	7 977.1	1 309.3	1 243.6	2 392.3	462.3
埃　　及	1 383.9	1 358.5	461.8	285.8	522.6	21.3
尼日利亚	1 301.8	1 252.3		345.3	170.0	
北美和中美洲	36 283.5	41 672.7	9 922.6	969.5	25 137.0	2 093.1
加 拿 大	5 384.9	4 989.4	2 869.6		686.5	1 052.4
墨 西 哥	2 384.3	2 351.1	359.5	52.0	1 435.6	47.0
美　　国	27 994.5	33 801.1	6 692.0	756.0	22 703.9	993.6
南 美 洲	7 349.8	8 287.0	1 348.8	1 611.1	4 633.4	118.6
阿 根 廷	2 122.7	2 349.3	840.0	75.3	1 062.2	50.0
巴　　西	3 682.8	4 425.9	272.9	1 004.5	3 067.9	
欧　　洲	30 328.6	25 459.8	11 477.2	219.7	5 330.8	5 955.0
捷克斯洛伐克	1 185.3	1 043.1	523.9		73.0	368.2
法　　国	6 034.1	5 897.9	3 259.2		1 325.5	1 039.7
德　　国	3 926.7	3 482.4	1 557.9		201.87	1 234.1
匈 牙 利	1 547.0	1 045.5	342.6		491.0	172.1
意 大 利	1 921.4	1 968.8	849.0	127.5	764.6	171.6
波　　兰	2 786.1	1 993.7	727.9			284.0
罗马尼亚	1 930.0	1 302.9	330.0	2.5	770.0	170.0
西 班 牙	1 923.3	1 338.9	416.7	50.5	248.3	560.7
英　　国	2 264.9	2 219.0	1 420.0			740.0
大 洋 洲	1 950.2	2 409.6	1 429.8	95.8	39.6	554.0
澳大利亚	1 865.3	2 323.7	1 413.0	92.4		512.0
前 苏 联	15 513.8	17 997.5	8 989.8	229.0	550.0	4 561.8

注:①中国为粮食产量,除包括谷物还包括豆类和薯类,与国外统计口径不同。

表E—8 **煤炭产量**

单位：万吨

年　　份	中国	美国	前苏联	日本	联邦德国	英国	法国	加拿大
1978	61 800	56 665	66 442	1 855	21 370	12 358	2 243	3 048
1980	62 000	75 270	65 286	1 810	22 435	13 009	2 275	3 668
1981	62 200	74 732	63 781	1 747	22 620	12 764	2 324	4 009
1982	66 600	76 072	64 735	1 741	22 367	12 472	2 182	4 291
1983	71 500	70 950	64 152	1 669	21 398	11 926	2 125	4 478
1984	78 900	80 753	63 460	1 683	21 157	5 118	2 070	5 741
1985	87 200	80 386	64 771	1 644	20 921	8 864	1 896	6 074
1986	89 400	78 754	67 300	1 601	20 144	10 789	1 846	5 705
1987	92 800	82 992	76 000	1 306	19 121	10 444	1 558	6 121
1988	98 000	85 331	77 060		18 788	10 379		
1989	105 400	89 000	66 300		18 754	10 027	1 147	
1990	108 000	94 404	62 810		18 389	8 930		6 833
1991	108 700	90 188	55 789	805	35 214	9 634	1 207	7 114
1992	111 600	90 742		760		8 725		6 536

年　　份	印度	澳大利亚	南非	罗马尼亚	南斯拉夫	波兰	捷克斯洛伐克	民主德国
1978	10 516	10 385	9 036	2 926	3 971	23 360	12 403	25 336
1980	11 365	10 652	11 604	3 517	4 700	22 998	12 320	25 810
1981	12 841	12 028	13 118			19 856	12 242	26 700
1982	13 499	13 460	13 691	3 786	5 466	22 696	12 456	26 704
1983	14 213	14 317	13 901	4 452	5 940	23 359	12 932	27 797
1984	15 242	15 966	14 000	4 428	6 506	24 197	13 114	29 634
1985	15 703	17 550	17 449	4 657	5 704	24 938	12 853	31 216
1986	17 413	19 488	17 718		5 701	25 934	12 782	31 126
1987	18 512	19 316	17 488			26 621	12 761	30 898
1988	19 698	17 809	17 759			26 651	12 583	31 032
1989	21 173	19 607	17 312			24 233	11 898	30 302
1990	22 334	20 567	17 478			21 527	10 763	28 000
1991	24 212	21 403	17 525			20 978	9 810	35 214
1992						19 837		

表E－9 原 油 产 量

单位:万吨

国家和地区	1985年	1989年	1990年	1991年	1992年
阿尔及利亚	2 935	3 406	3 702	3 741	
安哥拉	1 145	2 264	2 356	2 473	
澳大利亚	2 670	2 273	2 678	2 465	
巴西	2 749	2 984	3 162	3 239	3 145
加拿大	7 200	7 654	7 636	7 594	7 879
中国	12 490	13 764	13 831	14 019	14 210
哥伦比亚	889	2 039	2 215	2 146	
埃及	4 432	4 297	4 705	4 590	
法国	264	324	302	294	
加蓬	760	1 072	1 380	1 734	
联邦德国	566	377	360	348	330
匈牙利	202	197	198	190	
印度	2 986	3 368	3 331	3 128	2 786
印度尼西亚	6 770	6 932	7 152		
伊朗	10 895	14 042	15 708	16 526	17 129
伊拉克	6 989	14 212	10 050	1 391	
意大利	235	468	464	463	
日本	53	54	53	74	85
科威特	5 377	7 405	5 954		
利比亚	4 925	5 432	6 716	7 260	
马来西亚	2 125	2 840	3 002	3 034	
墨西哥	13 576	13 064	13 308	13 912	13 907
尼日利亚	7 418	8 518	8 654	9 274	
挪威	3 701	7 486	8 186	9 211	
阿曼	2 471	3 082	3 402	4 266	
秘鲁	930	697	690	611	
卡塔尔	1 478	1 841	1 906	1 894	
罗马尼亚	1 072	917	793	679	
沙特阿拉伯	15 850	25 243	32 038	40 880	
泰国	116	108	121	125	
特立尼达和多巴哥	919	772	778	724	
阿拉伯联合酋长国	5 820	8 914	10 196	11 984	
英国	12 250	8 741	8 800	8 724	
原苏联	59 530	60 718	57 043	51 533	
美国	44 136	38 268	36 968	37 392	36 266
委内瑞拉	8 819	10 014	11 201	12 468	12 379
南斯拉夫	415	340	356	196	

表E－10 发电量

单位:亿千瓦时

年份	中国	美国	日本	联邦德国	英国	法国	意大利	加拿大	前苏联
1978	2 566	22 859	5 640	3 534	2 877	2 267	1 750	3 357	12 019
1980	3 006	23 544	5 775	3 688	2 849	2 433	1 857	3 669	12 950
1981	3 093	23 593	5 833	3 671	2 767	2 634	1 789	3 909	13 250
1982	3 277	23 023	5 812	3 652	2 731	2 654	1 818	3 875	13 671
1983	3 514	23 676	5 555	3 720	2 756	2 813	1 801	4 084	13 960
1984	3 770	24 723	5 804	3 929	2 804	3 072	1 795	4 249	14 930
1985	4 107	25 683	6 720	4 067	2 937	3 257	1 823	4 590	15 440
1986	4 495	25 449	5 571	4 071	3 010	3 430	1 669	4 686	15 990
1987	4 973	26 703	6 362	4 185	3 020	3 526	2 010	4 821	16 650
1988	5 452	28 759	7 537	4 227	3 091	3 655	2 032	5 060	17 051
1989	5 848	29 808	7 998	4 406	3 112	4 069	2 108	4 995	17 220
1990	6 212	30 311	7 576	4 492	3 174	4 050		4 818	16 735
1991	6 775	30 791	8 881	4 585	3 199	4 277		5 079	16 339
1992	7 539	30 772		4 625	3 187			5 016	

表E－11 我国工业生产主要产品产量居世界位次的变化

产品名称	1949年	1957年	1965年	1978年	1980年	1985年	1991年	1992年
钢	26	9	8	5	5	4	4	4
煤	9	5	5	3	3	2	1	1
原油	27①	23	12	8	6	6	5	5
发电量	25	13	9	7	6	5	4	4
水泥		8	8	4	3	1	1	1
化肥		33	8	3	3	3	3	3
化学纤维		26②		7	5	5	2	2
布		3	3	1	1	1	1	1
糖			8	8	10	6	6	6
电视机				8	5	3	1	1

注：①1950年数字。②1960年数字。

表E－12 水泥产量

单位:万吨

国　　家	1980年	1985年	1989年	1990年	1991年	1992年
中国	7 986	14 595	21 029	20 971	25 261	30 400
阿根廷	713	469	444	358	528	
澳大利亚	535	563	689	707	611	
奥地利	546	456	475	491	502	
孟加拉国	34	24	35	34	28	
比利时	749	554	672	692	719	
巴西	2 719	2 062	2 651	2 585	2 749	
保加利亚	536	529	504	472		208
加拿大	1 034	967	1 259	1 108	967	
智利	158	143	202	210	206	
哥伦比亚	436	541	665	636	638	
原捷克斯洛伐克	1 055	1 026	1 088	1 037	830	
丹麦	192	174	200	166	202	
埃及	301	528	983	1 074		
芬兰	179	163	169	167	132	113
法国	2 910	2 222	2 599	2 651	2 502	
原西德	3 426	2 560	2 850	3 043	3 181	3 314
原东德	1 244	1 160	1 226			
希腊	1 267	1 274	1 253	1 394	1 181	
香港	149	184	214	180		
匈牙利	466	368	385	394	253	
印度	1 770	3 737	4 505	4 572		
印度尼西亚	526	994	1 566	1 597		
意大利	4 186	3 715	3 971	4 079		
日本	8 796	7 285	8 032	8 444	8 957	8 825
韩国	1 564	2 051	3 012	3 391	3 917	4 444
马来西亚	235	313	480	588	745	830
墨西哥	1 626	1 997	2 376	2 450	2 465	
摩洛哥	356	364	464	538		
荷兰	374	292	354	371	355	
新西兰	72	86	72	68	58	
尼日利西	172	338	350			
挪威	209	160	138	126		
巴基斯坦	335	480	694	749		
秘鲁			330	218	212	
菲律宾	451	307	362	636		
波兰	1 844	1 499	1 711	1 252	1 202	
罗马尼亚	1 460	880	1 326		740	
新加坡			170	185		
南非	713	690	694			
西班牙	2 801	2 188	2 737	2 809	2 758	
泰国	536	796	1 502		1 916	
土耳其	1 481	1 758	2 381	2 464	2 520	
原苏联	12 480	13 078	14 044	13 733	12 240	
英国	1 481	1 334	1 655	1 474		
美国	6 788	7 028	7 139	7 094	6 505	
原南斯拉夫	931	901	856	796	600	

表E—13 汽车产量

单位:万辆

		1986年	1987年	1988年	1989年	1990年	1991年	1992年
中国	商用车①	22.9	29.8	40.0	36.0	29.0	38.3	
阿根廷	小汽车②	14.8	15.6	12.5	11.4	11.4		
	商用车②	2.3	2.6	1.3	1.9	1.4		
澳大利亚	小汽车②	31.8	30.2	31.4	33.2	36.1	31.1	27.0
	商用车②	2.2	2.0	3.1	2.8	2.3	1.8	1.4
澳地利	小汽车	0.7	0.7	0.7	0.7	1.4	1.4	
	商用车	0.5	0.4	0.5	0.5	0.5	0.5	
巴西	小汽车②	47.9	39.7	39.5	31.3	26.8	29.3	
	商用车	63.0	57.1	71.4	72.5	67.2	68.4	
加拿大	小汽车	106.1	81.0	100.8	98.4	94.1	89.0	
	商用车	78.5	82.6	92.0	94.9	80.8	79.0	
原捷克斯	小汽车	18.5	17.3	16.4	18.8	19.1	17.6	
洛伐克	商用车	9.0	9.0	8.8	9.1	6.2		
法国	小汽车	273.2	298.8	313.8	341.4	296.3	312.1	
	商用车	46.2	51.1	55.2	50.9	47.4	49.2	
原西德	小汽车	427.3	434.0	430.9	454.3	461.8	427.0	486.6
	商用车	17.9	18.2	19.6	20.9	34.9	39.0	36.5
原东德	小汽车	21.8	21.7	21.8	21.8			
	商用车	4.6	4.2	4.0	3.8			
匈牙利	商用车	1.6	1.4	1.3	1.3	0.8	0.5	
印度	小汽车	13.2	17.2	19.9	22.6	22.1	19.3	
	商用车	10.6	12.0	11.5	12.6	14.5	14.6	
意大利	小汽车	165.2	171.2	188.4	197.0	187.3	162.7	
	商用车	17.9	20.0	28.0	24.6	26.0	25.8	
日本	小汽车	781.1	789.1	820.0	837.0	994.8	975.6	852.2
	商用车	445.8	436.7	451.4	401.0	355.0	350.0	
韩国	小汽车②	45.7	77.8	86.8	84.6	95.6	113.2	129.4
	商用车②	12.1	16.7	20.2	24.4	32.2	31.8	38.9
墨西哥	小汽车②	19.8	22.8	34.8	45.5	61.4	73.3	
	商用车②	9.6	7.2	14.9	19.0	12.4	14.4	
荷兰	小汽车	11.9	12.5	12.0	13.4	12.4	8.5	
	商用车	2.4	2.6	2.9	3.2	3.0		
波兰	小汽车	29.0	29.4	29.4	28.6	26.6	16.7	
	商用车	5.5	5.5	5.8	5.3	4.3	2.2	
罗马尼亚	小汽车	12.4	13.0	12.0	12.0		7.4	
	商用车	0.5	0.6	0.6	0.5		2.6	
西班牙	小汽车	129.8	143.2	157.6	169.6	173.6	183.0	
	商用车	17.3	24.8	31.3	31.9	30.2	22.0	
原苏联	小汽车	132.6	132.0	126.1	121.7	125.9	118.4	
	商用车	85.2	86.6	86.3	89.6	86.0	73.3	
英国	小汽车	101.9	114.2	122.6	130.0	130.0	127.8	129.1
	商用车	22.9	24.7	31.8	33.8②	27.4②	22.2②	1.6
美国	小汽车	751.6	708.5	710.5	680.8	605.2	540.7	
	商用车	339.4	382.1	412.1	106.3	372.0	337.2	
原南斯	小汽车	21.0	29.6②	30.5②	31.2②	29.2②	21.8②	
拉夫	商用车	7.3	8.6	7.2	7.1	4.9	4.0	

注:小汽车指座位数不超过九个的汽车。商用车包括轻型车、重型车、公共汽车和特种用途车。①为载重车。②包括组装。

表E－14 钢 铁 产 量

单位：万吨

国 家	1980年	1985年	1987年	1988年	1989年	1990年	1991年	1992年
澳大利亚	790	630	638	610	671	668	622	646
比利时	1 242	1 078	985	1 128	1 096	1 142	1 129	
巴西	1 525	2 046	2 222	2 454	2 611	2 058	2 261	2 390
保加利亚	257	294	305	288	290	218	162	
加拿大	1 589	1 466	1 474	1 519	1 546	2 168	2 384	2 599
中国	3 712	4 679	5 628	5 943	6 159	6 635	7 100	8 094
捷克斯洛伐克	1 523	1 504	1 542	1 538	1 547	1 487	1 207	
法国	2 317	1 880	1 769	1 910	1 931	1 902	1 843	1 802
德国								
民主德国	731	785	824	814	782			
联邦德国	4 381	4 049	3 625	4 103	4 108	3 844	3 878	3 561
匈牙利	377	354	349	348	331	281	186	
印度	943	1 118	1 226	1 302	1 288	1 496	1 639	
意大利	2 650	2 389	2 286	2 394	2 518	2 545	2 053	2 474
日本	11 138	10 528	9 851	10 568	10 790	11 033	10 964	9 814
韩国		1 865	1 348	2 131	2 370	2 447	2 681	
墨西哥	701	718	721	731	739	822	772	
荷兰	527	552		552	568	541	517	
波兰	1 949	1 536	1 626	1 595	1 510	1 362	1 044	986
罗马尼亚	1 318	966	1 388	980	949	622	712	
西班牙	1 255	1 468	1 163	1 169	1 256	1 262	1 256	
英国	1 128	1 572	1 741	1 895	1 874	1 646	1 663	
土耳其	1 716	474	704	800	785	941	930	
原苏联	14 800	15 467	16 189	16 303	16 009	15 442	13 992	
美国	10 080	8 006	8 088	9 176	8 839	9 802	8 744	9 160
南斯拉夫	244	448	437	449	450			

表E－15 出口贸易额

单位:亿美元

国　家	1985年	1987年	1 988年	1989年	1990年	1991年	1992年
中国	273.5	394.4	475.4	525.4	620.9	719.1	850.0
美国	2 188.3	2 541.2	3 222.2	3 638.1	3 935.9	4 218.5	4 478.3
日本	1 756.8	2 292.2	2 649.6	2 751.7	2 869.5	2 295.2	3 404.8
联邦德国	1 840.1	2 940.5	3 232.8	3 423.7	3 984.4	4 031.0	4 299.5
英国	1 099.9	1 312.1	1 451.5	1 524.5	1 859.8	1 852.1	1 900.5
法国	976.4	1 433.9	1 677.9	1 788.5	2 101.7	2 133.7	2 317.9
意大利	789.6	1 240.1	1 271.1	1 385.0	1 645.3	1 226.5	1 337.6
加拿大	874.8	944.0	1 128.6	1 160.4	1 274.2	1 268.3	1 342.2
澳大利亚	228.8	264.6	327.3	366.5	396.1	419.0	424.2
前苏联	872.8	1 078.7	1 105.6	1 092.3	1 041.8	737.0	
捷克斯洛伐克	115.1	230.2	249.5	144.5	118.8	74.5	79.3
波兰	114.9	122.1	139.6	131.6	143.2	144.6	32.9
匈牙利	82.5	95.8	99.7	95.8	97.1		51.2
罗马尼亚	101.7				58.7	41.2	40.3
保加利亚	133.5	159.1	172.2	160.1	134.3		
南斯拉夫	106.4	114.3	126.0	133.6	143.1	87.8	
印度	87.5	116.0	132.5	156.4	176.5	131.8	94.4
印度尼西亚	185.9	171.4	192.2	221.6	256.8	187.5	152.6
菲律宾	46.3	55.7	70.4	77.5	81.9	41.7	
泰国	71.2	115.5	160.0	200.6	230.7	131.5	152.4
马来西亚	157.6	179.4	211.0	251.1	294.2	344.0	184.2
新加坡	228.1	286.9	393.1	446.8	527.3	441.1	634.7
巴基斯坦	27.2	40.9	45.0	46.4	55.2	64.7	54.2
缅甸	3.3	2.2	1.4	2.2	3.3	3.2	4.0
孟加拉国	9.3	11.9	13.5	13.1	15.1	8.1	16.4
土耳其	79.6	101.9	116.1	116.5	129.1	94.9	105.6
韩国	302.8	472.8	607.0	623.8	650.2	719.0	559.2
埃及	18.4	43.5	58.5	26.3	25.8	16.5	24.8
尼日利亚	131.1	73.8		81.4	136.5		
墨西哥	216.6	206.6	206.6	228.2	265.2	135.0	136.8
巴西	256.4	262.3	337.9	343.9	314.3	239.9	261.1
阿根廷	84.0	63.6	91.4	95.8	122.7		

表E－16 进口贸易额

单位:亿美元

国家	1985年	1987年	1988年	1989年	1990年	1991年	1992年
中国	422.5	432.1	552.5	591.4	533.5	637.9	806.1
美国	3 616.3	4 244.4	4 595.7	4 932.0	5 169.9	5 093.2	5 483.0
日本	1 294.8	1 495.2	1 873.4	2 108.4	2 348.0	1 750.4	2 335.5
联邦德国	1 585.5	2 282.0	2 504.4	2 698.8	3 426.2	3 901.3	4 085.3
英国	1 092.7	1 543.9	1 894.7	1 977.3	2 249.4	2 100.2	2 226.6
法国	1 089.1	1 579.2	1 780.3	1 924.8	2 332.3	2 308.1	2 386.0
意大利	909.9	1 324.2	1 386.7	1 529.1	1 778.3	1 341.4	1 440.3
加拿大	764.1	875.8	1 077.4	1 140.0	1 167.2	1 181.2	1 224.8
澳大利亚	234.5	269.8	332.5	400.2	388.0	386.1	407.0
前苏联	831.4	960.6	1 072.3	1 145.5	1 206.5	669.7	
捷克斯洛伐克	111.5	232.8	242.5	142.8	131.1	71.4	79.1
波兰	108.0	106.0	122.4	100.9	95.3	142.6	29.4
匈牙利	79.2	98.6	93.7	88.0	87.6		57.3
罗马尼亚	84.0				91.2	56.0	53.9
保加利亚	136.6	162.1	165.8	148.8	130.9		
南斯拉夫	121.6	126.0	131.5	148.0	188.9	103.7	
印度	155.9	167.5	191.5	198.3	232.7	149.6	112.8
印度尼西亚	102.6	123.7	132.5	163.6	219.3	175.1	134.1
菲律宾	54.5	68.1	87.3	107.3	130.4	63.6	
泰国	92.4	128.5	190.8	257.7	333.8	188.9	198.0
马来西亚	126.0	127.0	165.9	225.4	292.6	367.0	190.8
新加坡	262.9	325.6	438.6	496.8	607.9	496.7	721.8
巴基斯坦	58.9	58.3	65.9	71.2	73.6	84.3	69.0
缅甸	2.8	2.7	2.4	1.9	2.6	4.8	4.9
孟加拉国	21.7	24.2	27.3	35.2	31.1	18.1	29.2
土耳其	113.4	141.7	143.8	158.0	222.3	149.1	155.7
韩国	311.4	410.2	518.1	614.5	698.4	815.6	611.7
埃及	55.0	162.3	233.0	73.8	92.0	31.9	59.3
尼日利亚	62.1	39.2		34.2			
墨西哥	137.6	127.6	189.5	236.3	299.9	175.5	230.8
巴西	131.5	150.6	146.0	182.8	201.7	149.3	146.1
阿根廷	38.1	58.2	53.2	42.0	40.8		

表E－17 人均消费比较

国家和地区	平均每天食物热值（大卡）		平均每天食物蛋白质含量（克）		电视机拥有量（台/百人）		日报拥有量（份/千人）	
	1980年①	1990年②	1980年①	1990年②	1980年	1990年	1980年	1990年
中国③	2 324	2 641	54.5	64.2	0.9	16.2	64	102
美国	3 353	3 642	101.3	109.9	68.4	81.5	272	250
日本	2 764	2 921	87.0	95.1	53.9	62.0	567	587
原联邦德国	3 306	3 472	93.0	100.9	43.9	51.4	335	338
英国	3 171	3 270	87.7	93.6	40.1	43.5	417	395
法国	3 435	3 593	108.3	112.9	35.3	40.6	192	210
意大利	3 561	3 498	106.3	107.4	39.0	42.4	85	107
加拿大	3 107	3 242	94.5	101.3	44.2	64.1	226	228
澳大利亚	3 088	3 302	95.6	99.9	38.1	48.6	320	249
原苏联	3 368	3 380	103.0	107.3	28.8	32.9	411	482
原捷克斯洛伐克	3 359	3 574	99.1	106.4	38.9	41.2	313	507
匈牙利	3 459	3 603	98.1	101.3	31.0	41.0	247	233
罗马尼亚	3 388	3 081	105.0	94.1	18.4	19.4	181	
南斯拉夫	3 568	3 545	101.4	97.8	19.0	19.8	119	96
波兰	3 499	3 426	108.7	101.6	24.6	29.3	236	127
印度	2 098	2 229	51.4	55.4	0.4	3.2	21	
印度尼西亚	2 462	2 605	51.0	56.3	2.0	6.0	15	28
菲律宾	2 200	2 341	51.1	54.3	2.2	4.8	41	54
泰国	2 292	2 280	47.6	48.4	2.1	11.2	57	72
新加坡	2 695	3 121	75.2	87.7	31.1	37.6	286	280
马来西亚	2 685	2 671	56.0	54.0	8.7	14.8	59	140
巴基斯坦	2 155	2 280	59.0	61.9	1.1	1.7	31	15
孟加拉国	1 973	2 037	43.5	42.9	0.1	0.5	3	6
土耳其	3 053	3 196	86.0	85.0	7.9	17.5	56	72
韩国	2 747	2 826	75.1	77.3	16.5	21.0	210	280
埃及	3 088	3 310	76.3	84.6	3.4	10.9	42	57
尼日利亚	2 129	2 200	46.4	45.4	0.7	3.2	14	16
墨西哥	3 000	3 062	77.4	80.2	5.4	13.9	118	127
巴西	2 707	2 730	60.4	61.4	12.4	21.3	45	54
阿根廷	3 195	3 068	106.3	99.2	18.2	22.2	142	124

注：①1979－1981年数字。②1978－1990年数字。③食物热值和蛋白质含量为粮农组织估计数。

表E－18 外债及偿债率

国家和地区	外债总额(百万美元)			偿债率(%)		
	1990年	1991年	1992年	1990年	1991年	1992年
东南亚	158 932	159 027	165 073			
印度尼西亚	67 908	70 103	71 809	30.9	28.4	26.7
老挝	615	701	815	15.2	15.7	15.0
马来西亚	19 502	14 852	14 500	11.7	11.0	10.0
菲律宾	30 457	30 640	32 500	21.2	21.6	18.9
泰国	258	27 420	29 066	17.2	15.1	13.8
越南	14 582	15 311	16 383	60.0	60.0	51.0
南亚	115 275	120 382	125 903			
孟加拉国	12 246	11 918	12 257	25.4	21.0	21.3
不丹	83	87	89			
印度	70 116	73 511	77 027	26.8	26.9	27.2
缅甸	4 675	4 800	4 900	15.4	21.8	20.0
尼泊尔	1 621	1 732	1 855	18.3	19.0	21.5
巴基斯坦	20 683	22 276	23 345	23.7	23.7	24.2
斯里兰卡	5 851	6 058	6 430	13.8	17.2	17.0
南太平洋	3 304	3 002	2 824			
斐济	399	380	386	11.3	12.7	8.7
巴布亚新几内亚	2 606	2 351	2 235	36.0	25.1	24.4
所罗门群岛	123	125	136	11.9	11.8	11.9
汤加	58	62	66	4.4	4.0	4.0
瓦努阿图	40			2.1		
西萨摩亚	78	85		9.0	11.0	
中国②	52 555	55 500	58 500	10.3	9.2	9.0
"亚洲四小"	34 014	42 000	51 000			
韩国	34 014	42 000	51 000	10.7	12.0	13.1

注：①1992年为预计数。②中国为亚洲开发银行数字。

附录F　主要统计指标解释

发展速度　用以反映社会经济发展程度的相对指标，根据两个不同时期发展水平的对比而得。由于比较的标准时期不同，发展速度可分为定基发展速度和环比发展速度两种。

增长速度　发展速度减1（或100%）就是增长速度。即增长速度＝发展速度－1（或100%）。

平均每年增长速度　我国计算平均增长速度有两种方法，一种是习惯上经常使用的"水平法"，又称几何平均法，是以间隔最后一年的水平同基期水平对比来计算平均每年增长（或下降）的速度；另一种是"累计法"又称代数平均法或方程法，是以间隔年内各年水平的总和同基期水平对比来计算平均每年增长（或下降）的速度。具体计算方法，可参照中国财经出版社出版的《平均增长速度查对表》。

在一般正常情况下，两种方法计算的平均每年增长速度比较接近，但在经济发展不平衡出现大起大落时，两种方法计算的结果差别较大。

本《年鉴》内所列的平均每年增长速度，除固定资产投资按累计法计算外，都是用水平法计算的。从某年到某年平均增长速度的年份，均不包基期年在内。如1981－1993年平均每年增长速度，是以1980年为基期，1993年为报告期，年份从1981年算起，共13年。

当年价格　是报告期的实际价格，如工厂的出厂价格，农产品的收购价格，商品的零售价格等。按当年价格计算，是指一些以货币表现的物量指标，如社会总产值、工业总产值、国民收入、国内生产总值等，按照当年的实际价格来计算总量。按当年价格计算的价值指标，在不同年份之间进行对比时，因为包含有各年间价格变动的因素，不能确切地反映实物量的增减变动。因此，在计算增长速度时都使用按可比价格计算的数字。

可比价格　指在不同时期的价值指标对比时，扣除了价格变动因素，而确切表示物量的变化。按可比价格计算有两种方法：一种是直接用于产品产量乘其不变价格；一种是指数法换算。

不变价格　用某一时期的同类产品的平均价格作为固定价格，来计算各个时期的产品价值。目的是为了消除各个时期价格变动的影响，保证各时期间、地区间的可比性。解放后，国家统计局先后五次制订了全国统一的工业产品和农业产品的不变价格，即从1949年至1957年使用1952年工（农）业产品不变价格，从1957年到1971年使用1957年不变价格，从1971年到1980年使用1970年不变价格，从1981年到1990年使用1980年不变价格。从1990年开始使用1990年不变价格。

指数法换算是用同一基期的指数相除。本《年鉴》所列"社会总产值指数"、"国民收入指数”等都是按可比价格计算的，如计算有关年份产值增长情况，可用定基指数（即以同一年度为100的定基指数）直接进行对比。例如，求1993年国民收入为1980年的百分比，按表上1993年指数，1980年指数，两者相除即得，其余以此类推。

人口数 指一定时点、一定地区范围内有生命的个人的总和。年度统计的年末人口数是指每年12月31日24时的人口数。它通常是根据公安部门户籍登记的常住户口进行统计的。

人口自然增长率 指在一定时期内（通常为一年）人口自然增加数（出生人数减死亡人数）与该时期内平均人数（或期中人数）之比，一般用千分率表示。计算公式：

人口自然增长率

$$=\frac{\text{本年出生人数}-\text{本年死亡人数}}{\text{年平均人数}}\times 1000‰$$

或人口自然增长率＝人口出生率－人口死亡率

从业人员 指从事一定社会劳动并取得劳动报酬或经营收入的全部劳动力。包括：①全部职工；②城镇私营企业从业人员；③城镇个体劳动者；④农村社会劳动者；⑤其他社会劳动者。

城镇待业率 是反映城镇劳动者就业程度的指标。计算公式：

城镇待业率

$$=\frac{\text{城镇待业人员}}{\text{城镇社会劳动者}+\text{城镇待业人员}}\times 100\%$$

社会总产值 是用货币形态表示的一个国家（或地区）在一定时期内，各物质生产部门所生产的全部产品的总量，包括农业、工业、建筑业、运输业、商业（包括饮食业和物资供销业）五个物质生产部门的总产值之总和。

国民收入 一个国家（或地区）在一定时期内，各物质生产部门新创造的价值，也就是从社会总产值扣除生产过程中消耗掉的生产资料价值后剩下来的净产值。农业、工业、建筑业、运输业、商业的净产值之和就是国民收入。

我国计算国民收入方法有两种：一、生产法，用各物质生产部门的总产值减去生产中的物质消耗价值（如用于生产的原材料、燃料、种籽、肥料、动力生产用固定资产折旧等）后的净产值相加。二、分配法，从国民收入初次分配角度出发，等于生产部门中的劳动者的劳动报酬加社会纯收入（如利润、税金、利息等）的总和。

国民收入使用额 国民收入生产额经过在全社会范围内进行分配和再分配，形成各物质生产部门、非物质生产部门和居民个人的最终收入。最终收入一部分用于居民个人生活和社会公共需要，形成消费，即消费额；另一部分用于扩大社会再生产，增加非物质生产部门的固定资产和各种储备，形成积累，即积累额。消费额和积累额之和就是国民收入使用额。国民收入使用额与国民收入生产额的差别，主要是进出口差额（地区为流入、流出差额）影响。此外，还受统计计算误差的影响。

国内生产总值 一个国家（或地区）一定时间内所生产的最终产品和所提供的劳务总量的货币表现。从生产角度说，它是国民经济各部门的增加值之和；从分配角度说，是这些部门的劳动者收入、福利基金（或公益金）、税金、利润和固定资产折旧等项目之和；从使用角度说，它是最终用于消费、固定资产投资、增加流动资产以及净出口的产品和劳务。

国内生产总值同社会总产值、国民收入的区别，从核算范围看，社会总产值和国民收入都只计算物质生产部门的劳动成果，而国内生产总值除计算物质生产部门劳动成果外，还计算非物质生产部门的劳动成果。从这三个指标的价值构成看，社会总产值计算了社会产品的全部价值；国内生产总值计算在生产产品和提供劳务过程中增加的价值，即增加值，不计算中间产品和中间劳务投入的价值；而国民收入除了不计算中间产品价值外，还不包括固定资产折旧价值，即只计算净产值。

增加值　指各单位在一定时期从事经济、科技、社会活动获得最终成果的货币表现。所谓最终成果，从微观来说，是指各单位在一定时期内不再进一步加工的产品，其价值称为增值。它消除了中间产品和中间劳务价值的重复计算，即产出－中间投入＝增值。从宏观来说，是指一定时期内最终地用于消费、投资、净出口的物品和劳务。其价值形态，称为国内生产总值。

三次产业　根据社会生产活动历史发展的顺序对产业结构的划分，产品直接取自自然界的部门称为第一产业，对初级产品进行再加工的部门称为第二产业，为生产和消费提供各种服务的部门称为第三产业。它是世界上通行的产业结构分类，但各国的划分不尽一致。我国的三次产业划分是：

第一产业：农业（包括林业、牧业、渔业等）。

第二产业：工业（包括采掘业、制造业、自来水、电力、蒸气、热水、煤气）和建筑业。

第三产业：除第一、第二产业以外的其他各业。由于第三产业包括的行业多，范围广，根据我国的实际情况，第三产业可分为两大部门：一是流通部门，二是服务部门。具体又可分为四个层次。

农村社会总产值　指在一定时期内，农村各物质生产部门生产的全部价值总量。根据我国目前的农村经济状况，农村社会总产值包括的范围是：乡（镇）村及村以下各级合作经济组织和农户从事农业、工业、建筑业、运输业、商业和饮食业活动所生产的产值和国营农场的农业总产值两部分的产值。凡是在农村的国营联营工业、建筑业、运输业、商业和饮食业的产值都不包括在内。集体和国营联营的企业产值，凡场址在农村，又以乡镇合作经济组织劳力、资金、土地或生产用房的企业，其产值应包括在农村社会总产值中。

农业总产值　是以货币表现的农林牧副渔五业全部产品的总量，它反映一定时期内农业生产的总规模和总成果。五业的统计范围是：

农业（种植业），包括粮、棉、渔、麻、烟、菜、药、瓜和其他农作物的主产品和副产品的产值以及茶、桑、果的产值。

林业，包括人造林木的生长量，林产品的采集和村及村以下合作经济组织和农民家庭竹木采伐等三部分产值。

牧业，包括大小家畜的繁殖、增长和增重的产值，家禽饲养产值，活的畜禽产品产值和饲养其他动物产品产值四部分。

副业，包括采集野生植物、捕猎野生动物获得产品产值和农民家庭兼营的工业产值（商品部分)三部分。

渔业,包括捕捞海水、淡水天然水产品和养殖水产品两部分的产值。

农业总产值通常采用"产品法"计算,即凡是有产品产量的,都按产量乘以产品的单位价格求得每种产品的产值,少数生产周期较长,当年没有产品或产品产量不易统计的,则采用间接方法匡算。五业产品产值之和即为农业总产值。

农业商品产值 是指农业生产经营单位在一定时期内生产的以货币表现的可供商品交换的那一部产品总量指标。

农村经济总收入 指农村集体经济组织和农民在一年之中经营生产性和服务性活动所得到的可以用于抵偿本年开支,并在国家、集体和农民个人之间进行分配的全部收入。包括农林牧副渔业、农村工业、建筑业、运输业、商业、饮食业、服务业、劳务等各项经营收入和利息、租金等收入。但不包括那些不能用来分配,属于借贷性质或暂收性质的收入,如贷款收入、预购定金、国家投资、农民投资等。

总收入和农业总产值是两个不同的概念:第一,两者包括的范围不同。总收入除了包括农林牧副渔五业的收入外,还包括其他生产性和非生产性事业活动所得到的可以直接支配的全部收入,而总产值则不包括后面这些。第二,就农林牧副渔五业而言,总产值要计算当年的全部成果,而总收入只计算当年可用于开支和分配的部分。例如总产值计算人造林木的生产量、大小家禽的繁殖、增长和增重的产值,总收入则不包括。第三,计算的价格不同,计算总产值,全部产品都按统一的不变价格或当年价格计算,而计算收入一般只按当年价格计算,产品中的出售部分按实际出售价格计算,自用部分按当地收购的价格计算。

乡镇企业 原来仅指农村人民公社和生产大队两级集体经济举办的社队企业。在农村政社组织管理体制分设之后,除了包括乡、村合作经济组织办企业外,还包括组办、联户办和个体办的企业。1984年3月确定将这类企业统称为"乡镇企业"。

乡镇企业单位一般应拥有固定的组织生产场所、生产设备和人员;有核算制度,承担经济责任和纳税义务;是一个比较稳定的经济实体。

工业总产值 是以货币表现的工业企业生产的产品总量,反映一定时期工业生产的总成果和总规模。工业总产值目前采用"工厂法"计算,包括各工业企业生产的符合产品质量标准的入库产品成品价值和对外承做的工业性作业价值。

1958年及以后工业总产值中,将农村乡办工业的轧、碾米、磨粉、屠宰、缝纫等作业,由按产品全价计算,改为加工费计算,并将机械化捕鱼和农村村及村以下办工业的产值划归农业总产值,从1984年起把村及村以下办工业产值划归工业总产值。

轻工业 指提供生活消费品和制作手工工具的工业。按其使用的原料不同分为:①以农产品为原料的轻工业;②以非农产品为原料的轻工业。

重工业 指生产生产资料的工业,是为国民经济各部门提供物质技术基础的工业。按其生产和产品用途,可分为采掘工业、原料工业和制造工业。

根据上述划分原则，修理作业中修理作业对象是重工业，否则划为轻工业。

轻重工业总产值的划分也是按"工厂法"计算的，即一个工业企业在正常情况下生产的主要产品的性质属于轻工业，则该企业的全部总产值作为轻工业总产值；一个工业企业生产的主要产品的性质属于重工业，则该企业的全部总产值作为重工业总产值。

工业销售产值 是以货币表现的工业企业在一定时间内销售的工业产品总量。包括已销售的成品、半成品价值，对外提供的工业性作业价值和对本单位基本建设部门、生活福利部门等提供的产品和工业性作业及自制设备的价值。

企业主要财务指标

资本金通俗地讲就是办企业的本钱。根据财政部颁布的《企业财务通则》规定，资本金是指企业在工商行政管理部门登记的注册资金。

资本金按照投资主体一般分为四种：

①**国家资本金** 是指有权代表国家投资的政府部门或机构以国有资产投入企业形成的资本金。不论企业的资本金是哪个政府部门或机构投入的，只要是以国家资金进行投资的，均作为国家资本金。

②**法人资本金** 是指其他法人单位投入本企业形成的资本金。

③**个人资本金** 是指社会个人或者本企业内部职工以个人合法财产投入企业形成的资本金。

④**外商资本金** 是指外国投资者以及我国香港、澳门和台湾地区投资者投入企业形成的资本金。

资本金在一般情况下是相对稳定的，企业增加或减少注册资金数额，必须向原登记机关申请办理变更。

资产 是指企业拥有或控制的能以货币计量的经济资源，包括各种财产、债权和其他权利。新的会计制度对企业资产按其流动性划分为：流动资产、长期投资、固定资产、无形资产、递延资产和其他资产。

①**流动资产** 是指可以在一年内或者超过一年的一个生产周期变现或者耗用的资产。流动资产可以按变现能力（程度）划分，包括现金及各种存款、短期投资、应收及预付款项、存货。

②**长期投资** 是指不可能或者不准备在一年内变现的投资。

③**固定资产** 是指使用年限在一年以上，单位价值在规定标准以上，并在使用过程中保持原有物质形态的资产，包括房屋及建筑物、机器设备、运输设备、工具器具等。

④**无形资产** 是指企业长期使用而没有实物形态的资产，包括专利权、非专利技术、商标权、著作权、土地使用权、商誉等。

⑤**递延资产** 是指不能全部计入当年损益，应当在以后年度内分期摊销的各项费用，包括开办费、租入固定资产的改良及大修理支出等。

⑥**其他资产** 是指除以上各项之外的资产，如特种储备资产、银行冻结存款、冻结物资、涉及诉讼中的财产等。

负债 是指企业所承担的能以货币计量，将以资产或劳务偿付的债务。其偿还形式可以用货币，也可以用资产或提供劳务的方式进行。负债一般按其偿还期长短分为流动负债和长期负债。

流动负债 是指在一年内或超过一年的一个营业周期内偿还的债务，其中包括短期借款、应付款项、预付货款、应付工资、应交税金和应交利润等。

长期负债 是指偿还期在一年以上或者超过一年的一个营业周期以上的债务，其中包括长期债款、应付债务、长期应付款项等。

所有者权益 是企业投资人对企业净资产的所有权，企业净资产等于企业全部资产减去全部负债后的余额，其中包括企业投资人对企业的最初投入以及资本公积金、盈余公积金和未分配利润，对股份制企业所有者权益即为股东权益。

股本 是指企业(公司)在发行股票时按股票面值收到的股票本金。

营业收入 是按企业在销售产品(商品)或提供劳务等经营业务中实现的收入。一般可分为主营业务收入(或基本业务收入)和其他业务收入(或附营业务收入)两部分。

营业成本 是指产品的生产成本，即企业为生产产品所发生的制造成本。

由于各行业企业生产经营的范围和性质不同，企业的营业成本的范围和内容也不完全相同。一般来说，工业企业营业成本就是产品销售成本；贸易企业为之出售的商品在流通过程中所发生的各种直接费用和间接费用。服务性企业是指为提供服务而支出的各种服务费用以及各种材料和工资。

营业费用 包括销售费用、管理费用和财务费用三部分。

营业利润 是指企业从事生产经营活动所产生的利润，分为主营业务利润和其他业务利润。

利润总额 是企业在一定时期内实现的盈亏总额。是企业最终的财务成果，包括营业利润、补贴收入、投资收益、营业外净收入。

工业企业劳动生产率 是指平均每一个职工的生产量。目前我国是用工业企业的工业增加值除以同一时期全部职工的平均人数来计算的。其公式为：

$$\text{工业企业全员劳动生产率} = \frac{\text{工业增加值}}{\text{全部职工平均人数}}$$

工业经济效益指标 (1)工业经济效益综合指数 是以一组经济效益指标分别除以各项指标的标准值乘以各自的权数，加总后除以总权数求得。计算工业经济效益综合指数，可以使全国(全省)有一个统一的指标体系和统一的经济效益价格标准，克服以往以上年为基数进行环比，"鞭打快牛"的弊病。其公式为：

$$\text{工业经济效益综合指数} = \sum\left(\frac{\text{某项经济效益指标报告期数值}}{\text{该项指标标准值}} \times \text{权数}\right) \div \text{总权数}$$

上式总权数为100。

(2)产品销售率 反映工业产品符合社会需要的程度，指报告期销售产值与同期全部工业总产值之比。计算公式为：

$$\text{产品销售率} = \frac{\text{现价工业销售产值}}{\text{现价工业总产值}} \times 100\%$$

(3)产值利税率 即每百元工业总产值

提供的实现利润和产品销售税金。

计算公式为：

产值利税率

$$=\frac{利润总额+产品销售税金}{按当年价格计算的工业总产值}\times100\%$$

(4)资金利税率　即每百元资金提供的实现利润和产品销售税金。

计算公式为：

资金利税率

$$=\frac{利润总额+产品销售税金}{全部资金平均余额}\times100\%$$

(5)销售利税率　即每百元销售收入提供的利润和产品销售税金。

计算公式为：

销售利税率

$$=\frac{利润总额+产品销售税金}{产品销售收入}\times100\%$$

固定资产投资　是以货币表现的建造和购置固定资产活动的工作量以及与此有关的费用总称。它是反映固定资产投资规模、速度、比例关系的综合性指标。包括国有经济基本建设投资、更新改造措施投资和其它固定资产投资，城镇集体经济固定资产投资，以及城镇个人固定资产投资。

基本建设投资完成额　是以货币表现的基本建设完成工作量指标，包括实际完成的建筑安装工程价值，设备、工具、器具的购置费，以及实际发生的其他费用，没用到工程实体的建筑材料，工程预付款和没有进行安装的需要安装的设备等，都不能计算投资完成额。建筑安装工程按预算价格计算，实际招标的工程，按中标价格计算。

更新改造措施投资　是以货币表现的更新改造工作量。

房地产开发投资　是指房地产开发公司、商品房建设公司及其他房地产开发单位进行土地开发工程，商品房屋建设工程所完成的投资额。

新增固定资产　是指建设单位已经建成投入生产或交付使用的工程价值和达到固定资产标准的设备、工具、器具的投资及有关应摊入的费用(如建设单位管理费)。它以价值形式表示，可以综合反映不同时期、不同部门、不同地区的固定资产投资成果。

社会商业“国内纯购进”　指各种经济类型的商业企业(包括全民、集体、合营、个体商业)从商业部门以外的单位和个人以各种价格购进作为转卖或加工后转卖的商品。

社会商业“国内纯销售”　指各种经济类型的商业企业以各种价格对商业部门以外的单位和个人出售的商品。

社会商业期末库存　指期末各种经济类型商业企业已取得所有权的全部商品。

社会商品零售总额　指各种经济类型的商业、饮食业、工业和其他行业直接售给城乡居民和社会集团的消费品，售给农民的农业生产资料以及农民直接售给非农业居民的消费品总额。不包括农民之间的商品销售，也不包括售给国民经济各部门、企业事业单位(包括全民所有制农场)生产经营用的各种原材料、燃料、建筑材料设备。

社会商品零售总额中扣除农民直接售给非农业居民消费品零售额，即为社会商品零售额。

和国家、企业、个体商业及有关部门支出的影响，以作为制订和检查农副产品价格政策的依据。

集市贸易价格指数 是反映城乡集市贸易商品价格变动趋势和程度的相对数。通过它，可以观察集市贸易商品价格的变动情况，研究集市价格和国营商业价格的比例关系，以及集市价格变化对农业生产和城镇居民生活的影响程度。

出口总额 包括一般贸易出口，三来一补出口，三资企业出口。

一般贸易出口 指由外贸进出口公司、工农贸易进出口公司和地方性的进出口公司由国家统一安排的出口、代理出口和自营、联营出口，其中包括进料加工出口，以及各进出口公司在国内以外汇结算方式售给外轮供应公司、友谊商店、华侨商店、广州贸易中心、出国人员服务公司和中外合资、合作经营和外资企业等的出口商品。

三来一补出口 指来料加工装配出口按工缴费计算，中小型补偿贸易按金额计算。

三资企业出口 指三资企业自已出口的本企业产品。不包括委托外贸进出口公司出口的商品。

地方进口到货总额 指由地方掌握使用的外汇，包括中央分配给地方的外汇，出口商品留成外汇、非贸易留成外汇、黄金留成外汇、地方货款外汇等的进口总额。

进口到货以货物运达我国口岸或国境进行统计。

地方外汇进口 指地方各项留成外汇和地方货款外汇的进口，不包括中央分配给地方的外汇进口。

三资企业进口 指三资企业自已进口的部分，包括：①作为投资进口的设备和物资；②本企业生产经营用的原材料、零部件和其他物资。委托外贸进出口公司进口的不包括在内。

利用外资 指我国政府、部门、企业和其他经济组织通过对外借款、吸收客商直接投资以及向境外发行债券、股票等方式筹借的境外资金。

外资的形式可以是现汇、实物、工业产权或专有技术等有形资本和无形资本。

我国自有外汇和中国银行自有外汇资金发放的外汇贷款购置国外设备和材料，华侨、港澳同胞的捐赠，联合国或其他国际组织的无偿赠送资金、无偿援建的项目均不属于外资范围。

利用外资的方式有：对外借款，外国（或港澳地区）企业和经济组织或个人在我国境内开办独资企业，与我国境内的企业或组织共同开办合资企业合作经营（企业）项目或合作开发资源，以及补偿贸易、国际租赁等。

补偿贸易 是以商品或劳务偿还贷款的一种贸易方式。即由客商提供设备、原材料、生产技术，以这些设备、原材料、生产技术生产的产品或是用双方协商的其他产品价值去支付（偿还）进口设备、原材料价款。

对外借款 指我国政府、部门、企业和中国银行等单位向国际金融组织、外国政府、企业等借用的长期、短期资本，到期需还本付息。借款按不同渠道划分为：①外国政府贷款；②国际金融组织贷款；③外国银行贷款；④出口信贷；⑤发行债券、股票。

外商直接投资 指外国企业和经济组织或个人(包括华侨、港澳同胞以及我在境外注册的企业)按我国有关政策、法规,在我国境内开办外商独资企业,与我国境内的企业或经济组织共同举办中外合资企业、合作经营企业或合作开发资源的投资以及外商从企业得到收益的再投资。

国际租赁 指出租者用自有资金,或向银行借款购买资本设备租给承租者在约定的期限内使用,承租者依约按期付给出租者一定租金,在租赁期内设备的使用属于承租者,设备的所有权属于出租者,租期满后,出租者对设备具有支配权:收回、作价出卖或赠送企业。

旅游外汇收入 指国内各部门为来我国旅游的外国人、华侨、港澳和台湾同胞提供商品和劳务而得到的外汇收入。包括供应商品、饮食和提供住宿、交通、邮电、文化娱乐、导游等各项服务所得的全部外汇收入。

财政收入 是国家为实现其职能的需要,在参与一部分社会产品的分配与再分配时,筹集的预算内财政资金,财政收入主要来源于各项税收和国营企业纯收入。

各项税收,包括工商税、农业税、盐税、建筑税和海关税等。

企业收入,包括国营企业所得税、调节税和上缴利润等。

财政支出 是国家为执行其职能,对财政预算收入资金的运用。财政支出主要有基本建设支出和行政支出。

基本建设支出是指国家预算内的基本建设拨款,不包括国家预算外自筹的各种基本建设资金。

行政事业费支出包括国家行政机关管理费支出和文教科学卫生事业费支出。

银行信贷存款 指企业、机关、团体或居民根据必须收回的原则,把货币资金存入银行或其他信用机构保管并取得一定利息的一种信用活动形式。根据存款对象的不同可划分为:企业存款、财政存款、机关团体存款、基本建设存款、城镇居民储蓄、农村存款等科目。它是银行信贷资金的主要来源。

银行信贷贷款 银行或其他信用机构根据必须归还的原则,按一定利率,为企业、个人等提供资金的一种信用活动形式。我国银行贷款,分流动资金贷款、固定资产贷款、城乡个体工商户贷款以及农户贷款等科目。

承保额 又叫保险金额。它是保险人对被保险人负担损失补偿或约定给付的金额,它是保险合同上的最高责任额,也是计算保费的依据。

保费 又叫保险费。是保险人根据保险合同的有关规定,为被保险人取得因约定危险事故发生所造成的经济损失补偿(或给付)权利,付给保险人的代价。包括财产保险和人身保险储金收入。

赔款 保险事故发生后,经查证确属保险责任范围以内的保险标的损失,保险人根据保险合同的规定履行赔偿义务,给予被保险人的款项叫做赔款。赔款可分为已决赔款和未决赔款两种。

工资总额 是指各单位在一定时期内直接支付给本单位全部职工的劳动报酬总额。

工资总额的计算应以直接支付给职工的全部劳动报酬为根据。